Bundestheologie bei Hosea?

# Beihefte zur Zeitschrift für die alttestamentliche Wissenschaft

Herausgegeben von
John Barton, Reinhard G. Kratz, Nathan MacDonald,
Sara Milstein und Markus Witte

## Band 522

# Bundestheologie bei Hosea?

Eine Spurensuche

Herausgegeben von
Franz Sedlmeier und Hans Ulrich Steymans

**DE GRUYTER**

ISBN 978-3-11-066688-5
e-ISBN (PDF) 978-3-11-079270-6
e-ISBN (EPUB) 978-3-11-079275-1
ISSN 0934-2575

**Library of Congress Control Number:** 2022935670

**Bibliografische Information der Deutschen Nationalbibliothek**
Die Deutsche Nationalbibliothek verzeichnet diese Publikation in der Deutschen
Nationalbibliografie; detaillierte bibliografische Daten sind im Internet über
http://dnb.dnb.de abrufbar.

© 2022 Walter de Gruyter GmbH, Berlin/Boston
Satz: Meta Systems Publishing & Printservices GmbH, Wustermark
Druck und Bindung: CPI books GmbH, Leck

www.degruyter.com

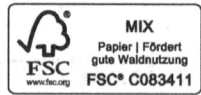

MIX
Papier | Fördert
gute Waldnutzung
FSC
www.fsc.org
FSC® C083411

# Vorwort

Der Titel der vorliegenden Publikation „Bundestheologie bei Hosea? – Eine Spurensuche" geht auf eine gleichnamige Tagung in Freiburg/Schweiz vom 16. bis 18. Juli 2018 zurück, die von den beiden Herausgebern zusammen mit den Mitarbeiterinnen und Mitarbeitern ihrer Lehrstühle in Augsburg und Freiburg vorbereitet und durchgeführt wurde. Ausgangspunkt des Projektes war die Frage nach den Anfängen der biblischen Bundestheologie, die seit einigen Jahrzehnten in alttestamentlichen Publikationen und in theologischen Diskursen wieder vermehrt Beachtung findet, nachdem das Wort „Bund" über eine ganze Exegetengeneration hin als vermeintliche Fehlübersetzung weitgehend gemieden und durch ein alternatives Vokabular ersetzt worden war. Wo aber die Anfänge einer biblischen Bundestheologie liegen, ist nach wie vor umstritten. Um die Datierung der einschlägigen Texte im Pentateuch wird gerungen. Viele setzen die Erzählungen vom Bundesschluss am Sinai frühestens kurz vor dem Exil an. Die Bundestheologie der Priesterschrift, und sogar das Privilegrecht mit der Bundesschlussnotiz in Ex 34,27 gelten meist als Produkte der Perserzeit. Auch Aussagen in Prophetenbüchern, deren Überschriften die Propheten im 8. und 7. Jahrhundert v. Chr. einordnen, werden, insofern sie von einem Bund sprechen, häufig später datiert und in Abhängigkeit von der deuteronomisch-deuteronomistischen Literatur gesehen. Wo die biblische Bundestheologie jedoch ihre Wurzeln hat, liegt nicht offen zutage und bedarf weiterer Klärung.

Die Schriftpropheten des 8. vorchristlichen Jahrhunderts erwähnen das Wort ברית kaum. Das Buch Hosea mit seinen immerhin fünf Belegen bildet eine Ausnahme. Doch öffnen sich dabei zwei große Problemfelder, die zum einen die Bundestheologie und ihre Entstehung betreffen, zum anderen die kontrovers geführte Debatte um die Genese des Hoseabuches. Beide Problemfelder überschneiden sich und verkomplizieren die hier zu verhandelnde Fragestellung: Gibt es eine Bundestheologie bei Hosea?

Zwar fällt die Hoseaschrift durch die erwähnten fünf ברית-Belege auf, doch sind Datierung und Bedeutung der hoseanischen Belegstellen umstritten. Gehen sie auf einen Propheten des 8. Jahrhunderts zurück oder entstammen sie der Feder späterer Redaktoren? Und – sind sie Ausdruck einer ihnen zugrundeliegenden theologischen Konzeption oder benennen sie lediglich Vereinbarungen unter Personen, Personengruppen oder ganzen Nationen, ohne ein eigenes theologisches Gewicht zu beanspruchen? Ist eine theologische Bundeskonzeption ein Jahrhundert vor der systematisch entfalteten deuteronomisch-deuteronomistischen Bundestheologie überhaupt wahrscheinlich? Diese offenen Fragen sind Anlass genug, sich auf eine Spurensuche zu begeben, um mögliche Vorstu-

https://doi.org/10.1515/9783110792706-201

fen zu einer im deuteronomistischen Schrifttum verankerten, voll entfalteten Bundestheologie zu erkunden.

Doch damit tut sich zugleich das zweite Problemfeld auf. Bestand bis in das letzte Drittel des vergangenen Jahrhunderts ein weitgehender Konsens unter den Exegetinnen und Exegeten, dass das Hoseabuch überwiegend auf den Propheten Hosea und seine Schüler zurückging, also relativ zeitnah nach zum Wirken des Propheten Hosea in der zweiten Hälfte des 8. Jahrhunderts entstand, so ist dieser Konsens im Grunde zerbrochen. Manche legen die Genese der Hoseaschrift oder des größten Teils davon in die Perserzeit. Die einst breit vertretene Auffassung, Bezüge zwischen Hosea und den Propheten Jeremia und Ezechiel wie zur deuteronomisch-deuteronomistischen Literatur würden sich aus der Wirkungsgeschichte der Hoseaschrift erklären, wird grundsätzlich hinterfragt. Es scheint nicht klar zu sein, ob die Hoseatexte jeweils als Geber- oder als Empfängertexte zu verstehen sind.

Die Frage nach einer „Bundestheologie bei Hosea" hat beide soeben skizzierte Problemfelder im Blick zu behalten, was der Aufgabe einerseits eine besondere Komplexität, gleichzeitig aber auch ihren eigenen Reiz verleiht. Im Wissen um diese Problemkonstellation wählten die Herausgeber bei der Konzipierung des Symposions von Anfang einen interdisziplinären Ansatz, zumal die binnentheologische Diskussion zu sehr mit theologischen Vorentscheidungen befrachtet ist. Zur „Spurensuche" war es somit unerlässlich, über den fachwissenschaftlichen Diskurs hinauszugreifen und humanwissenschaftliche Beobachtungen in die Untersuchungen mit einzubeziehen. Unter der Voraussetzung, dass zumindest der Bundesschluss am Sinai Modelle internationaler Verträge aufgreift, die traditionsgeschichtlich auf zweiseitige Vereinbarungen des 2. Jahrtausends zurückgehen, ist damit zu rechnen, dass der in der theologischen Reflexion mit „Bund" umschriebene Sachverhalt in anderen Wissenschaftskulturen aufgrund verschiedener Sprachkonventionen anders benannt wird, etwa mit „Kontrakt" oder „Vereinbarung". Zur Begriffsklärung bedarf es deshalb der Rückfrage nach anthropologischen Grundgegebenheiten und ihrer unterschiedlichen sprachlichen Einkleidung. Vereinbarungen zu treffen und Kontrakte zu schließen, gehört offenbar zu den Grundgegebenheiten der menschlichen Persönlichkeit und des gesellschaftlichen Zusammenlebens und das wirkt sich auch auf religiöse Vorstellungen aus.

In seinem einführenden Beitrag „Bundestheologie bei Hosea? – Eine alte und wieder neue Frage" greift *Franz Sedlmeier* die oben erwähnten Problemfelder auf – die Diskussion über die Entstehung einer Bundestheologie und den Streit um die Entstehung der Hoseaschrift – und versucht, ausgehend von der gegenwärtigen exegetischen Diskussion, mögliche Perspektiven einer Rückfrage nach den Wurzeln einer Bundestheologie aufzuzeigen. Dies verlangt danach, in die Auseinandersetzung über das Verhältnis von Gerichts- und Heilsprophetie in Israel und in der neuassyrischen Umwelt einzutreten und dem Zusammenhang von radikaler Gerichtsbotschaft, Verschriftlichung und *vaticinium ex eventu* nachzugehen. Dabei kommt dem Zusammenspiel von „Bund", „Vertrag" und „Ehe", die jeweils auf reziproken Verhältnissen aufbauen und auf deren Festigung abzielen, besondere Bedeutung zu.

Zur Spurensuche gehört im Rahmen der hier verhandelten Fragestellung die Auseinandersetzung mit der Begrifflichkeit sowohl der alten biblischen Urkunden (hebräisch, aramäisch) samt ihrer vorderasiatischen Umwelt (akkadisch, aramäisch, phönizisch, ugaritisch) und ihrer antiken Übersetzungen (griechisch, lateinisch), als auch der fachexegetischen Kommentierung in den modernen Sprachen, in denen der gegenwärtige Diskurs über Bundestheologien geführt wird. In welchem Verhältnis stehen Begriffe wie „Vereinbarung, Vertrag, Kontrakt, Bund, Testament" zueinander? Sind sie deckungsgleich mit der entsprechenden Nomenklatur in den verschiedenen modernen Sprachen und Sprachfamilien, etwa dem Englischen (agreement, treaty, contract, covenant), in denen Fachdiskussionen geführt werden? Der Beitrag von *Christoph Becker* erschließt vor dem Hintergrund römischer Rechtsprechung die lateinische Begrifflichkeit der Vetus Latina und der Vulgata aus der Sicht der Rechtsgeschichte. Der von *Leo Montada* und *Hans Ulrich Steymans* beigesteuerte Artikel führt in den Bereich der Humanwissenschaften und zeigt die grundlegende Bedeutung auf, die Entwicklungs- und Sozialpsychologie dem „personal contract" nicht nur für menschliche Reifung und Selbstorganisation zuerkennen, sondern auch für gesellschaftliche Orientierung, für Engagement und die Bereitschaft, Verantwortung für eine Lebenswelt zu übernehmen, die man als gerecht bewerten möchte. Der sozialpsychologisch relevante „Gerechte-Welt-Glaube" buchstabiert sich religiös in den Glauben an einen gerechten Gott aus. Die Gerechtigkeit Gottes steht angesichts des aversiven Schicksals, das Israel erleiden muss, implizit in Frage. Die Familienmetaphern, die Gott als Vater oder Ehemann denken, führen ebenfalls zu psychologischen Forschungs- und Arbeitsfeldern. Die literaturwissenschaftlichen Überlegungen von *Taehwan Kim* über den „Kontrakt als narratologisches Problem", aufgezeigt anhand der narrativen Theorie von Algirdas Julien Greimas, verdeutlichen, wie sehr die in der Literatur inszenierte Dramaturgie menschlichen Lebens auf reziproke Beziehungen – oft in Form eines Tausches – angewiesen ist, deren Belastbarkeit in den Krisenerfahrungen des Lebens erprobt und in der Gestalt des „Helden" exemplarisch dargestellt wird. Daher lässt das kanonische narrative Schema im Sinne von Greimas, das den Kontrakt zum herrschenden Strukturprinzip der Narrativität erhebt, den narrativen Diskurs als kommunikatives Medium erscheinen, das die kontraktuelle Ordnung der Gesellschaft konsolidiert und den sozialen Zusammenhalt stärkt.

Die Rückfrage nach den Anfängen einer biblischen Bundestheologie erfordert eine erneute Auseinandersetzung mit den altorientalischen Textzeugnissen, vor allem aus der neuassyrischen Epoche des 8. und 7. Jahrhunderts v. Chr., in der die neuassyrische Macht nachhaltigen Einfluss auf das Nordreich Israel wie auf das Südreich Juda ausübte und mit einer expandierenden Politik die eigene Vorherrschaft durch ein ausgefeiltes System von Verträgen mit den von ihnen abhängigen Vasallenstaaten festigte und ausbaute. Der Beitrag von *Regine Pruzsinszky* untersucht die Bünde zwischen Göttern und Menschen im Alten Orient und fragt nach der politischen und sozialen Motivation, die den Bündnissen zugrunde liegt. *Hans Ulrich Steymans* geht der Institution der Ehe im Alten Orient und der Ehe-Metaphorik in der Hoseaschrift nach und behandelt das Verhältnis von Ehe, Vertrag und Bund im Alten Orient und bei Hosea. In seinem Artikel führt er mehrere Themen zusammen, für die ursprünglich zwei eigenständige Beiträge vorgesehen waren. Der erbetene Vortrag und der geplante Buchbeitrag über die Bundesmotive in den Prophetenbüchern, die sich aus Anspielungen auf altorientalische Vertragsflüche erschließen lassen, konnten nicht geliefert werden. Steymans Vortrag auf der Tagung behandelte nur die Ehe im Alten Orient und spürte im Blick auf das Buch Hosea mythologischen Ehebeziehungen in Ugarit nach. In seinem Artikel verbindet er die Suche nach Spuren des altorientalischen Vertragswesens mit Vorstellungen der Heiligen Hochzeit in der Hoseaschrift. Diese doppelte Blickrichtung erklärt den großen Umfang seines Artikels im Vergleich zu den übrigen Beiträgen.

Die letzten vier Artikel konzentrieren sich auf Motive und Perikopen, denen in der Diskussion um die Bundestheologie in der Hoseaschrift besondere Bedeutung zukommt. *Katrin Zehetgruber* untersucht das Motiv des Umkehrens (שוב) und die damit verbundene Bewegung von Zu- und Abwendung, die ein reziprokes Verhältnis zwischen Israel und seinem Gott voraussetzt. Nach Zehetgruber ist diese vorgegebene Reziprozität als unabdingbare Voraussetzung einer sich entwickelnden Bundestheologie zu verstehen. Ausgehend von einer älteren theologischen Konzeption, nach der die Beziehung von Gott und Israel als „verwandtschaftliches" Verhältnis gezeichnet sei, verfolgt *Wolfgang Schütte* die spätere Einbindung der Begriffe „Tora" und „Bund" in das zugrundeliegende Gottesverhältnis Israels. *Roman Vielhauer* untersucht das bundesbrüchige Verhalten Israels in Hos 8,1–14 und fragt nach der Leistung des Bundesmotivs in der Endgestalt des Textes, bevor er die ברית-Aussage diachron analysiert und sie einer späteren Bearbeitung eines Grundtextes zuweist. *Heinz-Dieter Neef* widmet sich dem Heilswort Hos 2,16–25 mit der ungewöhnlichen Aussage, Gott würde zu Gunsten Israels einen Bund mit der Tierwelt schließen. Neef erkennt hier, entgegen der Mehrheitsmeinung, die Handschrift Hoseas. Auf die öko-theologischen Implikationen dieses Tierbundes einzugehen, wäre ein weiteres, über diese Studie hinausgehendes Unterfangen.

An der Erstellung dieses Bandes haben viele mitgewirkt. Wir danken zunächst allen Autorinnen und Autoren, die sich an diesem Projekt beteiligt haben und ihre Beiträge für die Publikation zur Verfügung stellen. Den wissenschaftlichen Mitarbeiterinnen und Mitarbeitern an den Lehrstühlen in Freiburg (Florian Lippke) und Augsburg (Dominik Helms, Luzia Maier) wie der Sekretärin Ulrike Willmann (Augsburg) sei für ihr engagiertes Mitwirken gedankt. Die Durchführung des Symposions wurde dankenswerter Weise von der Schweizerischen Akademie der Geistes- und Sozialwissenschaften (SAGW), von Theologischer Fakultät und Biblischem Departement in Freiburg sowie von der Katholisch-Theologischen Fakultät der Universität Augsburg finanziell unterstützt. Den Herausgebern der BZAW, John Barton, Reinhard G. Kratz, Nathan MacDonald, Sara Milstein und Markus Witte, danken wir für die Aufnahme des Bandes in die Reihe, Frau Dr. Sophie Wagenhofer und Herrn Dr. Albrecht Döhnert, ferner Sabina Dabrowski, Dorothea Köhler und Alice Meroz aus dem Haus Walter de Gruyter für die verlegerische Betreuung.

Augsburg und Freiburg/Schweiz im Juli 2022                    Franz Sedlmeier
                                                           Hans Ulrich Steymans

# Inhalt

# Abkürzungsverzeichnis Orientalistik

| | |
|---|---|
| ABC | Grayson, Albert Kirk. Assyrian and Babylonian Chronicles. Texts from Cuneiform Sources 5. Locust Valley, NY: J. J. Augustin, 1975. |
| AfO | Archiv für Orientforschung. |
| BWL | Lambert, Wilfred George Babylonian Wisdom Literature. Winona Lake, Indiana: Eisenbrauns, 1996. |
| CDLI | Cuneiform Digital Library Initiative (siehe https://cdli.ucla.edu/, zuletzt abgerufen am 26. 11. 2021). |
| CTH | Laroche, Emmanuel. Catalogue des Textes Hittites. Paris: Ed. Klincksieck, 1971. |
| CUSAS | Cornell University Studies in Assyriology and Sumerology. Bethesda MD: CDL Press. |
| ETCSL | Electronic Text Corpus of Sumerian Literature. Faculty of Oriental Studies, University of Oxford siehe https://etcsl.orinst.ox.ac.uk/#, zuletzt abgerufen am 10. 06. 2022). |
| IPIAO | Die Ikonographie Palästinas/Israels und der Alte Orient. Eine Religionsgeschichte in Bildern. |
| KTU | Keilalphabetische Texte aus Ugarit. |
| RIMA | The Royal Inscriptions of Mesopotamia. Assyrian periods. Toronto: University of Toronto Press. |
| RIME | The Royal Inscriptions of Mesopotamia. Early periods. Toronto: University of Toronto Press. |
| RINAP | The Royal Inscriptions of the Neo-Assyrian Period online, 2011 (siehe http://oracc.museum.upenn.edu/rinap/ und http://oracc.museum.upenn.edu/rinap/corpus/, zuletzt abgerufen am 10. 06. 2022. |
| RlA | Reallexikon der Assyriologie und vorderasiatischen Archäologie (siehe http://publikationen.badw.de/de/rla/index). |
| SAA | State Archives of Assyria. Open Richly Annotated Cuneiform Corpus (Oracc). *State Archives of Assyria Online (SAAO)* (siehe http://oracc.museum.upenn.edu/saao/corpus, zuletzt abgerufen am 4. 3. 2021). |
| SAAS | State Archives of Assyria Studies. |
| TUAT | Texte aus der Umwelt des Alten Testaments, hg. v. Otto Kaiser u. a. Wiesbaden: wbg Academic, 2019. |
| TUAT (N.F.) | Texte aus der Umwelt des Alten Testaments. (Neue Folge), begr. von Otto Kaiser; hg. v. Bernd Janowski u. a. Gütersloh: Gütersloher Verlagshaus. |
| UET | Ur Excavation Texts. London: British Museum Publications. |

https://doi.org/10.1515/9783110792706-202

Franz Sedlmeier
# Bundestheologie bei Hosea? – Eine alte und wieder neue Frage

Sie liest sich wie eine unendliche Geschichte: die Diskussion über die alttestamentliche Bundestheologie, über ihr Alter und ihren Stellenwert im Rahmen
der biblischen und nachbiblischen Überlieferung. Seit gut zwei Jahrzehnten
tauchen wieder vermehrt Publikationen dazu auf und beenden ein etwa 25-jäh-
riges Bundesschweigen (von ca. 1970 bis 1995), das sich vor allem im deutschsprachigen Raum der exegetischen Zunft bemächtigt hatte. Dabei zeigen die
neueren Publikationen eine ausgesprochene Vielfalt und nehmen neben der
Tora und den Nebiim auch die Ketubim und die spätalttestamentliche Literatur
mit in den Blick.[1]

Ein wesentlicher Grund für das wiedererwachte Interesse am „Bund" dürfte
in aktuellen Studien zur altorientalischen Vertragspraxis vor allem in neuassyrischer Zeit zu finden sein. Dem Einfluss dieser Vertragspraxis auf das gesellschaftliche und zwischenstaatliche Zusammenleben konnten sich auch das
Nordreich Israel und das Südreich Juda nicht entziehen.[2] Die weitgehende Spät-

---

1 Vgl. dazu die vielfältigen Beiträge in der Festschrift für Frank-Lothar Hossfeld zum 65. Geburtstag: Christoph Dohmen und Christian Frevel, Hg., *Für immer verbündet. Studien zur Bundestheologie der Bibel*, SBS 211 (Stuttgart: Verlag Katholisches Bibelwerk, 2007) mit mehreren
Beiträgen zu den Psalmen (Ps 89; 111; 132), zur Weisheitsliteratur, einschließlich der deutero-
kanonischen Schriften (Spr 2,17; Sir 17,11–14; 22,1) und den Chronikbüchern (2 Chr 14–16) wie
auch zum Neuen Testament (Joh 6,45; Röm 9–11; Gal 4,21–31; 1 Thess 4,9; 1 Petr).
2 Hier nur eine kleine Auswahl chronologisch geordneter Literatur: Matthias Köckert und
Martti Nissinen, *Propheten in Mari, Assyrien und Israel*, FRLANT 205 (Göttingen: Vandenhoeck & Ruprecht, 2003); Christoph Koch, *Vertrag, Treueid und Bund: Studien zur Rezeption
des altorientalischen Vertragsrechts im Deuteronomium und zur Ausbildung der Bundestheologie
im Alten Testament*, BZAW 383 (Berlin: De Gruyter, 2008); Hans Ulrich Steymans, „DtrB und
die adê zur Thronfolgeregelung Asarhaddons. Bundestheologie und Bundesformular im Blick
auf Deuteronomium 11," in *Deuteronomium – Tora für eine neue Generation*, hg. v. Georg Fischer, Dominik Markl und Simone Paganini (Wiesbaden: Harrassowitz, 2011), 161–92; Hans M.
Barstad, "Hosea and the Assyrians," in *"Thus Speaks Ishtar of Arbela": Prophecy in Israel,
Assyria, and Egypt in the Neo-Assyrian period*, eds. Robert P. Gordon and Hans M. Barstad
(Winona Lake, IN: Eisenbrauns, 2013), 91–110; Birgit Christiansen und Elena Devecchi, „Die
hethitischen Vasallenverträge und die biblische Bundeskonzeption," *BN* 156 (2013): 65–87;
Jean-Georges Heintz, *Prophétisme et alliance: Des archives royal de Mari à la Bible hébraïque*,
OBO 271 (Fribourg: Academic Press, 2015); Christoph Koch, „Bundestheologie und autoritativer
Text im Deuteronomium. Das Tafelmotiv in Deuteronomium 5.9–10 vor dem Hintergrund altori-
entalischer Vertragspraxis," in *Covenant and election in exilic and post-exilic Judaism*, ed. Nathan MacDonald (Berlin: Mohr Siebeck, 2015), 29–47; Karen Radner, "Neo-Assyrian Treaties as

https://doi.org/10.1515/9783110792706-001

datierung sowohl der Hosea-Schrift[3] als auch bundesrelevanter biblischer Texte[4] in die spätvorexilische, exilische bis spätpersisch-frühhellenistische Zeit lässt die einst heftig geführte Diskussion um das Alter der Bundestheologie, die teilweise in der mosaischen Zeit verankert wurde, als obsolet erscheinen. Wenn man die Entfaltung der Bundestheologie auf die exilische Zeit und das Umfeld der Deuteronomisten zurückführt, aber Hosea und viele andere Prophetenbücher vermehrt in die nachexilisch-persische, ja frühhellenistische Epoche datiert, stellt sich das Problem des so genannten Bundesschweigens der Propheten neu in der Frage, warum die Autoren oder Redaktoren der Perserzeit die ihnen im wachsenden

---

a Source for the Historian: Bonds of Friendship, the Vigilant Subject and the Vengeful King's Treaty," in *Writing Neo-Assyrian History: Sources, Problems, and Approaches. Proceedings of an International Conference Held at the University of Helsinki on September 22–25, 2014*, SAAS 29, ed. Giovanni Battista Lanfranchi, Raija Mattila and Robert Rollinger (Helsinki: The Neo-Assyrian Text Corpus Project, 2019), 309–28; Karen Radner. "The 'Lost Tribes of Israel' in the Context of the Resettlement Programme of the Assyrian Empire," in *The Last Days of the Kingdom of Israel*, BZAW 511, eds. Shuichi Hasegawa, Christoph Levin and Karen Radner (Berlin: Walter de Gruyter, 2019), 101–23.

**3** Die unterschiedlichen Bezeichnungen und Schreibweisen "Hoseabuch" / „Hosea-Buch" und „Hoseaschrift" / „Hosea-Schrift" sind im vorliegenden Sammelband nicht einheitlich geregelt, implizieren also keine Hypothese über das Verhältnis der zwölf einzelnen *Schriften* zum einen Zwölfpropheten*buch*. Diese strenge begriffliche Unterscheidung wird nicht verfolgt, zumal über das Verhältnis der einzelnen Prophetenbücher zum Dodekapropheton kein Konsens besteht. Beide Bezeichnungen „Buch" und „Schrift" beziehen sich auf das unter dem Namen „Hosea" tradierte und gesammelte Textmaterial.

Zur Spätdatierung der Hosea-Schrift vgl. etwa James M. Trotter, *Reading Hosea in Achaemenid Yehud*, JSOTSup 328 (Sheffield: Sheffield Academic, 2001); Ehud Ben Zvi, *Hosea*, FOTL 21 A/1 (Grand Rapids, MI.: Eerdmans, 2005); Susanne Rudnig-Zelt, *Hoseastudien: Redaktionskritische Untersuchungen zur Genese des Hoseabuches*, FRLANT 213 (Göttingen: Vandenhoeck & Ruprecht, 2006); James M. Bos, *Reconsidering the Date and Provenance of the Book of Hosea: The Case for Persian-Period Yehud*, LHBOTS 580 (London: Bloomsbury T&T Clark, 2013); Diana V. Edelman and Ehud Ben Zvi, eds., *Remembering Biblical Figures in the Late Persian and Early Hellenistic Periods: Social Memory and Imagination* (Oxford: Oxford University Press, 2013); Ehud Ben Zvi, "Remembering Hosea: The Prophet Hosea as a Site of Memory in Persian Period Yehud," in *Poets, Prophetes, and Texts in Play. Studies in Biblical Poetry and Prophecy in Honour of Francis Landy*. LHBOTS 597, eds. Ehud Ben Zvi, Claudia V. Camp, David M. Gunn and Aaron W. Hughes (London: Bloomsbury T&T Clark, 2015), 37–57; Richard J. Bautch and Mark Lackowski, eds., *On Dating Biblical Texts to the Persian Period. Discerning Criteria and Establishing Epochs*, FAT 2. Reihe 101 (Tübingen: Mohr Siebeck, 2019).

**4** Ehud Ben Zvi and Christoph Levin, Hg., *Remembering and Forgetting in Early Second Temple Judah*, FAT 85 (Tübingen: Mohr-Siebeck, 2012); Nathan MacDonald, ed., *Covenant and election in exilic and post-exilic Judaism* (Berlin: Mohr Siebeck, 2015); Klaus Spronk and Hans Barstad, ed., *Torah and Tradition. Papers Read at the Sixteenth Joint Meeting of the Society for Old Testament Study and the Oudtesamentisch Werkgezelschap, Edinburgh 2015*, OTS 70 (Leiden, Boston: Brill, 2017).

Pentateuch vorliegende, spätestens exilisch entstandene Bundestheologie nicht eindeutiger rezipiert haben.

Da der im Rahmen historisch-kritischer Exegese vorherrschende diachrone Zugang zum biblischen Textmaterial in den vergangenen Jahren einer synchron arbeitenden Endtextexegese zunehmend mehr Platz einräumen musste und eine zunächst autor-, dann prophetenbuchorientierte redaktionskritische Auslegung durch eine leserzentrierte rezeptionsästhetisch arbeitende Bibelhermeneutik ergänzt wurde, haben sich mit den veränderten Perspektiven auch der Stellenwert und die Gewichtung einer Bundestheologie verschoben. Hinzu kommt ein verstärktes Interesse an gesamtbiblischen Bundestheologien, das nicht zuletzt durch eine neue Aufmerksamkeit und Sensibilität für die jüdischen Überlieferungen gefördert wird. Die in Reaktion auf die Schrecken des Holocausts einsetzende kritische Selbstreflexion und Gewissenserforschung und die im Gefolge des Zweiten Vatikanischen Konzils geäußerte Wertschätzung gegenüber dem Judentum, die einer über Jahrhunderte hin vertretenen Enterbungstheologie den Boden entzieht, nicht zuletzt die programmatische Aussage von Papst Johannes Paul II. vom „nie gekündigten [...] Bund" Gottes mit Israel[5] und seine sprechenden zeichenhaften Gesten haben der Bundestheologie im aktuellen theologischen Diskurs der katholischen Bibelwissenschaft eine wegweisende Bedeutung gegeben und tragen zu einer kirchlichen Neuorientierung bei, die ihrerseits auf die theologische Diskussion zurückwirkt. Die Jahrestagung der „Arbeitsgemeinschaft deutschsprachiger katholischer Alttestamentlerinnen und Alttestamentler" (AGAT) vom 2. bis 6. September 1991 in Augsburg und die zwei Jahre später von Erich Zenger herausgegebenen Tagungsbeiträge zur Bundestheologie der beiden Testamente[6] markieren ein Umdenken sowohl über die Bedeutung wie über die Komplexität der Bundestheologie, nicht nur innerhalb des Alten Testaments, sondern auch im Horizont gesamtbiblischer Theologien[7] und des zu führenden Dialogs mit dem Judentum unserer Tage.[8] In diesem Bemühen, die Zuordnung von erstem und neuem Bund, von Altem und Neuem Testament für das Verhältnis von Kirche und Synagoge zueinan-

---

5 Vgl. dazu Johannes Paul II., „Ansprache an den Zentralrat der Juden in Deutschland und die Rabbinerkonferenz am 17. November 1980 in Mainz," in *Die Kirchen und das Judentum. Dokumente von 1945–1985*, hg. v. Rolf Rendtorff und Hans Hermann Henrix (Paderborn: Bonifatius-Druckerei, 1988),74–77, hier: 75; vgl. dazu auch Norbert Lohfink, *Der niemals gekündigte Bund. Exegetische Gedanken zum christlich-jüdischen Gespräch* (Freiburg: Verlag Herder, 1989).
6 Erich Zenger, Hg., *Der Neue Bund im Alten. Zur Bundestheologie der beiden Testamente*, QD 146 (Freiburg/Basel/Wien: Verlag Herder, 1993).
7 Erich Zenger, „Die Bundestheologie – ein derzeit vernachlässigtes Thema der Bibelwissenschaft und ein wichtiges Thema für das Verhältnis Israel-Kirche," in ders., Hg., *Der Neue Bund im Alten*, 13–49, hier: 41–44.
8 Zenger, „Die Bundestheologie," 44–49.

der und darin die Bedeutung Jesu Christi neu in der Gestalt zu formulieren, dass Gottes Bundesbeziehung eine einzige ist und bleibt, die vielfältig erneuert wird, begibt sich die katholische Diskussion auf einen Pfad, der unter anderen Vorzeichen in der reformierten Föderaltheologie seit dem 16. Jahrhundert begangen wurde.[9] In mannigfaltigen Ausprägungen haben Föderaltheologen, Anfänge unter Huldrych Zwingli und Heinrich Bullinger fortführend,[10] Altes und Neues Testament in einen einzigen Gnadenbund eingeordnet, der mit Abraham beginnt,[11] sowie der biblischen Bundessystematik einen Werk- oder Naturbund ab Adam[12] vor- und einen innertrinitarischen Erlösungsbund zwischen Gottvater und dem gehorsamen Sohn zugeordnet.[13] Nicht vergessen werden soll hier, dass auch Hos 6,7 als Argument für einen Bundesschluss Gottes mit Adam herangezogen wurde.[14] Widerspruch gegen den Bund mit Adam, weil dort der Begriff fehle, oder Karl Barths Verdikt, der Werkbund mit Adam führe Vorstellungen des Kontrakts ein, die nicht zum Verheißungs-

---

**9** Vgl. Bertold Klappert, „Die Öffnung des Israelbundes für die Völker: KARL BARTHS Israeltheologie und die Bundestheologie der reformierten Reformation," in *Miterben der Verheißung. Beiträge zum jüdisch-christlichen Dialog*, Neukirchener Beiträge zur Systematischen Theologie 25, hg. v. Bertold Klappert (Neukirchen-Vluyn: Neukirchener Verlag, 2000), 390–406. http://www.reformiert-info.de/1824-0-0-3.html. Letzte Änderung 2008. Zugriff 30. 01. 2022.
**10** Vgl. Pierrick Hildebrand, "Zwingli's covenantal turn," in *From Zwingli to Amyraut: Exploring the Growth of European Reformed Traditions*, Reformed Historical Theology 43, eds. Jon Balserak and Jim West (Göttingen/Bristol, CT: Vandenhoeck & Ruprecht, 2017), 23–36; Pierrick Hildebrand, "Bullinger and Calvin on Genesis 17. The Covenant Conditions," in *Calvinus Pastor Ecclesiae: Papers of the Eleventh International Congress on Calvin Research*, Reformed Historical Theology 39, eds. Herman J. Selderhuis and Arnold Huijgen (Göttingen/Bristol, CT: Vandenhoeck & Ruprecht, 2016), 297–304.
**11** Vgl. J. Mark Beach, *Christ and the Covenant: Francis Turretin's Federal Theology as a Defense of the Doctrine of Grace*, Reformed Historical Theology 1 (Göttingen/Bristol, CT: Vandenhoeck & Ruprecht, 2007); Gyeongcheol Gwon, *Christ and the Old Covenant: Francis Turretin (1623–1687) on Christ's Suretyship under the Old Testament*, Reformed Historical Theology 51 (Göttingen/Bristol, CT: Vandenhoeck & Ruprecht, 2018).
**12** John V. Fesko, *The Covenant of Works: The Origins, Development, and Reception of the Doctrine*, Oxford Studies in Historical Theology (New York: Oxford University Press, 2020).
**13** John V. Fesko, *The Covenant of Redemption: Origins, Development, and Reception*, Reformed Historical Theology 35 (Göttingen/Bristol, CT: Vandenhoeck & Ruprecht, 2016).
**14** Ein vollständig föderaler, vor dem Sündenfall geschlossener Bund mit Adam tauchte bei römisch-katholischen Theologen auf, Jahrzehnte bevor sich diese Lehre in reformierten Kreisen durchsetzte. Der Dominikaner Ambrogio Catharinus (1483–1553) war wohl der erste Theologe, der einen in die biblische Bundestheologie integrierten Adam-Bund propagierte, den Robert Rollock übernahm und ausarbeitete, so dass ihn reformierte Theologen daraufhin vertraten. Vgl. Fesko, *Covenant of Works*, 5.18f; Robert Rollock, *Some Questions and Answers about God's Covenant and the Sacrament that is a Seal of God's Covenant*, trans. and ed. Aaron Clay Denlinger (Eugene, OR: Pickwick Publications, 2016), Introduction.

charakter göttlichen Handelns passen,[15] zeigen, wie notwendig es ist, das Wortfeld
Bund und dessen Semantik umfassend zu bedenken. Denn die juristischen, narratologischen und sozialpsychologischen Beiträge in diesem Band legen nahe, dass
es Bundesvorstellungen gibt, die den Begriff nicht verwenden, und dass jedem
Bund etwas Kontraktuelles im Sinne einer Reziprozität innewohnt, die selbst beim
Vorgang des Versprechens den Adressaten fordert, der das Versprechen glaubend
annimmt.

Was das Bundesschweigen der *Propheten* betrifft, so wäre es in der Tat auffällig, wollte man den Bundesschluss und die damit zusammenhängenden Institutionen in der Frühzeit Israels ansetzen und sie als Grundlage für den Glauben
Israels annehmen, wenn die Propheten Israels zumindest des 8. Jahrhunderts
v. Chr. erstaunlich wenig von einem Bund wissen. Schon Ende des 19. Jahrhunderts hat Richard Kraetzschmar auf dieses Dilemma hingewiesen:

> Bei keinem der Propheten des 8. Jahrhunderts lässt sich [...] ein Anzeichen für die Vorstel-
> lung, dass das religiöse Verhältnis auf einer zwischen Jahwe und dem Volke geschlosse-
> nen Bᵉrith beruhe, erkennen. Nirgends ein sich Berufen auf feierlich festgesetzte Leistun-
> gen oder Zusicherungen, nirgends eine Bezugnahme auf den geschichtlichen Akt eines
> Bᵉrithschlusses, nirgends eine Spur von Bekanntschaft mit der Dekalogreihe und ihren
> Grundvoraussetzungen [...].[16]

Erst im Laufe des 7. und 6. Jahrhunderts tauchen vermehrt bundestheologische
Konzepte auf, vor allem im Umkreis deuteronomisch-deuteronomistischer Theologien. Deren Dominanz in einer Zeit, in der das Nordreich Israel bereits untergegangen war und das Südreich Juda unter dem starken Einfluss der neuassyrischen Expansionspolitik stand, wirft die Frage auf, wo denn die Ursprünge
dieser deuteronomisch-deuteronomistisch imprägnierten Bundestheologie liegen? Welche Rolle spielen dabei die frühen Schriftpropheten Israels? Diesen
Fragen will der gesamte vorliegende Band aus unterschiedlichen Perspektiven
nachgehen. Dabei gilt die besondere Aufmerksamkeit dem Buch Hosea, in dem
zumindest fünfmal eine *bᵉrît* erwähnt ist. Ob eine solche „Spurensuche" dazu
führt, „Neuland unter den Pflug" (Hos 10,12) zu nehmen, wird sich am Ende
des Bandes zeigen.

# 1 Bundeseuphorie – ein Blick zurück

Als ich Anfang der 70er Jahre meine theologischen Studien in Eichstätt und
Münster aufnahm, war es eines der beglückenden Erlebnisse, die Theologien

---

**15** Fesko, *Covenant of Works*, 3.
**16** Richard Kraetzschmar, *Die Bundesvorstellung im Alten Testament in ihrer geschichtlichen
Entwicklung* (Marburg: N. G. Elwert, 1896), 122.

von Walther Eichrodt und Gerhard von Rad kennenzulernen und mich in sie zu vertiefen. Ich war zum einen von der sprachlichen Ästhetik ihrer Werke angetan, vor allem aber faszinierten mich die Kraft und der Horizont ihrer Gedanken. Mir schien damals, sie hätten etwas „gesehen". Und sie ließen auch mich etwas sehen. Das Alte Testament, zuvor eher ein versiegeltes Buch, erschloss sich mir. Dieses unvergessliche Erleben hat sich später bei den zahlreichen Büchern, die ich lesen durfte, nur selten in ähnlicher Weise wieder eingestellt.

Zu diesen starken Eindrücken gehörte damals auch die Vision einer Bundestheologie, wie Walther Eichrodt sie entworfen hatte und die den Anfang und Grund seiner Theologie des Alten Testaments bildete. Dazu Walther Eichrodt im Originalton aus seiner 1968 in 8. Auflage erschienenen Theologie:

> Der Begriff des Bundes, in dem sich für israelitisches Denken die Beziehung des Volkes zu Gott entscheidenden Ausdruck verlieh, stellt die Besonderheit israelitischen Gotterkennens von vornherein fest. Zwar ist aufs schärfste bestritten worden, daß die Grundlage des Gottesverhältnisses von der mosaischen Zeit an in einem Bunde gesehen werden dürfe [...]. Indessen läßt sich in allen Quellen trotz ihrer teilweise recht fragmentarischen Gestalt der Bundesschluß zwischen Jahve und Israel als ursprünglicher Bestandteil nachweisen, und zwar auch dort, wo das Wort berit verloren gegangen ist.[17]

Eichrodt beschließt seinen einführenden Gedankengang mit den Worten:

> So bleibt die vom AT selbst an die Hand gegebene Vorstellung, daß Mose, auf einen aus dem profanen Leben längst bekannten Begriff zurückgreifend, die Jahveverehrung auf einen Bundesschluß begründete, die gesicherte Grundlage für die Beurteilung des israelitischen Gottesverhältnisses. Um so wichtiger ist die Aufgabe, die theologische Bedeutung des Bundesgedankens scharf zu erfassen.[18]

Diese Sicht Eichrodts blieb zwar nicht unbestritten, doch wurde sie bestärkt durch die Rekonstruktion der Anfänge Israels als Zwölf-Stämme-Bund, wie sie die Albrecht Alt- und Martin Noth-Schule mit ihrer Amphiktyonie-Hypothese vertreten hatten. Auch diese war nicht unumstritten, fand aber in jenen Jahren meiner Studienzeit noch breite Zustimmung und bedeutete für die Bundestheorie Eichrodts eine besondere Stütze.

Lexikonartikel aus jenen Jahren bestätigen den prägenden Einfluss des Bundesgedankens, der gleichsam omnipräsent war; selbst dort, wo er fehlte, meldete er sich zu Wort. So schreibt Vinzenz Hamp in seinem im „Lexikon für Theologie und Kirche" (LThK) von 1958 erschienen Beitrag zum Stichwort „Bund":

---

**17** Walther Eichrodt, *Theologie des Alten Testaments. Teil 1* (Göttingen: Vandenhoeck & Ruprecht/Stuttgart: Ehrenfried Klotz Verlag, ⁸1968), 9. Eichrodt formulierte seine Auffassung im expliziten Widerspruch zu Richard Kraetzschmar.
**18** Eichrodt, *Theologie*, 9 f.

Der äußerst wichtige Begriff B. kommt im hebr. AT nicht zur 286mal vor, sondern ist oft auch dort vorausgesetzt, wo er nicht direkt genannt wird. Metaphern wie die vom Vater, Ehegemahl, König, Hirten waren bes. in der prophet. Sprache beliebt u. dienten dazu, den B. vor einer allzu formell-jurist. Auffassung zu bewahren.[19]

Für Hamp war damit klar: Der Bund stellt ein Grunddatum biblischer Theologie dar. Die von ihm erwähnten Metaphern wie „Vater, Ehegemahl, König …" usw. dienen dazu, die vorausgesetzte Bundestheologie zu illustrieren und sie vor Missverständnissen zu schützen, etwa vor einer juristischen Engführung, die die personale Dimension des Gottesverhältnisses hätte verstellen können.

Ähnlich äußerte sich Josef Haspecker. Er unterstreicht in seinem 1962 im „Handbuch theologischer Grundbegriffe" erschienen Artikel den für das Gottes-verhältnis Israels konstitutiven Charakter des Bundes:

> „Bund mit Gott" ist eine der wichtigsten Formeln, mit denen die Bibel das besondere Gottesverhältnis des Menschen in der vorchristlichen und christlichen Heilsökonomie umschreibt. Der Begriff stammt aus dem profanen Bereich; seine analoge Übertragung in den religiösen ist grundlegend und am umfassendsten im AT vollzogen […]. Der Sinai-bund, in dem Gott die israelitischen Stämme zu seinem Eigentumsvolk erhob und zusam-menschloß, ist für die Religion Israels konstitutiv. Die Berichte darüber in Ex 19–24, hinter denen zweifellos eine historische Realität aus mosaischer Zeit steht, lassen die formalen Elemente des Bundesschlusses (Bundesangebot, Festlegung des Bundesinhaltes, ritueller Abschluß) und seine theologischen Grundzüge klar erkennen.[20]

Als besondere Bestätigung der Bundestheologie und ihres hohen Alters wurden die aus den Ausgrabungen von Boghazköi bekannt gewordenen hethitischen Vasallenverträge herangezogen. George Emery Mendenhalls Studien aus den 50er Jahren[21] schienen alle Einwände zu entkräften, die gegen das hohe Alter und die Bedeutung der Bundestraditionen angeführt worden waren. Die Ver-knüpfung einer mehr orientalistisch und archäologisch orientierten amerikani-schen Forschung mit der im deutschsprachigen Raum breit vertretenen Formge-schichte führte zur Erarbeitung eines sogenannten Bundesformulars, das man hinter den biblischen Bundestexten vermutete, wenngleich die Elemente des Formulars in diesen Texten immer nur bruchstückhaft aufzufinden waren. Ein jährliches Bundesfest in Verbindung mit dem Laubhüttenfest im Herbst, das

---

**19** Vinzenz Hamp, „Bund," in *LThK* 2 (Freiburg: Verlag Herder, 1958), 770–74, hier: 770.

**20** Josef Haspecker, „Bund," in *Handbuch theologischer Grundbegriffe*, Bd. 1, hg. v. Heinrich Fries (München: Kösel-Verlag, 1962), 197 f.

**21** Georges Emery Mendenhall, "Law and Covenant in Israel and the Ancient Near East," *BA* 17 (1954): 26–46.49–76; ders., *Law and Covenant in Israel and the Ancient Near East* (Pittsburgh: Biblical Colloquium, 1955) (= *Recht und Bund in Israel und dem Alten Vorderen Orient*, ThSt 64 [Zürich: EVZ-Verlag, 1960]).

zugleich der Bundeserneuerung diente, habe – so Josef Haspecker im bereits erwähnten Lexikonartikel – „gewiß entscheidend dazu beigetragen, den Gedanken des Gottesbundes in Israel wachzuhalten und durch Übertragung auf andere Erwählungsvorgänge in der Geschichte Israels wie durch stärkere Entfaltung seiner theologischen Aspekte weiter auszubauen."[22]

Trotz kritischer Gegenstimmen wie der von Alfred Jepsen,[23] Dennis J. McCarthy[24] und Friedrich Nötscher[25] entwickelte sich in den 60er Jahren des 20. Jahrhunderts eine Art „Bundesfieber", bei dem der Begriff „Bund" gleichsam omnipräsent war.[26] Erich Zenger brachte das Problem in seinem Einführungsreferat bei der Tagung der deutschsprachigen katholischen Alttestamentlerinnen und Alttestamentler im Jahr 1991 in Augsburg über die Bundestheologie beider Testamente pointiert so zur Sprache:

> Zwischen 1930 und 1970 war in zahlreichen historischen, religionsgeschichtlichen und theologischen Arbeiten der Begriff „Bund" mehr und mehr zur pauschal, ja geradezu inflationär gebrauchten Kategorie geworden, die häufig zur bloßen Vorsilbe von Begriffen und Institutionen verkam. [...] Nicht ganz zu Unrecht hat James Barr in einem Beitrag zur Walter Zimmerli-Festschrift diese Phase der Exegese als „Bundes-Romantik" (covenant-romanticism) gekennzeichnet [...], die den Widerspruch herausfordern mußte. Um es sa-

---

**22** Haspecker, „Bund," 199. Zur Hypothese eines Bundesfestes vgl. Artur Weiser, *Einleitung in das Alte Testament* (Göttingen: Vandenhoeck & Ruprecht, ⁶1966), § 13; ders., *Die Psalmen*, ATD 14,1 (Göttingen/Zürich: Vandenhoeck & Ruprecht, ¹⁰1987), 14–35; Klaus Baltzer, *Das Bundesformular*, WMANT 4 (Neukirchen: Neukirchener Verlag, ⁴1964).

**23** Alfred Jepsen, „Berith. Ein Beitrag zur Theologie der Exilszeit," in *Verbannung und Heimkehr, Beiträge zur Geschichte und Theologie Israels im 6. und 5. Jahrhundert v. Chr. FS Wilhelm Rudolph*, hg. v. Arnulf Kuschke (Tübingen: Mohr, 1961), 161–79, hatte seine Bedenken dagegen geäußert, „die Vorstellung von einer Jahwe-Berith zur tragenden Grundlage der geschichtlichen Entwicklung der alttestamentlichen Amphiktyonie zu erklären" (175).

**24** Gegen eine vorschnelle Übertragung des „Bundesformulars" auf den Dekalog wandte McCarthy ein, dass ein formkritischer Vergleich mit altorientalischen Texten erst in der deuteronomischen Literatur tragfähig sein könne. Vgl. Dennis J. McCarthy, *Treaty and Covenant: A Study in Form in the Ancient Oriental Documents and in the Old Testament*, AnBib 21 (Rom: Biblical Institut, 1963; ²1978).

**25** Friedrich Nötscher, „Bundesformular und ‚Amtsschimmel'. Ein kritischer Überblick," *BZ* 9 (1965): 181–214 äußerte sich kritisch dazu, vom „Bundesformular" her die biblischen Bundestexte zu deuten. „Wenn man [...] die formalen und sachlichen Unterschiede zwischen Vasallenverträgen und Jahwebund auf der einen Seite und die weite Verbreitung gleicher Ausdrucksformen für gleiche und ähnliche Vorgänge und Verhältnisse auf der anderen Seite in Erwägung zieht, wird es sich empfehlen, beim Nachweis und der Herleitung des Bundesformulars den imaginären ‚Amtsschimmel' nicht allzusehr zu bemühen" (214).

**26** Anschaulich zeigt dies das Stichwortverzeichnis in Dennis J. Mc Carthy, *Der Gottesbund im Alten Testament. Ein Bericht über die Forschung der letzten Jahre*, SBS 13 (Stuttgart: Katholisches Bibelwerk, 1966), 91, wo sich etwa 40 Referenzworte für „Bund" finden.

lopp zu sagen: Die sprachliche Bundesinflation der 60er Jahre führte beinahe notwendig zum Bundeszusammenbruch und zum sprachlichen Bundesschweigen der 70er Jahre.[27]

Dieses Bundesschweigen wurde vor allem durch die Arbeiten von Ernst Kutsch und Lothar Perlitt verursacht und lässt sich bis in die Lexika hinein verfolgen. War der Bundes-Artikel von Josef Haspecker im „Handbuch theologischer Grundbegriffe, Band 1" aus dem Jahr 1962 noch ganz von der Bundestheologie durchdrungen, so sucht man das Stichwort „Bund" in der von Peter Eicher herausgegebenen Neuauflage „Neues Handbuch theologischer Grundbegriffe, 1–4" aus den Jahren 1984–1987 vergebens.[28] Es wurde schlichtweg als irrelevant gestrichen. Das Lexikon dokumentiert somit das „Bundesschweigen" im wahrsten Sinne des Wortes. Bernhard Lang äußert sich in seinem Artikel „Bund" im „Handbuch religionswissenschaftlicher Grundbegriffe" aus dem Jahr 1990 zur Geschichte der Bundesmetapher wie folgt: „Die zeitweise in wissenschaftlicher Literatur verbreiteten Versuche, Israels Religion von der Bundesmetapher her zu systematisieren, sind heute aufgegeben und werden als eine begrenzte deuteronomische und frühjüdische Sichtweise erkannt."[29]

Die Studien von Ernst Kutsch und Lothar Perlitt hatten ein regelrechtes Erdbeben in der Bibelwissenschaft ausgelöst. „Darf man heute noch von einem Gottesbund mit Israel reden?" – Diese Frage stellte sich Walther Eichrodt in einem Beitrag aus dem Jahr 1974 in Reaktion auf die Arbeiten von Ernst Kutsch.[30] Dabei versucht Eichrodt den Spagat zwischen einer Zurückweisung der Behauptung von Kutsch, die Übersetzung von *berît* mit „Bund" sei falsch, einerseits, und einer positiven Beurteilung der Studien von Kutsch, der *berît* durchgängig als „Verpflichtung" deutet, andererseits. Eichrodt findet schließlich einen Kompromiss in seinem Vorschlag, einer ursprünglich eindeutigen Begrifflichkeit seien weitere Bedeutungsgehalte zugewachsen.[31]

---

27 Zenger, „Die Bundestheologie," 16.
28 Peter Eicher, Hg., *Neues Handbuch theologischer Grundbegriffe*, Bd. 1 (München: Kösel Verlag, 1984).
29 Bernhard Lang, „Bund," in *Handbuch religionswissenschaftlicher Grundbegriffe*. Bd. 2, hg. v. Hubert Cacnik, Burkhard Gladignow u. a. (Stuttgart: Kohlhammer, 1990), 181–187, hier: 184.
30 Walther Eichrodt, „Darf man heute noch von einem Gottesbund mit Israel reden?," *ThZ* 30/4 (1974): 193–206.
31 Eichrodt widerspricht der Auffassung von Kutsch, die Übersetzung von *berît* mit „Bund" sei ein Irrtum. Auch werde die von Kutsch vorgeschlagene Wiedergabe mit „Verpflichtung" nicht allen Belegen gerecht. So kommt Eichrodt nach einem Durchgang durch die wichtigsten alttestamentlichen Belege zur Konklusion, der Beitrag von Kutsch habe positiv die Vieldeutigkeit des Begriffs *berît* aufgezeigt, die eine Übersetzung mit „Bund" als Notbehelf ausweise. Hinter der Vieldeutigkeit des Begriffs *berît* sieht Eichrodt einen sprachgeschichtlichen Vorgang wirksam, „der einem ursprünglich eindeutigen Begriff durch *allmähliche Erweiterung* seines Inhalts die Eignung zur Umschreibung verschiedener Möglichkeiten verlieh, die allerdings nur

Norbert Lohfink, ein ausgewiesener Experte für das Deuteronomium, hatte sich mehrfach zur Bundesthematik geäußert und sich von den altorientalischen Texten Klärendes für das Verständnis biblischer Texte erwartet. Die Publikation von Lothar Perlitts „Bundestheologie im Alten Testament" aus dem Jahr 1969 hatte ihn bereits in den 70er Jahren zu einer kritischen Auseinandersetzung mit den Positionen Perlitts bewogen. Doch erst im Jahre 1990 wagte er, seine ausführliche Besprechung zu veröffentlichen, um die seiner Meinung nach vorhandenen Defizite der Arbeit Perlitts zu hinterfragen und ihre Engführungen aufzuzeigen.[32]

Was hatte nun diesen „heilsamen Schock ausgelöst [...], von dem sich die Verfechter einer wie immer konzipierten ‚Gottesbund-Theologie' erst allmählich wieder erholen"[33] konnten? Dazu ist zunächst auf die Studien von Ernst Kutsch und Lothar Perlitt und in ihrem Gefolge auf die von Wolfgang Thiel einzugehen.

# 2 Bundeskrise

Es sind zwei Problemfelder, die hier vorrangig zu behandeln sind: 1) die Semantik von $b^e rît$ und 2) die Spätdatierung der alttestamentlichen Bundestheologie. Dabei kommt den Arbeiten von Ernst Kutsch und Lothar Perlitt eine wegweisende Bedeutung zu.[34]

---

durch genaue Beachtung des jeweiligen Kontextes festgestellt werden können. So lehren uns die neuen kritischen Untersuchungen zwar nicht, die Übersetzung von berit mit Bund als falsche Wiedergabe des eigentlichen Sinnes der Vokabel zu erkennen und auszumerzen, wohl aber den Wechsel ihrer Bedeutung schärfer ins Auge zu fassen und als Folge eines allmählich erweiterten Inhalts des vielgebrauchten Wortes zu begreifen." (ebd., 206).

**32** Norbert Lohfink, „Bundestheologie im Alten Testament. Zum gleichnamigen Buch von Lothar Perlitt," in *Studien zum Deuteronomium und zur deuteronomistischen Literatur I*, SBAB 8, hg. Norbert Lohfink (Stuttgart: Verlag Katholisches Bibelwerk, 1990), 325–61. Norbert Lohfink, „Bund als Vertrag im Deuteronomium," in *Studien zum Deuteronomium und zur deuteronomistischen Literatur IV*, SBAB 31, hg. v. Norbert Lohfink (Stuttgart: Verlag Katholisches Bibelwerk, 2000), 285–309, hier 286, spricht aufgrund seiner verspäteten Publikation von „verzagte[n] Aufräumarbeiten" nach dem von Ernst Kutsch und Lothar Perlitt ausgelösten „Bundesbeben".
**33** Zenger, „Die Bundestheologie," 21.
**34** Vgl. dazu v. a. Ernest Wilson Nicholson, *God and His People: Covenant and Theology in the Old Testament*, (Oxford: Clarendon Press, 1986; repr. 2002); Lohfink, „Bundestheologie im Alten Testament," 325–61; Zenger, „Die Bundestheologie," 13–47.

## 2.1 Ernst Kutsch und die Semantik von *b^erît*.

Schon in seiner Erlanger Antrittsvorlesung aus dem Jahr 1966 mit dem Titel „Gesetz und Gnade. Probleme des alttestamentlichen Bundesbegriffs"[35] hatte sich Ernst Kutsch philologisch mit dem Begriff *b^erît* auseinandergesetzt.[36] Kutsch wendet sich gegen die fixe Wiedergabe aller Belege von *b^erît* mit „Bund" und fordert eine differenzierte Wahrnehmung je nach Kontext ein. Da „Bund" oder „Vertrag" für Kutsch eine Verbindung zwischen zwei gleichberechtigten Partnern darstelle, die gegenseitige Verpflichtungen übernähmen, von deren gegenseitiger Einhaltung der Bestand des Bundes abhängen würde, komme dieses Verständnis für eine theologische Verwendung nicht in Frage, da die Bundespartner nicht auf Augenhöhe zueinander stünden.[37]

---

**35** Zum Folgenden vgl. Marianne Otte, *Der Begriff b^erît in der jüngeren alttestamentlichen Forschung*, EHS XXIII/803 (Frankfurt: Peter Lang, 2005); Zenger, „Die Bundestheologie," 16–19.

**36** Der Aufsatz erschien ein Jahr später in etwas erweiterter Form unter dem Titel: Ernst Kutsch, „Gesetz und Gnade. Probleme des alttestamentlichen Bundesbegriffs," *ZAW* 79 (1967): 18–35. Er wurde vollständig neu gefasst und zusammen mit anderen Arbeiten in die monographische Textsammlung aufgenommen: Ernst Kutsch, *Verheißung und Gesetz*, BZAW 131 (Berlin/ New York: Walter de Gruyter, 1973) (zu den Einzelheiten der Neubearbeitung, siehe das Vorwort). Kutsch setzt sich in dieser Antrittsvorlesung mit der Verwendung des Begriffs *b^erît* bei Johannes Pedersen, *Der Eid bei den Semiten in seinem Verhältnis zu verwandten Erscheinungen sowie die Stellung des Eides im Islam* (Straßburg: Verlag von Karl J. Trübner, 1914); Joachim Begrich, „Berit. Ein Beitrag zur Erfassung einer alttestamentlichen Denkform," *ZAW* 19 (1944): 1–11 und Alfred Jepsen, „Berith. Ein Beitrag zur Theologie der Exilszeit," in *Verbannung und Heimkehr. Beiträge zur Geschichte und Theologie Israels im 6. und 5. Jahrhundert v. Chr. Wilhelm Rudolph zum 70. Geburtstage dargebracht von Kollegen, Freunden und Schülern*, hg. v. Arnulf Kuschke (Tübingen: J. C. B. Mohr,1961) 161–79 auseinander. Wie Otte, *Begriff b^erît*, 38 f. gezeigt hat, gibt Kutsch die inhaltliche Bestimmung des Bundesbegriffes von Pedersen, *Der Eid bei den Semiten*, 33 f. („[...] das gegenseitige Verhältnis der Zusammengehörigen mit allen Rechten und Pflichten, welche *dies* Verhältnis *für die Beteiligten* mit sich führt"[Hervorhebung M.O.]) verändert wieder, indem er die personale Dimension der Bundesbeziehung übergeht und sich mit der von ihm veränderten Wiedergabe auseinandersetzt: „das gegenseitige Verhältnis der Zusammengehörigkeit mit allen Rechten und Pflichten, welche dieses Verhältnis mit sich bringt" (ebd., 19).

**37** Wenn Kutsch gegenüber Pedersen kritisch hervorhebt, es könne zwischen Gott und Mensch keine Gleichwertigkeit und Gleichberechtigung geben, hat er natürlich recht, doch zugleich hat er Pedersen völlig missverstanden. Denn dieser „hebt die Gegenseitigkeit hervor, aber damit ist keine Gegenseitigkeit oder Gleichheit der Rechte und Pflichten gemeint, sondern der gegenseitige persönliche Bezug im Verhältnis der Partner zueinander" (Otte, *Begriff b^erît*, 40). Gerade „das persönliche Zusammengehören der *b^erît*-Partner" (ebd., 41), unabhängig davon, ob sich das Verhältnis auf gleicher Augenhöhe oder in Über- und Unterordnung realisiert, tilgt Kutsch durch die Zitatänderung und ersetzt die Grunddimension der Reziprozität durch den Sachverhalt von Über- und Unterordnung.

Für Kutsch ist *bᵉrît* zunächst mit „Verpflichtung" zu übersetzen. Diese kann sich (1) als *Selbstverpflichtung*, (2) als *Verpflichtung eines anderen* oder (3) als *Verpflichtung durch einen Dritten* realisieren. In diesen Fällen sei eine Wiedergabe mit „Bund" jedoch meist irreführend. Lediglich in den wenigen Fällen, in denen eine wechselseitige Verpflichtung bestehe, könne man von „Bund" sprechen. Um diesen Sachverhalt mit den Worten von Kutsch auszudrücken:

> „*bᵉrît*" bedeutet Bestimmung, Verpflichtung: die Verpflichtung, die ich selbst übernehme; die Verpflichtung, die ich einem anderen auferlege; schließlich auch – in ganz wenigen Fällen – die gegenseitige Verpflichtung (und nur bei dieser kann man von einem „Bund" reden). Von besonderer theologischer Bedeutung ist es, daß das Alte Testament und damit der Glaube der Israeliten für das Gegenüber von Gott und Mensch eine wechselseitige *bᵉrît* mit gegenseitig einklagbaren Verpflichtungen nicht kennt.[38]

Dies gilt nach Kutsch nicht nur für das hebräische בְּרִית, sondern auch für das griechische διαθήκη der Septuaginta (LXX). Es sei gerade nicht als „Bund" zu verstehen.

> Und auch das griechische Wort διαθήκη das die Septuaginta für *bᵉrît* setzt, hat diese Bedeutung an sich nicht, weder im klassischen noch im hellenistischen Griechisch und im allgemeinen auch in der Septuaginta nicht [...] Aber gerade in der theologischen Sprache ist διαθήκη nie „Bund" – weder in der Septuaginta noch im Neuen Testament [...] So ist die übliche Wiedergabe „Bund" für *bᵉrît* wie für διαθήκη [...] nichts anderes als der [sic!] Ergebnis einer Fehlentwicklung. διαθήκη bedeutet „Setzung", „Verfügung" – als Gottes „Setzung" Gesetz oder Verheißung. Dementsprechend ist auch *bᵉrît ḥᵃdāšā* / διαθήκη καινή, nicht „neuer Bund" und die *bᵉrît* / διαθήκη von Ex 24,8 nicht „alter Bund", sondern die „alte" bzw. die „neue Setzung" Gottes.[39]

Kutsch kommt nach einem Durchgang durch die Belegstellen zur Schlussfolgerung, dass es sinnvoller sei, den Begriff Bund zukünftig nicht mehr zu verwenden. „Mag auch ein anderes Wort vorerst fremd sein, es ist besser als ein falscher Begriff. Statt ‚neuer Bund' sollten wir also ‚neue Setzung' sagen – das ist nicht nur philologisch und theologisch korrekt, so geben wir auch dem damit gemeinten Gnadenhandeln Gottes die Ehre."[40]

In seinem für die Festschrift von Leonhard Rost erschienen Beitrag „Der Begriff בְּרִית in vordeuteronomischer Zeit"[41] führt Kutsch auch die fünf Belege

---

38 Kutsch, *Verheißung*, 154 f.
39 Ernst Kutsch, *Neues Testament – Neuer Bund? Eine Fehlübersetzung wird korrigiert* (Neukirchen: Neukirchener Verlag, 1978), 166 f.; vgl. auch Zenger, „Die Bundestheologie," 17 f.
40 Kutsch, *Fehlübersetzung*, 168; vgl. auch Zenger, „Die Bundestheologie," 18.
41 Ernst Kutsch, „Der Begriff בְּרִית in vordeuteronomischer Zeit," in *Das ferne und nahe Wort: Festschrift für Leonhard Rost zur Vollendung seines 70. Lebensjahres*, BZAW 105, hg. v. Fritz Maass, (Berlin: Walter de Gruyter, 1967), 133–43.

aus dem Buch Hosea Hos 2,20; 6,7; 8,1; 10,4 und 12,2 an, um seine Begrifflichkeit zu applizieren und zu erproben.

Der erste Beleg im Hoseabuch, Hos 2,20a, ist insofern ungewöhnlich, als
der Bund nicht mit Israel, sondern mit der Tierwelt geschlossen wird, jedoch
Israel zugutekommen soll.[42]

| | |
|---|---|
| „Und ich werde für sie (לָהֶם) eine *berît* schneiden an jenem Tage, mit (עַם) dem Getier des Feldes und mit dem Vogel des Himmels und dem Gewürm des Ackerbodens." | וְכָרַתִּי לָהֶם בְּרִית בַּיּוֹם הַהוּא עִם־חַיַּת הַשָּׂדֶה וְעִם־עוֹף הַשָּׁמַיִם וְרֶמֶשׂ הָאֲדָמָה |

Ernst Kutsch versteht *berît* als Verpflichtung, die JHWH der Tierwelt zu Gunsten
Israels (לָהֶם) auferlegt. Von den drei Bedeutungsvarianten, die Kutsch vor-
schlägt, läge somit die Verpflichtung eines anderen durch die Gottheit vor.

Die beiden Belege in Hos 10,4[43] und Hos 12,2 sind laut Kutsch im Sinne
einer Selbstverpflichtung des Nordreiches zu verstehen. Eine solche Deutung ist
zwar möglich, aber nicht zwingend. Es ist zu vermuten, dass die politischen
Rahmenbedingungen dazu nötigten, sich auf die politisch-militärischen Vorgaben Assurs einzulassen.

Zu Hos 10,4:

| | |
|---|---|
| Sprüche haben sie gesprochen; Selbstverfluchungen der Nichtigkeit, Schneiden einer *berît*, so dass aufsprosst wie Giftkraut das Recht / an den Furchen des Feldes. | דִּבְּרוּ דְבָרִים אָלוֹת שָׁוְא כָּרֹת בְּרִית וּפָרַח כָּרֹאשׁ מִשְׁפָּט עַל תַּלְמֵי שָׂדָי׃ |

In der Auflistung des Versagens der Könige von Hos 10,4 דִּבְּרוּ דְבָרִים „Sprüche
haben sie gesprochen"[44] (d. h. sie haben leere Worte gemacht) und אָלוֹת שָׁוְא

---

42 Ausführlicher dazu Heinz-Dieter Neef, *Die Heilstraditionen Israels in der Verkündigung des Propheten Hosea*, BZAW 169 (Berlin/New York: Walter de Gruyter, 1987), 127–42; vgl. auch den Beitrag von Neef im vorliegenden Band: „Tierbund in Hosea 2,20".

43 Nach Roman Vielhauer, *Das Werden des Buches Hosea. Eine redaktionsgeschichtliche Unter-suchung*, BZAW 349 (Berlin/New York: Walter de Gruyter, 2007), 171 f. ist V. 3 mit V. 7 Teil einer Bearbeitungsschicht, die 1 Sam 12,14.24f voraussetzt. „Die Wurzel יָרֵא spielt in dtn.-dtr. Texten eine herausgehobene Rolle. Im Hoseabuch begegnet sie dagegen nur an dieser Stelle" (ebd., 172, Anm. 29).

44 Die finite Verbform wird häufig, in Anlehnung an das Partizip der LXX λαλῶν, an die fol-genden absoluten Infinitive von V. 4a angeglichen (vgl. BHS, Rudolph, Wolff, Jeremias). Ande-rerseits bietet MT die *lectio difficilior*.

„Selbstverfluchungen der Nichtigkeit" (d. h. sie schwören Meineide) vermutet Kutsch hinter der dritten Formulierung כָּרֹת בְּרִית „Schneiden einer bᵉrît" „das Moment des Trügerischen"[45]. Da „Betrug [...] aber nur bei der Selbstverpflichtung eine Rolle spielen" könne, bedeute כרת ברית hier: „‚Verpflichtungen übernehmen' (ohne Rücksicht darauf, ob man sie einhalten will oder kann)."[46]

In der Formel כרת ברית führt das Momentum des Trügerischen nicht notwendig zu einer Deutung als reine Selbstverpflichtung, da der Betrug ein Gegenüber voraussetzt, das man betrügen will. Innerhalb der konzentrisch arrangierten Prophetenworte 10,1–8 befassen sich V. 3–4 und V. 7 mit dem Fehlverhalten der Könige. Dabei liegt der Streitpunkt nicht auf der begrifflichen Auseinandersetzung zwischen „Selbstverpflichtung" und „gegenseitiger Verpflichtung", vielmehr wird die Unzuverlässigkeit der getroffenen Abmachung inkriminiert. Nicht so sehr „außenpolitische Absprachen"[47] dürften im Fokus der Anklage stehen, sondern „innenpolitische[r] Wortbruch bei Verträgen zwischen König und Volk",[48] wie die verheerenden Folgen königlichen Fehlverhaltens zeigen. Dieses bringt eine gesellschaftliche Zerrüttung als Ausdruck gestörter Reziprozität mit sich, da „als Folge der Vertragsbrüche das Recht im Lande außer Kraft gesetzt"[49] sei. Warum für Kutsch eine gegenseitige Verpflichtung nicht in Frage kommt, erschließt sich nicht aus dem Textzusammenhang.

Die Parallele von אָלוֹת und בְּרִית in 10,4[50] bietet zusätzlich die Gelegenheit zu einer Zwischenreflexion, um Kutschs Verengung der Bedeutung von בְּרִית auf „Verpflichtung" in den weiteren Kontext des biblischen und altorientalischen Sprachgebrauchs zu rücken, wie er beispielsweise von Moshe Weinfeld mehrfach herausgestellt wurde. Die beiden hebräischen Begriffe kommen auch in Gen 26,28; Dtn 29,11.13.20; Ez 16,59; 17,18 zusammen vor und geben die Idee eines verbindlichen Eides wieder, wie auch das neuassyrische Hendiadys *adê māmīt* „Eid des beschwörenden Spruchs" oder *adê u māmīte* „Eide und Schwüre" für älteres akkadisches *riksu u māmītu* „Bund und Schwurspruch".[51] Die

---

**45** Kutsch, „Begriff," 136.

**46** Kutsch, ebd.

**47** Jörg Jeremias, *Der Prophet Hosea*, ATD 24/1 (Göttingen: Vandenhoeck & Ruprecht, 1983), 130.

**48** Jeremias, ebd.

**49** Jeremias, ebd. Da es Aufgabe der Rechtsprechung ist, das friedliche Zusammenleben in der Gesellschaft zu gewährleisten, beschädigt eine Störung des Rechts den gesellschaftlichen Zusammenhalt.

**50** Die folgenden Überlegungen verdanke ich Hans Ulrich Steymans.

**51** Moshe Weinfeld, "Covenant," in *Encyclopedia Judaica*. Bd. 5 (Jerusalem: Keter, 1971), cols.1012–22. (Second Edition. Detroit: Macmillan, 2007), 249–53, hier: 249. Zur Einordnung in die altorientalischen Kulturen siehe ders., "Covenant Making in Anatolia and Mesopotamia," *JANES* 22 (1993): 135–39; ders., "The Common Heritage of Covenantal Traditions in the Ancient

akkadischen Ausdrücke sind abgeleitet von den Verben *rakāsu* „binden" und *awû* „sprechen". Hier gilt es zu beachten, dass die Enzyklopädie einer Sprache als kulturelles Gut alle Verwendungen der Lexeme in den verschiedensten Kontexten zu berücksichtigen hat. Für *bᵉrît* in einem grundlegenden Wörterbuch zum Erlernen der Sprache die Grundbedeutung „Verpflichtung" anzusetzen, mag angehen, sie wird jedoch dem Bedeutungsumfang einer Enzyklopädie nicht gerecht. Schon ein hebräisches Wörterbuch wie die 17. Auflage von Gesenius von 1915 listete folgende deutsche Wiedergaben für das Wort auf: 1. eine Abmachung, die durch eine feierliche Zeremonie einen besonders verpflichtenden Charakter bekommt, 2. – in der religiösen Sprache – die *Berith*, die Gott mit einzelnen Menschen oder mit Israel schließt, was entweder bedeutet, dass er ihnen eine Verpflichtung auferlegt, oder dass er sich selbst verpflichtet, oder beides zusammen.[52] In der Gesamtausgabe der 18. Auflage von Gesenius von 2013 wird zwischen I. allgemeiner, II. theologischer und III. kultischer Verwendung (im Masoretentext) unterschieden. Unter allgemeinem Gebrauch (I.) sind aufgeführt: Abmachung, Bund, Übereinkommen, Vereinbarung, Verpflichtung, Vertrag. Besonders entfaltet sind dabei 1. Verpflichtung, 2. Abkommen, Abmachung zwischen Siegern und Besiegten, Mächtigen und Abhängigen, 3. Bündnis, gegenseitiges Abkommen, Vertrag, 4. Freundschaftsbund, 5. bildliche Verwendung, darunter Hos 2,20 „Bund mit den Tieren des Feldes". Die theologische Verwendung (II.) zieht der herkömmlichen Übersetzung „Bund" die von Kutsch favorisierte Bedeutung „Verpflichtung" (des Menschen durch Jahwe) oder Selbstverpflichtung bzw. Zusage JHWHs gegenüber den Menschen vor. Von Seiten Gottes bedeute *bᵉrît* „Inpflichtnahme, Satzung, Verpflichtung" und „Zusage", von Seiten des Menschen: „Erfüllung der Verpflichtung, Halten der Satzung" und „Übertretung der Verpflichtung, Bruch des Gesetzes, der Satzung oder Vereinbarung". Schließlich ist als weitere Bedeutung (III.) „Verband, Gemeinde, Gemeinschaft" im kultischen Sinne angeführt.[53] Kutsch buchstabiert demnach

---

World," in *I trattati nel mondo antico: forma ideologia funzione*, ed. L. Canfora et al. (Rom: "L'erma" di Bretschneider, 1989), 175–91.

52 Wilhelm Gesenius, *Hebräisches und Aramäisches Handwörterbuch über das Alte Testament*, hg. Frants Buhl (17. Auflage, unveränderter Neudruck. Berlin/Göttingen/Heidelberg: Springer-Verlag, 1962), 116. Gesenius listete auch noch 3. *Berith* der jüdischen Religion und 4. Bundesmittler auf.

53 Wilhelm Gesenius, *Hebräisches und Aramäisches Handwörterbuch über das Alte Testament. Gesamtausgabe*, bearb. u. hg. v. Rudolf Meyer und Herbert Donner (18. Auflage. Heidelberg: Springer-Verlag, 2013), 176 f. Wenngleich die Literaturangaben am Ende des Lexems בְּרִית neben Moshe Weinfeld nur Ernst Kutsch und Lothar Perlitt anführen, deren Einfluss auf die theologische Verwendung von *bᵉrît* im Artikel erkennbar ist, lässt sich die Vielfalt der Bedeutungen nicht auf die Übersetzung „Verpflichtung" engführen.

den Gebrauch in der religiösen Sprache aus und vernachlässigt den rituellen, zwischenmenschlichen Aspekt des Ausdrucks „einen Bund schneiden (*kārat*)", den das biblische Hebräisch für den Abschluss eines Bundes verwendet. Mag es sich bei diesem Ausdruck auch um eine verblasste Metapher handeln, diese Redewendung stammt von der Zeremonie, welche den Abschluss der *bᵉrît* begleitete, nämlich das Zerschneiden eines Tieres. Die gleiche Redewendung taucht in aramäischen Sefire-Verträgen als *gzr ᶜdy* und in der phönizischen Beschwörung aus Arslan Tash mit *krt l't* auf. Die Zeremonie drückt eine Selbstverfluchung aus, in welcher der Verpflichtete anerkennt, dass die Zerschneidung ihn selbst treffen soll, falls er der eingegangenen Verpflichtung nicht nachkommt. Der Assyrerkönig Assurbanipal brachte dies in einer von Andreas Fuchs kommentierten Königsinschrift deutlich zum Ausdruck:

> *Dunanu [...], der an meiner königlichen Macht gerüttelt hatte, schlachtete ich wie ein Schaf auf der Schlachtbank [...] und schnitt ihm seine Gliedmaßen ab.* Der Vergleich der Hinrichtung mit dem Schlachten eines Schafes ist ein deutliches Indiz dafür, dass hier [...] ein Eidbruch geahndet worden ist, indem man [...] eine finstere, für den Fall des Eidbruches ausgesprochene Verwünschung wörtlich übersetzt hat. Derselbe Vertragstext, der Eidbrüchigen [...] das Mahlen der Knochen durch die eigenen Kinder androhte, [...] enthält auch die folgende [...] Drohung [...]: [...] *So wie man jungen Schafböcken und Schafen, männlichen und weiblichen Lämmern (den Bauch) aufschlitzt, so dass sich ihre Gedärme um ihre Füße schlingen – genau so sollen sich Eure Gedärme und die Gedärme Eurer Söhne und Töchter um Eure Füße schlingen!* Ähnliches bietet der Text eines anderen Vertrages, den gut ein Jahrhundert früher der Assyrerkönig Aššurnārārī V. (755–746) seinem Vertrags-»Partner«, dem syrischen Kleinkönig Matiᶜ-ilu aufgezwungen hatte. Um das Abstraktionsvermögen seines Gegenübers nicht übermäßig zu strapazieren, zeigte sich der assyrische Oberherr ehrlich bemüht, dem neuen Vasallen Matiᶜ-ilu die Folgen eines eventuellen Vertragsbruches möglichst konkret und lebensnah vor Augen zu führen. Ein Lamm, das zur Besiegelung des Vertragsabschlusses geopfert wurde, diente als Anschauungsmaterial: [...] *Dieser Kopf hier ist nicht der Kopf eines Lammes, es ist der Kopf des Matiᶜ-ilu, es ist der Kopf seiner Kinder, seiner Großen und der Bewohner seines Landes!*[54]

In den Verträgen von Sefire wurde nicht ein Schaf, sondern ein Kalb zerstückelt.[55] Die rituelle Verwurzelung der Verwendung des Ausdrucks *kārat bᵉrît*,

---

54 Andreas Fuchs, „Waren die Assyrer grausam?," in *Extreme Formen von Gewalt in Bild und Text des Altertums. Kolloquium, Ludwig-Maximilians-Universität, Juni 2003*, Münchner Studien zur Alten Welt 5, hg. v. Martin Zimmermann (München: Herbert Utz Verlag, 2009), 65–120, hier: 102 f. Hervorhebungen im Original.
55 Sefire I A Z 40: *[Und wie] dieses Kalb zerstückelt wird (ygzr), so werde zerstückelt (ygzr) Mati-Il und werden zerstückelt seine Großen.* Die Verwendung desselben Verbs *gzr* „schneiden" in diesem Vergleichsfluch wie in der Wendung *wᶜdy' zy gzr* in Z. 7 zeigt, dass die Behauptung Kutschs, aramäisches *gzr* bedeutet „bestimmen, festsetzen" unhaltbar ist. Wenn die Sefire-Verträge „bestimmen, festsetzen" sagen wollen, verwenden sie in derselben Z.7 die Wendung

wie er in Hos 10,4 vorkommt, ordnet den Gebrauch des hebräischen Wortes *bᵉrît* in den Zusammenhang der Verfluchung ein, der im Alten Orient mit Verträgen und Vereidigungen verknüpft war. Insofern hat Kutsch Recht. Ist der Verpflichtete das Subjekt von *kāraṯ bᵉrît*, lädt er die in der Metapher implizierte Verfluchung auf sich selbst. Doch die Verfluchung dient der Herstellung einer Treuebeziehung zu jemandem, bei deren Bruch man die im Fluch angedeutete Strafe auf sich nimmt. In einer Kultur, die selbst einen laut ausgesprochenen Gruß oder Segen als Verwünschung (*qᵉlālāh*) verstehen konnte (Spr 27,14), wird 10,4a mit der Parallelstellung von Gesprochenem (vgl. die Herleitung des akkadischen *māmītu* vom Verb „sprechen"), Eiden und der geschnittenen *bᵉrît* auf Zeremonielles, laut Proklamiertes und öffentlich Vollzogenes hinweisen, das nur dann sinnvoll sein kann, wenn es von anderen wahrgenommen und als Verpflichtungs- oder Sprechakt gedeutet wird. Dieses Verpflichtungshandeln ist also grundsätzlich auf Beziehung hin angelegt, es soll Beziehung stabilisieren und Vertrauen schaffen. Kutsch hat wohl Recht, wenn er die Qualifikation שָׁוְא auf alle drei Handlungen in 10,4a bezieht und als in trügerischer Absicht vollzogen deutet. Dies impliziert jedoch, dass die sich Verpflichtenden auf ein Gegenüber bezogen sind, das sie betrügen wollen, das aber seinerseits Treue und Aufrichtigkeit erwartet hätte. Das Reziproke ist somit zumindest in der Möglichkeit zu täuschen, also Erwartungen zu enttäuschen, enthalten.

In den gesellschaftlichen und politischen Bereich verweist auch Hos 12,2b.

| | |
|---|---|
| Eine *bᵉrît* schließen sie mit Assur | וּבְרִית עִם־אַשּׁוּר יִכְרֹתוּ |
| doch Öl wird nach Ägypten gebracht.[56] | וְשֶׁמֶן לְמִצְרַיִם יוּבָל |

Wenn Öllieferung nicht lediglich als Tauschwarenhandel zu verstehen ist, sondern „als Akt der Huldigung, durch den ein Niedrigergestellter einem Mächtigeren ‚Ehre' zuwendet, ihn in seiner ‚Autorität' anerkennt"[57], dann wird ein Schuldtatbestand festgehalten. Denn gleichzeitig steht Ephraim in der Verpflichtung gegenüber Assur: וּבְרִית עִם־אַשּׁוּר יִכְרֹתוּ „Eine *bᵉrît* schließen sie mit Assur." Kutsch legt besonderen Wert darauf, dass *bᵉrît* „weder die Herstellung eines Bundes noch die Verpflichtung des Mächtigeren, etwa Assurs" meine, „sondern nur die Selbstverpflichtung des Nordreiches, wie sie in der Unterwerfung des

---

שמו עדיא אלין mit dem Verb *śym*, wie es in 2 Sam 23,5 mit *bᵉrît* gefügt ist und dem assyrischen *adê šakānu* entspricht.

**56** MT formuliert יוּבָל „wird gebracht". BHS/Quinta schlägt eine Pluralbildung יובלו „sie bringen" vor und vermutet eine Haplographie des Schlusskonsonanten ו mit dem Beginn von V. 3: וְרִיב לַיהוָה עִם־יְהוּדָה.

**57** Kutsch, „Begriff," 135 f.

israelitischen Königs Hosea ben Ela unter den Assyrer Tiglatpileser III. im Jahre 733 erfolgt ist (vgl. Hos 5,13; 8,9)."[58] In der Tat legen beide, von Kutsch als Vergleich angeführte Textstellen 5,13 und 8,9 wie auch der unmittelbar vorausgehende Halbvers 12,2a ein anbiederndes Verhalten des Nordreiches nahe, das nach der Überschrift Hos 12,1a „mit Täuschung" (בְכַחַשׁ) „und mit Betrug" (וּבְמִרְמָה) geschah.[59] Auch wenn hier eine freigewählte Unterwerfung und Selbstverpflichtung im Hintergrund stehen kann, so liegt doch der Akzent nicht auf der Möglichkeit einer freien Wahl, sondern auf einer orientierungslos, ja panisch agierenden Politik, wo Israel „von einem ‚Wind' zum nächsten läuft, kaum mit der einen Weltmacht paktiert hat und schon zur anderen Öl als Huldigungsgabe bringt (Verb wie in 10,6), durch die ihre Oberhoheit über Israel in symbolischer Handlung anerkannt wird [...]."[60] Doch selbst im Falle freiwilliger Selbstverpflichtung oder Eidleistung, die über ein Jahrzehnt vor 733 zwischen Aššurnārārī V. und Matiᶜ-ilu durch politisch-militärischen Druck veranlasst war, entsteht ein reziprokes Verhältnis, freilich nicht auf Augenhöhe, sondern in Über- und Unterordnung.

Die beiden Belege Hos 6,7 und Hos 8,1 unterscheiden sich insofern von den zuvor genannten, als es hier unter Umständen um eine JHWH-*bᵉrît* geht. Zu Hos 6,7 vermerkt Kutsch lediglich, es ergäben sich keine neuen Gesichtspunkte. Der Bedeutung „Bund" sei die von ihm vorgeschlagene Übersetzung „Verpflichtung" vorzuziehen. Der einschlägige Text ist rätselhaft. Er spricht von einem „Bund in Adam", wörtlich: „wie Adam".

| | |
|---|---|
| Sie indes, sie haben bei [wie] Adam eine | וְהֵמָּה כְּאָדָם עָבְרוּ בְרִית |
| *bᵉrît* übertreten; | שָׁם בָּגְדוּ בִי: |
| dort haben sie mir die Treue gebrochen." | |

Die Stelle ist schwer zu deuten. Textkritische Korrekturen ersetzen die Vergleichspartikel כ „wie" durch ב „in, bei" und verstehen „Adam" als Ortsangabe.

---

**58** Kutsch, ebd., 136.

**59** Allerdings ist zu fragen, gegen wen sich das inkriminierte Verhalten richtet. Nach Hans-Walter Wolff, *Dodekapropheton 1: Hosea*, BK (Neukirchen-Vluyn: Neukirchener Verlag ³1976), 269 f. ist in der Prophetenrede der Prophet selber der Betrogene. Nach Jeremias, *Der Prophet Hosea*, 151 richtet sich das betrügerische Verhalten im Kontext von Kap. 12 gegen JHWH. Es meine „nicht mehr nur Vertrauen auf und Hilfesuche bei den Weltmächten (V. 2), sondern auch Unterdrückung der Mitmenschen im Handel (V. 8 f.), trügerischen Baalskult (V. 12.14) und dazu all jene Nuancen des Verrats, auf die die Jakobserzählung in V. 4 f. anspielt" (ebd.).

**60** Jeremias, *Der Prophet Hosea*, 152. Als möglichen zeitgeschichtlichen Hintergrund nimmt Jeremias an: „Angespielt ist wohl einerseits auf Hosea ben Elas Unterwerfung unter Assur 732, andererseits auf seine Verhandlungen mit Ägypten nach dem Tod von Tiglat-Pileser III. (727); vgl. 2 Kön 17,3 f.)." (ebd.).

Weitere, im Kontext erwähnte Orte würden dies nahelegen, vor allem aber die Fortführung mit der lokalen Partikel שָׁם „dort" im zweiten Halbsatz. Demnach sei auch אָדָם als Ortsangabe zu verstehen, so die Mehrzahl der Ausleger.[61] Die Diskussion um das Verständnis der Stelle ist nach wie vor offen. Die Mehrheit der Exegeten votiert für eine Lesung „in/bei Adam" im Sinne einer Ortsangabe. Deutet man die ursprüngliche Aussage „wie Adam" auf die Bewohner dieses Ortes, ergibt sich die sinnvolle, nahe am Text bleibende Übersetzung: „wie (die Bewohner von) Adam.

Für die Frage nach Spuren einer Bundestheologie bei Hosea verdient die Formulierung עָבְרוּ בְרִית „sie haben eine *bᵉrît* übertreten" besondere Aufmerksamkeit. Ist hier eine JHWH-*bᵉrît* im Blick? Die Meinungen hierzu sind geteilt. Gegen eine JHWH-*bᵉrît* wird eingewandt, dass bei einem solchen Verständnis – ähnlich wie in Hos 8,1 עָבְרוּ בְרִיתִי „meine *bᵉrît* haben sie übertreten" – das Suffix der 1. Person zu erwarten wäre. So etwa Lothar Perlitt. Nach ihm könne deshalb ein Bundesbruch mit JHWH nicht gemeint sein. Es müsste sonst heißen: „In Adam brachen sie meinen Bund"[62]. Die Formulierung in V. 7a mit unbestimmtem Objekt ist auffällig offen gehalten. Die syrischen Versionen S und

---

**61** Martin Buber bleibt bei MT und übersetzt: „Sie aber, nach Menschenweise, haben den Bund übertreten, verraten haben sie mich dort." Ähnlich Dominique Barthélemy, *Critique textuelle de l'Ancien Testament*. Tome 3: Ézéchiel, Daniel et les 12 Prophètes, OBO 50/3 (Fribourg Suisse/Göttingen: Editions Universitaires, Vandenhoeck & Ruprecht, 1992), 527–31, hier: 531: „'Mais eux, comme Adam, ils ont transgressé mon alliance'. […] Au lieu de 'comme Adam', les traductions 'comme des hommes' ou 'comme à Adam' sont, elles aussi, possibles mais moins probables." Neuerdings hat Nadav Náaman, "Harsh Criticism of Pekah's Rebellion in the Book of Hosea," *BN* 188 (2021): 43–49 vorgeschlagen, von einem Schreibfehler der beiden Buchstaben *dalet/resch* in כאדם auszugehen und stattdessen כארם „wie Aram" zu lesen. Die sich anschließende Ortspartikel שם würde sich dann auf „Aram" beziehen. Dabei nimmt Na'aman Bezug auf ein neuassyrisch belegtes Verschwörungsdokument (ABL 1091) mit einem "treaty of rebellion" (*adê ša sīḥi*)". "I suggest that Rezin and Pekah reached a similar agreement, sworn by oath, whose aim was to kill Pekahiah and set Pekah on the throne of Israel, and that Hosea's prophecy refers to this treaty." (ebd., 45). Kritisch dazu die Kurzrezension von Erasmus Gaß, *ZAW* 2021 (133): 392.

**62** Lothar Perlitt, *Bundestheologie im Alten Testament*, WMANT 36 (Neukirchen-Vluyn: Neukirchener Verlag, 1969), 143 f. Ähnlich auch Wilhelm Rudolph, *Hosea*, KAT XIII,1 (Gütersloh: Gütersloher Verlagshaus Gerd Mohn, 1966), 142.145 in seinem Kommentar: „Daß sich wegen V. 7b der in Adam gebrochene Bund (V. 7a) auf den Bund mit Jahwe, also letztlich auf den Sinaibund beziehen müsse (Wolff u. a.), ist ein voreiliger Schluß, denn dann wäre wohl ,mein Bund' zu erwarten gewesen". Georg Fohrer, „Der Vertrag zwischen König und Volk in Israel," *ZAW* 71 (1959): 1–22, hier: 15 f. nimmt an, „daß sich der Vertragsbruch auf den ,Königsvertrag', d. h. auf den Vertrag zwischen König und Volk beziehe, daß also in Adam dem regierenden König der Gehorsam aufgekündigt wurde und damit die Revolution begann, die sich dann in Gilead und auf dem Weg nach Sichem blutig fortsetzte."

der Targum ergänzen das Suffix, was als *lectio facilior* gelten kann. Deshalb ist der Masoretentext als *lectio difficilior* beizubehalten, so auch Andres Alexander Macintosh[63] und Roman Vielhauer.[64]

Für eine theologische Deutung des Bruches der *bᵉrît* wird vor allem auf die Fortführung in Hos 6,7b verwiesen: שָׁם בָּגְדוּ בִי „dort haben sie mir die Treue gebrochen". Deshalb sehen mehrere Autoren hier einen JHWH-Bund gegeben, unter ihnen Alfons Deissler,[65] Hans-Walter Wolff,[66] Heinz-Dieter Neef,[67] Marvin A. Sweeny[68], um nur einige zu nennen. Nach Jörg Jeremias wird hier eine politische Vertragsbrüchigkeit inkriminiert, doch betont er, da bei Vertragsschlüssen die Gottheit mit involviert sei, auch die theologische Tragweite der Vertragsbrüchigkeit.[69] Insgesamt bleibt die Frage nach dem Verständnis von Hos 6,7 umstritten.

In Hos 8,1 ist ausdrücklich בְּרִיתִי „meine *bᵉrît* " erwähnt, die im zweiten Halbvers mit תּוֹרָתִי „meine Weisung" fortgeführt wird.[70]

| | |
|---|---|
| „An deinen Gaumen ein Schofar! | אֶל־חִכְּךָ שֹׁפָר כַּנֶּשֶׁר עַל־בֵּית יְהוָה |
| Wie der Geier [kommt's] über (עַל) das Haus JHWHs. | |
| Denn übertreten haben sie meine *bᵉrît*, | יַעַן עָבְרוּ בְרִיתִי וְעַל־תּוֹרָתִי פָּשָׁעוּ: |
| und gegen meine Weisung haben sie gefrevelt." | |

Auch hier operiert Ernst Kutsch mit der Bedeutung „Verpflichtung". Zwar sei JHWH aufgrund des Suffixes das Subjekt der *bᵉrît*, doch könne es sich nicht um

---

**63** Andres Alexander Macintosh, *Hosea*, ICC (Cambridge: Bloomsbury T&T Clark, 1997), 236–39.

**64** Vielhauer, *Werden*, 80 f.

**65** Alfons Deissler, *Zwölf Propheten: Hosea – Joël – Amos*, NEB. (Würzburg: Echter Verlag, ²1985), 33.

**66** Wolff, *Hosea*, 155: „Daß ברית hier nicht irgendeinen Vertrag meint, sondern die Gemeinschaft mit Jahwe, beweist b: ,gegen mich handeln sie treulos'."

**67** Neef, *Heilstraditionen*, 154 f.

**68** Marvin A. Sweeny, *The Twelve Prophets. Vol 1: Hosea, Joel, Amos, Obadiah, Jonah*, Berit Olam Series (Collegeville, Minnesota: Liturgical Press, 2000), 74: "Hosea 6:7–11a charges Israel with violation of their covenant with YHWH".

**69** Jeremias, *Der Prophet Hosea*, 93: „Mit Sicherheit steht der Vertragsbruch nicht zufällig am Anfang [...] Hosea verurteilt auch andernorts das unbekümmerte Schließen und erneute Brechen von Verträgen scharf (vgl. 10,4; 12,2; auch 4,2), nicht nur weil dabei die Verläßlichkeit des Wortes auf der Strecke bleibt, sondern vor allem weil Treubruch an Jahwe vollzogen wird, da man ihn als Vertragsgaranten im bindenden Eid der Partner angerufen hat (10,4)." So auch schon Josué Jean Philippe Valeton, „Bedeutung und Stellung des Worts berit im Priesterkodex ...," *ZAW* 13 (1893): 245–79, hier: 247.

**70** Ausführlicher dazu der Beitrag von Roman Vielhauer in diesem Band: „Bundestheologie in Hos 8? Eine Spurensuche".

eine Selbstverpflichtung JHWHs handeln. Denn: „Diese Annahme führt zu der Konsequenz, daß dann Israel eine Verpflichtung übertreten hätte, deren Erfüllung Jahwe oblegen hätte. Da dies aber logisch unmöglich ist, muß ברית hier anders verstanden sein."[71] Gemeint ist laut Kutsch eine ברית im Sinne einer Verpflichtung, die JHWH Israel auferlegt. Auch hier sei keine gegenseitige Verpflichtung und damit ein „Bund" intendiert, sondern eine einseitige Inpflichtnahme Israels durch JHWH.

Die semantischen Studien von Kutsch haben nicht nur viel Anklang gefunden, sondern auch Widerspruch erfahren. Kutsch war einst angetreten, um die fixe Übersetzung aller ברית-Belege mit „Bund" differenzierter wiederzugeben. Seine konsequente Übersetzung von ברית mit „Verpflichtung" führte in eine neue Verengung. Sehr pointiert formulierte James Barr:

> Kutsch's insistence that $b^e r\hat{\imath}t$ consists always and only in obligation and that it does not include the establishment of a relationship seems to be strange; and the whole discussion seems dominated by a strong sense of the opposition between grace and law, promise and law, which makes the reader uncomfortable.[72]

Die semantischen Untersuchungen von Kutsch sind mit der Fixierung auf eine inhaltliche Alternative zum Ausdruck „Bund" zu sehr vom jeweiligen Kontext und Begründungszusammenhang gelöst, so dass die Funktion und Leistung des Wortes $b^e r\hat{\imath}t$ aus dem Blick geraten. Die fehlende Unterscheidung zwischen „meaning" und „reference" führt dazu, dass eine festliegende Bedeutung durchgängig angewandt wird, ohne den jeweiligen Zusammenhang zur Genüge in den Bedeutungsgehalt mit einzubeziehen. Norbert Lohfink weist auf die verschiedenen Referenzen in der Rede vom Bund hin, die für die inhaltliche Bestimmung wie für die Frage des Alters von ברית zu beachten sind.[73] Nach Georg Braulik sind allein im Buch Deuteronomium mehrere verschiedene Sachverhalte mit dem Wort ברית verbunden: die Landzusage an die Väter, der Dekalog bzw. sein erstes Gebot oder ein öffentlicher Eid, mit dem sich Israel auf das deuteronomische Gesetz verpflichtet.[74]

---

71 Kutsch, „Begriff," 138.
72 James Barr, "Some Semantic Notes on the Covenant," in *Beiträge zur alttestamentlichen Theologie. Festschrift für Walther Zimmerli zum 70. Geburtstag*, hg. v. Herbert Donner, Robert Hanhart und Rudolf Smend (Göttingen: Vandenhoeck & Ruprecht, 1977), 23–38, hier: 27.
73 Lohfink, „Bundestheologie," 337–41. Lohfink spricht von der „Differenziertheit der Referenz des Wortes ברית in den dtr Texten" (ebd., 338) und von einer „Dreiheit der Referenz" (ebd., 339) im Deuteronomium.
74 Georg Braulik, „Die Ausdrücke für ‚Gesetz' im Buch Deuteronomium," in *Studien zur Theologie des Deuteronomiums*. SBAB 2, hg. v. Georg Braulik (Stuttgart: Katholisches Bibelwerk, 1988), 11–38 (= Ders., *Bib.* 51 [1970]: 39–66), hier: 15–17: „Fassen wir zusammen: in den auf die Horeboffenbarung bezogenen Stellen 4,13.23; 5,2.3; 9,9.11.15; 10,8; 17,2; 28,69b; 29,24; 31,9.16.20.25.26 steht $b^e r\hat{\imath}t$ für den Dekalog. Die Moab$b^e r\hat{\imath}t$ in 29,8.11.13.20 meint einen Eid,

Erich Zenger hält es für möglich, dass die „unterschiedlichen Bedeutungen von
$b^e rît$ mit unterschiedlichen Phasen der dt/dtr Theologie"[75] zusammenhängen.
Zugleich könne die Funktion von $b^e rît$ darin liegen, dass das Wort in einem umfas-
senderen Begründungszusammenhang als „Leitwort" wirke. Eine solche neue
kontextbezogene Leistung von $b^e rît$, die eine Desemantisierung des Begriffs impliziert, kann von einer inhaltlichen Fixierung, wie Kutsch sie vornimmt, kaum wahrgenommen werden. Insofern trägt die Studie von Kutsch die Früchte ihrer eigenen
Vorentscheidungen aus.

## 2.2 Lothar Perlitt und die Spätdatierung der Bundestheologie

Perlitt hat die semantischen Überlegungen von Kutsch aufgegriffen und sie weitgehend übernommen.[76] Perlitts Spätdatierung der Bundestheologie, die sich weitgehend durchgesetzt hat, lässt sich auf Auffassungen in der bibelwissenschaftlichen
Forschungsgeschichte zurückführen, mit denen sich seine Doktorarbeit beschäftigt hatte. Er hat sich in seiner Dissertation über Wilhelm Vatke und Julius Wellhausen[77] mit einer exegetischen Epoche vertraut gemacht, in der das Wort „Bund"
als Spätling galt und wenig mit der prophetischen Inspiration zu tun hatte. Diese
Auffassung stand in einem scharfen Kontrast zur Bundes-Euphorie, die im Gange
war, als Perlitt seine Habilitation über die *„Bundestheologie im Alten Testament"*[78]

---

durch den sich Israel zum Halten des Dekalogs und des dtn Gesetzes verpflichtet, während die
*dibrê habb$^e rît$* in 28,69a den Schwurtext überhaupt bezeichnen." (ebd., 17). Vgl. auch Zenger,
„Die Bundestheologie," 27 f.

**75** Zenger, „Die Bundestheologie," 28, Anm. 51.

**76** Lothar Perlitt u. a., „Bund," in *EKL* 1, hg. Erwin Fahlbusch u. a. (Göttingen: Vandenhoeck &
Ruprecht. ³1986), 565–75, hier: 566 f.: „Aus semantischen wie aus theologischen Gründen ist in
keinem Fall an ein (wechselseitiges) Bündnis (*pactum*) zwischen Gott und Mensch zu denken
[…] Als theologischer Begriff dient $b^e rît$ zuerst zum Ausdruck der *Selbstverpflichtung Jahwes*
gegenüber seinem Volk bzw. dessen Repräsentanten." Besonders in der priesterlichen Theologie werde der Aspekt der Verheißung und des göttlichen Gnadenhandelns betont. So sei $b^e rît$
„Ausdruck für Gottes Treue zur eigenen ‚Verpflichtung' sowie für seinen Beistand in Gegenwart
und Zukunft […] Derselbe Begriff steht nun aber seltsamerweise auch für das, was der Geber
der b. vom Empfänger fordert. So bekommt $b^e rît$ z. B. als Synonym zu *tôrāh* in der dtr. Literatur
geradezu die Bedeutung von *Gesetz*."

**77** Lothar Perlitt, *Vatke und Wellhausen. Geschichtsphilosophische Voraussetzungen und historiographische Motive für die Darstellung der Religion und Geschichte Israels durch Wilhelm Vatke
und Julius Wellhausen*, BZAW 94 (Berlin: Verlag Alfred Töpelmann, 1965).

**78** Perlitt, *Bundestheologie*.

verfasste. Das von George Emery Mendenhall und Klaus Baltzer eifrig propagierte Bundesformular, das in der assyrischen und hethitischen Welt breit bezeugt war, ließ die Bundestheologie als Erbe aus mosaischer Zeit erscheinen. Scharfzüngig und süffisant nimmt Perlitt schon in der Einführung zu seiner Habilitation darauf Bezug. „Die außerbiblischen Dokumente [...] wurden für die Erforschung des Alten Testaments besonders durch G. E. Mendenhall [...] und K. Baltzer [...] spruchreif gemacht; ersterer im Detail ungenau, aber historisch; letzter genau, aber unhistorisch."[79]

Perlitt monierte zu Recht, dass das sogenannte Bundesformular in keinem biblischen Text vollständige Anwendung finde, sondern lediglich Fragmente daraus: „Dazu sei vorab nur bemerkt, daß ein nicht wenigstens relativ vollständiges Formular kein Formular ist; vollständig erscheint das sog. Bundesformular im Alten Testament aber kaum. Mit Einzelelementen läßt sich natürlich so ziemlich alles beweisen – für den Gutgläubigen."[80]

Der seinerzeit übereifrige Gebrauch außerbiblischer Parallelen führte Perlitt dazu, sich auf biblische Texte zu konzentrieren und das außerbiblische Textmaterial außer Acht zu lassen. Dass diese damals verständliche Konzentration sich auf den Ertrag seiner Arbeit auswirken musste, liegt auf der Hand.[81] Für die Auseinandersetzung mit der deuteronomisch-deuteronomistischen Bundestheologie wie für die Rückfrage nach möglichen Vorstufen in der Prophetie des 8. Jahrhunderts wird es wichtig sein, diese Engführung zu überwinden und das außerbiblische Textmaterial in den Diskurs mit einzubeziehen.

Zudem konzentriert sich Perlitt zur Profilierung einer Bundestheologie fast ausschließlich auf die Untersuchung des Begriffes *berît*, obwohl er um die Grenzen dieser Entscheidung weiß.

> Eine Bundestheologie kann zwar gewiß nicht vom lexikalischen Befund des Wortes ברית her geschrieben werden, aber ebenso gewiß auch nicht ohne oder gegen ihn. Ein flüchtiger Blick in die Konkordanz enthüllt nämlich, warum gerade jene Bemühungen um den Gottesbund, die auf das Wort ברית beinahe ganz verzichten, zu den umfassendsten Konzeptionen gelangten: Das Wort findet sich nicht in allen, sondern nur in sehr begrenzten Textbereichen. Läßt man einmal seine Spätgeschichte (von der Priesterschrift bis zur Chronik) beiseite, so fällt die außergewöhnliche Konzentrierung des Begriffs in der Literatur des 7. bis 6. Jh.s, also der Literatur des ‚Deuteronomismus‘, ebenso auf wie die Spärlichkeit der Belege in der sicher datierbaren Prophetie des 8. Jh.s.[82]

---

79 Perlitt, *Bundestheologie*, 4.
80 Perlitt, ebd., 4 f.
81 „Als eine Schwäche des Buches muß sicher die weitgehende Ausblendung des außerbiblischen Materials gelten." Lohfink, „Bundestheologie," 330.
82 Perlitt, *Bundestheologie*, 2 f.

Die Konkordanz weist somit zunächst in die deuteronomisch-deuteronomistische Literatur des 7. und 6. Jahrhunderts, in der eine durchdachte Bundes*theologie* entworfen wurde. Welcher Stellenwert unter diesen Voraussetzungen der
prophetischen Literatur die 8. Jahrhunderts, zumal der des Hoseabuches zukommt, darauf wird eigens einzugehen sein. Dass die von den deuteronomischen Theologen entworfene ברית-Theologie die Spuren der Konflikte in sich
trägt, mit denen sich ihre Verfasser auseinanderzusetzen hatten, liegt auf der
Hand. Die Krisensituation, die diese Theologen mit ihrer Bundestheologie zu
bewältigen suchten, beschreibt Lothar Perlitt mit folgenden Worten:

> Die dt Bundestheologie ist ein Zentralmotiv der dt Bewegung und Literatur. Nicht in Zei-
> ten der Blüte (etwa unter Jerobeam II., der das 8. Jh. prägte), sondern in Zeiten der Krise
> (etwa unter Manasse, der das 7. Jh. prägte) wuchs sie heran. Ganz verschiedene Wendun-
> gen wie Ex 24,6 oder Hos 1,9 mögen innerisraelitische Anlässe und Ansätze für dieses
> Theologumenon gewesen sein. An der geschichtlichen Notwendigkeit der Abwehr alles
> Fremden, des Assyrischen wie des Kanaanäischen, mußte sich die Verschärfung des Theo-
> logumenons von der Abwehr auch der fremden Götter, der assyrischen wie der kananäi-
> schen, dann bewähren.[83]

Die deuteronomische Bundestheologie gibt sich von ihrem Ursprung her somit
als eine Theologie des ersten Gebotes zu erkennen, die kämpferisch für die alleinige Souveränität JHWHs über sein Volk eintritt angesichts vor allem des assyrischen Einflusses und der Gefahr der Überfremdung. Dies führt zu der Frage, ob
nicht auch die Prophetie des 8. Jahrhunderts, zumal die des Hosea, in diesem
Anliegen zu kämpfen hatte, unabhängig davon, ob und inwieweit das Theologumenon der ברית bei ihm Verwendung findet. Erich Zenger teilt die Hauptthe-
se Perlitts hinsichtlich der Entstehungszeit, wenn er feststellt, „daß die Berit-
Theologie erst im 7. Jahrhundert, nicht zuletzt auch als Folge der Prophetie des
Amos und des Hosea, entstand und im Kontext der [...] intoleranten JHWH-
Monolatrie zum theologisch-politischen Instrumentarium des Widerstands ge-
gen Manasse wurde".[84]

Wenn die mit der deuteronomisch-deuteronomistischen Bundestheologie
verhandelte Frage vorrangig die nach dem ersten Gebot und dem Alleinverehrungsanspruch JHWHs ist, kann es sich fürwahr nicht um ein Nebenthema biblischer Theologie handeln, unabhängig davon, ob sich diese Theologie nun des
Theologumenons der ברית bedient oder sich auf andere Weise artikuliert.

---

**83** Perlitt, *Bundestheologie*, 279 f. Zur Problematik des Begriffs „Bewegung" im Zusammenhang des deuteronomisch-deuteronomistischen Gedankenguts vgl. Norbert Lohfink, „Gab es
eine deuteronomistische Bewegung?," in *Jeremia und die „deuteronomistische" Bewegung*. BBB
98, hg. v. Walter Groß (Weinheim: Beltz Athenäum Verlag, 1995), 313–82.
**84** Zenger, „Die Bundestheologie," 22.

In dieser argumentativen Frontstellung hat sich auch Ernest Wilson Nicholson mit der Position von Perlitt auseinandergesetzt.[85] Neben einer weitgehenden Zustimmung zu dessen Positionen[86] wirft Nicholson eine andere und grundlegende Frage auf, die Kutsch und Perlitt nicht beachtet hatten. Es ist die „religionsgeschichtlich und theologisch wichtige Frage nach der Funktion des dt ‚Bundesbegriffs'".[87] Wenn die Leistung dieser Bundestheologie wesentlich darin besteht, zu einer bestimmten geschichtlichen Stunde die Identität Israels vor Überfremdung zu schützen, dann liegt in ihr – wie Erich Zenger bezugnehmend auf Nicholson formuliert – „der Schlüssel zum theologischen Proprium Israels"[88] vor. Damit vertritt die deuteronomisch-deuteronomistische Bundestheologie ein Anliegen, das dem der prophetischen Theologie zutiefst eigen ist. Und es ist zu fragen, ob nicht gerade dieser Sachzusammenhang die prophetische Theologie mit der deuteronomischen Bundestheologie verbindet. Mit den Worten von Erich Zenger:

> Die dt Bundestheologie ist die Systematisierung des von den Propheten verkündeten Alleinverehrungsanspruchs JHWHs, ihrer im Namen JHWHs geübten Staats-, Kult- und Gesellschaftskritik und ihrer Entsakralisierung der Natur. Die Bundestheologie systematisiert das Verhältnis JHWHs zu Israel und zur Schöpfung in personalen und ethischen Kategorien. Der Begriff des Bundes, der – gegen Kutsch und Perlitt – wieder zu einem

---

**85** Nicholson, *God and His People*.
**86** Nicholson, *God and His People*, 68–82, teilt mit Perlitt dessen Vorbehalte gegenüber den Einflüssen altorientalischer Literatur auf das Deuteronomium und befürwortet die Spätdatierung der Bundestheologie, die er wie Wellhausen und Perlitt als Spätling in Israel sieht. Dabei streicht er explizit den Bund als "a Theological Idea" (ebd., 83–117) heraus und insinuiert damit, dass Kutsch und Perlitt den Gebrauch von *berît* im zwischenmenschlichen Bereich dem theologischen zwischen Gott und Israel unterordnen. Ebd., 105 f.: "Rather, the conclusion to be drawn is surely that the semantic content of the word was such that it could be used indifferently for unilateral and bilateral arrangements. [...] Just how the word should be represented [...] will of course depend upon its context, which will usually provide sufficient information to enable a choice to be made between such convenient indicators as 'treaty', 'pact', 'agreement', 'solemn promise', 'obligation', etc. But what of the familiar term 'covenant', especially when used of God's *berît* with Israel, with Abraham, etc.? [...] Used [...] as a solemnly binding pledge [...] 'covenant' has the meaning of 'agreement' upon which a new relationship can be founded. Given such current uses of the word, it may be retained among the range of words which may be used for translating *berît*."
**87** Zenger, „Die Bundestheologie," 25.
**88** Ebd., 25. Zenger nimmt Bezug auf Nicholson, *God and His People*, 191–217, hier: 191: "For covenant theology proves, on closer examination, to hold the key to a question that has long occupied the attention of Old Testament scholars: the question of distinctiveness of Israel's religious faith".

Verhältnisbegriff wird, wird so auch wieder zu einem eminent wichtigen Begriff der biblischen Theologie."[89]

Perlitt überschreibt das dritte Kapitel seiner Publikation mit dem Titel: „Das ‚Bundesschweigen' der Propheten des 8. Jahrhunderts"[90]. Am ausführlichsten geht er dabei auf Hosea ein (139–52), da dieser das Wort ברית am häufigsten gebrauchte. Von den fünf Belegen spricht Perlitt lediglich Hos 8,1b dem Propheten aus dem 8. Jahrhundert ab.

Dieser oben schon zitierte Vers ist umstritten. Nicholson und andere sahen in 8,1b aufgrund der Geschlossenheit der Aussagen von V. 1–3 ein authentisches Hoseawort, was den Propheten zum direkten Vorläufer der deuteronomistischen Theologie machen würde.[91] Häufig gilt V. 1b als späterer Nachtrag. Perlitt erkennt in 8,1b die Handschrift des Deuteronomisten, ähnlich Ernst Kutsch, Winfried Thiel, Jörg Jeremias, Thomas Naumann und Martti Nissinen.[92] Die Frage ist nach wie vor eine *quaestio disputata*.

---

89 Zenger, „Bundestheologie," 25. Gerade diese grundlegende Dimension der Relationalität des Bundes hatte Kutsch in seiner Auseinandersetzung mit Johannes Pedersen, *Der Eid bei den Semiten* dadurch eliminiert, dass er durch fehlerhafte Zitierung die personale Dimension überging. Siehe oben, Anm. 36 und 37; vgl. auch Otte, *Begriff b^erît*, 40.

90 Perlitt, *Bundestheologie*, 129–55. Winfried Thiel führt die These Perlitts fort und spricht vom Bundesschweigen auch der Propheten des 6. Jahrhunderts. Vgl. Winfried Thiel, „Die Rede vom ‚Bund' in den Prophetenbüchern," in *Theologische Versuche IX* (Berlin: Evangelische Verlagsanstalt, 1977), 11–36. Darin meint Thiel: „Das ‚Bundesschweigen' der Propheten des 8. Jahrhunderts setzt sich bis in die Exilszeit fort und bekommt dadurch zusätzliches Gewicht als Argument *gegen* ein angeblich hohes Alter der Bundestheologie. Eine weitere Folgerung ergibt sich: Die Rede vom Bund ist offenbar der prophetischen Botschaft wurzelfremd, sie wurde in anderen Kreise [sic!] entwickelt, gepflegt und tradiert" (25 f.).

91 Nicholson, *God and His People*, 187: "In short, there are good reasons for believing that 8:1b derives from Hosea himself, and no convincing reasons for regarding it as a Deuteronomistic interpolation." Ähnlich Neef, *Heilstraditionen*, 162 f.; Else Kragelund Holt, „דעת אלהים und חסד im Buche Hosea," *SJOT 1* (1987): 87–103, hier: 97; McCarthy, *Treaty and Covenant*, 220 f.; Robert Kümpel, *Die Berufung Israels. Ein Beitrag zur Theologie des Hosea*. Diss. Bonn (Bonn: Manuskript unveröff., 1973), 92–98; Deissler, *Hosea*, 39 und weitere Kommentare. Vgl. auch Lohfink, „Bundestheologie," 354 f, der darauf aufmerksam macht, dass die Deuteronomisten gerade nicht von der Tora JHWHs (abgesehen von den vier Belegen 2 Kön 10,31; 2 Kön 17,13 und 2 Kön 17,34.37), sondern von der Tora des Mose sprechen.

92 Perlitt, *Bundestheologie*, 146 f.; Kutsch, *Verheißung*, 73–75; Thiel, „Bund," 12 f.; Jeremias, *Der Prophet Hosea*, 104 f.; Martti Nissinen, *Prophetie, Redaktion und Fortschreibung im Hoseabuch. Studien zum Werdegang eines Prophetenbuches im Lichte von Hos 4 und 11*, AOAT 231 (Neukirchen-Vluyn: Neukirchener Verlag, 1991), 195–99. Vgl. auch den Beitrag von Roman Vielhauer in diesem Band.

Alle weiteren Belege von *berît* – auch Hos 2,20[93] – lässt Perlitt als hoseanisch gelten. Er sieht in ihnen, abgesehen von 2,20, keine theologische Aussage gegeben. Hos 12,1 inkriminiere die Bündnispolitik mit Assur und Ägypten, wisse als nichts von einer Bundes*theologie*. In 10,4 gebrauche Hosea ברית „ohne besondere Hervorhebung sowie ohne die geringste Assoziation an eine etwa bekannte [...] JHWH-ברית."[94] Die Schuld bestünde „in der Verlogenheit solcher Verträge".[95]

Der schwer verständliche Vers Hos 6,7 (וְהֵמָּה כְּאָדָם עָבְרוּ בְרִית) verwendet ברית ohne Suffix und erweise sich gerade dadurch als nicht-deuteronomistisch, sondern wie 12,2 und 10,4 als hoseanisch. Die konkrete Schuld bestünde auch in 6,7a im Vertragsbruch, V. 7b bringe die Deutung (שָׁם בָּגְדוּ בִי). Von einem JHWH-Israel-Bund sei nicht die Rede.[96] Für Lothar Perlitt gibt es demnach zwar ein „Bundesschweigen" bei Hosea, nicht aber ein *berît*-Schweigen. Von den fünf ברית-Belegen spreche einzig Hos 8,1 von einer JHWH-*berît* und stamme aus den Händen der Deuteronomisten.

Die Diskussion um das Verständnis von Hos 8,1 und 6,7 wird wohl weitergehen müssen. Norbert Lohfink hat kritisch angemerkt, dass die Argumentationsfigur bei Perlitt „zirkulär" und die Formulierung תורתי in Hos 8,1 gerade nicht deuteronomistisch sei. Der Deuteronomist spricht von der תורה des Mose, nicht jedoch von der תורה JHWHs.[97] Auch das Verständnis der Aussage von Hos 6,7 bleibt eine *quaestio disputata*. Wenn V. 7a das Übertreten einer ברית inkrimi-

---

93 Hos 2,20 nimmt aufgrund der Art des Bundes als Tier-Bund eine Sonderstellung ein und gilt in der Regel als späterer Text. Vgl. dazu aber den Beitrag von Heinz-Dieter Neef, „Der Tierbund in Hosea 2,20" in diesem Band.

94 Perlitt, *Bundestheologie*, 141.

95 Ebd., 141.

96 Differenzierter und weiterführend dazu Jan Christian Gertz, „Bund. II. Altes Testament," *RGG* 1 (Tübingen: Mohr Siebeck, ⁴1998): 1862–65, hier: 1862f.: „Übertretungen gelten als Vergehen gegen die jeweilige Gottheit, weshalb Hos 6,7 die Verletzung eines zwischenmenschlichen B. als Verrat an Jahwe anklagt (wie Hos 10,4; 12,2 geht es anders als in dem – strittigen – dtr. Nachtrag Hos 8,1b nicht um den Bruch von Jahwes B.)."

97 Vgl. Lohfink, „Bundestheologie," 354f. Zu den vier Belegen (vgl. Anm. 90) gibt Lohfink folgende Erklärung: „Wo redet Dtr eigentlich von ‚Jahwes' Tora, wie Hos 8,1 es tut? Ich kenne nur vier Belege: 2 Kön 10,31 ist aber möglicherweise quellenhaft, in 2 Kön 17,13 könnte auf vorhandene Prophetenbücher, vielleicht sogar auch das des Hosea, angespielt sein, in 2 Kön 17,34.37 wird in einer dtr recht ungewöhnlichen Weise und in einem vermutlich schon nachdtr Text das Wort תורה mitten in eine Reihe mit anderen Ausdrücken für ‚Gesetz' gestellt, und vermutlich ist der Dekalog gemeint. Sonst ist in der dtr Sprachregelung das Wort תורה stets mit Mose, nie mit Jahwe verbunden. Das subsidiäre Argument, ‚Wortgebrauch und Aussage' von 8,1b seien ‚dem Propheten Hosea fremd', steht nicht auf festen Füßen". Lohfink verweist zudem auf Dissertation von R. Kümpel, *Die Berufung Israels*, 93–104.

niert, dann mag hier durchaus an einen außen- oder innenpolitischen Vertragsbruch gedacht sein,[98] die konkrete Fortführung in V. 7b freilich qualifiziert die zuvor erwähnte בְּרִית theologisch als Störung der Gottesbeziehung: שָׁם בָּגְדוּ בִי „dort haben sie mir die Treue gebrochen" oder „dort haben sie mich betrogen".

Die Vokabel בְּרִית dürfte Hosea also vertraut gewesen sein. Zu klären bleibt, wie diese auf gesellschaftliche und politische Vorgänge bezogene בְּרִית durch den jeweiligen Kontext theologisch qualifiziert wird und wie diese בְּרִית sich zur späteren deuteronomisch-deuteronomistischen Bundeskonzeption verhält.[99]

Die Auseinandersetzung mit Lothar Perlitt hat neben hilfreichen Einsichten auch die Grenzen seiner Position sichtbar werden lassen, die für den weiteren Diskurs zu berücksichtigen sind.[100]

(1) Perlitt lässt die außerbiblische Textwelt völlig außer Acht. Die Beachtung des altorientalischen Textmaterials ist jedoch unerlässlich, um auf die Frage nach einer Vorgeschichte und der Genese einer vordeuteronomistischen biblischen Bundestheologie Antworten finden zu können. Zahlreiche neuere Publikationen zur Rechtsgeschichte des Alten Orients eröffnen hier neue Perspektiven.[101]

(2) Perlitt hatte sich auf das Studium der Belegstellen von בְּרִית konzentriert und sich weitgehend damit begnügt. Zwar ist der Wortbefund für die Entwicklung einer Bundestheologie wesentlich, doch kann, wie Perlitt selbst vermerkte, eine Bundestheologie nicht allein vom lexikalischen Befund des Wortes בְּרִית her geschrieben werden.[102] Anders ausgedrückt: Die biblischen Belege für eine reflexe Begrifflichkeit wie בְּרִית, die ihr vorgegebene Überlieferungen bündelt und systematisierend vereinheitlicht, können unmöglich die komplexen Sachverhalte einfangen, die der Begriffsbildung vorausgehen. Dazu vermerkt Norbert Lohfink: „Besitzen da diejenigen, die auch von literarischen Formen, von

---

**98** Nach Georg Fohrer, „Vertrag," 16 dürfte es sich um einen innerisraelitischen Vertrag zwischen König und Volk handeln. Die im Kontext erwähnten Königsrevolten könnten dafür sprechen, die בְּרִית als innerisraelitischen „Königsvertrag" zu deuten. Vgl. neuerdings auch N. Na'aman, "Pekah's Rebellion," 43–49, der einen Vertrag zwischen Rezin von Aram und Pekach von Israel zum Zwecke einer Rebellion gegen Pekachja, den noch amtierenden König des Nordreiches (vgl. 2 Kön 15,23–26), erwägt. Letztlich wird man die Frage, worin der Vertragsbruch näherhin bestand, offen lassen müssen.
**99** Nicholson, *God and His People*, 187 ist überzeugt, dass für Hosea im 8. Jahrhundert ein Bundesverhältnis zwischen Gott und seinem Volk gegeben ist. "In view of our conclusions earlier about other 'key texts' relating to the covenant, the evidence of the book of Hosea is crucially significant, for it indicates that the notion of a covenant between God and Israel was known already in the mid-eighth century BC."
**100** Zu den folgenden Anfragen an Perlitt, vgl. auch Lohfink, „Bundestheologie," 330–33; Nicholson, *God and His People*, 179–188 und 191–217.
**101** Siehe oben, Anm. 2.
**102** Perlitt, *Bundestheologie*, 2.

typischen Inhalten oder Abläufen, oder von typischen Vokabeln und Vokabel-kombinationen her auf Rechtsvorstellungen schließen, die erst an anderer Stel-le (und in späten Epochen häufiger als in frühen) mit dem reflex gebrauchten Stichwort ברית benannt werden, nicht die bessere Theorie vom Funktionieren menschlicher Sprache?"[103] Es wird deshalb jenseits der ברית-Belege in der Hosea-Schrift auch um Texte gehen, denen reziproke Beziehungen, Verwandt-schaftsverhältnisse und Vertragskonzepte zugrunde liegen, ohne dass die Voka-bel ברית explizit erwähnt wird. Auch dabei leisten Texte aus dem Alten Orient wertvolle Hilfe. Eine Fixierung auf das Wort ברית würde es schwer machen, das zu finden, was einer deuteronomisch-deuteronomistischen ברית-Theologie vorausging und deren Vorgeschichte aufzuspüren.

(3) Schließlich fragt Perlitt in seinen Studien immer wieder nach der Bundes-*Theologie*. Diese Konzentration auf eine entwickelte Theologie erschwert den Weg zu einer Vorgeschichte derselben. Um diese ans Licht zu heben, ist es hilfreicher, nach Vorstellungen und Motiven, nach rituellen und literarischen Formen zu fragen, nach verwendetem Vokabular, Traditionsträgern und Tradi-tionswegen. Dabei kommen zunächst rechtliche und gesellschaftliche Prozesse in den Blick. Eine weitere Frage wäre dann, inwieweit etwa bestimmte Rechts-vorstellungen oder Vertragskonzepte theologisch relevant sind und in der Hosea-Schrift zur Anwendung kommen.

Insofern sind die Studien von Ernst Kutsch und von Lothar Perlitt mit ihren Stärken und Schwächen ein guter Ausgangspunkt für das weitergehende Fragen.

# 3 Auf Spurensuche – Bundes*theologie in fieri* im Hoseabuch?

Lothar Perlitt hatte vom „Bundesschweigen" bei den Propheten des 8. Jahrhun-derts gesprochen, war kurz auf Amos, Micha und Jesaja, dann aber besonders ausführlich auf Hosea eingegangen, denn – so Perlitt: „Hosea bietet in der an-stehenden Frage die größeren Probleme".[104] In der Tat verlangt dieser auffällige Befund nach einer Erklärung. Während das gehäufte Vorkommen von ברית bei Hosea für Perlitt und sein leitendes Forschungsinteresse ein Problem darstellt,

---

**103** Lohfink, „Bundestheologie," 331; vgl. dazu auch Udo Rüterswörden, „Bundestheologie ohne ברית," *ZAR* 4 (1998): 85–99.
**104** Perlitt, *Bundestheologie*, 134. Von den fünf Belegen von ברית im Hoseabuch weist Perlitt immerhin vier Hosea zu. Hos 8,1 deutet er aufgrund der theologischen Ausrichtung als spätere deuteronomistische Bearbeitung.

erweist es sich für die vorliegenden Überlegungen als Chance, geht es doch darum, den möglichen Vorstufen einer Bundes*theologie* nachzuspüren. Dass eine systematisch entfaltete Bundestheologie, wie sie sich in der späteren Reflexion bei den deuteronomisch-deuteronomistischen Theologen findet, bei Hosea noch nicht gegeben ist, ist offensichtlich und weitgehend unbestritten.[105] Doch kennt diese spätere Bundestheologie eine verzweigte Vorgeschichte, auf die schon mehrfach verwiesen wurde. Die Hosea-Schrift empfiehlt sich geradezu, nach dieser „Bundestheologie *in fieri*" zu fragen.

Wenn die Propheten des 8. und 7. Jahrhunderts v. Chr. nach Jan Christian Gertz „trotz ihres ‚B.[undes]-Schweigens'" [...] „zu den geistigen Vätern der dtn.-dtr. B.[undes]theol.[ogie]"[106] gehören, ist zu klären, wie diese verwandtschaftlichen Verhältnisse einer „geistigen Vaterschaft" näherhin zu verstehen sind.[107] Was bedeutet die Behauptung, Hosea sei „geistiger Vater" einer deuteronomisch-deuteronomistischen Bundestheologie?

Perlitt hatte als Grundanliegen und historischen Ausgangspunkt der deuteronomisch-deuteronomistischen Bundestheologie Israels Kampf gegen Überfremdung durch andere Götter formuliert, vor allem gegenüber den assyrischen und kanaanäischen Gottheiten während der Zeit des Königs Manasse. Damit steht diese Bundestheologie ganz im Dienst des ersten Gebotes. Eben dieses Grundanliegen der deuteronomisch-deuteronomistischen Theologen findet sich, wenngleich anders formuliert, auch in der Hosea-Schrift mit ihrer intoleranten JHWH-Monolatrie. Inwieweit diese einem Propheten aus dem 8. Jahrhundert zugeschrieben werden kann, ist umstritten.

Die Hosea-Schrift verwendet im Kampf um das erste Gebot – mit dem Alleinanspruch JHWHs auf Israel und Israels ausschließlicher Zugehörigkeit zu JHWH – nicht primär das Theologumenon des Bundes,[108] sie kleidet diese dra-

---

**105** Nach Thiel setzt sich das sog. „Bundesschweigen" bei den Propheten des 7. und beginnenden 6. Jh. Jeremia und Ezechiel fort. Die Bundesbelege beider großen Propheten seien allesamt deuteronomisch-deuteronomistischer Provenienz. Erst mit dem Exilspropheten Deuterojesaja erschienen erstmals, aber auch nur spärlich, bundestheologische Aussagen. Thiel schlussfolgert daraus, aufbauend auf den Studien von Kutsch und Perlitt, „daß die Bundestheologie ein Fremdling in der prophetischen Verkündigung" (Thiel, „Bund," 27) sei.

**106** Gertz, „Bund," 1864.

**107** Die folgenden Überlegungen nehmen wichtige kritische Anmerkungen von Norbert Lohfink, „Bundestheologie" zu Lothar Perlitt auf. Dazu kommen Desiderate, die Erich Zenger, „Die Bundestheologie," 26–41 formuliert hat.

**108** Inwieweit ein solches bei Hosea bereits gegeben ist, ist gerade der Streitpunkt. Diese Überlegungen gehen davon aus, dass für einen Propheten Hosea aus dem 8. Jahrhundert, selbst wenn er einen theologischen Bundesbegriff gekannt haben sollte, dieser nicht im Vordergrund seiner Botschaft stand.

matische Auseinandersetzung in das Bild der Ehe bzw. des Ehebruchs, das sich durch die ersten beiden Drittel der Hosea-Schrift hindurchzieht[109] und sich in besonderer Verdichtung in Hos 2,4–15* und 3,1–5 findet.[110] Jan Christian Gertz sieht das im Bild der Ehe ausgedrückte Verhältnis zwischen Gott und Volk in Hinblick auf eine später sich entfaltende Bundestheologie erstmals bei Hosea gegeben.

> Auch bereitet das bei Hosea erstmals belegte Deutungsmuster der Ehe zwischen Jahwe und dem Land bzw. dem Volk (vgl. Hos 2,4–15; 3,1–4) mit seinen personal-ethischen und rechtlichen Inhalten die Anwendung des (vertrags-)rechtlichen Begriffs B.[und] auf das Gottesverhältnis vor. Dies impliziert seinerseits den Einfluß ao. [altorientalischen, FS] Vertragsdenkens auf die Ausbildung der B.vorstellung, wie die sprachliche Nähe dtn.-dtr. Phraseologie zu neuass. Vertragstexten [...] zeigt.[111]

Das Motiv der Ehe bzw. des Ehebruchs ist also nicht als Veranschaulichung einer bereits zugrundeliegenden Bundestheologie zu verstehen, sondern umschreibt das Verhältnis zwischen JHWH und Israel auf eigenständige Weise.[112] Dazu Lothar Perlitt: „Was Hosea als Störung dieser Zuwendung beklagt und anklagt, ist nicht Vertragsbruch, sondern Ehebruch. Es gibt wenig Grund zu bezweifeln, daß dasselbe gemeint ist; aber es ist anders gesagt"[113]. Damit konzediert Perlitt, dass sich zwar die Ausdrucksweise des JHWH-Israel-Verhältnisses unterscheidet – bei Hosea das Bild eines Eheverhältnisses, in der deuteronomisch-deuteronomistischen Literatur das eines Bundesverhältnisses –, dass sehr wohl aber die Funktion beider Aussageweisen weitgehend übereinstimmt: Beide wollen das JHWH-Israel-Verhältnis im Sinne der JHWH-allein-Verehrung

---

**109** Vgl. etwa das Motiv der Treulosigkeit, das die Ehemetapher und die Beziehung JHWH-Israel unter dem Aspekt des Scheiterns sieht, ausgerückt etwa in בגד (5,7; 6,7), עזב (4,10) זנה (1,2). Siehe den Beitrag von Hans Ulrich Steymans in diesem Band.
**110** Die ersten Kapitel Hos 1–3 haben ihre eigene Überlieferungsgeschichte und werden vermutlich erst in exilisch-nachexilischer Zeit mit dem sog. Ur-Hosea Hos 4–11* und Hos 12–14* verknüpft. Dabei kommt Hos 3,1–5 möglicherweise eine besondere Brückenfunktion zu. Vgl. Rainer Kessler, „Hos 3 – Entzug oder Hinwendung Gottes?," *ZAW* 120 (2008) 563–81; Franz Sedlmeier, „JHWHs grundstürzende Liebe zur abtrünnigen ‚Frau Israel'. Anmerkungen zu Hos 3,1–5 im Horizont des Hoseabuches," *Liber Annuus* 69 (2019) 145–67. Die ältesten Aussagen der einführenden Kapitel 1–3 dürften in Hos 2,4–15* zu finden sein. Vgl. dazu etwa Vielhauer, *Werden*, 142–58.
**111** Gertz, „Bund," 1864.
**112** Perlitt, *Bundestheologie*, 150–52 legt besonderen Wert darauf, dass das „Rechtsverhältnis des Bundes" und das „Bild der Ehe" auseinanderzuhalten seien. Beide Male geht es um das Verhältnis zwischen JHWH und Israel, dieses wird jedoch auf jeweils unterschiedliche Weise ausgedrückt. Damit ist allerdings von der Sache her bereits in nuce gegeben, was später in bundestheologische Kategorien übersetzt wird.
**113** Perlitt, *Bundestheologie*, 151.

schützen. In diesem Sinne fragt Perlitt zu Recht, ob nicht das hoseanische „Ehe-gleichnis an der Wiege der dt Bundestheologie stand."[114] Ein Vergleich mit alt-orientalischen Texten könnte hier hilfreich und weiterführend sein.

Neben dem wichtigen Ehe-Bild tauchen in der Hosea-Schrift weitere Beziehungsmetaphern auf, die in den familiären und verwandtschaftlichen Bereich verweisen, wie: Frau, Mutter und Kinder, Sohn und Tochter, Säugling. Von Töchtern und Schwiegertöchtern ist die Rede, auch von fremden Kindern. Außerdem werden mögliche Störungen und Störfaktoren benannt: der „Liebha-ber", der „Ehebrecher". Auch hier stellt sich die Frage, ob und inwieweit diese Metaphern, ähnlich dem Ehe-Gleichnis, Einfluss auf eine spätere Ausformulie-rung der Bundestheologie ausübten oder unabhängig von ihr wirksam waren.

# 4 Die Hosea-Schrift im Widerstreit der Meinungen

Nicht nur die Bundestheologie, ihre mögliche Vorgeschichte und die Rolle der Hoseatexte für deren Entwicklung sind in der Exegese umstritten, auch an der Frage der Genese der Hosea-Schrift scheiden sich die Geister. Bestand bis vor etwa 30 Jahren weitgehend ein Konsens darüber, dass ein beträchtlicher Teil des Textmaterials auf Hosea, seinen Schülerkreis oder Bearbeiter kurz vor und nach dem Untergang des Nordreichs zurückgehen würde und nach dessen Ende 722 v. Chr. eine Bearbeitung aus judäischer Perspektive erfolgt sei, so ist dieser Konsens weithin zerbrochen. In der laufenden, noch unabgeschlossenen exege-tischen Diskussion herrscht Unklarheit nicht nur über die Prozesse, die zur heu-te vorliegenden Hosea-Schrift führten, sondern auch darüber, auf welchem Weg eine Klärung der offenen Fragen zu finden sei.

Die mehr oder weniger diachron arbeitenden Studien lassen sich tendenziell zwei unterschiedlichen Richtungen zuweisen. Dabei dient die Hosea-Schrift je-weils als Ausgangspunkt der Untersuchungen. Eine erste Gruppe meint in der Hosea-Schrift genügend Anhaltspunkte zu finden, um zumindest Teile daraus oder einzelne Worte in der Welt der Prophetengestalt aus dem 8. Jahrhundert verorten zu können.[115] Eine zweite Gruppe von Exegeten, die sich in den vergan-

---

**114** Perlitt, *Bundestheologie*, 152.

**115** Vgl. etwa Nadav Na'aman, "The Book of Hosea as a Source for the Last Days of the King-dom of Israel," *BZ* 59 (2015): 232–56, hier 234: "Hosea is the only available source for discuss-ing the kingdom's internal affairs in the second half of the eighth century BCE; hence the great importance of elucidating the potential contribution of Hosea for the historical investigation."

genen beiden Jahrzehnten zunehmend zu Wort meldet, konzentriert sich auf die redaktionsgeschichtlichen Prozesse und verfolgt vor allem die vielschichtigen und langwierigen Fortschreibungen bis hin zur Buchwerdung, sei es der Hosea-Schrift, sei es des Zwölfprophetenbuches. Da die Verschriftlichung einer Botschaft diese nachhaltig transformiert, erübrige sich die Rückfrage nach einer ursprünglich mündlichen Verkündigung des Propheten. „Denn es besteht kein bloß gradueller, sondern ein kategorialer Unterschied zwischen Mündlichkeit und Schriftlichkeit.“[116] Der entscheidende und primäre historische Bezugspunkt sei die Textentstehung als solche bzw. die jeweilige Bearbeitung und Aktualisierung, nicht aber der erzählte Inhalt. Die im Buch entworfene prophetische Gestalt sei in erster Linie ein Produkt der „Erzählwelt", die keine historisch verlässliche Aussagen über die „erzählte Welt" des Propheten mache und deshalb auch keine belastbaren historischen Rückschlüsse zulieẞe. Der Prophet im Buche sei deutlich zu unterscheiden von einer historischen Gestalt, auf die das Buch vielleicht Bezug nehme.

## 4.1 Die historische Gestalt und der Prophet im Buche

Hans Walter Wolff[117] war in seiner Kommentierung der Hosea-Schrift noch davon ausgegangen, dass deren zweiter und dritter Teil (Hos 4–11 und 12–14) auf sogenannte „Auftrittsskizzen" des Propheten Hosea mit Einwänden des Publikums zurückgehen würden, die vor allem um die Zeit des syrisch-efraimitischen Krieges (4–11) oder kurz danach (12–14) entstanden seien. Kommentatoren bzw. Redaktoren hätten die Worte des Propheten nach dessen Vorgabe chronologisch angeordnet, so dass sich in der Buchkomposition auch die innere Entwicklung der originalen hoseanischen Verkündigung spiegele. Da jedoch die kurzen Einzelsprüche Hoseas weder eine konkrete Redesituation („Sitz im Leben") noch einen direkten Zusammenhang untereinander erkennen lassen, dürfte eine solche Strukturierung der Botschaft eher als das Werk der Redaktoren zu sehen sein. Auch Alfons Deissler führt die Hosea-Schrift auf die prophetische Wirksamkeit Hoseas im 8. Jahrhundert zurück, lässt aber offen, ob die umfänglicheren Redegänge in Kap. 4–14 auf die von Wolff postulierten „Auftrittsskizzen" zurückzuführen oder als „literarische Zusammenfassung mehrerer rhetorischer Sprucheinheiten"[118] zu verstehen seien. Für die Weitergabe

---

116 Uwe Becker, „Die Wiederentdeckung des Prophetenbuches. Tendenzen und Aufgaben der gegenwärtigen Prophetenforschung," *BTZ* 21 (2004): 30–60, hier: 37.
117 Vgl. Wolff, *Hosea*, XXIII–XXVII.
118 Deissler, *Hosea*, 10.

der hoseanischen Botschaft und der im Einzelnen nicht mehr erschließbaren Redaktionsgeschichte kommt nach Deissler den Leviten eine besondere Bedeutung zu: „Jedenfalls werden die Leviten des Nordreiches bei dessen Untergang 722 bereits den Grundbestand unseres Buches (schon strukturiert wie heute?) als kostbare Hinterlassenschaft sowohl des Propheten wie seiner unmittelbaren Jünger und Schüler in den Süden gebracht haben."[119] Walter Gisin sieht die gesamte Hosea-Schrift als „Zusammenfassung der prophetischen Wirkungszeit Hoseas [...], die zwischen 728–725 a.C. aufgeschrieben worden war."[120] Auch die Kommentare von Francis I. Andersen und David Noel Freedman,[121] Douglas Stuart,[122] David Allan Hubbard,[123] Andres Alexander Macintosh,[124] von J. Andrew Dearman,[125] Bo H. Lim und Daniel Castelo,[126] Robin

---

119 Ebd., 10.

120 Walter Gisin, *Hosea. Ein literarisches Netzwerk beweist seine Authentizität*, BBB 139 (Berlin: Philo, 2002), 296.

121 Francis I. Andersen and David Noel Freedman, *Hosea: A New Translation with Introduction and Commentary*. AB (Garden City, NY: Doubleday, 1980), 317: "There is little or nothing in the present text that requires its completion later than the end of the eighth century."

122 Douglas Stuart, *Hosea–Jonah*. WBC 31 (Grand Rapids, MI: Zondervan, 1988), 14 f.

123 David Allan Hubbard, *Hosea. An Introduction and Commentary*. TOTC 24 (Nottingham, U.K./Downers Grove, IL, USA: Inter-Varsitiy Press, 1989 [reprint 2009]), 33: "By and large, the book as we have it seems to have come from Hosea or his immediate band of followers."

124 Anders Alexander Macintosh, *Hosea*. ICC (Cambridge: Bloomsbury T&T Clark, 1997), LXV–LXXIV, hier: LXIX: "If then the book of Hosea represents what is fundamentally a literary composition [...], there can be no doubt that Hosea himself was the author and composer. That does not preclude the possibility that [...] he was assisted by a personal scribe or that his endeavour was promoted by some redactional activity".

125 J. Andrew Dearman, *The Book of Hosea*. NICOT (Grand Rapids, MI: Eerdmans, 2010), 6: "[...] little or nothing in the book itself requires a date later than the end of the 8th century B.C."

126 Bo H. Lim and Daniel Castelo, *Hosea*. THOTC (Grand Rapids, MI/Cambridge, U.K.: Eerdmans, 2015), 31: "The superscription, the anti-Assyrian perspective, the Northern Kingdom references, and the close relationship with Amos – all point to an 8th century date for Hosea." Bezugnehmend auf die Studien von Ehud Ben Zvi votiert Bo H. Lim für eine Bearbeitung des Hoseabuches in persischer Zeit: "The view taken in this commentary is that much of Hosea was written by Hosea the prophet, yet significant redactional additions were made to the book in der Persian Period." (ebd., 32).

Routledge[127] und John Goldingay,[128] gehen vom prophetischen Wirken Hoseas im 8. Jahrhundert v. Chr. aus, auf welchem die Hosea-Schrift weitgehend oder zumindest in Teilen basiere. Bestehende Unterschiede und Spannungen im Textmaterial führen bei den zitierten Autoren mitunter zur Annahme späterer Bearbeitungen, die zum Teil nach dem Untergang Samarias aus judäischer Perspektive geschehen seien, zum Teil erst in frühnachexilischer Zeit (so etwa Bo H. Lim und Daniel Castelo) erfolgten.[129]

Jörg Jeremias geht weniger von der Botschaft des Propheten aus, wenngleich dieser nach ihm als der inspirierende Ursprung der Hosea-Schrift zu gelten habe. Den Schwerpunkt seiner Studien legt Jeremias auf die Propheten-

---

**127** Robin Routledge, *Hosea. An Introduction and Commentary*. TOTC 24 (London, U.K./Downers Grove, IL, USA: Inter-Varsity Press, 2020), 1 f. nimmt an, "that the early part of Hosea's ministry coincided with the closing years of Jeroboam's reign, in the middle of the eighth century BC [...] Hosea's prophecy is thus set against the background of Assyrian expansion, and the chaos in Israel that followed Jeroboam's death and which culminated in the fall of the northern capital, Samaria. And, while it is possible that some of the text had been edited, there is no compelling reason why most, if not all, of the material may not have originated in that setting [...]." In der Beziehung zwischen Hosea, Jeremia und dem Deuteronomium sieht Routledge das Hoseabuch als jeweiligen Gebertext (ebd., 13–15). Eine Spätdatierung, nach der das Hoseabuch in der nachexilisch-persischen Zeit ediert worden sei, sei für das Verständnis des Hoseabuches nicht angebracht (ebd.,19 f.).
**128** John Goldingay, *Hosea–Micah*. BCOT (Grand Rapids, MI: Baker Academic, 2021), 13 f.: "My working hypothesis is that Hosea 1–3 as a unit issued from the work of Hosea's followers and was designed to introduce the main body of Hosea's message in a way that highlighted and developed its promissory aspect [...], while chapters 4–14 are more or less the result of Hosea himself having his work put into writing."
**129** Zur Erklärung der Unterschiede zwischen Hos 1–3 und 4–14 wird für beide Buchteile ein unterschiedlicher Überlieferungsprozess vorgeschlagen. Nach Rudolph, *Hosea*, 25–27 sei der jüngere Text Hos 1–3 judäischer Provenienz und vor der Belagerung Jerusalems durch Sanherib 701 v. Chr. entstanden, der ältere Textbestand Hos 4–9 stamme aus der Zeit Jerobeams II. (788–747 v. Chr.; vgl. Hos 1,1), Hos 10–14 aus der Regierungszeit Hoscheas. Heinrich Graetz hatte im zweiten Band seines Monumentalwerks über die „Geschichte der Juden" mit zwei unterschiedlichen Propheten gerechnet, von denen ein erster, auf den Hos 1–3 zurückgehe, zur Zeit der Könige Jerobeam II. und Usija, ein zweiter während der Regierung des letzten Königs Israels Hoschea, Sohn Elas, gewirkt habe. Auch eine extreme Frühdatierung wurde und wird vertreten, nach der Hos 1–3 auf einen im 9. Jahrhundert, Hos 4–14 auf einen im 8. Jahrhundert wirkenden Propheten zurückgingen. Vgl. dazu Harold Louis Ginsberg, „Hosea, Book of," *Encyclopedia Judaica* 9 (New York: Macmillan, ²2007), 547–48, hier: 551; Mayer I. Gruber, *Hosea: A Textual Commentary*. LHBOTS (London/NewYork: Bloosbury T&T Clark, 2017), 6 f. Bezugnehmend auf seinen Lehrer Ginsberg kommt Gruber zur Überzeugung, das Hoseabuch präsentiere „a series of highly coherent prophetic speeches composed in the ninth (Hos. 1–3) and eighth centuries (Hos. 4–14) BCE." Demnach würden im Hoseabuch zwei verschiedene Propheten im Auftrag JHWHs sprechen. Vgl. auch ebd., 10–12.

Schrift selbst, die für ihn das Ergebnis eines längeren Sammlungsprozesses dar-stellt.[130] Diese Sammlung vorliegender Materialien dürfte nach ihm schon vor dem Untergang Samarias 722 v. Chr. begonnen haben, danach im Südreich Juda verstärkt fortgeführt und später einer aktualisierenden Bearbeitung unterzogen worden sein, womöglich in Verbindung mit dem überlieferten Stoff des Amos-buches.[131] Seine vorliegende Gestalt habe das Hoseabuch durch die Bearbeiter erhalten, die die ihnen überlieferten Hoseaworte in eine neue, von ihnen zu verantwortende Gesamtstruktur einfügten. Dabei trage die Unheilsbotschaft ein zunehmendes Crescendo in sich, gehe aber am Ende eines jeden der drei Ab-schnitte (Kap. 1–3; 4–11; 12–14) in eine Heilsverkündigung über. Die Erarbeitung der ursprünglichen Botschaft des Hosea sei nicht mehr möglich, da sich die von den Bearbeitern neu erstellte Komposition vorrangig an die Leserinnen und Le-ser wendet, also ein verändertes Kommunikationsgeschehen im Blick habe.

---

130 Anders Martti Nissinen, "The Book of Hosea and the Last Days of the Northern Kingdom. The Methodological Problem," in *The Last Days of the Kingdom of Israel*, BZAW 511, eds. Shui-che Hasegawa, Christoph Levin and Karen Radner (Berlin/Boston: Walter de Gruyter, 2019), 369–82. Nissinen sieht Jörg Jeremias in der Reihe derer, denen es vor allem um das ursprüngli-che Prophetenwort ginge. "The ripest fruit carried by this branch of methodology can be found in the work of Jörg Jeremias, according to whom the essential contents of the Book of Hosea date back to the last years of the Northern Kingdom and the time immediately following the catastrophe […] According to Jeremias, the earliest form of the book is essentially the work of his disciples, who had collected and interpreted the prophet's words, whereas the book as we know it was edited and augmented in Judah after the collapse of the Northern Kingdom" (ebd., 372). Dieser Fragerichtung steht nach Nissinen ein anderer Typ diachroner Exegese gegenüber, der nicht nach dem ursprünglichen Prophetenwort suche, sondern das Prophetenbuch zum Ausgang der Studien mache und mit einem komplizierten Radaktionsprozess über einen lan-gen Zeitraum rechne. Die holzschnittartige Gegenüberstellung einer autorzentrierten Ausle-gung, die vor allem dem ursprünglichen Prophetenwort nachspüre, spätere Bearbeitungen aber abwerte einerseits und einer am Prophetenbuch orientierten, redaktionskritisch arbeiten-den Exegese andererseits, mag für eine gewisse Systematisierung hilfreich sein, riskiert aber, der differenzierten exegetischen Arbeit im Einzelnen nur teilweise gerecht zu werden. Das Inte-resse von Jörg Jeremias gilt unbestritten dem Prophetenbuch, ohne jedoch die Möglichkeit auszuschließen, dass hinter den ältesten Texten in Hos 4–9* prophetisches Gedankengut greif-bar wird. Vgl. dazu Jörg Jeremias, „Amos 3–6: Beobachtungen zur Entstehungsgeschichte eines Prophetenbuches," *ZAW* 100 Suppl. (1988), 123–38, hier: 124: „Die Prophetenworte wurden eben nicht mit dem historischen Interesse an einem zurückliegenden ,Damals' tradiert, son-dern um ihrer jeweils neuen Gegenwartsbedeutung willen; die Prophetentexte spiegeln unmit-telbar also das Prophetenverständnis der jeweiligen Tradenten wider und nicht dasjenige der redenden Propheten selber."
131 Vgl. dazu Jörg Jeremias, „Die Anfänge des Dodekapropheton: Hosea und Amos," in *Hosea und Amos. Studien zu den Anfängen des Dodekapropheton*, FAT 13, hg. Jörg Jeremias (Tübingen: Mohr Siebeck, 1996), 34–54.

Während die bislang erwähnten Autoren in der vorliegenden Hosea-Schrift genügend Anhaltspunkte zu finden meinen, um deren Botschaft nahe an den Untergang des Nordreiches bzw. an das Wirken eines Propheten namens Hosea heranzurücken, betonen zahlreiche neuere Publikationen – ausgehend von der Gattung „Prophetenbuch"[132] – dessen komplexen Wachstumsprozess. "These studies have typically identified only scattered remains of material datable to the eighth century BCE, shifting emphasis from the prophet and his disciples to the scribal circles of the monarchic and postmonarchic periods."[133] Hierher gehören vor allem die Arbeiten von Reinhard Gregor Kratz,[134] Roman Vielhauer[135] und Susanne Rudnig-Zelt,[136] ferner Martti Nissinen[137] und Gale A. Yee,[138]

---

**132** Vgl. dazu besonders Odil Hannes Steck, *Der Abschluß der Prophetie im Alten Testament. Ein Versuch zur Frage der Vorgeschichte des Kanons*, BThSt 17 (Neukirchen-Vluyn: Neukirchener Verlag, 1991); Reinhard Gregor Kratz, *Die Propheten Israels*, Beck'sche Reihe 2326 (München: Verlag C. H. Beck, 2003); Becker, „Wiederentdeckung," 30–60.

**133** Nissinen, „Last Days," 372.

**134** Reinhard Gregor Kratz, „Probleme der Prophetenforschung," in *Prophetenstudien. Kleine Schriften II*, FAT 74, hg. Rainer Gregor Kratz (Tübingen: Mohr Siebeck, 2011), 3–17; Ders., „Die Redaktion der Prophetenbücher," in *Prophetenstudien. Kleine Schriften II*. FAT, hg. Rainer Gregor Kratz (Tübingen: Mohr Siebeck, 2011), 32–48; Ders., „Das Neue der Prophetie des Alten Testaments," in *Prophetenstudien. Kleine Schriften II*. FAT, hg. Rainer Gregor Kratz (Tübingen: Mohr Siebeck, 2011), 49–70.

**135** Roman Vielhauer, *Werden*. Zur Position von Vielhauer, siehe auch seinen Beitrag in diesem Band: „Bundestheologie in Hosea 8? Eine Spurensuche".

**136** Susanne Rudnig-Zelt, *Hoseastudien*. Die Botschaft Hoseas stamme nicht aus dem Nordreich Israel, sondern sei insgesamt judäischer Provenienz. Älteste Redewendungen und Bildworte könnten in die Zeit des Untergangs Samariens verweisen, seien aber aus judäischer Perspektive und nicht ohne Spott formuliert. Sie wurden, so Rudnig-Zelt, in der judäischen Königszeit ergänzt und auf die Lage in Juda zugespitzt. Nachexilisch kamen in persischer und frühhellenistischer Zeit zahlreiche weitere Texte hinzu, die das krisenhafte Verhältnis zwischen Judäa und Samarien in den Blick nehmen. Letztlich sei die Hoseaschrift weitgehend ein Produkt aus der Perserzeit. Die literarkritischen Entscheidungen der Verfasserin sind nicht immer leicht nachzuvollziehen und wirken teilweise kompliziert und spekulativ.

**137** Nissinen, *Prophetie, Redaktion und Fortschreibung*. Die mehrstufige Entstehung setze noch in der Königszeit ein, jedoch im Südreich Juda. Weitere vier Bearbeitungen seien in der exilisch-nachexilischen Zeit anzusetzen. Nach Nissinen dürfte in einigen Textabschnitten noch die Welt des 8. Jahrhunderts nachklingen, etwa in Hos 5,8–14 und 7,3–7, in 9,10–17; 10,5–8 und 11,1–5 (vgl. Nissinen, „Last Days," 375–81).

**138** Gale A. Yee, *Composition and Redaction in the Book of Hosea: a Redaction Critical Investigation* (Atlanta, GA: Scholars Press, 1987). Zwar geht Yee von der historischen Existenz eines Propheten Hosea aus, auf den auch Textmaterial zurückgehen könne, doch kritisiert sie die Überbewertung der ursprünglichen Worte auf Kosten späterer Bearbeitungen. Nach Yee stammt der Großteil des Textmaterials aus der Hand des Endredaktors, der erst nach dem Untergang des Königtums, also in exilisch-nachexilischer Zeit, wirkte. Schriftliche Vorstufen

die eine längere Wachstumsgeschichte, ausgehend vom Untergang Samarias bis in die persische Zeit annehmen. Mit Sicherheit lasse sich aus dem Textbefund des vorliegenden Hoseabuches keine Rekonstruktion der historischen Ereignisse um das Wirken Hoseas ableiten.

Die Arbeiten von Ehud Ben Zvi, James M. Trotter und James M. Bos votieren für die Entstehung der gesamten Hosea-Schrift in der Perserzeit. Der Rückfrage nach Vorstufen des Endtextes widmen sie keine besondere Aufmerksamkeit. Ben Zvi wendet sich entschieden dagegen, aus der Überschrift Schlüsse über die Buchentstehung zu ziehen. Hos 1,1 besage nichts über die Verfasser der Schrift, sondern hätte die Leserschaft im nachexilischen Jehud im Blick. Wenn es auch Vorstufen zur Hosea-Schrift gegeben haben mag, nach Ben Zvi gibt es keine belastbaren Argumente, diese näher zu bestimmen. Einen unmittelbaren Zugang zu einer historischen Gestalt Hosea aus dem 8. Jahrhundert gewähre das Buch nicht. Es sei streng zu unterscheiden zwischen der mündlichen Verkündigung eines Propheten und dem schriftlichen Text über diesen Propheten. "The Hosea of the book is a literary and ideological character that lives within the world of the book."[139] Ben Zvi nimmt an, das Hoseabuch sei – ggf. unter Verwendung vorliegender Materialen – von schriftgelehrten Kreisen aus dem nachexilischen Juda – den sog. „literati" – verfasst worden und verfolgte vor allem didaktische Ziele (vgl. Hos 14,10). Der im Juda der Perserzeit „erinnerte" Hosea diente vor allem der Selbstvergewisserung der „literati", die sich als gelehrsame Schüler in der Nachfolge der von ihnen literarisch geschaffenen Prophetenfigur und im Gegensatz zum törichten Verhalten des monarchisch verfassten Nordreiches sahen.[140]

James M. Trotter geht in seiner 2001 veröffentlichten Monographie[141] zwar von der Existenz eines Propheten Hosea im 8. Jahrhundert v. Chr. aus, von dem auch Teile des Buches stammen dürften, die später, nach dem Untergang Israels, in Juda bearbeitet und erweitert wurden. Doch verweise die Endgestalt des Hoseabuches in die Perserzeit und sei auf das für die nachexilische Zeit virulente Thema von „Exil" und „Heimkehr" konzentriert. Die antimonarchische Polemik richte sich vor allem gegen Ägypten als Feind der Perser, die scharfe Kritik

---

könnten noch aus der Zeit des syrisch-efraimitischen Krieges, also der Zeit des Propheten stammen, eine judäische Redaktion setzt Gale Yee zur Zeit der joschijanischen Reform an.

**139** Ehud Ben Zvi, *Hosea*, 6.

**140** Vgl. dazu besonders: Diana V. Edelman and Ehud Ben Zvi (eds.), *Remembering Biblical Figures in the Late Persian and Early Hellenistic Periods: Social Memory and Imagination* (Oxford: Oxford University Press, 2013); Ehud Ben Zvi, "Remembering Hosea," 37–57; Ehud Ben Zvi, *Social Memory among the Literati of Yehud*, BZAW 509 (Berlin/Boston: Walter de Gruyter, 2019).

**141** James M. Trotter, *Reading Hosea*.

am Baalskult sei ein Plädoyer für den in nachexilischer Zeit sich durchsetzenden Monotheismus. Die verheißene Fruchtbarkeit des Landes (Hos 2 und 14) erkläre sich von der Reichspolitik eines Darius I. her, der die Regionen um Juda landwirtschaftlich förderte, um genügend Proviant für die gegen Ägypten ziehenden Truppen zur Verfügung zu haben. Trotz der Annahme einer vorgängigen Wachstumsgeschichte favorisiert Trotter eine synchrone Analyse auf der Ebene der Endredaktion.

Nach James M. Bos "some earlier written sources were utilized by the author(s) in composing the book".[142] Dennoch favorisiert er einen "largely syn-

---

142 James M. Bos, *Reconsidering, 29*. Hans Ulrich Steymans verdanke ich folgenden Hinweis zum Argument von Bos, ein Prophet Hosea hätte sich im 8. Jh. v. Chr. gar nicht Pergament und noch weniger Papyrus als Schreibmaterial leisten können, wenn er nicht in der Staats- oder einer Tempelverwaltung gearbeitet hätte, was angesichts der Kritik an Königtum und Kult unwahrscheinlich sei. Dazu muss man bedenken, dass in den trockenen Gebieten Vorderasiens auch auf den verholzten Stielen von Palmblättern und Zweigen anderer Bäume geschrieben wurde. Michael C. A. Macdonald an der Universität Oxford und Peter Stein an der Universität Jena erforschen Dokumente, die Anfang der 1970er Jahre auf dem Antiquitätenmarkt im Jemen auftauchten und aus dem Anfang des 1. Jahrtausends v. Chr. stammen. Ez 37,16 könnte sich auf diese Schriftträger beziehen. Bei ihrem Wachstum werfen die Stämme der Palmen kontinuierlich die untersten Palmwedel ab, deren Stiele vom Stamm ausgehend ungefähr einen Meter lang verholzt sind. Man braucht sie bloß aufzusammeln. Die verholzten Teile der Palmblätter lassen sich in Einheiten von DIN A6 Größe zerhacken. Die Stiele besitzen eine flache und eine gewölbte Seite. Die Holzstücke sind erstaunlich leicht und es lassen sich leicht Schriftzeichen einritzen. Solche Palmblattstiele waren ein billiges Mittel, um prophetische Orakel zu archivieren, ähnlich wie auf modernen Karteikarten. Je nach Schriftgröße dürfte man etwa ein Drittel eines Kapitels aus Hosea auf ein solches Stück ritzen können. Wie Karteikarten konnte man die Stielstücke transportieren, archivieren, sortieren und arrangieren, um sie irgendwann in größere Kompositionseinheiten auf Pergament zu übertragen. Wahrscheinlich war dieses kostenlose Schreibmaterial so selbstverständlich und wenig prestigewürdig, dass es keiner Erwähnung würdig war. Es hat sich nur in den trockenen Gebieten des Jemens erhalten. Die südarabischen Dokumente wurden mit einem scharfen Instrument eingeritzt, während das Holz noch weich war, und nicht mit Tinte geschrieben. Es gibt davon drei große Sammlungen, eine befindet sich im Nationalmuseum von Sanaa und ist weitgehend unveröffentlicht, die beiden anderen im Oosters Instituut in Leiden und in der Staatsbibliothek in München. Vgl. Peter Stein, *Die altsüdarabischen Minuskelinschriften auf Holzstäbchen aus der Bayerischen Staaatsbibliothek in München*. Bd. 1. Die Inschriften der mittel- und spätsabäischen Periode. Epigraphische Forschungen auf der Arabischen Halbinsel 5 (Tübingen/Berlin: Wasmuth & Zohlen Verlag, 2010); Abraham J. Drewes & Jacques Ryckmans, *Les inscriptions sudarabes sur bois dans la collection de l'Oosters Instituut conservée dans la bibliothèque universitaire de Leiden*. Texte révisé et adapté par Peter Stein, hg. Peter Stein und Harry Stroomer (Wiesbaden: Harrassowitz, 2016); Michael C. A. Macdonald, "Some absolute dates for the development of the Ancient South Arabian minuscule script," *Arabian archeology and epigraphy* 24 (2013): 196–207; Michael C. A. Macdonald, "Ancient Arabia and the written word," in *The Development of Arabic as a Written*

chronic approach to the book of Hosea". Bezugnehmend auf Terence Collins[143] unterscheidet Bos in der Genese prophetischer Bücher zwischen "pre-book phase" und "book phase". In letzterer würden die älteren Materialien aus der "pre-book phase" [...] "organized, edited, supplemented". Zugleich erhielten diese Vorlagen "a larger 'unified vision' by a 'creative individual or group of individuals,' such that the result is a 'fresh composition.'"[144] Die vorliegende Hosea-Schrift erlaube nicht, Texte aus früheren Phasen der Buchwerdung zu identifizieren. Der Textbefund der Schrift erkläre sich am plausibelsten aus der Situation im Jehud der frühnachexilischen Zeit.[145] Auch die Bundestheologie gehört nach Bos in die persische Zeit. Sie diene dazu, unter Rückgriff auf deuteronomistische Ideale, die Katastrophe des Exils *post eventum* zu deuten.[146]

---

*Language*. Supplement to the Proceedings of the Seminar for Arabian Studies 40, hg. Michael C. A. Macdonald (Oxford: Archaeopress, 2010), 5–28.

**143** Terence Collins, *The Mantle of Elijah: The Redaction Critisicm of the Prophetical Books*, BS 20 (Sheffield: Sheffield Academic, 1993), 24.

**144** Bos, *Reconsidering*, 31 f. mit Zitat von Collins, *The Mantle*, 24 f. Eine abschließende "revised book phase" (ebd.) füge im Rahmen der Herausgabe der Schrift und ihrer Einbindung in eine bereits bestehende Schriftensammlung lediglich noch einige Ergänzungen an, ohne die Substanz des Buches zu verändern.

**145** Die antimonarchische Polemik etwa sei in der vorliegenden Form im 8. Jahrhundert. v. Chr. undenkbar, hingegen im nachexilischen Jehud in Abgrenzung gegenüber den gescheiterten Königen des Nordreiches plausibel. Die Polemik gegen Mizpa und Benjamin erkläre sich aufgrund der in frühnachexilischer Zeit bestehenden Konkurrenz zwischen Jerusalem und Mizpa hinsichtlich des Führungsanspruches, mache hingegen wenig Sinn im vorexilischen Israel. Die Polemik gegen Bet-El verstehe sich am ehesten aufgrund des Wiederaufbaus des Jerusalemer Tempels, dem der schon vorhandene Tempel von Bet-El eine Konkurrenz bedeutete. Die Fragestellung „Exil" und „Rückkehr" habe ihren Ort in der nachexilischen Zeit, spiele jedoch im Israel des 8. Jahrhunderts kaum eine Rolle. Der Konflikt zwischen verschiedenen Priestergruppen (vgl. Hos 4) spiegele vor allem den Konflikt zwischen der aaronidischen Priesterschaft in Bet-El und den Zadokiden von Jerusalem wider. Die Spannungen zwischen Priesterschaft und Propheten habe ebenfalls ihre besondere Brisanz in der Perserzeit. Die dominierende Priesterschaft Jerusalems, die auch die Prophetenschriften bearbeitet haben dürfte, unterschied zwischen den aktuell agierenden und den in den prophetischen Schriften erinnerten Propheten. „The priests of the Persian period seem to have embraced the 'prophets of old,' those appearing as characters of the books, while rejecting, or at least attempting to control, contemporary prophets" (Bos, *Reconsidering*, 169).

**146** "Finally, a more thorough study of the covenant ideology of the book of Hosea could be carried out, especially as it relates to Deuteronomistic ideals. Rather than some early conception of Yahwe's relationship with Israel, the covenant, specifically, the broken covenant, was a metaphor used by the elite of Judah to understand retrospectively the catastrophes of the early sixth century" (Bos, *Reconsidering*, 170). Vgl. auch Christoph Levin, „Die Entstehung der Bundestheologie im Alten Testament," in *Verheißung und Rechtfertigung. Gesammelte Studien zum Alten Testament II*, BZAW 431 (Berlin/Boston: De Gruyter, 2013), 242–59, hier: 257, der bezugnehmend auf Lothar Perlitt betont, die Vorstellung des Gottesbundes ermögliche „das Gottes-

## 4.2 Der „Prophet des Buches": nur eine literarische Gestalt?

Die zuletzt genannten Publikationen von Ehud Ben Zvi, James M. Trotter und James M. Bos, im Grunde genommen auch von Susanne Rudnig-Zelt, verstehen das nachexilische Jehud als Geburtsort der Hosea-Schrift. Wenngleich sie eine Vorgeschichte nicht ausschließen, spielt diese für sie kaum eine Rolle. Ben Zvi und James Trotter rechnen zwar mit der Möglichkeit schriftlicher Vorgaben, sehen aber keinen verlässlichen Zugang zu diesen hypothetischen Vorstufen (Ben Zvi)[147] und entscheiden sich bewusst für eine synchrone Deutung auf Endtextebene (James Trotter).[148]

Die extreme Position von James Bos, nach dem eine vorexilische Datierung nur für Aussagen möglich ist, die ausschließlich und einzig in und aus jener Zeit erklärbar sind, entspricht der methodisch rigorosen Forderung von Willy Schottroff. Dieser hatte in einem Artikel über Jer 2,1–3 unter Bezugnahme auf Ernst Käsemann und die von ihm vertretene methodengeleitete Rückfrage nach dem historischen Jesus eine radikale Umorientierung der Prophetenexegese eingefordert: Nur jenes prophetische Wort lasse sich einer Vorstufe zuordnen, das allein und ausschließlich von ihr her erklärt werden könne.[149] Da ein prophetisches Wort oder eine bestimmte Bearbeitungsschicht mit der Weitergabe eine

---

verhältnis unter veränderten Bedingungen weiterzuführen" und biete „zugleich einen Schlüssel zur Deutung der im Untergang geendeten Geschichte, die sich nunmehr als Folge des gebrochenen Bundes verstand."

**147** Vgl. die etwas verwunderte Feststellung von James Bos, *Reconsidering*, 27 f. über die von Ben Zvi erwähnten möglichen, aber zugleich unzugänglichen Vorstufen: "While he does not completely discount the possibility of earlier written sources being used in the composition of the book of Hosea or of the book going through various redactional stages, he emphasizes that we do not have access to these hypothetical earlier stages and reconstructing such forerunners with any kind of certainty is essentially impossible."

**148** Bos, *Reconsidering*, 26 f. kritisiert an James Trotter, dass er "within the framework of the traditional approach to Hosea" bleibe und stellt die Frage: "'Why postulate a text prior to the Persian period when so much of the 'final form' is demonstrably similar to the discourse of other texts from the Persian period and addresses so many of the concerns of this period?' In other words, what remains in the text of the book of Hosea that can be exclusively attributed to the eighth century? [...] Thus, although Trotter's work is a very beneficial study, more work can be done to situate the ideology of the book within the early Persian period."

**149** „Methodisch stringent müßte sich die Rückfrage nach dem genuin Prophetischen von dem Kriterium leiten lassen, nur das Gut für echt zu halten, das sich einzig und allein aus den konkreten Umständen der Zeit eines bestimmten Propheten verstehen läßt" (Willy Schottroff, „Jeremia 2,1–3. Erwägungen zur Methode der Prophetenexegese," *ZThK* 67 (1970): 263–94, hier: 294). Diese methodische Zuspitzung ist insofern überzogen, als unter dieser Voraussetzung jede Tradierung, die sich als sinnvolle Aktualisierung versteht, ihre inspirierende Quelle zuschütten würde.

aktualisierende Neuinterpretation erfährt und im neuen „Kommunikationsraum" verstehbar sein will, würde jede in sich stimmige aktualisierende Deutung im Vollzug der Überlieferung den eigenen Traditionsfluss unterbinden und sich davon abtrennen. Dies kann zwar der Fall sein, darf aber nicht als grundsätzlicher hermeneutischer Interpretationsschlüssel vorausgesetzt und angewendet werden. Es ist nicht davon auszugehen, dass die jeweilige neue Bearbeitung das ihr überlieferte Gut völlig vereinnahmt, ohne auf den Resonanzraum zu achten, der die Verbindung mit der Vergangenheit offenhält und damit den Prozess der Tradierung als solchen schützt.

Diesen Überlieferungsprozess aufzuzeigen und zu plausibilisieren versuchen die Arbeiten von Reinhard Gregor Kratz, Roman Vielhauer, Uwe Becker, Christoph Levin, Gale A. Yee und Martti Nissinen, rudimentär auch Susanne Rudnig-Zelt, auf unterschiedliche Weise. Mit der Frage "How can we reach the eighth century BCE?"[150] erörtert Martti Nissinen die mit dieser Rückfrage verbundenen methodologischen Probleme. Da diachron ausgerichtete Studien zu sehr unterschiedlichen und damit unbefriedigenden Ergebnissen führten, synchronen Zugängen aber der Weg zur Vorgeschichte des Textes letztlich verschlossen bliebe, fragt Nissinen, wie die Frage nach frühesten Texten aus dem 8. Jahrhundert historisch verantwortbar angegangen werden kann.[151] Drei wichtige Ereignisse, die in den Texten ihren Niederschlag gefunden haben dürften, greift er heraus. (1) Die Kritik an den Königsmorden in Hos 7,3–7 hat wohl einen der Nachfolger Jerobeams II. im Blick. Die wahrscheinlich auf Hofannalen basierenden Angaben aus 2 Kön 15,8–31 könnten, so die Vermutung Nissinens, auf die Ermordung Pekachjas durch Pekach (vgl. 2 Kön 15,25 und Hos 7,7) hinweisen. Auch wenn Hos 7,3–7 die Könige nicht ausdrücklich erwähnt, "it could belong to the material from which the early version of the book is composed."[152]

---

150 Nissinen, „Last Days," 369–75, hier: 369.

151 Unter der Fragestellung „Historical Echoes from the eighth Century?" (ebd., 375–81) kann Nissinen auf mehrere Belegstellen aus Hos 5–11* verweisen, die wohl nicht Produkt späterer Fortschreibung sind, sondern mit großer Wahrscheinlichkeit als Quellenmaterial gelten können.

152 Nissinen, „Last Days," 376 unter Verweis auf Roman Vielhauer und Susanne Rudnig-Zelt, die beide, wenn auch im Einzelnen abweichend, im Grundanliegen mit Nissinen übereinstimmen. So weist Roman Vielhauer, *Werden*, 86–92 die Verse Hos 7,3–7 der ältesten schriftlichen Fassung zu und vermutet hinter V. 5–6 sogar mündliche, noch aus dem Nordreich stammende Aussagen. Susanne Rudnig-Zelt, *Hoseastudien*, 212–30 sieht in V. 4b (ebd., 223) ein kurz nach dem Untergang des Nordreiches aus judäischer Sicht gesprochenes Bildwort. V. 5b „bildete [...] ursprünglich die direkte Weiterführung zu 7,4b" (ebd., 226). Einen Bezug zu den Königsmorden sieht Rudnig-Zelt nicht, doch eine spöttische Kritik am Zustand des Nordens aus judäischer Sicht. „In 7,4b.5b wird Ephraims Torheit und sein Leichtsinn für sein trauriges Schicksal verantwortlich gemacht" (ebd.).

(2) Der unmittelbar bevorstehende oder bereits geschehene Fall Samarias ist nach Nissinen wohl in einigen klageähnlichen Texten wie Hos 9,10–17, 11,1–5 und 10,5–8 zu vernehmen. Der von ihm rekonstruierte Text 10,5–8* könnte in V. 6 auf die unmittelbar nach dem Fall abtransportierte Götterstatue bezogen sein.[153] Da die prophetische Klage sowohl in den altorientalischen Quellen wie auch in denen Israels breit bezeugt ist, könnte der Niedergang Samarias in dieser gemeinorientalischen Form beklagt worden sein.[154] Schließlich (3) hat wohl auch der sogenannte syrisch-efraimitische Krieg 734–732 v. Chr. Spuren im Text-Raum der Hosea-Schrift hinterlassen. Ein Echo darauf lässt sich in Hos 5,8–14* vermuten, doch bestehen Unklarheiten darüber, wie der dort erwähnte Alarm zu verstehen ist. Es könnte eine der letzten mündlichen Äußerungen aus den letzten Tagen des Nordreiches sein,[155] oder das Echo auf einen Gegenangriff Judas gegen das Nordreich, wie die in Süd-Nord-Richtung aufgelisteten Orte Gibea, Rama und Bet-El (hier zu „Bet-Awen" verballhornt) und die Aussage gegen die Fürsten Judas, sie würden Grenzsteine versetzen (5,10), vermuten lassen.[156] Die Möglichkeit, dass hier Ereignisse aus dem letzten Jahr-

---

**153** Nissinen, „Last Days," 377 f. Nissinen weist auf das Nimrud Prisma Sargons II., Zeilen IV 25–32 hin, dessen Text das erbeutete Gut der Assyrer auflistet, darunter, neben den Deportierten, auch „their chariots and gods in which they trusted" (ebd., 378).

**154** "The Mesopotamian *kalû's* were not only singers but also scribes who wrote divinatory texts. [...] If this was true also in Samaria (which can only be speculated), this could explain the early textualization of such laments. Laments like Hos 10:5–8* could have belonged to the material comprising the first beginnings of what we know as the Book of Hosea" (Nissinen, "Last Days," 378). Im Unterschied dazu denkt Vielhauer, *Werden*, 176 „die Grundschicht von Hos 10,1–8 im Wirkungskreis deuteronomistischer Theologie entstanden". Nissinen hält dieser späten Datierung entgegen: „This is probably true for the Kultpolemik in chapter 10 in general, but not necessarily for the source material used by the editors" (Nissinen, "Last Days," 378, Anm. 32).

**155** Nach Vielhauer, *Werden*, 225–26 lässt sich hinter Hos 5,8–11*; 6,7–9; 7,5–6.8b–9 noch die mündliche Verkündigung vernehmen, die die Missstände im Nordreich anprangert, um das drohende Unheil abzuhalten. „Das im Hoseabuch rekonstruierte mündliche Material fügt sich somit gut in die konventionelle Heils- und Mahnprophetie des Alten Orients einschließlich Israels ein" (ebd.). Der größere Textabschnitt Hos 5,8–14 gehöre einer ersten Ergänzungsschicht an, die nach dem Ende des Nordreiches im ausgehenden 8. Jahrhundert das aus Israel und Juda bestehende gesamte Gottesvolk in den Blick nehme. „Unter dem Eindruck der systematisch von Norden nach Süden verlaufenden Expansion Assurs im Westen (720–701 v. Chr.), für die im Sinne der Überlieferer JHWH verantwortlich zeichnet, werden die ehedem verfeindeten Reiche Ephraim und Juda zu einer Einheit im Gericht verschmolzen. Aus den beiden Staaten wird das eine Volk Gottes" (ebd., 226).

**156** So etwa Albrecht Alt, „Hosea 5,8–6,6: ein Krieg und seine Folgen in prophetischer Beleuchtung," *NKZ* 30 (1919): 537–68 (repr. in *Kleine Schriften zur Geschichte des Volkes Israel*, Bd. 2, hg. Albrecht Alt [München: C. H. Beck, ²1959], 163–87). Na'aman, "The Book of Hosea as a Source," 239–40 datiert den Gegenangriff von Seiten Judas in die Zeit des letzten Königs

zehnt des Nordreiches ihren Widerhall finden, ist gegeben. Doch lässt sich eine präzise historische Situation nicht zwingend ausmachen.[157] Die von Nissinen angeführten Texte sind für die Endphase des Nordreiches und die Zeit unmittelbar danach plausibel, können aber auch spätere Ereignisse im Blick haben. Die Konflikte zwischen Israel und Juda oder die Erwähnung von Assur und Ägypten lassen sich in persischer Zeit auf die Konflikte zwischen Judäern und Samaritanern oder auf die ägyptischen Ptolemäer und die syrischen Seleukiden beziehen.[158] Die Möglichkeit einer sinnvollen Lektüre in der Perserzeit schließt jedoch eine Verortung im 8. Jahrhundert nicht notwendig aus: "Therefore – and this is generally the problem with the dating of individual passages in Hosea – even if an eighth-century setting makes sense, it cannot automatically be preferred."[159] Für die „historischen Echos" aus dem achten Jahrhundert konnte Martti Nissinen eine ganze Reihe assyrischer Quellen anführen, die eine frühere Datierung als die Perserzeit zumindest plausibilisieren. Deshalb wird die Frage nach dem Verhältnis zwischen biblischer und altorientalischer Prophetie weiterhin notwendig sein.

## 4.3 Die Propheten Israels im Kreise ihrer altorientalischen Kolleginnen und Kollegen

Die Auseinandersetzung mit dem Phänomen der Prophetie im Alten Orient zeigt erstaunliche Parallelen zur biblischen Prophetie.[160] Die lange Zeit als Proprium

---

Hoschea, in der Israel sehr geschwächt war. Anders Jeremias, *Der Prophet Hosea*, 81: „In V. 8 werden Gibea und Rama als Repräsentanten Benjamins und mit ihnen Benjamin als Ganzes zum Gegenschlag gegen das Nordreich gerufen, Bet-El als Tor zum Nordreich wird als erste Stadt vom Angriff erreicht." Allein diese unterschiedlichen Deutungen zeigen an, dass hier weiterer Klärungsbedarf besteht.

**157** Ben Zvi, *Hosea*, 140 lehnt deshalb eine Deutung der Aussagen auf historische Ereignisse unmittelbar vor Ende des Nordreiches ab.

**158** Nach Christoph Levin, *Das Alte Testament* (München: C. H. Beck, 2001), 93 spiegelt sich im Hoseabuch der „Konflikt mit der (proto)samaritanischen Gemeinde". Die nachexilische Polemik der Jerusalemer Tempelgemeinde gegen die samaritanische Gemeinde mit ihrem Heiligtum auf dem Garizim, habe zu einer heftigen Polemik von Seiten Jerusalems geführt. „Innerhalb des Alten Testaments hatte sie ihren gegebenen Ort in jenen Schriften, deren Botschaft seit je gegen das Nordreich gerichtet war: den Büchern der Propheten Hosea und Amos" (ebd., 94). Auch für Rudnig-Zelt, *Hoseastudien*, 271–73. 278 gehört in die 500jährige Wachstumsgeschichte des Hoseabuches auch die nachexilische Samariapolemik.

**159** Nissinen, "Last Days," 381.

**160** Vgl. dazu: Martti Nissinen, „Das kritische Potential in der altorientalischen Prophetie," in *Propheten in Mari, Assyrien und Israel*, FRLANT 201, hg. Matthias Köckert und Martti Nissinen (Göttingen: Vandenhoeck & Ruprecht, 2003), 1–32; Friedrich Hartenstein, „Unheilsprophetie und Herr-

der biblischen Propheten angenommene Gerichtsbotschaft, die diese deutlich von der altorientalischen Prophetie unterscheiden würde, ist dahingehend zu hinterfragen, dass (1) auch die altorientalischen Propheten Gerichts- und Mahnworte kennen, gemäß welchen beispielsweise mit der Politik unzufriedene Götter Könige und Königshäuser absetzen, und (2) die vorexilische Prophetie nicht auf Gerichtsbotschaft eingeschränkt werden darf. Sie ist auch Heilsprophetie, aber eben nicht nur.[161] Die altorientalische Prophetie lässt sich nicht einfachhin auf eine „Heilsprophetie, die das Königtum bestätigt und dem König im Kriege oder bei anderen Ereignissen von nationalem Rang gute und schlechte Vorzeichen mitteilt" reduzieren.[162] Der Alte Orient kennt neben der Kultkritik die kritische Auseinandersetzung mit der Bündnispolitik der Könige und kritisiert soziale Missstände bis hin zu einer unbedingten Unheilsandrohung.[163] Wenn nun die Prophetie der Umwelt Israels in der assyrischen Zeit des 8. und 7. Jahrhunderts prophetische Kritik und Unheilsansage kennt, warum sollten sie nicht auch in Israel und Juda möglich gewesen sein?

Eine „radikale Entgegensetzung zwischen altorientalischer und frühester israelitischer Heils- auf der einen und ableitbarer literarischer Unheilsprophetie auf der anderen Seite"[164] lässt sich aus einem doppelten Grund nur schwer auf-

---

scherrepräsentation. Zur Rezeption assyrischer Propaganda im antiken Juda (8./7. Jh. v. Chr.)," in *Das Archiv des verborgenen Gottes. Studien zur Unheilsprophetie Jesajas und zur Zionstheologie der Psalmen in assyrischer Zeit*, BThS 74 (Neukirchen-Vluyn: Neukirchener Verlag, 2011), 63–96; Reinhard Gregor Kratz, „Probleme der Prophetenforschung," 3–17; ders., „Die Redaktion der Prophetenbücher," 32–48; ders., „Das Neue der Prophetie des Alten Testaments," 49–70; ders., „Die Worte des Amos von Tekoa," in *Prophetenstudien. Kleine Schriften II*, FAT 74, hg. Rainer Gregor Kratz (Tübingen: Mohr Siebeck, 2011), 310–43; Alexandra Grund, „Kritik, Unheil, erste Sammlungen. Zum altorientalischen Hintergrund der israelitischen Schriftprophetie," *BZ* 57 (2013): 216–43; Manfred Weippert, *Götterwort und Menschenmund. Studien zur Prophetie in Assyrien, Israel und Juda*, FRLANT 252 (Göttingen/Bristol: Vandenhoeck & Ruprecht, 2014).

**161** Vgl. dazu den kurzen Überblick von Alexandra Grund, „Zum altorientalischen Hintergrund," 216–23 über die „Anfänge der Schriftprophetie in der neueren Diskussion" (ebd., 216). Dabei weist sie auf mehrere Engführungen hin. So sei es problematisch, die Prophetie in Israel in ihrem Verhältnis zu den altorientalischen Verwandten nach dem Kriterium zu bestimmen, dass sie „sich nicht grundsätzlich von dem aus der außerisraelitischen Prophetie Bekannten unterschieden" (ebd., 219) hätten. Demgegenüber hält Grund fest: „Wie die altbabylonischen und die neuassyrische[n] prophetischen Phänomene ihre kulturell, religiös und geschichtlich beeinflussten Spezifika hatten, [...] so ist selbstverständlich auch für die israelitische Prophetie des 8. Jh. v. Chr. mit einem eigenen Gepräge zu rechnen" (ebd., 222).

**162** Kratz, „Das Neue," 55.

**163** Grund, „Zum altorientalischen Hintergrund," 230–38. Martti Nissinen, *References to Prophecy in Neo-Assyrian Sources*. SAAS 7 (Helsinki: Neo-Assyrian Text Corpus Project, 1998).

**164** Grund, „Zum altorientalischen Hintergrund," 221. „Faktisch gehen [...] Kratz und auch Becker davon aus, dass das vom altorientalischen Befund Abweichende späterer Redaktion

rechterhalten: Zum einen kann die altorientalische Prophetie nicht auf reine Heilsprophetie reduziert werden, zum anderen widerraten die Entsprechungen zwischen israelitischer und altorientalischer Prophetie, Unheilsprophetie für Israel auszuschließen und diese lediglich als schriftgelehrte spätere Reflexion zuzulassen.[165] Dieser Auffassung zufolge ging die radikale Gerichtsverkündigung ausschließlich mit der Verschriftlichung der Botschaft einher. „Die unbedingte Gerichtsprophetie ist nicht die Voraussetzung, sondern ein Produkt der Überlieferungsbildung in den alttestamentlichen Prophetenbüchern. Ihren ‚Sitz im Leben' hat sie nicht in der öffentlichen Verkündigung, [...] sondern in der theologischen Reflexion schriftgelehrter Kreise, die JHWHs Handeln zu verstehen und in Worte zu fassen versuchen."[166] Demnach seien Amos, Hosea und Jesaja als Heilspropheten ganz im Stile der – freilich enggeführten – altorientalischen Prophetie tätig gewesen, vielleicht mit der einen oder anderen kritischen Bemerkung. Erst nach dem Fall Samarias seien sie zu Gerichtspropheten „umfunktioniert" worden. Die Gerichtsprophetie sei ein *vaticinium ex eventu* und diene lediglich dazu, die Gegenwart zu plausibilisieren.[167] Doch es ist zu problematisieren, dass die radikale Gerichtsbotschaft ausschließlich als *vaticinium ex eventu* zu begreifen sei, die den ursprünglich nur als Heilspropheten agierenden Gestalten Amos, Hosea und Jesaja nachträglich in den Mund gelegt und erst *nach* dem Eintreffen des Gerichtes von schriftgelehrten Kreisen produziert worden sei.

---

zuzuschreiben ist" (ebd., 221 f.). Grund nimmt Bezug auf Kratz, „Das Neue," 55 und auf Uwe Becker, „Der Prophet als Fürbitter: Zum literarhistorischen Ort der Amos-Visionen," *VT* 51 (2001): 141–65.

165 Dabei geht es nicht um die Rückfrage nach einem ursprünglichen Prophetenwort und die Abwertung späterer Bearbeitungen. Es geht vielmehr um die das Auftreten der Propheten begleitenden Phänomene, die offensichtlich in Israel ähnlich sind wie im alten Orient. Und es geht um die Frage, ob das Verständnis der biblischen Prophetie so ganz von der Geschichte absehen kann und ein rein innertextlicher Diskurs der prophetischen Überlieferung gerecht wird. Die Tatsache, dass dem Ausleger zunächst der „Prophet des Buches" aufgegeben ist und er die erzählte Welt mit der Gestalt des Propheten davon zu unterscheiden hat, historische Rückschlüsse ihm also nicht ungebrochen möglich sind, darf die Prophetie in Israel nicht umgekehrt zu einem rein literarischen Phänomen stilisieren unter Absehung von geschichtlichen Kontexten aus der realen Welt. Vgl. dazu Hartenstein, „Unheilsprophetie," 75: „Die Fachdiskussion [...] verläuft an dieser Stelle häufig einseitig, indem man rein innertextlich argumentiert und dabei Gefahr läuft, die historischen Bedingungen außer Acht zu lassen, die das Phänomen alttestamentlicher Schriftprophetie allererst ermöglicht haben".

166 Kratz, „Die Redaktion der Prophetenbücher," 44; Becker, „Wiederentdeckung".

167 Ob freilich eine solche Plausibilisierung mit einer völligen Kehrtwende der Argumentationsstrategie innerhalb einer Generation noch glaubwürdig vermittelt werden kann, sei dahingestellt. Zumindest mutet sie den Empfängern mehr Probleme zu, als sie ihnen löst.

Der Begründungszusammenhang, die Propheten Israels seien ursprünglich Heilspropheten gewesen, ihre Gerichtsbotschaft könne deshalb nicht auf ihr Konto gehen, sondern sei als spätere Interpretation nach geschehener Unheilserfahrung der Jahre 722 und 587 zu verstehen, ist vor dem altorientalischen Hintergrund wenig überzeugend.

## 4.4 Die radikale Gerichtsbotschaft als *vaticinium ex eventu*?

Mit der Annahme, dass die radikale Gerichtsbotschaft ein nachträgliches Interpretament darstelle und die Prophetie des 8. Jahrhunderts sich in der Heilsverkündigung erschöpfe, wird eine weitreichende Vorentscheidung getroffen, die die Weichen für das Verständnis der prophetischen Überlieferung in eine neue Richtung lenkt. Ob sich die frühen biblischen Schriftpropheten des 8. Jahrhunderts so widerspruchslos nahezu ausschließlich von einer vermeintlich durch die Heilsansage bestimmten altorientalischen Prophetie her verstehen lassen, gilt es zu klären.

*Der „Fall" Amos:* Jan Christian Gertz verneint in seinem Aufsatz „Die unbedingte Gerichtsankündigung des Amos"[168] ausdrücklich, dass das Aufkommen der radikalen Unheilsbotschaft bei Amos als *vaticinium ex eventu* zu deuten sei. Sein Resümee lautet: „Die eingangs gestellte Frage hieß, ob die Redaktoren das ‚Nein des Amos' angesichts der erlittenen Katastrophe erfunden haben. Ich meine, dass es gute Gründe gibt, diese Frage zu verneinen. Vor dem Hintergrund der skizzierten Überlieferungsbildung ist für die unbedingte Gerichtsankündigung des Amos das Verhältnis von äußerem Anlass und genuin religiöser Idee, von assyrischer Bedrohung und Sprengung des nationalreligiösen Rahmens, anders zu bestimmen: Die religiöse Idee bleibt unableitbar. Sie geht dem äußeren Anlass voraus. Ihre historische Durchsetzung verdankt sie jedoch der faktischen Lage. Die religiöse Idee konnte nur wirksam werden, weil sie sich in der geschichtlichen Erfahrung bewährte und als das geeignete Mittel zur Bewältigung der Katastrophe erwies."[169]

**168** Jan Christian Gertz, „Die unbedingte Gerichtsankündigung des Amos," in *Gottes Wege suchend. Beiträge zum Verständnis der Bibel und ihrer Botschaft. FS Rudolf Mosis*, hg. v. Franz Sedlmeier (Würzburg: Echter Verlag, 2003), 153–70.
**169** Gertz, „Gerichtsankündigung," 170. Anders Becker, „Wiederentdeckung," 53 f.57; Kratz, „Das Neue," 66: „Nicht die Propheten der Bücher, wohl aber die Personen, deren Namen die Bücher tragen, waren ‚Kultpropheten' [...], keine Gerichtspropheten. Erst in der schriftlichen Überlieferung, auf die die ursprünglichen Orakel gar nicht berechnet waren, tritt der Wandel ein: aus Heilsworten werden Unheilsweissagungen für das eigene Volk und alle Völker [...]. Erst in den Büchern sind aus den ehemaligen ‚Kultpropheten', den ‚klassischen' Vertretern ihres Standes, die Gerichtspropheten geworden."

Nach Gertz lassen sich das „Nein des Amos" und seine radikale Gerichtsprophetie demnach nicht ausschließlich als ein Interpretament nach erlittener
Katastrophe deuten. Sie sind nicht lediglich eine nachträgliche Anpassung des
prophetischen Wortes an die neue Faktenlage, sondern vielmehr Ausdruck genuin religiöser Erfahrung, die im Nachhinein von den historischen Ereignissen
von 722 v. Chr. bestätigt wurde.

*Der „Fall" Jesaja*: Hermann-Josef Stipp hat in einem Beitrag zur Festschrift
für Rudolf Mosis „Vom Heil zum Gericht. Die Selbstinterpretation Jesajas in der
Denkschrift"[170] für Jesaja deutlich gemacht, dass der Wandel vom Heilspropheten zum Gerichtspropheten nicht als spätere Nachinterpretation zu verstehen
ist, sondern bereits innerhalb der Verkündigung des Jesaja geschieht. Im Rahmen des syrisch-efraimitischen Krieges hatte Jesaja den Aggressoren aus Aram
und Efraim Unheil angedroht und zugleich König Ahas zum Vertrauen auf den
Zionsgott aufgefordert. Ahas hatte diese Bedingung für das Erlangen göttlicher
Hilfe unterlaufen und sich um militärische Hilfe an Assur gewandt. Die daraufhin erfolgende Gerichtsbotschaft des Propheten fand jedoch „wenig Gehör, weil
er gewissermaßen seinem eigenen Erfolg zum Opfer fiel, da er ja den glückli-
chen Ausgang für Juda selbst vorhergesagt hatte. Die Tiefe seiner Glaubwürdig-
keitskrise ist an dem Umstand zu ermessen, dass man seinen Protesten seine
eigenen, vom Lauf der Geschichte bestätigten Prophezeiungen entgegenhalten
konnte."[171] Deshalb arbeitete Jesaja das ursprüngliche, dem König geltende
Heilsorakel Jes 7,4d–9b um, indem er dieses mit bedingten Gerichtsworten für
den Fall fehlenden Vertrauens verband. So erhält die Immanuelweissagung die
ihr eigene Ambivalenz von Heil und Unheil.[172] Es ist also davon auszugehen,

**170** Hermann-Josef Stipp, „Vom Heil zum Gericht. Die Selbstinterpretation Jesajas in der Denkschrift," in *Gottes Wege suchend. Beiträge zum Verständnis der Bibel und ihrer Botschaft. FS
Rudolf Mosis*, hg. v. Franz Sedlmeier, (Würzburg: Echter Verlag, 2003), 323–54.
**171** Stipp, „Vom Gericht zum Heil," 347.
**172** Ebd., 350 f.: „Nach der Bewahrheitung seiner Heilsansagen sah sich Jesaja genötigt, einem kapitalen Missverständnis seiner Prophetie entgegenzutreten, das deren zionstheologi-
schen Bezugsrahmen glaubte ignorieren zu können – eine fatale Verkennung der Lage, die
Juda unweigerlich ins Verderben stürzen würde. Wie die Art der Fusion von Heil und Gericht
in der Denkschrift noch durchblicken lässt, hatte Jesaja die Heilsalternative derart hervorgekehrt, dass er als reiner Heilsprophet wahrgenommen wurde. Der Missbrauch seiner Prophetie
zwang ihn schließlich, die Gewichte zurechtzurücken, was auf die Notwendigkeit hinauslief,
seine eigene Frühzeitverkündigung unwirksam zu machen. Vor allem musste er dem Eindruck
des Selbstwiderspruchs wehren, indem er darlegte, dass seine damalige Prophetie in Wahrheit
schon die jetzige war. Deshalb hat er sie aktualisierend dokumentiert und mittels einer verbindlichen Fassung seiner rückblickend missverständlichen Zeichenakte aus der Ära des syro-
efraimitischen Krieges hervorgekehrt, dass seine Botschaft immer schon mit einer Unheilsalternative verschwistert war, was die vorfindliche Melange aus Heil und Gericht heraufbeschwo-
ren hat."

dass der Heilsverkündigung bei Jesaja ursprünglich eine große Bedeutung zukam. Der Wechsel von der Heilsverkündigung zur Unheilsansage erklärt sich jedoch nach Stipp weder aus „unterschiedlichen Adressatenkreisen"[173] noch aus „sekundärer Umpolung eines reinen Heilspropheten".[174] Vielmehr spiegele sich darin „ein Nacheinander in Jesajas eigener Biographie. [...] Es waren ernüchternde Erfahrungen mit seiner Heilsprophetie, die ihn bewogen, die schon immer latente Unheilsalternative schließlich ganz in den Vordergrund zu rücken. Insofern bezeugt die Denkschrift indirekt die Bekehrung Jesajas vom Heilspropheten zum Künder des Gerichts."[175] Die Transformation vom Heilspropheten zum Gerichtspropheten ist somit als Entwicklungsprozess innerhalb der prophetischen Wirksamkeit des Jesaja zu sehen. Damit wird zumindest eine gewichtige und plausible Alternative zur Deutung der Gerichtsbotschaft als *vaticinium ex eventu* angezeigt.[176]

*Der „Fall" Hosea:* Wie stellt sich dieser Sachverhalt nun bei Hosea dar? – Das Hoseabuch präsentiert die Prophetengestalt durchgängig als Unheils- und Heilspropheten, wobei der Weg vom Unheil zum Heil mehrfach durchlaufen wird. Mit Sicherheit stammt der große Teil der Heilsworte aus späterer, zum Teil aus nachexilischer Zeit. Auch die Gerichtsworte Hoseas setzen teilweise den Untergang des Nordreiches, teilweise vielleicht auch das babylonische Exil voraus.

Roman Vielhauer sieht das älteste Material des Hoseabuches in Hos 5–9, hinter dem er die mündliche Verkündigung des Propheten vermutet (Hos 5,8–11*;

---

173 Ebd., 354. Unterschiedliche Adressatenkreise nehmen etwa Stuart A. Irvine, *Isaiah, Ahaz, and the Syro-Ephraimitic Crisis*, SBDL.DS 123 (Atlanta, GA: Scholar Press, 1990) und Jörg Barthel, *Prophetenwort und Geschichte. Die Jesajaüberlieferung in Jes 6–8 und 28–31*, FAT 19 (Tübingen: Mohr Siebeck, 1997), 43–56 an.

174 Stipp, „Vom Gericht zum Heil," 354. Eine sekundäre Umpolung eines reinen Heilspropheten vertreten Uwe Becker, *Jesaja – von der Botschaft zum Buch*, FRLANT 178 (Göttingen: Vandenhoeck & Ruprecht, 1996) und Ernst Axel Knauf, „Vom Prophetinnenwort zum Prophetenbuch: Jes 8,3f im Kontext von Jes 6,1–8,16," *Lectio difficilior* (Internet) 2/2000. http://www.lectio.unibe.ch/00_2/v.htm. Zugriff 19. 02. 2022.

175 Stipp, „Vom Gericht zum Heil," 353–54. Das von Stipp vertretene Nacheinander in der Biographie findet sich ähnlich bei Jesper Høgenhaven, *Gott und Volk bei Jesaja. Eine Untersuchung zur Biblischen Theologie*, AThD 24 (Leiden u. a.: Brill, 1988), 94. Die Verbindung der einander widerstrebenden Aussagen sind seiner Ansicht nach späteren Redaktoren zuzuweisen, nach Stipp ist dies die originäre Arbeit des Jesaja.

176 Anders hingegen Becker, „Wiederentdeckung," 57: „Ist die ,unheilstheologische Wende' *biographisch-psychologisch* aus dem Leben des Propheten heraus oder aber *literarisch-redaktionsgeschichtlich* mit der Buchwerdung zu erklären? [...] Der Umschwung vom Heil zum Unheil geht durchweg mit literarischen *und* theologischen ,Bruchstellen' einher, die man nur redaktionsgeschichtlich erklären kann."

6,7–9; 7,5 f.8b–9). Diese benenne zwar konkrete Vergehen wie Mord, Diebstahl, Vertragsbruch, die in einzelnen Städten wie Adam und Gilead oder durch einzelne Stände wie die Priester und das Königshaus begangen würden. Aber: „Eine grundsätzliche Kritik am politischen und religiösen Status quo des Nordreiches ist damit nicht verbunden."[177]

Nach den Studien von Vielhauer werde die radikale Unheilsbotschaft des Hosea erst angesichts des geschehenen Untergangs des Nordreiches laut. Somit ist sie letztlich nichts anderes als eine deutende Wiedergabe des Status quo. Verharmlost diese Deutung nicht die in Hos 5,8–11; 6,7–9*; 7,5f und 7,8b–9 inkriminierten Verbrechen? Tangieren diese doch die Substanz im Leben des Gottesvolkes, insofern sie ein Leben nach der Tora außer Kraft setzen. Dies ist weitaus mehr als nur ein Kavaliersdelikt.[178] Die Schwere der Vergehen innerhalb des Gottesvolkes in Verbindung mit einer unverantwortlichen Bündnispolitik, dem Bruderzwist zwischen Israel und Juda und der zunehmenden Pression durch die Neuassyrer musste einem wachen prophetischen Geist die Möglichkeit des Untergangs erahnen lassen.[179]

Wie bei Amos und Jesaja ist die radikale Wende zum Unheilspropheten auch bei Hosea nicht bloß eine nachträgliche Reflexion aufgrund eingetretener geschichtlicher Fakten, sondern eine aus dem Zustand Israels und der politischen Großwetterlage gewonnene Erkenntnis. Hosea wird bereits vor dem Untergang des Nordreiches zum Unheilspropheten, ganz in Entsprechung zu Jesaja und Amos. Dass seine Sicht des Untergangs sich durchsetzen konnte, verdankt sich dem Faktum, dass das zuvor angekündigte Gericht auch tatsächlich eingetroffen ist und seine Verkündigung bestätigt hat.

*Zusammenfassung*: Die Diskussion um die Entstehung der Hosea-Schrift ist nach wie vor in vollem Gange. Ob eine Spurensuche in Sachen Bundestheologie *in fieri* ertragreich ist, hängt entscheidend an der Hypothesenbildung über die Genese des Buches. Wird eine Entstehung in persischer Zeit angenommen, erübrigt sich eine Spurensuche, da nicht nur von Seiten der Deuteronomisten bereits vertragliche Bundeskonzeptionen vorliegen. Sogar die Priestergrundschrift

---

**177** Vielhauer, *Werden*, 113; ebd., 225 f.: „Das im Hoseabuch rekonstruierte mündliche Material fügt sich somit gut in die konventionelle Heils- und Mahnprophetie des Alten Orients einschließlich Israels ein." Ähnlich Kratz, „Redaktion," 42; Becker, „Wiederentdeckung," 53.57.
**178** Nach Hos 4,1–3, eine später den Kapiteln Hos 4–9 redaktionell vorangestellte Einführung, sind es eben diese Vergehen, die den Untergang des Landes und seiner Bevölkerung herbeiführen.
**179** Insofern ist Hendrik Pfeiffer, *Das Heiligtum von Bethel im Spiegel des Hoseabuches*, FRLANT 153 (Göttingen: Vandenhoeck &Ruprecht, 1999), 225 durchaus Recht zu geben, wenn in der Assyrergefahr einen Grund sieht, der das radikale Nein des Hosea mit beeinflusst hat.

mit ihrer Bundestheologie wäre schon vorhanden. Die Hosea-Schrift wäre dann mehr Empfänger-, denn Gebertext, und die Frage nach dem so genannten Bundesschweigen stellt sich neu, taucht ברית doch in jenen Schriften des Zwölfprophetenbuchs, die definitiv in die Perserzeit datieren, in Haggai gar nicht, in Sacharja nur zweimal und erst in Maleachi sechsmal auf, dort dann sogar auf den Priesterbund bezogen (Mal 2,4 f.8). Was Hosea anbelangt, sieht eine stattliche Zahl von Exegeten im „Propheten des Buches" jedoch mehr als lediglich eine buchinterne Größe aus dem Jehud der Perserzeit.

Eine Rückfrage nach der exilisch-vorexilischen Überlieferungsgeschichte des Hosea-Stoffes ist deshalb unerlässlich. Dabei bleibt umstritten, wie weit sich die Spuren in die Literaturgeschichte Israels zurückverfolgen lassen. Die Behauptung, dass die mit der Bundesthematik verknüpfte radikale Gerichtsbotschaft erst nach dem Untergang des staatlich verfassten Südreiches Juda in neubabylonischer Zeit formuliert werden konnte, schafft mehr Schwierigkeiten als sie löst und bliebe auch im 6. Jahrhundert v. Chr. noch ein religionsgeschichtliches Novum.[180] Die während der neuassyrischen Prädominanz zu verarbeitenden Unheilserfahrungen liefern Entstehungsvoraussetzungen für eine prophetische Gerichtsverkündigung im ausgehenden 8. und im 7. Jahrhundert v. Chr. für Israel und Juda zur Genüge. Die Entscheidung, die radikale Unheilsprophetie ausschließlich *post eventum* als nachträgliche Deutung geschehener Fakten gelten zu lassen, postuliert, dass der Prophetie außerhalb Israels Gerichtsbotschaft fremd war, dass die Prophetie in Israel sich nicht von der unterstellten reinen Heilsprophetie der Umwelt unterschied, diese in Ermangelung eines eigenen Profils imitierte und erst nach dem Untergang des Nordreiches in schriftgelehrter Reflexion zu einem Selbststand gefunden habe. Dieses literarische Produkt sei nachträglich in die sogenannten vorexilischen Heilspropheten eingetragen worden.[181] Der Textbefund spricht jedoch deutlich für die herkömmliche Erklärung, nach der Unheilspropheten wie Jesaja, Hosea, Amos aufgrund ihrer Botschaft höchst umstritten und angefochten waren. Um die Gültigkeit ihrer Ver-

---

**180** In Abgrenzung von Karl-Friedrich Pohlmann, „Erwägungen zu Problemen alttestamentlicher Prophetenexegese," in *„Wer ist wie Du, HERR, unter den Göttern?". Studien zur Theologie und Religionsgeschichte Israels*. FS Otto Kaiser, hg. v. Ingo Kottsieper, Jürgen van Oorschot, Diethart Römheld und Harald-Martin Wahl (Göttingen: Vandenhoeck & Ruprecht, 1994), 325–41 hält Vielhauer, *Werden*, 117, Anm. 182 fest: „Im Übrigen ist die Gerichtsprophetie auch nach 587 v. Chr. ein religionsgeschichtlich singuläres Phänomen." Vgl. auch Grund, „Zum altorientalischen Hintergrund," 219.
**181** Dass es eine Gerichtsprophetie *ex eventu* und *post eventum* gibt, ist nicht zu bestreiten. Im Rahmen der Redaktion des Jeremiabuches durch die Deuteronomisten werden dem Propheten Jeremia zusätzliche Gerichtsworte in den Mund gelegt. Doch lässt sich dies nicht auf alle radikalen Unheilsansagen der Propheten Israels übertragen.

kündigung festzuhalten, kam es zu ersten Verschriftungen (vgl. Jer 36 und Jes 8,16). Nach dem Eintritt der Katastrophe erschien ihre Botschaft durch Fakten beglaubigt. Dies war der entscheidende Grund, weswegen ihre Worte schriftlich fixiert, weitertradiert, vertieft und aktualisiert wurden, bis sie ihm Laufe der Zeit besondere Autorität und Dignität erhielten. Unter dieser Voraussetzung ist eine Spurensuche nach einer Bundestheologie *in fieri* im Verlauf der Überlieferung der Hosea-Schrift sinnvoll, da sie bis in die vordeuteronomische Zeit zurückführen dürfte.

# 5 Bundesvorstellungen im Horizont kulturanthropologischer Diskurse

Die Suche nach Spuren einer sich entwickelnden Bundestheologie im Hoseabuch macht weitere Studien zu altorientalischen Texten erforderlich, die über das Prophetenverständnis hinaus die bereits von Lothar Perlitt aufgeworfene Frage nach dem Verhältnis von Bund, Vertrag und Ehe fortführen. Wenn Hosea mit der Verwendung der Ehe-Metapher innerhalb der biblischen Literatur eine Vorreiterrolle einnimmt (so Jan Christian Gertz) und das Ehebild bei der Entwicklung einer späteren Bundestheologie Pate stand, legt sich die Frage nahe, wie sich diese hoseanische Vorstellungswelt zu altorientalischen Textzeugnissen verhält? Lassen sich auch im Alten Orient Bezüge zwischen einer Ehe-Metaphorik und vertragsrechtlichen Bundesaussagen erkennen? Da der Ehemetaphorik nach Gertz eine vorbereitende Rolle für die Entwicklung der späteren deuteronomisch-deuteronomistischen Bundestheologie zukommen mag, ist dem Verhältnis von „Ehe" und „Bund" im Alten Orient nachzugehen. Die Beiträge von *Regine Pruzsinszky* „Politisch und sozial motiviert: Bünde zwischen Göttern und Menschen im Alten Orient" und *Hans Ulrich Steymans* „Dient die Ehe-Metaphorik zur Veranschaulichung von Vertragsbruch? Eine Untersuchung vor dem Hintergrund altorientalischer Quellen" widmen sich dieser für eine mögliche Vorgeschichte der Bundestheologie grundlegenden Problematik.[182]

---

**182** Zum altorientalischen Hintergrund einer biblischen Bundestheologie sind in den vergangenen Jahrzehnten seit Lothar Perlitt zahlreiche weiterführende Publikationen erschienen. Neben den in Anm. 2 aufgeführten Titeln sei noch verwiesen auf: Hans Ulrich Steymans, *Deuteronomium 28 und die adê zur Thronfolgeregelung Asarhaddons. Segen und Fluch im Alten Orient und in Israel*, OBO 145 (Freiburg: Universitätsverlag, 1995); ders., "Deuteronomy 13 in Comparison with Hittite, Aramaic and Assyrian Treaties," *Hebrew Bible and Ancient Israel* 8 (2019): 101–32.

Mit der Ausweitung der Fragestellung auf die altorientalische Literatur soll zugleich die von Norbert Lohfink, Erich Zenger und anderen monierte doppelte Engführung der Bundesdiskussion auf den nackten Begriff ברית und dessen Reduktion auf die bloße Semantik überwunden und ein bewusster Kontrapunkt zu den Studien von Ernst Kutsch und Lothar Perlitt gesetzt werden. Diese Ausweitung der Fragestellung ist unerlässlich, um in der hier verhandelten Fragestellung voranzukommen: „Bundestheologie bei Hosea? Eine Spurensuche."

Doch macht die Diskussion um das Bundesverständnis über die Welt der Altorientalistik hinaus grundlegendere Rückfragen nach den anthropologischen Vorgegebenheiten einer Bundes- und Vertragspraxis sowie der Ehemetaphorik erforderlich. Insofern ist die Bundesdiskussion in einen kulturanthropologischen Diskurs auszuweiten.[183] Wenn sich der Mensch nach Sicht des Alten Orients einer kommunikativ verfassten Welt[184] zugehörig weiß, ergibt sich für menschliches Tun ein „Füreinander-Handeln" und ein „solidarisches Handeln".[185] Für menschliches Zusammenleben und Handeln ist die „Idee der Gegenseitigkeit (Reziprozität)"[186] maßgeblich. In ihrem Beitrag „Homo do-

---

**183** Zur biblischen Anthropologie wurden in den vergangenen Jahrzehnten wichtige Beiträge mit neuen Fragestellungen geliefert, die in ihren Auswirkungen auf die Diskussion über die Bundestheologie noch kaum Beachtung fanden. Beispielhaft seien erwähnt: Christian Frevel und Odo Wischmeyer, *Menschsein* (Würzburg: Echter Verlag, 2003); Bernd Janowski, *Konfliktgespräche mit Gott. Eine Anthropologie der Psalmen* (Neukirchen-Vluyn: Neukirchener Verlag ²2003); Angelika Berlejung und Christian Frevel, Hg., *Handbuch theologischer Grundbegriffe zum Alten und Neuen Testament* (Darmstadt: Wissenschaftliche Buchgesellschaft, 2006); Andreas Wagner, Hg., *Anthropologische Aufbrüche. Alttestamentliche und interdisziplinäre Zugänge zur biblischen Anthropologie*, FRLANT 232) (Göttingen: Vandenhoeck&Ruprecht, 2009); Christian Frevel, Hg., *Biblische Anthropologie. Neue Einsichten aus dem Alten Testament*, QD 237 (Freiburg: Herder 2010); Angelika Berlejung, Jan Dietrich und Joachim Friedrich Quack, Hg., *Menschenbilder und Körperkonzepte im Alten Israel, in Ägypten und im Alten Orient*, Orientalische Religion in der Antike 9 (Tübingen: Mohr Siebeck, 2012); Jürgen van Oorschot und Andreas Wagner, Hg., *Anthropologie(n) des Alten Testaments*, VWGTh 42 (Leipzig: Evangelische Verlagsanstalt, 2015); Christian Frevel, *Gottesbilder und Menschenbilder. Studien zu Anthropologie und Theologie im Alten Testament* (Neukirchen-Vluyn: Neukirchener Verlagsgesellschaft, 2016); Andreas Wagner, *Menschenverständnis und Gottesverständnis im Alten Testament. Gesammelte Aufsätze* (Göttingen: Vandenhoeck&Ruprecht, 2017); Bernd Janowski, *Das hörende Herz. Beiträge zur Theologie und Anthropologie des Alten Testaments 6* (Göttingen: Vandenhoeck&Ruprecht, 2018); dazu das demnächst erscheinende Grundlagenwerk zur alttestamentlichen Anthropologie: Jan Dietrich, Alexandra Grund-Wittenberg, Bernd Janowski und Ute Neumann-Gorsolke, Hg., Handbuch Alttestamentliche Anthropologie (Tübingen: Mohr Siebeck, 2023).
**184** Jan Assmann, *Maᶜat. Gerechtigkeit und Unsterblichkeit im Alten Ägypten* (München: C. H. Beck, 2001), 195 spricht von einem „kommunikative[n] Sinnzusammenhang des Ganzen".
**185** Ebd., 64.
**186** Bernd Janowski, „Die Tat kehrt zum Täter zurück. Offene Fragen im Umkreis des ‚Tun-Ergehen-Zusammenhangs,"* ZThK* 91 (1994): 247–271, hier: 257.

nans" von 2012 zeigte Alexandra Grund auf, dass die „Reziprozität als Regel des sozialen Lebens"[187] zu gelten hat. Sie kommt zum Ergebnis: „Es bleibt [...] festzuhalten, dass das Prinzip der Gegenseitigkeit im Sinne des Füreinander-Handelns im israelitischen Ethos eine gewichtige Rolle spielte."[188] Selbst die Anwendung des *ius talionis* in der alttestamentlichen Rechtsprechung ist vom Anliegen der Reziprozität geprägt, insofern es nicht um „Wiederschädigung", sondern um „Erstattung" geht, so dass auch das *ius talionis* als „Gerechtigkeitsprinzip" wirksam wird und dem Ziel dient, „einen Ausgleich zwischen geschädigter und schädigender Partei zu erreichen."[189] Die Relevanz des Prinzips der Reziprozität für die Deutung des Hoseabuches hat Katrin Zehetgruber in ihrer 2020 erschienen Dissertation „Zuwendung und Abwendung"[190] dargelegt.

Der in den Kulturwissenschaften schon seit längerer Zeit geführte Diskurs über die Reziprozität menschlichen Verhaltens[191] wäre auch für die Rückfrage

---

**187** Alexandra Grund, „Homo donans. Kulturanthropologische und exegetische Erkundungen zur Gabe im alten Israel," in *Menschenbilder und Körperkonzepte im Alten Israel, in Ägypten und im Alten Orient*, Orientalische Religion in der Antike 9, hg. v. Angelika Berlejung, Jan Dietrich und Joachim Friedrich Quack (Tübingen: Mohr Siebeck, 2012), 97–123, hier: 113. Im Abschnitt „3.4. Reziprozität als Regel des sozialen Lebens" (ebd., 113–15) betont sie das „soziale Gedächtnis der Gemeinschaft" (ebd., 113). Deshalb komme dem „Füreinander-Handeln" (ebd., 114) besondere Bedeutung zu, da dieses gemeinschaftsgemäße Verhalten „den Kreislauf der konnektiven Gerechtigkeit in Gang" (ebd.) halte. „Wird aber auf Wohltaten nicht entsprechend re-agiert, stört das die Zirkulation guter Taten, es beeinträchtigt die Gemeinschaftsgerechtigkeit und schwächt die Solidarität der Gemeinschaft" (ebd.).
**188** Ebd., 115.
**189** Ebd., 117.
**190** Katrin Zehetgruber, *Zuwendung und Abwendung. Studien zur Reziprozität des JHWH/Israel-Verhältnisses im Hoseabuch*, WMANT 159 (Göttingen: Vandenhoeck & Ruprecht, 2020).
**191** Vgl. Alvin W. Gouldner, *Reziprozität und Autonomie. Ausgewählte Aufsätze*, stw 303 (Frankfurt: Suhrkamp, 1984); Georg Simmel, *Schriften zur Soziologie. Eine Auswahl*, stw 434, hg. u. eing. v. Heinz-Jürgen Dahme und Otthein Rammstedt (Frankfurt: Suhrkamp [6]2016); Marcel Mauss, *Die Gabe. Form und Funktion des Austauschs in archaischen Gesellschaften*, stw 743 (Frankfurt: Suhrkamp, 1990); Iris Därmann, *Theorien der Gabe. Zur Einführung* (Hamburg: Junius, [2]2016); Helmuth Berking, *Schenken. Zur Anthropologie des Gebens* (Frankfurt a. M./New York, Campus, 1996); Maurice Godelier, *Das Rätsel der Gabe. Geld, Geschenke, heilige Objekte* (München: C. H. Beck, 1999); Claude Lévi-Strauss, *Die elementaren Strukturen der Verwandtschaft*, stw 1044 (Frankfurt: Suhrkamp, 42017); Frank Adloff und Steffen Mau, Hg., *Vom Geben und Nehmen. Zur Soziologie der Reziprozität* (Frankfurt a. M./New York: Campus Verlag, 2005). Mir scheint, dass Harmut Rosa diesen Diskurs fortführt, nun unter dem Stichwort „Resonanz". Vgl. Hartmut Rosa, *Beschleunigung. Die Veränderung der Zeitstrukturen in der Moderne*, stw 1760 (Frankfurt: Suhrkamp, [12]2020); ders., *Resonanz. Eine Soziologie der Weltbeziehung*, stw 2272 (Frankfurt: Suhrkamp, [4]2020); ders., *Unverfügbarkeit*, st 5100 (Frankfurt: Suhrkamp, 2020). Für den philosophischen und theologischen Diskurs sei zudem verwiesen auf: Michael

nach einer sich entwickelnden Bundestheologie und deren Ausgestaltung fruchtbar zu machen. Ein inter- und transdisziplinäres Gespräch mit den Humanwissenschaften ist dabei unerlässlich, spricht doch vieles dafür, dass auch die in
rechtlichen Vertragskategorien einschließlich der des Bundes sich äußernde Reziprozität Ausdruck einer anthropologischen Grundgegebenheit und eines darauf
aufruhenden Grundbedürfnisses nach Gegenseitigkeit und Solidarität ist. Vor
diesem Hintergrund wird in dem vorliegenden Sammelband die Spurensuche in
den humanwissenschaftlichen Bereich hinein ausgeweitet. So erfordert der Begriff Bund mit seiner stark juridischen Konnotation ein weiterführendes Gespräch
mit den Rechtswissenschaften. Dabei ist zu prüfen, ob die Übersetzung von ברית
in den antiken und in den modernen Sprachen, in denen der aktuelle exegetische
Diskurs geführt wird, auch jeweils den gleichen Sachverhalt bezeichnet.[192] Welche inhaltlichen Verschiebungen ergeben sich in der Rechtsgeschichte? *Christoph
Becker* leistet hierfür einen wertvollen Beitrag, in dem er einschlägige biblische
Texte in der Fassung der Vetus Latina und der Vulgata vor dem Hintergrund des
römischen Rechts untersucht. Die Frage der Reziprozität legt sich dabei für das
mit dem „Bündnis" verfolgte Ziel nahe. Selbst im Falle einer testamentarischen
Verfügung, in der eindeutig eine einseitige Festlegung durch den Erblasser be-

---

Gabel und Hans Joas, Hg., *Von der Ursprünglichkeit der Gabe. Jean-Luc Marions Phänomenologie in der Diskussion*, Scientia & Religio. Bd. 4 (Freiburg/München: Verlag Karl Alber, 2007);
Veronika Hoffmann, Hg., *Die Gabe. Ein „Urwort" der Theologie?* (Frankfurt a. M.: Verlag Otto
Lembeck, 2009); Florian Bruckmann, Hg., *Phänomenologie der Gabe. Neue Zugänge zum Mysterium der Eucharistie*, QD 270 (Freiburg/Basel/Wien: Herder, 2015); Skott Grunau, *Der moralische Pakt. Das Fundamentalmoralische in der Literatur*, Literatura. Wissenschaftliche Beiträge
zur Moderne und ihrer Geschichte, Bd. 45 (Baden-Baden: Ergon Verlag, 2020); Jens-Christian
Maschmeier, *Reziproke Barmherzigkeit. Theologie und Ethik im Matthäusevangelium*, BWANT
227 (Stuttgart: Kohlhammer, 2020).

**192** Vom chinesischen Gelehrten Konfuzius (551–479 v. Chr.) wird folgende Reflexion über die
„Richtigstellung der Begriffe" überliefert: „Dsï Lu sprach: ‚Der Fürst von We wartet auf den
Meister, um die Regierung auszuüben. Was würde der Meister zuerst in Angriff nehmen?' Der
Meister sprach: ‚Sicherlich die Richtigstellung der Begriffe.' Dsï Lu sprach: ‚*Darum* sollte es
sich handeln? Da hat der Meister weit gefehlt! Warum denn deren Richtigstellung?' Der Meister
sprach: ‚Wie roh du bist, Yu! Der Edle läßt das, was er nicht versteht, sozusagen beiseite. Wenn
die Begriffe nicht richtig sind, so stimmen die Worte nicht; stimmen die Worte nicht, so kommen die Werke nicht zustande; kommen die Werke nicht zustande, so gedeiht Moral und Kunst
nicht; gedeiht Moral und Kunst nicht, so treffen die Strafen nicht; treffen die Strafen nicht, so
weiß das Volk nicht, wohin Hand und Fuß setzen. Darum sorge der Edle, daß er seine Begriffe
unter allen Umständen zu Worte bringen kann und seine Worte unter allen Umständen zu
Taten machen kann. Der Edle duldet nicht, daß in seinen Worten irgend etwas in Unordnung
ist. Das ist es, worauf alles ankommt.'" (Kungfutse, *Lun Yu. Gespräche* (Düsseldorf/Köln: Eugen Diederichs Verlag, 1975), 131 (Abruf vom 24. 01. 2022: http://www.zeno.org/Philosophie/M/
Kong+Fu+Zi+(Konfuzius)/Lunyu+-+Gespr%C3%A4che/Buch+XIII/3.+Staatsregierung/3.+Richt
igstellung+der+Begriffe).

56 ——— Franz Sedlmeier

stimmend ist, kommt das mit dem Testament verfolgte Ziel erst dann zur Erfüllung, wenn die testamentarische Verfügung durch den so Begünstigten tatsächlich und freiwillig angenommen wird. Sogar diese unbestreitbar einseitige Verfügung zielt in der Realisierung auf ein reziprokes Verhältnis.[193]

Der Beitrag von *Leo Montada* und *Hans Ulrich Steymans* zeigt, bezugnehmend auf Studien mit Melvin J. Lerner, aus sozialpsychologischer Perspektive auf, wie sich im Verlauf der Persönlichkeitsentwicklung die Entstehung eines Wunsches nach Gerechtigkeit mit persönlichen Vereinbarungen in einem *personal contract* verbindet, die sich als Gerechtigkeitsmotivation in die menschliche Biographie einschreiben und in Handlungsstrategien ausdrücken. Das Bedürfnis nach reziprokem Verhalten wird so integraler Teil der sich entfaltenden Persönlichkeitsstruktur, für die der Glaube an eine gerechte Welt prägend und grundlegend ist.

Auch im Bereich der Narratologie, die Grundkonstellationen menschlichen Lebens thematisiert, gehören vertragliche Vereinbarungen zum Grundbestand. Der Beitrag „Kontrakt und Erzählung" von *Taehwan Kim* reflektiert anhand der narrativen Theorie von Algirdas Julien Greimas die Funktion von Vertrag und Vertragsbruch im dramaturgischen Prozess der Narration, die in zahlreichen literarischen Erzählwerken, vom Volksmärchen über biblische Erzählungen bis hin zum sprichwörtlichen „Teufelspakt" in der Faustlegende eine entscheidende Rolle spielen. Offensichtlich deckt narratologische Analyse von Literatur Grunderfahrungen und Grundkonstellationen menschlicher Handlungen auf, in denen die vorgegebenen und zugleich gefährdeten reziproken Beziehungen auf ihre Verlässlichkeit hin entfaltet und erprobt werden.

Die letzten vier Beiträge dieses Buches wenden sich schwerpunktmäßig der Hoseaschrift zu. *Katrin Zehetgruber* kann die Erträge ihrer Dissertation über Reziprozität im Hoseabuch für die hier zu verhandelnde Fragestellung nach Vorstufen einer Bundestheologie fruchtbar machen. Anhand einer Untersuchung des für das Hoseabuch zentralen Ausdrucks שוב im ältesten Textbestand Hos 5–7 lässt sich aufzeigen, so der sprechende Titel ihres Beitrags, dass die „unabwendbare Reziprozität als unabdingbare Voraussetzung einer sich entwickelnden Bundestheologie" zu gelten hat. Die verbal artikulierten Zu- und Abwendungsbewegungen bereiten das Terrain für eine später sich bildende reflexive Bundestheologie. Der Beitrag von *Wolfang Schütte* untersucht nicht so sehr die Vorgeschichte einer Bundestheologie anhand der im Hoseabuch vorhandenen

---

[193] Es ist auffällig, dass das Buch Deuteronomium, das als Testament des Mose inszeniert ist, mit seinen ausgeprägten paränetischen Teilen in werbendem Ton um eine Zustimmung des Volkes heischt, damit durch die Annahme von Seiten der Adressaten jenes reziproke Verhältnis entsteht, das grundlegend für ein gelingendes Leben im verheißenen Land ist.

Verwandtschaftsbezeichnungen, sondern verfolgt, ausgehend von einer im Ausdruck עַם festgehaltenen Gott-Israel-Beziehung, die Einbindung der Begriffe „Tora" und „Bund" in spätalttestamentlicher, zwischentestamentarischer und nachtestamentarischer Zeit. Zwei zentralen Texten mit theologischen Aussagen zu ברית gelten schließlich die Beiträge von *Roman Vielhauer* (Hos 8,1–14) und *Heinz-Dieter Neef* (Hos 2,16–25). In ihrer unterschiedlichen Ausrichtung machen sie zugleich deutlich, dass die Diskussion um ein Bundesverständnis bei Hosea zu den *quaestiones disputatae* gehört. Diesen Diskurs zu beleben, dazu will die vorliegende Publikation dienen.

# Literatur

Adloff, Frank und Steffen Mau, Hg. *Vom Geben und Nehmen. Zur Soziologie der Reziprozität.* Frankfurt a. M./New York: Campus Verlag, 2005.

Alt, Albrecht. „Hosea 5,8–6,6: ein Krieg und seine Folgen in prophetischer Beleuchtung." *Neue Kirchliche Zeitschrift* 30 (1919): 537–68. (= *Kleine Schriften zur Geschichte des Volkes Israel.* Bd. 2, hg. v. Albrecht Alt, 163–87. München: C. H. Beck, ²1959).

Andersen, Francis I. and David Noel Freedman. *Hosea: A New Translation with Introduction and Commentary.* Anchor Bible 24. Garden City, NY: Doubleday, 1980.

Assmann, Jan. *Maᶜat. Gerechtigkeit und Unsterblichkeit im Alten Ägypten.* München: C. H. Beck, 2001.

Baltzer, Klaus. *Das Bundesformular.* Wissenschaftliche Monographien zum Alten und Neuen Testament 4. Neukirchen: Neukirchener Verlag, ⁴1964.

Barr, James. "Some Semantic Notes on the Covenant." In *Beiträge zur alttestamentlichen Theologie. Festschrift für Walther Zimmerli zum 70. Geburtstag,* hg. v. Herbert Donner, Robert Hanhart und Rudolf Smend, 23–38. Göttingen: Vandenhoeck & Ruprecht, 1977.

Barstad, Hans M. "Hosea and the Assyrians." In *"Thus Speaks Ishtar of Arbela": Prophecy in Israel, Assyria, and Egypt in the Neo-Assyrian period,* eds. Robert P. Gordon and Hans M. Barstad, 91–110. Winona Lake, IN: Eisenbrauns, 2013.

Barthel, Jörg. *Prophetenwort und Geschichte. Die Jesajaüberlieferung in Jes 6–8 und 28–31.* Forschungen zum Alten Testament 19. Tübingen: Mohr Siebeck, 1997.

Barthélémy, Dominique. *Critique textuelle de l'Ancien Testament.* Tome 3. Ézéchiel, Daniel et les 12 Prophètes. Orbis biblicus et orientalis 50/3. Fribourg Suisse: Editions Universitaires/Göttingen: Vandenhoeck & Ruprecht, 1992.

Bautch, Richard J. and Mark Lackowski, eds. *On Dating Biblical Texts to the Persian Period. Discerning Criteria and Establishing Epochs.* Forschungen zum Alten Testament. 2. Reihe 101. Tübingen: Mohr Siebeck, 2019.

Beach, J. Mark. *Christ and the covenant: Francis Turretin's federal theology as a defense of the doctrine of grace.* Reformed Historical Theology 1. Göttingen: Vandenhoeck & Ruprecht, 2007.

Becker, Uwe. *Jesaja – von der Botschaft zum Buch.* Forschungen zur Religion und Literatur des Alten und Neuen Testaments 178. Göttingen: Vandenhoeck & Ruprecht, 1996.

Becker, Uwe. „Der Prophet als Fürbitter: Zum literarhistorischen Ort der Amos-Visionen." *Vetus Testamentum* 51 (2001): 141–65.

Becker, Uwe. „Die Wiederentdeckung des Prophetenbuches. Tendenzen und Aufgaben der gegenwärtigen Prophetenforschung." *Berliner Theologische Zeitschrift* 21 (2004): 30–60.

Begrich, Joachim. „Berit. Ein Beitrag zur Erfassung einer alttestamentlichen Denkform." *Zeitschrift für die alttestamentliche Wissenschaft* 19 (1944): 1–11.

Ben Zvi, Ehud. *Hosea*. The Forms of the Old Testament Literature 21A/1. Grand Rapids, MI: Eerdmans, 2005.

Ben Zvi, Ehud and Christoph Levin, Hg. *Remembering and Forgetting in Early Second Temple Judah*. Forschungen zum Alten Testament 85. Tübingen: Mohr-Siebeck, 2012.

Ben Zvi, Ehud. "Remembering Hosea: The Prophet Hosea as a Site of Memory in Persian Period Yehud." In *Poets, Prophetes, and Texts in Play: Studies in Biblical Poetry and Prophecy in Honour of Francis Landy*. The Library of Hebrew Bible/Old Testament Studies 597, eds. Ehud Ben Zvi, Claudia V. Camp, David M. Gunn and Aaron W. Hughes, 37–57. London: Bloomsbury T&T Clark, 2015.

Ben Zvi, Ehud. *Social Memory among the Literati of Yehud*. Beihefte zur Zeitschrift für die alttestamentliche Wissenschaft 509. Berlin/Boston: Walter de Gruyter, 2019.

Berking, Helmuth. *Schenken. Zur Anthropologie des Gebens*. Frankfurt a. M./New York: Campus, 1996.

Berlejung, Angelika und Christian Frevel, Hg. *Handbuch theologischer Grundbegriffe zum Alten und Neuen Testament*. Darmstadt: Wissenschaftliche Buchgesellschaft, 2006.

Berlejung, Angelika, Jan Dietrich und Joachim Friedrich Quack, Hg. *Menschenbilder und Körperkonzepte im Alten Israel, in Ägypten und im Alten Orient*. Orientalische Religion in der Antike 9. Tübingen: Mohr Siebeck, 2012.

Bos, James M. *Reconsidering the Date and Provenance of the Book of Hosea. The Case for Persian-Period Yehud*. The Library of Hebrew Bible/Old Testament Studies 580. London: Bloomsbury T&T Clark, 2013.

Braulik, Georg. „Die Ausdrücke für ‚Gesetz' im Buch Deuteronomium." In *Studien zur Theologie des Deuteronomiums*. SBAB 2, hg. v. Georg Braulik, 11–38. Stuttgart: Katholisches Bibelwerk, 1988. (= Ders., *Biblica* 51 [1970]: 39–66).

Bruckmann, Florian, Hg. *Phänomenologie der Gabe. Neue Zugänge zum Mysterium der Eucharistie*. Qaestiones disputatae 270. Freiburg/Basel/Wien: Herder, 2015.

Collins, Terence. *The Mantle of Elijah: The Redaction Criticism of the Prophetical Books*. The Biblical Seminar 20. Sheffield: Sheffield Academic, 1993.

Christiansen, Birgit und Elena Devecchi. „Die hethitischen Vasallenverträge und die biblische Bundeskonzeption." *Biblische Notizen* 156 (2013): 65–87.

Därmann, Iris. *Theorien der Gabe. Zur Einführung*. Hamburg: Junius, ²2016.

Dearman, J. Andrew. *The Book of Hosea*. The New International Commentary on the Old Testament. Grand Rapids, MI: Eerdmans, 2010.

Deissler, Alfons. *Zwölf Propheten: Hosea – Joël – Amos*. Neue Echter Bibel. Kommentar zum Alten Testament mit der Einheitsübersetzung 4. Würzburg: Echter Verlag, 1981; ²1985.

Dietrich, Jan, Alexandra Grund-Wittenberg, Bernd Janowski und Ute Neumann-Gorsolke, Hg. *Handbuch Alttestamentliche Anthropologie*. Tübingen: Mohr Siebeck, 2023.

Dohmen, Christoph und Christian Frevel, Hg. *Für immer verbündet. Studien zur Bundestheologie der Bibel*. Stuttgarter Bibelstudien 211. Stuttgart: Verlag Katholisches Bibelwerk, 2007.

Drewes, Abraham J. & Jacques Ryckmans. *Les inscriptions sudarabes sur bois dans la collection de l'Oosters Instituut conservée dans la bibliothèque universitaire de Leiden*. Texte révisé et adapté par Peter Stein, ed. Peter Stein et Harry Stroomer. Wiesbaden: Harrassowitz, 2016.

Edelman, Diana V. and Ehud Ben Zvi, eds. *Remembering Biblical Figures in the Late Persian and Early Hellenistic Periods. Social Memory and Imagination.* Oxford: Oxford University Press, 2013.

Eicher, Peter, Hg. *Neues Handbuch theologischer Grundbegriffe*, Bd. 1. München: Kösel Verlag, 1984.

Eichrodt, Walther. *Theologie des Alten Testaments.* Teil 1. Göttingen: Vandenhoeck & Ruprecht / Stuttgart: Ehrenfried Klotz Verlag, [8]1968.

Eichrodt, Walther. „Darf man heute noch von einem Gottesbund mit Israel reden?" *Theologische Zeitschrift* 30/4 (1974): 193–206.

Fesko, John V. *The Covenant of Redemption: Origins, Development, and Reception.* Reformed Historical Theology 35. Göttingen, Bristol, CT: Vandenhoeck & Ruprecht, 2016.

Fesko, John V. *The Covenant of Works: The Origins, Development, and Reception of the Doctrine.* Oxford Studies in Historical Theology. New York: Oxford University Press, 2020.

Fohrer, Georg. „Der Vertrag zwischen König und Volk in Israel," *Zeitschrift für die alttestamentliche Wissenschaft* 73 (1959): 1–22.

Frevel, Christian und Odo Wischmeyer. *Menschsein.* Würzburg: Echter Verlag, 2003.

Frevel, Christian, Hg. *Biblische Anthropologie. Neue Einsichten aus dem Alten Testament.* Qaestiones disputatae 237. Freiburg: Herder 2010.

Frevel, Christian. *Gottesbilder und Menschenbilder. Studien zu Anthropologie und Theologie im Alten Testament.* Neukirchen-Vluyn: Neukirchener Verlagsgesellschaft, 2016.

Fuchs, Andreas. „Waren die Assyrer grausam?," In *Extreme Formen von Gewalt in Bild und Text des Altertums. Kolloquium, Ludwig-Maximilians-Universität, Juni 2003.* Münchner Studien zur Alten Welt 5, hg. v. Martin Zimmermann, 65–120. München: Herbert Utz Verlag, 2009.

Gabel, Michael und Hans Joas, Hg. *Von der Ursprünglichkeit der Gabe. Jean-Luc Marions Phänomenologie in der Diskussion.* Scientia & Religio 4. Freiburg/München: Verlag Karl Alber, 2007.

Gangloff-Durstel, Frédéric. « La „Guerre syro-ephraïmite" en Osee 5:8–14? Quelques observations critiques breves. » *Biblische Notizen* 118 (2003): 74–84.

Gaß, Erasmus. Rezension zu "Nadav Náaman, 'Harsh Criticism of Pekah's Rebellion in the Book of Hosea,' *Biblische Notizen* 188 (2021): 43–49." *Zeitschrift für die alttestamentliche Wissenschaft* 133 (2021): 392.

Gertz, Jan Christian. „Bund. II: Altes Testament." *RGG*[4] 1 (1998): 1862–1865.

Gertz, Jan Christian. „Die unbedingte Gerichtsankündigung des Amos." In *Gottes Wege suchend. Beiträge zum Verständnis der Bibel und ihrer Botschaft. FS Rudolf Mosis*, hg. v. Franz Sedlmeier, 153–70. Würzburg: Echter Verlag, 2003.

Gesenius, Wilhelm. *Hebräisches und Aramäisches Handwörterbuch über das Alte Testament*, hg. v. Frants Buhl. 17. Auflage, unveränderter Neudruck. Berlin/Göttingen/Heidelberg: Springer-Verlag, 1962.

Gesenius, Wilhelm. *Hebräisches und Aramäisches Handwörterbuch über das Alte Testament. Gesamtausgabe*, bearb. u. hg. v. Rudolf Meyer und Herbert Donner. 18. Auflage. Heidelberg: Springer-Verlag, 2013.

Ginsberg, Harold Louis. "Hosea, Book of." *Encyclopedia Judaica* 9. New York: Macmillan, [2]2007. 547–48.

Gisin, Walter. *Hosea. Ein literarisches Netzwerk beweist seine Authentizität.* Bonner Biblische Beiträge 139. Berlin: Philo, 2002.

Godelier, Maurice. *Das Rätsel der Gabe. Geld, Geschenke, heilige Objekte.* München: C. H. Beck, 1999.

Goldingay, John. *Hosea–Micah.* Baker Commentary on the Old Testament. Prophetic Books. Grand Rapids, MI: Baker Academic, 2021.

Gouldner, Alvin W. *Reziprozität und Autonomie. Ausgewählte Aufsätze.* Suhrkamp-Taschenbuch Wissenschaft 303. Frankfurt: Suhrkamp, 1984.

Graetz, Heinrich. *Geschichte der Juden. Von den ältesten Zeiten bis auf die Gegenwart. Aus den Quellen neu bearbeitet.* Bd. II.1 Vom Tode des Königs Salomo bis zum babylonischen Exile 586. Leipzig: Leiner, 1875.

Gruber, Mayer I. *Hosea: A Textual Commentary.* Library of Hebrew Bible/Old Testament Studies 653. London/NewYork: Bloosbury T&T Clark, 2017.

Grunau, Skott. *Der moralische Pakt. Das Fundamentmoralische in der Literatur.* Literatura. Wissenschaftliche Beiträge zur Moderne und ihrer Geschichte 45. Baden-Baden: Ergon Verlag, 2020.

Grund, Alexandra. „Kritik, Unheil, erste Sammlungen. Zum altorientalischen Hintergrund der israelitischen Schriftprophetie." *Biblische Zeitschrift* 57 (2013): 216–43.

Grund, Alexandra. „Homo donans. Kulturanthropologische und exegetische Erkundungen zur Gabe im alten Israel." In *Menschenbilder und Körperkonzepte im Alten Israel, in Ägypten und im Alten Orient.* Orientalische Religion in der Antike 9, hg. v. Angelika Berlejung, Jan Dietrich und Joachim Friedrich Quack, 97–123. Tübingen: Mohr Siebeck, 2012.

Gwon, Gyeongcheol. *Christ and the Old Covenant: Francis Turretin (1623–1687) on Christ's Suretyship under the Old Testament.* Reformed Historical Theology 51. Göttingen: Vandenhoeck & Ruprecht, 2018.

Hamp, Vinzenz. „Bund." *Lexikon für Theologie und Kirche.* Band 2. Freiburg: Verlag Herder, 1958): 770–74.

Hartenstein, Friedrich. „Unheilsprophetie und Herrschaftsrepräsentation. Zur Rezeption assyrischer Propaganda im antiken Juda (8./7. Jh. v. Chr.)." In *Das Archiv des verborgenen Gottes. Studien zur Unheilsprophetie Jesajas und zur Zionstheologie der Psalmen in assyrischer Zeit.* Biblisch-Theologische Studien 74, hg. v. Friedrich Hartenstein, 63–96. Neukirchen-Vluyn: Neukirchener Verlag, 2011.

Hasegawa, Shuichi, Christoph Levin and Karen Radner, eds. *The Last Days of the Kingdom of Israel.* Beihefte zur Zeitschrift für die alttestamentliche Wissenschaft 511. Berlin: Walter de Gruyter, 2019.

Haspecker, Josef. „Bund." *Handbuch theologischer Grundbegriffe.* Band 1, hg. v. Heinrich Fries (München: Kösel-Verlag, 1962): 197–204.

Hayes, John H. "Covenant and Hesed. The Status of the Discussion." In Hayes, John Haralson. *Interpreting Ancient Israelite History, Prophecy, and Law,* hg. v. Brad E. Kelle 282–93. Eugene, OR: Cascade Books, 2013.

Hayes, John H. "Covenant." In Hayes, John Haralson. *Interpreting Ancient Israelite History, Prophecy, and Law,* hg. v. Brad E. Kelle 269–81. Eugene, OR: Cascade Books, 2013. Nachdruck aus: *Mercer Dictionary of the Bible,* hg. v. Watson E. Mills, 177–81. Macon, GA: Mercer University Press, 1990.

Hayes, John H. und Jeffrey K. Kuan. "The Final Years of Samaria (730–720 BC)." In Hayes, John Haralson. *Interpreting Ancient Israelite History, Prophecy, and Law,* hg. v. Brad E. Kelle, 134–61. Eugene, OR: Cascade Books, 2013. Nachdruck aus: *Biblica* 72 (1991): 153–81.

Heintz, Jean-Georges. *Prophétisme et alliance: Des archives royal de Mari à la Bible hébraïque.* Orbis biblicus et orientalis 271. Fribourg: Academic Press, 2015.

Heintz, Jean-Georges. « Osée 12/2$^b$ à la lumière d'un vase d'albâtre de l'époque de Salmanasar III (Djézirêh) et le rituel d'alliance assyrien : Une hypothèse de lecture. » In *Prophétisme et alliance : Des archives royales de Mari à la Bible hébraïque.* Orbis biblicus et orientalis 271, hg. v. Stephan Lauber, 335–49. Fribourg: Academic Press, 2015.

Hildebrand, Pierrick. "Bullinger and Calvin on Genesis 17: The Covenant Conditions." In *Calvinus Pastor Ecclesiae: Papers of the Eleventh International Congress on Calvin Research.* Reformed Historical Theology 39, eds. Herman J. Selderhuis and Arnold Huijgen, 297–304. Göttingen/Bristol, CT: Vandenhoeck & Ruprecht, 2016.

Hildebrand, Pierrick. "Zwingli's covenantal turn." In *From Zwingli to Amyraut: Exploring the Growth of European Reformed Traditions.* Reformed Historical Theology 43, eds. Jon Balserak and Jim West, 23–36. Göttingen/Bristol, CT: Vandenhoeck & Ruprecht, 2017.

Hoffmann, Veronika, Hg. *Die Gabe. Ein „Urwort" der Theologie?* Frankfurt a. M.: Verlag Otto Lembeck, 2009.

Høgenhaven, Jesper. *Gott und Volk bei Jesaja. Eine Untersuchung zur Biblischen Theologie.* Acta theologica Danica 24. Leiden u. a.: Brill, 1988.

Holt, Else Kragelund. „דעת אלהים und חסד im Buche Hosea," *Scandinavian Journal of the Old Testament 1* (1987): 87–103.

Hubbard, David Allan. *Hosea. An Introduction and Commentary.* Tyndale Old Testament Commentaris 24. Nottingham, U.K./Downers Grove, IL, USA: Inter-Varsity Press, 1989 (Reprint 2009).

Irvine, Stuart A. *Isaiah, Ahaz, and the Syro-Ephraimitic Crisis.* Monograph Series/The Society of Biblical Literature 123 (Atlanta, GA: Scholar Press, 1990).

Janowski, Bernd. „Die Tat kehrt zum Täter zurück. Offene Fragen im Umkreis des ‚Tun-Ergehen-Zusammenhangs'." *Zeitschrift für Theologie und Kirche* 91 (1994): 247–71.

Janowski, Bernd. *Konfliktgespräche mit Gott. Eine Anthropologie der Psalmen.* Neukirchen-Vluyn: Neukirchener Verlag, $^2$2003.

Janowski, Bernd. *Das hörende Herz. Beiträge zur Theologie und Anthropologie des Alten Testaments 6.* Göttingen: Vandenhoeck & Ruprecht, 2018.

Jepsen, Alfred. „Berith. Ein Beitrag zur Theologie der Exilszeit." In *Verbannung und Heimkehr. Beiträge zur Geschichte und Theologie Israels im 6. und 5. Jahrhundert v. Chr. Wilhelm Rudolph zum 70. Geburtstage dargebracht von Kollegen, Freunden und Schülern,* hg. v. Arnulf Kuschke, 161–79. Tübingen: J. C. B. Mohr, 1961.

Jeremias, Jörg. *Der Prophet Hosea,* Altes Testament Deutsch 24/1. Göttingen: Vandenhoeck & Ruprecht, 1983.

Jeremias, Jörg. „Amos 3–6: Beobachtungen zur Entstehungsgeschichte eines Prophetenbuches." *Zeitschrift für die alttestamentliche Wissenschaft* 100 Suppl. (1988): 123–38.

Jeremias, Jörg. „Die Anfänge des Dodekapropheton: Hosea und Amos." In *Hosea und Amos. Studien zu den Anfängen des Dodekapropheton.* Forschungen zum Alten Testament 13, hg. v. Jörg Jeremias, 34–54. Tübingen: Mohr Siebeck, 1996.

Johannes Paul II., „Ansprache an den Zentralrat der Juden in Deutschland und die Rabbinerkonferenz am 17. November 1980 in Mainz." In *Die Kirchen und das Judentum. Dokumente von 1945–1985,* hg. v. Rolf Rendtorff und Hans Hermann Henrix, 74–77. Paderborn: Bonifatius-Druckerei, 1988.

Keita, Katrin. *Gottes Land: Exegetische Studien zur Land-Thematik im Hoseabuch in kanonischer Perspektive.* Theologische Texte und Studien 13. Hildesheim: Georg Olms 2007.

Kessler, Rainer. „Hos 3 – Entzug oder Hinwendung Gottes?." *Zeitschrift für die alttestamentliche Wissenschaft* 120 (2008) 563–81.

Klappert, Bertold. „Die Öffnung des Israelbundes für die Völker: KARL BARTHS Israeltheologie und die Bundestheologie der reformierten Reformation." In *Miterben der Verheißung. Beiträge zum jüdisch-christlichen Dialog*. Neukirchener Beiträge zur Systematischen Theologie 25, hg. v. Bertold Klappert, 390–406. Neukirchen-Vluyn: Neukirchener, 2000. http://www.reformiert-info.de/1824-0-0-3.html Letzte Änderung 2008. Zugriff 30. 01. 2022.

Knauf, Ernst Axel. „Vom Prophetinnenwort zum Prophetenbuch: Jesaja 8,3f im Kontext von Jesaja 6,1–8,16." *Lectio difficilior* (Internet) 2/2000 http://www.lectio.unibe.ch/00_2/v.htm. Zugriff 19. 02. 2022.

Koch, Christoph. *Vertrag, Treueid und Bund: Studien zur Rezeption des altorientalischen Vertragsrechts im Deuteronomium und zur Ausbildung der Bundestheologie im Alten Testament*. Beihefte zur Zeitschrift für die alttestamentliche Wissenschaft 383. Berlin: Walter de Gruyter, 2008.

Koch, Christoph. „Bundestheologie und autoritativer Text im Deuteronomium. Das Tafelmotiv in Deuteronomium 5.9–10 vor dem Hintergrund altorientalischer Vertragspraxis." In *Covenant and election in exilic and post-exilic Judaism*, ed. Nathan MacDonald, 29–47. Berlin: Mohr Siebeck, 2015.

Köckert, Matthias und Martti Nissinen. *Propheten in Mari, Assyrien und Israel*. Forschungen zur Religion und Literatur des Alten und Neuen Testaments 205. Göttingen: Vandenhoeck & Ruprecht, 2003.

Kraetzschmar, Richard. *Die Bundesvorstellung im Alten Testament in ihrer geschichtlichen Entwicklung*. Marburg: N. G. Elwert, 1896.

Kratz, Reinhard Gregor. *Die Propheten Israels*. Beck'sche Reihe 2326. München: Verlag C. H. Beck, 2003.

Kratz, Reinhard Gregor. „Probleme der Prophetenforschung." In *Prophetenstudien. Kleine Schriften II*. Forschungen zum Alten Testament 74, hg. v. Reinhard Gregor Kratz, 3–17. Tübingen: Mohr Siebeck, 2011.

Kratz, Reinhard Gregor. „Die Redaktion der Prophetenbücher." In *Prophetenstudien. Kleine Schriften II*. Forschungen zum Alten Testament 74, hg. v. Reinhard Gregor Kratz, 32–48. Tübingen: Mohr Siebeck, 2011.

Kratz, Reinhard Gregor. „Das Neue der Prophetie des Alten Testaments." In *Prophetenstudien. Kleine Schriften II*. Forschungen zum Alten Testament 74, hg. v. Reinhard Gregor Kratz, 49–70. Tübingen: Mohr Siebeck, 2011.

Kratz, Reinhard Gregor. „Die Worte des Amos von Tekoa." In *Prophetenstudien. Kleine Schriften II*. Forschungen zum Alten Testament 74, hg. v. Reinhard Gregor Kratz, 310–43. Tübingen: Mohr Siebeck, 2011.

Kümpel, Robert. *Die Berufung Israels. Ein Beitrag zur Theologie des Hosea*. Diss. Bonn. Bonn: Manuskript unveröff., 1973.

Kungfutse. *Lun Yu. Gespräche*. Düsseldorf/Köln: Eugen Diederichs Verlag, 1975. http://www.zeno.org/Philosophie/M/Kong+Fu+Zi+(Konfuzius)/Lunyu+-+Gespr%C3%A4che/Buch+XIII/3.+Staatsregierung/3.+Richtigstellung+der+Begriffe Zugriff 24. 01. 2022.

Kutsch, Ernst. „Der Begriff בְּרִית in vordeuteronomischer Zeit." In *Das ferne und nahe Wort: Festschrift für Leonhard Rost zur Vollendung seines 70. Lebensjahres*. Beihefte zur Zeitschrift für die alttestamentliche Wissenschaft 105, hg. v. Fritz Maass, 133–43. Berlin: Walter de Gruyter, 1967.

Kutsch, Ernst. „Gesetz und Gnade. Probleme des alttestamentlichen Bundesbegriffs."
    *Zeitschrift für die alttestamentliche Wissenschaft* 79 (1967): 18–35.
Kutsch, Ernst. *Verheißung und Gesetz*. Beihefte zur Zeitschrift für die alttestamentliche
    Wissenschaft 131. Berlin/New York: Walter de Gruyter, 1973.
Kutsch, Ernst. *Neues Testament – Neuer Bund? Eine Fehlübersetzung wird korrigiert.*
    Neukirchen: Neukirchener Verlag, 1978.
Lang, Bernhard. „Bund." *Handbuch religionswissenschaftlicher Grundbegriffe II*, hg. v.
    Hubert Cacnik, Burkhard Gladignow u. a., 181–87. Stuttgart: Kohlhammer, 1990.
Lévi-Strauss, Claude. *Die elementaren Strukturen der Verwandtschaft*. Suhrkamp-
    Taschenbuch Wissenschaft 1044. Frankfurt: Suhrkamp, ⁴2017.
Levin, Christoph. *Das Alte Testament*. München: C. H. Beck, 2001.
Levin, Christoph. „Die Entstehung der Bundestheologie im Alten Testament." In *Verheißung
    und Rechtfertigung. Gesammelte Studien zum Alten Testament II*. Beihefte zur Zeitschrift
    für die alttestamentliche Wissenschaft 431, hg. v. Christoph Levin, 242–59. Berlin/
    Boston: De Gruyter, 2013.
Lim, Bo H. and Daniel Castelo. *Hosea*. The Two Horizons Old Testament Commentary. Grand
    Rapids, MI/Cambridge, U.K.: Eerdmans, 2015.
Lohfink, Norbert. *Der niemals gekündigte Bund. Exegetische Gedanken zum christlich-
    jüdischen Gespräch*. Freiburg: Verlag Herder, 1989.
Lohfink, Norbert. „Bundestheologie im Alten Testament. Zum gleichnamigen Buch von Lothar
    Perlitt." In *Studien zum Deuteronomium und zur deuteronomistischen Literatur I*. SBAB
    8, hg. v. Norbert Lohfink, 325–61. Stuttgart: Verlag Katholisches Bibelwerk, 1990.
Lohfink, Norbert. „Gab es eine deuteronomistische Bewegung?." In *Jeremia und die
    „deuteronomistische" Bewegung*. Bonner Biblische Beiträge 98, hg. v. Walter Groß,
    313–82. Weinheim: Beltz-Athenäum Verlag, 1995.
Lohfink, Norbert. „Bund als Vertrag im Deuteronomium." In *Studien zum Deuteronomium und
    zur deuteronomistischen Literatur IV*. SBAB 31, hg. v. Norbert Lohfink, 285–309.
    Stuttgart: Verlag Katholisches Bibelwerk, 2000.
Macdonald, Michael C. A. "Ancient Arabia and the written word." In *The Development of
    Arabic as a Written Language*. Supplement to the Proceedings of the Seminar for
    Arabian Studies 40, ed. Michael C. A. Macdonald, 5–28. Oxford: Archaeopress, 2010.
Macdonald, Michael C. A. "Some absolute dates for the development of the Ancient South
    Arabian minuscule script." *Arabian archeology and epigraphy* 24 (2013): 196–207.
MacDonald, Nathan, Hg. *Covenant and Election in Exilic and Post-Exilic Judaism*. Forschungen
    zum Alten Testament. 2. Reihe 79. Berlin: Mohr Siebeck, 2015.
Macintosh, Andres Alexander. *Hosea*. International Critical Commentary. Cambridge:
    Bloomsbury T&T Clark, 1997.
Maschmeier, Jens-Christian. *Reziproke Barmherzigkeit. Theologie und Ethik im
    Matthäusevangelium*. Beiträge zu Wissenschaft vom Alten und Neuen Testament 227.
    Stuttgart: Kohlhammer, 2020.
Mauss, Marcel. *Die Gabe. Form und Funktion des Austauschs in archaischen Gesellschaften*.
    Suhrkamp-Taschenbuch Wissenschaft 743. Frankfurt: Suhrkamp, 1990.
McCarthy, Dennis J. *Treaty and Covenant: A Study in Form in the Ancient Oriental Documents
    and in the Old Testament*. Analecta Biblica 21. Rom: Biblical Institut, 1963; ²1978.
McCarthy, Dennis J. *Der Gottesbund im Alten Testament. Ein Bericht über die Forschung der
    letzten Jahre*. Stuttgarter Bibelstudien 13. Stuttgart: Katholisches Bibelwerk, 1966.
Mendenhall, Georges Emery. "Law and Covenant in Israel and the Ancient Near East."
    *Biblical archaeologist* 17 (1954): 26–46.49–76.

Mendenhall, Georges Emery. *Law and Covenant in Israel and the Ancient Near East.* Pittsburgh: Biblical Colloquium, 1955. (= *Recht und Bund in Israel und dem Alten Vorderen Orient.* Theologische Studien 64. Zürich: EVZ-Verlag, 1960).

Na'aman, Nadav. "The Book of Hosea as a Source for the Last Days of the Kingdom of Israel." *Biblische Zeitschrift* 59 (2015): 232–56.

Na'aman, Nadav. "Harsh Criticism of Pekah's Rebellion in the Book of Hosea." *Biblische Notizen* 188 (2021): 43–49.

Neef, Heinz-Dieter. *Die Heilstraditionen Israels in der Verkündigung des Propheten Hosea.* Beihefte zur Zeitschrift für die alttestamentliche Wissenschaft 169. Berlin/New York: Walter de Gruyter, 1987.

Nicholson, Ernest Wilson. *God and His People, Covenant and Theology in the Old Testament.* Oxford: Clarendon Paperbacks, 1986 (reprint. 2002).

Nissinen, Martti. *Prophetie, Redaktion und Fortschreibung im Hoseabuch. Studien zum Werdegang eines Prophetenbuches im Lichte von Hos 4 und 11.* Alter Orient und Altes Testament 231. Kevelaer: Butzon & Bercker/Neukirchen-Vluyn: Neukirchener Verlag, 1991.

Nissinen, Martti. *References to Prophecy in Neo-Assyrian Sources.* State Archives of Assyria studies 7. Helsinki: Neo-Assyrian Text Corpus Project, 1998.

Nissinen, Martti. „Das kritische Potential in der altorientalischen Prophetie." In *Propheten in Mari, Assyrien und Israel.* Forschungen zur Religion und Literatur des Alten und Neuen Testaments 205, hg. v. Matthias Köckert und Martti Nissinen, 1–32. Göttingen: Vandenhoeck & Ruprecht, 2003.

Nissinen, Martti. "The Book of Hosea and the Last Days of the Northern Kingdom. The Methodological Problem." In *The Last Days of the Kingdom of Israel.* Beihefte zur Zeitschrift für die alttestamentliche Wissenschaft 511, eds. Shuiche Hasegawa, Christoph Levin and Karen Radner, 369–82. Berlin/Boston: Walter de Gruyter, 2019.

Nötscher, Friedrich. „Bundesformular und ‚Amtsschimmel'. Ein kritischer Überblick,"   *Biblische Zeitschrift* 9 (1965): 181–214.

Oorschot, Jürgen van und Andreas Wagner, Hg. *Anthropologie(n) des Alten Testaments.* Veröffentlichungen der Wissenschaftlichen Gesellschaft für Theologie 42. Leipzig: Evangelische Verlagsanstalt, 2015.

Otte, Marianne. *Der Begriff b^e rît in der jüngeren alttestamentlichen Forschung.* Europäische Hochschulschriften XXIII/803. Frankfurt: Peter Lang, 2005.

Pedersen, Johannes. *Der Eid bei den Semiten in seinem Verhältnis zu verwandten Erscheinungen sowie die Stellung des Eides im Islam.* Straßburg: Verlag von Karl J. Trübner, 1914.

Perlitt, Lothar. *Vatke und Wellhausen. Geschichtsphilosophische Voraussetzungen und historiographische Motive für die Darstellung der Religion und Geschichte Israels durch Wilhelm Vatke und Julius Wellhausen.* Beihefte zur Zeitschrift für die alttestamentliche Wissenschaft 94. Berlin: Verlag Alfred Töpelmann, 1965.

Perlitt, Lothar. *Bundestheologie im Alten Testament,* Wissenschaftliche Monographien zum Alten und Neuen Testament 36. Neukirchen-Vluyn: Neukirchener Verlag, 1969.

Perlitt, Lothar u. a. „Bund." In *Evangelisches Kirchenlexikon. Internationale theologische Enzyklopädie. Band 1 A–F,* hg. v. Erwin Fahlbusch u. a., 565–75. Göttingen: Vandenhoeck & Ruprecht, ³1986.

Pfeiffer, Hendrik. *Das Heiligtum von Bethel im Spiegel des Hoseabuches.* Forschungen zur Religion und Literatur des Alten und Neuen Testaments 153. Göttingen: Vandenhoeck & Ruprecht, 1999.

Pohlmann, Karl-Friedrich. „Erwägungen zu Problemen alttestamentlicher Prophetenexegese." In *Wer ist wie Du, HERR, unter den Göttern?"*. *Studien zur Theologie und Religionsgeschichte Israels. Festschrift Otto Kaiser*, hg. v. Ingo Kottsieper, Jürgen van Oorschot, Diethart Römheld und Harald-Martin Wahl, 325–41. Göttingen: Vandenhoeck & Ruprecht, 1994.

Radner, Karen. "Neo-Assyrian Treaties as a Source for the Historian: Bonds of Friendship, the Vigilant Subject and the Vengeful King's Treaty." In *Writing Neo-Assyrian History: Sources, Problems, and Approaches. Proceedings of an International Conference Held at the University of Helsinki on September 22–25, 2014*. State Archives of Assyria studies 29, hg. v. V. Giovanni Battista Lanfranchi, Raija Mattila und Robert Rollinger, 309–28. Helsinki: The Neo-Assyrian Text Corpus Project, 2019.

Radner, Karen. "The 'Lost Tribes of Israel' in the Context of the Resettlement Programme of the Assyrian Empire." In *The Last Days of the Kingdom of Israel*. Beihefte zur Zeitschrift für die alttestamentliche Wissenschaft 511, hg. v. Shuichi Hasegawa, Christoph Levin and Karen Radner, 101–23. Berlin: de Gruyter, 2019.

Rollock, Robert. *Some Questions and Answers about God's Covenant and the Sacrament That Is a Seal of God's Covenant,* translated and edited by Aaron Clay Denlinger. Eugene, OR: Pickwick Publications, 2016.

Rosa, Hartmut. *Beschleunigung, Die Veränderung der Zeitstrukturen in der Moderne.* Suhrkamp-Taschenbuch Wissenschaft 1760. Frankfurt: Suhrkamp, [12]2020.

Rosa, Hartmut. *Resonanz. Eine Soziologie der Weltbeziehung.* Suhrkamp-Taschenbuch Wissenschaft 2272. Frankfurt: Suhrkamp, [4]2020.

Rosa, Hartmut. *Unverfügbarkeit.* Suhrkamp-Taschenbuch 5100. Frankfurt: Suhrkamp, 2020.

Routledge, Robin. *Hosea. An Introduction and Commentary.* Tyndale Old Testament Commentaries 24. London, U.K./Downers Grove, IL, USA: Inter-Varsity Press, 2020.

Rudnig-Zelt, Susanne. *Hoseastudien: Redaktionskritische Untersuchungen zur Genese des Hoseabuches.* Forschungen zur Religion und Literatur des Alten und Neuen Testaments 213. Göttingen: Vandenhoeck & Ruprecht, 2006.

Rudolph, Wilhelm. *Hosea.* Kommentar zum Alten Testament XIII,1. Gütersloh: Gütersloher Verlagshaus Gerd Mohn, 1966.

Rüterswörden, Udo. „Bundestheologie ohne ברית." *Zeitschrift für altorientalische und biblische Rechtsgeschichte* 4 (1998): 85–99.

Schottroff, Willy. „Jeremia 2,1–3. Erwägungen zur Methode der Prophetenexegese." *Zeitschrift für Theologie und Kirche* 67 (1970): 263–94.

Sedlmeier, Franz. „JHWHs grundstürzende Liebe zur abtrünnigen ‚Frau Israel'. Anmerkungen zu Hos 3,1–5 im Horizont des Hoseabuches." *Liber Annuus* 69 (2019) 145–67.

Simmel, Georg. *Schriften zur Soziologie. Eine Auswahl,* hg. und eing. v. Heinz-Jürgen Dahme und Otthein Rammstedt. Suhrkamp-Taschenbuch Wissenschaft 434. Frankfurt: Suhrkamp [6]2016.

Spronk, Klaus and Hans Barstad, Eds. *Torah and Tradition. Papers Read at the Sixteenth Joint Meeting of the Society for Old Testament Study and the Oudtesamentisch Werkgezelschap, Edinburgh 2015.* Oudtestamentische Studiën 70. Leiden/Boston: Brill, 2017.

Steck, Odil Hannes. *Der Abschluß der Prophetie im Alten Testament. Ein Versuch zur Frage der Vorgeschichte des Kanons.* Biblisch-Theologische Studien 17. Neukirchen-Vluyn: Neukirchener Verlag, 1991.

Stein, Peter. *Die altsüdarabischen Minuskelinschriften auf Holzstäbchen aus der Bayerischen Staatsbibliothek in München.* Bd. 1. Die Inschriften der mittel- und spätsabäischen

Periode. Epigraphische Forschungen auf der Arabischen Halbinsel 5. Tübingen/Berlin: Wasmuth & Zohlen Verlag, 2010.

Steymans, Hans Ulrich. *Deuteronomium 28 und die adê zur Thronfolgeregelung Asarhaddons. Segen und Fluch im Alten Orient und in Israel.* Orbis biblicus et orientalis 145. Freiburg: Universitätsverlag, 1995.

Steymans, Hans Ulrich. „DtrB und die adê zur Thronfolgeregelung Asarhaddons. Bundestheologie und Bundesformular im Blick auf Deuteronomium 11." In *Deuteronomium – Tora für eine neue Generation*, hg. v. Georg Fischer, Dominik Markl und Simone Paganini, 161–92. Wiesbaden: Harrassowitz, 2011.

Steymans, Hans Ulrich. "Deuteronomy 13 in Comparison with Hittite, Aramaic and Assyrian Treaties." *Hebrew Bible and Ancient Israel* 8 (2019): 101–32

Stipp, Hermann-Josef. „Vom Heil zum Gericht. Die Selbstinterpretation Jesajas in der Denkschrift." In *Gottes Wege suchend. Beiträge zum Verständnis der Bibel und ihrer Botschaft. FS Rudolf Mosis*, hg. v. Franz Sedlmeier, 323–54. Würzburg: Echter Verlag, 2003.

Stuart, Douglas K. *Hosea–Jonah.* Word Biblical Commentary 31. Grand Rapids, MI: Zondervan, 1988.

Sweeny, Marvin A. *The Twelve Prophets. Vol 1: Hosea, Joel, Amos, Obadiah, Jonah.* Berit Olam Series. Collegeville/Minnesota: Liturgical Press, 2000.

Thiel, Winfried. „Die Rede vom ‚Bund' in den Prophetenbüchern." In *Theologische Versuche* IX, 11–36. Berlin: Evangelische Verlagsanstalt, 1977.

Trotter, James M. *Reading Hosea in Achaemenid Yehud.* Journal for the Study of the Old Testament. Supplement Series 328. Sheffield: Sheffield Academic, 2001.

Valeton, Josué Jean Philippe. „Bedeutung und Stellung des Worts berit im Priesterkodex ..." *Zeitschrift für die alttestamentliche Wissenschaft* 13 (1893): 245–79.

Vielhauer, Roman. *Das Werden des Buches Hosea. Eine redaktionsgeschichtliche Untersuchung.* Beihefte zur Zeitschrift für die alttestamentliche Wissenschaft 349. Berlin/New York: Walter de Gruyter, 2007.

Wagner, Andreas, Hg. *Anthropologische Aufbrüche. Alttestamentliche und interdisziplinäre Zugänge zur biblischen Anthropologie.* Forschungen zur Religion und Literatur des Alten und Neuen Testaments 232. Göttingen: Vandenhoeck & Ruprecht, 2009.

Wagner, Andreas. *Menschenverständnis und Gottesverständnis im Alten Testament. Gesammelte Aufsätze.* Göttingen: Vandenhoeck & Ruprecht, 2017.

Weinfeld, Moshe. "Covenant." In *Encyclopedia Judaica.* Band 5, cols.1012–22. Jerusalem: Keter, 1971. Second Edition. Detroit: Macmillan, 2007, 249–53.

Weinfeld, Moshe. "Covenant Making in Anatolia and Mesopotamia." *Journal of the Ancient Near Eastern Society* 22 (1993): 135–39.

Weinfeld, Moshe. "The Common Heritage of Covenantal Traditions in the Ancient World." In *I trattati nel mondo antico forma ideologia funzione*, eds. L. Canfora et al., 175–91. Roma: "L'erma" di Bretschneider, 1989.

Weippert, Manfred. *Götterwort und Menschenmund. Studien zur Prophetie in Assyrien, Israel und Juda.* FRLANT 252. Göttingen/Bristol: Vandenhoeck & Ruprecht, 2014.

Weiser, Artur. *Einleitung in das Alte Testament.* Göttingen: Vandenhoeck & Ruprecht, [6]1966.

Weiser, Artur. *Die Psalmen.* Altes Testament Deutsch 14,1. Göttingen/Zürich: Vandenhoeck & Ruprecht, [10]1987.

Wolff, Hans-Walter. *Dodekapropheton 1: Hosea.* Biblischer Kommentar. Neukirchen-Vluyn: Neukirchener Verlag [3]1976.

Yee, Gale A. *Composition and Redaction in the Book of Hosea: a Redaction Critical Investigation*. Atlanta, GA: Schlolars Press, 1987.

Zehetgruber, Katrin. *Zuwendung und Abwendung. Studien zur Reziprozität des JHWH/Israel-Verhältnisses im Hoseabuch*. Wissenschaftliche Monographien zum Alten und Neuen Testament 159. Göttingen: Vandenhoeck & Ruprecht, 2020.

Zenger, Erich, Hg. *Der Neue Bund im Alten. Zur Bundestheologie der beiden Testamente*. QD 146. Freiburg/Basel/Wien: Verlag Herder, 1993.

Zenger, Erich. „Die Bundestheologie – ein derzeit vernachlässigtes Thema der Bibelwissenschaft und ein wichtiges Thema für das Verhältnis Israel – Kirche." In *Der Neue Bund im Alten. Zur Bundestheologie der beiden Testamente*. Quaestiones disputatae 146, hg. v. Erich Zenger, 13–47. Freiburg/Basel/Wien: Verlag Herder, 1993.

Christoph Becker
# Vertrag, Bund und Testament in der Heiligen Schrift. Diktion römischen Rechts aus *Vetus Latina* und *Vulgata*

## 1 Bundestheologie und Antikes Recht?

Wer die Heilige Schrift in einer Ausgabe der seit der zweiten Hälfte des zwanzigsten Jahrhunderts gebräuchlichen Einheitsübersetzung in die deutsche Sprache zur Hand nimmt, wird die herausragenden Schritte der göttlichen Heilzusagen gegenüber dem Menschen durchgängig mit dem Begriff „Bund" bezeichnet vorfinden.[1] Ältere deutsche Übersetzungen zeigen diese strenge Konsequenz nicht oder zumindest nicht vollkommen durchgehalten. Vielmehr findet man insbesondere das direkt aus dem Lateinischen übernommene Wort „Testament" eingewechselt. Auch in englischsprachigen Ausgaben gemäß der auf den Anfang des siebzehnten Jahrhunderts zurückgehenden und im Wesentlichen auf dem Stand der Mitte des achtzehnten Jahrhunderts bis in die Gegenwart des 21. Jahrhunderts weiterverwendeten Übersetzung *King James Version* findet man keine einheitliche, sondern eine zwischen *covenant* und *testament* wechselnde Wortwahl. Hingegen konzentriert sich die in der zweiten Hälfte des zwanzigsten Jahrhunderts entstandene Übersetzung *New International Version* auf den Begriff *covenant*.

In diesem begrifflichen Wandel neusprachlicher Übertragungen spiegelt sich ein von Zeit zu Zeit unterschiedlicher Umgang mit den altsprachlichen Fassungen des Alten und des Neuen Testaments. Beherrschend scheint hier die lateinische *Vulgata*-Fassung zu sein. Ältere lateinische Fassungen treten dahinter zurück. Auch das Gewicht der griechischen Ausgangstexte des Neuen Testaments, der griechischen Fassung des Alten Testaments in Gestalt der *Septuaginta* und der hebräischen Überlieferung des Alten Testaments wirkt gegenüber der *Vulgata* geringer. Diese Gewichtungen ergeben sich in der Versionsgeschichte ganz naturgemäß, wenn man biblische Textüberlieferung über die Jahrtausende vor allem

---

[1] Eine Vorschau auf diese Niederschrift des Tagungsbeitrages erschien bereits unter dem Titel: „Bund" in der Vulgata aus rechtshistorischer Sicht, Kurzbeitrag aus der Freiburger Tagung „Bundestheologie bei Hosea" vom 16. bis 18. Juli 2018, in Vulgata in Dialogue 3 (Chur, 2019), 1–12, https://jeac.de/ojs/index.php/vidbor/article/view/187/190; https://doi.org/10.25788/vidbor.v3i0.187 (Zugriff am 29. 1. 2021).

https://doi.org/10.1515/9783110792706-002

als Weitergabe der Heiligen Schrift von Generation zu Generation wahrnimmt und weniger als Aufgabe kritischer Quellenerkundung im Sinne historischer Forschung. Jede neue sprachliche Fassung in mehr als dreitausend Jahren biblischer Textgeschichte (redaktionelle Bearbeitung, Modernisierung von Grammatik und Ausdruck, Übersetzung zwischen Dialekten, Übersetzung in eine fremde Sprache) geht bei allem Respekt gegenüber der Überlieferung von dem Bestreben aus, die jeweils bisher herrschenden Texte in zeit- und ortsgemäßer Form der Gemeinschaft der Juden oder der Christen als Grundlage und Begleitung des Glaubens neu zugänglich zu machen. Für die Übertragung der Heiligen Schrift zweitausendjähriger christlicher Prägung in die neuen Sprachen aber bildet die Vulgatfassung die jeweils jüngste universalsprachliche Ausgangslage – freilich unter Mitberücksichtigung der älteren altsprachlichen Fassungen (soweit den Übersetzern zugänglich).

# 2 Lateinische Bibeln

Der Verfasser versucht, aus der langen Überlieferungskette die Korrespondenz zwischen der *Vulgata*-Fassung mitsamt der älteren lateinischen Bibel und deutsch- sowie englischsprachigen Fassungen zu beleuchten. Dies geschieht mit exemplarischer Würdigung des Vokabulars aus der Perspektive juristischer Terminologie, die nach Ansicht des Verfassers in der *Vulgata* (angelehnt an die ältere lateinische Bibel) gezielt aus dem römischen Recht bezogen ist. Die beispielhaften Vergleiche setzen an Textstellen an, an denen jüngste deutsche und englische Versionen das Wort „Bund" beziehungsweise *covenant* als durch die gesamte Bibel weisenden Leitbegriff einsetzen.

Bei dem punktuellen Ansatz müssen in dem engen Rahmen eines Tagungsbeitrages nicht nur alte und mittlere Stufen der neuen Sprachen übersprungen werden. Vielmehr muss dieser Beitrag auch darauf verzichten, die vor der *Vulgata* liegende hebräisch-griechische Begriffsentwicklung in den Büchern des Alten und des Neuen Bundes nachzuvollziehen und dort ebenfalls die jeweils gewählten Worte mit den zeitgenössischen Institutionen der die Lebensumgebung der Verfasser oder Redakteure beherrschenden Rechtsordnungen abzugleichen. Das in der Heiligen Schrift über knapp eineinhalb Jahrtausende (teils mit Bezugnahmen auf vorbiblische Erzählungen) aufgezeichnete Wort Gottes hat eine komplexe Redaktionsgeschichte. Hätte man allein die jeweils ersten Fassungen der alttestamentlichen und der neutestamentlichen Bestandteile (in welchem Kanon auch immer) vollständig zur Hand, begegnete man bereits einer reichen sprachlichen Vielfalt. Zusätzlich brachten die über Jahrhunderte währenden Überarbeitungen, Ergänzungen und Kürzungen der älteren Teile sprachliche und dabei auch begriffliche Variationen mit sich. Ältere und jüngere Elemente sind darin manchmal schärfer gegeneinander abzugrenzen; woanders bilden sie ein enges, kaum aufzulösendes Geflecht. Übersetzungen vergrößerten die schon ursprüngliche Textvielfalt. Aus ihnen sticht in vorchristlicher Zeit die vom dritten bis zum zweiten Jahrhundert entstandene Übertragung des Alten Testaments aus der hebräischen in die griechische Sprache hervor – nämlich die sogenannte „Siebziger", *Septuaginta*, die der Überlieferung nach als namengebenden Kern eine von 72 Ältesten der zwölf jüdischen Stämme geschaffene Übersetzung der fünf Bücher Mose enthält. In christlicher Zeit, seit dem zweiten Jahrhundert, treten Übersetzungen des Alten Testaments in die lateinische Sprache auf. Sie scheinen überwiegend von der griechischen Fassung ausgegangen zu sein, so wie auch die Bücher des Neuen Testaments aus griechischer Vorlage zu übertragen waren. Die lateinischen Fassungen entstanden und blieben nicht gegeneinander isoliert, sondern gingen partiell auseinander hervor und vermengten sich. Daher wurde die zusammenfassende singularische Bezeichnung für lateinische Fassung der Heiligen Schrift vor der *Vulgata* als „Alte Lateinische", *Vetus Latina*, üblich. Sowohl die *Biblia Hebraica*[2] als auch die *Septuaginta*[3] und die griechischen neutestamentlichen Vorlagen[4] müssen in dieser Darstellung in den Hintergrund treten; mehr Raum hingegen kann der *Vetus Latina*[5] gegeben werden.

Die „Alte Lateinische" bildet die Ausgangslage, auf der die neue lateinische Übersetzung entstand, die größtenteils Sophronius Eusebius Hieronymus an der Wende des vierten zum fünften Jahrhundert bewirkte und die weitere Bear-

---

2 Hier verwendet: Rita Maria Steurer (Hg.), *Das Alte Testament. Interlinearübersetzung Hebräisch-Deutsch und Transkription des hebräischen Grundtextes nach der Biblia Hebraica Stuttgartensia 1986*, Band 1, *Genesis–Deuteronomium*, 2. Aufl. (Stuttgart: Deutsche Bibelgesellschaft, 2010); Band 4, *Die 12 kleinen Propheten. Hiob. Psalmen*, 2. Aufl. (Stuttgart: Deutsche Bibelgesellschaft, 1999).

3 Benutzte Ausgabe: *Septuaginta. Vetus Testamentum Graecum*, vol. I, John William Wevers (Hg.), *Genesis* (Göttingen: Vandenhoeck & Ruprecht, 1974); vol. II,1, John William Wevers und U. Quast (Hgg.), *Exodus* (Göttingen: Vandenhoeck & Ruprecht, 1991); vol. XIII, Joseph Ziegler (Hg.), *Duodecim prophetae* (Göttingen: Vandenhoeck & Ruprecht, 1984).

4 Hier verwendete Ausgabe: C. G. G. [Karl Gottfried Wilhelm] Theile und R. [Richard] Stier (Hgg.), *Novum Testamentum Tetraglotton. Archetypum Graecum Cum Versionibus Vulgata Latina, Germanici Lutheri Et Anglia Authentica* (Bielefeldiae: Velhagen & Klasing, 1858; Nachdruck Turici: Diogenes, 1981).

5 Ausgabe der alten lateinischen Übersetzungen in Gegenüberstellung mit *Vulgata* und griechischem Text: Petrus Sabatier (Hg.), *Bibliorum Sacrorum Latinae Versiones Antiquae, Seu Vetus Italica, Et Caeterae quaecunque in Codicibus Mss. & antiquorum libris reperiri potuerunt: Quae cum Vulgata Latina, & cum Textu Graeco comparantur*, Tomus Primus (Remis: Florentain, 1743) bis Tomus Tertius (Remis: Florentain, 1743).

beiter vervollständigten oder revidierten. Hieronymus ging nicht nur von der griechischen, sondern auch von der hebräischen Fassung des Alten Testaments aus. Seine Übersetzung der Heiligen Schrift wurde der gebräuchliche Text der lateinischen Kirche. Sie ist die vor allem aus Sicht der weströmischen Christen „gemeinübliche Lateinische", die „volkstümliche Bibel", für viele von ihnen unmittelbar volkssprachliche Übersetzung *Vulgata Latina*, *Biblia vulgata* oder zumeist kurz: *Vulgata*.[6] Zu ihr traten von der Antike bis in die Gegenwart ungezählte weitere nichtlateinische volkssprachliche Übersetzungen. Seitdem Bibeln gedruckt worden sind, übertrifft die Zahl der Druckstücke volkssprachlicher Übersetzungen die Zahl der Druckexemplare der *Vulgata* um ein Vielfaches. Doch vermochten die volkssprachlichen Ausgaben bis auf den heutigen Tag die Autorität der *Vulgata* nicht zu verdrängen. Im Gegenteil blieb und bleibt es Aufgabe und Methode einer jeden Übersetzung der Bibel in die jeweilige Verkehrssprache und einer jeden Überarbeitung einer solchen Übersetzung, neben den hebräischen und griechischen Vorlagen insbesondere die Diktion der *Vulgata* zu beachten. Auf diese Weise sind wissenschaftlicher und seelsorglicher Umgang mit dem Bibeltext in der römischen Kirche unmittelbar wie mittelbar durch die *Vulgata* geprägt. Dies ist Teil der sprachlichen Identität der römischen Kirche, die noch im 21. Jahrhundert Latein als ihre universale Amtssprache pflegt. Ihrem Rang entsprechend steht hier die *Vulgata* bei der Auswahl der Quellenbeispiele ganz im Vordergrund.

# 3 Kontinuität römischen Rechts

Die anhaltende Bedeutung der lateinischen Sprache in der römischen Kirche hat eine Parallele im Recht. Rechtsetzung, Rechtswissenschaft, Rechtsausbildung und praktische Rechtsanwendung gingen aus der römischen Antike in das Mittelalter und in die Neuzeit über. Das in lateinischer Sprache in Gesetzen, Kommentaren, Lehrbüchern und Urkunden niedergeschriebene antike römische Recht mit seinen Begriffsbildungen galt, nahtlos im Mittelalter theoretisch

---

**6** Verwendet sind für diesen Beitrag die beiden Vulgata-Ausgaben: Augustin Arndt (Übersetzer), *Biblia Sacra Vulgatae Editionis. Die Heilige Schrift des Alten und Neuen Testamentes*, Tomus Primus. Erster Band. 6. Aufl. (Ratisbonae et Romae. Regensburg und Rom: Pustet, 1914) bis Tomus Tertius. Dritter Band. 6. Aufl. (Ratisbonae et Romae. Regensburg und Rom: Pustet, 1914); Andreas Beriger, Widu-Wolfgang Ehlers und Michael Fieger (Hgg.), Hieronymus, *Biblia Sacra Vulgata. Lateinisch-deutsch*, Band I. *Genesis – Exodus – Leviticus – Numeri – Deuteronomium* (Berlin/Boston: de Gruyter, 2018) bis Band V. *Evangelia – Actus Apostolorum – Epistulae Pauli – Epistulae Catholicae – Apocalypsis – Appendix* (Berlin/Boston: de Gruyter, 2018).

und praktisch fortgeführt und zu einem „gemeinen Recht" (*ius commune*) fortentwickelt, bis an das Ende des neunzehnten Jahrhunderts. An einigen Orten gilt es noch in der Gegenwart des 21. Jahrhunderts. Und obwohl seit dem Ende des achtzehnten Jahrhunderts fast überall auf der Erde landessprachliche Gesetzbücher das römische Recht ersetzten, ist noch im 21. Jahrhundert das Gerüst römischer Rechtsinstitute mit den zugehörigen lateinischen Begriffen in den modernen Rechtsordnungen mit ihren der jeweiligen Verkehrssprache folgenden Ausdrucksformen allerorten erkennbar. Sogar in Ländern, wohin nicht die Kolonialgeschichte das europäische gemeine Recht zur Herrschaft trug (zum Beispiel Japan und China), fasste das römische Recht mittelbar Fuß. Dies geschah und geschieht, indem dort seit dem Ende des neunzehnten Jahrhunderts moderne Gesetzbücher an die Stelle der überlieferten heimischen Rechtsordnungen traten und treten, die sich an europäischen Gesetzbüchern ausrichten, welche aus dem gemeinen Recht hervorwuchsen (so sind zum Beispiel die Zivilgesetzbücher Japans von 1898 und Chinas von 1929 am deutschen Bürgerlichen Gesetzbuch von 1896 orientiert).

Das zum Recht Europas und weiter Teile der übrigen Welt gewordene römische Recht ist spätantikes Produkt eines langen, über eintausend Jahre zu beobachtenden Formungsprozesses. Es bildete sich, gespeist aus älteren Quellen, in der Zeit der von moderner Rechtshistorie sogenannten juristischen Klassik mit weiteren Entwicklungen in der sogenannten nachklassischen Zeit. Als die „klassische" Zeit der römischen Rechtswissenschaft wird eine Zeitspanne von rund zweieinhalb Jahrhunderten bezeichnet. Sie setzt kurz vor Christi Geburt ein und reicht bis zu den ersten Jahrzehnten des dritten Jahrhunderts nach Christi Geburt (die nachklassische Zeit schließt sich hieran an und reicht bis zum Untergang Westroms und zur Herrschaft Justinians in Ostrom). In der „klassischen Zeit" entstand eine juristische Literatur von höchster Vielfalt, Genauigkeit und Unterscheidungsfähigkeit in dogmatischer und systematischer Hinsicht. Ebendiese Höhe der römischen Rechtswissenschaft jener Zeit erwarb ihr die Benennung als „klassisch" – wobei freilich nicht ganz auszuschließen ist, dass nur wegen Überlieferungsverlusten die Rechtsliteratur älterer Zeit als noch weniger ausgereift erscheint.

Die „klassische" Entwicklungshöhe des römischen Rechts hing von zuverlässiger Konservierung und Reproduktion des juristischen Schriftgutes ab. Die ursprünglichen Niederschriften, in der Regel auf verschleißanfälligem Papyrus, waren nicht nur zur Verbreitung, sondern auch zum schieren Erhalt der Arbeiten fortwährend abzuschreiben. Das Abschreiben war einesteils fehleranfällig. Anderenteils gab es namentlich nicht überlieferten Bearbeitern Gelegenheit zur Aktualisierung, Erweiterung oder Kürzung der Inhalte, was freilich dem jeweils späteren Leser verbarg, wie der Text ursprünglich lautete. Ab der Mitte des dritten Jahrhunderts setzt eine mit allmählicher Destabilisierung des Römischen Reiches fortschreitende „Vulgarisierung" des römischen Rechts ein. Weil die Vervielfältigung des juristischen Schriftgutes aufwendig war und sich verschlissene oder verlorene Aufzeichnungen nur schwer ersetzen ließen, komprimierten die nachklassischen Jahrhunderte zur Bestandsicherung das Schriftgut samt Senatsbeschlüssen und Kaisergesetzen in gelehrten und in amtlichen Sammlungen und passten die Rechtssätze mit neuerer kaiserlicher Gesetzgebung den Bedürfnissen der Zeit an. Dabei ging manche feingliedrige Differenzierung verloren, obwohl noch Bedarf für sie bestand, während man anderes schlicht als nicht mehr zeitgemäß aufgab.

Die bis in die Gegenwart des 21. Jahrhunderts überlieferten römischen Rechtsbücher stammen überwiegend aus nachklassischer Zeit. Aus klassischer Zeit haben sich nur kleine Fragmente von Rechtsbüchern erhalten. Soweit Inhalte nachklassischer Rechtsbücher auf klassische Urheber (insbesondere klassische Rechtswissenschaftler) zurückgehen, erlauben zuweilen die separat überlieferten Fragmente aus klassischer Zeit Authentizitätsproben oder Feststellungen zu Textwandlungen. Ein in der Nachklassik fortgeführtes Einführungslehrbuch für Studienanfänger waren die Institutionen des Hochklassikers Gaius. Gaius hatte seine *Institutiones* in der Mitte des zweiten Jahrhunderts verfasst. Sie sind in einer Bearbeitung aus der Mitte des dritten Jahrhunderts als einziges Lehrwerk des antiken römischen Rechts weitgehend vollständig überliefert.[7] Prominente Sammlungen kaiserlicher Erlasse sind die privaten Bücher *Codex Gregorianus* und *Codex Hermogenianus*[8] (beide Ende 3. Jahrhundert) und die amtliche Zusammenstellung *Codex Theodosianus* (438 durch Theodosius II. im Osten, 439 durch Valentinian III. im Westen eingeführt).[9]

Die umfangreichste Sammlung von (mehr oder minder stark redaktionell oder auch inhaltlich bearbeiteten) klassischen und nachklassischen Rechtstex-

---

**7** Ausgabe: Ulrich Manthe (Hg.), *Gaius. Institutiones. Die Institutionen des Gaius*, 2. Aufl. (Darmstadt: Wissenschaftliche Buchgesellschaft, 2010).
**8** Ausgaben: Gustav Friedrich Haenel (Hg.), *Codicis Gregoriani Et Codicis Hermogeniani Fragmenta* (Bonnae: Marcus, 1837), 1–56 (*Codex Gregorianus*) und 57–80 (*Codex Hermogenianus*); Pavlvs Krveger (Hg.), *Codices Gregorianvs et Hermogenianvs*, in Theodorvs Mommsen (Hg.), *Fragmenta Vaticana, Mosaicarvm et Romanarvm Legvm Collatio*, und Pavlvs Krveger (Hg.), *Consvltatio veteris cvivsdam ivrisconsvlti, Codices Gregorianvs et Hermogenianvs, Alia minora* (Berolini: Weidmann 1890), 221–233, 236–242 (*Codex Gregorianus*) und 234–235, 242–245 (*Codex Hermogenianus*).
**9** Ausgabe: Theodorvs Mommsen und Pavlvs Krveger (Hgg.), *Theodosiani Libri XVI Cvm Constitvtionibvs Sirmondianis*, Volvminis I Pars Posterior. Textvs Cvm Apparatv (Berolini: Weidmann, 1905); Pavlus M. Meyer und Theodorvs Mommsen (Hgg.), *Leges Novellae Ad Theodosianvm Pertinentes* (Berolini: Weidmann, 1905).

ten war eine in der Neuzeit als *Corpus Iuris Civilis* (Gebilde des Zivilrechts; im Unterschied zum kirchlichen Recht: *Corpus Iuris Canonici*) bezeichnete Kompilation. Sie bestand aus Auszügen aus den klassischen Juristenschriften (*Digesta* oder *Pandectae*)[10] und aus klassischen und nachklassischen Kaisergesetzen (*Codex Iustinianus*)[11], verbunden mit einem amtlichen Lehrbuch (*Institutiones*; nach dem Vorbild der gaianischen Institutionen geschrieben)[12]. Der oströmische Kaiser Justinian veranstaltete diese Sammlung in der ersten Hälfte des sechsten Jahrhunderts nach Christi Geburt als Rekonstruktion des in Verfall geratenen römischen Rechts und stattete sie mit Gesetzeskraft aus. In der justinianischen Fassung fand das römische Recht in kontinuierlicher Pflege und Bearbeitung Rezeption weit über die ehemaligen Grenzen des römischen Reichs hinaus. Es ist die justinianische Fassung, in welcher das römische Recht seit dem hohen Mittelalter zum gemeinen Recht wurde.

# 4 *Vulgata* und nachklassisches römisches Recht

Die spätantike *Vulgata* entstand also, in der Epochenbezeichnung der Rechtsgeschichte gesprochen, in nachklassischer Zeit, das heißt, in einer Zeit, in welcher das römische Recht eine besonders intensive theoretische Durchdringung bereits erreicht hatte. Diese Durchdringung war zu einem allmählich zurückgehenden Teil in vielen Bibliotheken noch in Urschriften oder zumindest dem Original nahestehenden Abschriften oder Bearbeitungen greifbar. Vor allem aber sorgten die nachklassischen Schriften und Sammlungen für eine Standardisierung der begrifflichen und systematischen Zusammenhänge des römischen

---

10 Zweisprachige Ausgabe der Digesten bis zum 34. Buch (von 50 Büchern): Okko Behrends, Rolf Knütel, Berthold Kupisch und Hans Hermann Seiler (Übersetzer und Hgg.), *Corpus Iuris Civilis. Text und Übersetzung*, II. *Digesten 1–10* (Heidelberg: C. F. Müller, 1995), bis Rolf Knütel, Berthold Kupisch, Thomas Rüfner und Hans Hermann Seiler (Übersetzer und Hgg.), *Corpus Iuris Civilis. Text und Übersetzung*, V. *Digesten 28–34* (Heidelberg: C. F. Müller, 2012); vollständige lateinische Ausgabe in *Corpus Iuris Civilis*, Volumen Primum. *Institutiones*. Recognovit Paulus Krueger. *Digesta*. Recognovit Theodorus Mommsen. Retractavit Paulus Krueger, 22. Aufl. (Dublin/Zürich: Weidmann, 1973), zweite Paginierung.
11 Lateinische Ausgabe des *Codex Iustinianus*: *Corpus Iuris Civilis*, Volumen Secundum. *Codex Iustinianus*. Recognovit Et Retractavit Paulus Krueger, 15. Aufl. (Dublin/Zürich: Weidmann, 1970). Deutschsprachige Ausgabe: Carl Eduard Otto, Bruno Schilling und Carl Friedrich Ferdinand Sintenis (Hgg.), *Das Corpus Juris Civilis in's Deutsche übersetzt von einem Vereine Rechtsgelehrter*, Fünfter Band (Leipzig: Focke, 1832) und Sechster Band (Leipzig: Focke, 1832).
12 Ausgabe der *Institutiones* (Iustiniani): Rolf Knütel, Berthold Kupisch, Sebastian Lohsse und Thomas Rüfner, *Corpus Iuris Civilis, Die Institutionen. Text und Übersetzung*, 4. Aufl. (Heidelberg: C. F. Müller, 2013).

Rechts, für eine Bündelung der Meinungen und für Ausbildung herrschender Einschätzungen und Rechtssätze. Die spätantike kaiserliche Gesetzgebung ist Element dieses Vereinheitlichungsprozesses und treibt ihn zugleich mit den amtlichen Sammlungen voran – bis zu den bis in die Gegenwart wirkenden justinianischen Gesetzbüchern. Anders ausgedrückt lautet der Befund, dass Hieronymus (und seine Mitarbeiter) in einer römischen Rechtskultur lebten, die – trotz Verflachungstendenzen in Details – von scharfer Bestimmung der rechtlichen Einrichtungen und Handlungsinstrumente mit ihren zugehörigen Begriffen gekennzeichnet war. Dabei wird man nicht übersehen dürfen, dass Hieronymus aus einer wohlhabenden Familie stammte, die ihm nicht nur eine hervorragende Bildung ermöglichte, sondern ihn mit allerhöchster Wahrscheinlichkeit auch ganz alltäglich mit Rechtsfragen in Berührung kommen ließ, die sich einem gutsituierten römischen Bürgertum stellten und aus denen das römische Recht sich nach seinen soziologischen Fundamenten zusammensetzt.

# 5 Juristisches Vokabular der *Vulgata*

Wer eine jüngere landessprachliche Übersetzung der Heiligen Schrift durchsieht, begegnet Ausdrücken, mit denen Altes und Neues Testament Heilsentwicklung und Heilsverheißung beschreiben, die auch in juristischem Sprachgebrauch eine Rolle spielen. In deutschsprachigen Ausgaben[13] geschieht dies mit dem zentralen Begriff *Bund*. Dieses Wort ist insbesondere staats- und völkerrechtlich relevant. Und schon die von alters her gewohnte Bezeichnung beider Hauptteile der Bibel als *Testament* ist juridisch konnotiert. Es drängt sich deswegen der Versuch auf, am Beispiel des in modernen deutschen Bibelübersetzungen geläufigen Begriffes „Bund" zu prüfen, wie weit schon die *Vulgata* sich eines Vokabulars bedient, das im zeitgenössischen Latein zugleich rechtssprachlicher Ausdrucksweise angehört. Dazu sollen hier einige Stichproben dienen. Ihr Befund wird positiv sein.

# 6 Bundesschlüsse: *pactum*, *foedus*, *testamentum*

## 6.1 Bund mit Noach

Ein Beispiel für die Offenbarung des Heils in der dem Menschen aus Alltag und juristischer Allgemeinbildung vertrauten Kategorie eines Bundes gibt die

---

13 Siehe neben den oben in Fn. 6 angeführten beiden zweisprachigen Ausgaben die allein deutschsprachige Ausgabe: Alfons Deissler, Anton Vögtle und Johannes Nützel (Hgg.), *Neue*

Absprache Gottes mit Noach nach der Sintflut (Gen 9,9–17). Die *Vulgata* (Gen 9,9.11.16) spricht von einem *pactum* (Substantiv aus dem Perfektpartizip des Verbes *pangere* und des im Wesentlichen gleichbedeutenden Verbes *pacisci*). Es handelt sich somit um eine Abmachung, Verabredung. In einer Verabredung begegnen sich zwei Handelnde. Es heißt zwar in der *Vulgata* (Gen 9,9 und 9,11): „Ich werde meinen Bund mit Euch setzen" (*statuam pactum meum vobiscum*). Das Wort *statuam* (ich werde setzen, errichten, bestimmen) scheint für Einseitigkeit der Regelung zu sprechen. Aber das Wort *pactum* löst, zunächst in einem allgemeinen Sprachverständnis interpretiert, den Zweifel in Richtung Zweiseitigkeit auf. Jede Partei eines Vertrages kann einseitig von sich sagen, sie tätige das Geschäft. Das Geschäft kommt jedoch stets erst im beiderseitigen Einvernehmen zustande, in einer Vereinbarung.[14] Der Vertrag (Bund) ist eine von Gott und Mensch auf Gottes Angebot hin gemeinsam getroffene Bestimmung. In einem *pactum* ist also etwas statuiert, und ein Vertragspartner ist derjenige, der die Festsetzung vornimmt. Es trifft aber kein Vertragspartner die Bestimmung allein, sondern die Bestimmung des einen wird nur wirksam durch die komplementäre Bestimmung des anderen.

In der *Vetus Latina* hieß es: „Ich stelle Euch mein Zeugnis aus" (*excito testamentum meum vobis*).[15] Auch hier ist ein vordergründig einseitiger Akt als etwas Zweiseitiges zu interpretieren. Gott spricht von seinem Zeugnis. Er handelt scheinbar allein. Aber er adressiert sein Zeugnis. Die Angesprochenen empfangen in dem Zeugnis eine Gewähr für die Einhaltung eines Versprechens. Es entsteht eine Bindung. Man könnte auch sagen: „Ich gebe euch mein Wort." Die Menschen gewinnen ein Beweisstück, indem sie sich an dem Versprechensakt Gottes als Begünstigte beteiligen. Es handelt sich also um ein zweiseitig begründetes Geschäft. Freilich tritt die Zweiseitigkeit im allgemeinen Begriff des „Zeugnisses" (*testamentum*) nicht so deutlich fassbar hervor wie in den Begriffen „Vertrag" (*pactum*) und „Bund" (*foedus*).

Alternativ, insbesondere wenn es um das Zeichen für Gottes Bund mit Noach, den Regenbogen, geht, heißt der Bund *foedus* (Gen 9,12.15.16). Der Regenbogen ist ein *signum foederis* (Gen 9,12.13.17). Die Deutung des Bundesschlusses als zweiseitiger Akt wird später anhand des Vokabulars des römischen Rechts zu erhärten sein.[16] Wenn die *Vetus Latina* vom Erstellen, Aufstellen des Zeugnis-

*Jerusalemer Bibel. Einheitsübersetzung mit dem Kommentar der Jerusalemer Bibel*, 18. Aufl. (Freiburg/Basel/Wien: Herder, 2007).

**14** Die Übersetzung in der Ausgabe Beriger/Ehlers/Fieger, Hieronymus, verwendet zu Gen 9,9 und 9,11 für *pactum* „Vereinbarung", und nur für *foedus* steht „Bund". Bei Arndt, *Biblia Sacra*, und Deissler/Vögtle/Nützel, *Neue Jerusalemer Bibel* heißt es durchgehend: „Bund".

**15** Siehe Gen 9,9 in der Ausgabe Sabatier, Tomus Primus.

**16** Unten zu 7.

ses spricht, so kündigt das ganz bildhaft den von der Erde in den Himmel aufge-
spannten Regenbogen an, das Zeugniszeichen (*signum testamenti*), welches
Gott setzt.[17] Der Regenbogen ist gewissermaßen die von Gott dem Menschen
ausgehändigte Ausfertigung der Urkunde über die Abmachung zwischen Noach
und Gott. Die *Vulgata* übernimmt den Begriff des Zeichens (*signum*), tauscht
jedoch das angezeigte Objekt Zeugnis (*testamentum*) gegen das Angezeigte
Bund (*foedus*) aus. Im Vergleich von *Vulgata* und *Vetus Latina* bei der Erzählung
vom Noach-Bund fällt gegenüber der abwechslungsreicheren Diktion der *Vulgata* der konsequente Gebrauch von *testamentum* in der *Vetus Latina* auf – so
wie eine moderne deutsche Übersetzung gern durch die ganze Heilige Schrift
konsequent „Bund" setzt.

## 6.2 Bund mit Abraham

Ähnlich ist der Bund Gottes mit Abram beschrieben (Gen 15,18). Er ist ein *foedus* und kommt durch Absprache zustande (*pepigit* als eine neben *panxit* und
*pegit* mögliche Perfektform von *pangere*). Die Vertiefung des Bundesschlusses
mit dem Bundeszeichen der Vorhautbeschneidung (Gen 17,1–25; dabei empfängt Abram den neuen Namen Abraham: Gen 17,5[18]) begegnet als *pactum*
(Gen 17,4.7.9.10.13.14) und als *foedus* (Gen 17,2.7), das Bundeszeichen als *signum
foederis* (Gen 17,11).[19] Wie schon in der Erzählung von Noach vermeint man auf
den ersten Blick, bei der Bundesbekräftigung im Verb (*ponere*: setzen, hinstel-
len; wie bei Noach *statuere*: setzen, errichten, bestimmen) eine einseitige Anordnung Gottes zu lesen (Gen 17,2: *ponamque foedus*; Gen 17,7: *statuam pactum*).
Doch sind erneut die Substantive (*pactum, foedus*) auf beiderseitiges, einver-
nehmliches Begründen angelegt. Damit bleibt es bei dem Verabreden als einem
gemeinsamen Akt, der zunächst mit dem Verb *pangere* beschrieben wurde
(Gen 15,18).

Wie zur Zusage Gottes an Noach spricht die *Vetus Latina* auch bei der Ansprache an Abraham von einem Zeugnis, das Gott ausstellte: *In die illa disposuit
dominus Deus testamentum ad Abram.*[20] Desgleichen erscheint hier der Begriff

---

17 Siehe Gen 9,12.13 nach Sabatier, Tomus Primus.
18 Nachfolgend verwendet der Verfasser dieser Abhandlung den neuen Namen Abraham auch
dann, wenn es um die Erzählung für die Zeit vor der Neubenennung geht.
19 Bei Beriger/Ehlers/Fieger, Hieronymus, ist wie schon zu Gen 9,9–17 konsequent differenziert übersetzt: *pactum* – Vereinbarung; *foedus* – Bund. Bei Arndt, *Biblia Sacra*, und Deissler/
Vögtle/Nützel, *Neue Jerusalemer Bibel*, wiederum durchgehend „Bund".
20 Siehe Gen 15,18 gemäß der Ausgabe Sabatier, Tomus Primus.

„Bund" (*foedus*) noch nicht. Bei der Bekräftigung des Bundes, als Abraham seinen neuen Namen empfängt, wiederholt die *Vetus Latina* den Gebrauch von *testamentum* ohne Wechsel zu *pactum* oder *foedus*.[21] Doch liest man schon in der alten lateinischen Fassung die von der *Vulgata* für die Schaffung des Bundes (*pactum, foedus*) benutzten Verben *ponere* und *statuere*.[22] Das Bundeszeichen heißt in der *Vetus Latina* folgerichtig wie schon im Falle Noachs Zeugniszeichen: *signum testamenti*.[23] Es bestätigt sich also die beim Versprechen für Noach beobachtete ältere konsequente Nutzung des Begriffs *testamentum*, welche erst die *Vulgata* zu *pactum* und *foedus* abwandelt.

## 6.3 Bund mit Mose

Von einer weiteren göttlichen Heilzusage im Bundesschluss mit gleicher lateinischer Wortwahl handelt die Erzählung vom Auszug Israels aus Ägypten. Gott kündigt Mose den Bund als *pactum* vom Berge Sinai her an (Ex 19,5).[24] Der Bund wird mit dem Schlachtopfer geschlossen (Ex 24,5). Mose gießt das Blut der geschlachteten Jungstiere in Opferschalen und sprengt es gegen den Altar (Ex 24,6). Dann nimmt er das Buch des Bundes (die Gesetzesaufzeichnungen: *volumen foederis*), liest es dem Volke vor (Ex 24,7), sprengt das Blut in das Volk und bezeichnet es als das Blut des Bundes (Ex 24,8). *Hic est sanguis foederis quod pepigit Dominus vobiscum* – „Dies ist das Blut des Bundes, den der Herr mit Euch geschlossen hat" (Ex 24,8). Das Verb *pepigit* wiederholt die Beschreibung des Bundesschlusses mit Abraham (Gen 15,18):[25] Er, nämlich der Herr (*dominus*), hat es vereinbart, nicht einseitig, sondern in Zwiesprache mit den Angehörigen des Volkes Israel (*vobiscum*).

Auch an diesen Stellen lässt sich ein Wandel des lateinischen Vokabulars feststellen. Die *Vetus Latina* verwendete für die Ankündigung vom Sinai nicht *pactum*, sondern *testamentum*.[26] Und Mose ergriff in der alten lateinischen Fassung nicht das Buch des Bundes, sondern das Buch des Zeugnisses (*liber testamenti*),[27] um sodann das Blut des Zeugnisses (*sanguis testamenti*) auszuspren-

---

**21** Gen 17,2.7.9.10.13.14 in der Ausgabe Sabatier, Tomus Primus.
**22** Gen 17,2.7 nach Sabatier, Tomus Primus.
**23** Gen 17,11 nach Sabatier, Tomus Primus.
**24** *Pactum* mit „Bund" wiedergegeben bei Beriger/Ehlers/Fieger, Hieronymus, ebenso wie bei Arndt, *Biblia Sacra*, und bei Deissler/Vögtle/Nützel, *Neue Jerusalemer Bibel*.
**25** Siehe zuvor 6.2.
**26** Ex 19,5 nach Sabatier, Tomus Primus.
**27** Ex 24,5.7 nach Sabatier, Tomus Primus.

gen.[28] Die drei göttlichen Bundesschlüsse mit Noach, Abraham und Mose werden also in der *Vetus Latina* ebenso konsequent als *testamentum* bezeichnet, wie die *Vulgata* diesen Begriff durch *pactum* und *foedus* verdrängt.

## 6.4 Einsetzungsbericht und Geheime Offenbarung

In den Berichten der Evangelisten über die Einsetzung des Altarsakraments begegnet eine Variation. Nun spricht die *Vulgata* nicht von *pactum* oder *foedus*, sondern von *testamentum*, von einem Zeugnis. Jesus stellt den Kelch als den neuen Bund (das neue Zeugnis) in seinem Blute dar: *hic est calix novum testamentum in sanguine meo* (Lk 22,20). Oder er spricht kürzer von seinem Blut (im Unterschied zum Blut des von Mose dargebrachten Jungstiers) des neuen Bundes (Zeugnisses): *hic est sanguis meus novi testamenti* (Mk 14,24); *hic est enim sanguis meus novi testamenti* (Mt 26,28).[29] Christi Blut in der Gestalt des Weines mögen die Menschen, so lautet die gegenüber den Tischgenossen für alle Menschen ausgesprochene Einladung, nicht lediglich als äußeres Zeichen (wie das gemäß Ex 24,8 von Mose versprengte Opferblut) tragen, sondern im wahrsten Sinne des Wortes zu seinem Gedächtnis verinnerlichen.

In der geheimen Offenbarung tut sich Gottes Tempel im Himmel auf. Sichtbar wird die Lade seines Bundes: *visa est arca testamenti eius* – der Kasten, worin seine Urkunde aufbewahrt ist (Offb 11,19).

Die *Vulgata* folgt an diesen Stellen mit der Verwendung von *testamentum* dem Wortgebrauch der *Vetus Latina*. In der alten lateinischen Fassung liest man an den genannten Stellen: *Hic est calix novum testamentum in sanguine meo* (Lk 22,20), *Hic est sanguis meus novi testamenti* (Mk 14,24), *hic est calix sanguinis mei novi testamenti* (Mt 26,28) sowie *visa est arca testamenti eius* (Offb 11,19).[30] Hieronymus ging bei seiner neuen lateinischen Fassung des Neuen Testaments nicht zu den im Alten Testament eingewechselten Begriffen *pactum* und *foedus* über, sondern behielt den Ausdruck *testamentum* bei. Zugleich erhält sich die Bezeichnung des alttestamentlichen Bundes als „Testament" in der *Vulgata* bei der Wiedergabe des Zweiten Paulus-Briefes an die Gemeinde von Korinth, wo

---

**28** Ex 24,8 nach Sabatier, Tomus Primus.

**29** *Testamentum* übersetzen in allen drei Berichten gleichermaßen mit „Bund" Deissler/Vögtle/Nützel, *Neue Jerusalemer Bibel*, und Beriger/Ehlers/Fieger, *Hieronymus*. Arndt, *Biblia Sacra*, setzt bereits ebenfalls bei Mk 14,24; Lk 22,20 „Bund", hingegen bei Mt 26,28 in wörtlicher Übertragung „Testament".

**30** Lk 22,20; Mk 14,24; Mt 26,28 und Offb 11,19 nach Sabatier, Tomus Tertius.

Paulus den Alten Bund als *vetus testamentum* anspricht (2 Kor 3,14).[31] Darin spiegelt sich wahrscheinlich, dass zur Zeit des Hieronymus die auch noch im 21. Jahrhundert selbstverständliche Bezeichnung der beiden Hauptteile der Heiligen Schrift als „Altes Testament" und „Neues Testament" dank der Schriften einiger Kirchenväter schon festgefügt war und allein mit Redaktionsarbeit am Bibeltext nicht mehr zu verändern. Des Hieronymus nur um wenige Jahre jüngerer Zeitgenosse Aurelius Augustinus (354–430) stellt diesen Sprachgebrauch zur Bezeichnung der beiden Bibelteile ausdrücklich als bereits gewohnheitsmäßig fest.[32]

## 6.5 Prophetie Hoseas

Ein weniger geläufiges Textbeispiel schließlich findet sich beim Propheten Hosea. Gott wird sich mit den Israeliten in Gerechtigkeit und Recht, in Barmherzigkeit und Mitleiden, in Treue verloben. Er wird sich den Israeliten antrauen, angeloben: *et sponsabo te mihi in iustitia et iudicio et in misericordia et miserationibus; et sponsabo te mihi in fide* (Hos 2,21–22 oder 2,19–20, je nach Zählweise). Es handelt sich um den rätselhaften Bundesschluss „mit ihnen", mit den Tieren des Feldes, mit den Vögeln des Himmels und mit allem, was auf der Erde kriecht: *Et percutiam cum eis foedus in die illa, cum bestia agri, et cum volucre coeli, et cum reptili terrae* (Hos 2,20[18]). Sind die zunächst allein im Personalpronomen *cum eis*, nicht mit einer Gattungsbezeichnung angesprochenen Bundesgenossen die Menschen, und es schließen die Tiere sich an? Oder sind mit dem alleinstehenden Pronomen „mit ihnen" die Tiere gemeint, die anschließend nur bekräftigend in Gruppen aufgezählt werden? Der Bund mit den Tieren wäre dann ein Bund für die Menschen.[33] Mindestens vier Deutungen sind möglich, wenn es ein Bund mit den Tieren sein soll: Es ist ein Bund zwischen Gott und Menschen, der mit den Menschen als Bündnispartnern zustandekommt, weil die Tiere als Gottes ältere Geschöpfe an seiner Statt handeln können. Oder es ist ein Bund Gottes mit den Tieren als Bündnispartnern, dessen Wirkungen

---

**31** Siehe 2 Kor 3,14 in der *Vulgata*: *in lectione veteris testamenti* – bei Lesung des Alten Testaments. Genauso bereits in der *Vetus Latina* nach Sabatier, Tomus Tertius: *in lectione veteris testamenti*.

**32** Aurelius Augustinus, *Retractationes*, II.4.2 (II.30.3); Ausgabe: Almut Mutzenbecher (Hg.), *Sancti Avrelii Avgvstini Retractationvm Libri II* (Tvrnholti: Brepols 1984).

**33** Die Ausgabe Deissler/Vögtle/Nützel, *Neue Jerusalemer Bibel*, übersetzt *cum eis* in Hos 2,20 nicht wörtlich „mit ihnen", sondern interpretiert das Personalpronomen mit der Wendung „für Israel".

(Friedfertigkeit und Dienstbeflissenheit der Tiere gegenüber dem Menschen?) den Menschen zugutekommen. Oder es ist ein Bund zwischen Tieren und Menschen, den Gott, als Vertreter der Menschen handelnd, stiftet. Oder es ist ein Bund Gottes und der Tiere auf der einen Seite (*cum eis* als Ausdruck gemeinsamen Tuns), mit dem Menschen auf der anderen Seite.

Dass überhaupt Tiere Subjekte des Rechts sein können, ist der Antike übrigens nicht fremd. In der römischen Rechtslehre beispielsweise gilt Naturrecht für alle Lebewesen, nicht nur für die Menschen. Die Natur hat es nach einem berühmten Diktum Ulpians (um 200 nach Christi Geburt) alle Lebewesen gelehrt.[34] Wie auch immer man den Bundesschluss bei Hosea verstehen muss: Die Prophetie Hoseas weissagt in jedem Falle vollkommene Harmonie Gottes und seiner gesamten Schöpfung. Sie zielt auf den älteren Bund Gottes mit dem Menschen, den der Mensch nicht einhielt. Hosea lässt in der *Vulgata* Gott feststellen, dass „sie" ebenso wie einst Adam den Vertrag überschritten haben: *Ipsi autem sicut Adam transgressi sunt pactum* (Hos 6,7); „sie haben meinen Bund übertreten": *transgressi sunt foedus meum* (Hos 8,1). Offenbleiben darf hier, ob mit den Bundesbrüchigen (Hos 6,7; 8,1) die Israeliten als ganzes Volk oder nur ihre machthabenden Repräsentanten angesprochen sind, desgleichen, ob Adam hier (Hos 6,7) eine Ortsbezeichnung ist oder mit dem Namen des ersten Menschen die Gattungsbezeichnung Mensch gemeint ist.[35]

Die *Vulgata* hebt sich auch im alttestamentlichen Buch Hosea von der *Vetus Latina* ab. Zwar heißt es schon in der alten lateinischen Bibelübersetzung, dass Gott dem Angesprochenen sich in Gerechtigkeit und Recht angelobe (*sponsabo te mihi in iustitia et iudicio*).[36] Jedoch begegnet in der *Vetus Latina* die angekündigte Verbindung noch nicht als Bund (*foedus*), sondern als Zeugnis, welches Gott ausstellen wird: *disponam eis testamentum*.[37] Die Israeliten (Volk oder Machthaber) sind wie der Mensch (an Adam als Repräsentant des Menschen schlechthin ist hier nur gedacht; er ist nicht ausdrücklich benannt, also der Name Adam gegenüber der hebräischen Fassung unterdrückt), der das Zeugnis übergeht: *ipsi vero sunt sicut homo praeteriens testamentum*[38]. In gleicher Grammatik (dritte Person Plural) wie später in der *Vulgata* heißt es auch: „sie haben mein Zeugnis übertreten" – *transgressi sunt testamentum meum*.[39]

---

34 Ulpian *Digesta* 1.1.1.3.
35 Siehe zu diesen Deutungsproblemen Hosea Wolfgang Schütte, *„Säet euch Gerechtigkeit!"*. *Adressaten und Anliegen der Hoseaschrift* (Stuttgart: Kohlhammer, 2008), 42–43.45.47.
36 Hos 2,19–20 nach Sabatier, Tomus Secundus.
37 Hos 2,18 nach Sabatier, Tomus Secundus.
38 Hos 6,7 nach Sabatier, Tomus Secundus.
39 Hos 8,1 nach Sabatier, Tomus Secundus.

# 7 Wortwahl in Quellen des römischen Rechts

## 7.1 Vertrag: *pactum, conventio, contractus*

**7.1.1** Die *Vulgata* verwendet zur Bezeichnung der Bünde Gottes mit den Menschen die Ausdrücke *foedus, pactum* und *testamentum*. Sie differenziert also den von der *Vetus Latina* durchgehend gepflegten Gebrauch von *testamentum*. Nicht hingegen benutzt die *Vulgata* Wörter wie *constitutio, edictum, statutum*, welche auf hoheitliche, einseitige Satzung durch Gott hindeuten würden (und auch der *Vetus Latina* sind diese Begriffe fremd).

Das *pactum* als eine Absprache im Rechtssinne, als ein Vertrag, erscheint beispielsweise im *Codex Gregorianus*, wo unter dem Titel *De pactis* kaiserliche Konstitutionen zu der Frage zusammengestellt sind, unter welchen Umständen Absprachen zwischen zwei (oder mehr) Teilnehmern rechtsverbindlich sind.[40] Einen Titel *De pactis* bilden auch Justinians *Codex*[41] und Justinians Digesten.[42] Allfällige Vermutungen, Justinians Gesetzesredaktion habe im sechsten Jahrhundert im Interesse flüssigeren Lesezusammenhanges und auch wegen zwischenzeitlicher Rechtsentwicklung Eingriffe in den Wortlaut der zusammengestellten Kaiserkonstitutionen und Auszüge aus den alten Juristenschriften (sogenannte Interpolationen) vorgenommen,[43] betreffen nicht die Gültigkeit der in *Codex Iustinianus* und *Digesta* zu lesenden Grundbegriffe schon in den früheren Jahrhunderten, denen die Fundstücke entnommen wurden.

Der mit *pactio* bedeutungsgleiche,[44] Begriff *pactum* aufgefasst als Übereinkunft (*conventio*),[45] das heißt als Vereinbarung zweier oder mehrerer,[46] ist in

---

**40** *Codex Gregorianus* 1.10. Zu Beginn des 10. Titels als *Codex Gregorianus* 1.10.1 eine Konstitution des Antoninus Caracalla vom Jahre 213 mit der Wendung *pacti conventionisque fides servanda est* – die Treue des Vertrages und der Übereinkunft ist zu wahren.
**41** *Codex Iustinianus* 2.3. Der in der vorigen Fußnote erwähnte Erlass vom Jahre 217 (*Codex Gregorianus* 1.10.1) kehrt in *Codex Iustinianus* 2.3.7 wieder.
**42** *Digesta* 2.14.
**43** Nachschlagwerk zu den Interpolationsverdachten: Ernestus Levy und Ernestus Rabel (Hgg.), *Index Interpolationum Quae In Iustiniani Digestis Inesse Dicuntur*, Tomus I. Ad Libros Digestorum I–XX Pertinens (Weimar: Böhlau, 1929) bis Tomus III. Ad Libros Digestorum XXXVI–L Pertinens (Weimar: Böhlau, 1935); Supplementum. Ad Libros Digestorum I–XII Pertinens (Weimar: Böhlau, 1929); Gerardus Broggini (Hg.), *Index Interpolationum Quae In Iustiniani Codice Inesse Dicuntur*, Tomus In Quo Ea Commemorantur, Quae Viri Docti In Scriptis Ante Annum 1936 Editis Suspicati Sunt (Weimar: Böhlau, 1969).
**44** Ulpian (um 200) *Digesta* 2.14.1.2.
**45** Ulpian *Digesta* 2.14.1.3.
**46** Ulpian *Digesta* 2.14.1.2.

den römischen Rechtsquellen (gemeinsam mit *conventio*) der allgemeinste.[47] Nicht jede beliebige formlose Absprache ist freilich verbindlich, sondern man muss auf eine eingespielte Anerkennung durch die Rechtsordnung achten. Bestimmte Gruppen klagbarer Verträge werden jeweils unter der Bezeichnung *contractus* (Vertrag, Kontrakt) zusammengefasst.[48] Mit Rücksicht auf die natürliche Gerechtigkeit (*aequitas naturalis*) sollte man allerdings zumindest möglichst weitgehend dem Grundsatz folgen, dass menschlicher Treue (*fides humana*) am besten entspricht, jede Absprache einzuhalten (*servare*).[49] Auf dem sogenannten afrikanischen Konzil, das ist das Konzil von Karthago der Jahre 345 bis 348, hatte man sich darauf verständigt, im kirchlichen Rechtsverkehr, weitergehend als das römische Recht, jedes *pactum* als verbindlich anzusehen. Dieser Beschluss fand Eingang in die von Papst Gregor IX. im Jahre 1234 in Kraft gesetzte Dekretalensammlung, den sogenannten *Liber extra*, zweiter Teil des *Corpus Iuris Canonici*.[50] Der zentrale Satz in dem Dekretale lautet: *Dixerunt universi: Pax servetur, pacta custodiantur* – „Alle haben gesagt: Friede ist zu wahren, Verträge sind zu beachten". Aber erst einer jahrhundertelangen weiteren Entwicklung entwuchs die rechtliche Überzeugung, dass ein jeder allein aus dem Willen der Beteiligten geschaffene Vertrag, auch wenn er nicht im Gewand einer anerkannten Form oder eines anerkannten Inhalts erscheint, wenn er ein „bloßer", ein „nackter Vertrag", ein *pactum nudum* ist, eine echte Verbindlichkeit erzeugt.[51] Die *Vulgata* nimmt diese Entwicklung in Übereinstimmung mit dem ein halbes Jahrhundert älteren Beschlusses des Konzils von Karthago schon vorweg: in der Vulgatfassung von Genesis 17,10 liest man zum Abraham-Bund: *pactum meum quod observabitis* – „Dies ist mein Vertrag, den ihr halten sollt".

Den Begriff *pactum* benutzt die *Vulgata*, ohne ihn mit dem ebenso allgemeinen Begriff *conventio* abzuwechseln. Diese Beobachtung ist weniger gewichtig, weil die beiden Begriffe sich auf derselben Abstraktionsebene bewegen. Sie sind synonym. Sie abwechselnd zu gebrauchen hätte dem lateinischen Bibeltext sprachliche Vielfalt eingetragen, aber keine zu einer Differenzierung notwendige Schärfung. Anders verhält es sich mit dem ebenfalls von der *Vulgata* vermiede-

---

**47** Ulpian *Digesta* 2.14.1.3.

**48** *Institutiones* (Iustiniani) 3.13.2, 3.14 ff. Nach dem Vorbild von Gaius, *Institutiones*, 3.88 ff.

**49** Ulpian *Digesta* 2.14.1.principium. Siehe auch Antoninus *Codex Iustianus* 2.3.7 (= *Codex Gregorianus* 1.10.1): *pacti conventionisque fides servanda est* – „die Treue des Vertrages und der Übereinkunft ist zu wahren".

**50** Liber Extra 1.35.1. Ausgabe des *Liber Extra* in Aemilius Ludouicus Richterus/Aemilius Friedberg (Hgg.), *Corpus Iuris Canonici*, Pars Secunda. *Decretalium Collectiones* (Graz: Akademische Druck- und Verlagsanstalt, 1959), 1–928.

**51** Klaus-Peter Nanz, *Die Entstehung des allgemeinen Vertragsbegriffs im 16. bis 18. Jahrhundert* (München: J. Schweitzer, 1985).

nen Begriff *contractus*. Er ist nur vordergründig gleichbedeutend mit *conventio*. Beide Worte betonen zwar gleichermaßen das Zueinanderfinden der Beteiligten – die Konvention als Zusammenkommen (Übereinkunft), der Kontrakt als Zusammenziehen (der Beteiligten und ihrer Anliegen). Doch hat der Begriff *contractus* in der Ausdrucksweise des römischen Rechts darüber hinaus eine speziellere systematische Funktion als der Begriff *conventio* oder der Begriff *pactum*. Der „Kontrakt" ist nicht der Vertrag schlechthin, sondern es ist derjenige Vertrag, der wegen seines geläufigen Inhaltes oder der beachteten Form halber gesicherte Anerkennung im Rechtssystem genießt. Ein Vertragsverhältnis als *contractus* zu bezeichnen heißt, ihm einen Platz im System der Schuldverhältnisse (Obligationen) zuzuweisen. So lautet beispielsweise die Gliederung der Obligationen in den Institutionen Justinians: Kontrakte, Quasikontrakte, Delikte, Quasidelikte.[52]

Wenn ein Vertrag nicht einen als geltungsfähig anerkannten Inhalt hat und wenn er auch nicht eine anerkannte Förmlichkeit erfüllt, besteht das Risiko, dass er vor dem römischen Gericht nicht durchsetzbar ist. Es liegt im Amtsermessen des Gerichtsvorstehers (des Prätors) oder seit der Spätantike der kaiserlichen Autorität, einem bisher nicht anerkannten Vertrag mit Rücksicht auf das wechselseitige Vertrauen, den guten Glauben (*bona fides*), welcher auch den längst anerkannten Kategorien zugrunde liegt,[53] eine Anerkennung zu verleihen, so dass eine neue Kategorie eines klagbaren Vertrages entsteht. Wenn aber der gute Glaube den Bestand der Abmachung zu sichern vermag, benötigt man keinen Halt in einem schon anerkannten Geschäftstyp. Die göttliche Heilzusage ist umfassend, sie ist maßlos. Eine Bezeichnung nach einer Kategorie, die nur einen Teil aller denkbaren Fälle in sich schließt (*contractus*), wäre unzulänglich. Nur der allgemeinste Begriff (*pactum*) kann den Vertrag mit Gott mit menschlichen Worten ausdrücken. Dass Gott sich an seine Zusage nicht gebunden halten wird, ist nicht zu befürchten. Die Treue (*fides*) macht den Pakt gültig – wie man bei Hosea liest, der vom Angeloben in Treue spricht.[54]

Die englische Rechtssprache entwickelte seit dem 18. Jahrhundert – letztlich in Übereinstimmung des angelsächsischen *common law* mit dem römischen Recht (dort: *contractus*) – den Gebrauch des Begriffs *contract* für den rechtsgültigen individuellen Vertrag.[55] Diesen Begriff benutzt jedoch weder die *King*

---

**52** *Institutiones* (Iustiniani) 3.13.2. Siehe auch unten 7.3.

**53** Siehe nur *Institutiones* (Iustiniani) 4.6.28–30 über Klagen aus gutem Glauben: *bonae fidei iudicia*.

**54** Hos 2,22 (oder 2,20). Siehe oben 6.5.

**55** Siehe David Ibbetson, "Contract. English Common Law", in Stanley N. Katz (Hg.), *The Oxford International Encyclopedia of Legal History*, Volume 2. *Citizenship – European Union, Private Law in* (Oxford: Oxford University Press, 2009), 194–197; Alfred L. Brophy, "Contract. United States Civil Law", in Stanley N. Katz (Hg.), ebd., Volume 2, 204–210.

*James Version*[56] noch die *New International Version*[57]. Vielmehr herrscht dort der Begriff *covenant* vor. Er findet in der *New International Version* durchgehend Verwendung, während die *King James Version* ihn nur im Alten Testament einsetzt, im Neuen Testament hingegen den Ausdruck *testament* einsetzt.[58]

**7.1.2** Das Wort *pactum* benutzt die *Vulgata* als Universalbegriff. Er trifft nicht nur die Absprache zweier Individuen, sondern erfasst auch das Geschäft mit dem Kollektiv. Eine solche Begriffsverwendung steht nicht im Widerspruch zum römischen Recht, wenngleich dort der Vertrag zwischen Kollektiven eher als *foedus* bezeichnet ist – ohne dass allerdings die Verbindung zwischen Individuen ihrerseits vom Bedeutungsfeld des *foedus* ausgeschlossen wäre. In den lateinisch und insbesondere im Vokabular des römischen Rechts verfassten germanischen Rechtsaufzeichnungen lebt der Begriff *pactum* (in seiner Nebenform *pactus*) zur Bezeichnung eines kollektiven Rechtsaktes fort: so heißt das fränkische Gesetzbuch *Pactus Legis Salicae* (*Lex Salica*; um 500) und das alemannische *Pactus Alamannorum* (um 600).

Noach und Abraham kann man als Individualsubjekte ansehen, indem sie als Familienvorstände mit Wirkung für ihre sämtlichen Angehörigen zu handeln imstande sind – was nach römischer Vorstellung die umfassende Macht des Familienvaters, des *paterfamilias*, ist. Ausdrücklich bezeichnet die *Vulgata* Abraham als den Vater (*pater*; Gen 17,4.5). Gern wird an dieser Stelle das Wort *pater* in deutschen Übersetzungen mit „Stammvater" wiedergegeben.[59] Zugleich ist aber deutlich, dass mit dem einen Partner die Vielheit der hinter ihm Stehenden gemeint ist. Denn die verwendete Anrede ist nicht nur das Personalpronomen „du" (*tu*), sondern auch die Mehrzahl „ihr" (*vos*; bei Noach Gen 9,9.11; bei Abraham Gen 17,10), im Falle Noachs alle Lebewesen (nicht nur Menschen) einschließend (Gen 9,12–17). Abraham ist ausdrücklich als künftiger Vater einer Vielzahl von Geschlechtern oder Völkern angesprochen (Gen 17,4.5:

---

**56** Hier verwendete Ausgaben: *The Holy Bible. Authorized King James Version* (Glasgow/Edinburgh: National Bible Society of Scotland, 1933); *The Holy Bible. Old and New Testaments in the King James Version* (Nashville: Thomas Nelson, 1988).

**57** Ausgabe: *Holy Bible. New International Version* (London/Sydney/Auckland: Hodder & Stoughton, 2000).

**58** Näheres sogleich unter 7.1.2 und 7.4. Siehe zur Wahl des Begriffs *covenant* bei den englischen Bibelübersetzungen der *Vulgata* mit dem Hintergrund der *Vetus Latina*, der *Septuaginta* und des hebräischen Textes Christoph Koch, "Covenant. I. Ancient Near East", in Dale C. Allison, Jr. und andere (Hgg.), *Encyclopedia of the Bible and its Reception*, [Band] 5. Charisma–Czaczkes (Berlin/Boston: de Gruyter, 2012), 897–900; ders., "Covenant. II. Hebrew Bible/Old Testament", ebd., 900–908; Knut Backhaus, "Covenant. III. New Testament", ebd., 908–912.

**59** Beispielsweise sowohl in der Ausgabe Arndt, *Biblia Sacra*, als auch in der Ausgabe Deissler/Vögtle/Nützel, *Neue Jerusalemer Bibel*.

*pater multarum gentium*). Und bei dem mit Mose geschlossenen *pactum* kommt eine individuelle Betrachtung gar nicht in Frage, weil Mose nicht das Familienoberhaupt aller von ihm geführten Israeliten ist.

So wie *pactum* und *conventio* gleichermaßen eine Vereinbarung zwischen Individuen oder Kollektiven schlechthin bezeichnen und in der deutschen Sprache „Vertrag" und „Übereinkunft" („Übereinkommen") diese universelle Funktion haben, steht in der englischen Rechtssprache der Begriff *covenant* auf einer höchsten Abstraktionsstufe und eignet sich insbesondere zur Bezeichnung sowohl der individuellen als auch der kollektiven Vereinbarung. Der Ausdruck *covenant* hat also, nach dem Einsatzfeld gefragt, den juristischen Sinngehalt seiner über die französische Sprache vermittelten lateinischen Wurzel *conventio* bewahrt. Allerdings hat *covenant* insoweit gegenüber *conventio* eine gewisse Begriffsverengung, als beim *covenant* in der Regel eine gewisse Förmlichkeit der Übereinkunft gemeint ist, während für *conventio* ein formloser Konsens genügt. Doch gab und gibt es auch die allgemeinere Auffassung von *covenant*, welche den Vertrag überhaupt meint und ihm die Möglichkeit zur Klage (*writ of covenant*) eröffnet.[60]

Der ebenfalls aus der französischen Sprache in die englische Rechtssprache übernommene und im Prinzip synonyme Ausdruck *convention* entwickelte in der Moderne einen Bedeutungsschwerpunkt in kollektiven, insbesondere völkerrechtlichen Verträgen. So verhält es sich beispielsweise bei der Konvention zum Schutze der Menschenrechte und Grundfreiheiten (Europäische Menschenrechtskonvention) aus dem Jahre 1950 (*Convention for the Protection of Human Rights and Fundamental Freedoms/Convention de Sauvegarde des Droits de l'Homme et des libertés fondamentales*) und bei dem Übereinkommen der Vereinten Nationen über Verträge über den internationalen Warenkauf aus dem Jahr 1980 (*United Nations Convention on Contracts for the International Sale of Goods – CISG*). Ein weiterer englischer allgemeiner Begriff für Übereinkunft: *agreement* findet in der Rechtssprache sowohl auf individuale Abreden als auch auf kollektive Vereinbarungen Anwendung. Ein Kollektivgeschäft bezeichnet *agreement* zum Beispiel im Falle des Allgemeinen Zoll- und Handelsabkommen vom Jahre 1947 (*General Agreement on Tariffs and Trade – GATT*).[61]

---

**60** Ibbetson, "Contract", 194–195.

**61** Zur Verwendung von *agreement* siehe Craig Joyce, "Intellectual Property: United States Law", in Stanley Katz (Hg.), *The Oxford International Encyclopedia of Legal History*, Volume 3. *Evidence–Labor and Employment Law* (Oxford: Oxford University Press, 2009), 265–275 (268, 271); Reuven S. Avi-Yonah, "International Law: Private Law in United States Law", ebd., 284–290 (284–285).

Die *King James Version* verwendet zur englischen Übersetzung der alttestamentlichen Bundesschlüsse konsequent *covenant*. Sie zeigt darin dieselbe Regelmäßigkeit wie sie die *Vetus Latina* in der Anwendung des Wortes *testamentum* pflegte. Im Neuen Testament hingegen wechselt die *King James Version* zu *new testament*, während die *Vetus Latina* nicht wechselt, sondern schlicht bei *testamentum* (unter Zufügen des Adjektivs *novum*) bleibt. Der Wechsel in der *King James Version* entspricht jedoch der *Vulgata*, die im Neuen Testament *testamentum* schreibt und damit ihre Wortwahl von derjenigen zum Alten Testament abhebt, wo *pactum* und *foedus* einander abwechseln. Die *New International Version* verwendet demgegenüber den Ausdruck *covenant* ohne Wechsel durchgehend – so wie in jüngsten deutschen Übersetzungen durchgehend „Bund" erscheint.

## 7.2 Völkerrechtlicher Vertrag: *foedus*

Der von der *Vulgata* neben *pactum* benutzte Begriff *foedus* bezeichnet im römischen Recht hauptsächlich den Vertrag zwischen Völkern, geschlossen von einem Repräsentanten des römischen Gemeinwesens mit einem Repräsentanten eines anderen Gemeinwesens (namentlich einer fremden Stadt oder eines fremden Staates), etwa einen Waffenstillstand, eine Hilfsleistung oder eine Unterwerfung unter die römische Hoheit betreffend.[62] Der völkerrechtliche Vertrag erscheint beispielsweise in Justinians Digesten als Zitat aus einem in der Mitte des zweiten Jahrhunderts von Sextus Pomponius verfassten Kommentar.[63] Der Verbündete ist der Föderat (*foederatus*), so bezeichnet in einem ebenfalls in die justinianischen Digesten übernommenen Auszug aus den in der Mitte des ersten Jahrhunderts entstandenen Schriften des Proculus.[64] Weniger geläufig ist das Wort *foedus* als Bezeichnung eines Vertrages zwischen Einzelpersonen. Kaiserliche Erlasse des vierten Jahrhunderts benutzen es in der Wendung *foedus*

---

**62** Dazu Wolfgang Waldstein und Johannes Michael Rainer, *Römische Rechtsgeschichte*, 11. Aufl. (München: C. H. Beck, 2014), § 21; Theodor Mommsen, *Römisches Staatsrecht*, Erster Band, 3. Aufl. (Leipzig: Hirzel, 1887; Nachdruck Graz: Akademische Druck- und Verlagsanstalt, 1969), 121, 246–257; Zweiter Band. 2. Teil, 3. Aufl. (Leipzig: Hirzel, 1887; Nachdruck Graz: Akademische Druck- und Verlagsanstalt, 1969), 954–955; Dritter Band. 1. Teil, 3. Aufl. (Leipzig: Hirzel, 1887; Nachdruck Graz: Akademische Druck- und Verlagsanstalt, 1952), 340–342, 362, 591–597, 653–654, 663–666; Dritter Band. 2. Teil, 3. Aufl. (Leipzig: Hirzel, 1888; Nachdruck Graz: Akademische Druck- und Verlagsanstalt, 1953), 1158–1173.
**63** Pomponius *Digesta* 49.15.5.2.
**64** Proculus *Digesta* 49.15.7.pr und 1.

*matrimonii* für den Ehebund.[65] Das steht insofern der völkerrechtlichen Auffassung von *foedus* nahe, als die Ehegatten als Angehörige verschiedener Familien wahrzunehmen sind, so dass ihr Bund über die Bedeutung für die beiden Eheleute hinaus eine gewisse Gemeinschaftswirkung entfaltet. Für die Verbindung zwischen Privatrechtssubjekten in jedwedem Geschäft (zum Beispiel Kauf, Miete, Darlehen) hingegen steht der Begriff *foedus* nicht zur Verfügung. Im Wesentlichen also ist *foedus* nach heutiger Ausdrucksweise der völkerrechtliche Vertrag.

Bündnisse Israels mit einer fremden Macht (Assyrien) beschreibt unter anderen biblischen Verfassern der Prophet Hosea (Hos 10,4; 12.2[1]). Sie erscheinen in der *Vulgata* als *foedus*, während sie in der *Vetus Latina* wie die Bünde mit Gott *testamentum* heißen.[66] Die terminologische Gleichsetzung des Abkommens zwischen Völkern mit der Absprache zwischen Gott und Menschen in den lateinischen Bibeln ist kein Zufall, sondern wohlbedachte Redaktion.

Den völkerrechtlichen Vertrag *foedus* schließt von Seiten Roms der Feldherr oder ein ordentlicher Amtsträger (Magistrat), in der Spätantike der Kaiser. Obgleich in der Antike weder die entwickelte Vorstellung einer juristischen Person (*persona moralis*) noch das Rechtsinstitut der Stellvertretung besteht, wie sie modernen Rechtsordnungen zu eigen sind, erschöpft die Wirkung des Bundes sich nicht auf die Beziehung der beiden vertragschließenden Akteure. Das *foedus* ist nicht bloß vom Amtsträger zu einer ihn persönlich begünstigenden oder belastenden Wirkung geschlossen. Vielmehr gilt der Bund als von den Organen des Gemeinwesens anerkannt.[67] Der Vertrag betrifft also das Verhalten aller Staatsgewalt ausübenden Teile der repräsentierten Völker. Damit sind letztlich die Völker insgesamt verpflichtet und berechtigt.[68] Der Vertrag (namentlich Waffenstillstandsvertrag, Friedensvertrag, Unterwerfungsvertrag, Bündnisvertrag) ist als ein Vertrag zwischen der Gemeinde Rom und einem auswärtigen Staat aufzufassen.[69]

Das *foedus* wird in römischer Rechtsauffassung mündlich geschlossen, und zwar als sogenannte Stipulation (*stipulatio*). Diese Stipulation ist ein formelhafter Austausch von Frage und Antwort, ein Gelöbnis: *sponsio*.[70] Die Vertragspartner geben einander Versprechen, sie geloben (*spondere*), sie verloben sich (*sponsa-*

**65** Constantius und Constans *Codex Iustinianus* 8.55(56).7 (aus dem Jahre 349) und Constantinus *Codex Iustinianus* 8.57(58).1 (aus dem Jahre 320).
**66** Siehe zu Hos 10,4 und 12,2(1) die vergleichende Ausgabe Sabatier, Tomus Secundus.
**67** Mommsen, *Römisches Staatsrecht*, Erster Band, 251.
**68** Mommsen, *Römisches Staatsrecht*, Erster Band, 246–247.
**69** Mommsen, *Römisches Staatsrecht*, Erster Band, 246–247.
**70** Mommsen, *Römisches Staatsrecht*, Erster Band, 247, 249.

*re*). Eben ein solches Verlöbnis beschreiben die *Vulgata* und auch schon die *Vetus Latina* in der Übersetzung der Hosea-Prophetie (Hos 2,21[19]–22[20]). Die römische *sponsio* war ursprünglich sogar ein religiöser Akt. Doch verlor sie den religiösen Charakter noch in der Zeit der Republik, weswegen für den völkerrechtlichen Vertrag eine zusätzliche sakrale Bekräftigung notwendig erschien, eine Beeidung durch ein Kollegium, die Fetialen. Es ist eigentlich dieser Eid mit dem Wort *foedus* benannt, doch dehnt sich der Begriff auf den beeideten Vertrag aus.[71] Die Desakralisierung der kollektiv wirkenden *sponsio* an sich ermöglichte es, sie für den individuellen Rechtsverkehr unter römischen Bürgern nutzbar zu machen. So wurde die Stipulation zum förmlichen Geschäft unter Privatrechtssubjekten[72] und verdrängte noch vor Christi Geburt das ältere individuelle Verpflichtungsgeschäft *nexum*.[73] Der mit auswärtigen Mächten geschlossene Vertrag *foedus* kommt überwiegend in der Zeit der Republik Rom vor, seltener im Prinzipat.[74] In der Zeit des Prinzipates begegnet *foedus* häufiger als Vertrag mit Partnern innerhalb des Römischen Reichs (reichsangehörigen Städten, reichsangehörigen Fürsten).[75]

In der englischen Rechtssprache heißt der zwischenstaatliche Vertrag traditionell *treaty*. Dieser bereits in der frühen Neuzeit übliche Begriff[76] wirkt bis in die Gegenwart des 21. Jahrhunderts, beispielsweise mit der *North Atlantic Treaty Organization* (*NATO*) vom Jahr 1949 und mit den Verträgen, welche schrittweise die europäischen Gemeinschaften begründeten, von der Europäischen Gemeinschaft für Kohle und Stahl aus dem Jahre 1951 (*Treaty establishing the European Coal and Steel Community*) bis zur Europäischen Union in der Gestalt des Vertrages von Lissabon vom Jahre 2007 (*Treaty of Lisbon*). In die englischsprachigen Bibelübersetzungen drang der Begriff *treaty* jedoch nicht ein. Weder die *King James Version* noch die *New International Version* benutzt ihn.

---

71 Mommsen, *Römisches Staatsrecht*, Erster Band, 249, mit Fn. 2.
72 Näher sogleich unter 7.3.
73 Mommsen, *Römisches Staatsrecht*, Erster Band, 247, 249, mit Fn. 2; siehe zum *nexum* auch Max Kaser, Rolf Knütel und Sebastian Lohsse, *Römisches Privatrecht*, 21. Aufl. (München: C. H. Beck, 2017), §§ 6.III, 7.I.3, 39.I.1.
74 Mommsen, *Römisches Staatsrecht*, Erster Band, 252.
75 Mommsen, *Römisches Staatsrecht*, Zweiter Band, 954–955; siehe auch Mommsen, *Römisches Staatsrecht*, Dritter Band. 1. Teil, 576–577 (betreffend Einstufung einer föderierten Gemeinde als Halbbürgergemeinde).
76 Beispiele: *A Letter written by a French Gentleman to a friend of his at Rome: Conteyning A true report of the late treaty betweene the Queene Mother of France and the King of Nauarre* (ohne Ort, 1587); *Articles Of The Large Treaty, Concerning The establishing of the Peace betwixt the Kings Majesty, and his People of Scotland, and betwixt the two Kingdomes. Agreed Upon By the Scottish, and English Commissioners in the City of Westminster the 7.th day of August. 1641* (ohne Ort, 1641).

## 7.3 Einen Vertrag schließen: *pangere, pacisci, sponsare*

Von der Zweiseitigkeit, mit der die *Vulgata* ausdrückt, wie ein Vertrag (*pactum*) oder *Bund* (*foedus*) im Alten Testament zustande kommt, war bereits die Rede.[77] Die Verben *pangere* und *pacisci* mit dem gemeinsamen Partizip *pactum*, welches zugleich das Hauptwort zur Bezeichnung des Handlungsergebnisses darstellt, weisen auf ein Verständnis hin, wonach Gott zwar den Bund initiiert, aber ein Zutun des Menschen erwartet. Die göttliche Initiative (und nur diese) zeigt die *Vulgata* mit Tätigkeitsworten, die ein (nur vorläufig) einseitiges Vorgehen ausdrücken: *statuere* (Gen 9,9.11; 17,7) und *ponere* (Gen 17,2). Die englischsprachigen Bibelausgaben geben diese Einseitigkeit des Anstoßes mit den Verben *establish* (errichten, einrichten) und *make* (machen, schaffen) sowie (bei der Vertiefung des Bundes mit Abraham) *confirm* (bekräftigen, bestätigen) wieder; sie drücken das Ziel jedoch mit *covenant* als ein zweiseitiges Geschäft aus.[78]

Für das Zustandebringen eines Bundes erscheint im Textbeispiel aus Hosea[79] nicht das allgemeine Verb *pangere* oder *pacisci*,[80] sondern das Verb *sponsare* (versprechen, geloben). Auch dies ist ein Begriff des römischen Rechts. Eine weitere Form des Verbs ist *spondere*. Häufiger begegnet in den römischen Quellen diese Form. Aber auch die für Hosea verwendete Form *sponsare* kommt in den römischen Rechtsquellen vor. Mit diesen Verben hängt das Substantiv *sponsio* (Versprechen, Gelöbnis, Verlöbnis) zusammen. Als Gelöbnis bezeichnet das römische Recht eine Übereinkunft, die zur Verdeutlichung ihrer Endgültigkeit in eine gewisse Form gekleidet ist. Die *sponsio* ist sowohl der feierliche Akt für den Bundesschluss zwischen den Römern und einem anderen Volk als auch ein förmlicher Austausch von Willenserklärungen für einen Vertrag unter Einzelpersonen. Das förmliche Geschäft unter Einzelpersonen heißt alternativ *stipulatio*.[81] Als Verb bevorzugen die Rechtsquellen *spondere*, wenn irgendein Inhalt abzusprechen ist.[82] Soll im Besonderen die Absprache einer Ehe, das Verlöbnis, bezeichnet werden, erscheint *sponsare*.[83]

---

**77** Oben 6.1 bis 6.3.

**78** Siehe in der *King James Version* Gen 9,9: *I establish my covenant*; Gen 9,11; 17,7: *I will establish my covenant*; Gen 17,2: *I will make may covenant*. In der *New International Version* Gen 9,9: *I now establish my covenant*; Gen 9,11: *I establish my covenant*; Gen 17,7: *I will establish my covenant*; Gen 17,2: *I will confirm my covenant*.

**79** Oben 6.5.

**80** Zum Vorkommen von *pangere* oder *pacisci* siehe oben 6.1 bis 6.3.

**81** Gaius, *Institutiones* 3.98; *Institutiones* (Iustiniani) 3.15.principium. Siehe auch zuvor 7.2.

**82** Gaius, *Institutiones* 3.92–93; *Institutiones* (Iustiniani) 3.15.1.

**83** So bei Papinian (um 200) *Digesta* 23.2.38.principium.

Die Stipulation stellt im römischen Recht, wenn als Individualgeschäft getätigt, eine von vier Kategorien rechtsverbindlicher Absprachen (*contractus*) dar. Wegen ihrer Förmlichkeit ist sie für Alltagsgeschäfte eher unbequem, jedoch für wichtige, weittragende Geschäfte, bei denen es auf besondere Klarheit und Zuverlässigkeit der Willensbekundungen ankommt, ein hilfreiches Instrument. Das förmliche Geschäft können Vertragsparteien für nahezu jeden beliebigen Inhalt nutzen. Die anderen drei Kategorien sind der Konsensualvertrag (betrifft einige Alltagsgeschäfte wie insbesondere Kauf, Miete, Werkvertrag, Arbeitsvertrag; steht aber nicht für beliebige Inhalte zur Verfügung), der Realvertrag (heißt so, weil zu seinem Wirksamwerden ein Vollzugsakt nötig ist, zum Beispiel die Aushändigung des Darlehensgeldes; gibt es nur für einige definierte Inhalte) und der Litteralvertrag (der seinen Namen davon hat, dass ein Beteiligter ihn in sein Hausbuch einschreibt; inhaltlich weitreichend, jedoch angesichts nur einseitiger Dokumentation, insbesondere durch den angeblichen Gläubiger, wenig beweiskräftig; zu Justinians Zeiten nicht mehr gebräuchlich und durch ein schriftliches Schuldanerkenntnis verdrängt).[84]

Die Förmlichkeit der Stipulation liegt in dem Erfordernis eines definierten Wortwechsels, was der Stipulation auch die Beschreibung eintrug, dass die „Verbindlichkeit aus Worten kontrahiert" werde (*verbis contrahitur obligatio*).[85] Ausgehandelte Leistungsbeschreibungen und Nebenbestimmungen werden in ein einziges fragendes Wort zusammengefasst, dem in einem einzigen passenden Wort zu antworten ist, widrigenfalls das Geschäft scheitert: *Spondes? Spondeo.* „Gelobst Du?", fragt der eine, und der andere entgegnet: „Ich gelobe." Alternativ lautet der Dialog: *Dabis? Dabo.* („Wirst du geben?" „Ich werde geben."); *Promittis? Promitto.* („Versprichst du?" „Ich verspreche."); *Fidepromittis? Fidepromitto.* („Versprichst du auf Treue?" „Ich verspreche auf Treue."); *Fideiubes? Fideiubeo.* („Nimmst du auf Ehre?" „Ich nehme auf Ehre."); *Facies? Faciam.* („Wirst du tun?" „Ich werde tun.").[86] Dies kann in lateinischer Sprache oder in jeder anderen Sprache geschehen, und die beiden Kontrahenten brauchen sich nicht derselben Sprache zu bedienen.[87] Die Stipulation können allerdings wirksam nur Angehörige des römischen Volkes, römische Bürger, tätigen. Lediglich die übrigen Wege, einen Vertrag zu schließen, stehen auch Fremden offen.[88]

---

**84** Zu der vierteiligen Kategoriebildung siehe Gaius, *Institutiones* 3.89; *Institutiones* (Iustiniani) 3.13.2. Näher zu den Stipulationen *Institutiones* (Iustiniani) 3.14 bis 3.19. Das Litteralgeschäft als antiquiert darstellend *Institutiones* (Iustiniani) 3.21. Siehe auch oben 7.1.1.
**85** Gaius, *Institutiones*, 3.89; *Institutiones* (Iustiniani) 3.13.2.
**86** Gaius, *Institutiones* 3.92; *Institutiones* (Iustiniani) 3.15.1.
**87** *Institutiones* (Iustiniani) 3.15.1.
**88** Gaius, *Institutiones* 3.93; *Institutiones* (Iustiniani) 3.15.1.

Die Begrenzung der Stipulation auf den Kreis römischer Bürger verlor freilich viel von ihrer Relevanz, als im Jahre 212 Kaiser Antoninus Caracalla alle freien Reichseinwohner in den römischen Bürgerstand erhob. Eine Erleichterung der strengen Wortform lag erst nach der Schaffenszeit des Hieronymus: Eine Konstitution des oströmischen Kaisers Leo vom Jahre 472 ließ den Kontrahenten freie Wahl der Worte, wenn nur ihr Wille zum Vertragsschluss mit genügender Deutlichkeit aus ihren Worten herauszuhören war.[89]

## 7.4 Zeugnis: *testamentum*

Der juristische Gehalt des in der Evangelienübersetzung benutzten Begriffs *testamentum* ist Zeugnis, insbesondere Bezeugung des Willens, was mit dem eigenen Vermögen nach dem Tode geschehen solle. Die Bekundung des Erblasserwillens in einem Testament ist zwar für sich genommen eine nur einseitige Satzung, kein konsensualer Rechtsakt (Vertrag) zwischen künftigem Erblasser und künftigem Nachfolger. Doch muss die vom Erblasser angeordnete Erbfolge von dem oder den ausersehenen Erben nach dem Tode des Erblassers erst noch angenommen werden. Das Testament ist zunächst nur eine Einladung des Erblassers an den oder die ausgewählten Erben. Das bedeutet, dass der mit dem Testament berufene Erbe den Bedachten nicht allein schon mit dem Erbfall (Tod des Testierenden) zum Vermögensinhaber macht. Vielmehr muss der Bedachte das Erbe erst antreten (*adire hereditatem*).[90] Einstweilen ruht die Erbschaft (*hereditas iacens, hereditas non adita*).[91] Erst mit Antritt des Erbes findet nach römischem Verständnis die Erbfolge, der Vermögensübergang, statt. Wer vom Testierenden ausgewählt ist, in die Nachfolge einzutreten, trifft also seinerseits eine Wahl: Er kann den Nachlass ausschlagen (die Einladung des Erblassers abweisen, wie man ein Vertragsangebot ablehnen kann) oder annehmen (der Entscheidung des Erblassers zustimmen). Das Herstellen einer Willensübereinstimmung zwischen Erblasser und Erbe wird somit in zwei zeitlich möglicherweise über viele Jahre voneinander getrennte Schritte zerlegt, bleibt aber als Konsens erkennbar. Es erscheint sinnvoll, diesen Vorgang nicht mit dem üblichen Begriff Vertrag (*pactum, foedus*) zu kennzeichnen, obwohl dies nicht völlig verfehlt wäre, sondern einen separaten Begriff zu verwenden, der an den notwendig vom Erblasser zu tätigenden ersten Schritt der Erbenauswahl anknüpft. Diese

---

**89** Leo *Codex Iustinianus* 8.37.10. Darauf nehmen *Institutiones* (Iustiniani) 3.15.1 bezug.
**90** Siehe *Institutiones* (Iustiniani) 2.14.1; *Digesta* 29.2.
**91** Siehe beispielsweise Ulpianus *Digesta* 36.4.5.20, Florentinus *Digesta* 30.116.3.

bedarf der Feststellbarkeit, und dem dient das (im römischen Recht nicht notwendig schriftliche[92]) Zeugnis, das *testamentum*.[93]

Die Offenbarung des Johannes gibt dem gesprochenen Testament Jesu noch die Vision einer Verkörperung als Urkunde bei. Die entrückte Vision des Weltenschicksals mit nahendem Endgericht (Offb 10) und Schau auf ein Weltkönigreich (Offb 11,15) wird ganz dinglich. Es erscheint vollkommen natürlich allgegenwärtigem Umgang mit Aufzeichnungen rechtlich belangreicher Geschäfte abgeschaut, wenn im sich öffnenden göttlichen Himmelstempel die Bundeslade, ein Dokumentenkasten, ein Urkundenschrein (*arca*) sichtbar wird, worin Gottes Zeugnis (*testamentum*) lagert (Offb 11,19).

Das Testament im Sinne einer Verfügung über den Nachlass ist Zeugnis einer rechtserheblichen Willensbildung. Eine (philologisch nicht korrekte, aber einprägsame) Merkhilfe, salopp gesagt: Eselsbrücke, bietet das justinianische Anfängerlehrbuch für das Studium des Rechts vom Jahre 533: Hiernach sei das Wort *testamentum* eine Verknüpfung der Worte *testatio* (Bezeugung) und *mens* (Geist, Gedanke, Überlegung, Plan, Wille), nämlich eine *testatio mentis*, eine Willensbezeugung.[94] Das Suffix -*mentum* dient der Substantivierung eines Verbs (*testare* – bezeugen) und kommt auch in anderen Substantivierungen vor (so wird aus dem Verb *addere* – zufügen das Substantiv *additamentum* – Zutat; aus *ligare* – binden wird *ligamen* oder *ligamentum* – Band). Ein Hinweis auf den menschlichen Geist ist darin nicht enthalten. Richtig aber betont diese Merkhilfe die Nachbarschaft von *testamentum* und *testatio*. Der Ausdruck *testatio* (*testimonium*) meint das Zeugnis überhaupt. Es kann ein Rechtsakt bezeugt sein, aber auch ein sonstiges menschliches Verhalten oder irgendeine andere Tatsache. Das Zeugnis kann im gesprochenen oder geschriebenen menschlichen Wort oder in einem anderen Beweismittel bestehen. Eigentlich hat der Begriff *testamentum* dieselbe Weite wie die Begriffe *testatio* und *testimonium*. Er enthält keinen Wortbestandteil, der ihn auf die Erbmasse (*hereditas*) beschränkt. Der Begriff *testamentum* kann also auch für andere rechtserhebliche Willensbetätigungen als eine Verfügung über den künftigen eigenen Nachlass Verwendung finden, etwa für eine Vertragsurkunde oder auch für einen mündlich geschlossenen Vertrag. Doch scheint sich im Laufe der Zeit das Anwendungsfeld von

---

**92** Siehe näher unten 8.3.
**93** Das *testamentum* findet sich zum Beispiel in *Codex Gregorianus* 2.6 nach Hänel oder 2.4 nach Krüger (wegen Grenzen der Gestaltungsfreiheit: *testamentum inofficiosum* – pflichtwidriges Testament); in *Codex Hermogenianus* Titel 6 nach Hänel (pflichtwidriges Testament) und Titel 11, 12 nach Hänel oder Titel 13 nach Krüger (Form des Testaments); in *Institutiones* (Iustiniani) 2.10 (über die Errichtung von Testamenten).
**94** *Institutiones* (Iustiniani) 2.10.principium.

*testamentum* verengt und auf die Nachlassordnung (letztwillige Verfügung) reduziert zu haben.

Das vordergründig einseitige Rechtsgeschäft *testamentum* überträgt Vermögen, wie es unter Lebenden durch zweiseitiges Geschäft geschieht (*mancipatio* – ein förmlicher Übertragungsakt mit Zeugen, der auch zum Errichten eines Testaments im engeren Sinne genutzt wurde;[95] *in iure cessio* – ein der *mancipatio* nachgebildeter Scheinprozess als ein Verfahren, das man heutzutage der sogenannten Freiwilligen Gerichtsbarkeit zurechnen würde; *traditio* als formloses Alltagsgeschäft, das Manzipation und Iniurezession im Laufe der Spätantike verdrängte).

# 8 Eignung der römischen Rechtsbegriffe für die biblischen Bundesberichte

**8.1** Hieronymus und die weiteren Bearbeiter der *Vulgata* zeigen sichere Konstanz im Umgang mit den Rechtsbegriffen. Wenn Gott sich mit den Menschen verbündet, passt sowohl der allgemeine Begriff *pactum* mit dem zugehörigen Verb *pangere* als auch der im Wechsel gebrauchte Begriff *foedus*. Im Errichten eines *foedus* tritt der Vorsteher der die Sintflut überlebenden Sippe (Noach), ein Stammvater (Abraham) oder ein Vertreter des Volkes Israel (Mose) Gott gegenüber. Der Mensch nimmt als Vielheit an dem Bundesschluss teil. Und Gott ist in der Analogie zum römischen Staatsvertrag wegen seiner Erhabenheit und Größe ebenfalls als Vielheit aufzufassen, ja sogar als über eine Vielheit unendlich weit hinausreichende Allheit, auf die erst recht die Idee des Staatsvertrages übertragbar ist. Der Befund bestätigt sich in der Vulgatfassung von Deuteronomium 5,2.3 und 6,2: Mose spricht zum Volk Israel, dass der am Berge Horeb für alle gegenwärtig Lebenden (Dtn 5,3) geschlossene Bund (Dtn 5,2: *foedus*; Dtn 5,3: *pactum*)[96] für alle Generationen gilt (Dtn 6,2). Der Bund ist also als überindividueller Akt aufzufassen. Und auch schon der Bund mit Noach ist ausdrücklich nicht auf die Anwesenden (Noach und seine Söhne) und deren Lebzeiten beschränkt, sondern gilt als Kollektivgeschäft für alle Nachfahren (Gen 9,9).[97]

**8.2** Die Auffassung des Bundesschlusses als Verlobungsvorgang (Verb *sponsare*) in der Prophetie Hoseas unterstreicht wegen ihrer feierlichen Anmutung so-

---

**95** Gaius, *Institutiones* 2.102 bis 2.108.
**96** In der *Vetus Latina* an beiden Stellen *testamentum*. Siehe Sabatier, Tomus Primus.
**97** Siehe bereits oben 7.1.2.

wohl die Analogie zum Staatsvertrag (Hauptwort *sponsio* als feierlicher Akt) als auch die Analogie einer aus dem Verlöbnis im familienrechtlichen Sinne (*sponsare* als spezielleres Verb gegenüber dem allgemeinen Verb für förmliches Versprechen *spondere*) hervorgehenden innigen Lebensgemeinschaft. Zur Entscheidung zwischen Auffassung als Staatsvertrag und Auffassung als Privatgeschäft (*stipulatio*) ist der Leser wegen der begrifflichen Weite des Begriffsfeldes um *sponsio* und *spondere/sponsare* nicht genötigt. Immerhin könnte man den Bund Gottes mit Noach und den Bund mit Abraham auf Menschenseite als Privatgeschäft auffassen. Noach und Abraham wären jeweils als Familienvorstand (*paterfamilias*) angesprochen, der für das ganze Geschlecht agiert. Jedoch steht auf der anderen Seite der Abmachung mit Gott kein Individuum, sondern eine Allheit. Dann aber ist das Privatgeschäft nicht die gegenüber dem Kollektivgeschäft vorzugswürdig aus den Bibelworten herauszuhörende Handlungsform.

Allerdings steht es Gott frei, sich dem Menschen wie ein Privatrechtssubjekt zu offenbaren, um so der begrenzten Verstehenskraft des Menschen möglichst nahe zu kommen. Man geht deshalb vermutlich nicht in der Annahme fehl, dass die Urheber der Vulgatfassung des Alten Testament sowohl an die völkerrechtliche Sponsion als auch an die privatrechtliche Stipulation dachten. Ein Nebengedanke mochte dabei in der Exklusivität der unter römischen Bürgern mit dem Wortwechsel *Spondes? Spondeo.* getätigten Stipulation[98] liegen. Das alttestamentliche Heilsangebot Gottes zeigt an vielen Schriftstellen eine besondere (wenngleich nicht ausschließliche oder gar mit derselben Strenge wie das römische Bürgerrecht ausschließende) Ausrichtung auf das auserwählte Volk Israel (sofern es überhaupt als ein Volk von anderen Völkern unterscheidbar ist, was zu Noachs Zeiten noch in der Zukunft liegt). Für den neutestamentlichen Bund gilt diese der Beschränktheit des römischen Bürgerrechts zumindest ähnelnde Akzentuierung nicht mehr, wenngleich das irdische Wirken Jesu in einer vorwiegend von jüdischer Bevölkerung geprägten Lebensumgebung stattfindet. Es erscheint folgerichtig, wenn das Vokabular der *Vulgata* die Sponsion zugunsten des Testaments nach der *Vetus Latina* zurücktreten lässt.

**8.3** Und schließlich trifft das für die Stiftung des Altarsakramentes gewählte Wort *testamentum* als Ausdruck aus der Rechtssprache. Jesus ordnet seinen den Menschen gewidmeten Nachlass für die Zeit nach seinem Tod, dem er bereits ins Auge blickt. Es wird an den von ihm zur Nachfolge berufenen Menschen liegen, dieses Erbe nach dem Tode Christi mit ihrer annehmenden Entscheidung als Nachfolger anzutreten und so den von Jesus Christus angebotenen Neuen Bund bewusst in das eigene Leben zu fügen. Die Anordnung, Leib und Blut Christi

---

98 Siehe oben 7.3.

einzunehmen, ist Aufforderung zur Verinnerlichung des Wortes Gottes. So wie im Rechtsleben ein Testament das Wort des Erblassers birgt und seine Wünsche für das Leben seiner Nachfahren erinnerbar macht, geschieht beim letzten Abendmahl die Grundlegung für ein fortwährendes Erinnern an die Frohe Botschaft, für ihre jederzeit mögliche Vergegenwärtigung. Das Testament im Rechtssinne bezeugt den in Worte gekleideten Willen des Erblassers. Das Testament Jesu ist Konsequenz der Entdeckung, dass mit der Geburt Jesu das Wort Gottes Fleisch geworden war (Joh 1,14). Das Wort hatte an allem Anfang gestanden (Joh 1,1). Es begleitete den Schöpfungsbeginn als der über den Wassern schwebende Geist Gottes (Gen 1,2). Nehmen, Essen und Trinken von Brot und Wein als Leib und Blut Christi sind die Akte, in denen der Mensch sich das Wort Gottes, da es ja in Christus verkörpert ist, ganz zu eigen machen kann und damit die im Wort erteilte Heilsbotschaft zum Bestandteil des eigenen Lebens. Geweissagt war die innige Annahme des Gotteswortes bereits in der Prophetie Ezechiels, die die Buchrolle als köstliche Speise für den Menschensohn beschrieben hatte (Ez 2,8.9; 3,1–3). Freilich bringt die süße Kost (Ez 3,3) auch Herausforderungen mit sich und verlangt dem Menschen Anstrengungen in seiner Lebensführung ab. Denn das dargebotene Buch enthält Klage, Seufzen und Weh (Ez 2,10). Die Geheime Offenbarung greift die Ezechiel-Vision auf und lässt das von einem Engel zur Ankündigung des Endgerichts in der Hand gehaltene Buch (Offb 10,2.8) im Munde süß wie Honig schmecken, aber den Magen mit Bitterkeit erfüllen (Offb 10,9–10).

Mit dem Begriff *testamentum* bringt Hieronymus die Endgültigkeit und Unverbrüchlichkeit des von Gott mit den Menschen geschlossenen Bundes zum Ausdruck. Im Kreuzestode Christi wurde das Testament wie das Testament eines jeden Sterblichen unumstößlich. Der Brief an die Hebräer bringt die Entsprechung von Christi Sakramenteinsetzung und letztwilliger Verfügung über das Vermögen besonders deutlich zum Ausdruck, indem er die Rechtsgültigkeit des Testaments mit und nicht vor dem Tod des Erblassers hervorhebt (Hebr 9,15–17). Mehr, als ein verbindlich gewordenes Testament zu hinterlassen, kann Gott nicht für die Menschen tun. Er wird von seiner Seite die Heilzusage niemals zurücknehmen. Der Mensch indessen ist eingeladen, die Zusage anzunehmen.

Wenn die *Vetus Latina* durchgehend, also nicht nur in den Evangelien, sondern auch schon im Alten Testament, den Begriff *testamentum* für die Übereinkunft zwischen Gott und Menschen verwendet, so steht dahinter noch das weite, nicht auf die letztwillige Verfügung reduzierte Begriffsverständnis von *testamentum*, wie es die römische Rechtssprache in den Nebenformen *testatio* und *testimonium* bewahrte. Auch dieses allgemeinere Begriffsverständnis eignet sich jedoch für die in der *Vulgata* einzig noch mit *testamentum* bezeichnete Einsetzung von Brot und Wein als Leib und Blut Christi. Es ist ein bezeugtes, nämlich vor den Augen und Ohren der Abendmahlsteilnehmer getätigtes Geschäft. Dieses Geschäft an sich ist nicht in einem Schriftstück beurkundet, das heißt verkörpert. Aber es ist in dem mit dem Wort *testamentum* bezeichneten Wein (dem Blut Christi) und auch in dem zwar nicht ebenfalls ausdrücklich mit *testamentum* verbundenen, jedoch mitgemeinten Brot materialisiert. Übrigens ist Schriftlichkeit weder für ein Zeugnis im Allgemeinen noch für die letztwillige Verfügung im Besonderen vonnöten; insbesondere kannte das römische Recht auch mündliche, vor Zeugen gesprochene Testamente.[99] Es ist also nicht erst die Aufzeichnung der alten Bundesschlüsse im „Alten Testament" und des neuen Bundesschlusses im „Neuen Testament" das *testamentum*, sondern schon die aufgezeichnete Begebenheit selbst ist es. Und in jeder Eucharistiefeier vollzieht sich das Testament Christi mit gleicher Beweiskraft neu, tritt wirksam in die Gegenwart des Lebens; dieser Vollzug wird als ein Verkündungsakt seinerseits zum gültigen Zeugnis.[100]

Die Heilige Schrift verstetigt lediglich diese Zeugnisse, und ganz konsequent werden auch ihre beiden Hauptbestandteile, da sie Zeugnis von den Bundeszeugnissen geben, als Testamente bezeichnet.[101] Die christlichen Teile heißen nicht einfach „Testament", was genügen würde, wenn man ausdrücken wollte, dass die Nachlassregelung Jesu zu seinem Opfertod das Zentrum der Aufzeichnungen darstellt. Vielmehr tragen sie in einer zu Hieronymus' Zeiten schon verfestigten Bezeichnungsweise das Beiwort „neu". Weil in der jungen (die jüdische Schrift als eine noch unvollständige Offenbarung wahrnehmenden und auf Abgrenzung zum Judentum bedachten) christlichen Sicht die Beschreibung der vorchristlichen Heilsgeschichte als auf das Erlösungswerk Jesu Christi zulaufend erkennbar wird, lässt sich der Begriff *testamentum* auf die jüdischen Schriftteile zurückprojizieren, was die Unterscheidung zwischen „neu" und „alt" nötig macht. Der Ausdruck *testamentum* lässt schon äußerlich erkennen, was in der *Vetus Latina* der sämtliche Schriftteile im Inneren durchziehende Leitbegriff ist. Die von der *Vulgata* aufgegebene Einheitlichkeit der Wortwahl *testamentum* in allen Büchern der *Vetus Latina* kehrt in der Durchgängigkeit des Wortes „Bund" in den Schriften des „Alten Bundes" wie des „Neuen Bundes" in jüngeren deutschen und des Wortes *covenant* in jüngeren englischsprachigen Bibeln wieder.

Der in der besonderen Bezeichnung *testamentum* mitenthaltene allgemeine Begriff *testimonium* kommt in der *Vulgata* dort vor, wo nicht über das Geschehnis einer besonderen heilbringenden Absprache zwischen Gott und Mensch

---

**99** Gaius, *Institutiones* 2.109 und 2.115 bis 2.117.
**100** 1 Kor 11,26.
**101** Siehe bereits oben 6.4.

(also in jüngerer Übersetzung: über einen Bundesschluss) berichtet wird, sondern darüber, dass Johannes der Täufer als Rabbi im Gespräch mit seinen Schülern (*discipuli* – Jünger) die Vertrauenswürdigkeit und Beweiskraft einer einseitigen Bekundung (nämlich: *testimonium*) und deren Akzeptanz (*accipere*) erörtert (Joh 3,26–33). Ebenso verhielt es sich schon in der *Vetus Latina*.[102] Desgleichen verwendet die *Vulgata* die Vokabel *testimonium* in der Apostelgeschichte, wenn die Brüder in Lystra und Ikonium dem Timotheus ein gutes Zeugnis ausstellen, so dass Paulus ihn zu seinem Begleiter macht (Apg 16,2: *testimonium bonum reddebant* – „sie gaben ein gutes Zeugnis"). Die *Vetus Latina* vermied hier ebenfalls den Begriff *testamentum* und drückte die Bezeugung mit einem Tätigkeitswort aus: *testificabatur ab his* – „es wurde von ihnen bezeugt".[103] Und auch wenn Gott selbst Zeugnis seiner Heilsgewähr gibt, erscheint das Wort *testimonium*. So verhält es sich beim Bericht der Apostelgeschichte über die Predigten des Paulus und des Barnabas in Ikonium. Gott lässt durch die Hände der beiden Prediger Zeichen und Wunder geschehen – *demorati sunt ibi, fiducialiter agentes in Domino testimonium perhibente verbo gratiae suae, dante signa, et prodigia fieri per manus eorum* (Apg 14,3). Diese Zeichen und Wunder bezeugen die Gnade Gottes auf der Grundlage eines schon früher geleisteten Versprechens. Sie sind ein Zeugnis, aber nur als ein Nachweis, nicht als die Quelle des Heils, für welche die *Vulgata* das Wort *testamentum* reserviert. Die *Vetus Latina* schreibt an dieser Stelle des *Actus Apostolorum* ebenfalls *testimonium*.[104]

Man kann sich fragen, warum die *Vetus Latina* nicht auch bei diesen Zeugnissen den Begriff *testamentum* einsetzt oder warum nicht im Gegenteil *testimonium* überall, auch bei den Bundesschlüssen, erscheint. Die Antwort wird darin zu suchen sein, dass der Ausdruck *testamentum* als Spezialbegriff die Eigenschaft einer Bekundung als Rechtsakt sichtbar macht und schon zu Zeiten der *Vetus Latina* nicht (mehr) als allgemeiner Begriff des Zeugnisgebens verfügbar war, während *testimonium* in einem allgemeineren Sinne bezeugendes Kundtun ist. Die Unterscheidung zwischen Bezeugen überhaupt und Bezeugen eines Rechtsaktes war den Urhebern der alten lateinischen Fassungen offensichtlich wichtig, und die *Vulgata* setzt diese Differenzierung fort.

**8.4** Indem Hieronymus (und weitere Bearbeiter) die *Vulgata* mit den Begriffen *pactum*, *foedus*, *sponsare* und *testamentum* ausstatten, bewegen sie sich in ei-

---

102 Siehe Joh 3,26–33 gemäß der Ausgabe Sabatier, Tomus Tertius.
103 Siehe Apg 16,2 bei Sabatier, Tomus Tertius.
104 Siehe Apg 14,3 bei Sabatier, Tomus Tertius. Die *Vulgata* übernahm den ganzen Satz unverändert aus der *Vetus Latina*.

nem gültigen Vokabular, das der zeitgenössische Leser oder Hörer und (wegen der mittelalterlichen Rezeption des römischen Rechts als gemeineuropäisches Recht) auch der spätere Leser (sofern der lateinischen Sprache mächtig) als dem Rechtsleben entnommen identifiziert. Auch ohne tiefere juristische Bildung hat jeder im römischen Reich oder später in Europa und weiteren Weltgegenden unter römischem Recht lebende Leser (Hörer) die aus seiner je eigenen Erfahrung im Umgang der Menschen untereinander gespeiste Vorstellung, dass sich in den biblischen Stellen zum Bund zwischen Gott und Mensch Verbindlichkeit und Verlässlichkeit der Heilzusage ausdrückt. Die benutzten Begriffe betreffen keine entlegenen Rechtseinrichtungen, welche unter den Zeitgenossen nur den Fachleuten des römischen Rechts vertraut gewesen wären.

Die lateinische Bibelübersetzung garantiert damit Begreifbarkeit des Geschriebenen. Sie leuchtet dem Leser oder Hörer unmittelbar ein. Überholte Begriffe aus Rechtsinstituten, die die römische Gesellschaft am Ende des vierten Jahrhunderts bereits abgelegt hatte, meidet die *Vulgata*. So findet man beispielsweise das schon vor Christi Geburt als Rechtsinstitut abgestorbene und in den spätantiken Rechtsquellen verschwundene *nexum* (Verknüpfung, Verbindung) nicht als Bezeichnung für die Bindung zwischen Mensch und Gott. Das *nexum* war eine formgebundene Selbstaufgabe in die Schuldhaft,[105] älter als die Anerkennung einfacher Übereinkünfte als rechtsverbindlich.[106] Dem lateinischen Vokabular gehörte der Begriff *nexum* auch noch in der Spätantike an. Aber niemand fasste ihn mehr als zeitgenössischen Fachbegriff auf. Das Wort *nexum* ist auf ein allgemeinsprachliches Synonym für eine vertragliche oder anderweitige Verbindung mit rechtshistorischer Reminiszenz reduziert. Ebenso vermeiden die lateinischen Bibeln Rechtsbegriffe, die für hoheitliche, einseitige, kein Beipflichten des Menschen benötigende Setzung stehen. Man liest für die Bundesschlüsse weder *constitutio* (Verfügung, Verordnung, Konstitution) noch *edictum* (Erlass) noch *statutum* (Satzung, Verordnung). Und die gleichwohl vorkommenden Tätigkeitsworte *ponere* (setzen) und *statuere* (aufstellen), die für sich genommen einseitige Festlegung vermuten lassen, sind im Kontext als Teil zweiseitigen Handelns erkennbar.[107]

Die lateinischsprachigen Bibeln *Vetus Latina* und *Vulgata* erfinden eine juristische Ausdrucksweise nicht etwa mutwillig. Vielmehr setzen sie – mit Blick

---

105 Das *nexum* begegnet zum Beispiel in den Zwölftafeln (450 vor Christus) 6.1 als Darlehensgeschäft. Zweisprachige Ausgabe: Rudolf Düll (Hg.), *Das Zwölftafelgesetz. Texte, Übersetzungen und Erläuterungen*, 7. Aufl. (Zürich: Artemis & Winkler, 1995).
106 Zum *nexum* lies Max Kaser, *Das römische Privatrecht, Erster Abschnitt. Das altrömische, das vorklassische und klassische Recht*, 2. Aufl. (München: C. H. Beck, 1971), §§ 9.I.2, 43.II.
107 Siehe oben 6,1, 6.2.

auf den erwarteten Leserkreis vor dem Hintergrund römischer Rechtsterminologie – folgerichtig fort, was in hebräischer Fassung des Alten Testaments und in griechischer Fassung von Altem und Neuem Testament schon angelegt ist. Die Kontinuität liegt nicht nur in der rechtlichen Diktion überhaupt, sondern zusätzlich darin, dass Worte zur Kennzeichnung einer zwischen Gott und Menschen einvernehmlichen Lebensgestaltung und nicht etwa einer einseitigen göttlichen Bestimmung gewählt sind.

Die *Septuaginta* spricht die göttlichen Bundesschlüsse mit Noach, Abraham und Mose durchgehend mit διαθήκη (Diatheke) an.[108] Auch bei Hosea begegnet diese Bezeichnung.[109] Die Einsetzungsberichte zum Blut Christi verwenden in der griechischen Fassung des Neuen Testaments übereinstimmend den schon in der *Septuaginta* konsequent gewählten Begriff διαθήκη (Diatheke) mit dem Adjektiv „neu": καινή διαθήκη (neue Diatheke).[110] Mit dem Rechtsbegriff Diatheke lässt sich sowohl die Verfügung des Erblassers über seinen Nachlass bezeichnen als auch ein Vertrag unter Lebenden. Dementsprechend erscheint im Zweiten Korintherbrief der Alte Bund als die Alte Diatheke: παλαιά διαθήκη.[111] Weder in der *Septuaginta* noch im griechischen Neuen Testament liest man an den einschlägigen Stellen Diktionsvarianten, wie man sie sich beispielsweise durch Wahl von συμμαχία (Symmachia: Bund, Bündnis, Bundesgenossenschaft), ὁμολόγημα (Homologema: Verabredung, Vertrag), σύνθεσις, συνθήκη[112] (Synthesis, Syntheke: Vertrag, Übereinkunft) oder σύμβολον (Symbolon: Vertrag) vorstellen möchte. Insbesondere erscheint keine einseitige Anordnung Gottes, wofür beispielsweise πρόσταγμα (Prostagma: Gebot) stehen könnte.

Die hebräische Bibel hatte zu Gottes Vereinbarungen mit Noach, Abraham und Mose den Ausdruck ברית (*berit*) benutzt.[113] Auch bei Hosea begegnet dieser

---

**108** Siehe Gen 9,9–17; 15,18; 17,2–11; Ex 19,5; 24,7.8 gemäß den Ausgaben Wevers, *Genesis*; Wevers/Quast, *Exodus*.

**109** Siehe Hos 6,7; 8,1 gemäß Ausgabe Ziegler, *Duodecim prophetae*.

**110** Mt 26,28; Mk 14,24; Lk 22,20 in der Ausgabe Theile/Stier, *Novum Testamentum Tetraglotton*. Siehe zur Wahl von διαθήκη Johannes Behm, „διαθήκη. B. Der griechische Begriff διαθήκη", in Gerhard Kittel (Hg.), *Theologisches Wörterbuch zum Neuen Testament*, Zweiter Band: Δ–Η (Stuttgart: Kohlhammer, 1935; Nachdruck Darmstadt: Wissenschaftliche Buchgesellschaft, 2019), 127–128; ders., „διαθήκη. C. Der Übergang von ברית zu διαθήκη in LXX und in der jüdischen Literatur", ebd., 128–137.

**111** Siehe 2 Kor 3,14 in der Ausgabe Theile/Stier, *Novum Testamentum Tetraglotton*.

**112** Siehe kurzen Hinweis zur Verwendung von διαθήκη in griechischen Fassungen von Altem und Neuem Testament, jedoch mitunter συνθήκη außerhalb der Septuaginta: Claus-Peter März, „Bund. III. Im Neuen Testament", in Walter Kasper et al. (Hgg.), *LThK II*, 785–788 (785–786).

**113** Siehe Gen 9,9–17; 15,18; 17,2–11; Ex 19,5; 24,7.8 gemäß der Ausgabe Steurer, *Biblia Hebraica*. Siehe zur Verwendung von ברית Gottfried Quell, „διαθήκη. A. Der at.liche Begriff ברית",

Ausdruck.[114] Er bedeutet „Bund", auch und gerade in einem juristischen Sinne. Mit dieser Wortwahl ist die vertragliche Auffassung der göttlichen Heilzusage in den griechischen, lateinischen und allen weiteren Texten des Alten und des Neuen Testaments angelegt.

**8.5** Die in den Bibeln jeder Sprache angetroffene juridische Ausdrucksweise dient rationalem Zugang zu der Heilsverkündung. Die Heilige Schrift zielt auf die menschliche Vernunft, welche die Schöpfungsgeschichte selbst anlegt, wenn sie den Menschen als zwar von Anbeginn gottebenbildlich (Gen 1,26–27), aber erst mit dem Genuss vom Baum der Erkenntnis zur Fähigkeit, zwischen Gut und Böse zu unterscheiden, gereift und wie Gott geworden darstellt (Gen 3,22). Die Erinnerung an die Schöpfungsgeschichte im Buch Jesus Sirach betont die Gewinnung eines normativen Bewusstseins als gottgewollten Teils menschlicher Existenz stark (Sir 17,1–14). Die rechtliche Fassung der Heilszusage berücksichtigt die (trotz Gottebenbildlichkeit verbliebene) relative Schwäche des Menschen und ermöglicht ihm ein seiner Erfahrungswelt, zu der eine Rechtsordnung gehört, entwachsendes Verständnis oder doch ein Erahnen des über die Lebenswelt Hinausgehenden. Der Mensch vermag die Heilsentwicklung (wenigstens ansatzweise) zu erkennen und sich ihr bewusst einzufügen.[115]

Fasst man die vorstehenden Beobachtungen zusammen, so ergibt sich ein wohlbedachter Plan der *Vulgata*: Sie will den Menschen in seiner juristischen Allgemeinbildung und Alltagserfahrung ansprechen, um ihn von der Verbindlichkeit der biblischen Heilszusage und auf diese Weise von der Verlässlichkeit der Heilserwartung zu überzeugen. Heilszusage ist so als Heilsgewissheit wahrnehmbar. Die durchgehende Wiedergabe der in den altsprachlichen Bibeln angelegten Analogie zu Rechtsgeschäften mit dem Wort „Bund" in deutschsprachigen und mit dem Wort *covenant* in englischsprachigen Bibelausgaben kommt der Idee einer kollektiven Verabredung aufgrund eines einheitlichen Heilsplanes besonders nahe.

---

in Gerhard Kittel (Hg.), *Theologisches Wörterbuch zum Neuen Testament*, Zweiter Band, 106–127 (den Rechtscharakter von „Bund" betonend 112–120).

**114** Siehe Hos 6,7; 8,1 gemäß der Ausgabe Steurer, *Biblia Hebraica*.

**115** Vgl. Christoph Becker, *Die Zehn Gebote. Verfassung der Freiheit*, 2. Aufl. (Berlin: LIT, 2016), Kap. 2.3.3, 2.3.4, 2.4.1, 3.2.1, 4.6.1.

# Quellen- und Literaturverzeichnis

## Quellen

*A Letter written by a French Gentleman to a friend of his at Rome: Conteyning A true report of the late treaty betweene the Queene Mother of France and the King of Nauarre* (ohne Ort, 1587).

*Articles Of The Large Treaty, Concerning The establishing of the Peace betwixt the Kings Majesty, and his People of Scotland, and betwixt the two Kingdomes. Agreed Upon By the Scottish, and English Commissioners in the City of Westminster the 7.th day of August. 1641* (ohne Ort, 1641).

Aurelius Augustinus, *Retractationes*, II.4.2 (II.30.3); Ausgabe: Almut Mutzenbecher (Hg.), *Sancti Avrelii Avgvstini Retractationvm Libri II* (Tvrnholti: Brepols 1984).

Bibel (Einheitsübersetzung): Alfons Deissler, Anton Vögtle und Johannes Nützel (Hgg.), *Neue Jerusalemer Bibel. Einheitsübersetzung mit dem Kommentar der Jerusalemer Bibel*, 18. Aufl. (Freiburg/Basel/Wien: Herder, 2007).

*Biblia Hebraica*: Rita Maria Steurer (Hg.), *Das Alte Testament. Interlinearübersetzung Hebräisch-Deutsch und Transkription des hebräischen Grundtextes nach der Biblia Hebraica Stuttgartensia 1986*, Band 1. *Genesis–Deuteronomium*, 2. Aufl. (Stuttgart: Deutsche Bibelgesellschaft, 2010); Band 4. *Die 12 kleinen Propheten. Hiob. Psalmen*, 2. Aufl. (Stuttgart: Deutsche Bibelgesellschaft, 1999).

*Codex Gregorianus*: Gustav Friedrich Haenel (Hg.), *Codicis Gregoriani Et Codicis Hermogeniani Fragmenta* (Bonnae: Marcus, 1837), 1–56; Pavlvs Krieger (Hg.), *Codices Gregorianvs et Hermogenianvs*, in Theodorvs Mommsen (Hg.), *Fragmenta Vaticana, Mosaicarvm et Romanarvm Legvm Collatio*, und Pavlvs Krveger (Hg.), *Consvltatio veteris cvivsdam ivrisconsvlti, Codices Gregorianvs et Hermogenianvs, Alia minora* (Berolini: Weidmann 1890), 221–233, 236–242.

*Codex Hermogenianus*: Gustav Friedrich Haenel (Hg.), *Codicis Gregoriani Et Codicis Hermogeniani Fragmenta* (Bonnae: Marcus, 1837), 57–80; Pavlvs Krveger (Hg.), *Codices Gregorianvs et Hermogenianvs*, in Theodorvs Mommsen Hg.), *Fragmenta Vaticana, Mosaicarvm et Romanarvm Legvm Collatio*, und Pavlvs Krveger (Hg.), *Consvltatio veteris cvivsdam ivrisconsvlti, Codices Gregorianvs et Hermogenianvs, Alia minora* (Berolini: Weidmann 1890), 234–235, 242–245.

*Codex Iustinianus*:
- Lateinische Ausgabe: *Corpus Iuris Civilis*, Volumen Secundum. *Codex Iustinianus*. Recognovit Et Retractavit Paulus Krueger, 15. Aufl. (Dublin/Zürich: Weidmann, 1970).
- Deutschsprachige Ausgabe: Carl Eduard Otto, Bruno Schilling und Carl Friedrich Ferdinand Sintenis (Hgg.), *Das Corpus Juris Civilis in's Deutsche übersetzt von einem Vereine Rechtsgelehrter*, Fünfter Band (Leipzig: Focke, 1832) und Sechster Band (Leipzig: Focke, 1832).

*Codex Theodosianus*: Theodorvs Mommsen und Pavlvs Krveger (Hgg.), *Theodosiani Libri XVI Cvm Constitvtionibvs Sirmondianis*, Volvminis I Pars Posterior. Textvs Cvm Apparatv (Berolini: Weidmann, 1905); Pavlus M. Meyer und Theodorvs Mommsen (Hgg.), *Leges Novellae Ad Theodosianvm Pertinentes* (Berolini: Weidmann, 1905).

*Digesta*:
- Zweisprachige Ausgabe bis zum 34. Buch (von 50 Büchern): Okko Behrends, Rolf Knütel, Berthold Kupisch und Hans Hermann Seiler (Übersetzer und Hg.), *Corpus Iuris Civilis*.

*Text und Übersetzung*, II. *Digesten 1–10* (Heidelberg: C. F. Müller, 1995), bis Rolf Knütel, Berthold Kupisch, Thomas Rüfner und Hans Hermann Seiler (Übersetzer und Hg.), *Corpus Iuris Civilis. Text und Übersetzung*, V. *Digesten 28–34* (Heidelberg: C. F. Müller, 2012).

– vollständige lateinische Ausgabe in *Corpus Iuris Civilis*, Volumen Primum. *Institutiones*. Recognovit Paulus Krueger. *Digesta*. Recognovit Theodorus Mommsen. Retractavit Paulus Krueger, 22. Aufl. (Dublin/Zürich: Weidmann, 1973), zweite Paginierung.

Gaius, *Institutiones*: Ulrich Manthe (Hg.), *Gaius. Institutiones. Die Institutionen des Gaius*, 2. Aufl. (Darmstadt: Wissenschaftliche Buchgesellschaft, 2010).

Griechisches Neues Testament: C. G. G. [Karl Gottfried Wilhelm] Theile und R. [Richard] Stier, *Novum Testamentum Tetraglotton. Archetypum Graecum Cum Versionibus Vulgata Latina, Germanici Lutheri Et Anglia Authentica* (Bielefeldiae: Velhagen & Klasing, 1858; Nachdruck Turici: Diogenes, 1981).

*Institutiones* (Iustiniani): Rolf Knütel, Berthold Kupisch, Sebastian Lohsse und Thomas Rüfner, *Corpus Iuris Civilis, Die Institutionen. Text und Übersetzung*, 4. Aufl. (Heidelberg: C. F. Müller, 2013).

*King James Version*:

– *The Holy Bible. Authorized King James Version* (Glasgow/Edinburgh: National Bible Society of Scotland 1933).

– *The Holy Bible. Old and New Testaments in the King James Version* (Nashville: Thomas Nelson, 1988).

*Liber Extra*: Aemilius Ludouicus Richterus/Aemilius Friedberg (Hg.), *Corpus Iuris Canonici*, Pars Secunda. *Decretalium Collectiones* (Graz: Akademische Druck- und Verlagsanstalt, 1959), 1–928.

*New International Version*: Holy Bible. *New International Version* (London/Sydney/Auckland: Hodder & Stoughton, 2000).

*Septuaginta. Vetus Testamentum Graecum*, vol. I, John William Wevers (Hg.), *Genesis* (Göttingen: Vandenhoeck & Ruprecht, 1974); vol. II,1, John William Wevers und U. Quast (Hg.), Exodus (Göttingen: Vandenhoeck & Ruprecht, 1991); vol. XIII, Joseph Ziegler (Hg.), Duodecim prophetae (Göttingen: Vandenhoeck & Ruprecht, 1984).

*Vetus Latina*: Petrus Sabatier (Hg.), *Bibliorum Sacrorum Latinae Versiones Antiquae, Seu Vetus Italica, Et Caeterae quaecunque in Codicibus Mss. & antiquorum libris reperiri potuerun: Quae cum Vulgata Latina, & cum Textu Graeco comparantur*, Tomus Primus (Remis: Florentain, 1743) bis Tomus Tertius (Remis: Florentain, 1743).

*Vulgata*:

– Augustin Arndt (Übersetzer), *Biblia Sacra Vulgatae Editionis. Die Heilige Schrift des Alten und Neuen Testamentes*, Tomus Primus. Erster Band, 6. Aufl. (Ratisbonae et Romae. Regensburg und Rom: Pustet, 1914), bis Tomus Tertius. Dritter Band, 6. Aufl. (Ratisbonae et Romae. Regensburg und Rom: Pustet, 1914).

– Andreas Beriger, Widu-Wolfgang Ehlers und Michael Fieger (Hgg.), Hieronymus, *Biblia Sacra Vulgata. Lateinisch-deutsch*, Band I. *Genesis – Exodus – Leviticus – Numeri – Deuteronomium* (Berlin/Boston: de Gruyter, 2018) bis Band V. *Evangelia – Actus Apostolorum – Epistulae Pauli – Epistulae Catholicae – Apocalypsis – Appendix* (Berlin/ Boston: de Gruyter, 2018).

Zwölftafeln: Rudolf Düll (Hg.), *Das Zwölftafelgesetz. Texte, Übersetzungen und Erläuterungen*, 7. Aufl. (Zürich: Artemis & Winkler, 1995).

# Literatur

Avi-Yonah, Reuven S., "International Law: Private Law in United States Law", in Stanley Katz (Hg.), *The Oxford International Encyclopedia of Legal History*, Volume 3. *Evidence–Labor and Employment Law* (Oxford: Oxford University Press, 2009), 284–290.

Backhaus, Knut, "Covenant. III. New Testament", in Dale C. Allison, Jr. und andere (Hgg.), *Encyclopedia of the Bible and its Reception*, [Band] 5. Charisma–Czaczkes (Berlin/ Boston: de Gruyter, 2012), 908–912.

Becker, Christoph, „'Bund' in der Vulgata aus rechtshistorischer Sicht." in *Vulgata in Dialogue* 3 (Chur, 2019): 1–12, https://jeac.de/ojs/index.php/vidbor/article/view/187/ 190; https://doi.org/10.25788/vidbor.v3i0.187 (Zugriff am 29. 1. 2021).

Becker, Christoph, *Die Zehn Gebote. Verfassung der Freiheit*, 2. Auflage (Berlin: LIT, 2016).

Behm, Johannes, „διαθήκη. B. Der griechische Begriff διαθήκη", in Gerhard Kittel (Hg.), *Theologisches Wörterbuch zum Neuen Testament*, Zweiter Band: Δ–H (Stuttgart: Kohlhammer, 1935; Nachdruck Darmstadt: Wissenschaftliche Buchgesellschaft, 2019), 127–128.

Behm, Johannes, „διαθήκη. C. Der Übergang von ברית zu διαθήκη in LXX und in der jüdischen Literatur", ebd., 128–137.

Brophy, Alfred L., "Contract. United States Civil Law", in Stanley N. Katz (Hg.), *The Oxford International Encyclopedia of Legal History*, Volume 2. *Citizenship–European Union, Private Law in* (Oxford: Oxford University Press, 2009) 204–210.

Ibbetson, David, "Contract. English Common Law", in Stanley N. Katz (Hg.), *The Oxford International Encyclopedia of Legal History*, Volume 2. *Citizenship–European Union, Private Law in* (Oxford: Oxford University Press, 2009), 194–197.

*Index Interpolationum*: Ernestus Levy und Ernestus Rabel (Hgg.), *Index Interpolationum Quae In Iustiniani Digestis Inesse Dicuntur*, Tomus I. Ad Libros Digestorum I–XX Pertinens Weimar: Böhlau, 1929) bis Tomus III. Ad Libros Digestorum XXXVI–L Pertinens (Weimar: Böhlau, 1935); Supplementum. Ad Libros Digestorum I–XII Pertinens (Weimar: Böhlau, 1929); Gerardus Broggini (Hg.), *Index Interpolationum Quae In Iustiniani Codice Inesse Dicuntur*, Tomus In Quo Ea Commemorantur, Quae Viri Docti In Scriptis Ante Annum 1936 Editis Suspicati Sunt (Weimar: Böhlau, 1969).

Joyce, Craig, "Intellectual Property: United States Law", in Stanley Katz (Hg.), *The Oxford International Encyclopedia of Legal History*, Volume 3. *Evidence–Labor and Employment Law* (Oxford: Oxford University Press, 2009), 265–275.

Kaser, Max, *Das römische Privatrecht, Erster Abschnitt. Das altrömische, das vorklassische und klassische Recht,* 2. Aufl. (München: C. H. Beck, 1971).

Kaser, Max/Knütel, Rolf/Lohsse, Sebastian, *Römisches Privatrecht*, 21. Aufl. (München: C. H. Beck, 2017).

Koch, Christoph, "Covenant. I. Ancient Near East", in Dale C. Allison, Jr. und andere (Hgg.), *Encyclopedia of the Bible and its Reception*, [Band] 5. Charisma–Czaczkes (Berlin/ Boston: de Gruyter, 2012), 897–900.

Koch, Christoph, "Covenant. II. Hebrew Bible/Old Testament", ebd., 900–908.

März, Claus-Peter, „Bund. III. Im Neuen Testament", in Walter Kasper et al. (Hg.), *Lexikon für Theologie und Kirche*, Zweiter Band. *Barclay bis Damodos* (Freiburg/Basel/Wien: Herder, 2006), 785–788.

Mommsen, Theodor, *Römisches Staatsrecht*, Erster Band, 3. Aufl. (Leipzig: Hirzel, 1887; Nachdruck Graz: Akademische Druck- und Verlagsanstalt, 1969); Zweiter Band. 2. Teil, 3. Aufl. (Leipzig: Hirzel, 1887; Nachdruck Graz: Akademische Druck- und Verlagsanstalt,

1969); Dritter Band. 1. Teil, 3. Aufl. (Leipzig: Hirzel, 1887; Nachdruck Graz: Akademische Druck- und Verlagsanstalt, 1952); Dritter Band. 2. Teil, 3. Aufl. (Leipzig: Hirzel, 1888; Nachdruck Graz: Akademische Druck- und Verlagsanstalt, 1953).

Nanz, Klaus-Peter, *Die Entstehung des allgemeinen Vertragsbegriffs im 16. bis 18. Jahrhundert* (München: J. Schweitzer, 1985).

Quell, Gottfried, „διαθήκη. A. Der at.liche Begriff ברית", in Gerhard Kittel (Hg.), *Theologisches Wörterbuch zum Neuen Testament*, Zweiter Band, 106–127.

Schütte, Wolfgang, „*Säet euch Gerechtigkeit!*". *Adressaten und Anliegen der Hoseaschrift* (Stuttgart: Kohlhammer, 2008).

Waldstein, Wolfgang/Rainer, J. Michael, *Römische Rechtsgeschichte*, 11. Aufl. (München: C. H. Beck, 2014)

Leo Montada und Hans Ulrich Steymans

# Der persönliche Vertrag: Eine Theorie der Sozialpsychologie erklärt das Entstehen des Wunsches nach Gerechtigkeit

Hosea drückt das Verhältnis zwischen Gott und Israel in Metaphern der mit Konflikten belasteten Beziehung zwischen Mann und Frau (Hos 1–3) und Vater und Kind (Hos 11) aus.[1] Außerdem spiegelt dieses biblische Buch Schicksalsschläge wider, die das Königreich Israel getroffen haben, die Zerstörung Samarias (Hos 10,3–7.15; 14,1) und die Exilierung der Bevölkerung (Hos 3,4; 8,10.13; 9,3.6; 11,5).[2] Der Einfluss des Gerechtigkeitsempfindens auf Entstehen und Lösung von Konflikten, aber auch auf den Umgang mit einem aversiven Schicksal gehört zu den Forschungsfeldern der Sozialpsychologie.

Die Verbindung von Gerechtigkeit und Vertrag wurde in der Sozialpsychologie von Melvin J. Lerner hergestellt. 1977 erschien dessen Artikel "The Justice Motive: Some Hypotheses as to Its Origins and Forms". Lerner skizzierte darin die Merkmale einer sinnvollen psychologischen Konstruktion des Gerechtigkeitswunsches,[3] die da sind:

– Die Eigenschaft der Gerechtigkeit, unbedingt gültig (kategorisch) zu sein und als Norm zu gelten;

---

**1** Walter Dietrich, „Hosea," in *Die Entstehung des Alten Testaments: Neuausgabe*, Theologische Wissenschaft 1, ed. Walter Dietrich, Hans-Peter Mathys, Thomas Römer und Rudolf Smend (Stuttgart: W. Kohlhammer, 2014), 405–15: 406. Susan E. Haddox, *Metaphor and masculinity in Hosea*, Studies in Biblical Literature 141 (New York, NY Bern Frankfurt am Main Berlin, Vienna: Lang, 2011).

**2** Erich Zenger, „Das Buch Hosea," in *Einleitung in das Alte Testament*, Kohlhammer Studienbücher Theologie 1,1, Neunte, aktualisierte Auflage, ed. Christian Frevel (Stuttgart: W. Kohlhammer, 2016), 635–43. Dietrich, „Hosea," 407, 411.

**3** Leo Montada. "Doing Justice to the Justice Motive," in *The Justice Motive in Everyday Life: Essays in Honor of Melvin J. Lerner*, ed. Melvin J. Lerner, Dale T. Miller und Michael Ross (Cambridge, UK: Cambridge University Press, 2002), 41–62: 41.

---

**Anmerkung:** Claudia Dalbert, bis 2016 Professorin für Psychologie an der Martin-Luther-Universität Halle-Wittenberg, seit 2016 Ministerin für Umwelt, Landwirtschaft und Energie des Landes Sachsen-Anhalt, nahm sich die Zeit, die Abschnitte 1–5 dieses Aufsatzes zu lesen. Ihr sei für ihre hilfreichen Hinweise herzlich gedankt.

https://doi.org/10.1515/9783110792706-003

- der Gerechtigkeitswunsch als ursprüngliche (primordiale) Motivation, die auf innerer Verbundenheit und von frühester Kindheit an vermittelten Grundgegebenheiten des sozialen Lebens beruht und sich nicht von anderen Motivationen wie Eigeninteresse oder sozialer Verantwortung ableiten lässt;
- die wichtige Rolle, die der Gedanke des Zustehens oder Verdienens bei der Wahrnehmung von Ansprüchen spielt und dabei, ob man die Verteilung von Ressourcen und den sozialen Austausch als gerecht oder ungerecht bewertet;
- und die Vielfalt der Erscheinungsformen, die der Gerechtigkeitswunsch als Motivation annehmen kann.

Lerner insistiert darauf, dass Gerechtigkeit eine primäre und keine sekundäre oder abgeleitete Motivation ist. Eingebunden wurde dieses Gerechtigkeitskonzept in sein Konstrukt vom „Glauben an die gerechte Welt".

Nachdem sich Leo Montada und Lerner auf einem Kongress in den USA kennengelernt hatten, verbrachte Lerner einen Forschungsaufenthalt in Deutschland. Ein Großteil der Forschung zum Gerechte-Welt-Glauben wurde später in Montadas Arbeitsgruppe geleistet.[4] Obwohl es abgesehen von drei gemeinsam

---

4 Leo Montada, "The normative impact of justice research," in *Justice and Conflicts: Theoretical and Empirical Contributions*, ed. Elisabeth Kals und Jürgen Maes (Berlin; Heidelberg: Springer, 2012), 3–19. Leo Montada, „Gerechtigkeitsforschung: Themen, Erkenntnisse und ihre Relevanz," in *Psychologie – Experten als Zeitzeugen*, ed. Günter Krampen, Göttingen: Hogrefe, 2009), 275–88. Leo Montada, „Gerechtigkeit als Gegenstand der Politischen Psychologie," in *Politische Psychologie und politische Bildung*, ed. Rolf Frankenberger, Siegfried Frech und Daniela Grimm. Schwalbach/Ts.: Wochenschau Verlag, 2008), 39–57. Leo Montada, "Justice Conflicts and the Justice of Conflict Resolution," in *Distributive and Procedural Justice: Research and Applications*, ed. Kjell Y. Törnblom und Riël Vermunt (Burlington: Ashgate/Glower, 2007), 255–68. Leo Montada, „Psychologie der Gerechtigkeit," in *Sinn für Ungerechtigkeit*, Interdisziplinäre Studien zu Recht und Staat 38, ed. Ian Kaplow und Christoph Lienkamp (Baden-Baden: Nomos (2005), 150–64. Leo Montada, „Empirische Gerechtigkeitsforschung," in *Handbuch der Politischen Philosophie und Sozialphilosophie*, Bd. 1, ed. Stefan Gosepath, Wilfried Hinsch und Beate Rösler (Berlin: De Gruyter, 2008), 411–16. Leo Montada, „Toleranz und die Psychologie der Gerechtigkeit," in *Interkulturelle Orientierung: Grundlegung des Toleranz-Dialogs*, ed. Hamid Reza Yousefi und Klaus Fischer (Nordhausen: Traugott Bautz, L., 2004), 475–90. Leo Montada, „Gerechtigkeit: nur eine rationale Wahl?," *Jahrbuch 2002 der Deutschen Akademie der Naturforscher Leopoldina* 48 (2003): 475–90. Leo Montada, "Justice and its Many Faces: Cultural Concerns," in *International Encyclopedia of Social and Behavioral Sciences*, ed. Neil J. Smelser und Paul B. Baltes (London: Elsevier, 2001), 8037–42. Yvonne Russell, Elisabeth Kals und Leo Montada, „Wird Generationengerechtigkeit individuell wahrgenommen?," in *Was ist Generationengerechtigkeit?*, ed. Stiftung für die Rechte zukünftiger Generationen (Oberusel: SRzG, 2001). Leo Montada, „Gerechtigkeit und Sozialneid," *Berliner Debatte Initial* 21/3, *Neid und*

herausgegebenen Sammelbänden[5] keine Forschungszusammenarbeit zwischen Lerner und Montada gab, erlauben die persönliche Bekanntschaft, ähnliche Forschungsinteressen und Veröffentlichungen Montadas, dem Auftrag der Herausgeber des vorliegenden Sammelbands entsprechend über Lerners Theorie vom persönlichen Vertrag Auskunft zu geben. Dabei dienen zwei Veröffentlichungen von Lerner aus den Jahren 2011 und 2015 als Leitlinie,[6] in denen er beschrieb, welche Auswirkungen der vorbewusste persönliche Vertrag auf das hat, was Menschen als gerecht oder ungerecht empfinden und welche Emotionen, Bewertungen und Verhaltensweisen diese Empfindungen auslösen können.

# 1 Begriffsklärungen

Zunächst sind einige Begriffe zu definieren. Die Veröffentlichungen der Psychologie erscheinen weitgehend auf Englisch. Es haben sich einige Fachausdrücke eingebürgert, deren deutsche Gegenstücke hier vorgestellt werden müssen, denn die konzise Ausdrucksweise des Englischen lässt sich manchmal nicht mit einem einzigen deutschen Wort wiedergeben.

*Belief in a Just World*: Die Gerechte-Welt-Hypothese wurde von Lerner eingeführt.[7]

---

*Gerechtigkeit* (2001): 48–57. Leo Montada, „Gerechtigkeitsmotiv und Eigeninteresse," *Zeitschrift für Erziehungswissenschaften* 3 (1998): 413–30. Leo Montada, "Justice: Just a Rational Choice?," *Social Justice Research* 12 (1998): 81–101. Leo Montada, „Psychologische Grenzziehungen als Begrenzung der subjektiven und sozialen Geltung von Moral und Gerechtigkeit," in *Eine Welt – eine Moral?*, ed. Wilhelm Lütterfelds und Thomas Mohrs (Darmstadt: Wissenschaftliche Buchgesellschaft, 1995), 36–59. Leo Montada und Angela Schneider, "Justice and prosocial commitments," in *Altruism in social systems*, ed. Leo Montada und Hans-Werner Bierhoff (Toronto: Hogrefe, 1991), 58–81.

5 Leo Montada und Melvin J. Lerner, Hg., *Responses to Victimizations and Belief in a Just World* (New York: Plenum Press, 1998). Leo Montada und Melvin J. Lerner, Hg., *Societal concerns about justice* (New York: Plenum Press, 1996). Leo Montada, Sigrun-Heide Filipp und Melvin J. Lerner, Hg., *Life Crises and the Experience of Loss in Adulthood* (Hillsdale, NJ: Lawrence Erlbaum, 1992).

6 Melvin J. Lerner und Susan D. Clayton, *Justice and Self-Interest: Two Fundamental Motives* (New York: Cambridge University Press, 2011). Melvin J. Lerner, "Understanding How the Justice Motive Shapes Our Lives and Treatment of One Another: Exciting Contributions and Misleading Claims," in *The Oxford Handbook of Justice in the Workplace*, Oxford library of psychology, ed. Russell S. Crapanzano und Maureen L. Ambrose (Oxford University Press, 2015), 205–34.

7 Melvin J. Lerner, "Evaluation of performance as a function of performer's reward and attractiveness," *Journal of Personality and Social Psychology*, 1 (1965): 355–60. Melvin J. Lerner, *The Belief in a Just World: A Fundamental Delusion* (New York: Plenum Press, 1980).

Wie Menschen mit Ungerechtigkeit umgehen, unter welchen Umständen sie eher Unrecht entschuldigen und wann die reale Beseitigung von Unrecht im Vordergrund steht, versucht die Gerechte-Welt-Hypothese zu erklären. [...] Menschen möchten glauben, dass sie in einer gerechten Welt leben, in einer Welt, in der sie bekommen, was ihnen gerechterweise zusteht. Und umgekehrt wollen sie glauben, daß sie verdienen, was sie bekommen. Diese Überzeugung ermöglicht es den Menschen, mit ihrer [...] Umgebung so umzugehen, als sei sie stabil und geordnet. Sie ist die Grundlage des alltäglichen sozialen Verhaltens und ermöglicht die Verfolgung langfristiger Ziele. Nicht zuletzt ist diese Überzeugung wichtig für das eigene Wohlbefinden. In einer gerechten Welt können gute Menschen sicher sein zu erhalten, was ihnen zusteht. Und da Menschen in aller Regel davon überzeugt sind, daß sie selbst gut sind und Gutes tun, beschert ihnen der Glaube an eine gerechte Welt angenehme Zukunftsaussichten. [...] Da der Gerechte-Welt-Glaube wichtige adaptive Funktionen erfüllt, sind Menschen motiviert, ihren Gerechte-Welt-Glauben zu schützen. Dies können sie, indem sie Gerechtigkeit real (wieder-)herstellen oder den Schaden beim Opfer der Ungerechtigkeit wiedergutmachen. Besteht die Möglichkeit hierzu, wird sie in aller Regel auch ergriffen. Ist aber die reale Beseitigung von Ungerechtigkeit nicht oder nur unangemessen möglich oder erscheint dies als zu kostspielig, werden die Menschen versuchen, Gerechtigkeit kognitiv zu restaurieren, indem sie sich davon zu überzeugen suchen, daß das Opfer sein Schicksal verdient hat. Sein Schicksal verdienen kann man durch entsprechend belohnungswürdige bzw. bestrafenswerte Taten oder durch einen entsprechend schlechten oder guten Charakter. Und schließlich kann die Bedrohung des Gerechte-Welt-Glaubens abgewendet werden, indem das Schicksal umgedeutet wird; sei es, daß das negative Schicksal geleugnet ('In Wirklichkeit geht es den Menschen in den Entwicklungsländern gar nicht so schlecht') oder als selbstverursacht gerechtfertigt wird ('Ich mache mir Vorwürfe, daß ich nicht besser auf mein Kind aufgepaßt habe'). Die Gerechte-Welt-Hypothese erlaubt also die Erklärung so gegensätzlicher Reaktionen wie die Leugnung gesellschaftlicher Benachteiligungen oder die emotionale und finanzielle Unterstützung von Opfern, aber auch die Erklärung psychischer Reaktionen der Opfer von Schicksalsschlägen selbst.[8]

Der kognitive Prozess, mit dem Menschen die Gerechtigkeit kognitiv restaurieren, indem sie die Situation im Einklang mit ihrem Glauben an eine gerechte Welt neu bewerten, heißt Assimilation der Ungerechtigkeit (*assimilation of injustice*).

*Personal Conctract*: Laut Lerner schließen Menschen einen persönlichen Vertrag (*personal contract*) ab, durch den sie sich verpflichten, die Gerechtigkeitsregeln einzuhalten und erwarten, dass andere das Gleiche tun.[9] Je mehr sich Menschen darauf verlassen wollen, von anderen gerecht behandelt zu werden, desto mehr fühlen sie sich verpflichtet, sich selbst gerecht zu verhalten.

---

**8** Claudia Dalbert, *Über den Umgang mit Ungerechtigkeit: Eine psychologische Analyse* (Bern: Huber, 1996), 11 f.

**9** Leo Montada, "Justice, equity, and fairness in human relations," in *Handbook of Psychology*, Volume 5, *Personality and Social Psychology*, ed. Theodore Millon und Melvin J. Lerner (Hoboken, New Jersey: John Wiley & Sons, 2003), 537–68: 537.

Man könnte zwar den Begriff Kontrakt im Deutschen beibehalten, doch in Analogie zu den verwandten, eingebürgerten Begriffen Gesellschafts- und Generationenvertrag wird im Folgenden vom persönlichen Vertrag gesprochen.

*Deservingness*: Inhalt des persönlichen Vertrags ist das Bekenntnis zum Gerechtigkeitsmotiv, nämlich der Überzeugung, dass „everybody gets what he or she deserves."[10] Lerner verweist auf diese Überzeugung mit dem konzisen Terminus *deservingness*. Obwohl sofort einleuchtet, dass damit gemeint ist, dass man sich Erfolge verdient haben muss, fällt es nicht leicht, dafür ein deutsches Äquivalent zu finden. Dem Zusammenhang entsprechend werden hier die Ausdrücke „Zustehen", „Verdienen" und „Verdient-Haben" verwendet.

*Justice Motive*:[11] Das deutsche Wort „Motiv" übersetzt zwei englische Ausdrücke, einerseits *motive* im Sinne von Beweggrund, Tatmotiv, Absicht und andererseits *motif* im Sinne von Muster, Bild- oder Leitmotiv. Obwohl also das englische *motive* schon Motivation impliziert, unterscheidet man in der Sozialpsychologie zwischen Gerechtigkeitsmotiv (*Justice Motive*) und Gerechtigkeitsmotivation (*Justice Motivation*). Motive sind individuelle Dispositionen, also überdauernde Merkmale von Personen, die individuelle Unterschiede im Erleben und Verhalten samt der Bereitschaft, ein bestimmtes Ziel anzustreben, widerspiegeln.

> „Mit Gerechtigkeitsmotiv wird [...] der Wunsch der Menschen bezeichnet, ihren Gerechte-Welt-Glauben zu schützen. Es wird angenommen, daß dieses Gerechtigkeitsmotiv um so stärker ist, je ausgeprägter der Gerechte-Welt-Glaube ist."[12]

Das Gerechtigkeitsmotiv ist also eine individuelle Disposition, aufgrund von Werthaltungen und Überzeugungen nach Gerechtigkeit als Selbstzweck zu stre-

---

**10** Montada, "Justice, Equity, and Fairness," 537.

**11** Melvin J. Lerner, "The Justice Motive: Some Hypotheses as to its Origins and Forms," *Journal of Personality* 45 (1977): 1–52. Melvin J. Lerner, "The Justice Motive: Where Social Psychologists Found It, How They Lost It, and Why They May Not Find It Again," *Personality and social psychology review* 7/4 (2003): 389–99. "[...] I began [...] by highlighting [...] my notion that the belief in a just world was a 'fundamental delusion' – fundamental in the sense that it is essential for most people's sense of security and sanity, and 'delusional' to the extent that it was a set of factually false beliefs that were motivationally defended. The early research my colleagues, students, and I conducted was designed to reveal how witnessing undeserved suffering would motivate observers to find or invent evidence that would eliminate the injustice of what they had seen: Additional studies revealed the conditions under which people would employ alternative ways of defending their belief in a just world. And yet other research revealed how the processes underlying that essential belief may lead to personally painful self-condemning reactions." Melvin J. Lerner, "The Two Forms of Belief in A Just World: Some Thoughts on Why and How People Care About Justice," in *Responses to Victimizations and Belief in a Just World*, ed. Leo Montada & Melvin J. Lerner (New York: Plenum Press, 1998), 247–69: 267.

**12** Dalbert, *Umgang*, 13.

ben. Nach Lerner kann der individuelle Glaube an eine gerechte Welt als ein Indikator für ein solches Gerechtigkeitsmotiv gedeutet werden. Der Glaube an eine gerechte Welt deutet auf einen persönlichen Vertrag hin, nach welchem Menschen, die von anderen gerecht behandelt werden möchten, sich verpflichtet fühlen, sich selbst gerecht zu verhalten. Je stärker also die Überzeugung von einer gerechten Welt ist, desto stärker ist das Gerechtigkeitsmotiv. Gemäß der Gerechtigkeitsmotiv-Theorie kann sich unterschiedlich ausdrücken, wie jemand auf beobachtete Ungerechtigkeit reagiert. Manche Menschen zeigen sich moralisch empört; manche fühlen sich verbittert, wenn sie über ihren eigenen Lebensverlauf nachdenken; manche kämpfen für die Rechte benachteiligter Gruppen und Einzelpersonen; andere halten sich an die Regeln und versuchen, gerecht zu handeln; und wieder andere rechtfertigen beobachtete Ungerechtigkeiten, indem sie den Opfern die Schuld geben.

Motivation ist in Abgrenzung zum Motiv zu definieren als die Ausrichtung einer Person auf ein bestimmtes Ziel in einem bestimmten Situationszustand. Also bedeutet Gerechtigkeitsmotivation die Ausrichtung auf Gerechtigkeit in einer bestimmten Situation. Die experimentelle Gerechte-Welt-Forschung interpretiert die experimentellen Reaktionen im Lichte der Gerechte-Welt-Überlegungen. Solche Forschungen befassen sich also mit der Gerechtigkeitsmotivation. Gerechtigkeitsmotivation wird durch bestimmte situative Umstände in Wechselwirkung mit persönlichen Dispositionen ausgelöst. Letztere können das Gerechtigkeitsmotiv oder andere Dispositionen wie Temperament, Fähigkeit, Einstellung, Interesse oder Gefühlstendenz sein.[13]

Zweiprozesstheorien des Verhaltens unterscheiden zwischen expliziten und impliziten Dispositionen. Explizite Dispositionen sind bewusstseinsfähig. Ihr Einfluss auf Verhalten wird durch Denken, Abwägen, Entscheiden und Selbstregulation kontrolliert und modifiziert. Das *explizite* Gerechtigkeitsmotiv ist das, was sich Menschen bezüglich ihrer gerechtigkeitsbezogenen Werte selbst zuschreiben. Dieses selbst auferlegte Gerechtigkeitsmotiv ist Teil des Selbstkonzepts, wird durch soziale Hinweise ausgelöst und kann kontrollierte Reaktionen erklären. Es kann durch Selbstauskunftsfragebögen erfasst werden, die die Reaktionen auf Gerechtigkeit oder Ungerechtigkeit abfragen, insbesondere aus der Perspektive eines Beobachters oder Begünstigten.

---

13 Claudia Dalbert, "On the Differentiation of an Implicit and a Self-Attributed Justice Motive," in *Justice and Conflicts: Theoretical and Empirical Contributions*, ed. Elisabeth Kals und Jürgen Maes (Berlin, Heidelberg: Springer Verlag, 2012), 77–91: 79. Lerner spricht von Justice Motivation in "Understanding," 209. Zum Begriff Disposition vgl. Manfred Schmitt, „Disposition." In *Dorsch: Lexikon der Psychologie*, hg. v. Markus Antonius Wirtz, Bern: Hogrefe. Zuletzt geändert 14. 06. 2016. Zugriff, 29. 07. 2021. https://dorsch.hogrefe.com/stichwort/disposition.

Implizite Dispositionen dagegen beeinflussen das Verhalten automatisch und oft unbewusst. Das *implizite* Gerechtigkeitsmotiv wird durch gerechtigkeitsrelevante Hinweise ausgelöst, operiert auf einer intuitiven Ebene außerhalb des subjektiven Bewusstseins und ist für die Erklärung von intuitiven gerechtigkeitsspezifischen Reaktionen besonders relevant. Das explizite Gerechtigkeitsmotiv wird durch *soziale Reaktionen* und die Verstärkung des Selbstkonzepts befriedigt und verstärkt, während das implizite Gerechtigkeitsmotiv durch *Gerechtigkeit an sich* befriedigt wird. Das explizite Gerechtigkeitsmotiv ist die bewusste Selbstbeschreibung einer Person.[14]

Studien haben gezeigt, dass es notwendig ist, den Glauben an eine persönliche gerechte Welt, in der man in der Regel fair behandelt wird, von dem Glauben an eine allgemeine gerechte Welt zu unterscheiden, d. h. dem Glauben an eine gerechte Welt für andere, in der die Menschen im Allgemeinen bekommen, was sie verdienen. Menschen neigen dazu, den persönlichen Glauben an eine gerechte Welt stärker zu unterstützen als den allgemeinen Glauben an eine gerechte Welt. Die beiden Konstrukte haben eine unterschiedliche Bedeutung. Der Glaube an eine persönliche gerechte Welt ist ein besserer Vorhersagefaktor für Anpassungsleistungen, z. B. subjektives Wohlbefinden, und der Glaube an eine gerechte Welt für andere oder im Allgemeinen ist ein besserer Vorhersagefaktor für strenge soziale Einstellungen.[15]

*Unit, non-unit:* Die Entstehung von Gerechtigkeitsimperativen erklärt Lerner mit vorbewussten Skripten. Den Term Skript verwendet man in der psychologischen Fachsprache im Sinne eines Handlungsschemas, das den Ablauf einer Handlung vorgibt. Emotionsgesteuerte Gerechtigkeitsimperative vermischen sich mit der bewussten Entscheidungsfindung einer Person oder dominieren diese sogar, weil sie durch einfache Assoziationsregeln als automatische Reaktionen auf geskriptete Verbindungen zwischen Person, Handlung und Ergebnis entstehen. Diese haben ihren Ursprung in frühen Mustern sozialer Interaktion. Das Handlungsschema der Entwicklungspsychologie beginnt mit Identität (*identity*) als frühestem Skript. Dieses wird durch die Interaktionen der Neugeborenen mit ihren Müttern erzeugt. Zu Beginn sind die Erfahrungen des Säuglings so eng mit der Mutter verbunden, dass ihre Identitäten verschmelzen. Wenn Kinder zusätzliche Erfahrungen sammeln, erkennen sie, dass sie eigenständige Persönlichkeiten sind. Infolgedessen generieren sie die zusätzlichen Skripte *unit* und *nonunit* aus zwei, sich wiederholenden Formen der Interaktion

---

14 Dalbert, "Differentiation," 77 f., 82.
15 Claudia Dalbert, "Belief in a Just World," in *Handbook of Individual Differences in Social Behavior,* ed. Mark R. Leary und Rick H. Hoyle (London, New York: The Guildford Press, 2009), 288–97: 289 f.

mit anderen Menschen. Sie lernen, dass sie mit „ähnlichen" Personen, d. h. Angehörigen einer Wir-uns-Gruppe, eine Einheit (*unit*) bilden, in der sie kooperative, freundschaftliche Interaktionen erleben, die zu für alle Gruppenmitglieder gleich guten Ergebnissen führen. Dagegen beinhaltet das typische Muster bei der Interaktion mit kulturell oder situativ als „verschieden" definierten Personen, d. h. Angehörigen einer Sie-ihnen-Gruppe (*nonunit*), zielhemmende Interaktionen, die zu sehr unterschiedlichen Ergebnissen führen. Dabei führt der Vergleich mit den anderen zu Bewertungen wie „besser als die anderen", d. h. Sieg, Gewinn, oder „schlechter als die anderen", d. h. Niederlage, Verlust. Lerner verweist auf die Wir-uns-Gruppe mit dem Wort *unit* und auf die Sie-ihnen-Gruppe mit dem Begriff *nonunit*. Hier wird dafür „Zugehörigkeit" und „Nicht-Zugehörigkeit" verwendet.

# 2 These und Überblick

Die These vom persönlichen Vertrag (*personal contract*) besagt, dass Gerechtigkeit zutiefst und noch aufgrund vorbewusster Assoziationen mit vertraglichen Vorgängen zu tun hat. Zustände und Verhaltensweisen als gerecht oder ungerecht zu empfinden, beruht auf der Motivation, Gerechtigkeit anzustreben. Der Gerechtigkeitswunsch entwickelt sich aus dem persönlichen Vertrag, den ein Kind abschließt, sobald es lernt, dass es den Drang nach unmittelbarer Lustbefriedigung hintanstellen kann, wenn es größere Ziele und Befriedigungen erreichen möchte.

Die Themen des Artikels von Lerner aus dem Jahre 2015 und die Kapitel seines Buches von 2011 geben die Gliederung dieses Beitrags vor. Zunächst geht es um Lerners Anliegen, die Gerechtigkeitsmotivation von der verbreiteten Ansicht abzugrenzen, Eigeninteresse sei die bestimmende Triebkraft menschlichen Handelns. Dann rückt der Gedanke des Verdient-Habens oder Zustehens als Ursprung des Gerechtigkeitswunsches in den Blickpunkt. Das Hauptstück dieses Aufsatzes stellt dar, wie bei Kindern der persönliche Vertag entsteht, ordnet diesen in den Gerechte-Welt-Glauben ein und beschreibt seinen Einfluss auf Gerechtigkeitsimperative von einer vorbewussten Phase 1 über die kognitive Anpassung an gesellschaftliche Normen in einer Phase 2 bis hin zur Einordnung in religiöse und ideologische Rahmen in Phase 3. Ein Ausblick auf das Aufrechterhalten der Gerechtigkeitsmotivation in einer komplizierten Welt und die Suche nach Gerechtigkeit in anderen Vertragskonzepten schließen die sozialpsychologische Darstellung ab. Es folgt ein Abschnitt, der dem Glauben an eine gerechte Welt und dem persönlichen Vertrag in der Hosea-Schrift nachspürt.

# 3 Der Vorrang des Gerechtigkeitswunschs vor dem Eigeninteresse

Woher kommt die Motivation, sich um Gerechtigkeit zu mühen, und wie zeigt sie sich im Leben der Menschen? Die verfügbaren Antworten beruhen auf der Verinnerlichung und Umsetzung des Gesellschaftsvertrags. Menschen in westlichen Industriegesellschaften weisen zwei Moralvorstellungen auf. In ihrem *bewusst* verfügbaren System, über das sie sprechen können, erscheinen Überlegungen darüber, was man tun sollte, was „das Richtige" wäre, als *normbasierte Verpflichtungen*, die im Dienst eines aufgeklärten Eigeninteresses stehen. Aber Menschen haben auch moralische *Intuitionen*, die *automatisch Urteile über richtig und falsch* hervorrufen können. Die Faktoren, die bestimmen, ob Menschen gemäß gesellschaftlicher Normen des rational motivierten Eigeninteresses reagieren oder ihre automatische, auf Gerechtigkeit zielende Reaktion ohne Rücksicht auf eine Kosten-Nutzen-Analyse zum Ausdruck bringen, wirken je nachdem, ob das auslösende Ereignis wichtig genug ist, um auf Ungerechtigkeit basierende Emotionen wie Wut und/oder Traurigkeit hervorzurufen, oder ob es normative Zwänge gibt, die verlangen, sich auf durchdachte Entscheidungen zu verlassen.[16] Oft haben Sozialpsychologen das Verfolgen von Eigeninteresse als die primäre motivierende Kraft dargestellt.[17] Eigeninteresse greift jedoch zu kurz, wenn es darum geht, Fälle zu erklären, in denen Menschen scheinbar gegen ihre eigenen Interessen handeln oder sich schuldig fühlen, wenn ihre Handlungen ihre Interessen fördern.[18]

---

16 Melvin J. Lerner, "Pursuing the Justice Motive," in *The Justice Motive in Everyday Life: Essays in Honor of Melvin J. Lerner*, ed. Melvin J. Lerner, Dale T. Miller und Michael Ross (Cambridge, UK: Cambridge University Press, 2002), 10–37: 10, 21. "It is extremely important, crucial, for investigators to recognize that people are not aware of how the preconscious system influences their own or other peoples' behavior. As a consequence peoples' expectations and social predictions will typically mimic the conscious normative system; although their reactions, in ongoing encounters, with little opportunity to pause and reflect upon their course of action, will often be radically different." Lerner, "The Two Forms," 259.

17 Dahinter stecken methodische Fehler: "It seems evident that as most social psychologists turned from doing rather costly, difficult, 'high-impact' experiments to doing basically top-of-the-head methods-simulations, vignettes, and surveys to study justice, their results reflected their participants' understandings of how the justice-related norms appeared in their own lives. However, they publish their findings not as descriptions of people's understandings of social norms, but rather as how much and in what ways people care about justice. In so doing, they arrive at and propagate the misleading conclusion that the justice motive appears in people's lives as a form of rational self-interest." Lerner, "Pursuing," 23.

18 Lerner und Clayton, *Justice*, 1 f. Leo Montada, "Belief in a Just World: A Hybrid of Justice Motive and Self-Interest?," in *Responses to Victimizations and Belief in a Just World,* ed. Leo Montada und Melvin J. Lerner (New York and London: Plenum Press, 1998), 217–46.

# 4 Der persönliche Vertrag: Aufgabe des Lustprinzips zugunsten des Realitätsprinzips

Die meisten Menschen scheinen davon überzeugt zu sein, dass sie meistens bekommen können und werden, was sie verdienen oder was ihnen zusteht. Wie kommt es dazu? Die Theorie des persönlichen Vertrags setzt bei der Reifung der kognitiven Fähigkeiten von Kindern an. Wenn sich Kleinkinder in einer relativ stabilen sozialen und physischen Umgebung entwickeln und ihre kognitiven Fähigkeiten wachsen, sind sie zunehmend in der Lage, sich an frühere Erfahrungen zu erinnern und sich alternative Handlungsmöglichkeiten und deren unterschiedliche Konsequenzen vorzustellen. Die Fähigkeit, sich an mehrere Alternativen zu erinnern und diese vergleichend zu bewerten, befähigt das Kind, sich für diejenige Handlungsweise zu entscheiden, die auf lange Sicht die größte Zufriedenheit verspricht. Das Eigeninteresse bleibt das leitende Anliegen, aber statt von dem Wunsch nach sofortiger Befriedigung dominiert zu werden, erkennt das reifere Kind, dass angemessene Anstrengungen zum Erwerb größerer und sicherer Ergebnisse führen können und hat die Fähigkeit, sich an jene Abfolgen von Ereignissen zu erinnern, die Erfolg versprechen. Die reiferen kognitiven Ressourcen ermöglichen es dem Kind, das Lustprinzip mit seiner Versuchung zur unmittelbaren Befriedigung durch das profitablere Realitätsprinzip zu ersetzen, bei dem das aufgeschobene Verfolgen des Eigeninteresses zu einem späteren Zeitpunkt größere Gewinne verspricht.

## 4.1 Ursprünge des Gerechtigkeitsmotivs

Das Gerechtigkeitsmotiv spiegelt das Streben nach Gerechtigkeit als ein Ziel an sich wider. Dementsprechend wird es durch die Erfahrung von Gerechtigkeit befriedigt und verstärkt.[19]

Wenn Kinder in einer stabilen, wohlwollenden Umgebung leben, entwickeln sie ein Gefühl für das, was ihnen zusteht, also für ein Verdienen und Gerechtigkeit. Menschliches Verhalten scheint anfangs vom direkten Streben nach unmittelbarer Befriedigung angetrieben zu werden, das auf biologische Bedürfnisse zurückzuführen ist, mit wenig oder gar keinen geplanten Bemühungen um Impulskontrolle. Die impulsiven Bemühungen um unmittelbare Befriedigung wer-

---

**19** Dalbert, "Differentiation," 82.

den durch die ererbten, sich schnell entwickelnden Fähigkeiten, Ähnlichkeiten und Unterschiede wahrzunehmen, sich an Handlungssequenzen und deren Ergebnisse zu erinnern und sich verschiedene Erfolgsmöglichkeiten vorzustellen, in einen persönlichen Vertrag umgewandelt. Das Streben von Kindern nach Verdienen und Gerechtigkeit beginnt, wenn sie die kognitiven Fähigkeiten entwickeln, die sie befähigen, sich auf den relativ komplexen Prozess der Entscheidungsfindung (Nachdenken, Bewerten, Auswählen) einzulassen.[20]

Während Kinder sich entwickeln und erfolgreichere Wege lernen, das zu bekommen, was sie wollen, versuchen sie immer weniger, ihre Wünsche direkt zu befriedigen, sondern verfolgen eine rationalere Form des Eigeninteresses. Dies stellt den natürlichen Übergang von der Beherrschung durch das Lustprinzip, wie Freud es nannte, zum Realitätsprinzip dar.[21]

Die entscheidende Entwicklungsaufgabe für das von Lustgewinn und Schmerzvermeidung beherrschte Kind besteht darin, die anfänglichen Impulse zu kontrollieren und selbst auferlegte Entbehrungen zu akzeptieren, um jene Verhaltensalternative zu verfolgen, die größere Belohnungen verspricht. Einige Handlungsalternativen erfordern größere Anstrengungen mit längeren Perioden selbst auferlegter Entbehrung. In der Regel versprechen diese Alternativen entsprechend größere Belohnungen. Die Umsetzung der Alternative, die die befriedigendsten Ergebnisse verspricht, hängt von der Fähigkeit des Kindes ab, die ererbten Impulse, die auf sofortigen Lustgewinn zielen, zu kontrollieren und die selbst auferlegten Zeiträume schmerzhafter Entbehrung zu akzeptieren.

## 4.2 Entwicklung eines Gefühls des Verdienens und der Selbstkontrolle

Wiederholte Erfahrungen bei der Manipulation ihrer Umgebung, um die gewünschten Ressourcen zu erlangen, sowie ein adäquates Erinnerungsvermögen und vergleichende Bewertungen sind die einzigen Lehrmeister, die ein Kind braucht, um zu erkennen, dass es in der Regel mehr Zeit und konzertierte Anstrengungen braucht, um mehr zu erreichen, mehr zu erhalten und weiter zu kommen. Ihre eigenen Beobachtungen liefern den Kindern reichliche und zwingende Beweise dafür, dass hochwertigere Ergebnisse größere Investitionen von Selbstentbehrung und konzentrierter Anstrengung erfordern. Die Ergebnisse dieser wiederholten Erfahrungen bilden die Bausteine oder Elemente für die

---

20 Lerner, "Understanding," 210.
21 Lerner und Clayton, *Justice*, 20–39.

entstehende Bindung an das Verdienen oder die Anrechte auf das, was einem zusteht: der Gerechtigkeitswunsch entsteht.

Auf diese Weise wird das Bekenntnis des Heranwachsenden dazu, sich Erfolge verdienen zu müssen, obwohl es anfangs im Eigeninteresse wurzelt, schließlich zu einer funktionell autonomen Motivation, die das Verfolgen von Zielen und die Beziehungen zu anderen leitet. In jeder Begegnung werden Menschen zunächst nach Regeln des Verdienens suchen und diesen folgen. Dazu müssen sie darauf achten und abschätzen, wem was von wem zusteht. Daher besteht die automatische Reaktion bei jeder Begegnung in der Bewertung von berechtigten Ansprüchen und nicht im Eigeninteresse.

Es ist jedoch noch ein weiteres Element erforderlich, damit die Bindung an das Verdienstdenken zustande kommt, nämlich die Entwicklung der Selbstkontrolle. Diese ist erforderlich, damit das Kind den Übergang von der direkten Befriedigung augenblicklicher Wünsche zu den weniger angenehmen und kostspieligeren Investitionen und Anstrengungen der aufgeschobenen Befriedigung schafft. Selbstkontrolle und die Fähigkeit, Belohnungen aufzuschieben, bilden die Bedingung für die Vorhersage von zukünftigem Erfolg.

Dieser Übergang vom Gegenwarts- zum Zukunftsfokus erfordert, dass das Kind sich auf etwas einlässt, das als innerer Dialog dargestellt werden kann. Um die notwendige Kontrolle zu erlangen, versprechen Kinder dem impulsiven Teil von sich selbst, dass die relativ schmerzhafte Verweigerung dessen, was sofort verfügbar ist, das Hinauszögern von Befriedigung und das Aufbringen von kostspieligen Anstrengungen durch den letztendlichen Erwerb von größeren und wünschenswerteren Ergebnissen angemessen belohnt werden. Größere Vorteile erfordern mehr Einsatz von Selbstverleugnung und Anstrengung über einen längeren Zeitraum.[22]

## 4.3 Die Entstehung des persönlichen Vertrags

Um den Drang nach unmittelbarer Befriedigung zu kontrollieren, muss die intelligente Stimme des Kindes einen persönlichen Vertrag mit sich selbst abschließen. Die sich entwickelnden leitenden kognitiven Prozesse ermöglichen es Kindern, die Aufgabe zu bewältigen, ihre vom Lustprinzip geleiteten Impulse zu beruhigen, wenn nicht sogar vollständig zu kontrollieren. Das kann als ein innerer Dialog dargestellt werden: Kinder versprechen sich selbst, dass die Selbstentbehrung und die relativ kostspieligen Anstrengungen letztendlich zu einer größeren Befriedigung führen werden. Es ist so, als ob Kinder einen Vertrag zwischen

---

22 Lerner und Clayton, *Justice*, 23 f.

dem Teil von ihnen, der sofortige Befriedigung will, und dem rationaleren, aber gleichermaßen befriedigungssuchenden Teil abschließen. Die Bedingungen dieses persönlichen Vertrags versprechen, dass die größere Anziehungskraft des Endergebnisses die erforderliche Selbstentbehrung und die relativ kostspieligen Anstrengungen wert sein werden.

Entwickeln die meisten Kinder tatsächlich so etwas wie einen persönlichen Vertrag? Wenn sie ihre Gefühle über ihre Erfolge oder Misserfolge beschreiben, beziehen sich ihre Beschwerden oder Zufriedenheitsäußerungen oft auf das, was die meisten Erwachsenen als Verdienen oder ihre berechtigten Ansprüche auf das, was ihnen zusteht, bezeichnen würden. Das Ausmaß und die Art des ausgedrückten Affekts scheinen ungefähr mit ihrer Bewertung der jeweiligen Ergebnisse übereinzustimmen: Ist das Versprochene größer als das tatsächliche Ergebnis, kommt es zum Protest: „Das ist nicht fair!"

Schon früh erkennen Kinder, dass der Wert des erreichten Ergebnisses den vorausgehenden selbst auferlegten Entbehrungen und Kosten entsprechen muss. Aufgrund ihrer Selbstverleugnung und ihrer Anstrengungen haben sie das Gefühl, dass ihnen das Versprochene zusteht und sie ein Anrecht darauf haben. Wenn dies nicht der Fall ist, bedroht dies die Lebensfähigkeit des persönlichen Vertrags und gefährdet die Fähigkeit der Kinder, sich an zukünftigen Aktivitäten zu beteiligen, die einen Aufschub der Befriedigung erfordern. Anfänglich besteht also eine Hauptaufgabe der sich entwickelnden Leitungsprozesse darin, die Impulse des Lustprinzips durch hinreichend erfolgreiche Abschlüsse von persönlichen Verträgen zu kontrollieren und zu steuern.[23]

## 4.4 Gefahren für den persönlichen Vertrag führen zum Gerechtigkeitsimperativ

Der Gerechtigkeitsimperativ ist die psychologische Manifestation des Handlungsimperativs. Er trägt das Bemühen des Kindes, etwas zu verdienen, anstatt sich der unmittelbaren Befriedigung hinzugeben. Die rationale Stimme des Eigeninteresses kann sich gegen die allgegenwärtigen impulsiven Triebe durchsetzen und das Verhalten des Kindes leiten, solange das Versprechen erfüllt wird. Allerdings erzeugt jedes Scheitern, die versprochenen Ergebnisse zu erwerben, die prototypische Erfahrung, die dem Gerechtigkeitsimperativ zugrunde liegt: Die enttäuschte Stimme erklärt: „Mir wurde etwas versprochen. Ich habe aufgegeben, das zu tun, was ich wollte, und habe getan, was verlangt wurde, also habe ich Anspruch auf X, ich verdiene X, mir steht X zu."

---

23 Lerner, "Understanding," 211.

Wenn Versprechen und Hoffnungen enttäuscht werden, ist die Lebensfähigkeit des persönlichen Vertrags, auf unmittelbare Befriedigung zu verzichten und sich auf die geforderten Akte der Selbstverleugnung und Anstrengung einzulassen, in Gefahr. Das rationale Selbst, das die ultimativen Vorteile der Aufrechterhaltung des persönlichen Vertrags erkennt, ist gezwungen, zusätzliche Versprechen und stützende Argumente zu produzieren, um die Kontrolle zu behalten.

Da Kinder wie Erwachsene unweigerlich mit Misserfolgen und Enttäuschungen konfrontiert werden, finden die meisten Wege, aversive Erfahrungen so zu verpacken, dass sie genügend Vertrauen in den Erfolg und den daraus resultierenden Wert geplanter langfristiger Bemühungen behalten. Trotzdem müssen Kinder, bis sie im Erwachsenenalter ankommen, immer längere Zeiträume der aufgeschobenen Befriedigung und kostspieligere, langfristige Anstrengungen in ihrem Streben nach ansehnlicheren Ergebnissen in Kauf nehmen, was zuweilen zu größeren Fehlschlägen führt. Infolgedessen müssen die meisten Menschen ihre wertvollen persönlichen Verträge mit einem verbindlichen, praktisch unantastbaren Bekenntnis zum Prozess und den Konsequenzen des Verdienens verstärken. Diese Verpflichtung leitet die Art und Weise, wie sie ihre angestrebten Ziele verfolgen und ihre Ergebnisse bewerten und wie sie ihre Beziehungen zu anderen Menschen gestalten.

Jedes Wiederauftauchen des erlebten Wunsches nach direkter Befriedigung oder das Ausbleiben des erwarteten, selbst versprochenen Erfolges kann die impulsive innere Stimme wiedererwecken, die den Wert des persönlichen Vertrags in Frage stellt. Tatsächlich erfordert das Aufgeben des Lustprinzips und das Akzeptieren der Selbstverleugnung und der Anstrengungen beim Realitätsprinzip einen fortwährenden Akt des Glaubens und der Selbstbeherrschung: Das Kind muss an das verlässliche Erreichen des erwarteten, größeren Gewinns glauben, der ihm zusteht. Um seinen Drang nach direkter Befriedigung zu kontrollieren, so dass es sich auf die profitableren, konzertierten zielgerichteten Anstrengungen einlassen kann, muss das Kind sich selbst davon überzeugen, dass die Welt, in der es lebt und funktioniert, so konstruiert ist, dass man letztendlich das bekommen kann und wird, was man verdient hat.

Schließlich treten die entscheidenden Transformationsereignisse ein, wenn Kinder mit zunehmendem Alter mit immer größeren Anforderungen und Möglichkeiten konfrontiert werden, die unweigerlich kostspieligere Investitionen für längere Zeiträume erfordern. Diese letzte Komponente der Verpflichtung, verdienen zu müssen, was man bekommt, ergibt sich, wenn sich das Kind an die unvermeidlichen Ungewissheiten und größeren Risiken des Scheiterns anpasst, die damit einhergehen, dass es nur eine begrenzte Kontrolle über die Resultate der erforderlichen längerfristigen Investitionen hat. Um die geforderte Steigerung der Selbstverleugnung und Selbstkontrolle aufrechtzuerhalten, muss es den bedingten persönlichen Vertrag in eine feste, praktisch unbedingte, verbindliche Verpflichtung umwandeln. Wenn das Kind diese Verpflichtung einmal eingegangen ist, können Misserfolge und nicht kompensierte Verluste anfangs zu unvermeidlichen emotionalen Reaktionen führen, aber sie sind nicht mehr in der Lage, die Verpflichtung gegenüber dem Gerechtigkeitswunsch zu gefährden und können die persönliche Entschlossenheit, den Regeln des Verdienens oder Zustehens zu folgen, sogar verstärken.

Obwohl sie sich voll und ganz dem Verdienen und der Gerechtigkeit verschrieben haben, sind Erwachsene weiterhin den entmutigenden Erfahrungen ausgesetzt, nicht zu bekommen, was ihnen ihrer Ansicht nach zusteht, oder der schrecklichen Ungerechtigkeiten gewahr werden, die anderen zugefügt wurden. Wenn diese Erfahrungen intensiv genug oder dauerhaft sind, können sie zumindest vorübergehend zu einer lähmenden Demoralisierung führen. In der Regel handelt es sich zwar um vorübergehende Auswirkungen, aber wenn Menschen nicht genügend Vertrauen in ihre persönlichen Verträge wiederherstellen, können sie bis zu dem Punkt demoralisiert werden, an dem sie nach der Schlussfolgerung handeln: „Das ist es nicht wert", und zumindest darüber phantasieren, alles aufzugeben.

Solch eine emotionale Verwundbarkeit kann auch gegenüber dem Schicksal anderer Menschen auftreten, die nicht bekommen, was sie verdienen. Der Grund dafür mag eine automatische empathische Bindung sein. Mitfühlende Menschen teilen stellvertretend die Erfahrungen anderer. Ihre Sorge um Gerechtigkeit für andere dürfte das Ergebnis von Erfahrungen sein, welche die Annahme verstärken, dass die Fähigkeit, verdiente Ergebnisse zu erzielen, von der gesellschaftlichen und faktischen Umgebung abhängt: „Ich bin anfällig für die gleichen Ungerechtigkeiten wie andere in meiner Welt."

## 4.5 Gerechtigkeitsimperative

Wie das Bekenntnis einer Person zum Verdienstgedanken mit dem erlebten Imperativ zusammenhängt, sich darum zu sorgen, dass andere bekommen, was ihnen zusteht, ist weniger klar und wahrscheinlich komplizierter.[24] Nicht selten versuchen Menschen ungeachtet der damit verbundenen Kosten, Gerechtigkeit

---

24 "I had initially proposed that, depending upon the circumstances, people would engage in more or less vigorous efforts to maintain their confidence that they lived in a world in which they could get what they deserved, eventually, if not immediately. I believed then, and still do, that the important dynamics appear in the various ways people protect that belief: Do they compensate the victim and punish the harmdoer, or derogate the victim, or try to persuade themselves they and the victim live in different worlds, or just simply deny the injustice by either not thinking about the event, or promising themselves that justice would eventually

wiederherzustellen, wenn andere, für die sie sich verantwortlich fühlen, zum Opfer geworden sind. Sie bleiben aber relativ gleichgültig, wenn ein potenzieller Konkurrent oder ein Mitglied einer anderen Gruppe das gleiche ungerechte Schicksal erleidet. Denn die Beobachtung, dass andere Menschen, die ihnen ähnlich sind, nicht bekommen, was sie verdienen, insbesondere, wenn sie unverdientes Leid erfahren, bedeutet eine Bedrohung für das Vertrauen in den Wert und damit die Lebensfähigkeit der eigenen persönlichen Verträge. Die Bedrohung ihres persönlichen Vertrages durch das unverdiente Leiden des unschuldigen Opfers treibt Menschen dazu, Wege zu suchen, wie man das Opfer und die eigene Beziehung zu ihm risikolos wahrnehmen kann. Eine Lösung dieses inneren Konfliktes liegt darin, das Opfer als eine Person anzusehen, die Schuld auf sich geladen hat und daher ihr Leiden verdient. So kann man sich mit der Überlegung beruhigen: „Ich bin nicht anfällig für die gleiche Art von unverdientem Leid: Wir sind ziemlich unterschiedliche Menschen, die in einer unterschiedlichen Welt leben."

# 5 Der Glaube an eine gerechte Welt

Viele Menschen würden zugeben, dass die Welt, in der sie leben, nicht gerecht ist. Unschuldige werden zu Opfern, und sehr oft bekommt man nicht das, was einem zusteht. Gleichzeitig fühlen sie sich aber den Prinzipien der Gerechtigkeit verpflichtet und erleben starke emotionsgesteuerte Imperative, wenn sie mit einer Ungerechtigkeit konfrontiert werden. Diese Menschen beteuern, dass sie gerne glauben würden, dass sich die Gerechtigkeit unweigerlich durchsetzt, aber sie erkennen deutlich, dass das im Hier und Jetzt nicht der Fall ist. Trotzdem kann der Glaube an die Gerechtigkeit ihrer Welt beruhigend sein und optimistisch in die Zukunft blicken lassen. Je nach Bewertung des Ungerechtigkeitserlebens erreicht ein Individuum das Stadium, in dem der bedingte persönliche Vertrag durch eine funktional autonome Verpflichtung zu Gerechtigkeitsimperativen ersetzt wird.

Welche Beziehung besteht also zwischen dem Engagement der Menschen für Gerechtigkeit und der Stärke, mit der sie an die Gerechtigkeit der Welt glauben? Experimentelle Befunde deuten darauf hin, dass Menschen eine Zeit lang, nachdem sie mit einer Ungerechtigkeit konfrontiert wurden, wohl vorbewusst wachsamer darauf achten, was ihnen und anderen zusteht oder was man verdient hat, und ob Gerechtigkeit herrscht. Sie sind während dieses Zeitraums

---

prevail in the next life, if not the present. The available evidence clearly illustrates that each of those can occur [...]." Lerner, "The Two Forms," 248.

stärker motiviert, Erlebnisse so zu konzipieren, dass sie mit dem Gerechte-Welt-Glauben übereinstimmen: Gute Dinge passieren guten Menschen und schlechte Dinge passieren schlechten Menschen und werden von schlechten Menschen verursacht.[25]

Der Glaube an eine gerechte Welt als Persönlichkeitsdisposition dient mindestens drei primär adaptiven Funktionen und kann somit als eine Ressource gesehen werden, die das subjektive Wohlbefinden aufrechterhält.

1)  Assimilationsfunktion: Wenn Menschen mit einem starken Glauben an eine gerechte Welt eine Ungerechtigkeit erfahren, von der sie glauben, dass sie wirklich nicht gutgemacht werden kann, versuchen sie, diese Erfahrung ihrem Glauben an eine gerechte Welt anzupassen. Dies kann dadurch geschehen, dass sie die Ungerechtigkeit als zumindest teilweise selbstverschuldet begründen,[26] die Ungerechtigkeit herunterspielen, selbstfokussiertes Grübeln vermeiden oder Ungerechtigkeit, von der sie selbst betroffen sind, verzeihen. Forschung über die Assimilationsfunktion des Glaubens an eine gerechte Welt hat sich zumeist mit der Schuldzuweisung an das Opfer und Gerechtigkeitsurteilen beschäftigt.

2)  Vertrauensfunktion: Menschen mit einem starken Glauben an eine gerechte Welt zeigen sich zuversichtlich, von anderen gerecht behandelt zu werden. Dieses Vertrauen verleiht dem Glauben der gerechten Welt den Charakter einer Ressource im täglichen Leben. Der Glauben an eine gerechte Welt wird positiv mit zwischenmenschlichem Vertrauen, Vertrauen in gesellschaftliche Institutionen, dem Vertrauen Jugendlicher in die Gerechtigkeit der Arbeitswelt und allgemein mit der Zuversicht, persönliche Ziele zu erreichen, assoziiert. Die Gewissheit, dass jeder am Ende das bekommt, was er verdient, ermutigt den Einzelnen, in seine Zukunft zu investieren. Es ist daher zu erwarten, dass Menschen mit einem starken Gerechte-Welt-Glauben sich weniger bedroht und stärker angespornt fühlen, weniger negative Emotionen erleben und bessere Ergebnisse erzielen.

---

**25** Lerner und Clayton, *Justice*, 26–31.

**26** "Apparently, having subjects believe they have accidentally harmed someone will measurably increase their willingness to comply with subsequent requests to help a third party. [...] This [irrational self-blaming due to an unforeseeable accident] is particularly problematic because the conventional rules of morality absolve anyone of culpability when the consequences of their acts were unforeseeable by any reasonable person, and there was no evidence of recklessness or lack of consideration, and certainly no dishonorable intentions [...]. The ... perception of bad outcomes automatically elicits preconsciously held scripts. In peoples' minds, bad outcomes automatically imply someone has done something bad. [...] It is as if people walk around with preconscious cognitively primitive scripts that have two readings, or there are two very similar scripts: 'bad outcomes happen to bad people,' and 'bad outcomes are caused by bad people.'" Lerner, "The Two Forms," 252 f.

3) Motivfunktion: In einer gerechten Welt ist eine positive Zukunft nicht das Geschenk einer wohlwollenden Welt, sondern die Belohnung für das Verhalten und den Charakter des Einzelnen, was den Imperativ impliziert, selbst nach Gerechtigkeit zu streben. Der Gerechte-Welt-Glaube weist somit auf den persönlichen Vertrag hin, dessen Inhalt dazu verpflichtet, sich gerecht zu verhalten. Wer an eine gerechte Welt glaubt, verhält sich eher sozial verantwortlich und hilft Menschen in Not, zumindest solange die Opfer als „unschuldig" oder als Mitglied der Wir-uns-Gruppe angesehen werden. Eine Laborstudie ergab, dass nur bei Teilnehmern mit einem starken Gerechte-Welt-Glauben eigenes ungerechtes Verhalten zu einem Rückgang des Selbstwertgefühls führte.[27]

# 6 Vom persönlichen Vertrag zu Gerechtigkeitsimperativen: Ein Phasenmodell

Den Übergang von vorbewussten emotionalen Reaktionen auf Ungerechtigkeit hin zu durchdachten kognitiven Urteilen beschreibt Lerner in einem Dreiphasenmodell.[28] Zwei unterschiedliche Gruppen von kognitiven Prozessen – solche, die im Vorbewusstsein ablaufen, und solche, die unter bewusster kognitiver Kontrolle auftreten – beeinflussen evaluative soziale Urteile: gut versus schlecht, fair versus unfair, erwünscht versus unerwünscht. Verbindet man beides, lässt sich ein Arbeitsmodell erstellen, wie Selbsteinschätzung und eigennützige Motivationen zu Gerechtigkeitsimperativen werden. Bei der experimentellen Arbeit mit Fragebogen ist methodisch zu bedenken, dass die Antworten auf die Fragen im Fragebogen die Überzeugungen offenbaren, die Menschen unter anderem aus der Notwendigkeit angenommen haben, mit Ungerechtig-

---

27 Dalbert, "Differentiation," 79–82; Dalbert, "Belief," 291–293.
28 "Clearly, we have good reason to believe there are at least two radically different ways people respond to important events happening to themselves or others. One is the preconscious, intuitive, often based upon emotion driven associations. The other involves conscious, thoughtful rational processing of the available information. The theories and related data suggest that people's subsequent reactions will very (sic, gemeint ist wohl vary) greatly depending upon which of these systems predominately influence the person's subsequent reaction. The extant theories also suggest some theoretical guidelines concerning when, under what circumstances either of these or some blending of the two are most likely to occur." Lerner, "The Two Forms," 258.

keitserfahrungen fertig zu werden. Diese Überzeugungen sagen jedoch wenig über die Prozesse aus, die bei der Entstehung dieser Erfahrungen beteiligt sind. Offensichtlich können Menschen diese Prozesse nicht bewusst abrufen und auch nicht darüber sprechen. Es ist von entscheidender Bedeutung, dass die Forscher die Unterschiede zwischen diesen beiden Systemen, dem vorbewussten „erfahrungsmäßigen" und dem bewussten „verstandesmäßigen", erkennen und berücksichtigen, wie diese die Reaktionen der Menschen unterschiedlich beeinflussen.[29]

## 6.1 Phase 1: Eine erste automatisch generierte Reaktion: frühkindlich, vorbewusst und emotional.

Vertraute Hinweise lösen automatisch vorbewusste Prozesse aus. So taucht die Gerechtigkeitsmotivation im Leben der Menschen auf, indem sie sich zum Verdienen und zur Gerechtigkeit als Wert bekennen und andere Personen demgemäß bewerten:

1) In der frühen Kindheit beginnt man, Widerfahrnisse und Leistungen von Menschen nach dem zu bewerten, was sie verdient haben. Obwohl bisweilen als motivierendes Bekenntnis formuliert, entwickelt sich diese Assoziation zu einer vorbewussten Annahme, die automatisch die Art und Weise beeinflusst, wie man Ereignisse wahrnimmt, beurteilt und sich an sie erinnert.

2) Menschen glauben, dass die Erfolge eines jeden seine Bemühungen und/ oder persönliche Qualitäten widerspiegeln. Letztendlich führt diese Motivation zu einer automatischen Verknüpfung der Widerfahrnisse und Leistungen von Menschen mit dem Verdienstgedanken, so dass gute Dinge, guten Menschen passieren sollten (und dies auch tun); schlechte Auswirkungen oder Ergebnisse werden durch schlechte Menschen oder Handlungen verursacht.

3) Zusätzlich und häufig in Verbindung mit diesen automatischen Assoziationen erleben Menschen emotionsgeleitete Imperative zur Aufrechterhaltung und Wiederherstellung von Gerechtigkeit. Sie werden stark beeinflusst von der Überzeugung: „Jeder bekommt, was ihm zusteht."[30]

Diese vorbewussten Prozesse führen zum Entstehen von Gerechtigkeitsimperativen, die automatisch auftreten und die Menschen dazu treiben, die Gerechtig-

---

**29** Lerner, "The Two Forms," 263, 267.
**30** Lerner, "Understanding," 215. Lerner und Clayton, *Justice*, 145, 151–56, 161 f.

keit aufrechtzuerhalten oder wiederherzustellen. Es scheint sich ein Skript zu bilden, das solche Reaktionen leitet.[31] Wenn Reaktionen auf Ungerechtigkeit an Intensität zunehmen, werden sie von Emotionen wie Wut oder Schuld begleitet. Diese Emotionen beeinflussen dann, wie die Person die Gerechtigkeit wiederherzustellen versucht. Menschen werden oft der vorbewussten Prozesse nicht gewahr, die ihre Reaktionen leiten. Es ist vielen nicht bewusst, dass das eigene Bekenntnis zur Gerechtigkeit und zum Verdienstgedanken ihre Reaktionen auf Ungerechtigkeiten hervorruft. Die meisten Menschen wären nicht in der Lage, die Prozesse, die zu ihren Reaktionen auf Ungerechtigkeit infolge der Gerechtigkeitsimperative führten, bewusst abzurufen.[32]

## 6.2 Phase 2: Gedankengesteuerte und kontrollierte Reaktionen: Die Rolle von sozialen Normen

Die vorherrschenden Normen in der westlichen Wirtschaft erwarten von allen sozialen Akteuren, dass sie alles Mögliche tun, um ihre eigenen Interessen zu fördern und ihren Pflichten nachzukommen, ohne dabei frühere Verpflichtungen oder Regeln des fairen Wettbewerbs zu verletzen und etwa hinterhältig, unehrlich, trügerisch zu sein. Um dieser Erwartung gerecht zu werden, müssen die automatischen Anfangsreaktionen der Gerechtigkeitsimperative mit konventionellen Normen und kontrollierten Denkprozessen interagieren. Die gedankengesteuerte Verarbeitung spiegelt in der Regel konventionelle Normen wider. Eine anfängliche, eher automatische, auf Fairness basierende Reaktion wird durch die überlegtere, normgerechte Reaktion des aufgeklärten Eigeninteresses ersetzt. Die aufwändigeren, bewusst kontrollierten kognitiven Prozesse treten etwas langsamer auf. Je mehr Zeit zwischen dem auslösenden Ereignis und der Reaktion der Person vergeht, desto größer ist die Wahrscheinlichkeit, dass gedankengesteuerte Prozesse eine primäre, wenn auch nicht unbedingt ausschließliche Rolle bei der Gestaltung der Reaktion spielen.[33]

---

**31** "All the evidence seemed to indicate that children do not normally outgrow the justice motive or belief in a just world, but rather they learn the conventionally accepted rules for deciding what is just and how to rationally arrive at sensible judgments of deserving. As a result most adults live with two systems of morality. One is the underlying, vestigial, preconscious 'justice motive' that operates according to relatively simple, cognitively primitive, rules of association and organization. These preconscious processes are 'introspectively opaque,' and often associated with emotional reactions of anger, shame, guilt, etc. The second moral system, superimposed on the earlier one, consists of the consciously available conventional, rational rules of moral judgments and reasoning." Lerner, "The Two Forms," 263, 267.
**32** Lerner und Clayton, *Justice*, 58
**33** Lerner, "Understanding," 206, 218–21. Lerner und Clayton, *Justice*, 162–165.

## 6.3 Phase 3: Aufrechterhaltung des Bekenntnisses zur Gerechtigkeit in einer komplexen Welt

In einer komplexen Gesellschaft entsteht häufig das Gefühl, dass Menschen verweigert wird, was ihnen zusteht, oder dass sie zu Unrecht leiden.[34] Diese impliziten und oft auch expliziten Bedrohungen ihres Bekenntnisses zur Gerechtigkeit verlangen von den Menschen, dass sie den unaufhörlichen Zustrom derartiger Erfahrungen auf eine Weise entschärfen und bewältigen, die es ihnen ermöglicht, weiterhin zu funktionieren.[35] In der Regel kommen dabei zusätzliche Prozesse ins Spiel, die das Auftreten einer dritten Phase nahelegen.

Die meisten Erwachsenen haben ein Repertoire an vorgefertigten Reaktionen auf ihnen bekannte Formen von Ungerechtigkeit erworben. Diese vorgefertigten Reaktionen scheinen darauf ausgelegt zu sein, Bedrohungen des Vertrau-

---

[34] "The reassuring myths that promised the 'good' will be rewarded and the 'wicked' punished eventually gave way to the overwhelming evidence that bad guys often win. Most people, if asked, would more readily agree that they live a 'tough' world where what matters is power of one sort or another, rather than a 'just' one where people get what they deserve. They might admit to being upset by injustices and wishing that justice would prevail, but now they realize that often does not happen. So people's own experiences seem to concur with Piaget's (1932) observation that children normally grow out of their belief in immanent justice. At the same time, most people would not claim that people never get what they deserve, and if pressed would be willing to place their beliefs somewhere on a dimension from rarely to very frequently." Lerner, "The Two Forms," 248 f. Jean Piaget unterschied in *Le jugement moral chez l'enfant* (Paris: Félix Alcan, 1932) zwei Stadien der moralischen Entwicklung – ein Stadium der heteronomen Moral oder des moralischen Realismus und ein Stadium der autonomen Moral oder der Moral der Kooperation. In unterscheidbaren Ebenen differenzieren sich: der Glaube an „immanente" Gerechtigkeit, d. h. der Glaube, dass jede Missetat gesühnt wird, unabhängig davon, ob sie von anderen entdeckt und bestraft wurde oder nicht, zu einem Glauben an zugesprochene Gerechtigkeit; die „objektive Verantwortung" bei der Beurteilung der Schuldfähigkeit zu einer Berücksichtigung von Motiven und Absichten; die Definition eines Vergehens auf der Grundlage von Verbot oder Strafe zu einer Konzeption eines Vergehens als Verletzung sozialer Bindungen und des Vertrauens; das Verständnis von Strafe als Sühne zu einem Verständnis von Strafe als Maßnahme der Restriktion oder als natürliche Folge der Untat. Leo Montada, "Developmental Changes in Concepts of Justice," in *Justice and Social Interaction*, ed. Gerold Mikula (Bern: Hans Huber, 1980), 257–84: 271.

[35] "The easiest way to do that is to remove the element of injustice from the loss or suffering by 'normalizing' the event. The normalizing devices that people have available to them include [...] that if something 'bad' has happened to you through no fault of your own, you can take comfort in the recognition that such things eventually happen to everyone and thus you are not being unjustly singled out for victimization. You are only getting your fair share of what everyone experiences. [...] If it is 'normal,' there is no injustice, no cruelty, no victims." Lerner, "The Two Forms," 249 f.

ens zu entkräften, in einer Welt zu leben, in der man bekommt, was man verdient, in der sich also Gerechtigkeit durchsetzt.[36]

Angesichts der zahlreichen Situationen, bei denen die Erfolge und Erfahrungen der Menschen nicht mit ihren Ansprüchen übereinstimmen, erfordert es Mühe, den Glauben an eine gerechte Welt und das Bekenntnis zur Gerechtigkeit aufrechtzuerhalten. Eine gängige Strategie ist der Versuch, sich selbst davon zu überzeugen, dass die Erfahrungen von unbeteiligten anderen keine Rolle spielen. So lebt man sein Leben, ohne über die enormen Ungleichheiten zwischen den Besitzenden und den Habenichtsen in der Welt nachzudenken; dennoch kann dieser Ansatz versagen, wenn eine besonders eindringliche oder unmittelbare Ungerechtigkeit die Aufmerksamkeit weckt. Ein echter Glaube an die Gerechtigkeit erfordert nicht nur kreative Interpretationen bestimmter Vorfälle, sondern auch eine unterstützende Weltanschauung.

Kulturen auf der ganzen Welt haben vorgefertigte Lösungen in Religionen und Ideologien entwickelt, deren Wirkung, ob absichtlich oder nicht, darin besteht, uns zu versichern, dass die Gerechtigkeit siegen wird.[37] Eine andere Form der vorgefertigten Lösungen basiert auf Ausschluss. Dazu gehört die Aufteilung der eigenen Welt in mehrere Welten: die relativ gerechte, in der ich lebe, und die anderen, an denen ich nicht beteiligt bin. Gemäß dieser Sichtweise leben andere Menschen in einer ungerechten Welt, ohne die Möglichkeit, sie zu verändern oder zu verlassen. Diese verschiedenen Welten haben oft geografische Markierungen und Lokalisierungen, zum Beispiel verarmte Dritte-Welt-Länder oder Elendsviertel in einer Stadt. Sie werden auch oft von Menschen bevölkert, die deutlich identifizierbare, unterscheidende Merkmale haben.[38]

---

**36** "However, when actually confronted with clear, and especially, dramatically vivid instances of victim's suffering, people often exhibit one or a combination of an array of reactions that appear to have in common that they […] eliminate, or at least reduce, the element of injustice-undeserved suffering. This might include blaming an objectively innocent victim, even themselves, or persuading themselves that the victim will be compensated and the perpetrator punished at a later time, or simply refusing to recognize or think about the event." Lerner, "The Two Forms," 255.

**37** "Probably the most visible and openly recognized way that adults neutralize the personal impact of the injustices we all see and experience is the adoption of some form of religious beliefs. These may offer an explanation for why bad things often appear to happen to good people […] but more importantly they promise that the wicked will be punished and the virtuous rewarded, in heaven if not next week. The importance and prevalence of this belief in an omnipotent and omniscient justice restoring superhuman force watching over people's lives cannot be over-estimated. Highly sophisticated, mature, people find it acceptable, and at times, necessary to seek this form of comfort when confronted with undeserved suffering." Lerner, "The Two Forms," 250.

**38** "People attempt to reduce their injustice induced anxiety by re-establishing justice, often in irrational ways such as blaming an innocent victim, or embracing a justice promising ide-

### 6.3.1 Die Grundschablonen: Identität, Zugehörigkeit, Nicht-Zugehörigkeit

Die Theorie des persönlichen Vertrags und der Gerechtigkeitsimperative dient dazu, ein theoretisches Modell zu schaffen, das beschreiben soll, wie Gerechtigkeit und Eigeninteresse im normalen Verlauf des Lebens von Menschen auftreten und ihre Reaktionen auf krisenhafte Ereignisse beeinflussen. Dabei ist die Frage zu klären, wie Menschen beurteilen, wem was von wem zusteht. Welche Regeln und Normen zeigen sich in ihren Urteilen über das Verdienen und die Gerechtigkeit? Forschungsergebnisse unterstützen die Hypothese, dass Menschen automatisch bei jeder Begegnung nach vertrauten Hinweisen suchen, die festlegen, wer von wem Anspruch auf was hat, um darauf zu reagieren. Das „Was" umfasst in diesem Zusammenhang sowohl die Art und Weise, wie man behandelt wird und interagiert, z. B. zwischenmenschliche Rücksichtnahme, als auch konkrete und symbolische Ressourcen wie Lohn und Respekt. Sofern und solange sie nicht durch nachfolgende Ereignisse modifiziert wird, stellt die automatisch generierte Festlegung der Beziehung zum anderen die Grundlage für das dar, was geschieht.

Nachdem sich Menschen zur Einhaltung ihres persönlichen Vertrages verpflichtet haben, werden sie naturgemäß den Zwang verspüren, sich an die vorbewusst und bewusst aufgestellten Regeln zu halten, die die Struktur und Leitlinien für tägliche Aktivitäten liefern. Dabei definieren kulturelle Werte Ansprüche und Verpflichtungen, die sich nicht nur aus Leistung und Verdienen, sondern auch aus Statusrollen ergeben. Vorbewusste Skripte leiten die kulturell erwarteten Verhaltensweisen und teilen das Gegenüber jeder Begegnung nach drei Schablonen ein: Identität, Zugehörigkeit, Nicht-Zugehörigkeit.

1)  Beim Identitätsskript nimmt man das Gegenüber nach dem Modell der Beziehung zwischen Säugling und Mutter als zum Bereich „ich – mein" gehörig wahr. Bei der Interaktion besteht das Interesse, die Bedürfnisse des Gegenübers zu erfüllen und sein Wohlergehen zu sichern. Solch eine Identitätsverschmelzung von Ichs findet man auch in der romantischen Phase einer Liebesbeziehung. Beim Gerechtigkeitsimperativ löst das Bewusstsein des Beobachters für die Bedürfnisse eines Opfers eine Identitätsbeziehung aus, die den empathischen Beobachter dazu bringt, die Bedürfnisse und Wünsche dieser Person zu erfüllen, ohne eine Gegenleistung zu erwarten oder zu akzeptieren.

---

ology. When these reactions appear, they are naturally framed in ways that do not directly violate conventional rules of logic or morality, e.g. the person who derogates a victim will generate a culturally plausible basis for that condemnation [...]." Lerner, "The Two Forms," 255.

2) Beim Zugehörigkeitsskript besteht eine lockerere Verbindung zum Gegenüber. Es handelt sich um Freundschaft bzw. Partnerschaft. Dabei ist die vorherrschende Erwartung nicht die Befriedigung von Bedürfnissen oder Wünschen, sondern die Kooperation und das gleichberechtigte Teilen der Erfolge. In dieser Schablone der Gruppenzugehörigkeit nimmt man das Gegenüber als zum „ähnlich–wir"–Bereich gehörend wahr. Befriedigung erhält man aus der Kooperation. Man freut sich über Erfolge der Mitglieder des eigenen Teams und ist bereit, dem ebenbürtigen Partner Gewinne in gleichen Anteilen zuzumessen.

3) Wenn jedoch eine Beziehung in die Brüche geht, weil etwa ein Mangel an gemeinsam erwünschten oder benötigten Ressourcen entsteht, kann die Beziehung konkurrenzorientiert werden, sogar antagonistisch. Gemäß der Schablone des Skripts Nicht-Zugehörigkeit bemühen sich die Beteiligten, ihre individuellen Erfolge zu maximieren. Beim Skript Nicht-Zugehörigkeit sieht man das Gegenüber als anders an und steht mit diesem in Konkurrenz oder Antagonismus. Man freut sich, selbst mehr Erfolg zu haben als der andere bzw. gesteht dem anderen weniger Ressourcen zu.[39]

### 6.3.2 Das Auftreten multipler Imperative

Erlebte Imperative der Gerechtigkeitsmotivation beruhen oft auf den Einschätzungen, wer was von wem in Bezug auf Behandlung oder gewünschte Ressourcen verdient, und ergeben sich aus vorbewussten Skripten und aus angelernten Regeln. Die kulturell bestimmten und erlernten Regeln zur Feststellung von Anrechten werden durch den situativen Kontext und relevante Hinweise, einschließlich der persönlichen Eigenschaften und Handlungen der Beteiligten und ihrer Beziehungen zueinander, hervorgerufen. Die Leitfäden für das Handeln sind demnach einerseits aus kulturell vermittelten und hoch assimilierten Regeln abgeleitet, andererseits stammen sie aus Skripten, die vertraute Formen früher und wiederholter Erfahrungen wirksam machen.

Wenn eine Person Gerechtigkeitsurteile fällt und deren Konsequenzen erkennt, erlebt sie eine besondere Art von Imperativ: die Erfahrung eines „Sollens". Diese Erfahrung verbindet Menschen und deren Erfolge oder Misserfolge miteinander und schließt eine kognitiv-affektiv geleitete Verpflichtung ein, einen Imperativ zur Aufrechterhaltung oder Wiederherstellung von Gerechtigkeit, damit jeder bekommt, was er verdient, und niemand ungerecht behandelt wird.

---

**39** Lerner und Clayton, *Justice*, 122–44. Lerner, "Understanding," 225.

Obwohl er stillschweigend in ihrem Vorbewusstsein vorhanden ist, werden sich Menschen der Konsequenzen dieses Imperativs erst bewusst, wenn sie mit der Notwendigkeit konfrontiert werden, eine Entscheidung über eine Handlungsweise zu treffen. Zu diesem Zeitpunkt können sie den Imperativ erleben, so zu handeln, dass eine Regel der Gerechtigkeit nicht verletzt wird, sowie den Imperativ, der affektgesteuerten Verpflichtung zu entsprechen, Gerechtigkeit wiederherzustellen.

Gerechtigkeitsimperative durchdringen das Leben der Menschen so sehr wie kein anderer Wert oder moralischer Imperativ. Die Imperative, Verdienste zu berücksichtigen und Ansprüche zu achten und gegebenenfalls wiederherzustellen, erscheinen als die motivierende Kraft in praktisch allen organisierten sozialen Handlungen.

Die jeder gesellschaftlichen Institution innewohnenden Status-Rollen spezifizieren mehr oder weniger explizit die Verpflichtungen und Privilegien eines jeden. Jeder, der mit den gesellschaftlichen Institutionen und Gepflogenheiten einer Kultur bewandert ist, erkennt sie und die Gesellschaft setzt ihre Erfüllung mit der Androhung negativer Sanktionen durch. Alle kennen mehr oder weniger detailliert die wesentlichen Pflichten, die als Imperative und Ansprüche von Eltern-Kindern, Ehemann-Ehefrau, Bruder-Schwester, Lehrer-Schüler, Arbeitgeber-Arbeitnehmer und Autofahrer-Fußgänger erlebt werden. Im Normalfall kommen die Menschen diesen Verpflichtungen automatisch nach und erwarten von allen anderen, dass sie ebenso fügsam und sozial verantwortlich sind. Unsere Gesellschaft besitzt viele formelle und informelle gesellschaftliche Möglichkeiten, um diejenigen aufzuspüren und zu bestrafen, die ihren Verpflichtungen nicht nachkommen oder ihre Rechte überschreiten.[40]

## 6.4 Welche Merkmale unterscheiden die Gerechtigkeitsimperative von anderen moralischen Imperativen?

Gerechtigkeitsimperative kann man von anderen moralischen Imperativen dadurch unterscheiden, dass die Gesellschaft für deren Beachtung kein Lob spendet, ihre Missachtung aber bestraft. Das Einhalten der Regeln der Gerechtigkeit wird von jedem erwartet. Die Einhaltung von Gerechtigkeitsgeboten, einschließlich der Korrektur von Ungerechtigkeiten, wird unter normalen Umständen nicht als besonders verdienstvoll angesehen. Die Erfüllung der eigenen Pflicht

---

40 Lerner, "Understanding," 206 f.

wird zwar in der Regel als angemessen und wünschenswert erachtet, führt aber nicht zu einer besseren Bewertung der betreffenden Person oder zu besonderer sozialer Anerkennung. Das Versäumnis, gerecht zu handeln oder eine Ungerechtigkeit zu korrigieren, wird jedoch negative Bewertungen und Sanktionen hervorrufen.

Das ist anders bei moralischen Imperativen. Während die Beachtung von Gerechtigkeitsimperativen in unserer Kultur gefordert wird, enthalten moralische Imperative ein Mehr. Diese übergebührlichen Gebote stellen in Aussicht, Lob und Bewunderung zu ernten. Sie können ignoriert werden, ohne negative Reaktionen hervorzurufen. Obwohl die Menschen Helden und Akte der Großzügigkeit bewundern, verurteilen sie niemanden dafür, dass er über die Pflicht hinausgehende, kostspielige oder heroische Handlungen unterlässt, weil er rationalere, eigennützigere Alternativen verfolgt.

Der Unterschied zwischen Gerechtigkeitsimperativen und moralischen Imperativen lässt sich durch Beobachtungen leicht illustrieren. Eltern, die freiwillig die notwendigen Ressourcen bereitstellen, um die Bedürfnisse ihrer Kinder zu befriedigen, erwarten weder Lob noch Bewunderung. Sie tun nichts weiter, als ihren elterlichen Pflichten nachzukommen. Sie folgen dem Gerechtigkeitsimperativ, der ihren Kindern gibt, worauf sie einen Anspruch haben. Täten sie dies jedoch nicht und vernachlässigten sie die Kinder, würden sie öffentliche Verurteilungen und möglicherweise Sanktionen auf sich ziehen. Wenn die Eltern jedoch freiwillig die gleichen Mittel zur Verfügung stellen, um sich um die Kinder anderer Leute zu kümmern, könnte das durchaus als tugendhafter und lobenswerter Akt der Nächstenliebe angesehen werden. Sie würden jedoch nicht verurteilt, wenn sie es vermieden, solche zusätzlichen Verpflichtungen auf sich zu nehmen, während sie sich um ihre eigenen Familien kümmern. Von den meisten Menschen werden die moralischen Imperative, tugendhaft und großzügig zu sein und den Nächsten zu lieben, als Ideale empfunden, während die Gerechtigkeitsimperative obligatorisch sind.[41]

# 7 Psychologische Gesichtspunkte der Gerechtigkeit im Gesellschafts- und Generationenvertrag

Die Gerechtigkeitsmotivation stellt den maßgeblichen psychologisch operativen Handlungsgrund dar, nicht das von vielen stattdessen angenommene Eigenin-

---

41 Lerner, "Understanding," 207–9.

teresse. Lerner prägte den Begriff persönlicher Vertrag, um ihn dem bekannteren Gesellschaftsvertrag gegenüberzustellen.[42]

Auch die Gesellschaftsvertragstheorien in der politischen Philosophie spiegeln eine Reduktion der Sorge um Gerechtigkeit auf das Eigeninteresse wider. Philosophen haben sich mit der Frage auseinandergesetzt, warum Individuen, die in einer fiktiven ursprünglichen vorstaatlichen Situation lebten, zugestimmt haben sollen, einen Staat mit mächtigen Institutionen, Gesetzen und Gerechtigkeitsregeln zu errichten. Eine vorgeschlagene Antwort lautet: Menschen gründeten Staaten mit mächtigen Institutionen, Gesetzen und Gerechtigkeitsregeln, weil sie glaubten, dass dies ihren eigenen Interessen am besten dienen würde. In einer solchen Argumentation, liefert das Eigeninteresse die Motivation für die Suche nach Gerechtigkeit. Soziale Systeme hätten, so meint man, Normen der Fairness für den sozialen Austausch und die Verteilung von Ressourcen etabliert und die Menschen hielten sich an diese Normen, weil sie glauben, dass dies die beste rationale Wahl sei, um langfristige Vorteile zu erzielen. Zugleich würden die Menschen von anderen erwarten, dass sie diese Normen befolgen. Diese Hypothese der rationalen Wahl gehört zur Gesellschaftsvertragstheorie in der politischen Philosophie. Was die Staatsgründer erhofften, war gegenseitiger Vorteil. Die Vorteile der Gerechtigkeit ergeben sich auf lange Sicht, wo sie vor Ausbeutung durch mächtigere andere, willkürlicher Viktimisierung und willkürlichen ungünstigen Entscheidungen schützt. Für die meisten Menschen (vielleicht nicht für die Mächtigsten, die ihr Eigeninteresse trotzdem durchsetzen könnten) ist es daher langfristig eine rationale Entscheidung, Gerechtigkeit für alle zu fordern, weil Gerechtigkeit ihrem Eigeninteresse dient. Dagegen untergräbt die Forderung nach Gerechtigkeit nur für sich selbst (und die, die einem nahestehen) die Gerechtigkeit langfristig: Die Regeln der Gerechtigkeit gelten für alle innerhalb eines sozialen Systems.

Einmal etabliert, haben die Regeln der Gerechtigkeit jedoch normative Gültigkeit, unabhängig davon, ob ein Bürger glaubt, dass ihre Anwendung oder Befolgung in seinem eigenen Interesse liegt oder nicht. Wie bei moralischen Regeln sind Gerechtigkeitsimperative kategorisch gültig, nicht nur bedingt (z. B. unter der Bedingung, dass sie das Eigeninteresse einer Person fördern).

Gemäß der Theorie der Gerechtigkeitsmotivation kann die Verteilung von Ressourcen, Aufgaben und Lasten als gerecht bewertet werden, wenn entweder alle Mitglieder einer bestimmten Gruppe oder Bevölkerung gleiche Anteile erhalten, oder wenn individuelle Unterschiede in Bezug auf Bedürfnisse, Leistungen, Fähigkeiten, Geschlecht, sozialen Status, Dienstalter usw. bei der Verteilung berücksichtigt werden. Sozialer Austausch wird als gerecht bewertet, wenn

---

42 Lerner, "Pursuing," 11.

er Regeln objektiver oder subjektiver Gerechtigkeit entspricht (z. B. Sicherstellung eines gleichen Verhältnisses von Investitionen und Nutzen für alle am Austausch Beteiligten), direkter objektiver oder subjektiver Reziprozität (z. B. Reziprozität von positiven und negativen Handlungen), verketteter Reziprozität (z. B. beim Generationenvertrag, bei dem der Unterstützungsaustausch über mindestens drei Generationen hinweg ausgeglichen ist), oder auf Regeln der subjektiven Reziprozität (z. B. wenn Eltern, die sich nach Kräften um ihre Kinder kümmern und viel Geld in deren Ausbildung investieren, sich durch die Liebe ihrer Kinder für ihre Bemühungen entschädigt fühlen). Wenn unterschiedliche Maßstäbe an eine Situation angelegt werden, variieren die Bewertungen von Gerechtigkeit oder Ungerechtigkeit je nach den beteiligten Regeln oder Prinzipien. Wenn unterschiedliche Regeln und Prinzipien von verschiedenen Menschen oder verschiedenen Gruppen oder sozialen Systemen angewandt werden, entstehen Konflikte über Gerechtigkeit.[43]

Die Gerechtigkeitsmotivation erscheint nicht immer als geradlinige Anwendung von Gerechtigkeitsstandards. Zwar kann die Gerechtigkeitsmotivation mit Motiven wie dem Eigeninteresse in Konflikt geraten, aber es ist fraglich, ob Egoismus sie zu übertrumpfen vermag, ohne Reue oder Schuldgefühle zu hinterlassen. Obwohl der Glaube, dass die Welt ein Ort ist, an dem jeder das bekommt, was er oder sie verdient, vor dem tatsächlichen Lauf der Welt als unrealistisch erscheinen mag, bezweifelt Lerner, dass Menschen den Gerechte-Welt-Glauben aufgeben können. Dieser motivierte Glaube an eine gerechte Welt wird nämlich durch die vorbewussten Skripte und Schablonen gestützt, die mit dem persönlichen Vertrag zur Einhaltung der Regeln der Gerechtigkeit zusammenwirken.[44]

# 8 Gerechtigkeitsimperative in der Hosea-Schrift dienen dazu, Viktimisierung zu verarbeiten

Eine der ersten Assoziationen, die zwischen dem Glauben an eine gerechte Welt und anderen Persönlichkeitsdispositionen beobachtet wurde, war die positive Korrelation zwischen dem allgemeinen Glauben an eine gerechte Welt und Religiosität.[45] Im Alten Testament buchstabiert sich der Glaube an eine gerechte Welt zum Glauben an einen gerechten Gott aus. Solch ein Gott erscheint einerseits gerecht, wenn er zusammen mit der gesamten Schöpfungsordnung den

43 Leo Montada, "Doing Justice," 42–50.
44 Montada, "Concern," 541.
45 Dalbert, "Belief," 290.

Tun-Ergehen-Zusammenhang aufrechterhält, wie er in vielen Sprichwörtern und anderen Textbereichen der Weisheitsliteratur ausgedrückt wird.[46] Damit wird eine „Schicksal wirkende Tat-Sphäre" bezeichnet, die der Auffassung des Gerechte-Welt-Glaubens gleicht, dass man bekommt, was man verdient. Gutes wird durch gute Menschen bewirkt und stößt guten Menschen zu, umgekehrtes gilt für das Schlechte. Andererseits erweist sich Gott als gerecht, wenn er die guten Menschen belohnt und die bösen bestraft, was man als Vergeltungsdenken bezeichnet. Der Sozialpsychologe Jürgen Maes hat zwei Weisen des Glaubens an Gerechtigkeit unterschieden und mit Zitaten aus der Bibel belegt.

## 8.1 Immanente und ultimative Gerechtigkeit

Die Tendenz zur *immanenten* Gerechtigkeit sieht die Gerechtigkeit in den Ereignissen, die stattgefunden haben. Diese Tendenz steht im Zusammenhang mit dem von Jean Piaget beobachteten Phänomen, dass Kinder Ereignisse als direkte und gerechte Vergeltung für frühere Handlungen ansehen. Maes nennt dies „Glaube an immanente Gerechtigkeit". Lerner fand sie in den hinduistischen Vorstellungen vom Karma.[47] Die Tendenz zur *ultimativen* Gerechtigkeit wird mit religiösen Lehren in Verbindung gebracht, in denen Trost für die gegenwärtige Ungerechtigkeit auf der Erde durch das Versprechen einer höheren Gerechtigkeit – vielleicht in einer anderen Welt oder in einem größeren Zeitrahmen – geboten wird; daher nennt Maes diese zweite Tendenz „Glaube an ultimative Gerechtigkeit".[48]

Als Beispiel für immanente Gerechtigkeit zitiert er Jes 3,10–11:

> Wohl dem Gerechten, denn ihm geht es gut; er wird die Frucht seiner Taten genießen. Weh dem Frevler, ihm geht es schlecht; denn was er selber getan hat, das wird man ihm antun.

Ebenso bringt Spr 12,21 die Vorstellung von immanenter Gerechtigkeit zum Ausdruck:

> Kein Unheil trifft den Gerechten, doch die Frevler erdrückt das Unglück.

---

**46** Georg Freuling, *„Wer eine Grube gräbt …": Der Tun-Ergehen-Zusammenhang und sein Wandel in der alttestamentlichen Weisheitsliteratur*, WMANT 102 (Neukirchen-Vluyn: Neukirchener Verl., 2004). Vgl. Reinhard Gregor Kratz, „Erkenntnis Gottes im Hoseabuch," *ZThK* 94/1 (1997): 1–24: 5.
**47** Lerner, "The Two Forms," 257. Zu Jean Piaget oben Anm. 34.
**48** Jürgen Maes, "Immanent Justice and Ultimate Justice: Two Ways of Believing in Justice," in *Responses to Victimizations and Belief in a Just World*, ed. Leo Montada und Melvin J. Lerner (New York and London: Plenum Press, 1998), 9–40.

In der Bibelwissenschaft stehen solche Texte für den Tun-Ergehen-Zusammenhang, der kein unmittelbares belohnendes oder strafendes Eingreifen Gottes erwartet, sondern die Auswirkungen der guten und schlechten Taten in sich selbst begründet.

Psalm 92,6–8 dagegen gilt Maes als Beispiel für den Glauben an ultimative Gerechtigkeit:

> Wie groß sind deine Werke, o Herr, wie tief deine Gedanken! 7 Ein Mensch ohne Einsicht erkennt das nicht, ein Tor kann es nicht verstehen. 8 Wenn auch die Frevler gedeihen und alle, die Unrecht tun, wachsen, so nur, damit du sie für immer vernichtest.

In der Bibelwissenschaft versteht man unter der Erwartung eines zukünftigen strafenden oder sogar vernichtenden Handelns Gottes an den Frevlern das Vergeltungsdenken.

## 8.2 Hosea ringt mit dem aversiven Schicksal des Königreichs Israel

Die Hosea-Schrift ist geprägt vom Gedanken der Vergeltung, der göttlichen Strafe. Ihre drei Teile (Hos 1–3; 4–11; 12–14) sind als Rechtsstreit, als Gerichtsverfahren Gottes mit Israel und Juda, gestaltet, wobei Gott sowohl die Rolle des Anklägers wie die des Richters übernimmt.[49] Dieses Gerichtsverfahren – auf Hebräisch *rîḇ* – kommt bezogen auf Israel in Hos 4,1–3 zur Sprache, einem Anfangstext, der Hos 4–11 unter das Thema des Gerichts stellt. Das Thema Gericht trägt Züge der Bundestheologie. Eine privilegrechtliche Vorstellung steht im Hintergrund, nach welcher Gott gegenüber Israel Privilegien besitzt, die das Volk beachten sollte. Gott steht von Israel her etwas zu. Gottes Privilegien waren als konkrete Gebote formuliert, deren Bruch die Hosea-Schrift feststellt, deshalb folgt die Strafe.[50]

Der Untergang des Nordreichs Israel, das von ca. 926 bis 722 v. Chr. als Königreich existierte und im ersten Prozessablauf in Hos 1–3 vor allem unter der Metapher der untreuen Frau auftaucht, wird als Ergebnis einer Gerichtsverhandlung nach dem Bundesbruch dargestellt, der in den beiden ersten Prozessabläufen 1–3 und 4–11 auch als Ehebruch erscheint. Alle drei Gerichtsverfahren, vor allem das in 12–14, enden heilvoll. Allerdings klingen die Heilsversprechen schal angesichts der wiederholten Katastrophen, welche Israel angefangen mit

---

49 Zenger, „Hosea," 636.
50 Udo Rüterswörden, „Bundestheologie ohne ברית," *ZAR* 4 (1998): 85–99: 96.

den verlorenen, 732 und 722/21 v. Chr. von den Assyrern deportierten zehn Stämmen (2 Kön 17,6) bis hin zum Holocaust durchleiden musste.[51] Nationale Katastrophen aus den Jahren 734–722, dem Untergang des Königreichs Israel in der assyrischen Westexpansion,[52] und wohl auch 596–582 v. Chr., dem Untergang des Königreichs Juda in der neubabylonischen Herrschaft,[53] stecken hinter den Gerichtsverfahren in der Hosea-Schrift.[54] Gott erscheint nicht nur als Richter, sondern auch wie ein misshandelnder Ehemann und Vater, der den bekannten Zyklus häuslicher Gewalt aus Schlägen, Beschuldigungen der Opfer und Versöhnung durchläuft. Gott verwundet, heilt und verwundet erneut.[55]

Liest man die Hosea-Schrift in ihrer Endgestalt als Teil des Kanons der Hebräischen Bibel, kann die vom Text geschaffene „Geschichte" selbst eine Metapher für die Spannungen zwischen Insidern und Outsidern sein, die mit der Identität Israels als Volk zu tun haben, und zwar im gesamten Verlauf der frühen und späten Geschichte Israels. Das zeigt Carolyn J. Sharp mit Hilfe einer intertextuellen Betrachtung der Ortsnamen. Ortsangaben in Hosea sind gesättigt mit traditionsgeschichtlichen Anspielungen auf Grenzen, grenzenloses Begehren und Tod. Am Knotenpunkt dieser miteinander verbundenen Traditionen findet sich die Überschreitung kultischer und kultureller Grenzen durch Insider und Outsider in Form von Sexualität und Essen. Fast ausnahmslos geht es bei allen geografischen Bezügen um israelitische Insider, die die vom Gesetz des Bannes (ḥerem) vorgegebenen Grenzen überschreiten oder Rache für Vertrags-

---

**51** David R. Blumenthal, *Facing the Abusing God: A Theology of Protest* (Louisville (Ky.): Westminster/John Knox Press, 1993), 237, 240, 249.

**52** Nadav Na'aman, "The Book of Hosea as a source for the last days of the kingdom of Israel," *BZ* N.F. 59/2 (2015): 232–56. Martti Nissinen, "The book of Hosea and the last days of the Northern Kingdom: The methodological problem," in *The last days of the Kingdom of Israel*. BZAW 511, ed. Shūichi Hasegawa, Christoph Levin und Karen Radner. (Berlin, Boston, Mass.: De Gruyter, 2019), 369–82. Heath D. Dewrell, "Yareb, Shalman, and the Date of the Book of Hosea," *CBQ* 78/1 (2016): 413–49.

**53** Ehud Ben Zvi, "Reading Hosea and Imagining YHWH," *Horizons in Biblical Theology* 30 (2008): 43–57.

**54** Zenger, „Hosea," 641. Kristin Weingart, „Juda als Sachwalter Israels: Geschichtstheologie nach dem Ende des Nordreiches in Hos 13 und Ps 78," *ZAW* 127/3 (2015): 440–58.

**55** Jennifer Focht, "The Cycle of Domestic Violence," *National Center for Health Research*. Zugriff 24. März 2020. http://www.center4research.org/cycle-domestic-violence/. Mimi Scarf, *Battered Jewish Wives: Case Studies in the Response to Rage*, Women's studies 2 (Lewiston, N.Y. [etc:] Mellen), 1988. Trent C. Butler, "God and Dysfunctional Families: A Social and Theological Study of the Book of Hosea," *Perspectives in Religious Studies* 43/2 (2016): 187–202. Carolyn J. Sharp, "Interrogating the Violent God of Hosea: A Conversation with Walter Brueggemann, Alice Keefe, and Ehud Ben Zvi," *Horizons in Biblical Theology* 30 (2008): 59–70. Diane L. Jacobson, "Hosea? Yes! A God Who Makes Alive, Hosea? No! A Metaphor That Kills," *Word & World* 28/2 (2008): 192–95.

verletzungen üben. Die Anspielungen sind vielschichtig. Aber in jeder von ihnen geht es um unerlaubtes Begehren und den Bruch eines ausdrücklichen oder impliziten Verbots, das Israel vor dem Zorn Gottes bewahrt hätte.[56]

Gilgal ist der Ort, an dem Jhwhs Hass auf Israel beginnt, da nach göttlicher Bewertung dort die Bosheit, die Verbrechen und unrechtmäßigen Opfer (Hos 12,12) der Israeliten zutage traten (Hos 9,15). Deshalb vertreibt er die Israeliten – hier mit den Objektpronomina in männlicher Mehrzahl wohl als Gottes Kinder vorgestellt – aus seinem Haus, dem Lande Israel. Hos 9,11–16 stellt Gilgal in den Zusammenhang von Unfruchtbarkeit und dem Verlust der Kinder als Folge von Krieg (Jäger, Schlächter 9,13) und Gottes strafender Abwendung (9,12). Im Hintergrund mag Gilgal als der Ort der Begierde und der Zerstückelung stehen, wo Samuel Agag in Stücke hackt (1 Sam 15). Der feindliche König Agag und die Reichtümer seines Heeres waren von Saul als unrechtmäßige Beute erbeutet worden, wobei er das Vieh in Gilgal opfern wollte. Es ist die Aufgabe des Propheten Samuel, die Situation wieder in Ordnung zu bringen. Während Samuel seine Klinge zum Todesstoß erhebt, verhöhnt er Agag mit der Drohung, dass seine Mutter kinderlos werden wird (1 Sam 15,33), womit eine Parallele zu dem Motiv des Vorenthaltens und der Beraubung von Kindern durch Gott in der gewalttätigen Diktion von Hosea zum Vorschein kommt.[57] In Mizpa auf dem Tabor wurden Priester und Königshaus zu Falle und Fangnetz (Hos 5,1). Der Tabor ist der Ort von Kampf und Tod in Ri 4–5. Der geschlagene kanaanäische Heerführer Sisera floh erschöpft und mit dem Wunsch nach Sicherheit zum Zelt Jaels und wurde im Schlaf von ihr getötet. Gibea wird von feindlicher Invasion heimgesucht (Hos 5,8; 10,9) und ist mit Hinterlist, Schuld und Sünde verbunden (Hos 9,9; 10,9). Gilead ist eine Stadt voller Übeltäter, mit Blut befleckt (Hos 6,8), dort beging man Verbrechen (Hos 12,12). Alle diese Orte sind in die grausame Geschichte von Begehren, sexueller Gewalt, Zerstückelung und Gemetzel in Ri 19–21 verwickelt. Die Nennung von Baal-Peor (Hos 9,10 – vielleicht auch ein emendiertes Schittim in Hos 5,2) spielt auf die als abscheulich qualifizierte Übertretung von Num 25 an, wo die Geschichte des Glaubensabfalls und Israels unerlaubten Sex mit moabitischen Frauen erzählt ist. Hier lässt sich eine doppelte Penetration beobachten, bei der der unglückliche Israelit und seine midianitische Geliebte während des Beischlafs durch einen einzigen Speerstoß von Pinhas aufgespießt werden. Die Pest dezimiert den von unrechtmäßigem Begeh-

---

56 Carolyn J. Sharp, "Hewn by the Prophet: An Analysis of Violence and Sexual Transgression in Hosea: With Reference to the Homiletical Aesthetic of Jeremiah Wright," in *The Aesthetics of Violence in the Prophets*, LHBOTS 517, ed. Julia M. O'Brien und Chris Franke (New York; London: T & T Clark, 2010), 50–71: 58.
57 Sharp, "Hewn," 59, 64.

ren durchdrungenen Gemeinschaftskörper weiter. Als sie vorüber ist, liegen 24 000 Israeliten tot am Boden. Am Weg nach Sichem liegen Priester auf der Lauer, um zu morden (Hos 6,9). Die Stadt ist der Ort der Vergewaltigung von Dina, der Tochter Jakobs, durch Sichem, den Sohn Hamors, und der anschließenden Abschlachtung der ahnungslosen Sichemiter durch Simeon und Levi (Gen 34). Admah und Zebojim (Hos 11,8) sind Städte in der Ebene, die bei der Zerstörung von Sodom und Gomorra ausgelöscht wurden.[58] Adam und Beth-Arbel (Hos 10,14) bleiben in Bezug auf die überlieferte Geschichte undurchsichtig, obwohl ihr Fall an Salmanasser V. zur Zeit von Hoseas Prophezeiung sie zu einem lebendigen zeitgenössischen Bezugspunkt für den Propheten machen würde.[59] Anderen Aspekten der israelitischen Geschichte geht es nicht besser. Königtum? Keine Rettung für dieses Volk, dessen blutige Umstürze die königliche Autorität untergraben haben (5,1–2; 7,3–7,16; 8,4.10; 10,7; 13,10–11). Befreiung aus Ägypten? Nein: Die Israeliten werden als Sklaven nach Ägypten zurückkehren (8,13). Das Volk erfährt, wer sein Gott ist, durch den unerbittlichen semantischen Druck eines dreifach wiederholten „ich werde" (ʾĕhî) in Hos 13,7.14(2x). Jhwh wurde für Israel wie ein Löwe und lauert am Weg wie ein Panther. Schließlich verkündet die göttliche Stimme: „Ich werde eure Plagen sein, oh Tod, ich werde eure Pest sein, oh Scheol!"[60] Jhwh wird als Feind präsentiert, der gegen Israel vorgeht.[61]

Der Glaube an den gerechten Gott muss gegen die aversiven Schicksalserfahrungen Israels verteidigt werden. Da die Theorie des Gerechte-Welt-Glaubens erklären will, wie Menschen, die Ungerechtigkeiten beobachten, die andere erleiden, damit umgehen, ergeben sich verschiedene psychologische Prozesse der Assimilation der beobachteten Ungerechtigkeit, die von der Schuldzuschreibung an die Opfer im Blick auf Israel allein zur Selbstbeschuldigung dort, wo Israel und Juda in Parallele stehen, reichen. Welche sozialpsychologischen Prozesse wirksam waren, hängt davon ab, wie man die Hosea-Schrift historisch-kritisch einordnet. Bei einer Datierung ihrer Entstehung in die israelitische Königszeit mag ein Prozess der Selbstbeschuldigung vorliegen, der jedoch auch der Schablone Nicht-Zugehörigkeit folgt, wenn die Verschleppung der Bevölkerung und

---

**58** Sharp, "Hewn," 59–62.
**59** Sharp, "Hewn," 62.
**60** So die Deutung von Sharp, "Hewn," 66, die zudem die zerstörerische Kraft von Gottes Handlungen mit der zerstörerischen Kraft von Gottes Worten durch Hosea verbunden sieht, denn der Begriff dĕbārêka in 13,14 ist graphisch und klanglich polyvalent und deutet nicht nur auf „Plagen", sondern auch auf „Worte" hin.
**61** Katrin Zehetgruber, *Zuwendung und Abwendung: Studien zur Reziprozität des JHWH/Israel-Verhältnisses im Hoseabuch.* WMANT 159. (Göttingen: Vandenhoeck & Ruprecht, 2020), 385 f. 390.

die Verwüstung der Landstriche in den 732 v. Chr. von den Assyrern heimbesuchten Landesteilen Israels – Gilead und der Jordangraben, wo Adam (vgl. Jos 3,16) lag, die Jesreel-Ebene und Galiläa mit dem Tabor, die Mittelmeerküste – als von den Bewohnern dieser Landstriche verschuldet und von Jhwh zurecht verhängt bewertet würde. Solch ein Urteil wäre aus dem Blickwinkel des von den Assyrern erhaltenen Reststaates Efraim heraus gefällt.[62] Efraim gehörte zunächst nicht zu dem von Jhwh den Assyrern preisgegebenen Israeliten. Wenn man jedoch die Entstehung der Hosea-Schrift nach 722 in Juda oder Jerusalem ansetzt, wird das aversive Schicksal Israels aus dem Blickwinkel von Beobachtern in Juda als zurecht eingetroffen bewertet.[63] Da greift die Schablone der Nicht-Zugehörigkeit noch stärker. Juda gehörte nicht zu den von Jhwh den Assyrern preisgegebenen Israeliten. Als mit Sanheribs Palästinafeldzug von 701 auch Judäer der assyrischen Deportation anheimfielen, mag die Schablone der Nicht-Zughörigkeit durch die Schablone Zugehörigkeit ergänzt worden sein, denn es gibt einige Verse in der Hosea-Schrift, die Israel/Efraim und Juda in Parallele setzten.[64] Die Schuldzuschreibungen an die Opfer im Umgang mit dem aversiven Schicksal des anderen – eben Israels – werden noch schärfer, wenn man das Zustandekommen der Hosea-Schrift erst nach das babylonische Exil in die Perserzeit datiert. In diesem Fall konstatiert die Exegese schadenfrohen Antagonismus oder wirtschaftliche Interessen.[65] Ehud Ben Zvi argumentiert sogar, dass die perserzeitlichen Literaten in Juda, die Hosea verfasst haben sollen, sich in der Sprache des Propheten als „Söhne der Gottheit" verstanden hätten und sich somit durch die Zugehörigkeit zum „mächtigsten Haushalt der Welt" in ihrem sozialen Status aufgewertet sahen, aus dem die Israeliten schon lange verstoßen worden waren.[66]

---

62 Na'aman, "Book," 236, 238 f.

63 Gale A. Yee, *Composition and Tradition in the Book of Hosea*, SBL.DS 102 (Atlanta: Scholars Press, 1987), und Roman Vielhauer, *Das Werden des Buches Hosea: eine redaktionsgeschichtliche Untersuchung*, BZAW 349 (Berlin: Walter de Gruyter, 2007).

64 Jörg Jeremias, „„Ich bin wie ein Löwe für Efraim …' (Hos 5,14): Aktualität und Allgemeingültigkeit im prophetischen Reden von Gott am Beispiel von Hos 5,8–14," in *Hosea und Amos: Studien zu den Anfängen des Dodekapropheton*, FAT 13, ed. Jörg Jeremias (Tübingen: Mohr, 1996), 104–21: 110–13.

65 Susanne Rudnik-Zelt, *Hoseastudien: Redaktionskritische Untersuchungen zur Genese des Hoseabuches*, FRLANT 213 (Göttingen: Vandenhoeck & Ruprecht, 2006), und James M. Bos, *Reconsidering the Data and Provenance of the Book of Hosea: The Case for Persian Period Yehud*, LHBOTS 580 (New York: Bloomsbury T&T Clark, 2013). Zu solchen Vorschlägen vgl. Dietrich, „Hosea," 410 f., und Hans Ulrich Steymans, Rezension zu *Reconsidering the Date and Provenance of the Book of Hosea*, by James M. Bos, *New Blackfriars* 96/1063 (2015): 363–65.

66 Ben Zvi, "Reading," 43–57; Sharp, "Interrogating," 67.

Während der Königszeit in Jerusalem lag etwas Bedrohliches im Schicksal Israels. Aus dem Blickwinkel der Judäer hatte der gemeinsame Nationalgott den Untergang des Brudervolkes durch die assyrische Eroberung zugelassen oder als Strafe verfügt, was ihren Gerechte-Welt-Glauben in Frage stellte. War Gott ungerecht, wenn er sein Volk nicht vor den Feinden beschützte? Wenn das Volk ungerecht war, wieso hat Gott nicht deutlicher klar gemacht, welches Verhalten seinen Zorn und die Preisgabe an die Feinde abgewendet hätte? Israel in die Katastrophe laufen zu lassen, ist nicht fair!

Indem die Hosea-Schrift den Untergang des Königreichs Israel auf die Schuld seiner Priester, Könige, Fürsten und Bevölkerungsgruppen zurückführt,[67] werden Strategien zur Leugnung von Ungerechtigkeit verfolgt. Denn der Gerechte-Welt-Glaube ermöglicht es Menschen, mit ungerechten Viktimisierungen in der Weise umzugehen, dass sie, falls die die Wiedergutmachung von Unrecht zu kostspielig oder gar unmöglich ist, Ungerechtigkeit leugnen, indem sie den Opfern die Schuld geben oder ihre Härten und Nachteile herunterspielen. Auf diese Weise verschmilzt das Gerechtigkeits-Motiv mit dem Eigeninteresse der Menschen. Der Einsatz von Strategien der Schuldzuschreibung an die Opfer ermöglicht es Beobachtern, ihren Glauben an eine gerechte Welt bzw. einen gerechten Gott zu bewahren. Solch ein Glaube funktioniert psychologisch als eine Ressource, damit Beobachter von Ungerechtigkeiten, die andere erlitten, das Vertrauen in ihre Welt und das Leben im Allgemeinen aufrechterhalten können.[68]

Beobachter und Opfer mag man je nach bibelwissenschaftlicher Datierungshypothese anders identifizieren, es liegt sozialpsychologisch die Schablone der Nicht-Zugehörigkeit und eine Schuldzuweisung an die Opfer vor.

## 8.3 Viktimisierung durch den schlagenden Gott

Das Stichwort "Victimization" stellt die Beziehung zwischen Hosea und den Gerechtigkeitsimperativen der Sozialpsychologie her, denn es erscheint sowohl im

---

67 Die Hosea-Schrift klagt ein Zusammenspiel von Politik, Wirtschaft und Volksglauben an. Marvin Chaney und Alice Keefe identifizierten als dessen treibende Kräfte eine männliche, städtische Kriegerelite, welche die unteren gesellschaftlichen Klassen ausbeutete. Marvin Chaney, "Accusing Whom of What? Hosea's Rhetoric of Promiscuity," in *Distant Voices Drawing Near: Essays in Honor of Antoinette Clark Wire,* ed. Holly E. Hearon (Collegeville: Liturgical, 2004), 97–115. Alice Keefe, *Woman's Body and the Social Body in Hosea* (Sheffield: Sheffield Academic Press, 2001).

68 Leo Montada und Melvin J. Lerner, "Preface," in *Responses to Victimizations and Belief in a Just World,* ed. Leo Montada und Melvin J. Lerner (New York and London: Plenum Press, 1998), vii–viii: vii. Barbara Reichle, Angela Schneider, and Leo Montada, "How Do Observers

Titel eines Artikels zum Gottesbild bei Hosea als auch im Titel eines Sammelbands, der von Lerner und Montada herausgegeben wurde. Kåre Berge fragt in "Victim and Victimizer: Plotting God in the Book of Hosea"[69] nach einem logischen Handlungsfaden (*plot* oder *fabula*) in der Hosea-Schrift. Die Schrift wimmelt von Inkohärenzen, aus denen man Zusammenhänge konstruieren muss, sei es historisch-kritisch durch Zuschreibung der Inkohärenzen an verschiedene Verfasser und Zeitumstände, sei es durch die Wahrnehmung als ein rhetorisches Werk, in dem mehrere Stimmen sprechen.[70]

Die ganze Hosea-Schrift enthält Prophezeiungen von Wohl und Wehe, wobei die Weheprophezeiungen von Aufweisen der Untreue gegenüber dem Bund begleitet werden. Die Prophezeiungen des Heils, die allein von der Gnade abhängen werden, enthalten keine solchen Beschreibungen des israelitischen Verhaltens. Bei den Vorhersagen der Zerstörung und den Vorhersagen der Wiederherstellung überwiegt die Bestrafung die Verheißung bei weitem. Die Segensteile des Buches sind in ihrer Ausrichtung eschatologisch und passen in das sozialpsychologische Raster der ultimativen – auf einen späteren Zeitpunkt verschobenen – Gerechtigkeit, während die Unheilsdrohungen unmittelbarer – Beurteilungen aus dem Blickwinkel immanenter Gerechtigkeit – sind. Es gibt in Hosea keinen Hinweis darauf, dass Israel dem Zorn Gottes, der sich in Zerstörung und Exil ausdrückt, wirklich entkommen könnte.

In jedem Fall wird das Herstellen von Zusammenhängen in der Hosea-Schrift zur Leseleistung, wodurch sich eine Handlung ergeben kann, die weniger einen Prozess in Gott schildert, als vielmehr das Streben Israels, Kohärenz in seiner eigenen Erfahrung, seinem Ich und seiner Identität zu gewinnen, indem es die doppelte Problematik überwindet, Gott nicht angemessen lieben zu können und Gott dennoch lieben zu müssen.[71]

Dies spielt die Ehemetaphorik von Hos 1–3 ein. Leicht lässt sich in Hosea, zumindest auf der Bedeutungsebene, eine Geschichte von Beherrschung der sexuellen Energie und vom Besitz des erotischen Objekts finden. Es ist eine Form von Kapitalismus, Konsum und Kommerz, an der Gott beteiligt ist. Feministische Ansätze zerren die Zähmung der sexuellen Energie in Hosea ans Tageslicht. Einerseits stellen sie nämlich das Bemühungen der traditionellen (meist männlichen) Kommentatoren heraus, die sexuelle Energie zu fesseln, indem sie

---

of Victimization Preserve Their Belief in a Just World Cognitively or Actionally? Findings from a Longitudinal Study," in ebd., 55–64.

**69** *Tidsskrift for teologi og kirke* 72 (2001): 69–84.
**70** Berge, "Victimizations," 69–72.
**71** Berge, "Victimizations," 73 f. unter Verweis auf Francis Landy, "In the Wilderness of Speech: Problems of Metaphor in Hosea," *Biblical Interpretation* 3/1 (1995): 35–60: 36, 47.

diese aus dem von ihnen geschaffenen Handlungsfaden eliminieren. Andererseits legen feministische Ansätze die sexuelle Symbolik im Text frei und bemühen sich, die Stimme der Frau hörbar zu machen.[72] Gott erscheint in der Hosea-Schrift als durch Israels Abtrünnigkeit und außereheliche Affären zutiefst verstört, eine Persönlichkeit mit widersprüchlichen Gefühlen von unbarmherzigem Hass und zärtlicher Liebe. Zunächst lässt er seine Frau einfach im Stich und verkündet die Scheidung. Dann sind seine Gedanken von plötzlichen Umschwüngen geprägt. Mal blickt er nach vorne und verspricht eine große Zukunft für sein Volk. Mal kehrt er zu Zorn und Eifersucht zurück und erklärt, dass er wie ein betrogener Ehemann handeln wird, um seine untreue Frau zu bestrafen. Er wird seine Ehre wiederherstellen, indem er sie entkleidet und sie vor ihren Liebhabern entehrt. Dann wieder will er zärtlich zu ihr sprechen und sie wie ein Liebhaber „verführen". Gott erscheint als Opfer, zu extremen Maßnahmen getrieben von einer Frau, die ihn immer wieder entehrt und die Normen, die die ehelichen Beziehungen regeln, missachtet.[73] Doch als Opfer stilisieren sich gerne die Täter häuslicher Gewalt.[74]

Gott, das Opfer (*victim*), tritt als Täter (*victimizer*) auf, indem er sich als Feind zeigt. Dies bringt zusätzlich die Löwenmetapher zum Ausdruck, die Manfred Görg hinter dem gemeinhin als „locken" oder „verführen" übersetzten Verb *patteh* in Hos 2,16 entdeckt hat. Innerhalb der Hebräischen Bibel kann das Verb eine überraschende, erotische Annäherung bedeuten. Die ugaritische Verbwurzel *pty/w* bezeichnet das Bespringen in der Tierwelt und weitet den Bedeutungsrahmen von der vitalen Verführung bis hin zur Vergewaltigung. Im Ägyptischen gibt es das Verb *ptpt* „überfallen, niedertrampeln", das im Bildkontext der Aktivitäten eines Löwen oder eines Stiers gebraucht wird, wobei es um die Überwindung der Fremdvölker durch den König geht.

Im Bildhintergrund von Hos 2,16 steht das Bild des Löwen und dessen Art der Annäherung an die lebendige Beute vor Augen. Dem Jagdverhalten des Löwen gemäß wird im Anschluss an das Bespringen vom Wegbringen des Opfers

---

72 Berge, "Victimizations," 74.
73 Berge, "Victimizations," 76.
74 Bethany Broadstock, "'And no one shall rescue her out of my hand': Gomer and Hosea 2 in a world of battered women," University of Divinity Melbourne Old Testament Undergraduate Paper. Zugriff 24. 03. 2020. https://www.academia.edu/32885383/. Julia M. O'Brien, *Challenging Prophetic Metaphor: Theology and Ideology in the Prophets* (Louisville, KY: Westminster John Knox Press, 2008). Naomi Graetz, "God is to Israel as Husband is to Wife: The Metaphorical Battering of Hosea's Wife," in *A Feminist Companion to the Latter Prophets*, ed. Athalya Brenner (Sheffield: Sheffield Academic Press, 1995), 126–45. Yvonne Sherwood, "Boxing Gomer: Controlling the deviant woman in Hosea 1–3." in ebd., 101–25. Renita J. Weems, *Battered Love: Marriage, Sex, and Violence in the Hebrew Prophets* (Minneapolis: Fortress, 1995).

in die Wüste gesprochen. Der Löwe schleicht sich an sein Opfer im Kulturland heran, überfällt es und zerrt es dann an eine sichere Zone in der Steppe zurück, wo er ihm den Garaus macht.[75]

Gott als Raubtier ist Israels Feind.[76] Diese feindliche Konnotation der Löwenmetapher kommt noch in Hos 5,14 zur Sprache. Dort wird das reißende und fortschleppende Beutemachen des Raubtiers als Bild für das Strafgericht an Efraim und Juda verwendet. Auf der Bildebene der Verhaltensweise des Löwen ist der Tatbestand des zerstörerischen Gewaltaktes unabweisbar. Doch besitzt die Löwenmetapher auch eine positive Seite. Der Löwe kann als apotropäisches Symbol und mächtiges Schutzwesen fungieren (Hos 11,10; 13,7).[77]

Die sozialpsychologische Gerechte-Welt-Hypothese trägt dazu bei, die Ambivalenz des Gottesbildes der Hosea-Schrift zu verstehen, in der die Metaphern der Viktimisierung durch Gott so weitergeführt werden, dass sie dem Gott Israels letztendlich doch den Charakter des Retters belassen.

Der Sammelband *Responses to Victimizations and Belief in a Just World* geht auf eine Tagung in Trier zurück, die das Interesse widerspiegelt, das die Dozenten und Studenten dort für die Theorie des Glaubens an eine gerechte Welt hatten. Die Veröffentlichung differenziert verschiedene Facetten der Theorie vom Gerechte-Welt-Glauben, z. B. die Hoffnung auf Gerechtigkeit und der Glaube an die eigene Fähigkeit, beschrieben als "Self-Efficacy",[78] Ungerechtigkeiten

---

75 Manfred Görg, „YHWH als Ehemann und als Löwe: Ambivalenz und Kohärenz in der Metaphorik des Hoseabuches," in *Schriftprophetie: Festschrift für Jörg Jeremias zum 65. Geburtstag*, ed. Friedhelm Hartenstein (Neukirchen-Vluyn: Neukirchener Verlag, 2004), 283–96: 287–89. Nachdruck in *Mythos und Mythologie: Studien zur Religionsgeschichte und Theologie*, ÄAT 70 (Wiesbaden: Harrassowitz, 2011), 53–64. Yisca Zimran, "The notion of God reflected in the lion imagery of the Book of Hosea," *VT* 68 (2018): 149–67.

76 Zur Gewalt in den Prophetenbüchern allgemein vgl. Julia Myers O'Brien und Julia Chris Franke (Hg), *The Aesthetics of Violence in the Prophets.* LHBOTS 517 (New York: T & T Clark, 2010). Jacques van Ruiten und Koert Bekkum (Hg.) *Violence in the Hebrew Bible: Between Text and Reception.* OTS 79 (Leiden: Brill, 2020).

77 Görg, "YHWH," 290–92. Auch die Aussage „Gott bin ich und kein Mann" in Hos 11,9 sollte in den Kontext des Teufelskreises von häuslicher Gewalt mit zumeist männlichem Täterprofil eingeordnet werden. Hier distanziert sich die göttliche Stimme vom gewalttätigen und misshandelnden Verhalten gegenüber Israel als Frau (Land Israel) und Sohn (Volk Israel). Samuel E. Balentine, "'I am a God and not a Human Being': The Divine Dilemma in Hosea," in *Torah and tradition: Papers read at the Sixteenth Joint Meeting of the Society for Old Testament Study and the Oudtestamentisch Werkgezelschap, Edinburgh 2015*, OTS 70, ed. Hans M. Barstad und Klaas Spronk (Leiden: Brill, 2017), 54–69. Zum zerstörerischen Potential Gottes gehören auch die Vergleiche mit Motte oder Eiter und Fäulnis in 5,12 sowie dem Adler oder Geier in 8,1. Edgar Kellenberger, „Gott als Raubtier und als offene Wunde (Hosea 5): worin ist der Gott des Alten und Neuen Testaments ‚einzigartig'?," *Theologische Beiträge* 42/6 (2011): 353–61.

78 Changiz Mohiyeddini und Leo Montada, "BJW and Self-Efficacy in Coping with Observed Victimization: Results from a Study about Unemployment," in *Responses to Victimizations and*

zu beseitigen oder zu reduzieren. Angesichts des vielschichtigen Gottesbilds der Hosea-Schrift, in welcher er als Täter und Opfer, als Ehemann und Vater, als vernichtend und verzeihend erscheint, verdient es Beachtung, dass der Glaube an eine gerechte Welt – oder einen gerechten Gott – auch Funktionen in den Opfern bei der Bewältigung ihrer Nöte und Probleme erfüllt. Sozialpsychologische Forschung liefert Hinweise darauf, dass der Gerechte-Welt-Glaube hilft, Menschen vor einer belastenden negativen Sicht ihrer Situation zu schützen, insbesondere vor ihren Ängsten, zu Unrecht viktimisiert zu werden. Auf diese Weise stellt solch ein Glaube auch eine Ressource für die Opfer dar.[79] Als solch eine Ressource wirkt Hosea besonders dann, wenn man die Schrift von ihrem, wohl aus der Perserzeit stammenden, letzten Vers, Hos 14,10, und dem davor stehenden Abschnitt 14,2–9 her liest.[80]

## 8.4 Hinter der Ehemetapher verbirgt sich der Gerechtigkeitswunsch

Bei der Ehemetapher für das Verhältnis zwischen Gott und Israel mag auch der Unterschied zwischen dem Gerechtigkeitsimperativ und moralischen Imperativen bedacht werden. Im kanonischen Endtext von Hosea ist Gerechtigkeit mit dem hebräischen Begriff ḥeseḏ verbunden. Das mit diesem vielschichtigen Begriff Gemeinte scheint eher zu den moralischen Imperativen im Sinne eines Ideals oder eines ethischen Wertes zu gehören, dessen Nichterfüllung in der Gesellschaft nicht bestraft oder geächtet wird. Statt von Tugend oder einem der Bundesbeziehung angemessenen Verhalten zu sprechen, ordnet Paba Nidhani De Andrado den Begriff ḥeseḏ den ethischen Werten zu, um ihre Bedeutung bei der Ermöglichung rechtschaffenen Verhaltens, sowohl im moralischen als auch kultischen Bezugsrahmen zu vermitteln. Solche Werte tauchen in Hosea mehrfach in Gruppen variierend mit den Wörtern für Recht und Gerechtigkeit auf, wobei ḥeseḏ das konstante und wichtigste Element ist (2,19; 4,1; 6,6; 10,12; 12,7). Man hat den Begriff als Barmherzigkeit, Güte, Freundlichkeit, Loyalität und Liebe übersetzt.

---

*Belief in a Just World*, ed. Leo Montada und Melvin J. Lerner (New York and London: Plenum Press, 1998), 41–54.

**79** Leo Montada und Melvin J. Lerner, "Preface", viii. Carolyn L. Hafer und James M. Olson, "Individual Differences in the Belief in a Just World and Responses to Personal Misfortune," in *Responses to Victimizations and Belief in a Just World*, ed. Leo Montada und Melvin J. Lerner (New York and London: Plenum Press, 1998), 65–86. Claudia Dalbert, "Belief in a Just World, Well-Being, and Coping with an Unjust Fate," in ebd., 87–106.

**80** Kratz, „Erkenntnis," 17; Zehetgruper, *Reziprozität*, 400–3; Walter Brueggemann, "The Recovering God of Hosea," *Horizons in Biblical Theology* 30 (2008): 5–20: 10 f.

Das Fehlen von *ḥeseḏ* gegenüber dem Nächsten führt zum Zusammen-bruch der Moralgesetze (Hos 4,1). Das Fehlen von *ḥeseḏ* gegenüber Gott führt zum Zusammenbruch des Ritualgesetzes, zu Götzendienst und anderen verun-reinigenden Praktiken (Hos 4,7–16). Die kultische Kritik richtet sich vor allem an zwei Gruppen, die Priester (4,6; 5,1) und das Volk Israel (4,12; 5,1). Die Hauptanklage gegen die Priester lautet, dass sie es versäumt haben, Werte zu fördern und vorzuleben. Hosea vermittelt ein überraschend positives Bild von der Tätigkeit des Priesters: Die Aussagen bezeugen hohe Erwartungen an die Priester und ihre Bedeutung als moralische Führer. Der Text deutet an, dass Priester als Lehrer der Tora in ihrem Leben Werte vorleben müssen, denn ihr Versagen führt zu moralischen Übertretungen im Volk. Israels Priester waren der Korruption, der Käuflichkeit und verschiedener menschlicher Verfehlun-gen schuldig (Hos 4,6–8), sie werden sogar des Mordes beschuldigt (Hos 6,8–9). Das Versagen der Priester, Werte zu lehren und zu praktizieren, wirkt sich direkt auf das Verhalten der Menschen aus (Hos 4,9). Das Volk folgt der priesterlichen Führung und degeneriert in ähnlicher Weise (4,10–11).[81] In Hos 4–11 richtet sich die Kritik „sowohl gegen gesellschaftliche Fehlentwicklungen Israels (soziale und ethische Mängel, kultische Depravationen) als auch gegen politische, insbe-sondere außenpolitische Fehlentscheidungen (Königsstürze, Kriegshändel, Kun-geleien mit auswärtigen Mächten)."[82] Nun möchten zwar alle unter einer gerech-ten Regierung leben, aber das wird in der Regel nicht dem kategorischen Gerechtigkeitsimperativ zugeordnet. Im Gegenteil, ein gerechter König wird im AT besonders gelobt (1 Kön 3,6; 10,9) und für ihn wird gebetet (Ps 72,1f), damit er die Gerechtigkeitsansprüche erfüllt. Als ungerecht empfundene Regenten sind viel zu verbreitet, als dass es anders sein könnte. Gesellschaftliche Kritik kann also nur moralische Imperative und ideales Verhalten wie Tora lehrende Priester einfordern.

Damit schließt sich der Kreis von der Klage über das Fehlen moralischer Werte zur Ehemetapher. Denn das Verhalten von Ehefrauen gehört in den Be-reich der Gerechtigkeitsimperative. Ehefrauen werden nicht dafür gelobt, dass sie ihren Ehemännern treu sind, aber sie werden verrufen, verachtet und wur-den im Alten Orient streng bestraft, sollten sie sich des Ehebruchs schuldig ma-chen oder sich gar prostituieren. Unter dem Blickwinkel der Differenz zwischen Gerechtigkeitsimperativen und moralischen Imperativen drängt sich die Frage

---

**81** Paba Nidhani De Andrado, "Ḥesed and sacrifice: the prophetic critique in Hosea," *CBQ* 78/1 (2016): 47–67: 54–58.

**82** Dietrich, „Hosea," 406 f. Seong-Hyuk Hong, *The Metaphor of Illness and Healing in Hosea and its Significance in the Socio-Economic Context of Eighth-Century Israel and Judah*, Studies in biblical literature 95 (New York, NY Lang: 2006). Stephen L. Cook, *The Social Roots of Bibli-cal Yahwism*, SBL – Studies in biblical literature 8 (Leiden: Brill, 2004).

auf, ob die Ehemetaphorik in der Hosea-Schrift die Strategie verfolgt, *hesed* und die anderen moralischen Gerechtigkeitsbegriffe vom Ideal, das Priester, Könige und Fürsten in Israel zwar beachten sollten, tatsächlich aber vernachlässigen, auf dieselbe unbedingte Ebene zu heben wie der an die Ehefrau adressierte Gerechtigkeitsimperativ ehelicher Treue. Die Werte der Gerechtigkeit werden so aus dem Belieben, einem moralischen Ideal zu folgen oder nicht, herausgenommen und zu einem kategorischen, unbedingt geltenden Imperativ gemacht. Ist das Ziel der Ehemetapher aber, das gesamte gesellschaftliche und kultische Verhalten des Gottesvolkes zu qualifizieren, wird die Beziehung Israels zu seinem Gott zu einem auch in der Sozialpsychologie durchaus als problematisch wahrgenommenen Auf und Ab einer Ehe- oder Liebesbeziehung.[83]

## 8.5 Persönlicher Vertrag und Verdienstgedanke als Grundlage für den Hinauswurf aus dem Land

Und was ist mit dem persönlichen Vertrag? Auch da spielt die Ehemetaphorik hinein. Kåre Berge wies auf die Gemeinsamkeiten der Bewertungen ungerechten Verhaltens in der Hosea-Schrift mit Weisheitspsalmen und Sprichwörtern hin. Die durch das Verb *bāḡaḏ* ausgedrückte Vorstellung, dass das Volk treulos gegen Gott handelt (Hos 5,7; 6,7), erscheint in Spr 2,21f, wo die *Rescha'im* (Ungerechte) und *Bogedim* (Betrüger) aus dem Land fortgerissen werden, wohingegen die *Jescharim* (Gerechten) im Land wohnen werden, deren Haus bestehen bleibt (Spr 14,11, vgl. 28,10; Ps 37,37; 112,2) und deren Gebet Gott gefällt (Spr 15,8). Ein Leser, der die anderen Sprichwörter über die *Bogedim* kennt (Spr 11,3.6; 13,2.15; 22,12; 23,28), wird die weisheitlichen Bewertungsmaßstäbe hinter den Ausdrücken in Hosea leicht erkennen. Man vergleiche auch Hos 7,9, „Fremde haben seine Kraft verschlungen," mit Spr 5,10, „damit nicht Fremde von deiner Kraft gesättigt werden." Das sieht so aus, als werde die Außenpolitik des Volkes nach einem Maßstab aus dem persönlichen Leben bewertet. So ist die Beschreibung des Volkes als Ehebrecher und Weinsäufer ein Beispiel dafür, wie der törichte Mensch seine Ehre durch Schande ersetzt. Der Vergleich mit denen, die auf der Lauer liegen wie auf eine Beute (Hos 6,9), taucht in Spr 23,28 auf im Bild der Hure, die auf die Unzüchtigen wartet.[84]

---

[83] Isaac M. Lipkus und Victor Bissonnette, "The Belief in a Just World and Willingness to Accommodate among Married and Dating Couples," in *Responses to Victimizations and Belief in a Just World,* ed. Leo Montada und Melvin J. Lerner (New York and London: Plenum Press, 1998), 127–40.

[84] Berge, "Victimizations," 78. Zu weisheitlichem Denken in Hosea siehe auch Bertrand Pinçon, « "Je les corrigerai" : L'éducation divine d'Os 10,10 et ses connotations sapientielles, » *Revue théologique de Louvain* 44/3 (2013) : 413–24.

Die alttestamentliche Weisheit lebt vom Glauben daran, dass man bekommt was man verdient, sei es in Gestalt des Vergeltungsdenkens, sei es in Form des Tun-Ergehen-Zusammenhangs. Die Bewertung des aversiven Schicksals Israels vollzieht sich nach beiden Maßstäben: Die Betrügereien und Ungerechtigkeiten in den horizontalen sozialen Beziehungen der Israeliten untereinander bewirkte eine negative Tat-Sphäre, die sich unheilvoll für das Königreich auswirkte, und auch hinter der privilegrechtlichen Vorstellung von gebrochenen Pflichten gegenüber Gott scheint noch das Konzept eines Tun-Ergehen-Zusammenhangs durchzuschimmern.[85] Auf der vertikalen Beziehung zwischen Mensch und Gott wurde das aversive Schicksal Israels aber auch als göttliche Vergeltung für den Betrug aus Mangel an Gotteserkenntnis, gedeutet. Wer als *Boged* – Betrüger im ehelichen und gesellschaftlichen Sinne – handelte, den trafen Tod im und Flucht oder Verschleppung aus dem Lande Israel zu Recht.

Schlechtes – eine Unheil wirkende Tatsphäre – wird von schlechten Menschen verursacht. Die nationalen Katastrophen mit ihren Kriegstoten, Flüchtlingen und Deportierten, die den kollektiven Hintergrund der Hosea-Schrift bilden, werden nach weisheitlichen Gerechtigkeitskriterien bewertet, die Individuen aufteilen in Rechtschaffene, die im Lande wohnen dürfen, und Frevler und Betrüger, die aus dem Land ausgetilgt werden. Israeliten sind aus ihrem Heimatland geflohen oder verschleppt worden, also müssen sie Betrüger sein, denn Schlechtes widerfährt schlechten Menschen. Israel, so wird insinuiert, kann dem Verlust des Heimatlandes in Zukunft nur entgehen, wenn es *ḥeseḏ* ebenso als Gerechtigkeitsimperativ betrachtet, wie die Treue der Ehefrau zu ihrem Mann. Berge deutet Hos 14,10 als Leseanweisung in dem Sinne, dass zumindest die Schlussredaktion der Hosea-Schrift die Leserschaft auffordert, sich wie der weise und wissende *Tsaddiq* zu verhalten, der im Gegensatz zu den Frevlern, den *Rescha'im*, gottesfürchtig ist und entsprechend Segen erhält und ein langes Leben im Lande genießen darf.[86] Man muss das Leben im gelobten Lande verdienen.

# 9 Schluss

In die Entstehung und Auswirkung des persönlichen Vertrags spielt die Unterscheidung zwischen vorbewussten, erfahrungsbasierten und intuitiven Prozessen versus kognitiven und rationalen Prozessen bei der Urteilsfindung über Gerechtigkeit und Ungerechtigkeit hinein. Viele Einschätzungen von Ungerech-

**85** Rüterswörden, „Bund," 96.
**86** Berge, "Victimizations," 80.

tigkeit sind intuitiv und werden nicht bewusst reflektiert. Darüber hinaus hegen die Parteien von Gerechtigkeitskonflikten in erster Linie intuitive Überzeugungen über Gerechtigkeit und gründen ihre Positionen selten auf reflektierten moralischen Überlegungen. Daher gibt es viele Beispiele dafür, dass sich Gerechtigkeitsvorstellungen dem Einzelnen zwingend und unkontrollierbar aufdrängen können, was zu intensiven Ressentiments gegenüber einem Täter oder zu Schuldgefühlen führt, wenn das Opfer selbst versagt hat. Solche Gerechtigkeitsvorstellungen funktionieren psychologisch als „kategorische", unbedingte Imperative. Dies ist kein Beweis für ihre ausschließliche Gültigkeit, aber es ist ein Beweis für den moralischen Charakter von Gerechtigkeitsnormen, und es unterstützt die These, dass das Gerechtigkeitsmotiv eine „primordiale", ursprüngliche Motivation erster Ordnung ist, also nicht instrumentell dem Eigeninteresse dient. Der Wunsch nach Gerechtigkeit, zu dem der persönliche Vertrag verpflichtet, kann nicht auf ein anderes Handlungsmotiv reduziert werden.[87]

# Literatur

Balentine, Samuel E. "'I am a God and not a Human Being': The Divine Dilemma in Hosea." In *Torah and tradition. Papers read at the Sixteenth Joint Meeting of the Society for Old Testament Study and the Oudtestamentisch Werkgezelschap, Edinburgh 2015.* Oudtestamentische studiën 70, hg. v. Hans M. Barstad und Klaas Spronk, 54–69. Leiden: Brill, 2017.

Ben Zvi, Ehud. "Reading Hosea and Imagining YHWH." *Horizons in Biblical Theology* 30 (2008): 43–57.

Berge, Kåre. "Victim and Victimizer: Plotting God in the Book of Hosea." *Tidsskrift for teologi og kirke* 72 (2001): 69–84.

Blumenthal, David R. *Facing the Abusing God: A Theology of Protest.* Louisville, Ky.: Westminster/John Knox Press, 1993.

Bos, James M. *Reconsidering the Data and Provenance of the Book of Hosea: The Case for Persian Period Yehud.* Library of Hebrew Bible/Old Testament studies 580. New York: Bloomsbury T & T Clark, 2013.

Broadstock, Bethany. "'And no one shall rescue her out of my hand': Gomer and Hosea 2 in a world of battered women." University of Divinity Melbourne Old Testament Undergraduate Paper. Zugriff 24. März 2020. https://www.academia.edu/32885383/.

Brueggemann, Walter. "The Recovering God of Hosea." *Horizons in Biblical Theology* 30 (2008): 5–20.

Butler, Trent C. "God and Dysfunctional Families: A Social and Theological Study of the Book of Hosea." *Perspectives in Religious Studies* 43/2 (2016): 187–202.

---

87 Montada, "Concern," 562 f.

Chaney, Marvin. "Accusing Whom of What? Hosea's Rhetoric of Promiscuity." In *Distant Voices Drawing Near: Essays in Honor of Antoinette Clark Wire,* hg. v. Holly E. Hearon, 97–115. Collegeville: Liturgical, 2004.

Cook, Stephen L. *The Social Roots of Biblical Yahwism.* SBL – Studies in Biblical Literature 8. Leiden: Brill, 2004.

Dalbert, Claudia. *Über den Umgang mit Ungerechtigkeit: Eine psychologische Analyse.* Bern: Huber, 1996.

Dalbert, Claudia. "Belief in a Just World, Well-Being, and Coping with an Unjust Fate," In *Responses to Victimizations and Belief in a Just World,* hg. v. Leo Montada und Melvin J. Lerner, 87–106. New York and London: Plenum Press, 1998.

Dalbert, Claudia. "Belief in a Just World." In *Handbook of Individual Differences in Social Behavior,* hg. V. Mark R. Leary und Rick H. Hoyle, 288–97. London, New York: The Guildford Press, 2009.

Dalbert, Claudia. "On the Differentiation of an Implicit and a Self-Attributed Justice Motive." In *Justice and Conflicts: Theoretical and Empirical Contributions,* hg. v. Elisabeth Kals and Jürgen Maes, 77–91. Berlin Heidelberg: Springer Verlag 2012.

Dewrell, Heath D. "Yareb, Shalman, and the Date of the Book of Hosea." *The Catholic Biblical Quarterly* 78/1 (2016): 413–29.

Dietrich, Walter. „Hosea." In *Die Entstehung des Alten Testaments: Neuausgabe.* Theologische Wissenschaft 1, hg. v. Walter Dietrich, Hans-Peter Mathys, Thomas Römer und Rudolf Smend, 405–15. Stuttgart: W. Kohlhammer, 2014.

Focht, Jennifer. "The Cycle of Domestic Violence," *National Center for Health Research.* Zugriff 24. März 2020. http://www.center4research.org/cycle-domestic-violence/.

Freuling, Georg. „*Wer eine Grube gräbt ...":* der Tun-Ergehen-Zusammenhang und sein Wandel in der alttestamentlichen Weisheitsliteratur. Wissenschaftliche Monographien zum Alten und Neuen Testament 102. Neukirchen-Vluyn: Neukirchener Verl., 2004.

Görg, Manfred. „YHWH als Ehemann und als Löwe: Ambivalenz und Kohärenz in der Metaphorik des Hoseabuches." In *Schriftprophetie: Festschrift für Jörg Jeremias zum 65. Geburtstag,* hg. v. Friedhelm Hartenstein, 283–96. Neukirchen-Vluyn: Neukirchener Verlag, 2004. Nachdruck in Görg, Manfred, Hg. *Mythos und Mythologie: Studien zur Religionsgeschichte und Theologie.* Ägypten und Altes Testament 70, 53–64, Wiesbaden: Harrassowitz, 2011.

Graetz, Naomi. "God is to Israel as Husband is to Wife: The Metaphorical Battering of Hosea's Wife." In *A Feminist Companion to the Latter Prophets,* hg. v. Athalya Brenner, 126–45. Sheffield: Sheffield Academic Press, 1995.

Haddox, Susan E. *Metaphor and masculinity in Hosea.* Studies in Biblical Literature 141. New York, Bern Frankfurt am Main, Berlin, Wien: Lang, 2011.

Hafer, Carolyn L. und James M. Olson. "Individual Differences in the Belief in a Just World and Responses to Personal Misfortune." In *Responses to Victimizations and Belief in a Just World,* hg. v. Leo Montada und Melvin J. Lerner, 65–86. New York and London: Plenum Press, 1998.

Hong, Seong-Hyuk. *The Metaphor of Illness and Healing in Hosea and its Significance in the Socio-Economic Context of Eighth-Century Israel and Judah.* Studies in Biblical Literature 95. New York: Lang, 2006.

Jacobson, Diane L. "Hosea? Yes! A God Who Makes Alive, Hosea? No! A Metaphor That Kills." *Word & World* 28/2 (2008): 192–95.

Jeremias, Jörg. „„Ich bin wie ein Löwe für Efraim ...' (Hos 5,14): Aktualität und Allgemeingültigkeit im prophetischen Reden von Gott am Beispiel von Hos 5,8–14." In

*Hosea und Amos: Studien zu den Anfängen des Dodekaprophetons,* hg. v. Jörg Jeremias, Forschungen zum Alten Testament 13, 104–21. Tübingen: Mohr, 1996.

Keefe, Alice. *Woman's Body and the Social Body in Hosea.* Sheffield: Sheffield Academic Press, 2001.

Kellenberger, Edgar. „Gott als Raubtier und als offene Wunde (Hosea 5): Worin ist der Gott des Alten und Neuen Testaments ‚einzigartig'?." *Theologische Beiträge* 42/6 (2011): 353–61.

Kratz, Reinhard Gregor. „Erkenntnis Gottes im Hoseabuch." *Zeitschrift für Theologie und Kirche* 94/1 (1997): 1–24.

Landy, Francis. "In the Wilderness of Speech: Problems of Metaphor in Hosea." *Biblical Interpretation* 3/1 (1995): 35–60.

Lerner, Melvin J. "Evaluation of Performance as a Function of Performer's Reward and Attractiveness." *Journal of Personality and Social Psychology* 1 (1965): 355–60.

Lerner, Melvin J. "The Justice Motive: Some Hypotheses as to its Origins and Forms." *Journal of Personality* 45 (1977): 1–52.

Lerner, Melvin J. *The Belief in a Just World: A Fundamental Delusion.* New York: Plenum Press, 1980.

Lerner, Melvin J. "The Two Forms of Belief in A Just World: Some Thoughts on Why and How People Care About Justice," In *Responses to Victimizations and Belief in a Just World,* hg. v. Leo Montada & Melvin J. Lerner, 247–69. New York: Plenum Press, 1998.

Lerner, Melvin J., "Pursuing the Justice Motive." In *The Justice Motive in Everyday Life: Essays in Honor of Melvin J. Lerner,* hg. v. Melvin J. Lerner, Dale T. Miller und Michael Ross, 10–37. Cambridge, UK: Cambridge University Press, 2002.

Lerner, Melvin J. "The Justice Motive: Where Social Psychologists Found It, How They Lost It, and Why They May Not Find It Again." *Personality and social psychology review* 7/4 (2003): 389–99.

Lerner, Melvin J. und Susan D. Clayton. Justice and Self-Interest: Two Fundamental Motives. New York: Cambridge University Press, 2011.

Lerner, Melvin J. "Understanding How the Justice Motive Shapes Our Lives and Treatment of One Another: Exciting Contributions and Misleading Claims," in *The Oxford Handbook of Justice in the Workplace.* Oxford library of psychology, hg. v. Russell S. Crapanzano und Maureen L. Ambrose, 205–34. Oxford University Press, 2015.

Lipkus, Isaac M. und Victor Bissonnette. "The Belief in a Just World and Willingness to Accommodate among Married and Dating Couples." In *Responses to Victimizations and Belief in a Just World,* hg. v. Leo Montada und Melvin J. Lerner, 127–40. New York and London: Plenum Press, 1998.

Maes, Jürgen. "Immanent Justice and Ultimate Justice: Two Ways of Believing in Justice." In *Responses to Victimizations and Belief in a Just World,* hg. v. Leo Montada und Melvin J. Lerner, 9–40. New York and London: Plenum Press, 1998.

Mohiyeddini, Changiz und Leo Montada. "BJW and Self-Efficacy in Coping with Observed Victimization: Results from a Study about Unemployment." In *Responses to Victimizations and Belief in a Just World,* hg. v. Leo Montada und Melvin J. Lerner, 41–54. New York and London: Plenum Press, 1998.

Montada, Leo und Melvin J. Lerner, Hg., *Societal concerns about justice.* New York: Plenum Press, 1996.

Montada, Leo und Melvin J. Lerner, Hg., *Responses to Victimizations and Belief in a Just World.* New York: Plenum Press, 1998.

Montada, Leo. „Gerechtigkeitsmotiv und Eigeninteresse." *Zeitschrift für Erziehungswissenschaften* 3 (1998): 413–30.

Montada, Leo und Melvin J. Lerner. "Preface." In *Responses to Victimizations and Belief in a Just World*, hg. v. Leo Montada und Melvin J. Lerner, vii–viii. New York and London: Plenum Press, 1998.

Montada, Leo und Angela Schneider. "Justice and Prosocial Commitments." In *Altruism in Social Systems*, hg. v. Leo Montada und Hans-Werner Bierhoff, 58–81, Toronto: Hogrefe, 1991.

Montada, Leo, Sigrun-Heide Filipp und Melvin J. Lerner, Hg., *Life Crises and the Experience of Loss in Adulthood*. Hillsdale, NJ: Lawrence Erlbaum, 1992.

Montada, Leo. "Developmental Changes in Concepts of Justice." In *Justice and Social Interaction*, hg. v. Gerold Mikula, 257–84. Bern: Hans Huber, 1980.

Montada, Leo. „Empirische Gerechtigkeitsforschung." *Berlin-Brandenburgische Akademie der Wissenschaften. Berichte und Abhandlungen.* 1 (1995): 67–85.

Montada, Leo. „Psychologische Grenzziehungen als Begrenzung der subjektiven und sozialen Geltung von Moral und Gerechtigkeit." In *Eine Welt – eine Moral?*, hg. v. Wilhelm Lütterfelds und Thomas Mohrs, 36–59, Darmstadt: Wissenschaftliche Buchgesellschaft, 1997.

Montada, Leo. "Belief in a Just World: A Hybrid of Justice Motive and Self-Interest?." In *Responses to Victimizations and Belief in a Just World*, hg. v. Leo Montada und Melvin J. Lerner, 217–46. New York and London: Plenum Press, 1998.

Montada, Leo. "Justice: Just a Rational Choice?" *Social Justice Research* 12 (1998): 81–101.

Montada, Leo. "Justice and its Many Faces: Cultural Concerns." In *International Encyclopedia of Social and Behavioral Sciences*, hg. v. Neil J. Smelser und Paul B. Baltes, 8037–42, London: Elsevier, 2001.

Montada, Leo. „Gerechtigkeit und Sozialneid." *Berliner Debatte Initial* 12/3 (2001): 48–57.

Montada, Leo. "Doing Justice to the Justice Motive." In *The Justice Motive in Everyday Life: Essays in Honor of Melvin J. Lerner*, hg. v. Melvin J. Lerner, Dale T. Miller und Michael Ross, 41–62. Cambridge, UK: Cambridge University Press, 2002.

Montada, Leo. „Gerechtigkeit: nur eine rationale Wahl?" *Jahrbuch 2002 der Deutschen Akademie der Naturforscher Leopoldina* 48 (2003): 475–90.

Montada, Leo. "Justice, Equity, and Fairness in Human Relations." In *Handbook of Psychology*. Volume 5, *Personality and Social Psychology*, hg. v. Theodore Millon und Melvin J. Lerner, 537–68. Hoboken, New Jersey: John Wiley & Sons, 2003).

Montada, Leo. "Toleranz und die Psychologie der Gerechtigkeit." In *Interkulturelle Orientierung: Grundlegung des Toleranz-Dialogs*. Teil II, *Angewandte Interkulturalität*, hg. v. Hamid Reza Yousefi und Klaus Fischer, 475–90. Nordhausen: Traugott Bautz, 2004.

Montada, Leo. „Psychologie der Gerechtigkeit." In *Sinn für Ungerechtigkeit*. Interdisziplinäre Studien zu Recht und Staat 38, hg. v. Ian Kaplow und Christoph Lienkamp, 150–64. Baden-Baden: Nomos, 2005.

Montada, Leo. „Gerechtigkeit als Gegenstand der Politischen Psychologie." In *Politische Psychologie und politische Bildung*, hg. v. Rolf Frankenberger, Siegfried Frech und Daniela Grimm, 39–57. Schwalbach/Ts.: Wochenschau Verlag, 2006.

Montada, Leo. "Justice conflicts and the justice of conflict resolution." In *Distributive and Procedural Justice: Research and Applications*, hg. v. Kjell Y. Törnblom und Riël Vermunt, 255–68. Burlington: Ashgate/Glower, 2007.

Montada, Leo. „Empirische Gerechtigkeitsforschung." In: *Handbuch der Politischen Philosophie und Sozialphilosophie,* Bd.1, hg. v. Stefan Gosepath, Wilfried Hinsch und Beate Rösler, 411–16. Berlin: De Gruyter, 2008.

Montada, Leo. „Gerechtigkeitsforschung: Themen, Erkenntnisse und ihre Relevanz." In *Psychologie – Experten als Zeitzeugen,* hg. v. Günter Krampen, 275–88. Göttingen: Hogrefe, 2009.

Montada, Leo. "The normative impact of justice research." In *Justice and conflicts: Theoretical and Empirical Contributions,* hg. v. Elisabeth Kals und Jürgen Maes, 3–19. Berlin/Heidelberg: Springer, 2012.

Naʾaman, Nadav. "The Book of Hosea as a source for the last days of the kingdom of Israel." *Biblische Zeitschrift* N.F. 59/2 (2015): 232–56.

Nidhani De Andrado, Paba. "Ḥesed and sacrifice: the prophetic critique in Hosea." *The Catholic Biblical Quarterly* 78/1 (2016): 47–67.

Nissinen, Martti. "The book of Hosea and the last days of the Northern Kingdom: The methodological problem." In *The Last Days of the Kingdom of Israel.* Beihefte zur Zeitschrift für Die Alttestamentliche Wissenschaft 511, hg. v. Shūichi Hasegawa, Christoph Levin und Karen Radner, 369–82. Berlin, Boston, Mass.: De Gruyter, 2019).

O'Brien, Julia M. *Challenging Prophetic Metaphor: Theology and Ideology in the Prophets.* Louisville, KY: Westminster John Knox Press, 2008.

O'Brien, Julia Myers und Julia Chris Franke, Hg. *The Aesthetics of Violence in the Prophets.* Library of Hebrew Bible/Old Testament studies 517. New York: T & T Clark, 2010.

Piaget, Jean. *Le jugement moral chez l'enfant.* Paris: Félix Alcan, 1932.

Pinçon, Bertrand « "Je les corrigerai" : L'éducation divine d'Os 10,10 et ses connotations sapientielles. » *Revue théologique de Louvain* 44/3 (2013) : 413–24.

Reichle, Barbara, Angela Schneider und Leo Montada. "How Do Observers of Victimization Preserve Their Belief in a Just World Cognitively or Actionally? Findings from a Longitudinal Study." *In Responses to Victimizations and Belief in a Just World,* hg. v. Leo Montada und Melvin J. Lerner, 55–64. New York and London: Plenum Press, 1998.

Rudnik-Zelt, Susanne. *Hoseastudien: Redaktionskritische Untersuchungen zur Genese des Hoseabuches.* Forschungen zur Religion und Literatur des Alten und Neuen Testaments 213. Göttingen: Vandenhoeck & Ruprecht, 2006.

Russell, Yvonne, Elisabeth Kals und Leo Montada. „Wird Generationengerechtigkeit individuell wahrgenommen?" In *Was ist Generationengerechtigkeit?,* hg. v. Stiftung für die Rechte zukünftiger Generationen, Oberusel: SRzG, 2001.

Rüterswörden, Udo. „Bundestheologie ohne ברית." *Zeitschrift für altorientalische und biblische Rechtsgeschichte* 4 (1998): 85–99.

Scarf, Mimi. *Battered Jewish Wives: Case Studies in the Response to Rage.* Women's studies 2. Lewiston, N.Y. [etc:] Mellen, 1988.

Schmitt, Manfred. „Disposition." In *Dorsch: Lexikon der Psychologie,* hg. v. Markus Antonius Wirtz, Bern: Hogrefe. Zuletzt geändert 14. 06. 2016. Zugriff, 29. 07. 2021. https://dorsch.hogrefe.com/stichwort/disposition.

Sharp, Carolyn J. "Interrogating the Violent God of Hosea: A Conversation with Walter Brueggemann, Alice Keefe, and Ehud Ben Zvi." *Horizons in Biblical Theology* 30 (2008): 59–70.

Sharp, Carolyn J. "Hewn by the Prophet: An Analysis of Violence and Sexual Transgression in Hosea: With Reference to the Homiletical Aesthetic of Jeremiah Wright." in *The Aesthetics of Violence in the Prophets.* Library of Hebrew Bible/Old Testament studies

517, hg. v. Julia M. O'Brien und Chris Franke, 50–71. New York; London: T & T Clark, 2010.

Sherwood, Yvonne. "Boxing Gomer: Controlling the deviant woman in Hosea 1–3." In *A Feminist Companion to the Latter Prophets*, hg. v. Athalya Brenner, 101–25. Sheffield: Sheffield Academic Press, 1995.

Steymans, Hans Ulrich. *Rezension zu Reconsidering the Date and Provenance of the Book of Hosea* by James M. Bos. *New Blackfriars* 96/1063 (2015): 363–65.

van Ruiten, Jacques und Koert Bekkum, Hg. *Violence in the Hebrew Bible: Between Text and Reception*. Oudtestamentische studiën 79. Leiden: Brill, 2020.

Vielhauer, Roman. *Das Werden des Buches Hosea: Eine redaktionsgeschichtliche Untersuchung*. Beihefte Zur Zeitschrift Für Die Alttestamentliche Wissenschaft 349. Berlin: Walter de Gruyter, 2007.

Weems, Renita J. *Battered Love: Marriage, Sex, and Violence in the Hebrew Prophets*. Minneapolis: Fortress, 1995.

Weingart, Kristin. „Juda als Sachwalter Israels: Geschichtstheologie nach dem Ende des Nordreiches in Hos 13 und Ps 78." *Zeitschrift für die alttestamentliche Wissenschaft* 127/3 (2015): 440–58.

Yee, Gale A. *Composition and Tradition in the Book of Hosea*. Society of Biblical Literature Dissertation Series 102. Atlanta: Scholars Press, 1987.

Zehetgruber, Katrin. *Zuwendung und Abwendung: Studien zur Reziprozität des JHWH/Israel-Verhältnisses im Hoseabuch*. Wissenschaftliche Monographien zum Alten und Neuen Testament 159. Göttingen: Vandenhoeck & Ruprecht, 2020.

Zenger, Erich. „Das Buch Hosea." In *Einleitung in das Alte Testament*. Kohlhammer Studienbücher Theologie 1,1, hg. v. Christian Frevel, 635–43. Stuttgart: Kohlhammer, 9. Auflage 2016.

Zimran, Yisca. "The notion of God reflected in the lion imagery of the Book of Hosea." *Vetus Testamentum* 68 (2018): 149–67.

Taehwan Kim
# Kontrakt und Erzählung.
# Kritische Überlegungen zur narrativen
# Theorie von Algirdas Julien Greimas

Seit jeher gehört der Kontrakt zu den beliebtesten Motiven der Erzählung. Es ist z. B. der Bruch eines Kontrakts, der zur Austreibung der ersten Menschen aus dem Paradies führt. Vom Teufelspakt handelt nicht nur die Faustlegende; er kommt auch in vielen Volksmärchen und literarischen Erzählwerken vor. Warum ist der Kontrakt als narratives Motiv so beliebt? Welche Bedeutung hat er allgemein für die Erzählung? Dieser Artikel ist ein Versuch, auf diese Fragen zu antworten. Dafür bietet sich die strukturalistische Semiotik von Algirdas Julien Greimas als passendes theoretisches Instrument an, da das von ihm entwickelte Erzählschema durch und durch kontraktuell strukturiert ist. Es ist bemerkenswert, dass in seinem Schema die Narrativität überhaupt mit dem kontraktuellen Vorgang gleichgesetzt wird.

Wie wird der Kontrakt in der narrativen Semiotik von Greimas definiert und als narrative Einheit analysiert? Welche Typen des Kontrakts sind hier zu unterscheiden und was bedeuten die Unterschiede zwischen den einzelnen Typen aus narratologischer Hinsicht? Welche Bedeutung kommt dem Kontrakt insgesamt in dem greimas'schen narrativen Schema zu? Dies sind Fragen, die in diesem Artikel ausführlich erörtert werden.

Jeder Diskurs, auch ein philosophischer oder ideologischer, ist im gewissen Sinne eine Erzählung. Dies ist einer der wesentlichen Gedanken, die der strukturalistischen Semiotik von Greimas zugrunde liegen. Die Narrativität erscheint bei ihm als Grundprinzip der diskursiven Anordnung oder der Syntax des Diskurses. Bei der Suche nach Analyseweisen für den narrativ verstandenen Diskurs entwickelte er in seinem ersten semiotischen Werk *Sémantique structurale* von 1966 (Übersetzung ins Deutsche 1971) ein Modell zur Transformation des Nachrichteninventars auf der Oberflächenebene eines Textes zur Struktur auf einer Tiefenebene.[1] Dieses Transformationsmodell geht auf Vladimir Propps Fabelschema zurück.

---

1 Algirdas Julien Greimas, *Strukturale Semantik: Methodologische Untersuchungen*, Wissenschaftstheorie, Wissenschaft und Philosophie 4, Übers. Jens Ihwe (Braunschweig: Vieweg, 1971), 144 f. „In der Tat ist jedes Inventar eine Liste von Vorkommen, deren Länge von den Besonderheiten des Textes abhängt; das Modell selbst ist einfach und kann nur eine begrenzte Anzahl von Termen aufweisen. Die Transformation des Inventars zur Struktur wird also an

https://doi.org/10.1515/9783110792706-004

Greimas versuchte, das eigentlich für das russische Zaubermärchen konzi-
pierte Schema zu systematisieren, um es allgemein für die strukturelle Analyse
des Diskurses brauchbar zu machen. Bei dem Systematisierungsversuch spürte
er syntaktisch-logischen Zusammenhängen zwischen den Funktionen (Aktionen) in propp'schen Schema nach, und entdeckte dabei, dass sie vorwiegend
kontraktueller Natur sind. So wird der Kontrakt zum Strukturprinzip der Märchenhandlung erhoben. Demnach lässt sich Propps Fabelschema wie folgt zusammenfassen: Der Bruch des Kontrakts, der am Anfang der Erzählung geschieht, führt zum Schaden, der behoben werden soll, und die Behebung des
Schadens geht mit der Wiederherstellung des Kontrakts einher. Daraus geht
hervor, dass der Begriff des Kontrakts nicht nur in syntaktischer, sondern auch
in semantischer Hinsicht von zentraler Bedeutung ist, weil er viel mit gesellschaftlicher Ordnung, Legitimität, und sozialen Wertvorstellungen zu tun hat.
Mit dem Kontrakt als syntaktisch-semantischer Struktur ist also ein wichtiger
theoretischer Begriff gewonnen, der auf die narratologische Analyse diverser
Diskurse anwendbar ist und auf den Greimas später tatsächlich bei seiner Dis-
kursanalyse zusammen mit dem Aktantenpaar „Destinateur-Destinataire" immer wieder zurückgreifen wird.

Greimas' strukturale Semantik hatte auch Einfluss auf die Bibelwissen-
schaften und sogar Literaturwissenschaftler haben religiöse Diskurse nach ihren Modellen analysiert.[2] Eine umfangreiche Darstellung des Transformations-
modells und eine Anwendung des Kontrakts als moralischen Pakt auf die
theologische Disziplin der Moral hat jüngst Skott Grunau vorgelegt.[3]

---

erster Stelle die Prozedur der Reduktion aufweisen. Andererseits ist das Inventar, ob es nun
als eine Abfolge oder ein Katalog begriffen wird, immer eine Juxtaposition; das Modell hingegen ist eine Struktur, d. h. ein Zutagebringen der Prinzipien der relationalen Organisation der
Bedeutung. Die Konstruktion impliziert also an zweiter Stelle die Prozedur der Strukturierung."
Ebd., 144.
**2** Stephan Lauber, „Strukturalismus," in *Das wissenschaftliche Bibellexikon im Internet*
(www.wibilex.de), ed. Stefan Alkier, Michaela Bauks und Klaus Koenen, 2014. Zugriff
20. 7. 2021. http://www.bibelwissenschaft.de/stichwort/31876/. Louis Hébert, *Dispositifs pour
l'analyse des textes et des images. Introduction à la sémiotique appliquée* (Limoges, Presses de
l'Université de Limoges, 2007), 98–102.
**3** Skott Grunau, *Der moralische Pakt: Das Fundamentalmoralische in der Literatur.* Literatura 45
(Baden-Baden: Ergon Verlag, 2020), 81–182.

# 1 Vorbemerkungen

## 1.1 Definitionen: Aktanten

Da der Begriff „Aktant" in der strukturalen Semantik vor allem für die kontraktuelle Struktur des Diskurses von besonderer Bedeutung ist, sei er zu Beginn kurz vorgestellt. Damit es nicht zu abstrakt wird, diene ein Vers aus Hosea über eine Verlobung, die Vorstufe zum Kontrakt der Hochzeit, als Beispiel für Erläuterungen:

> 2,21 Ich verlobe dich mir auf ewig; ich verlobe dich mir um den Brautpreis von Gerechtigkeit und Recht, von Liebe und Erbarmen, 22 ich verlobe dich mir um den Brautpreis der Treue: Dann wirst du den HERRN erkennen.[4]

In *Sémantique structurale* entwickelte Greimas das Aktantenmodell, in dem die Erzählung als Schauspiel mit sechs Rollen aufgefasst wird.[5] Aktanten sind abstrakte Rollen in der Fabel und nicht die Schauspieler, die Figuren, die im erzählerischen Ablauf auftreten und die Akteure heißen. Die Aktanten befinden sich auf der Tiefenebene des Diskurses und entsprechen den Satzgliedern in der Syntax eines Satzes:

| | | | | |
|---|---|---|---|---|
| Subjekt vs. (direktes Akkusativ-)Objekt | = | Held der Handlung | vs. | Begehrtes Gut |
| Subjekt vs. (indirektes Dativ-)Objekt | = | Destinateur | vs. | Destinataire |
| | = | Wohltäter | vs. | Begünstigter |

Greimas charakterisiert die narrative Relation zwischen Subjekt und (direkem) Objekt als Relation des Begehrens (désir).[6] Hos 2,22 spricht von dieser Relation als „Dann wirst du den HERRN erkennen". Das objet de désir ist Gott und die geglückte Beziehung zu ihm. Symbol für dieses Gut ist auf der Textoberfläche

---

4 Übersetzung aus Revidierte Einheitsübersetzung. Der Ausdruck „als Brautpreis" ist ein erläuternder Zusatz in der Übersetzung. Andere Übersetzungen wie die von Martin Buber verstehen Recht und Gerechtigkeit, Gnade und Erbarmen sowie Treue als Circumstant oder Adverb „in Recht usw." des Prädikats verloben.
5 Mit Hilfe des Aktantenmodells wurden nicht nur literarische, sondern auch philosophische, ideologische und wirtschaftliche Diskurse – zwar nur ansatzweise – analysiert. Dieser Ansatz wurde später z. B. in Algirdas Julien Greimas, *Sémiotique et sciences sociales* (Paris: Seuil, 1976) ausgearbeitet.
6 Gremas, *Semantik*, 176.

die Gotteserkenntnis. Die Braut – das Subjekt – wird – so kündigt es der Halbvers an – den HERRN – das Objekt – (begehren und) erkennen.

Die Beziehung zwischen Subjekt und indirektem Objekt ist hingegen nicht als Relation des Begehrens zu verstehen. Dabei geht es vielmehr um eine intersubjektive Relation, die durch die Vermittlung des begehrten Objekts entsteht. Greimas nennt die in dieser Relation beteiligten Aktanten jeweils „Destinateur" und „Destinataire". Der Destinateur als Wohltäter steht dem Destinataire als Begünstigtem gegenüber, wobei letzterer in seiner Beziehung zum begehrten Objekt als Subjekt auftritt.

Hos 2,21 enthält diese Aktanten: „Ich verlobe dich mir ..." Auf der Oberfläche des Satzes sieht es so aus, als sei Gott zugleich der Wohltäter und der Begünstigte, und das stimmt auch, insofern Gott die Verlobungsbeziehung begehrt. Doch da die Aktanten Rollen sind, die von mehreren Akteuren – Figuren auf der Textoberfläche – eingenommen werden können, wird aus dem Zusatz „um den Brautpreis von Gerechtigkeit und Recht, von Liebe und Erbarmen" deutlich, dass es da noch einen anderen Begünstigten gibt, nämlich den Empfänger des Brautpreises. Das wäre jene Person, die gesetzliche Verfügungsgewalt über die Braut hat, doch die gibt es nicht, wenn die Braut keine wirkliche Frau, sondern eine Metapher für Israel ist. Dadurch übernimmt Israel, die Braut, ebenfalls die Aktantenrolle des Begünstigten. Sie empfängt Gottes Recht und Gerechtigkeit, Gottes Gnade und Erbarmen sowie Gottes Treue als Brautpreis, vielleicht sollte man besser Morgengabe sagen, denn die haben Bräute im Alten Orient tatsächlich vom Bräutigam bekommen.

Dem Verhältnis zwischen Destinateur und Destinataire liegt ein Kontrakt zugrunde. In *Sémantique structurale* spricht Greimas dem Destinateur-Aktanten zwei verschiedene Funktionen zu.[7] Einerseits ist der Destinateur am Ende der Erzählung eine Art Schiedsrichter oder Verleiher des Guten. Der Destinateur entscheidet, dass dem Helden die Erfüllung seiner Aufgabe gelungen ist und lässt ihm dafür als Belohnung das begehrte Gut zukommen. Andererseits spielt dieser Aktant auch eine Rolle als Sender, dessen Funktion darin besteht, dem Helden einen Auftrag zu erteilen. Der Destinateur wird in diesem Zusammenhang auch als Auftraggeber (mandateur) bezeichnet. In seinen späteren Werken unterscheidet Greimas die beiden Aspekte auch terminologisch: er nennt den Auftraggeber den ersten, manipulierenden Destinateur, und den Schiedsrichter den letzten, beurteilenden und sanktionierenden Destinateur.[8]

---

7 Greimas, *Semantik,* 177 f.

8 Algirdas Julien Greimas und Joseph Courtés, *Sémiotique. Dictionnaire raisonné de la théorie du langage* (Paris: Hachette, 1993), 94 f.

In Hos 2,21f spricht Gott. Er gibt sich selbst den Auftrag oder das Mandat, die Verlobung herbeizuführen, ist also Sender oder Auftraggeber und zugleich ist er der Wohltäter, der die Gaben an die Braut vergibt.

Wenn der Destinateur den Helden mit einem Auftrag betraut und ihn für die Erfüllung des Auftrags belohnt, so tritt der Held an die Stelle des Destinataires, der ebenfalls zwei verschiedene Rollen spielen kann: als Beauftragter und als Begünstigter. Weiterhin kann der Held auch als Subjekt aufgefasst werden, da seine Aufgabe in der Suche nach dem begehrten Objekt besteht. Anders gesagt, der Held ist bald als Subjekt (in seiner Beziehung zum Objekt des Begehrens), bald als Destinataire (in seiner Beziehung zum Destinateur) zu definieren.

In Hos 2,21f übernimmt Gott drei Aktantenrollen, die des Auftraggebers zur Verlobung, des mit der Verlobung Beauftragten und des Begünstigten, der die Verlobte gewinnt. Doch auch die Verlobte schlüpft in den Aktanten des Begünstigten, denn sie bekommt Recht und Gerechtigkeit, Gnade und Erbarmen. Damit erkennt man den symbolischen Wert des Objekts als Aktant, denn das Objekt erscheint auf der Textoberfläche in mehrfacher Weise gefüllt. Das Objekt ist die Braut in 2,21a, Gotteserkenntnis in 22b, die Brautgaben in 21.22a. In Wirklichkeit ist das begehrte Gut jedoch die gelingende Verlobung, die beständige Beziehung zwischen Gott und Israel. Alle anderen Objekte sind nur Repräsentanten dieses eigentlich begehrten Guts. Wer entscheidet, ob die Verlobung gelungen ist? Wieder Gott, der feststellt, ob Israel ihn wirklich erkannt hat und die Liebesbeziehung zu ihm verwirklicht. Insofern ist Gott auch der Destinateur im Sinne des Schiedsrichters, der das Gelingen oder Scheitern einer Prüfung feststellt und im Sinne des Schenkers, der die Übereignung des Objekts – den Austausch zwischen Braut und Brautpreis mit dem nicht vorhandenen Brautvater – bewirkt.

Zu diesen vier Aktanten – Subjekt, Objekt, Destinateur und Destinataire – kommen noch Helfer und Widersacher. Ursprünglich – in *Sémantique structurale* – waren sie auch als Aktanten konzipiert. Doch sie erscheinen oft als Projektionen des Handeln-Könnens oder Nicht-Handeln-Könnens des Subjekt-Helden. Die Fähigkeit des Subjekts zum Handeln kann entweder in ihm selbst verinnerlicht sein oder die Gestalt eines anderen Akteurs annehmen, z. B. ein Zaubermittel.

In der Erzählung wird der Helfer dem Helden häufig als Belohnung für seine gute Tat übergeben. Der Schenker spielt dabei die Rolle des Auftraggebers sowie des Schiedsrichters. Er erlegt dem Helden eine Prüfung auf und schenkt ihm als Belohnung für die bestandene Prüfung ein Zaubermittel, das ihn in dessen Fähigkeit stärkt. In seinen späteren Arbeiten betrachtet Greimas den Helfer nicht mehr als Aktant, sondern lediglich als ein Bestandteil modaler Kompetenz des handelnden Subjekts (Handeln-Können).

Der Widersacher, den Greimas in *Sémantique structurale* dem Helfer gegenüberstellt, entfällt ebenfalls in seinen späteren Arbeiten, stattdessen spricht er nun vom Antisubjekt. Das Antisubjekt unterscheidet sich insofern vom Widersacher, als es als Subjekt der Gegengeschichte nicht dem Helfer, sondern dem Subjekt gegenübersteht. Dann ist der Widersacher als Helfer des Antisubjekts oder als dessen modale Kompetenz anzusehen.

In manchen Erzählungen entsteht der Konflikt daraus, dass das Subjekt und das Antisubjekt verschiedene Ziele verfolgen, die miteinander unvereinbar sind. Dann stünde dem Objekt auch ein Anti-Objekt gegenüber.[9] In Hosea 2,7 wären die Liebhaber der Frauengestalt wohl das Antisubjekt und die den Liebhabern fälschlich als Schenkern zugeschriebenen Gaben Brot, Wasser, Wolle, Flachs, Öl und Getränk das Anti-Objekt. Die Gegengeschichte zur Verlobung waren Hurerei und Scheidung in 2,4–15.

## 1.2 Prüfungen und Kontraktformen

Greimas' Transformationsmodell enthält fünf Kontrakte. Im Handlungsverlauf muss sich der Held unterschiedlichen Prüfungen stellen, die je einen Kontrakt voraussetzen. Greimas bezeichnete die Prüfungen als Hauptprüfung, qualifizierende und glorifizierende Prüfung. Die Hauptprüfung enthält den Kontrakt in der Regel explizit als Gegenüberstellung von Aufforderung und Annahme. In der qualifizierenden Prüfung wird ein sozialer Kontrakt oft implizit vorausgesetzt. In der glorifizierenden Prüfung, bei der es um die Anerkennung des wahren Helden geht, benannte Greimas den Kontrakt der Veridiktion. Zwei weitere narrative Kontraktformen sind das Verbot und die Heirat oder Hochzeit.

Im Folgenden will ich diese fünf verschiedenen Kontraktformen aus narratologischer Sicht ausführlich analysieren. Dabei gilt mein Augenmerk einerseits dem in den Kontraktformen vereinbarten oder vollzogenen Austausch, also dem Tauschcharakter des Kontrakts. Ich argumentiere dafür, dass der Kontrakt als Tauschpraxis aus zwei Verpflichtungen, nämlich der Performanz durch den Destinataire-Held und der Sanktion (Evaluation) samt Retribution (Vergeltung) durch den Destinateur-Schiedsrichter besteht und dass die Verschiebung des Tauschvorgangs die erzählerische Spannung zwischen der Abschließung des Kontrakts und der Ausführung der Handlung sowie der Sanktion schafft. So kann man zum Beispiel über die Hauptprüfung erzählen, wie ein Kontrakt abgeschlossen, ausgeführt und erfüllt wird. Dabei soll auch gezeigt werden, dass es

---

**9** Taehwan Kim, *Vom Aktantenmodell zur Semiotik der Leidenschaften: Eine Studie zur narrativen Semiotik von Algirdas J. Greimas* (Tübingen: Gunter Narr, 2002), 50–58.

Kontraktformen gibt, die keine solche narrative Struktur mit Anfang und Ende aufweisen und eher dazu neigen, einen dauerhaften Zustand zu stiften.

Andererseits werde ich der Frage nachgehen, welchen Stellenwert die unterschiedlichen Kontraktformen für den globalen Erzählkontext haben. Welche Rolle spielt beispielsweise die qualifizierende Prüfung oder die Hochzeit für die gesamte Erzählhandlung?

Wenn man den Kontrakt als narratologische Kategorie untersuchen will, soll man sowohl dessen narrativ-syntaktische Struktur als auch dessen funktionale Bedeutung beschreiben. Meine These lautet: Die beiden Aspekte des Kontrakts, nämlich einerseits als narratologisch analysierbare Erzählung und andererseits als funktionales Element in der Erzählung, sind eng miteinander verknüpft und die Stellenwerte der *fünf Kontraktformen* (siehe Abschnitt 2.2) für den Erzählkontext sind auf ihre jeweiligen strukturellen Besonderheiten zurückzuführen.

# 2 Kontrakt als narratologische Kategorie

## 2.1 Propps Fabelschema und die fünf Kategorien des Transformationsmodells

Vladmir Propps Fabelschema, das in *Sémantique structurale* als kanonische Darstellung der narrativen Struktur gilt, besteht aus 31 Funktionen, d. h. 31 typischen Aktionen der Märchenfiguren, die immer in gleicher Reihenfolge aufeinanderfolgen, aber nicht alle in jedem Märchen realisiert werden:

| | |
|---|---|
| I. | Ein Familienmitglied verlässt das Haus für einige Zeit (Abwesenheit); |
| II. | Dem Helden wird ein Verbot erteilt (Verbot); |
| III. | Das Verbot wird verletzt (Übertretung); |
| IV. | Der Gegenspieler versucht, Erkundigungen einzuziehen (Erkundung); |
| V. | Der Gegenspieler erhält Informationen über sein Opfer (Auskunft); |
| VI. | Der Gegenspieler versucht, sein Opfer zu überlisten, um sich seiner selbst oder seines Besitzes zu bemächtigen (Täuschung); |
| VII. | Das Opfer fällt auf das Betrugsmanöver herein und hilft damit unfreiwillig dem Gegenspieler (Unterwerfung); |
| VIII. | Der böse Gegenspieler fügt einem Familienmitglied einen Schaden oder Verlust zu (Verrat); |
| VIIIa. | Einem Familienmitglied fehlt irgend etwas, es möchte irgend etwas haben (Mangel); |
| IX. | Ein Unglück oder der Wunsch, etwas zu besitzen, werden verkündet, dem Helden wird eine Bitte bzw. ein Befehl übermittelt, man schickt ihn aus oder läßt ihn gehen (Aufforderung); |

| X. | Der Sucher ist bereit bzw. entschließt sich zur Gegenhandlung (Entschluß des Helden); |
|---|---|
| XI. | Der Held verläßt das Haus (Aufbruch); |
| XII. | Der Held wird auf die Probe gestellt, ausgefragt, überfallen usw., wodurch der Erwerb des Zaubermittels oder des übernatürlichen Helfers eingeleitet wird (Auferlegung einer Prüfung); |
| XIII. | Der Held reagiert auf die Handlungen des künftigen Schenkers (Konfrontation mit der Prüfung); |
| XIV. | Der Held gelangt in den Besitz des Zaubermittels (Empfang des Zaubermittels); |
| XV. | Der Held wird zum Aufenthaltsort des gesuchten Gegenstandes gebracht, geführt oder getragen (räumliche Versetzung); |
| XVI. | Der Held und sein Gegner treten in einen direkten Zweikampf (Kampf); |
| XVII. | Der Held wird gekennzeichnet (Kennzeichnung); |
| XVIII. | Der Gegenspieler wird besiegt (Sieg); |
| XIX. | Das anfängliche Unglück wird gutgemacht bzw. der Mangel behoben (Beseitigung des Mangels); |
| XX. | Der Held kehrt zurück (Rückkehr); |
| XXI. | Der Held wird verfolgt (Verfolgung); |
| XXII. | Der Held wird vor den Verfolgern gerettet (Errettung); |
| XXIII. | Der Held gelangt unerkannt nach Hause zurück oder in ein anderes Land (unerkannte Ankunft); |
| XXIV. | Der falsche Held macht seine unrechtmäßigen Ansprüche geltend (unrechtmäßige Ansprüche); |
| XXV. | Dem Helden wird eine schwere Aufgabe gestellt (Auferlegung einer Aufgabe); |
| XXVI. | Die Aufgabe wird gelöst (Gelingen); |
| XXVII. | Der Held wird erkannt (Wiedererkennung); |
| XXVIII. | Der falsche Held, Gegenspieler oder Schadenstifter wird entlarvt (Enthüllung des Verräters); |
| XXIX. | Der Held erhält ein anderes Aussehen (Enthüllung des Helden); |
| XXX. | Der Feind wird bestraft (Bestrafung); |
| XXXI. | Der Held vermählt sich und besteigt den Thron (Hochzeit).[10] |

Um die dem Schema zugrundeliegende narrative Struktur zum Vorschein zu bringen, ordnet Greimas im ersten Schritt die einfach aneinandergereihten Funktionen – wenn möglich – nach ihrer logischen Relation paarweise an:

| 1° | Abwesenheit; |
|---|---|
| 2° | Verbot vs. Übertretung; |
| 3° | Erkundung vs. Unterwerfung; |
| 4° | Täuschung vs. Unterwerfung; |
| 5° | Verrat vs. Mangel; |
| 6° | Aufforderung vs. Entschluß des Helden; |
| 7° | Aufbruch; |

---

**10** Vladimir Propp, *Morphologie des Märchens*, Übers. Christel Wendt, ed. Karl Eimermacher (München: Hanser, 1972), 31–66; die stichwortartigen Definitionen nach Greimas, *Semantik*, 179.

8°  Auferlegung einer Prüfung vs. Konfrontation mit der Prüfung;
9°  Empfang des Zaubermittels;
10°  Räumliche Versetzung;
11°  Kampf vs. Sieg;
12°  Kennzeichnung;
13°  Beseitigung des Mangels;
14°  Rückkehr;
15°  Verfolgung vs. Errettung;
16°  Unerkannte Ankunft;
17°  Auferlegung einer Aufgabe vs. Gelingen;
18°  Wiedererkennung;
19°  Enthüllung des Verräters vs. Enthüllung des Helden;
20°  Bestrafung vs. Hochzeit[11]

Nach der neuen Anordnung klassifiziert Greimas die Funktionen oder Funktionspaare ihrem semantischen Inhalt nach in die folgenden fünf Kategorien:

A  (Etablierung des Kontrakts): a (Aufforderung) vs. nicht a (Annahme)
F  (Kampf): Konfrontation vs. Gelingen
C  (Kommunikation): c (Emission) vs. nicht c (Empfang)
p  (Anwesenheit)
d  (Dislokation)[12]

In der Opposition *Aufforderung vs. Annahme* erkennt Greimas die Etablierung eines Kontrakts und weist ihr die Abkürzung *A* (wohl für französisch *acceptation*) zu und bezeichnet ihren aktiven und passiven Term jeweils mit *a* und *nicht a*. Wenn das Funktionspaar 6° [Aufforderung vs. Entschluss des Helden] z. B. der Kategorie *A* zufällt, hat man bei dem Funktionspaar 2° [Verbot vs. Übertretung] mit dem Bruch des Kontrakts zu tun, und Greimas verleiht ihm das Symbol $\overline{A}$ als Negation von *A*.

Die Verlobung in Hos 2,21f impliziert einen Kontrakt. Denn die Verlobte muss die Aufforderung, die Verlobung einzugehen, doch irgendwie annehmen, wenn die Ehe nicht dem Erwerb einer Sklavin gleichen soll, nach deren Einverständnis nicht gefragt wird. Daher ist das Element A *Aufforderung vs. Annahme des Kontrakts* vorausgesetzt.

Auf die Annahme des Kontrakts folgt die Konfrontation mit der Aufgabe, die – im Regelfall – mit dem Gelingen abschließt. Dieser Opposition *Konfrontation vs. Gelingen* weist Greimas das Kürzel *F* zu, wohl für französisch *affrontement* (es ist offensichtlich, dass er dafür das Symbol *A* nicht verwenden konnte).

---

11 Greimas, *Semantik*, 180.
12 Greimas, *Semantik*, 180–88.

Bei der dritten Kategorie *Kommunikation* (die Abkürzung *C* für französisch *communication*) handelt es sich um die Opposition *Emission (c) vs. Empfang (nicht c)*. Sie stellt den Zirkulationsprozess eines Wertobjekts dar, der sich vor allem zwischen Destinateur und Destinataire abspielt. Als Schiedsrichter kommuniziert der Destinateur die Anerkennung des wahren Helden, dem die Konfrontation wirklich gelungen ist – im Gegensatz zu den falschen Helden – und als Schenker übergibt er ein Hilfsmittel zum Einsatz bei der Konfrontation (Helfer) oder das begehrte Gut (Objekt). Die Kommunikation *C* hat auch ihr negatives Pendant ($\overline{C}$), das Greimas in den Funktionspaaren 3° [Erkundung vs. Unterwerfung], 4° [Täuschung vs. Unterwerfung] und 5° [Verrat vs. Mangel] erkennt.

Schließlich erwähnt Greimas noch als Modalitäten die unerkannte Ankunft des Helden (*p* wohl für französisch *présence*) und die schnelle Ortsveränderung des Helden (*d* für Dislokation).

Kontrakt, Kampf und Kommunikation sind größere Bedeutungseinheiten und werden deshalb mit Großbuchstaben (A, F, C) abgekürzt, denn sie konstituieren sich jeweils aus zwei gegensätzlichen Termen, die bereits Kategorien sind und einzelnen Funktionen im propp'schen Fabelschema entsprechen. Für solche einzelnen Terme verwendet Greimas Kleinbuchstaben (*a* und *nicht a* für Aufforderung und Annahme, *c* und *nicht c* für Emission und Empfang). Der Grund, weshalb in der *Sémantique structurale* der Kleinbuchstabe *f* (man würde *f* für Konfrontation und *nicht f* für Gelingen erwarten) nicht vorkommt, ist unklar, und dies ist ein Zeichen einer gewissen Ungenauigkeit, die sich etwa darin ausdrückt, dass die Funktion *Übertretung* fälschlicherweise als Nicht-Annahme (*nicht a*) gedeutet wird, und nicht als Misslingen, das besser mit *nicht f* bezeichnet werden könnte.[13]

## 2.2 Prüfungsschema: Kontraktuelle Struktur der Erzählung

Unter den oben genannten fünf Kategorien bilden *A, F und C (nicht c)* zusammen einen Prozess, den Greimas "Prüfung (épreuve)" nennt. Wie oben gesagt, kann das Funktionspaar 6° [Aufforderung vs. Entschluss des Helden] z. B. ohne weiteres als Etablierung des Kontrakts (*A*) aufgefasst werden, und steht mit dem Funktionspaar 11° [Kampf vs Sieg] (*F*) in Verbindung, da es sich beim Kampf um die Ausführung der kontraktuellen Aufgabe handelt. Darauf folgt die Funktion 13° [Beseitigung des Mangels], womit das Ziel des Kontrakts erreicht wird.[14] Greimas bezeichnete sie mit *nicht c* (Empfang), da der Held nach gelungener Konfrontation das begehrte Gut oder Wertobjekt empfängt.

---

13 Vgl. Kim, *Aktantenmodell*, 43 f.
14 Wenn der Held den Gegner besiegt und das ersehnte Wertobjekt erwirbt, dann kann man zwar vom Empfang (nicht c) sprechen, doch es handelt sich hier um einen Empfang, der nicht

Greimas erkennt in Propps Schema insgesamt drei Prüfungen wieder:

1) qualifizierende Prüfung (das Funktionspaar 8° [Auferlegung einer Prüfung vs Konfrontation mit der Prüfung]; die Funktion 9° [Empfang des Zaubermittels]),
2) Hauptprüfung (6°; 11°; 13°) und
3) glorifizierende Prüfung (das Funktionspaar 17° [Auferlegung einer Aufgabe vs. Gelingen]; die Funktion 18° [Wiedererkennung]).

Im Laufe der Märchenhandlung werden also *drei Kontrakte* geschlossen und schließlich erfüllt. Der Held des Märchens ist derjenige, der die drei Prüfungen nacheinander besteht.

Greimas zufolge gibt es im propp'schen Schema noch *zwei weitere Kontrakte*, die er jedoch nicht als Bestandteile einer Prüfung betrachtet. Es handelt sich um:
– das Funktionspaar [Verbot/Übertretung] und
– die Funktion [Hochzeit]

Er fasst das Funktionspaar [Verbot/Übertretung] als Kontrakt im negativen Sinne auf, also als Bruch des Kontrakts, während die letzte Funktion [Hochzeit] im propp'schen Schema als endgültige Etablierung der durch den anfänglichen Bruch ins Wanken geratenen kontraktuellen Ordnung definiert wird. Die Erzählung beginnt mit dem Bruch des Kontrakts und geht mit seiner Wiederherstellung zu Ende. Der Bruch des Kontrakts, der am Anfang der Erzählung geschieht, führt zum Schaden. Die Behebung des Schadens zieht die Wiederherstellung des Kontrakts nach sich, wie die folgende Formel zeigt:[15]

Anfangssequenz     Endsequenz
$\overline{A} + \overline{C}$          $C + A$

Aus den bisherigen Überlegungen geht hervor, dass Greimas den Kontrakt als herrschendes Strukturprinzip des propp'schen Fabelmodells betrachtet. Dies wird auch deutlich, wenn er im Zusammenhang mit dem Kampf (F) schreibt:

die *Emission* als Funktion des Schenkers (des Destinateurs) voraussetzt. Der Gegner ist nicht als Destinateur anzusehen, denn es ist nicht seine Absicht, dem Helden das Wertobjekt zu schenken. Dies ist wohl ein Grund, weshalb Greimas in *Sémantique structurale* nicht A-F-C, sondern *A-F-nicht c* als die Standardform der Prüfung darstellt (Greimas, *Semantik*, 182). Dies gründet aber auf einem Missverständnis der kontraktuellen Struktur der Prüfung, das erst in seinen späteren Arbeiten berichtigt wird (Siehe die Abschnitte 3.1, 4.1 und 5). Es sei hier nur darauf hingewiesen, dass der endgültige Erwerb des Wertobjekts nicht als die direkte Folge des erfolgreichen Kampfes sondern erst nach der Anerkennung des Destinateurs geschieht. Im kontraktuellen Rahmen ist der Empfang nur als Belohnung vom Destinateur denkbar.
**15** Greimas, *Semantik*, 192.

> Die Konsequenz (Empfang oder *nicht c*, Taehwan Kim) ist jedoch nicht allein der Ausgang
> des Kampfes; sie ist gleichermaßen der Ausgang des partiellen Kontrakts, der vor dem
> Kampf etabliert wurde und der ebenfalls für die Prüfung konstitutiv ist: Die Konsequenz
> ist also die Sanktion dieses Kontrakts, der Beweis seiner Realisierung, und impliziert die
> teilweise Wiederherstellung des gebrochenen globalen Kontrakts.[16]

An dieser Stelle zeigt sich, dass Greimas sowohl den gesamten Handlungsverlauf der Erzählung wie ihre Teilsequenzen als kontraktuelle Strukturen betrachtet.

Der Kontrakt ist nicht nur in syntaktischer, sondern auch in semantischer Hinsicht von größter Wichtigkeit, weil er eng mit gesellschaftlicher Ordnung, Legitimität, und sozialen Wertvorstellungen zusammenhängt. Diese axiologische Dimension ist nicht nur für das Zaubermärchen, sondern auch allgemein für den narrativen Diskurs – oder für den Diskurs überhaupt, sofern er vom menschlich-gesellschaftlichen Leben handelt – grundlegend, wie Greimas in bezug auf seine Formel $\overline{A} + \overline{C} \rightarrow C + A$ schreibt:

> Man sieht, daß die Erzählung so verstanden nur die Beziehungen zur Manifestation
> bringt, die auf der Ebene der kollektiven Axiologie existieren, und von denen die Erzäh-
> lung nur eine Manifestationsform unter anderen möglichen Formen ist. Das Volksmär-
> chen ist so gesehen nur eine partikuläre Inkarnation bestimmter Bedeutungsstrukturen,
> die vor ihm existieren können, und die sehr wahrscheinlich in der sozialen Rede redun-
> dant sind.[17]

Es ist wohl eine der eindrucksvollsten Leistungen des Strukturalismus, dass Greimas Propps Sequenz von 31 Funktionen als Wiederkehr kontraktueller Elemente beschreibt und schließlich in eine ganz einfache Formel verwandelt, wobei sich der Kontrakt als strukturierendes Prinzip auf syntaktischer sowie semantischer Ebene herausstellt.

Aber die strukturalistische Methode, die verschiedene Teile eines Ganzen auf deren gemeinsamen Nenner bringt und als dessen Variationen darstellt, wird problematisch, wenn man dabei ihre Heterogeneität vollkommen ignoriert. Gerade das geschieht, wenn Greimas unterschiedliche Funktionen des propp'schen Fabelmodells einfach mit dem Symbol *A* bezeichnet und gewissermaßen in einen Topf wirft. Der abstrakte Begriff des Kontrakts als *Aufforderung/Annahme* erklärt etwa nicht, warum der Kontrakt für die Hauptprüfung (*Aufforderung/Entschluss des Helden*) das zentrale Geschehen des Märchens beginnen lässt, während die Hochzeit die Erzählung abschließt. Die fünf Kontrakte im propp-greimas'schen Modell erfüllen also verschiedene Funktionen für den gesamten Handlungsverlauf. Greimas weist natürlich darauf hin, dass sie in syntaktischer

---

16 Greimas, *Semantik*, 196.
17 Greimas, *Semantik*, 192 f.

Hinsicht verschiedene Stellenwerte einnehmen, wenn er etwa die Prüfungen unterschiedlich bezeichnet (Hauptprüfung, qualifizierende und glorifizierende Prüfung). Er erkennt aber nicht, dass die Kontrakte an sich von unterschiedlichem Charakter sind und nur darum unterschiedlich funktionieren können.

# 3 Die Hauptprüfung: Asymmetrie zwischen Destinateur und Destinataire

Zunächst soll hier auf den Kontrakt für die Hauptprüfung eingegangen werden, da er überhaupt der wichtigste Kontrakt im propp-greimas'schen Erzählschema ist. Ein konkretes Beispiel dafür kann man etwa in dem russischen Märchen *Ivan Zarewitch, der Feuervogel und der graue Wolf* finden. Es geht hier um den Feuervogel, der goldene Äpfel aus dem Garten eines Zaren stiehlt. Die Hauptprüfung des Märchens erfolgt im Rahmen eines Kontrakts zwischen dem Zaren und seinem jüngsten Sohn Ivan und lässt sich wie folgt zusammenfassen:

A: Der Zar sagt seinen Söhnen, derjenige, der den Feuervogel fange, würde die Hälfte des Zarenreichs erhalten und schließlich das ganze Reich erben. Ivan, der jüngste Sohn, entschließt sich, die Aufgabe zu übernehmen.

F: Dem Prinzen gelingt es, den Feuervogel zu fangen und ihn seinem Vater zu bringen.

C: Ivan erhält die Hälfte des Zarenreichs und wird als Erbe bestellt.[18]

Diese Interpretation der Prüfungssequenz weicht von ihrer Darstellung in *Sémantique structurale* insofern ab, als Greimas die Funktion 13° [Beseitigung des Mangels] als Konsequenz des Kampfes an die Stelle *C* [genauer gesagt: *nicht c* oder Empfang] setzt, während die Belohnung für den Helden (die Funktion 20° [Bestrafung vs. Hochzeit]) nicht der Prüfungssequenz zugerechnet wird. Es ist aber nicht leicht zu verstehen, warum die Gratifikation, die bereits bei der Etablierung des Kontrakts in Aussicht gestellt wird, nicht als Teil des kontraktuellen Prozesses angesehen werden soll. Ivan bringt dem Zaren den begehrten Feuervogel (*Beseitigung des Mangels*) und wird dafür mit der Hälfte des Reichs und dem Erbrecht belohnt (*Hochzeit*). In der Prüfungssequenz findet also ein zweifaches Empfangen statt: nicht nur Ivan, sondern auch der Zar erscheinen hier als Begünstigter. Den kontraktuellen Prozess, der vom Empfang des Feuervogels durch den Zaren zur Belohnung für Ivan verläuft und vom Tauschcharakter

---

18 Alexander Afanasev, *Russian Fairy Tales*, Übers. Norbert Guterman (New York: Pantheon Books 1975), 612–24.

zeugt, erkennt der Autor der *Sémantique structurale* nicht, so dass er einen wichtigen Teil der Prüfungssequenz übersieht.

## 3.1 Ein verschobener Tausch im auf Gegenseitigkeit der Pflichterfüllung angelegten Kontrakt

Anders als die Definition des Kontrakts in *Sémantique structurale* (Aufforderung/Annahme) erscheinen lässt, handelt es sich bei dem Kontrakt in *Ivan Zarewitsch, der Feuervogel und der graue Wolf* nicht so sehr um ein unilaterales Verhältnis zwischen Verpflichtendem (dem Destinateur als Auftraggeber) und Verpflichtetem (dem Destinateur als Beauftragtem) als um ein wechselseitiges: Der Zar erlegt seinem Sohn nicht nur die Aufgabe auf, den Feuervogel zu fangen, sondern verpflichtet sich auch, ihm dafür die Hälfte des Zarenreichs zu geben und ihn zum Erben einzusetzen. Der Kontrakt zwischen dem Zaren und Ivan gründet also auf Gegenseitigkeit und ist in diesem Sinne als Tauschvertrag zu verstehen. Auch in Greimas' späteren Werken wird auf den Tauschcharakter des Kontrakts hingewiesen. In *Sémiotique. Dictionnaire raisonné de la théorie du langage* etwa schreiben Greimas und Courtés:

> Der Begriff des Kontrakts ist mit dem des Tauschs, dessen Theorie im Werk von Marcel Mauss ausgearbeitet ist, zu vergleichen. Der Kontrakt erscheint auf den ersten Blick, in diesem Fall, als verschobener Tausch, wobei die Distanz zwischen seiner Abschließung und Ausführung von einer Spannung gefüllt ist, einer Spannung, die Kredit und Debit, Vertrauen und Verpflichtung zugleich ist.[19]

Die hier vorgeschlagene Definition des Kontraktbegriffs als „verschobener Tausch" enthält einige theoretisch höchst bedeutsame Implikationen, die aber von Greimas nicht genügend beleuchtet worden sind.

Besonders interessant für den hier konstruierten Zusammenhang ist, dass Greimas mit dieser Definition auf die Zeitlichkeit des Kontrakts aufmerksam macht. Die Verschiebung des Tauschvorgangs erzeugt eine Spannung, die sich erst durch seinen Vollzug auflöst. Man kann daran leicht das narrative Grundschema erkennen, das mit dem Gegensatz von Spannungserzeugung und -auflösung zu beschreiben ist. Da es aber dabei um einen Tauschvorgang zwischen zwei Akteuren geht, lässt sich die Spannung, die ihn begleitet, in zweifacher Hinsicht beschreiben. In dem oben erwähnten Märchen weiß einerseits der Zar nicht, ob Ivan tatsächlich den Feuervogel fangen und ihm bringen würde. Nie-

---

**19** Greimas und Courtés, *Sémiotique*, 71.

mand kann das vorher wissen. Aus dieser Unsicherheit entsteht eine Spannung, die für die gesamte Erzählhandlung von zentraler Bedeutung ist. Andererseits kann Ivan nach der Ausführung der Aufgabe nicht vollkommen sicher sein, ob sein Vater das Versprechen halten und ihm das Königreich vererben wird, bevor das tatsächlich geschieht. Auf dem Weg nach Hause könnte er sich auf die Belohnung freuen. Das ist aber nur eine Vorfreude, der unausweichlich eine gewisse Spannung innewohnt. Sie löst sich erst dann auf, als der Zar seine kontraktuelle Pflicht tatsächlich erfüllt.

Nicht nur die Spannung, sondern auch die kontraktuelle Beziehung selbst löst sich auf, nachdem die beiden Parteien ihre Pflicht getan haben. Auch daran ist die Narrativität des kontraktuellen Tauschprozesses zu erkennen, denn er hat Anfang, Mitte und Ende, was für Aristoteles ein wichtiges Merkmal der Fabel ist.[20] Seine Etablierung (Anfang) versetzt die daran Beteiligten in den Zustand des Verpflichtetseins (Mitte), der durch die Erfüllung der Pflicht aufgehoben wird (Ende).[21] Es wird noch zu zeigen sein, dass doch nicht jede intersubjektive Beziehung, die Greimas als kontraktuell ansieht, eine solche narrative Struktur aufweist.

Aus dem bisher Erörterten wird klar, dass der Kontrakt als Tauschpraxis aus zwei Verpflichtungen besteht, deren jede von einer der beiden Vertragsparteien ausgeführt werden soll. In dieser Hinsicht stehen der Zar und Ivan einander – wie bereits oben erwähnt – als gleichgestellte Partner eines Tauschvertrags gegenüber. Greimas hält aber die kontraktuelle Beziehung dieser Art nicht für symmetrisch, denn der Zar steht in der Position einer auftraggebenden und sanktionierenden Autorität, der sich der Märchenheld zu unterwerfen hat. Die Asymmetrie dieser Beziehung spiegelt sich darin wider, dass Greimas die am Kontrakt beteiligten Akteure mit verschiedenen aktantiellen Bezeichnungen unterscheidet. In *Du sens* schreibt er:

> Der Destinateur als soziale Autorität, die den Helden mit einer bestimmten Aufgabe der Erlösung beauftragt, versetzt ihn in die Rolle des Destinataires und stellt dadurch eine kontraktuelle Beziehung her, die so verstanden wird, dass die Erfüllung des Kontrakts

---

**20** Vgl. Aristoteles, *Poetik: griechisch/deutsch*, Universal-Bibliothek 7828, Übers. Manfred Fuhrmann (Stuttgart: Reclam, 1982), 25.
**21** Gerade diese dynamische Struktur erkennt Gustav Radbruch im Forderungsrecht, das er dem statischen Sachenrecht gegenüberstellt: „Das Forderungsrecht trägt den Keim seines Todes in sich: es geht unter, wenn es in der Erfüllung sein Ziel erreicht. Das Sachenrecht, zumal das Eigentum, ist auf dauernden Bestand angelegt. Es besteht fort, indem es sich erfüllt" (Gustav Radbruch, *Rechtsphilosophie* (Heidelberg: C. F. Müller, 2003), 136. Was er an dieser Stelle als strukturelle Merkmale des Sachenrechts beschreibt, entspricht exakt der Struktur des sozialen Kontrakts, der später im Zusammenhang mit der qualifizierenden Prüfung behandelt wird.

durch eine Belohnung sanktioniert werden sollte (die Erzählung nimmt so die allgemeinere Form des Tausches an).[22]

So wird das Prüfungsschema *A (Etablierung des Kontrakts)* – *F (Kampf)* – *nicht c*
*(Beseitigung des Mangels)* durch ein neues Schema (*Manipulation* – *Aktion* –
*Sanktion*) ersetzt. Dieses Schema entspricht der hier vorgeschlagenen Interpretation des kontraktuellen Vorgangs in *Ivan Zarewitsch* insofern besser, als dadurch
erkennbar wird, dass die Aktion des Destinataire-Helden und die Sanktion des
Destinateurs als gegenseitige Pflichterfüllungen im Tauschverhältnis zueinander
stehen.[23]

Mit der Auffassung vom Kontrakt als Tauschform aber scheint die hierarchi-
sierende Unterscheidung zwischen Destinateur und Destinataire zu kollidieren.
Greimas und Courtés glauben wohl diesem Widerspruch entgehen zu können,
indem sie dem Destinateur eine aktive, dem Destinataire eine passive Rolle zuschreiben. Der Destinateur wird vor allem als auffordernde, verpflichtende Instanz verstanden, durch deren Initiative eine kontraktuelle Beziehung zustande
kommt. Die folgende Stelle ist in diesem Sinne zu verstehen:

> Der Kontrakt ist einseitig, wenn eine der Parteien einen Vorschlag macht und die andere
> sich dazu verpflichtet. Er ist hingegen bilateral oder gegenseitig, wenn die Vorschläge
> und Verpflichtungen sich kreuzen.[24]

Es ist klar, dass Greimas den Kontrakt für die Hauptprüfung zum einseitigen
Typ zählt, wenn er in *Sémantique structurale* das Funktionspaar *Aufforderung*
(des Destinateur)/*Annahme* (des Destinataire) als Etablierung des Kontrakts interpretiert. Im Fall des gegenseitigen Kontrakts muss jede der beiden Vertragsparteien Destinateur und Destinataire zugleich sein. Der Synkretismus dieser
Art ist aber in Greimas' aktantieller Analyse des narrativen Diskurses nicht zu
finden.

Es ist jedoch nicht ganz plausibel, den Kontrakt für die Hauptprüfung allein
aufgrund der initiativen Rolle des Destinateurs für einseitig zu erklären, weil es

---

**22** Algirdas Julien Greimas, *Du sens: essais sémiotiques* (Paris: Seuil, 1970), 234.
**23** Zu dem Schema *Manipulation-Aktion-Sanktion*, das auch kanonisches narratives Schema
genannt wird, siehe: Joseph Courtés, *Analyse Sémiotique du Discours: de l'énoncé à l'énonciation* (Paris: Hachette, 1991), 98–102. Courtés versteht das Schema nicht als Ersatz des Prüfungs-
schemas, sondern als eine verallgemeinerungsfähigere Version des propp'schen Fabelschemas
mit drei Prüfungen, wobei die qualifizierende Prüfung mit einer Komponente der Aktion, d.h.
der Kompetenz, und die glorifizierende Prüfung mit der Sanktion in Zusammenhang gebracht
wird. Meiner Meinung nach kann das kanonische narrative Schema aber auch auf einzelne
Prüfungssequenzen angewendet werden.
**24** Greimas und Courtés, *Sémiotique,* 70.

in vielen Volksmärchen der Fall ist, dass sich der Held (Destinataire) unaufgefordert oder sogar gegen den Willen seines Vaters (Destinateur) einer Aufgabe stellt. Die Asymmetrie zwischen Destinateur und Destinataire ist nicht in ihren verschiedenen Rollen, sondern in der syntaktischen Struktur des Tauschvorgangs angelegt. Entscheidend für diesen Zusammenhang ist die Tatsache, dass der Tausch nicht synchron, sondern diachron stattfindet. Erst nachdem der Held als Destinataire seine kontraktuelle Aufgabe ausgeführt hat, kommt es zur versprochenen Belohnung für seinen Verdienst. In dieser unveränderlichen Reihenfolge der Pflichterfüllungen spiegelt sich das Machtverhältnis zwischen Destinateur und Destinataire wider. Derjenige der beiden Vertragsbeteiligten, der als erster seine Pflicht tun muss, befindet sich in der untergeordneten Position, denn nur er geht das Risiko ein, seine Kraft mit unbezahlter Arbeit zu vergeuden, während der andere seine Pflichterfüllung davon abhängig machen kann, ob und wie jener seine Aufgabe ausgeführt hat. Der Untergeordnete nimmt solche ungünstigen Tauschbedingungen an, weil es für ihn unvorstellbar ist, von seinem mächtigeren Partner das Umgekehrte zu verlangen („erst wenn du dein Versprechen einhältst, will ich deiner Aufforderung nachkommen"), und dieser auch ziemlich zuverlässig ist (sonst könnte jener immerhin auf den Kontrakt verzichten). Der Destinateur ist einerseits mächtig genug, um den Destinataire nur mit seinem Versprechen der Belohnung zur Ausführung der aufgeforderten Aufgabe zu bewegen. Andererseits genießt er so ein großes Vertrauen, dass kaum Zweifel besteht, ob er sein Versprechen einlöst oder nicht. Es ist nur der Destinataire-Held, der auf die Probe gestellt wird. Nur er stellt sich einer Prüfung. Da der Destinateur in Bezug auf seine kontraktuelle Pflichterfüllung über jeden Zweifel erhaben ist, muss der Destinataire-Held nach der Ausführung seiner Aufgabe nicht darum zittern, ob er tatsächlich die versprochene Belohnung erhält oder nicht.

## 3.2 Die allgemeine kontraktuelle Ordnung der Gesellschaft

Der Destinateur ist nicht nur Machtinstanz, sondern auch moralische Autorität, die mit ihrer Macht die jedem Kontrakt zugrunde liegende gesellschaftliche Ordnung stützt. In Bezug auf den Kontrakt hat er also einen Doppelstatus: Er ist eine der beteiligten Parteien wie der Destinataire und fungiert zugleich als Garant der allgemeinen kontraktuellen Ordnung. Wenn es in unserer modernen Gesellschaft zum Konflikt zwischen den Parteien eines Vertrags kommt, wird der Fall vor Gericht gebracht, das ihn dann auf gesetzlicher Grundlage regelt. Beim Kontrakt zwischen Destinateur und Destinataire aber gibt es kein Gericht, das im Konfliktfall zwischen den beiden vermitteln oder die endgültige Entscheidung treffen könnte, denn der Destinateur ist nicht nur eine Partei des Kontrakts, sondern auch der Richter und Verwalter, der sicherstellt, dass der Tauschprozess rechtmäßig und gerecht verläuft. Auch die Belohnung, die der Destinateur gibt, ist dementsprechend doppeldeutig: Sie kann nicht nur als versprochene Pflichterfüllung einer Vertragspartei, sondern auch als Sanktion eines Richters angesehen werden. In diesem zweiten Sinne steht sie im Gegensatz zur negativen Sanktion (*Bestrafung*), die den falschen Helden im propp'schen Schema für seine unrechtmäßigen Handlungen ereilt.

Die Asymmetrie zwischen Destinateur und Destinataire weist auch aus narratologischer Sicht einige interessante Aspekte auf. Die Autorität und Zuverlässigkeit des Destinateurs macht den letzten Teil des Tauschvorgangs (*Sanktion*) viel weniger spannend als den ersten (*Aktion*), denn die Aufgabe, den Destinataire-Helden gebührend zu belohnen, stellt für den Destinateur angesichts seiner Macht und Moralität keine allzu große Herausforderung dar. Das Hauptgewicht der Erzählung liegt also nicht auf der *Sanktion*, sondern auf der *Aktion*. Das Augenmerk des Lesers wird hauptsächlich auf die Frage gerichtet, wie der Held seine Aufgabe bewältigt und wie abenteuerlich und abwechslungsreich dieser Vorgang ist. Der Kontrakt für die Hauptprüfung bildet somit quasi den Rahmen der gesamten Erzählung, in dem sich das Abenteuer entwickelt. Es gibt aber Erzählungen, die mit dem Sanktionsprozess eine marginale Spannung aufbauen, und zwar in der Sequenz der glorifizierenden Prüfung (siehe Abschnitt 5).

# 4 Die qualifizierende Prüfung: Der unerwartete Tausch

In einem Märchen der Brüder Grimm gehen die drei Söhne eines Königs auf die Suche nach dem Wasser des Lebens, das ihren totkranken Vater heilen soll. Dem ersten Sohn begegnet ein Zwerg auf dem Weg und fragt ihn, wohin er gehe. Der stolze Prinz antwortet aber nur: "Dummer Knirps! Du brauchst es nicht zu wissen".[25] Da wird der Zwerg zornig und verwünscht ihn in eine enge Schlucht, aus der er nicht mehr herauskommen kann. So gelangt er nicht einmal an den Ort, wo das begehrte Objekt sich befindet. Er fällt also bereits bei der qualifizierenden Prüfung durch. Ganz gleich ergeht es auch dem zweiten Prinzen. Erst der letzte Sohn erwidert dem Zwerg freundlich, und erhält von

---

25 Jacob Grimm und Wilhelm Grimm, *Kinder- und Hausmärchen*. Artemis-Einführungen 18, ed. Heinz Rölleke (München: Artemis & Winkler, 1993), 486.

ihm die entscheidende Information darüber, wo und wie man das Wasser des Lebens holen kann. Indem er die qualifizierende Prüfung besteht, gelangt er in den Besitz des magischen Objekts, das ihm schließlich den Sieg bei der Hauptprüfung ermöglicht.

Wenn die Geschichte mit dem Zwerg als Prüfung im greimas'schen Sinne aufgefasst werden soll, stellt sich zunächst die Frage, wie das Schema *A-F-C* auf diese kurze Episode anzuwenden ist. Hier geht es um die folgenden drei Funktionen im propp'schen Modell:

XII. Der Held wird auf die Probe gestellt, ausgefragt, überfallen usw., wodurch der Erwerb des Zaubermittels oder des übernatürlichen Helfers eingeleitet wird (Auferlegen einer Prüfung): Der Zwerg fragt den Prinzen, wohin er gehe.

XIII. Der Held reagiert auf die Handlungen des künftigen Schenkers (Konfrontation mit der Prüfung): Der Prinz antwortet dem Zwerg freundlich, dass er auf der Suche nach dem Wasser sei.

XIV. Der Held gelangt in den Besitz des Zaubermittels (Empfang des Zaubermittels): Der Zwerg gibt dem Helden die Auskunft darüber, wie er zum Wasser des Lebens gelangen könne.

Es ist eindeutig, dass Propps Funktion XIV (*Empfang des Zaubermittels*) den letzten Teil der Prüfungssequenz (C) bildet. Doch die ersten beiden Funktionen scheinen die Sequenz [A-F] nur unvollständig wiederzugeben, denn die entsprechende Sequenz der Hauptprüfung umfasst zwei Funktionspaare, d. h, vier Funktionen (Aufforderung/Annahme, Kampf oder Konfrontation/Sieg oder Gelingen). Darin sieht Greimas eine Lücke von Propps Analyse:

So ist die Analyse der Prüfung in zwei Funktionen:

Auferlegen (the first function of the donor) vs Konfrontation (the hero's reaction)

ungenügend. Ebenso wie der Aufforderung der Entschluß des Helden folgt, kann dem Auferlegen der Prüfung nur ihre Annahme folgen. Mit dem Folgenden wird es sich nicht anders verhalten: Auf die Annahme folgt die Konfrontation, die mit dem Gelingen abschließt.[26]

An dieser Stelle aber erhebt sich die Frage, wie brauchbar eine rein logische Konstruktion dieser Art für die Analyse des narrativen Diskurses sein kann. Soll man etwa aus dem kurzen Dialog zwischen dem Zwerg und dem Helden („Wohin gehst du?" – „Ich bin auf der Suche nach dem Wasser des Lebens.") die vollständige Sequenz [*Auferlegen – Annahme – Konfrontation – Gelingen*; von der Etablierung des Kontrakts bis zur erfolgreichen Erfüllung des kontratuellen

---

**26** Greimas, *Semantik*, 182.

Auftrags] herauslesen? Interpretiert man dabei nicht zuviel in einen einzigen Dialog hinein?

Wenn man die Frage des Zwergs als Aufforderung oder Auferlegen einer Prüfung im propp-greimas'schen Modell interpretiert, dann soll die freundliche Antwort des Prinzen dem Funktionspaar [Konfrontation mit einer Prüfung vs. Gelingen] entsprechen. Doch wo ist die Funktion *Annahme*, die zusammen mit der Funktion *Aufforderung* den Kontrakt etabliert? Weil er glaubt, dass „dem Auferlegen der Prüfung nur ihre Annahme folgen" könne, würde Greimas in diesem Fall behaupten, dass sie bereits in der positiven Antwort des Helden impliziert sei. Dessen freundliche Reaktion auf den Zwerg setzt natürlich voraus, dass er sich dazu entschlossen hat. Der Entschluss des Helden kann jedoch nur dann eine kontraktuelle Beziehung herstellen, wenn er dem Auffordernden seinen Entschluss mitteilt. Erst wenn er sich dem Zwerg gegenüber bereit erklärt, auf dessen Frage zu antworten, verpflichtet er sich kontraktuell dazu. Die Annahme der Aufforderung etabliert also nur als intersubjektive, kommunikative Handlung einen Kontrakt. Wenn der Held sich nur innerlich entschließt, dem Zwerg die gewünschte Antwort zu geben, und sie ihm tatsächlich gibt, handelt es sich dabei nicht so sehr um die Erfüllung einer kontraktuellen Pflicht, sondern einfach um eine wohlwollende Handlung ohne Verpflichtung.

## 4.1 Moralische Verhaltensregeln als sozialer Kontrakt bei der qualifizierenden Prüfung

Wenn hier kein Kontrakt zwischen dem Zwerg und dem Prinzen geschlossen wird, stellt sich die Frage, wie man ihre Beziehung zueinander verstehen soll. Der Held reagiert auf seinen potentiellen Schenker, wenn auch nicht kontraktuell dazu verpflichtet, aus einem gewissen Pflichtbewusstsein heraus, das durch die allgemeine Sozialmoral geprägt ist. Es ist unter ihrem Einfluss, dass man sich bestimmten Verhaltensregeln verpflichtet fühlt. Das Gebundensein des Menschen durch moralische Verhaltensregeln ist doch vergleichbar mit dem Zustand eines vertraglich Verpflichteten, so dass in diesem Zusammenhang vom sozialen Kontrakt die Rede sein kann. Die Moral, die als sozialer Kontrakt bei der qualifizierenden Prüfung wirksam ist, kann wenigstens in zweierlei Hinsicht vom Kontrakt für die Hauptprüfung unterschieden werden: 1. Sie ist kein Kontrakt zwischen bestimmten Subjekten, etwa zwischen dem Zwerg und dem Prinzen. Sie kommt durch den Konsens eines unbestimmten gesellschaftlich-hegemonialen Kollektivs zustande und bindet jeden Menschen in der Gesellschaft, egal ob er sich dazu explizit bekennt oder nicht; 2. Unbestimmt und unspezifisch sind in diesem Fall nicht nur Menschen, die am Kontrakt beteiligt sind. Moralische Subjekte verpflichten sich nicht zu einer bestimmten einmaligen Handlung (einen bestimmten Feuervogel zu fangen, das Wasser des Lebens zu holen), sondern zu abstrakten Verhaltensregeln, die in unzähligen Einzelhandlungen immer wieder realisiert werden müssen.

Aus diesen beiden besonderen Merkmalen des sozialen Kontrakts ergibt sich eine ganz andere Zeitlichkeit als die des Kontrakts für die Hauptprüfung. Die Zeitlichkeit des sozialen Kontrakts ist iterativ, so dass er an sich keine narrative Struktur mit Anfang und Ende aufweist. Es gibt hier keine endgültige Erfüllung und Vollendung, welche die daran Beteiligten aus ihren kontraktuellen Verpflichtungen lösen würde. Die Kraft des sozialen Kontrakts besteht nicht darin, einen zielgerichteten Prozess in Gang zu setzen, sondern darin, einen dauernden Zustand der moralischen Ordnung zu etablieren. Man kann auch unmöglich einen bestimmten Zeitpunkt nennen, an dem er in Kraft tritt, weil er nicht durch zeitlich verortbare Kommunikationshandlungen einzelner Subjekte abgeschlossen wird. Seine Entstehung kann nur mythisch oder hypothetisch erzählt werden (zehn Gebote, Naturzustand usw.). Sonst ist er bereits vor jeder Aktion da, und gehört zu den Anfangsbedingungen der zu erzählenden Geschichte, denen die Figuren unterworfen sind. Dies bedeutet, dass Propps Fabelschema die Etablierung des Kontrakts nicht innerhalb der Sequenz der qualifizierenden Prüfung beinhaltet. Daher soll Greimas' Analyse der qualifizierenden Prüfung wie folgt korrigiert werden:

XII.  Der Held wird auf die Probe gestellt, ausgefragt, überfallen usw., wodurch der Erwerb des Zaubermittels oder des übernatürlichen Helfers eingeleitet wird (Konfrontation mit einer Prüfung): Der Zwerg fragt den Helden, wohin er gehe.

XIII. Der Held reagiert auf die Handlungen des künftigen Schenkers (Gelingen): Der Held antwortet dem Zwerg freundlich, dass er auf der Suche nach dem Wasser sei.

XIV.  Der Held gelangt in den Besitz des Zaubermittels (Empfang des Zaubermittels): Der Zwerg gibt dem Helden die Auskunft darüber, wie er zum Wasser des Lebens gelangen könne.

A:  (als sozialer Kontrakt implizit vorausgesetzt)
F:  XII (Konfrontation) + XIII (Gelingen)
C:  XIV (Empfang des Zaubermittels)

## 4.2 Zwei Verhaltensregeln, die sich im unerwarteten Tausch auswirken

Als dauerhafter Zustand ist die moralische Ordnung zwar an sich nicht narrativ; sie lässt aber einzelne Geschehnisse entstehen, die aus narratologischer Sicht und vor allem in Bezug auf die qualifizierende Prüfung von besonderer Bedeutung sind. Am wichtigsten für den hier konstruierten Zusammenhang sind meiner Meinung nach zwei Verhaltensregeln, die sich direkt auf den Tauschprozess beziehen. Die erste Regel heißt: Du sollst anderen helfen, aber nicht mit dem Hintergedanken, später daraus Nutzen ziehen zu können. Mit andere Worten: Geben, ohne nehmen zu wollen. Daraus lässt sich auch eine komplementäre Regel ableiten: Sei bereit, gerade denjenigen zu helfen, von denen du am wenigsten Hilfe erwarten kannst. Die zweite Regel steht der ersten diametral gegenüber: Du musst anderen zurückgeben, was du von ihnen bekommen hast. Während die erste Regel das Tauschprinzip vollkommen negiert, basiert die zweite auf dem Grundsatz der Gegenseitigkeit. Aus der Zusammensetzung beider Verhaltensregeln ergibt sich das aus Volksmärchen und Fabeln wohlbekannte Motiv des unerwarteten Tauschs. So wird der Löwe von einer Maus, die er früher hat entkommen lassen, aus einem Fangnetz befreit, und die Taube lässt ein Blatt fallen, um eine Ameise aus dem Wasser zu retten, und die dankbare Ameise beißt in den Fuß eines Jägers, als dieser mit seinem Bogen auf die Taube zielt. In einem koreanischen Volksmärchen rettet der arme Bauer Heungbu ein Schwalbenküken vor einem Schlangenangriff und heilt dessen verletztes Bein und diese Schwalbe kommt im nächsten Frühling mit Flaschenkürbissamen zurück, aus deren Früchten später im Herbst große Mengen von Schätzen ausströmen.

Auch das Gespräch zwischen dem Prinzen und dem Zwerg zählt zu diesem Typ des unerwarteten Tauschs. Die freundliche Reaktion des Helden auf diese armselige Figur ist nicht mit der Erwartung verknüpft, einen entscheidenden Hinweis für seine Suche erhalten zu können. Die beiden älteren Brüder hingegen geben ihm gerade deswegen keine Antwort, weil sie nur von der Aussicht auf praktischen Nutzen motiviert werden. Dies ist auch der Grund, weshalb sie auf die schwierige Suche nach dem Wasser des Lebens gehen.

Der Tauschprozess bei der Hauptprüfung wird in seiner typischen Form durch einen expliziten Kontrakt gesteuert. In *Ivan Zarewitsch, der Feuervogel und der graue Wolf* macht der König seinen Söhnen von Anfang an deutlich, was die Erfüllung der Aufgabe erwarten lässt. Es gibt zwar durchaus Fälle, in denen eine Belohnung im Kontrakt für die Hauptprüfung nicht explizit vorgesehen ist; sie ist aber wenigstens implizit im Kontrakt enthalten, da der Destinateur als Machtinstanz und gesellschaftliche Autorität immer bereit sein muss, ein großes Verdienst des Helden reichlich zu belohnen. Der Destinateur als zukünftiger Schenker kann nicht umhin, in dem Destinataire gewisse Erwartungen zu erwecken, so dass er nie sicher sein kann, ob dessen Loyalität oder Hilfsbereitschaft von eigennützigen Motivationen frei ist. (Es ist allein die Naivität des König Lear, die ihn von der Liebe seiner älteren zwei Töchter überzeugt und ihn zur Vorauszahlung der Erbschaft bewegt.) Der Charakter der Hauptprüfung im propp-greimas'schen Modell als Tauschgeschäft kommt beim falschen Helden besonders deutlich zum Vorschein, wie eine Stelle aus dem Märchen *Das Wasser des Lebens* schön zeigt. Als er von einem alten Mann von der heilenden Wirkung des Wasser des Lebens erfährt, sagt der älteste Prinz:

> [...] „Ich will es schon finden," ging zum kranken König und bat ihn, er möchte ihm erlauben auszuziehen um das Wasser des Lebens zu suchen, denn das könnte ihn allein heilen. „Nein," sprach der König, „die Gefahr dabei ist zu groß, lieber will ich sterben." Er bat aber so lange, bis der König einwilligte. Der Prinz dachte in seinem Herzen „bringe ich das Wasser, so bin ich meinem Vater der liebste und erbe das Reich."[27]

Dies bedeutet, dass sich der kranke König bereits mit der Einwilligung der Suche stillschweigend verpflichtet, seinen ältesten Sohn im Falle der Erfüllung der Aufgabe zu belohnen. So verläuft der Tauschprozess bei der Hauptprüfung auf vorhersehbarem, erwartbarem Wege. Der kontraktuelle Tausch ist daher im Hinblick auf die narrative Spannung von geringerer Bedeutung, wie oben gesagt. Wenn der Held die Aufgabe bewältigt, dann bekommt er eine entsprechende Belohnung. Nichts Spannendes und Überraschendes ist dabei zu finden. Die entscheidende Frage der Erzählung ist, ob der Held seine Aufgabe erfüllen kann oder nicht.

Es sieht aber bei den Erzählungen mit dem Motiv des unerwarteten Tauschs ganz anders aus. Hier findet der Tausch wie durch ein Wunder statt. Gerade die Unvorhersehbarkeit des Tauschprozesses ist hier als strukturbestimmendes Moment der Erzählung anzusehen. Die Geschichte beginnt mit einer relativ kleinen Wohltat, die nichts mit dem Tauschgedanken zu tun hat, endet aber mit einer überraschenden Belohnung dafür. Nennen wir denjenigen, der zunächst eine Wohltat ausführt, den ersten Schenker, und denjenigen, der sich dafür später revanchiert, den zweiten Schenker. Die Möglichkeit des Tauschs ist aus der Sicht des ersten Schenkers deswegen unvorhersehbar, weil die wahre Natur des zweiten zunächst verborgen bleibt. Und die scheinbare Unmöglichkeit des Tauschs bürgt für die moralische Authentizität der Wohltat des ersten Schenkers, die von jeder berechnenden Eigennützigkeit frei ist und paradoxerweise gerade deswegen vergolten wird. Daraus wird auch klar, warum der falsche Held, z. B. Nolbu, der ältere Bruder von Heungbu, scheitert, wenn er in der Erwartung einer reichlichen Belohnung die Wohltat des Helden imitiert. (Nolbu wartet auf eine Schlangenattacke, damit er ein Schwalbenküken retten kann. Da sie ausbleibt, bricht er selber dem Küken ein Bein, das er dann verbindet.) Das Augenmerk des Lesers wird nicht auf die an sich bescheidene und gewöhn-

---

**27** Grimm, *Kinder- und Hausmärchen*, 486.

liche Tat des Helden, sondern auf die spektakuläre Belohnung gelenkt. Die narrative Spannung wird nicht durch die Aktion, sondern durch die Sanktion (Belohnung oder Vergeltung) erzeugt.

## 4.3 Die Geschichte der Dankbarkeit und die qualifizierende Prüfung im kanonischen narrativen Schema

In diesem Zusammenhang kann man zwei Typen des Erzähldiskurses unterscheiden. Der erste Typus ist der propp-greimas'sche, den Greimas und Courtés in *Dictionnaire* kanonisches narratives Schema[28] nennen. Das Tauschprinzip beherrscht in diesem Typus den Hauptteil des narrativen Inhalts und nimmt eine kontraktuelle Form an (der Destinateur stellt explizit oder implizit eine Belohnung in Aussicht, um den Destinataire-Helden zur Übernahme einer bestimmten Aufgabe zu bewegen). Der zweite Typus kann als Geschichte der Dankbarkeit bezeichnet werden. Er zelebriert den Helden ohne Tauschgedanken und hier vollzieht sich auf unvorhersehbarem Wege ein Tausch als nicht-kontraktueller oder implizit kontraktueller Vorgang. Besonders interessant ist die Tatsache, dass der zweite Typus nicht nur als eigenständige narrative Form existiert, sondern auch als ein Teil der Geschichte in die kanonische Form der Narration eingebettet ist: als qualifizierende Prüfung. Daraus ist die Funktion der qualifizierenden Prüfung zu schließen. Sie fungiert als Ausgleich für das moralisch Zweifelhafte jeder kontraktuellen Tauschpraxis, an der der Held beteiligt ist (Will der Prinz seinen Vater retten, um das Königreich zu erben? Einen solchen Zweifel wird er los, wenn er sich einem scheinbar machtlosen und unwichtigen Zwerg gegenüber freundlich verhält).

# 5 Die glorifizierende Prüfung: Kontrakt der Veridiktion

Die Hauptprüfung als Tauschpraxis vollendet sich in einer doppelten Ausführung: die Bewältigung der Aufgabe durch den Destinataire-Helden und die Belohnung oder Sanktion durch den Destinateur. Im Hinblick auf die narrative Spannung aber sind die beiden kontraktuellen Erfüllungen von verschiedener Wichtigkeit. Die Hauptspannung der Erzählung entsteht aus dem Abenteuer des

---

28 Greimas und Courtés, *Sémiotique*, 70.

Destinataire-Helden, der sich mit einer schwierigen, manchmal fast unmöglichen Aufgabe auseinandersetzt. Schon der Begriff der Prüfung erinnert an eine spannende Situation, da sie immer zwei alternative Möglichkeiten eröffnet: bestehen oder scheitern. Und es ist nur der Destinataire-Held, der sich einer Prüfung stellt. Für den Destinateur hingegen stellt seine kontraktuelle Pflicht keine Schwierigkeit dar, und ein absichtlicher Bruch des eigenen Versprechens ist ihm als moralischer Autorität auch nicht zuzutrauen. Er wird – anders als der Destinataire-Held – nicht auf die Probe gestellt. Es besteht daher gar keine Unsicherheit, ob der Destinateur seine Aufgabe erfüllt oder nicht. Doch die Erzählung versucht oft, auch in diesem Teil der Geschichte (also nach der erfolgreichen Bewältigung der Hauptaufgabe) narrative Spannung aufzubauen. Für die Spannung sorgt hier allerdings nicht der Geiz des Destinateurs, sondern der Umstand, dass er nicht genau weiß, wem das Verdienst zugerechnet werden soll oder was die Wahrheit ist. Die Unklarheit wird durch die Intrige der falschen Helden wie in *Das Wasser des Lebens*, oder einfach durch irgendwelche zufällige Begebenheiten wie in Perraults Märchen *Cendrillon ou la Petite Pantoufle de verre* verursacht.[29] Der Held muss sich daher der dritten und letzten Aufgabe stellen, um die Belohnung für sene Leistung zu gewinnen. Dabei geht es darum, sich als der wahre Held zu beweisen. Dafür muss Cendrillon den ihr beim Verlassen des Balls entglittenen gläsernen Pantoffel anprobieren und Odysseus muss mit seinem eigenen Bogen durch die Ösen von zwölf hintereinander aufgestellten Äxten schießen.

Greimas rechnet die folgenden drei Funktionen aus dem propp'schen Schema der glorifizierenden Prüfung zu:

XXV. Dem Helden wird eine schwere Aufgabe gestellt (Auferlegung einer Aufgabe)
XXVI. Die Aufgabe wird gelöst (Gelingen)
XXVII. Der Held wird erkannt (Wiedererkennung)

Auch hier findet Greimas einige Lücken in Propps Analyse. In diesen Funktionen manifestiert sich das Prüfungsschema seiner Meinung nach nur teilweise:

---

**29** Charles Perrault, *The Complete Fairy Tales*, Übers. Christopher Betts (Oxford: Oxford University Press, 2009), 130–41. Cendrillon entspricht in weiten Zügen dem deutschen Märchen Aschenbrödel, doch verliert Cendrillon in der französischen Fassung keinen goldenen Schuh, sondern einen Schuh aus Glas, und Cendrillon helfen anders als Aschenbrödel nicht ein Haselnussbäumchen oder Tauben, sondern eine Fee, die aus einem Kürbis eine Kürbiskutsche zaubert, die von Mäusen gezogen wird.

A:       Aufforderung (in XXV aktualisiert als Auferlegung einer Aufgabe) vs An-
         nahme (?)
F:       Konfrontation (?) vs Gelingen (in XXVI aktualisiert als Gelingen)
nicht c: Empfang (in XXVII aktualisiert als Wiedererkennung)[30]

Wenn man aber die Sequenz der drei Funktionen Propps nicht auf das greimas'-
sche Prüfungsschema *A-F-C* bezieht, scheinen ihre Elemente nach einer kausal-
logischen Ordnung kontinuierlich – lückenlos – aufeinanderzufolgen. An dieser
Stelle erhebt sich wiederum der Verdacht, dass Greimas verschiedene Prüfungs-
formen oder kontraktuelle Formen unbedingt in ein einziges Schema zu zwän-
gen versucht.

Trotz dieses Vorbehalts ist ihm darin zuzustimmen, dass es sich hier um
einen kontraktuellen Tauschprozess handelt, wie die Interpretation der Funktion XXVII (Wiedererkennung) als *nicht c* oder *Empfang* andeutet. Die glorifizierende Prüfung erfolgt also im Rahmen eines Kontrakts auf kognitiver Ebene.
Aber wie ist dieser Kontrakt zu verstehen? Wie manifestiert er sich im propp-
greimas'schen Modell?

Propps Funktionen XXV, XXI und XXII schildern eine sukzessive Interaktion
zwischen Destinateur und Destinataire: Vom Destinateur wird der Destinataire
aufgefordert, den Beweis für seine wahre Identität zu erbringen. Dann gelingt
es ihm, dies zu tun, und er bekommt dafür die Anerkennung. Der Beweis und
die Anerkennung werden also getauscht. Die Frage ist nun, ob der Tausch zwischen Beweis und Anerkennung in einem besonderen vertraglichen Rahmen
geschieht. Ein solcher kognitiver und kommunikativer Vorgang orientiert sich
häufig einfach an dem gesunden Menschenverstand und dem allgemeinen gesellschaftlichen Konsens darüber, was als wahr gilt, was als wahr behauptet
und geglaubt werden kann usw. Greimas nennt diesen Konsens, der beim Kom-
munikationsprozess stillschweigend vorausgesetzt wird, „Kontrakt der Veridiktion".[31] Der Kontrakt der Veridiktion ist als eine Art von sozialem Kontrakt anzusehen, sofern er auf einer breiten gesellschaftlichen Akzeptanz basiert und
seine Gültigkeit für die gesamte Gesellschaft beansprucht. Wenn die glorifizierende Prüfung in diesem allgemeinen Rahmen stattfindet, kann man die propp'-
sche Sequenz wie im Falle der qualifizierenden Prüfung analysieren:

A:   (der Kontrakt der Veridiktion, als sozialer Kontrakt implizit vorausgesetzt)
F:   XXV (Auferlegung einer Aufgabe = Konfrontation) vs XXVI (Gelingen)
C:   XXVII (Wiedererkennung = Empfang)

**30** Vgl. Greimas, *Semantik*, 182.
**31** Algirdas Julien Greimas, *Du sens II: essais sémiotiques* (Paris: Seul, 1983), 105.

Es gibt aber auch einen anderen Typus des Kontrakts der Veridiktion. In *Cendrillon* erklärt der Prinz, dass er nur diejenige, an deren Fuß der gläserne Pantoffel passt, heiraten will.[32] Damit führt er ein spezifisches Verfahren, das die Identität der Person mit der Identität der Fußgröße gleichsetzt, in die glorifizierende Prüfung ein. Daraufhin bietet ein Adliger im Auftrag des Prinzen jedem heiratsfähigen Mädchen den Pantoffel zum Anprobieren, und alle folgen willig seiner Aufforderung. Als glorifizierende Prüfung gilt die Aufgabe nur aufgrund des Kontrakts der Veridiktion, den der Prinz kraft seiner Macht etabliert, und den jedes Mädchen beim Anprobieren des Schuhs stillschweigend annimmt. Mit seiner Erklärung verpflichtet sich der Prinz, das Mädchen mit passender Fußgröße als die Schöne auf dem Ball anzuerkennen. Und nicht nur Cendrillon, sondern auch ihre älteren Schwestern probieren in der Hoffnung auf diese Anerkennung den gläsernen Pantoffel an.

Für diesen Fall ist Propps Analyse tatsächlich ungenügend, denn hier fehlt die Funktion für die Etablierung des Kontrakts (*A*), der gerade die auferlegte Aufgabe für die glorifizierende Prüfung entscheidend macht.

Das Märchen *Das Wasser des Lebens* liefert ein besonders interessantes Beispiel für die glorifizierende Prüfung. Durch die Lügen seiner älteren Söhne getäuscht, glaubt der König, der dritte Sohn habe ihn vergiften wollen. Der jüngste Prinz wird daraufhin aus der Heimat vertrieben. Als dem König aber die früheren Wohltaten des Vertriebenen zufällig bekannt werden, beginnt er an der Geschichte der anderen Söhne zu zweifeln, was schließlich zur Entdeckung der Wahrheit und zur Anerkennung des wahren Helden führt. Als er mit seinem magischen Schwert und Brot die in Not geratenen Könige und Länder erlöst, tut der Held dies nicht mit der Absicht, jemandem seine wahre Natur zu beweisen. Erst nachdem er verleumdet und vertrieben worden ist, fungieren seine Wohltaten nachträglich als Erfüllung der Aufgabe der glorifizierenden Prüfung. Wenn man auch in diesem Zusammenhang vom Kontrakt der Veridiktion spricht, dann ist er nur als impliziter sozialer Kontrakt zu verstehen, d. h. als allgemeiner gesellschaftlicher Konsens darüber, was als glaubwürdig oder unglaubwürdig gelten soll. Und wie in der qualifizierenden Prüfung wird dem Helden die Belohnung überraschend gegeben, denn er liefert dem König den Beweis seiner Unschuld unbewusst und unbeabsichtigt, vollkommen frei vom Tauschgedanken, was seine Glaubwürdigkeit noch stärkt.

Insgesamt kann man sagen, dass die glorifizierende Prüfung bald die kontraktuelle Form der Hauptprüfung, bald die der qualifizierenden Prüfung annimmt. Der Unterschied, der sie von den beiden anderen Prüfungen trennt, ist nur der, dass ihr Tauschprozess ausschließlich auf kognitiver und symbolischer

---

**32** Perrault, *Fairy Tales*, 138.

Ebene verläuft. Die symbolische Anerkennung, die dem Helden nach der glorifizierenden Prüfung zuteil wird, ist die notwendige Voraussetzung für die praktische Belohnung (Hochzeit, Thronbesteigung usw.). Der Jurisdiktion geht die Veridiktion voraus.

# 6 Exkurs: Teufelspakt

Im Zusammenhang mit der Prüfung gibt es eine besondere Art des Kontrakts, die zwar nicht von Greimas erkannt und beschrieben worden, aber als typische Erscheinungsformen des Erzählschemas einer narratologischen Anayse zu unterziehen ist: der sogenannte Teufelspakt. Im Kontext der Bedeutung des Kontrakts erscheint der Teufel als Gegenfigur des Destinateurs. Während der Destinateur dem Destinataire-Helden gegenüber als gebietende oder verbietende Macht auftritt, nähert sich der Teufel einem Menschen mit einem verführerischen Glücksversprechen. Er macht immer ein sehr günstiges Angebot: z. B. einen nie versiegenden Geldbeutel gegen den scheinbar fast nichts bedeutenden Schatten zu tauschen. Er löst sein Glücksversprechen immer sofort ein, während der Preis dafür entweder in weite Ferne gerückt oder einfach verschwiegen wird.

Genau das Gegenteil ist beim Kontrakt zwischen Destinateur und Destinataire der Fall. Der Held muss drei Aufgaben hintereinander bewältigen, um zum endgültigen Glück (Hochzeit) zu gelangen, weil der Destinateur derjenige ist, der immer am Ende zahlt. Er kann den Destinataire solange auf die Belohnung warten lassen, bis dieser seine Pflicht getan hat. Seine überlegene Macht ermöglicht, dass er dem Helden ohne Vorauszahlung eine Aufgabe auferlegt. Er spricht immer als Gott, König oder Vater seinen Adressaten an, und der Kontrakt zwischen beiden Aktanten kommt aufgrund dieses Machtverhältnisses zustande. Die Macht des Destinateurs verlangt vom Destinataire eine asketische Hinwendung zur kontraktuellen Aufgabe und setzt sich gegen das Lustprinzip (Freud) durch.

Der Teufel hingegen steht in keinem Machtverhältnis zum Menschen. Er ist ein Fremder, ein vollkommen Unbekannter. Er kommt einfach daher und macht dem Menschen einen verlockenden Vorschlag. Erst durch die Annahme dieses Angebots geht der Mensch eine Beziehung mit dem Teufel ein, aus der er nicht mehr heraustreten kann. Der Teufel übt keine Macht über den Menschen aus. Mit seiner Versuchung lässt er einfach dessen Begehren hochsteigen und kehrt später als Gläubiger mit großen Schuldenforderungen zurück.

Als mythische Figur verkörpert der Teufel das Begehren selbst, das nach sofortiger Befriedigung verlangt, und das Erzählschema *Teufelspakt* ist als Projektion des schlechten Gewissens gegenüber dem Lustprinzip zu verstehen. In diesem Sinne drückt es im Grunde die gleiche Weltanschauung aus wie das propp-greimas'sche Fabelmodell, demzufolge der Held erst nach einem langen, hürdenreichen Weg sein wahres Glück erlangt. Aus funktionaler Sicht betrachtet, kann der Teufelspakt als Hauptmotiv eine eigenständige Erzählhandlung bilden oder als Teilsequenz ins propp-greimas'sche Schema eingesetzt werden, wobei der Teufel als konkurrierende Figur des Destinateurs auftritt und den Helden von seiner eigentlichen Aufgabe abbringt.

# 7 Verbot und Heirat: Kontrakte mit nicht-narrativen Strukturen

Verbot und Heirat sind Kontraktformen, die jeweils am Anfang und am Ende des propp-greimas'schen narrativen Schemas stehen. Ihre jeweilige Funktion ist es, die Erzählung zu eröffnen und abzuschließen. Die beiden Kontrakte teilen mindestens zwei Merkmale, durch die sie sich von den bisher erörterten Formen des Kontrakts unterscheiden. Einerseits etablieren sie jeweils einen dauerhaften Zustand, der unveränderlich bleiben soll, solange die beteiligten Parteien unter der Kraft des jeweiligen Kontrakts stehen. Sie verpflichten sich dabei nicht zu einer bestimmten, einmaligen Aufgabe, deren Erfüllung sie aus der vertraglichen Beziehung entlassen würde, sondern zu einem permanenten Nicht-Tun beim Verbot oder zur ehelichen Ordnung bei der Heirat, die nur durch iteratives Tun und Lassen erhalten werden kann. Der Kontrakt dieser Art ist daher seinem Wesen nach nicht narrativ, im Gegensatz zum Kontrakt für die Hauptprüfung. Er setzt keinen narrativen Prozess in Gang. Es gibt daher keine endgültige Erfüllung der Pflichten, die das kontraktuelle Verhältnis auflösen würde. Er ist in der Hinsicht mit dem sozialen Kontrakt vergleichbar, der eine dauerhafte moralische Ordnung herstellt und die Menschen an bestimmte Verhaltensregeln bindet.

Andererseits unterscheiden sich Verbot und Heirat im propp-greimas'schen Schema auch vom sozialen Kontrakt, sofern sie zwischen bestimmten Subjekten (etwa zwischen Gott und Adam) geschlossen werden und nur diese zur kontraktuellen Ordnung verpflichten.[33] Er tritt deswegen in der Erzählung immer in expliziter Form in Erscheinung, anders als der soziale Kontrakt, der eine implizite Voraussetzung der Erzählhandlung bildet.

---

[33] Natürlich sind im sozialen Kontrakt viele Verbote im allgemeinen Sinne enthalten. Gemeint hier ist allerdings das Verbot als Funktion im propp-greimas'schen Schema.

Wie bereits dargestellt, kann sich ein Kontrakt wie „Verbot" und „Heirat" nicht nach eigener narrativen Entwicklungslogik vollenden. Er kann nur unterbrochen oder abgebrochen werden, und zwar dadurch, dass man ihm willkürlich eine bestimmte Frist setzt (zum Beispiel, Ausgehverbot bis zum Jahresende), durch den Entschluss der Beteiligten, ihn aufzulösen, oder durch einzelne Verstöße der Beteiligten gegen die kontraktuelle Ordnung. Besonders wichtig für den narratologischen Zusammenhang ist die Frage, wie einzelne Verletzungen des Kontrakts zu seinem Bruch führen. Es versteht sich von selbst, dass bei der Hauptprüfung die Nicht-Erfüllung der Aufgabe gleich den Kontrakt auflöst. Beim sozialen Kontrakt hingegen bleiben selbst diejenigen, die ihre Pflichten nicht erfüllt haben, weiterhin an die kontraktuelle Ordnung gebunden.

## 7.1 Verbot

Auch das Verbot im allgemeinen Sinne verliert nicht schon durch einzelne Übertretungen seine Gültigkeit. Während der Sinn des Strafrechts z. B. eigentlich darin besteht, etwas zu verbieten und das Verbotene zu verhindern, gewinnt man bei der Lektüre des Strafgesetzbuches den Eindruck, wie alltäglich vielerlei Dinge passieren, die eigentlich nicht sein dürften, und wie seine Verfasser diese Realität einfach als gegeben hinnehmen. Trotz aller Übertretungen besteht die strafrechtlich regulierte Ordnung weiter.[34] Das Mordverbot gilt auch für einen Mörder weiterhin. Man könnte vielleicht etwas zugespitzt wie folgt formulieren: Erst die verbrecherische Wirklichkeit verleiht dem Strafrecht seine Daseinsberechtigung.

Ganz anders beim Verbot im propp-greimas'schen Modell. Was hier verboten wird, ist nichts Allgemeines, nichts Wiederholbares wie Diebstahl oder Mord, sondern etwas sehr Spezifisches in einer konkreten Situation. Es ist ein Verbot, das man nicht mehrmals übertreten kann, und dessen einmalige Übertretung alles unwiderruflich ändert und damit die Aufrechterhaltung der kontraktuellen Ordnung unmöglich macht. Solange es befolgt wird, geschieht nichts, und so kann die Ordnung ungestört und endlos weiter bestehen. Es ist absolut in dem Sinne, dass es keinen einzigen Verstoß gegen sich duldet. Umgekehrt gesagt: um die durch das Verbot etablierte Ordnung aufrechtzuerhalten,

---

34 Ist das Recht im modernen Staat als eine Art von sozialem Kontrakt in dem hier definierten Sinne anzusehen? Es ist mit ihm vergleichbar in dem Sinne, dass es nicht nur diejenigen, die sich ausdrücklich dazu bekennen, an die rechtliche Ordnung bindet. Es unterscheidet sich allerdings insofern von der allgemeinen Moral, als sein Urheber und sein raumzeitlicher Geltungsbereich auf institutioneller Ebene ziemlich genau definierbar sind.

muss man sich ständig von dem Verbotenen zurückhalten. Mit einer einzigen Unachtsamkeit ist schon alles ruiniert. Die Übertretung ist ein einmaliges Ereignis, das der kontraktuellen Beziehung ein jähes Ende bereitet. So werden Adam und Eva, nachdem sie die verbotene Frucht gekostet haben, sofort aus dem Garten Eden vertrieben. Das Verbot, von dem Greimas spricht, ist also ein extrem zerbrechlicher Kontrakt, und gerade diese Zerbrechlichkeit macht die Erzählung möglich. Sie lässt etwas geschehen. Sie lässt eine Geschichte beginnen. Das Verbot ist ein Kontrakt, dessen narrative Funkion nicht von seiner Verwirklichung, sondern von seinem Bruch ausgeht. Wie Greimas sagt, zieht der Bruch des Kontrakts einen großen Verlust nach sich, zu dessen Wiedergutmachung ein neuer Kontrakt geschlossen werden muss.

Die Sequenz vom Verbot, die Greimas mit dem Schema [$\overline{A}$ (Bruch des Kontrakts) + $\overline{C}$ (Verlust)] darstellt, umfasst die folgenden Funktionen in Propps Modell:

II.     Dem Helden wird ein Verbot erteilt (Verbot)

III.    Das Verbot wird verletzt (Übertretung)

VIII.   Der böse Gegenspieler fügt einem Familienmitglied einen Schaden oder Verlust zu (Verrat)

VIIIa.  Einem Familienmitglied fehlt irgend etwas, es möchte irgend etwas haben (Mangel)

Es ist aber ungenügend, die ersten beiden Funktionen *Verbot/Übertretung* einfach als $\overline{A}$ zu bezeichnen, denn der Bruch des Kontrakts setzt seine Etablierung voraus, und dies geschieht schon durch die Funktion II. Es ist ja offensichtlich, dass die Erteilung des Verbots seine Annahme impliziert [*A: Aufforderung/Annahme*]. Dann führt die Übertretung (Funktion III) als Nicht-Erfüllung der kontraktuellen Pflicht den Bruch des Kontrakts herbei ($\overline{F/A}$). Der Verlust (Funktion VIII) oder Mangel (Funktion VIIIa) ist als Folge dieses Bruchs zu interpretieren. Der Held wird aus dem Schutz der kontraktuellen Ordnung ausgegrenzt, was weiteren Schaden nach sich zieht ($\overline{C}$). So wird ein Schema konstruiert, das man vielleicht „gescheiterte Prüfung" nennen könnte:

$$A \rightarrow \overline{F/A} \rightarrow \overline{C}$$
$$[\text{vs } A \rightarrow F \rightarrow C]$$

## 7.2 Heirat

Im diametralen Gegensatz zum Verbot als extrem zerbrechlichem Kontrakt steht die propp'sche letzte Funktion *Hochzeit*. Einerseits bildet sie als Sanktion (Belohnung) den letzten Teil der Hauptprüfung. Andererseits wird damit ein neuer Kontrakt etabliert. Der Held wird mit dem Abschluss des Tauschprozesses aus der bisherigen kontraktuellen Beziehung gelöst und tritt in den neuen Kontrakt ein. Anders als das Verbot im propp-greimas'schen Modell, das alles von einem einzigen Tun oder Nicht-Tun abhängig macht, etabliert die Heirat einen komplexen Zustand der gegenseitigen Gebundenheit, der nicht einfach aufs Tauschprinzip der gegenseitigen Pflichterfüllungen zu reduzieren ist. Die Ehe verbindet nicht Verpflichtungen, sondern Menschen selbst. Erst aus dieser menschlichen Verbindung entstehen eheliche Pflichten. Darin unterscheidet sie sich von anderen Kontraktformen wie etwa einem Arbeitsvertrag. Einzelne Vernachlässigungen und Verletzungen der ehelichen Pflichten führen daher nicht automatisch zur Auflösung des Ehebundes. Seine Auflösung braucht immer einen gemeinsamen Entschluss der Eheleute oder ein Gerichtsurteil. Die Scheidung bedeutet nicht einfach, dass die Eheleute dadurch aus ihren ehelichen Pflichten entlassen werden. Sie ist vor allem eine Entscheidung, sich voneinander zu trennen. Dies ist der Grund, weshalb die Auflösung des Ehebundes so schwierig ist, wie in der Bibel steht: „Was Gott verbunden hat, das darf der Mensch nicht trennen."[35]

Die Heirat stiftet einen stabilen Zustand, eine dauerhafte Ordnung, die viel weniger verletzlich ist als die des Verbots im Garten Eden. Dank einer solchen strukturellen Stabilität, die mit der Narrativität wenig zu tun hat, spielt die Hochzeit im propp-greimas'schen Schema die Rolle, die Erzählung abzuschließen. Greimas interpretiert das propp'sche Modell als Prozess vom Bruch der kontraktuellen Ordnung hin zu ihrer Wiederherstellung.[36] Aus dem strukturellen Vergleich zwischen Verbot und Heirat geht aber hervor, dass es sich hier nicht einfach um die Wiederherstellung der vorherigen Ordnung, sondern um ihre Weiterentwicklung handelt: die Entwicklung von einer schwächeren, fragileren zu einer stärkeren, stabileren Ordnung.

---

**35** In der katholischen Dogmatik gilt der Ehebund als so fest, dass er nicht „innerlich auflösbar" ist: „Ein Kontrakt heißt innerlich auflösbar, wenn er durch dieselben Ursachen gelöst werden kann, welche ihn geschaffen oder geschlossen haben [...]. Tatsächlich ist jedoch die Ehe ein Kontrakt, der nur hinsichtlich seines *Zustandekommens* (Abschlusses) vom Willen der Partner abhängt, in seiner *Natur* aber von höherem (göttlichen) Willen so bestimmt ist, daß sein Inhalt und seine Festigkeit dem Willen der Vertragschließenden einfach vorgegeben ist. Haben sie den Vertrag abgeschlossen, so sind sie an den vorgegebenen Inhalt (eheliche Pflichten) gebunden und so lange gebunden, als es nach dem höheren Willen sein soll." Joseph Pohle und Michael Gierens, *Lehrbuch der Dogmatik: Dritter Band* (Paderborn: Salzwasser, 2012), 617.
**36** Greimas, *Semantik*, 192.

# 8 Schlussbemerkung

Bis hierher sind die fünf Kontraktformen im propp-greimas'schen Modell struktural und funktional analysiert worden. Dabei haben sich einige strukturale Merkmale herauskristallisiert, die ermöglichen, die Kontraktformen aus narratologischer Sicht zu unterscheiden und zu klassifizieren:

- Der soziale Kontrakt als Voraussetzung für die qualifizierende Prüfung etabliert einen dauernden Zustand der moralischen Ordnung und entsteht nicht durch explizite Kommunikationshandlungen einzelner Subjekte, sondern durch den Konsens eines unbestimmten gesellschaftlich-hegemonialen Kollektivs. Hier führen Freundlichkeit und Hilfsbereitschaft ohne Hintergedanken zu einem unerwarteten Tausch, wenn deren Empfänger später dem Subjekt-Helden aus Dankbarkeit hilft.
- Die kontraktuelle Form der Hauptprüfung zeichnet sich durch Gegenseitigkeit des Tauschvorgangs und ein hierarchisches Gefälle zwischen Destinateur-Sender und Destinataire-Subjekt aus.
- Die glorifizierende Prüfung nimmt bald die kontraktuelle Form der Hauptprüfung, bald die der qualifizierenden Prüfung an. Im Unterschied zu den beiden anderen Prüfungen verläuft ihr Tauschprozess ausschließlich auf kognitiver und symbolischer Ebene.
- Beim Verbot impliziert das Verbieten selbst schon seine Annahme und führt zu einer kontraktuellen Beziehung. Das Übertreten des Verbots lässt sich als Nicht-Erfüllung der kontraktuellen Aufgabe oder als gescheiterte Prüfung verstehen und erst damit beginnt die eigentliche Erzählung. Das Verbot an sich ist nicht narrativ, denn solange es eingehalten wird, geschieht nichts Erzählbares.
- Bei der Hochzeit wird der Held mit dem Abschluss des Tauschprozesses aus der bisherigen kontraktuellen Beziehung der Hauptprüfung gelöst und tritt in den neuen Kontrakt ein, der nicht einfach aufs Tauschprinzip der gegenseitigen Pflichterfüllungen zu reduzieren ist. Die Hochzeit stiftet eine stabile Ordnung und bringt somit die Erzählung zu einem runden Schluss.

Zum Schluss sei noch einmal hervorgehoben, dass all den hier behandelten kontraktuellen Formen das Prinzip der Gegenseitigkeit innewohnt. So gesehen ist der Kontrakt als Abmachung zu definieren, die das zwischenmenschliche, intersubjektive Verhältnis zum sozialen und kooperativen werden lässt. Daher lässt das kanonische narrative Schema im Sinne von Greimas, das den Kontrakt zum herrschenden Strukturprinzip der Narrativität erhebt, den narrativen Diskurs als kommunikatives Medium erscheinen, das die kontraktuelle Ordnung der Gesellschaft konsolidiert und den sozialen Zusammenhalt stärkt.

# Literatur

Afanasev, Alexander. *Russian Fairy Tales*, übers. v. Norbert Guterman. New York: Pantheon Books, 1975.

Aristoteles. *Poetik: griechisch/deutsch*, übers. von Manfred Fuhrmann. Universal-Bibliothek 7828. Stuttgart: Reclam, 1982.

Courtés, Joseph. *Analyse Sémiotique du Discours: de l'énoncé à l'énonciation*. Paris: Hachette, 1991.

Greimas, Algirdas Julien. *Du sens: Essais sémiotiques*. Paris: Seuil, 1970.

Greimas, Algirdas Julien. *Du sens II: Essais sémiotiques*. Paris: Seuil, 1983.

Greimas, Algirdas Julien. *Sémiotique et sciences sociales*. Paris: Seuil, 1976.

Greimas, Algirdas Julien. *Strukturale Semantik: Methodologische Untersuchungen*, übers. v. Jens Ihwe. Wissenschaftstheorie, Wissenschaft und Philosophie 4. Braunschweig: Vieweg, 1971.

Greimas, Algirdas Julien und Joseph Courtés. *Sémiotique: dictionnaire raisonné de la théorie du langage*. Paris: Hachette, 1993.

Grimm, Jakob und Wilhelm Grimm. *Kinder- und Hausmärchen*. Artemis-Einführungen 18, hg. v. Heinz Rölleke. München: Artemis & Winkler, 1993.

Grunau, Skott. *Der moralische Pakt: Das Fundamentalmoralische in der Literatur*. Literatura 45. Baden-Baden: Ergon Verlag, 2020.

Hébert, Louis. *Dispositifs pour l'analyse des textes et des images : Introduction à la sémiotique appliquée*. Limoges, Presses de l'Université de Limoges, 2007.

Kim, Taehwan. *Vom Aktantenmodell zur Semiotik der Leidenschaften: Eine Studie zur narrativen Semiotik von Algirdas J. Greimas*. Tübingen: Gunter Narr, 2002.

Lauber, Stephan, „Strukturalismus." In *Das wissenschaftliche Bibellexikon im Internet* (www.wibilex.de), hg. v. Stefan Alkier, Michaela Bauks und Klaus Koenen, 2014. Zugriff 20. 7. 2021. http://www.bibelwissenschaft.de/stichwort/31876/.

Perrault, Charles. *The Complete Fairy Tales*, übers. v. Christopher Betts. Oxford: Oxford University Press, 2009.

Pohle, Joseph und Michael Gierens. *Lehrbuch der Dogmatik*. Bd. 3. Paderborn: Salzwasser, 2012. Zuvor veröffentlicht als Pohle, Joseph. *Lehrbuch der Dogmatik: III. Band*. Paderborn: Schöningh, 1937.

Propp, Vladimir. *Morphologie des Märchens*, übers. v. Christel Wendt, hg. v. Karl Eimermacher. München: Hanser, 1972.

Radbruch, Gustav. *Rechtsphilosophie*, hg. v. Ralf Dreier. UTB. Rechtswissenschaft, Philosophie 2043. Heidelberg: C. F. Müller, 2003. Zuvor veröffentlicht als *Rechtsphilosophie*. Leipzig, Quelle & Meyer, 1932.

Regine Pruzsinszky

# Politisch und sozial motiviert: Bünde zwischen Göttern und Menschen im Alten Orient

## 1 Götter und Menschen

Im Alten Orient wurde im privaten Kreis die Beziehung zwischen Mensch und Gott durch die Vorstellung geprägt, dass einem Menschen, der einen persönlichen Gott hatte, Glück und Wohlergehen beschert war, während er ohne Gott scheiterte.[1]

Der persönliche Gott verkörperte die verinnerlichten Normen der Familie und Gesellschaft, sorgte für die Durchsetzung der Gruppennormen und wachte „über die Einhaltung verinnerlichter ethischer Imperative rechten sozialen Verhaltens [...] gegenüber anderen Mitmenschen."[2] Das Verhältnis zwischen Mensch und Gott war durch Interaktion, Reziprozität und gegenseitige Abhängigkeit geprägt. Geriet diese Bindung aus dem Gleichgewicht, befiel den Menschen eine Schuld oder Sünde,[3] die nur durch die Gottheit gelöst werden konnte, wobei der persönliche Gott als Mediator agierte. Die Beziehung zwischen Göttern und Menschen war als eine hierarchische Herren-Diener- bzw. als ver-

---

1 Ulrike Steinert, *Aspekte des Menschseins im Alten Mesopotamien: Eine Studie zu Person und Identität im 2. und 1. Jt. v. Chr.*, Cuneiform Monographs 44 (Leiden–Boston: Brill, 2012), 397–98 und 512 mit dem anschaulichen sumerischen Sprichwort aus Ur (UET 6/2 251): „Ein Mensch, der keinen Gott hat, erwirbt nicht viel [Nahrung], erwirbt nicht [einmal] wenig [Nahrung]. Geht er zum Fluß hinaus, fängt er keinen Fisch. Geht er zum Feld hinaus, fängt er keine Gazelle. In wichtigen Angelegenheiten ist er nicht erfolgreich. Wenn er läuft, erreicht er [sein Ziel] nicht. Aber wenn ihm sein Gott wohlgesinnt ist, wird alles, was er benennt [sich wünscht], für ihn zur Verfügung stehen."
2 Steinert, *Aspekte des Menschseins*, 399–400.
3 Anne Löhnert, „Sünde. A. In Mesopotamien," *Reallexikon der Assyriologie und Vorderasiatischen Archäologie* 13 (Berlin–Boston: De Gruyter, 2012): 248–53.

---

**Anmerkung:** Mein herzlicher Dank für die freundliche Einladung nach Fribourg sei den Organisatoren Franz Sedlmeier und Hans Ulrich Steymans der überaus ertragreichen Tagung „Bundestheologie bei Hosea? Auf Spurensuche" ausgesprochen. Dieser Beitrag konnte in der Zeit meines Forschungsaufenthaltes am Institute for Advanced Study, School of Historical Studies fertiggestellt werden, das großzügiger Weise durch den Fund for Historical Studies finanziert wurde. Akkadische Wörter werden kursiv, sumerische Termini hingegen *recte* und gesperrt wiedergegeben.

https://doi.org/10.1515/9783110792706-005

wandtschaftliche Eltern-Kind-Beziehung charakterisiert, welche zugleich die Grundparameter der komplexen sozialen Ordnung in Mesopotamien widerspiegelte: diese zeichnete sich durch ein patriarchales Verwandtschaftssystem und ein pyramidales Gesellschafts- bzw. Staatssystem aus, an dessen Spitze der König stand.[4]

Der König wurde als Repräsentant der Menschen verstanden, der mit den Göttern bzw. einer Gottheit ein Bündnis oder einen Vertrag einging. Als Vermittler zwischen menschlicher und göttlicher Sphäre stand der König an der Spitze der Gesellschaft, welche er vor den Göttern vertrat, deren Segen dem König und damit seinem Land galt.[5] Einem Sprichwort zufolge waren „Menschen ohne König [wie] Schafe ohne Hirten".[6] Nicht zuletzt bezeichnete sich der altorientalische König gerne als „Hirte seines Volkes", ein Epitheton, das auch literarisch vielfach, aber auch in der visuellen Kultur Mesopotamiens verarbeitet wurde.[7] Das Königtum war eine von den Göttern gegebene Einrichtung, die im Schöpfungsakt begründet wurde und zugleich auf menschliche Bedürfnisse reagierte.[8] Gründe für die Bestimmung eines Regenten waren die Fürsorge und Zuneigung der Götter für die Menschen sowie die ungeordneten Verhältnisse, wie etwa das Fehlen einer geordneten Versorgung, die wie Landwirtschaft und Bewässerung zu den Kulturgütern der Menschheit gehörte. Damit ist das Königtum als notwendige Form der politischen Ordnung zu verstehen, das auf einem dynastischen Prinzip basierte und nur durch einen göttlichen Beschluss be-

---

**4** Steinert, *Aspekte des Menschseins*, 512.

**5** Walther Sallaberger, „Den Göttern nahe – und fern den Menschen? Formen der Sakralität des altmesopotamischen Herrschers," in *Die Sakralität von Herrschaft. Herrschaftslegitimierung im Wechsel der Zeiten und Räume*, ed. Franz-Reiner Erkens (Berlin: De Gruyter, 2002), 85.

**6** Aus einer zweisprachigen Sprichwortsammlung zu sozialen Hierarchien durch Verweis auf scheinbar natürliche Prinzipien (z. B. Schafe brauchen Hirten, Kanäle brauchen einen Verteiler, Ackerböden müssen durch einen Bauern bestellt werden und eine Ehefrau braucht einen Gatten). Siehe Eva Cancik-Kirschbaum, „‚Menschen ohne König ...'. Zur Wahrnehmung des Königtums in sumerischen und akkadischen Texten," in *Das geistige Erfassen der Welt im Alten Orient. Sprache, Religion, Kultur und Gesellschaft*, ed. Claus Wilcke (Wiesbaden: Harrassowitz Verlag, 2007), 172.

**7** Siehe beispielsweise Beate Pongratz-Leisten, *Religion and Ideology in Assyria*, Studies in Ancient Near Eastern Records 6 (Boston, MA: De Gruyter, 2015) unter 5.4. sowie Mirko Novák, „‚Herr der Gesamtheit', ‚Liebling der Götter' und ‚Guter Hirte'. Konzepte des mesopotamischen Königtums und ihre materiellen Manifestationen," in *Monarchische Herrschaft im Altertum*, ed. Stefan Rebenich (Oldenbourg: De Gruyter, 2017), 61–82.

**8** Walther Sallaberger, „Das Ansehen eines altorientalischen Herrschers bei seinen Untertanen," in Compte rendu, Rencontre Assyriologique Internationale 54, ed. Gernot Wilhelm (Winona Lake, IN: Eisenbrauns, 2012), 5 unter 1.3. und Eva Cancik-Kirschbaum, „‚Menschen ohne König ...'", 170–71.

grenzt werden konnte. Diese auf dem Königtum beruhende gesellschaftliche Ordnung wird auch im Eid in Rechtsurkunden deutlich, bei dem man neben den Göttern auch den König anrief (vgl. Assyrien: *adê ša šarri*).[9]

Der Bund zwischen Göttern und Herrschern, die Erwartung der Götter an die Herrscher, wird in Pro- und Epilogen der Rechtssammlungen, wie etwa im *Codex Hammurapi*, deutlich.[10] Korrekt wird letzterer als „Kommemorativinschrift" bezeichnet, die an die Rechtssetzung erinnern und die Gesetze bekannt machen soll. Rechtssammlungen fassen die grundsätzlichen Parameter des rechtlichen, politischen und sozialen Denkens unter dem akkadischen Oberbegriff *mīšarum* „Gerechtigkeit" zusammen. Mit den Worten Claus Wilckes demonstrieren sie nicht nur das gezielte gesetzgeberische Handeln des Königs, sondern auch dessen Motive, die Weisung der Götter, „Gerechtigkeit im Lande erstrahlen zu lassen" (i 32–34).[11] Demnach bestand ein wechselseitiges Interesse in Form eines Bündnisses mit dem Ziel der allgemeinen Ordnung, wörtlich „das Volk recht zu leiten und das Land [in der] Spur [Gehen] zu lassen" (v 16–19) und „es dem Volke wohl ergehen zu lassen" (i 47–48). Neben dem Recht (*kittum* „das Feste, das Beständige" = unanfechtbares bzw. unverrückbares Fundament gesellschaftlicher Ordnung) als Ordnungssystem ging es darum, Gerechtigkeit zu schaffen und zu erhalten und zugleich um die Unabhängigkeit des Rechts von wirtschaftlicher und sozialer Macht (sozialer Ausgleich). Der Prolog macht deutlich, dass sich Herrschaft durch die Wahrnehmung ethischer Verpflichtungen legitimierte. Dazu zählte, dass die Schwachen vor den Starken geschützt werden und die Waisen und Witwen zu ihrem Recht kommen sollen, „um für das Wohlergehen der Menschen Sorge zu tragen" (i 24).

Ähnliches findet sich schon im Prolog des *Codex Urnammu* vom Ende des 3. Jahrtausends und wurde bis in das 1. Jahrtausend im Zusammenhang mit kultischen Erneuerungen des Königs weitertradiert: „Den Waisen überantwortete ich keineswegs dem Reichen, die Witwe überantwortete ich keineswegs dem Mächtigen." (Zz. 162–164) „Feindseligkeit, Gewalttat, [und] Weherufe zu Utu ließ ich fürwahr verschwinden, Gerechtigkeit setzte ich fürwahr im Lande Sumer." (Zz. 177–181)[12]

---

**9** Sallaberger, „Den Göttern nahe", 95.

**10** Claus Wilcke, „Das Recht: Grundlage des sozialen und politischen Diskurses im Alten Orient," in *Das geistige Erfassen der Welt im Alten Orient. Sprache, Religion, Kultur und Gesellschaft*, ed. Claus Wilcke (Wiesbaden: Harrassowitz Verlag, 2007), 209–44. Martin Lang, „Zum Begriff von menschlicher und göttlicher Gerechtigkeit in den Prologen der altorientalischen Codices," in *Recht und Religion. Menschliche und göttliche Gerechtigkeitsvorstellungen in den antiken Welten*, ed. Heinz Barta, Robert Rollinger und Martin Lang, Philippika 24 (Wiesbaden: Harrassowitz Verlag, 2008), 49–72.

**11** Wilcke, „Das Recht", 210.

**12** Die Übersetzung folgt TUAT I/1, 19.

Dass vor allem Witwen und Waisen besonderer Schutz gesetzlich zugesprochen wurde, lag sicherlich „im babylonischen Sozialgefüge, das auf einer engen Familienbindung aufgebaut war".[13] Die Aufgabe des Königs war es, für die Einhaltung dieser ethisch-sozialen Forderungen Sorge zu tragen, um damit die Fürsorge der Gottheit um die Menschen im irdischen Bereich zu garantieren.[14]

Zentral im *Codex Hammurapi* war 1) die Verpflichtung zur gesellschaftlichen Verantwortung und 2) die Fürsorgepflicht der Institutionen gegenüber dem Individuum (Schutz der Schwachen von Seiten der sozialen Institutionen). Nach dem Prolog des *Codex Hammurapi*, in dem sich Hammurapi als „frommer Diener der großen Götter" bezeichnete, der für die Einhaltung ihrer Kulte sorgte, wurden die zentralen Aufgabenbereiche eines Königs in enger Beziehung zur jeweils zuständigen Gottheit benannt:[15] er war Hirte des Landes, Weiser, Eroberer und Kriegsherr, Erbsohn, verantwortlich für den Ausbau des Euphrat und für die Pflege und Versorgung der Hauptheiligtümer seines Reiches, die das Zentrum bzw. den Identifikationspunkt der einzelnen Städte darstellten:[16] ein Großteil der Bevölkerung erhielt vom Tempel für ihre vielfältigen Dienste Zuteilungen bzw. Rationen. Im Tempel wurde Recht gesprochen und vor dem Stadtgott leistete man Eide. Walther Sallaberger[17] resümiert: „Dadurch, dass der König sich um die Götter bemühte, gewann er die Menschen, die den Göttern verbunden waren." Diese religiöse Fundierung königlicher Ideologie wurde durch die Verleihung der königlichen Insignien von den Göttern an den König symbolisch zum Ausdruck gebracht.[18] Hierbei repräsentierte insbesondere die Krone den sakralen Aspekt des Königtums. Nach einem assyrischen Ritual zur Investitur des Königs wurde mit der Krone mit ihrem „Schreckensglanz", dem Zeichen der Göttlichkeit, der König für seine kultische Aufgabe, also den Pries-

---

**13** Wolfgang Röllig, „Der den Schwachen vom Starken nicht entrechten läßt, der der Waise Recht schafft … Gleich und ungleich im religiösen Denken des Alten Orients," in *Vor Gott sind alle gleich*, ed. Burkhard Gladigow (Düsseldorf: 1983), 45.

**14** Diese Fürsorge wird sehr bildlich im *Šamaš-Hymnus* (BWL 121–38, TUAT N.F. 7, 66–72) beschrieben, indem Šamaš die Finsternis vertreibt und alles in helles Licht taucht: Seine Sorge gilt all jenen, die unter seinem Schutz stehen: den Kranken, Wanderern, Kaufleuten und Seefahrern. Die Aufzählung einer Reihe von Praktiken, die mit einer gerechten Haltung in Verbindung stehen, ähnelt dem, was in altorientalischen Rechtssammlungen genannt ist.

**15** Sallaberger, „Das Ansehen", 6.

**16** Dominique Charpin, „Zur Funktion mesopotamischer Tempel," in *The Empirical Dimension of Ancient Near Eastern Studies*, Wiener Offene Orientalistik 6, ed. Gebhard Selz (Wien: LIT Verlag), 403–22.

**17** Sallaberger, „Das Ansehen", 7.

**18** Sallaberger, „Den Göttern nahe", 87–90: Krone (sakraler Aspekt des Königtums), Thron (Fundament festigen, Tradition, Stuhl des Richteramtes), Zepter (Stab: König als Hirte der Menschen), Waffen (kriegerische Funktion) und Gewand.

terdienst Aššurs, eingesetzt.[19] Das Zepter verpflichtete den „König der Welt"
(*šar kiššati*) wiederum zum Hirtenamt über die Menschheit.

Die enge Beziehung zwischen Gott und König mit dem Ziel, den König stärker in die Götterwelt einzubinden, um das Wohlergehen des Landes zu garantieren, wurde gerne mit Verwandtschaftstermini charakterisiert: In frühen Texten des 3. vorchristlichen Jahrtausends legitimierte sich der Herrscher als „leibliches Kind" der Götter (Gotteskindschaft) oder auch als Geliebter oder Gemahl der Göttin Ištar/Inana.[20] Mit der Einbindung des Herrschers in die Götterwelt durch die Familien- bzw. Ehemetapher[21] manifestierte sich das engst mögliche Bündnis zwischen Mensch und Gott. Ihre Hybris scheint die Nähe des Herrschers zu den Göttern in der Königsvergöttlichung im späten 3. und frühen 2. Jahrtausend zu finden, wobei hier nicht die Person, sondern das Amt göttlich wurde.[22] Später löste sich dieses enge Verhältnis wieder auf: Assyrische Herrscher bezeichneten sich wieder als „Liebling bzw. Geliebter der Ištar" oder als „Kind/Sohn" einer Gottheit.[23] Dem assyrischen König, dem *šangû*-Priester und irdischen Stellvertreter eines Gottes, der auch als „Abbild" des Gottes Aššurs galt und dem Schutzgott und Genius (*šēdu* und *lamassu*) in seinem Körper innewohnten, oblag die höchste Verantwortung, für die Verehrung der Götter in seinem Reich zu sorgen.[24]

---

**19** Angelika Berlejung, „Die Macht der Insignien. Überlegungen zu einem Ritual der Investitur des Königs und dessen königsideologischen Implikationen," *Ugarit-Forschungen* 28 (1996): 1–35.
**20** So bezeichnete sich der Herrscher Mesanepada aus dem 25. Jahrhundert auf der Inschrift eines Rollsiegels als „Gemahl der Inana": Annette Zgoll, „Inana als nugig," *Zeitschrift für Assyriologie und Vorderasiatische Archäologie* 87 (1997): 192–93 und dies., „Vielfalt der Götter und Einheit des Reiches: Konstanten und Krisen im Spannungsfeld politischer Aktion und theologischer Reflexion in der mesopotamischen Geschichte," in *Götterbilder, Gottesbilder, Weltbilder. Polytheismus und Monotheismus in der Welt der Antike*, ed. Reinhard Gregor Kratz und Hermann Spiekermann (Tübingen: Mohr Siebeck, 2006), 110 („Zwischenpersonale Strukturen").
**21** Vergleiche hierzu auch den Topos der „Heiligen Hochzeit" etwa bei Beate Pongratz-Leisten, "Sacred Marriage and the Transfer of Divine Knowledge: Alliances between the Gods and the King in Ancient Mesopotamia," in *Sacred Marriages. The Divine Human-Sexual Metaphor from Sumer to Early Christianity*, ed. Martti Nissinen und Risto Uro (Winona Lake, IN: Eisenbrauns, 2008), 43–74.
**22** Sallaberger, „Das Ansehen", 93–97.
**23** Sallaberger, „Den Göttern nahe", 91.
**24** Stefan Mario Maul, „Der assyrische König – Hüter der Weltordnung", in *Priests and Officials in the Ancient Near East. Papers of the Second Colloquium on the Ancient Near East – The*

## 2 Schuld und Sünde

Erfolg oder Misserfolg von Königen war durch die Liebe oder Strafe der Götter verursacht, wie es am Beispiel Naram-Suens deutlich wird, der noch zu Lebzeiten vergöttlicht wurde: einerseits besiegte er durch die Liebe Inanas seine Feinde (vgl. Bassetki-Statue). Andererseits wurde seine Regierung in der Rückschau nach dem Untergang seiner Dynastie als Zeit frevlerischer Übertretungen gegenüber Enlil angesehen, weswegen die Götter die Vernichtung seines Reiches beschlossen.[25]

Das Schuld- bzw. Sündenbewusstsein wird erst mit dem 2. Jahrtausend in unseren Texten deutlich, wobei diese im Sinne eines Vergehens gegen gesellschaftlich normierte Regeln im religiösen, moralischen und rechtlichen Bereich verstanden wurden.[26] Dazu gehörten sittlich-ethische Verfehlungen wie Ehebruch und Brüche des familiären Ordnungsgefüges, Verleumdung, falsche Bezichtigung, Rufmord, Behexung etc.,[27] sowie Vergehen im religiösen Bereich, also die Verletzung der göttlichen Sphäre, die als Tabu[28] zusammengefasst werden können. Ehebrecher wurden nicht nur profan-rechtlich sanktioniert, sondern auch von Göttern mit körperlich-seelischen Leiden bestraft, denn „die Achtung des Ehebündnisses wurde als wesentlicher Bestandteil für den Zusammenhalt einer Gemeinschaft verstanden."[29] So zeichneten akkadische Prophetien ein apokalyptisches Szenario, dass, „wenn alle Länder in Anarchie fallen werden", „der Mann seine Frau verlassen und die Frau ihren Mann verlassen wird". Dabei wurde zwischen Mann und Frau kein Unterschied gemacht. Dass Ehebruch als Sünde verstanden wurde,[30] macht ein altbabylonisches Rätsel deutlich, in welchem die gesellschaftliche Ächtung des Ehebrechers beschrieben wird: "One does not walk

---

*City and its Life at the Middle Eastern Culture Center in Japan (Mitaka, Tokyo), March 22–24, 1996*, ed. Kazuko Watanabe (Heidelberg: Winter Verlag, 1999), 201–14.

**25** Zgoll, „Vielfalt der Götter", 110. Vergleiche auch Hanspeter Schaudig, *Explaining Disaster. Tradition and Transformation of the "Catastrophe of Ibbi-Sîn" in Babylonian Literature*, dubsar 13 (Münster: Zaphon, 2019), 128–39 mit weiteren Beispielen aus dem Alten Orient (nach der Esaĝil-Chronik) und der Bibel.

**26** Löhnert, „Sünde", 248.

**27** š e r₇- d a /*šērtum* („strafwürdiges Vergehen"), n a m - d a₆/*arnum* („verübte bzw. verhängte Schuld im moralischen Sinne, bei welcher der Bruch zwischen Mensch und Gottheit im Vordergrund stand").

**28** Tabu: a n - z i l /*anzillu* („Verbotenes"), a z a g /*asakku* („Unberührbares"), n i ĝ₂- g e₁₇/*ikkibu* („Unerträgliches").

**29** Karel van der Toorn, *Sin and Sanction in Israel and Mesopotamia. A Comparative Study* (Assen/Maastricht: van Gorcum, 1985), 17 (Zitat aus dem Englischen übersetzt).

**30** Vgl. auch den Sündenkatalog der Ritualserie *Šurpu* aus dem 1. Jahrtausend.

to him, although paths are directed toward him. His life passes away as he does himself. He is not dear to any decent man for life. He is thrown away like a worthless penny. Nobody cares about him, he is covered up as with a garment."[31]

In der mittelassyrischen Hymne an Ninurta (*Rat des Ninurta*) wird der Ehebruch in Verbindung mit Lüge, Verleumdung und Ausnutzung von Schwächeren sowie Freundschaftsverrat genannt – alles verwerfliche Taten, die vor Ninurta keine Gnade fanden: "He who has intercourse with [another] man's wife, his guilt is grievous." (BWL 119: Zz. 3–4)

Der Begriff n a m - d a$_6$/*arnum*, der in literarischen Texten im Zusammenhang mit göttlicher Amtsgewalt thematisiert wird und von Hans Erich Hirsch als „Sünde" übersetzt wurde,[32] erscheint erstmals in der *Klage UruKAginas*[33] von Lagaš, der seinem Feind Lugalzagesi von Umma vorwarf, mit der Zerstörung von Lagaš und der Plünderung der Heiligtümer n a m - d a$_6$ gegen Ninĝirsu verübt zu haben. Es heißt nach dem „Frevelkatalog", der Brandstiftung, Blutvergießen, Plünderung, und Flurfrevel miteinschloss:

> Der Mann von Umma hat wirklich, nachdem Lagaš vernichtet war, gegenüber Ninĝirsu gefrevelt. Er hat wirklich Hand an ihn gelegt. Sie wird abgeschnitten werden! Einen Frevel des Iri-kagina, des Königs [der Stadt] Ĝirsu gibt es nicht. Des Lugalzagesi, des Fürsten von Umma Göttin Nisaba soll diesen Frevel [d. h. die Strafe dafür] auf ihrem Nacken tragen. (Ukg 16: vii 10–ix 3)[34]

Nach Wilcke handelt es sich um eine verübte Schuld im moralischen Sinne, bei welcher der Bruch zwischen Mensch und Gottheit im Vordergrund stand. Der Schluss sei im Sinne eines Strafantrages vor einem göttlichen Gericht zu verstehen und der ambivalente Begriff n a m - d a$_6$ weise auf einen deutlich rechtlichen Diskurs hin: es handle sich also um ein „(straf)rechtliches Argumentieren im Bereich politischer Theologie".[35] Wie auch in altorientalischen Codices fest-

---

31 Bendt Alster, *Wisdom of Ancient Sumer* (Bethesda, MD: CDL Press, 2005), 368–69.

32 Hans Erich Hirsch, „Die ‚Sünde' Lugalzagesis," in *Festschrift für Wilhelm Eilers. Ein Dokument der internationalen Forschung zum 27. September 1966*, ed. Gernot Wießner (Wiesbaden: Harrassowitz Verlag, 1967), 99–106.

33 Zur umstrittenen Lesung des Königsnamens siehe Ingo Schrakamp, „Urukagina und die Geschichte am Ende der präsargonischen Zeit," in *It's a Long Way to a Historiography of the Early Dynastic Period(s)*, Altertumskunde des Vorderen Orients 15, ed. Reinhard Dittmann und Gebhard Selz (Münster: Ugarit-Verlag, 2015), 304–10 (nach Schrakamp ist der Name wohl Erienim-ge-na zu lesen).

34 Wilcke, „Das Recht", 220. Iri-kagina ist eine alternative Lesung für UruKAgina.

35 Wilcke, „Das Recht", 221[46]: „Sünde" gehört demgegenüber in die religiöse Sphäre individueller Verantwortlichkeit gegenüber der Gottheit für Verletzungen von ihr gesetzter Normen. Für Wilcke hingegen handelt es sich und (straf)rechtliches Argumentieren im Bereich politischer Theologie.

gehalten, richteten hier die Götter über die Könige. Während im 3. und Anfang des 2. Jahrtausends politischer Streit stets als rechtlicher Diskurs erschien, wobei militärische Lösungen als Vollzug göttlicher Gerichtsurteile gedacht wurden, traten Gerichtsverhandlungen im Pantheon später im 2. und im 1. Jahrtausend in den Hintergrund: Gegner galten als Rechtsbrecher und Verletzende moralischer Normen, indem sie Verträge brachen und Wohltaten mit Feindschaft und Aggression vergolten.

# 3 Fallbeispiel 1: UruKAgina und Ninĝirsu

Neben Gesetzen zur Schaffung von Ordnung und Gerechtigkeit erließen Herrscher am Anfang ihrer Regierungszeit Erlässe „zur Stärkung der Bevölkerung"[36] und Einzelverfügungen, die akute Missstände beseitigen sollten (*ṣimdat šarrim, rikiltum, andurārum*). Die sumerische Bezeichnung a m a - r  g i₄ „zur Mutter zurückkehren (lassen)"[37] entspricht dem akkadischen *andurārum* „die Rückkehr in einen früheren Zustand" und findet sich in den *Reformen UruKAginas*, die als Vertrag des Herrschers UruKAgina mit der Gottheit Ninĝirsu dargestellt werden:

UruKAgina war vom Stadtgott Ninĝirsu das Königtum über Lagaš verliehen worden, der ihn als „Hirten" der Bevölkerung auswählte. Horst Steible zufolge handelt es sich um eine Erwählung durch eine Gottheit und Legitimation *ex eventu*, die aufgrund einer Autorisation zu einer bestimmten Aufgabe erreicht wird.[38] Für seine Reformen, die er als „Gottesoffenbarung" darstellte, benötigte der Herrscher die göttliche Legitimation.[39] In einem seiner Reformtexte aus der Zeit um 2350 v. Chr. heißt es:

> Als Ninĝirsu, der Held des Enlil, dem UruKAgina das Königtum von Lagaš gegeben hatte und seine Hand aus der Mitte von 36.000 Menschen herausgenommen hatte, hat er das

---

36 Wilcke, „Das Recht", 214.

37 Dieser Begriff wurde im Sinne von Freilassung, Befreiung von Abgaben und Tributen, sowie der Sistierung von Schuldenverhältnissen benutzt.

38 Horst Steible, „Legitimation von Herrschaft im Mesopotamien des 3. Jahrtausends v. Chr.," in *Moral und Recht im Diskurs der Moderne: Zur Legitimation gesellschaftlicher Ordnung*, ed. Günter Dux und Frank Welz (Opladen: Springer VS, 2001), 86.

39 Zur Legitimierung der Rechtssätze aus göttlichem Mund, wie auch später an den Nahtstellen zwischen Prolog – Rechtssätze – Epilog im *Codex Urnammu, Codex Lipit-Ištar* und *Codex Hammurapi* siehe Horst Steible, „Zu den Nahtstellen in den altmesopotamischen Codices", in *Assyriologica et Semitica. Festschrift für Joachim Oelsner anlässlich seines 65. Geburtstages am 18. Februar 1997. Alter Orient und Altes Testament* 252, ed. Joachim Marzahn (Münster: Ugarit-Verlag, 2000), 447–55.

entschiedene Schicksal von früher *dafür* hingesetzt. Die Weisung, die sein Herr Ninĝirsu ihm ausgesprochen hatte, hat er übernommen. (Ukg. 4 vii 29–viii 13).[40]

UruKAginas Neuordnung, die ihm von Ninĝirsu verkündet wurde, hatte die Wiederherstellung der alten Verhältnisse zum Ziel, unter denen der Stadtgott mit Familie, verkörpert durch den Tempel, alleiniger Eigentümer von Grund und Boden des Stadtstaates war. Die Vorgänger UruKAginas hatten diese ursprüngliche Ordnung zerstört: Die Missstände werden mit dem semitischen Fremdwort be$_6$-lu$_5$-da als „Herrschaftsnormen von damals" bezeichnet. UruKAgina setzte hingegen das „Schicksal von früher dafür hin" bzw. „die früher [von den Göttern] getroffenen Entscheidungen", was den restaurativen Charakter seiner Reformen deutlich werden lässt. Das Schicksal, sumerisch n a m - t a r, wurde im Sinne einer „festen verbindlichen Zusage" verstanden, deren Subjekt fast ausschließlich Gottheiten waren.[41] Nachdem UruKAgina die Königswürde erhalten hatte, verkündete er eine generelle Amnestie und Gerechtigkeit für alle – ungeachtet des Ranges oder Status und unabhängig von wirtschaftlicher oder sozialer Macht, was der Aufrechterhaltung des sozialen Gleichgewichts dienen sollte:[42]

> Er leerte die Gefängnisse mit den verschuldeten ‚Kindern' von Lagaš, von denjenigen, die gur-gub und še-si.g-Vergehen [Steuern oder Mietzahlungen?] begangen hatten und von denen, die Diebstahl oder Mord begangen hatten. Er setzte ihre Freilassung (ama-r gi$_4$) fest. UruKAgina hat mit Ninĝirsu vertraglich vereinbart, dass er die Waise und die Witwe dem Mächtigen nicht ausliefern werde. (Ukg. 4 xii 13–28 = 5 xi 20–xii 4).[43]

Auf die „Gottesoffenbarung" folgen die Reformparagraphen, welche die Beseitigung korrupter Beamter und überhöhter Abgaben thematisieren, alles Regelungen zum Schutz von sozial Schwächeren. Zu UruKAginas Aufgaben zählte auch die gerechte bzw. angemessene Verteilung ökonomischer Ressourcen. Die Landwirtschaft als Teil der Subsistenzwirtschaft unterlag letztlich immer dem Herrscher. Auch wenn etwa UruKAgina diese den Tempeln übertrug, forderte dieser im Gegenzug für die Nutznießung der Felder und ihrer Erträge Frondienste und

---

**40** Schrakamp, „Urukagina", 338[273].

**41** Kai Lämmerhirt und Annette Zgoll, „Schicksal(stafel, -sbestimmung). A. In Mesopotamien.", *Reallexikon der Assyriologie und Vorderasiatischen Archäologie* 12 (Berlin–Boston: De Gruyter, 2009–11): 144–55.

**42** Lang, „Zum Begriff", 65.

**43** Übersetzung nach Claus Wilcke, *Early Ancient Near Eastern Law. A History of its Beginnings: The Early Dynastic and Sargonic Periods* (Winona Lake, IN: Eisenbrauns, 2003), 22. Siehe ders., „Das Recht", 210. Vergleiche hierzu den *Codex Hammurapi* i 37 ff.: „dass der Starke den Schwachen nicht schädigt" und „Waisen und Witwen ihr Recht zu verschaffen".

Abgaben. Dies stellt nach Sallaberger[44] „einen konstanten [...] Teil staatlicher Wirtschaft dar, der auf festen sozialen Verpflichtungen beruhte und alle Bevölkerungsschichten integrierte". Damit wurden Tempelwirtschaft (ökonomische Ressourcen) und Palast (Macht) vereint und der König gewann letztendlich die vollständige Kontrolle über das vom Tempel verwaltete Land, um für das Volk ein „Leben im Überfluss" basierend auf einer florierenden Subsistenzwirtschaft und stabilen politischen Verhältnissen zu gewährleisten.[45] Auch wenn zu Beginn UruKAginas Regierungszeit die als „Eigentum der Herrscherfamilie" bezeichneten tempeleigenen Güter und Liegenschaften in „Eigentum der Götter" umbenannt wurden, scheint es sich lediglich um eine nominelle Einsetzung der Götter als Eigentümer der Tempelhaushalte gehandelt zu haben.[46] Vielmehr sicherte sich der Herrscher als Stellvertreter der Götter den Zugriff auf die Wirtschaftsbereiche, die Teil des Herrscherhaushaltes blieben.

In Fachkreisen ist strittig, ob die Reformmaßnahmen als Neuerung (konsequente Umsetzung einer Ideologie, die den Herrscher als irdischen Stellvertreter Gottes versteht) oder als Restauration ursprünglicher Verhältnisse (Wiederherstellung der Machtposition der Priesterschaft) zu verstehen sind. Auch wenn die Reformen wohl praktisch nie umgesetzt wurden, zeigen sie den Eingriff des Herrschers in das wirtschaftliche, soziale und rechtliche Leben des Stadtstaates mit dem Ziel, die Lebensbedingungen der Menschen zu verbessern. Manche sehen in den Reformen den Versuch, Missbrauch und Säkularisierungstendenzen der Vorgänger UruKAginas entgegenzuwirken. Die als Rückgriff auf eine ältere Ideologie bzw. älteres Recht dargestellten Verwaltungsreformen seien als Präventionsmaßnahmen gegen die ausufernde Privatwirtschaft zu verstehen. Für Schrakamp und andere hingegen sind die Reformen Werkzeug zur „Sicherung herrscherlicher Kontrolle über die Wirtschaft, welche durch die Berufung auf Ursprünglichkeit göttlicher Eigentumsrechte den königlichen Zugriff auf Göttereigentum legitimierten."[47]

# 4 Fallbeispiel 2: Vertrag und Ritual (*zukru*)

In den Archiven der am mittleren Euphrat gelegenen Stadt Emar sind zwei Texte der 2. Hälfte des 2. Jahrtausends überliefert, die ein jährlich bzw. alle sieben

---

**44** Sallaberger, „Das Ansehen", 7.
**45** Vergleiche Walther Sallaberger, „Von politischem Handeln zu rituellem Königtum," in *Ritual and Politics in Ancient Mesopotamia*, ed. Barbara Neveling Porter (New Haven, Connecticut: 2005), 86 und ders., „Das Ansehen", 7.
**46** Schrakamp, „Urukagina", 334–35 und 338–42 (mit einem detaillierten Überblick zu den verschiedenen Interpretationsansätzen).
**47** Schrakamp, „Urukagina", 341.

Jahre begangenes *zukru*-Fest bezeugen.[48] Im Zentrum dieses identitätsstiften-
den *zukru*-Festes, das insgesamt sieben Tage andauerte, stand neben all den
Gottheiten des lokalen Pantheons die Kultstatue der Gottheit Dagān, welche
die Bevölkerung Emars[49] auf ihrem Weg zu den aufgerichteten Steinen bzw.
Kultstelen (*sikkānu*)[50] außerhalb der Stadt begleitete, wo die Teilnehmer des
Rituals aßen und tranken. Im Anschluss an das Mahl wurden die *sikkānu* mit
Öl und Blut gesalbt. Dagān war die Hauptgottheit des lokalen Pantheons, der
als „der Vater" (*a-bu-ma*) der Götter und Menschen bezeichnet wurde und dem
die Stadt Emar das *zukru* widmete (wörtlich „gibt").[51] Dieses *zukru* dürfte in
Anlehnung an die Evidenz aus Mari, wo dieser Terminus im Zusammenhang
mit einer Loyalitätsverpflichtung des jaminitischen Herrschers Alpan gegenüber
dem Wettergott Addu aufscheint (vgl. die Formel „ein *zukru* geben" wie in
Emar), eine Eidzeremonie darstellen, obschon es hier keinen ausdrücklichen
Hinweis auf eine festlich begangene Vereidigung gibt. Alpan forderte den König
Zimrī-Līm auf, dem Wettergott ein *zukrum* zu geben, welches wiederum der ma-
riotische König nur gewähren will, wenn Alpan vor Zeugen schwört, nicht zu
revoltieren: „In Zukunft möge er sich nicht gegen mich auflehnen." (A.1121+:

---

**48** Siehe Doris Prechel, „Zum festlichen Rahmen von Eid und Vertrag," in *Fest und Eid. Instrumente der Herrschaftssicherung im Alten Orient*, Kulturelle und sprachliche Kontakte 3, ed. Doris Prechel (Würzburg: Ergon Verlag, 2008), 129–30 und ausführlicher Daniel Edward Fleming,
"Emar: On the Road from Harran to Hebron," in *Mesopotamia and the Bible: Comparative Explorations,* Journal for the Study of the Old Testament. Supplement Series 341, eds. Mark William Chavalas und Kenneth Lawson Younger, Jr. (London: Sheffield Academic Press, 2002),
230–37. Siehe auch William Sproull Morrow, "Cuneiform Literacy and Deuteronomic Composition," *Bibliotheca Orientalis* 62 (2005): 211–12 mit Verweis auf einen hurritischen Text aus Ugarit
(KTU 1.128: 14–15) mit ʾil brt und auf die *Marduk-Prophetie* aus dem 12. Jahrhundert. Eine um-
fassende Textbearbeitung der beiden Haupttextvertreter stammt von Daniel Edward Fleming,
*Time at Emar. The Cultic Calendar and the Rituals from the Diviner's House*, Mesopotamian
Civilizations 11 (Winona Lake, IN: Eisenbrauns, 2000). Siehe nun auch die jüngst erschienene
Monographie zum *zukru*-Ritual im soziohistorischen Kontext von John Tracy Thames, Jr., *The
Politics of Ritual Change. The zukru Festival in the Political History of Late Bronze Age Emar*,
Harvard Semitic Monographs 65 (Leiden–Boston: Brill, 2020).
**49** Masamichi Yamada, "The *zukru* Festival in Emar: On Royal Cooperation with the City,"
*Orient* 45 (2010): 120: "Although the king of Emar did not play a central ritual role, he backed
it as its main sponsor. This may be regarded as royal desire to intervene in the urban activities.
This suggests that the royal authority took care not to interfere with the initiative of the urban
authority regarding the procedures of the traditional festival. In this sense, we may see here
another aspect, i.e., the positive endeavor of the king to reinforce a cooperative relationship
with the city, using the opportunity of the *zukru* festival."
**50** Patrick Maxime Michel, *Le culte des pierres à Emar à l'époque hittite*, Orbis Biblicus et
Orientalis 266 (Fribourg: Academic Press, 2014).
**51** Fleming, "Emar", 234.

11).[52] Mit der Aufforderung zur Wahrung der Loyalität, die zu den vornehmsten Verpflichtungen eines Vertragskontrahenten gehört, stellt der Brief das *zukrum* als einen rituellen Vertragsteil dar. Fleming resümiert:

> When the sheikh promises peace, Mari's king gives the Yaminite god a ritual acknowledgement that must correspond in some essential way to the *zukru* given to Dagan at Emar. [...] The *zukru* should be the spoken complement to the concrete obligation and worship expressed in offering. Emar makes this address to Dagan the centerpiece of its ritual calendar when the town pays respects to its chief god.[53]

Das *zukru* in Emar dürfte analog zu Mari im Sinne eines Eides zu verstehen sein, wobei die Bindung bzw. Verpflichtung der Bevölkerung zu ihrer Hauptgottheit Dagān mittels aufwendiger Feierlichkeiten außerhalb der Stadt und der Tempel geschworen und regelmäßig erneuert wurde. Wie das alte Israel ist Emar Teil der syrischen Kultur mit einem gemeinsamen westsemitischen Erbe, auf das bereits mehrfach im Hinblick auf verschiedene kultische Praktiken hingewiesen wurde.[54]

# 5 Fallbeispiel 3: Asarhaddon und Aššur

Mit dem dritten Fallbeispiel begeben wir uns in das 7. Jahrhundert in die Zeit Sanheribs und seiner Nachfolger: Auf einer Sammeltafel mit prophetischen Göttersprüchen aus Ninive, die mehrheitlich aus dem Mund der Ištar von Arbela an Asarhaddon gerichtet sind, behandelt ein Spruch der Göttin ein Abkommen oder eine Vereidigung (*adê*) durch die Götter.[55] Die oftmals schwere Unterscheidung zwischen Orakelsprüchen und literarischen Einschüben, welche auf die

---

**52** Zur englischen Übersetzung des gesamten Briefes mit Kommentar und Sekundärliteratur siehe Martti Nissinen, *Prophets and Prophecy in the Ancient Near East*, Writings from the Ancient World 12, Second edition (Atlanta: Society of Biblical Literature, 2019), 17–21.

**53** Fleming, "Emar", 236.

**54** Noga Ayali-Darshan, "The Seventy Bulls Sacrificed at Sukkot (Num 29:12–34) in Light of a Ritual text from Emar (*Emar 6, 373*)," *Vetus Testamentum* 65 (2015): 16–17 (mit wichtiger weiterführender Literatur in Fußnote 28). Siehe auch Fleming, "Emar", 237–44, der vor allem anhand des *zukru*-Rituals auf weitere wichtige Parallelen zwischen Mari, Emar und der Bibel hinweist.

**55** Hans Ulrich Steymans, *Deuteronomium 28 und die adê zur Thronfolgeregelung Asarhaddons. Segen und Fluch im Alten Orient und in Israel*, Orbis Biblicus et Orientalis 145 (Freiburg: Universitätsverlag, 1995), 20[2]. Zu *adê* vergleiche zusammenfassend Frederick Mario Fales, "Assyrian Legal Traditions," in *A Companion to Assyria*, ed. Eckart Frahm (Malden, MA: Wiley Blackwell, 2017), 416–18.

komplexe Überlieferungsgeschichte der Sammeltafel SAA 9 3[56] zurückzuführen ist, steht der Analyse der Struktur des Textes häufig im Wege.[57]

Prophetie wird als Teil der Divination verstanden, deren primäre Funktion das „Herrschaftswissen"[58] war, und die eng mit dem Königtum verbunden war: Damit „ist die auf der Kommunikation des Königs mit der Götterwelt beruhende Überzeugung von der Identität, Fähigkeit und Legitimität des Königs sowie der Berechtigung seiner Herrschaft gemeint."[59] Als Orakelgöttin trat Ištar von Arbela als Vermittlerin der Götterwelt und Fürsprecherin des Königs auf – vor allem zu einem Zeitpunkt, als dessen Herrschaft gefährdet zu sein scheint.[60] Ištars enge Beziehung zum König, dessen legitime Nachfolge die Göttin in den Prophetien bestätigte, drückte man mit Mutter- bzw. Ammenbildern aus. Mit der Ermutigungsformel *lā tapallaḫ* „Fürchte Dich nicht!" versicherte sie dem Adressaten göttlichen Beistand für eine dauerhafte Herrschaft.[61]

Die Göttersprüche nahmen auf die Krisenzeit und Thronwirren nach Sanheribs Ermordung durch seinen Sohn Arda-Mulissu Bezug.[62] Die innere Krise Assyriens wurde als Zeichen göttlichen Zorns verstanden, die mit der Thronbesteigung Asarhaddons ihr Ende fand. Königsinschriften dokumentieren den schwierigen Beginn der Herrschaft Asarhaddons im Jahre 681/680 nach seiner Ernennung zum Kronprinzen, den daraus folgenden Ausbruch eines Bürgerkrieges und die Ermordung seines Vaters Sanherib. Vor dem Hintergrund die-

---

**56** Siehe die online-Ausgabe unter http://oracc.museum.upenn.edu/saao/corpus (zuletzt abgerufen am 4. 3. 2021) unter *The Covenant of Aššur*.

**57** Vergleiche zuletzt wieder Jonathan Stökl, *Prophecy in the Ancient Near East. A Philological and Sociological Comparison*, Culture and History of the Ancient Near East 56 (Leiden–Boston: Brill, 2012), 138–41, Martti Nissinen, *Ancient Prophecy. Near Eastern, Biblical and Greek Perspectives* (Oxford: Oxford University Press, 2017), 95–96 und 99–104 und ders., *Prophets and Prophecy*, 128–35.

**58** Beate Pongratz-Leisten, *Herrschaftswissen in Mesopotamien. Formen der Kommunikation zwischen Gott und König im 2. und 1. Jahrtausend v. Chr.*, State Archives of Assyria Studies 10 (Helsinki: Helsinki University, 1999). Hierzu siehe auch Nissinen, *Ancient Prophecy*, 259–60.

**59** Martti Nissinen, „Prophetie (Alter Orient)". *WiBiLex – Das wissenschaftliche Bibellexikon im Internet*: https://www.bibelwissenschaft.de/wibilex/das-bibellexikon/lexikon/sachwort/anzeigen/details/prophetie-alter-orient/ch/14becd16bf1e83fbf6763aebe6cd3019/ (zuletzt abgerufen am 4. 3. 2021).

**60** Wiebke Meinhold, *Ištar in Aššur. Untersuchung eines Lokalkultes von ca. 2500 bis 614 v. Chr.*, Alter Orient und Altes Testament 367 (Münster: Ugarit-Verlag, 2009), 225–40 (zu dem Verhältnis zwischen Ištar und dem König).

**61** Siehe etwa Thomas Staubli, „Rezension zu Manfred Weippert, Götterwort im Menschenmund, Göttingen 2014," *Biblische Bücherschau* 12 (2016): 2 (https://biblische-buecherschau.de/2016/Weippert_Goetterwort.pdf, zuletzt abgerufen am 4. 3. 2021).

**62** Mordechai Cogan, "Sennacherib and the Angry Gods of Babylon and Israel," *Israel Exploration Journal* 59 (2009): 164–74.

ser turbulenten Erfahrungen zielten die Inschriften darauf ab, die Bestimmung der Thronnachfolge mit Assurbanipal zu legitimieren. Diese Legitimation geschah über die regelmäßige Bestätigung von Prophetien bzw. die Kommunikation mittels divinatorischer Techniken.[63]

Gerne wurde die Prophetie als Heilsorakel (*šulmu*)[64] bezeichnet, die ein *tuppi adê*, eine Art Vertrag zwischen König und Gott begründete bzw. darstellte. Die im Folgenden zitierte Passage schließt an einen fiktiven Dialog zwischen Aššur und König an. Hier versicherte der Gott dem König im Rahmen dessen Inthronisation im Ešarra im Jahre 681 mit einem *adê*, einer Vereidigung oder einem Abkommen, seine Unterstützung in Krisenzeiten. Damit band sich die Gottheit durch einen Schwur an ihr Versprechen, worauf kultische Instruktionen folgen: (86) Dies ist das Heilsorakel, das vor [seiner] Statue [erging]. Diese Eidestafel des Assur[65] tritt auf einem Kissen vor den König ein. [Während] man Feinöl sprengt, Opfer darbringt, Weihrauch aufsteigt, verliest man [sie] vor dem König.[66] (Übersetzt nach Parpola, SAA 9 3.3, vgl. Hecker, TUAT II/1, 61 Z. 26–32).

Eckart Otto sieht hier einen „Bund", eine „wechselseitige Verpflichtung" bzw. „die einem Untergebenen auferlegte Verpflichtung als auch die als Verheißung der Gottheit ergangene Selbstverpflichtung".[67] So versteht auch Hans Ulrich Steymans, Simo Parpola folgend, diese „Tafel der *adê* von Aššur" als „göttlichen Eid gegenüber dem König".[68]

---

63 Ann M. Weaver, "The 'Sin of Sargon' and Esarhaddon's Reconception of Sennacherib: A Study in Divine Will, Human Politics and Royal Ideology," *Iraq* 66 (2004): 61–66.

64 SAA 9.3: 25. Vergleiche hierzu Nissinen, *Ancient Prophecy*, 280: Mit *šulmu* wurde die günstige Beziehung zwischen König und Göttern und das Gleichgewicht zwischen kosmischen und sozialen Strukturen bezeichnet. Die Textstelle SAA 9.3: 25 folgt auf die Situation der Auseinandersetzung mit den Rebellen mit der Beschreibung des Beistands Aššurs, welcher als *šulmu* bezeichnet wird. Siehe auch Pongratz-Leisten, *Herrschaftswissen*, 77–78: ihr zufolge handelt es sich beim letzten Satz mit *šulmu* um eine Zusatzinformation zum Kontext des Orakels, das vor der Statue Aššurs im Tempel Ešarra erging, worauf eine Ritualanweisung im Zusammenhang mit der *adê*-Vereidigung folgt. Das Heilsorakel geschah wohl zum Zeitpunkt der Vereidigung. Siehe auch dies., *Religion*, 353–60.

65 Nissinen, *Prophets and Prophecy*, 131–32 unter j: "I.e., the document of the covenant between the supreme god and the king."

66 Pongratz-Leisten, *Herrschaftswissen*, 78: „Dies war das Heilsorakel [*šulmu*], das vor der Statue [erging]. Diese *adê*-Tafel [geschworen] bei Aššur kommt auf einem Kissen vor den König. Feinöl sprengt man, Opfer bringt man dar, Weihrauch läßt man aufsteigen, vor dem König verliest man sie." Vergleiche auch die eingehende Analyse der bisherigen Übersetzungen von Stökl, *Prophecy*, 138–41.

67 Hans Ulrich Steymans, „Der (un-)glaubwürdige Bund von Psalm 89," *Zeitschrift für Altorientalische und Biblische Rechtsgeschichte* 4 (1998): 136.

68 Pongratz-Leisten, *Herrschaftswissen*, 79–80. Vgl. auch das 7. Kapitel im Werk von Richard Jude Thompson, *Terror of the Radiance: Aššur Covenant to YHWH Covenant*, Orbis Biblicus et

Weiter auf der Sammeltafel folgt die Beschreibung eines Mahls im Rahmen des Abkommens, welches Ištar organisierte. Martti Nissinen[69] zufolge handelt es sich hier um einen Vertrag des Königs mit den Provinzstatthaltern und Vasallen Assyriens, deren Götter als Zeugen des Vertrages fungierten.

> (87) Wort der Ištar von Arbela an Asarhaddon, König von Assyrien: „Kommt Götter, meine Väter und Brüder! Betrete die Vereidigung [...]!" Auf der Terrasse [...] ein Stück [...] Ein Trinkgefäß von 1 Seah füllte sie [Ištar] mit Wasser aus dem Weihwasserkrug und gab es ihnen mit den Worten: „In eurem Herzen sagt Ihr: ‚Ištar ist kleines Bier.'[70] Doch dann geht ihr in eure Städte, eure Bezirke, esst Brot und vergesst diese Eide. Trinkt ihr jedoch von diesem Wasser, werdet ihr euch erinnern [und] diese Eide beachten, die ich bezüglich Asarhaddon ergehen ließ. (Übersetzt aus Parpola, SAA 9 3.4)[71]

Nissinen[72] fasst zusammen, dass Prophetien nicht nur als Zeichen einer speziellen und engen Verbindung zwischen Göttern und König zu verstehen sind, sondern "a written prophecy would even serve as a *tuppi adê*, an actual document of this divine-royal 'covenant'". Letzteres bleibt jedoch für jene strittig, die hier in Anlehnung an Asarhaddons Sukzessionsvertrag vielmehr einen Loyalitätseid zwischen König und Vasallen unter den Auspizien der Gottheit sehen.[73] Die mit den Siegeln Aššurs versehenen „*Vasallenverträge Asarhaddons*" oder Sukzessionsverträge, die *tuppi adê*, stellen den Charakter eines solchen *adê* mit ihren Bestimmungen im Detail dar: es wird deutlich, dass mit *adê* eine Pflicht und

---

Orientalis 258 (Fribourg: Academic Press, 2013). Zu hethitischen und aramäischen Vorläufertexten, die den Bund zwischen Göttern und Menschen dokumentieren, siehe Hans Ulrich Steymans, "Deuteronomy 13 in Comparison with Hittite, Aramaic and Assyrian Treaties," *Hebrew Bible and Ancient Israel* 8 (2019): 101–32 (insbesondere zum Vertrag Arnuwandas I. mit den Leuten von Išmerika [CTH 133] und den Stelen Sfire IB und III).

**69** Nissinen, *Prophets and Prophecy*, 133 unter a. Ebenso Pongratz-Leisten, *Herrschaftswissen*, 79–80.

**70** Nissinen, *Prophets and Prophecy*, 133: "Ištar, she is small beer/is slight" (siehe unter f "referring to Istar's restricted power").

**71** Auch das aus Emar bekannte jährlich begangene *zukru*-Fest der Bevölkerung Emars vor der Statue der Gottheit Dagān könnte in Anlehnung an die Evidenz aus Mari, wo dieser Terminus in Zusammenhang mit einer Loyalitätsverpflichtung des jaminitischen Herrschers gegenüber Addu aufscheint (vgl. die Formel „ein *zukru* geben" wie in Emar), eine Eidzeremonie darstellen, obschon es keinen Hinweis auf eine festlich begangene Vereidigung gibt. Siehe oben unter 4 Fallbeispiel 2: Vertrag und Ritual (*zukru*).

**72** Martti Nissinen, *References to Prophecy in Neo-Assyrian Sources*, State Archives of Assyria Studies 7 (Helsinki: Helsinki University, 1998), 165–66.

**73** Stökl, *Prophecy*, 138–40, Pongratz-Leisten, *Religion*, 355, Cristina Barcina Pérez, *Display Practices in the Neo-Assyrian Period. Esarhaddon's Succession Oath-Tablet in Context*, Masterarbeit (Leiden: Universität Leiden, 2016/17) (https://openaccess.leidenuniv.nl/handle/1887/44225, zuletzt abgerufen am 4. 3. 2021).

zugleich ein Schicksal[74] angesprochen ist, das im engen Zusammenhang mit der vorausgehenden politischen Situation um die Nachfolgeregelung Sanheribs steht (dynastisches Prinzip!) und daher im Wesentlichen die „Treue" der Vasallen zum assyrischen Königshaus verankern sollte. Lauinger[75] zufolge wurden die festgehaltenen Bestimmungen durch den Akt der Siegelung mit dem Siegel der Schicksale[76] mit ihrem sakralen Charakter und der Eidleistung konsequenterweise von weltlichen Anweisungen zu tatsächlichen Schicksalen der verschiedenen Personen, die auf dem *tuppi adê* standen, umgewandelt. Das heißt, mit der Transformation und Projektion in einen göttlichen Bereich verwandelte sich die Pflicht zum Schicksal. Diese Transformation des *tuppi adê* zu einer Schicksalstafel (die *tuppi šīmāti* wird auch als „Bündnis bzw. Vertrag der höchsten Macht", akkadisch *rikis Enlilūti*, charakterisiert) mit der Siegelung und der Eidleistung der untergeordneten Vertragspartei dürfte in der eben zitierten Passage SAA 9 3.3 mit der Ritualanweisung und öffentlichen Proklamation beschrieben sein. Das Innerste des Tempels als Fundort der Manuskripte sowie ihre Datierung dürften die Aufstellung der Tafel während des jährlich stattfindenden *akītu*-Festes bestätigen.[77]

Neben kultischen Aufgaben, wie etwa Opferungen für babylonische Götter, wurde dem assyrischen König die ethische Verantwortung, also die rechtliche Fürsorgepflicht übertragen:[78] Ištar bat in der Prophetie der Urkittu-šarrat den König um seine Pflicht, Gerechtigkeit walten zu lassen bzw. sie zu bewahren. „Wer ist einsam, wer ist ungerecht behandelt worden? Fürchte Dich nicht! Asarhaddon, König von Assyrien, steht unter meinem Schutz." (SAA 9 2.4: iii 16'–17')

---

74 Damit sind Status, Lebensumstände und Befindlichkeiten, die auf göttliche Entscheidungen zurückgeführt werden und die grundsätzlich veränderbar sind, gemeint: sumerisch n a m - t a r „die Seinswelt zuteilen", „eine feste verbindliche Zusage machen" bzw. akkadisch *šīmtu*, wörtlich „das, was festgesetzt ist", Planung, Vorbestimmung, Zeichnung, Plan, Geschick, Anweisung, Vorzeichen, Gesamtheit des Lebens, Tod (nicht veränderbar).

75 Jacob Lauinger, "The Neo-Assyrian *adê*: Treaty, Oath, or Something Else?," *Zeitschrift für altorientalische und biblische Rechtsgeschichte* 19 (2013): 109–10.

76 Siehe Kazuko Watanabe, „Die Siegelung der ‚Vasallenverträge Asarhaddons' durch den Gott Aššur," *Baghdader Mitteilungen* 16 (1985): 380–81 zum neuassyrischen Siegel mit der Darstellung Sanheribs vor der Gottheit Aššur stehend sowie der Siegellegende.

77 Hans Ulrich Steymans, "Deuteronomy 28 and Tell Tayinat," *Verbum et Ecclesia* 34 (2) (2013): 9–10, Lauinger, "The Neo-Assyrian *adê*", 112–14 und Cristina Barcina Pérez, "The Display of Esarhaddon's Succession Treaty at Kalḫu as a Means of Internal Political Control," *Antiguo Oriente* 14 (2016): 17–21.

78 Robert Patterson Gordon, "Prophecy in the Mari and Nineveh Archives," in *"Thus Speaks Ishtar of Arbela". Prophecy in Israel, Assyria, and Egypt in the Neo-Assyrian Period*, ed. Robert Patterson Gordon und Hans Magnus Barstad (Winona Lake, IN: Eisenbrauns, 2013), 48. Schon aus Mari kennen wir die Anweisungen des Wettergottes an Zimrī-Lim, seine rechtliche Fürsorgepflicht wahrzunehmen, wenn sich geschädigte Personen an ihn wenden.

Dieses herrschaftlich-ethische Prinzip ist auch im Brief des Beschwörers Urad-Gula an Assurbanipal überliefert: „Möge Šamaš, das Licht von Himmel und Erde, sein Gehör Deinem gerechten Urteil schenken! Möge der König, mein Herr, sich um den Fall seines Dieners kümmern! Möge der König die gesamte Situation wahrnehmen!" (SAA 10 294: 12–13)

Wie Nissinen[79] feststellt, ist dies eine klare Referenz zum kasuistisch gehaltenen Weisheitstext *Advice to a Prince* aus der Assurbanipal-Bibliothek, wo es heißt: „Wenn der König nicht die Gerechtigkeit beachtet, wird sein Volk ins Chaos geworfen, und sein Land wird dem Erdboden gleichgemacht." (BWL 112–113: Z. 1)

Dieser Text betont die Verantwortung des Königs, Gerechtigkeit aufrechtzuerhalten und sich den Rechten zu verpflichten, die den Menschen von Sippar, Nippur und Babylon zugesprochen wurden. Im Falle einer Missachtung dieser göttlich zugedachten Privilegien würden die Götter ihre Tempel verlassen und fremde Truppen anfeuern, das Land zu dezimieren. Genau dieses Szenario scheint den Prophetien voran gegangen zu sein, die das Ziel verfolgten, die Herrschaft über die Götter zu legitimieren. Sanherib gelang es nicht dem Problem „Babylon", dem religiös-kulturellen Zentrum und Identifikationspunkt Babyloniens, Herr zu werden. Schlussendlich beendete Sanherib den religiösen und kulturellen Vorrang, den Babylonien immer beanspruchte, indem er die babylonischen Götterstatuen nach Assyrien deportierte, Aššur mit Marduk gleichsetzte und an die Spitze des mesopotamischen Pantheons stellte sowie die kultisch relevanten Anlagen teilweise nach babylonischem Vorbild zum eigentlichen religiösen Zentrum ausbaute. Die Zerstörung Babylons erfolgte 689 und es war eine moralische Verpflichtung seiner Nachfolger, für den Wiederaufbau zu sorgen, worauf die Prophetien gerne hinwiesen. Asarhaddon verfolgte damit eine friedliche Form der Regentschaft, die auf Aufbau und Akkulturation basierte.

Der Tod Sanheribs fand in der Nachwelt einen starken Widerhall und war somit fest im kulturellen Gedächtnis verankert:[80] Auch wenn Asarhaddon die religiöse Reform seines Vaters teilweise rückgängig gemacht hatte, belegte er ihn nicht mit einer *damnatio memoriae* (Filiation und Rückschau). So verzichtete er bei der Darstellung der Zerstörung Babylons auf den Namen seines Vaters und stellte diese als Naturereignis dar, mit dem die Götter, vor allem Marduk,

---

79 Nissinen, *Prophets and Prophecy*, 175–76. Zum Advice und anderen Fürstenspiegeln siehe Hans Ulrich Steymans, „Fürstenspiegel im Alten Orient und im biblischen Buch der Sprichwörter", in Die gute Regierung. Fürstenspiegel von der Antike bis zur Gegenwart, ed. Mariano Delgado und Volker Leppin (Fribourg: Academic Press, Stuttgart: Kohlhammer: 2017, 13–51.
80 Siehe etwa die Beiträge in dem Sammelband Isaac Kalimi und Seth Richardson, Hg., *Sennacherib at the Gates of Jerusalem: Story, History and Historiography* (Leiden–Boston: Brill, 2014), 295–506.

die Bewohner der Stadt für ihre Sündhaftigkeit gestraft hätten. Folgende Inschrift Asarhaddons aus dem Nabû-Tempel in Babylon führt die Katastrophe
auf das unehrenhafte Doppelspiel der babylonischen Bevölkerung zurück:

> Before my time, the great lord Marduk was engaged with [the temple] Esagil and Babylon,
> and he became angry. His people were answering each other "Yes" [for] "No". They were
> speaking untruths. They laid their hands on property of the great lord Marduk and gave
> it to Elam as a bribe. Their deeds were offensive to Marduk and Zarpanitu, so they ordered
> their dispersal. They caused water to flow over the city and went up to heaven. The site
> of the city was eradicated and its foundation could not be seen.[81]

Diese Darstellung reflektiert die Aneignung des babylonischen Blickwinkels
und beabsichtigte wohl, die belastete Vorgeschichte zwischen Assyrien und Babylonien zu entlasten und eine neue Politik der Versöhnung mit Babylonien zu
starten, indem die assyrischen Schreiber alle Referenzen zu Sanheribs Verbindung mit der Tragödie in Babylon ignorierten. Asarhaddon versuchte ein positives Bild Sanheribs zu schaffen, indem er den Mord an seinem Vater als einen
Akt der Gottverlassenheit und des Wahnsinns beschrieb. Lediglich in der *Sünde
Sargons* (SAA 3 33), einem fingierten Gebet Sanheribs aus der Zeit Asarhaddons,
fragte er nach dem Grund des Todes des Sargon II. bzw. dessen Sünde:[82] „War
es, weil er die Götter Assyriens zu sehr verehrte und sie über die Götter Babylons stellte und war es, weil er den Vertrag (*adê*) des Königs der Götter nicht
einhielt, dass [Sargon mein Vater in einem fremden Land] getötet wurde und
nicht in seinem Haus [begraben] wurde?" (Zz. 17–20)

Auch wenn der Text den Beginn der krisenhaften Probleme des späten neuassyrischen Reiches mit Babylonien unter Sargon und dessen Religionspolitik
verortete, so wurde die *Sünde Sargons* als Ausdruck Asarhaddons auf Sanheribs
Aktionen gegen Babylon gewertet.

Während die *Babylonische Chronik* (ABC 1: iii 34–35) noch neutral verlautet,
dass Sanherib von seinem Sohn ermordet wurde, führte Nabonid auf der Baby-
lon-Stele den gewaltsamen Tod auf die wohlverdiente Strafe für seine frevelhaf-
te Zerstörung Babylons mit seinen Kultanlagen zurück.

> Böses sann, der die Menschen fortführen wollte, sein Herz sprach Verfehlung, hinsichtlich
> der Menschen des Landes Akkad faßte er kein Erbarmen, zum Bösen machte er sich an
> Babylon heran, verwüstete seine Heiligtümer, machte unkenntlich die Grundrisse, die

---

**81** Nawala al-Muwatalli, "A New Foundation Cylinder from the Temple of Nabû ša barê," *Iraq*
61 (1999): 191–93. Cogan, "Sennacherib", 165.
**82** Hayim Tadmor, Benno Landsberger und Simo Parpola, "The Sin of Sargon and Sennacherib's Last Will," *State Archives of Assyria Bulletin* 3 (1989): 3–51. Weaver, "The 'Sin of Sargon'",
61–66. Die Edition in SAA 3 Nr. 33 ist zugänglich unter http://oracc.museum.upenn.edu/saao/
corpus. Zuletzt abgerufen 18. Juli 2022.

Kulte ruinierte er, die Hand des Fürsten Marduk ergriff er und führte ihn hinein nach Aššur, gemäß dem Zorne des Gottes behandelte er das Land. Nicht löste seinen Groll der Fürst Marduk [und] schlug für 21 Jahre in Aššur seine Wohnung auf. Die Tage wurden voll, es kam heran der Termin, da kam zur Ruhe der Zorn des Königs der Götter, des Herrn der Herren, Esangils und Babylons ward er eingedenk, der Wohnung seiner Herrschaft – den König von Subartu [aber], der durch den Zorn Marduks die Zerstörung des Landes herbeigeführt hatte, schlug (sein) Sohn, der Sproß seines Leibes, mit der Waffe nieder. (Zz. 1–39)[83]

Hier wurde die traditionelle Sicht auf die Verbindung zwischen Marduks Zorn und der Zerstörung Babylons vertreten, wobei man den Fokus auf den assyrischen Herrscher lenkte und das sündenvolle Verhalten der Babylonier und den selbstauferlegten Weggang Marduks von seinem Heiligtum „schönfärbte". Sanherib war mit seiner Zerstörung des Tempels und der Fortführung der Marduk-Statue für die Unterbrechung des Marduk-Kults verantwortlich: dafür wurde er bestraft, indem er von seinem eigenen Sohn ermordet wurde. Auch das Neujahrsfestritual dokumentierte Sanheribs brutales Vorgehen gegen die Stadt, das den Babyloniern noch lange im Gedächtnis blieb: noch in der seleukidischen Fassung versicherte der babylonische König dem Marduk demütig: „Ich habe Babylon nicht zerstört, seine Vernichtung nicht befohlen."[84]

Der Topos des verderbten Königs, der die Heilige Stadt und ihren Gott angreift, wurde von den Judäern auf Jerusalem und Jahwe übertragen und als biblischer Bericht wurde das Narrativ auch in die christliche und islamische Literatur mit legendenhaften Zügen übernommen.[85] Die Rezeption des verderbten Königs, der sich als Feind dem Gott entgegenstellt und infolge dessen vom eigenen Sohn erschlagen wird, ist ein sehr langlebiger Topos. Die *Kedorlaomer Texte*[86], die mehrere Morde dieser Art in der altorientalischen Geschichte aufzählen, wurden wohl kurz nach Sanheribs Ermordung verfasst und richteten sich letztendlich mahnend an Asarhaddon. Dieser erhielt wiederum göttliche

---

**83** Hanspeter Schaudig, *Die Inschriften Nabonids von Babylon und Kyros' des Großen samt den in ihrem Umfeld entstandenen Tendenzschriften. Textausgabe und Grammatik*, Alter Orient und Altes Testament 256 (Münster: Ugarit-Verlag, 2001), 523.

**84** Eckart Frahm, *Einleitung in die Sanherib-Inschriften*, Archiv für Orientforschung, Beiheft 26 (Wien: Institut für Orientalistik der Universität Wien, 1997), 23.

**85** Hierzu im Detail Frahm, *Einleitung*, 21–28 und Hanspeter Schaudig, „Zur Typifizierung ‚verderbter' Könige in altorientalischen Literaturen," *Heidelberger Brief – Mitteilungen zur Iranistik* 2 (2016): 1–17 (http://dx.doi.org/10.11588/hzir.2016. 2. 33384, zuletzt abgerufen am 4. 3. 2021).

**86** Die sogenannten *Kedorlaomer Texte*, eine Gruppe von neu- oder spätbabylonischen Texten, die sich mit dem Sturz der Kassitendynastie durch die Elamer und mit Kutir-Naḫḫuntes Invasion und Zerstörung Babylons befassen, wurden am Ende des 19. Jahrhunderts irrtümlicherweise mit Genesis 14 und dem elamischen König Kedorlaomer in Zusammenhang gebracht. Zuletzt hat sich Schaudig, *Explaining Disaster*, 522–30 eingehend mit der Textgruppe befasst.

Unterstützung gemäß der Prophetien und schloss einen Eid bzw. ein feierliches Bündnis mit Aššur, welches zuletzt von Barcina Pérez[87] als „Idealisierung" seines eigenen *adê* für Assurbanipal in den Sukzessionsverträgen, der vor Aššur geschworen wurde, bezeichnet worden ist.

Sowohl historisch-politische Argumente (babylonfeindliche Politik) als auch nationalistische Religionspolitik (Fanatismus) wurden als Grund für die Ermordung Sanheribs angegeben. Mit Hilfe der göttlichen Legitimation setzte Asarhaddon auf Restauration von Stadt und Tempel und sprach den Babyloniern wieder die politischen Rechte zu, die sie unter Sargon II. gemäß des *delega et impera*-Prinzips erhalten hatten. Damit und mit der Rettung des in Unheil gefallenen Babylon errang er heilbringenden Charakter.[88]

Zurückgreifend auf die Schlussbemerkungen von Kraus zur Ethik in seinem Buch „Vom mesopotamischen Menschen"[89] ist der Begriff *išarum* „normal, gut, korrekt" die Kernidee des (alt)babylonischen ethischen und ästhetischen Wertesystems, das sich auch in der Rechtsprechung mit *šutēšurum* „zurechtrücken" wiederfindet. Die Aspekte der Wiedergutmachung und die Beseitigung von Störung und Unrecht finden sich in allen genannten Textgattungen wieder und bestimmen das soziale und moralische Handeln der Menschen in steter Beziehung zu ihren Göttern. Dafür spricht auch der *adê*, welcher im Sinne einer politischen und dynastischen Kontinuität regelmäßig geschworen wurde, "as to progressively transform itself in a truly 'theophorous' substance endowed with autonomous power of meting out justice and guaranteeing the correctness of legal proceedings".[90]

# Literatur

Alster, Bendt. *Wisdom of Ancient Sumer*. Bethesda, MD: CDL Press, 2005.
Ayali-Darshan, Noga. "The Seventy Bulls Sacrificed at Sukkot (Num 29:12–34) in Light of a Ritual text from Emar (*Emar 6, 373*)." *Vetus Testamentum* 65 (2015): 9–19.

---

**87** Barcina Pérez, "The Display", 22–23.
**88** Vera Galo W. Chamaza, *Die Religionspolitik der Sargoniden Sargon II., Sanherib und Asarhaddon* (Inauguraldissertation Bern, 1996), 235–37.
**89** Fritz Rudolf Kraus, *Vom mesopotamischen Menschen der altbabylonischen Zeit und seiner Welt*, Eine Reihe Vorlesungen. Mededelingen der Koninklijke Nederlandse Akademie van Wetenschappen, Afdeeling Letterkunde, Nieuwe Reeks – Deel 36 – No. 6 (Amsterdam: North-Holland Publishing Company, 1973), 143.
**90** Frederick Mario Fales, "After Ta'yinat: The New Status of Esarhaddon's *adê* for Assyrian Political History," *Revue d'Assyriologie et d'archéologie orientale* 106 (2012): 153.

Barcina Pérez, Cristina. *Display Practices in the Neo-Assyrian Period. Esarhaddon's Succession Oath-Tablet in Context.* Masterarbeit. Leiden: Universität Leiden, 2016/17 (https://openaccess.leidenuniv.nl/handle/1887/44225, zuletzt abgerufen am 4. 3. 2021).

Barcina Pérez, Cristina. "The Display of Esarhaddon's Succession Treaty at Kalḫu as a Means of Internal Political Control." *Antiguo Oriente* 14 (2016): 11–52.

Berlejung, Angelika. „Die Macht der Insignien. Überlegungen zu einem Ritual der Investitur des Königs und dessen königsideologischen Implikationen." *Ugarit-Forschungen* 28 (1996): 1–35.

Cancik-Kirschbaum, Eva. „„Menschen ohne König …'. Zur Wahrnehmung des Königtums in sumerischen und akkadischen Texten." In *Das geistige Erfassen der Welt im Alten Orient. Sprache, Religion, Kultur und Gesellschaft,* hg. v. Claus Wilcke, 168–90. Wiesbaden: Harrassowitz Verlag, 2007.

Chamaza, Vera Galo W. *Die Religionspolitik der Sargoniden Sargon II., Sanherib und Asarhaddon.* Inauguraldissertation Bern, 1996.

Charpin, Dominique. „Zur Funktion mesopotamischer Tempel." In *The Empirical Dimension of Ancient Near Eastern Studies,* Wiener Offene Orientalistik 6, hg. v. Gebhard Selz, 403–33. Wien: LIT Verlag.

Cogan, Mordechai. "Sennacherib and the Angry Gods of Babylon and Israel." *Israel Exploration Journal* 59 (2009): 164–74.

Fales, Frederick Mario. "After Ta'yinat: The New Status of Esarhaddon's *adê* for Assyrian Political History." *Revue d'Assyriologie et d'archéologie orientale* 106 (2012): 133–58.

Fales, Frederick Mario. "Assyrian Legal Traditions." In *A Companion to Assyria,* hg. v. Eckart Frahm, 398–422. Malden, MA: Wiley Blackwell, 2017.

Fleming, Daniel Edward. *Time at Emar. The Cultic Calendar and the Rituals from the Diviner's House.* Mesopotamian Civilizations 11. Winona Lake, IN: Eisenbrauns, 2000.

Fleming, Daniel Edward. "Emar: On the Road from Harran to Hebron." In *Mesopotamia and the Bible: Comparative Explorations,* Journal for the Study of the Old Testament. Supplement Series 341, hg. v. Mark William Chavalas und Kenneth Lawson Younger, Jr., 223–50. London: Sheffield Academic Press, 2002.

Frahm, Eckart. *Einleitung in die Sanherib-Inschriften.* Archiv für Orientforschung. Beiheft 26. Wien: Institut für Orientalistik der Universität Wien, 1997.

Gordon, Robert Patterson "Prophecy in the Mari and Nineveh Archives." In *"Thus Speaks Ishtar of Arbela". Prophecy in Israel, Assyria, and Egypt in the Neo-Assyrian Period,* hg. v. Robert Patterson Gordon und Hans Magnus Barstad, 37–57. Winona Lake, IN: Eisenbrauns, 2013.

Hecker, Karl. „Zukunftsdeutungen in akkadischen Texten." In Texte aus der Umwelt des Alten Testaments. Band II/Lieferung 1, hg. v. Manfried Dietrich u.a. 56–82. Gütersloh: Gütersloher Verlagshaus, 1986.

Hirsch, Hans Erich. „Die ‚Sünde' Lugalzagesis." In *Festschrift für Wilhelm Eilers. Ein Dokument der internationalen Forschung zum 27. September 1966,* hg. v. Gernot Wießner, 99–106. Wiesbaden: Harrassowitz Verlag, 1967.

Kalimi, Isaac und Seth Richardson, Hg. *Sennacherib at the Gates of Jerusalem: Story, History and Historiography.* Leiden–Boston: Brill, 2014.

Kraus, Fritz Rudolf. *Vom mesopotamischen Menschen der altbabylonischen Zeit und seiner Welt. Eine Reihe Vorlesungen. Mededelingen der Koninklijke Nederlandse Akademie van Wetenschappen, Afdeeling Letterkunde, Nieuwe Reeks – Deel 36 – No. 6.* Amsterdam: North-Holland Publishing Company, 1973.

Lämmerhirt, Kai und Annette Zgoll. „Schicksal(stafel, -sbestimmung). A. In Mesopotamien."
    *Reallexikon der Assyriologie und Vorderasiatischen Archäologie* 12: 145–55. Berlin–
    Boston: De Gruyter, 2009–11.

Lang, Martin. „Zum Begriff von menschlicher und göttlicher Gerechtigkeit in den Prologen
    der altorientalischen Codices." In *Recht und Religion. Menschliche und göttliche
    Gerechtigkeitsvorstellungen in den antiken Welten*. Philippika 24, hg. v. Heinz Barta,
    Robert Rollinger und Martin Lang, 49–72. Wiesbaden: Harrassowitz Verlag, 2008.

Lauinger, Jacob. "The Neo-Assyrian *adê*: Treaty, Oath, or Something Else?" *Zeitschrift für
    altorientalische und biblische Rechtsgeschichte* 19 (2013): 99–115.

Livingstone, Alasdair. *Court Poetry and Literary Miscellanea*. State Archives of Assyria 3.
    Helsinki: Univ. Press, 1989.

Löhnert, Anne. „Sünde. A. In Mesopotamien." *Reallexikon der Assyriologie und
    Vorderasiatischen Archäologie* 13: 248–53. Berlin–Boston: De Gruyter, 2012.

Maul, Stefan Mario „Der assyrische König – Hüter der Weltordnung." In *Priests and Officials
    in the Ancient Near East. Papers of the Second Colloquium on the Ancient Near East –
    The City and its Life at the Middle Eastern Culture Center in Japan (Mitaka, Tokyo), March
    22–24, 1996*, hg. v. Kazuko Watanabe, 201–14. Heidelberg: Winter Verlag, 1999.

Meinhold, Wiebke. *Ištar in Aššur. Untersuchung eines Lokalkultes von ca. 2500 bis 614 v.
    Chr*. Alter Orient und Altes Testament 367. Münster: Ugarit-Verlag, 2009.

Michel, Patrick Maxime *Le culte des pierres à Emar à l'époque hittite*. Orbis Biblicus et
    Orientalis 266. Fribourg: Academic Press, 2014.

Morrow, William Sproull. "Cuneiform Literacy and Deuteronomic Composition." *Bibliotheca
    Orientalis* 62 (2005): 204–14.

al-Muwatalli, Nawala. "A New Foundation Cylinder from the Temple of Nabû ša barê." *Iraq* 61
    (1999): 191–94.

Nissinen, Martti. *References to Prophecy in Neo-Assyrian Sources*. State Archives of Assyria
    Studies 7. Helsinki: Helsinki University, 1998.

Nissinen, Martti. *Ancient Prophecy. Near Eastern, Biblical and Greek Perspectives*. Oxford:
    Oxford University Press, 2017.

Nissinen, Martti. *Prophets and Prophecy in the Ancient Near East*. Writings from the Ancient
    World 12. Second edition. Atlanta: Society of Biblical Literature, 2019.

Nissinen, Martti. *Prophetie (Alter Orient)*. WiBiLex – Das wissenschaftliche Bibellexikon im
    Internet (https://www.bibelwissenschaft.de/wibilex/das-bibellexikon/lexikon/sachwort/
    anzeigen/details/prophetie-alter-orient/ch/14becd16bf1e83fbf6763aebe6cd3019/,
    zuletzt abgerufen am 4. 3. 2021).

Novák, Mirko. „„Herr der Gesamtheit', ,Liebling der Götter' und ,Guter Hirte'. Konzepte des
    mesopotamischen Königtums und ihre materiellen Manifestationen." In *Monarchische
    Herrschaft im Altertum*, hg. v. Stefan Rebenich, 61–82. Oldenbourg: De Gruyter, 2017.

Parpola, Simo. *Assyrian Prophecies*. State Archives of Assyria 9. Helsinki: Univ. Press, 1997.

Pongratz-Leisten, Beate. *Herrschaftswissen in Mesopotamien. Formen der Kommunikation
    zwischen Gott und König im 2. und 1. Jahrtausend v. Chr*. State Archives of Assyria
    Studies 10. Helsinki: Helsinki University, 1999.

Pongratz-Leisten, Beate. "Sacred Marriage and the Transfer of Divine Knowledge: Alliances
    between the Gods and the King in Ancient Mesopotamia." In *Sacred Marriages. The
    Divine Human-Sexual Metaphor from Sumer to Early Christianity*, hg. v. Martti Nissinen
    und Risto Uro, 43–74. Winona Lake, IN: Eisenbrauns, 2008.

Pongratz-Leisten, Beate. *Religion and Ideology in Assyria*. Studies in Ancient Near Eastern
    Records 6. Boston, MA: De Gruyter, 2015.

Prechel, Doris. „Zum festlichen Rahmen von Eid und Vertrag." In *Fest und Eid. Instrumente der Herrschaftssicherung im Alten Orient. Kulturelle und sprachliche Kontakte 3*, hg. v. Doris Prechel, 121–33. Würzburg: Ergon Verlag, 2008.

Röllig, Wolfgang. „Der den Schwachen vom Starken nicht entrechten läßt, der der Waise Recht schafft ... Gleich und ungleich im religiösen Denken des Alten Orients." In *Vor Gott sind alle gleich*, hg. v. Burkhard Gladigow, 42–52. Düsseldorf: 1983.

Sallaberger, Walther. „Den Göttern nahe – und fern den Menschen? Formen der Sakralität des altmesopotamischen Herrschers." In *Die Sakralität von Herrschaft. Herrschaftslegitimierung im Wechsel der Zeiten und Räume*, hg. v. Franz-Reiner Erkens, 85–98. Berlin: De Gruyter, 2002.

Sallaberger, Walther. „Von politischem Handeln zu rituellem Königtum." In *Ritual and Politics in Ancient Mesopotamia*, hg. v. Barbara Neveling Porter, 63–98. New Haven, Connecticut: 2005.

Sallaberger, Walther. „Das Ansehen eines altorientalischen Herrschers bei seinen Untertanen." In *Compte rendu, Rencontre Assyriologique Internationale 54*, hg. v. Gernot Wilhelm, 1–20. Winona Lake, IN: Eisenbrauns, 2012.

Schaudig, Hanspeter. *Die Inschriften Nabonids von Babylon und Kyros' des Großen samt den in ihrem Umfeld entstandenen Tendenzschriften. Textausgabe und Grammatik.* Alter Orient und Altes Testament 256. Münster: Ugarit-Verlag, 2001.

Schaudig, Hanspeter. „Zur Typifizierung ‚verderbter' Könige in altorientalischen Literaturen." *Heidelberger Brief – Mitteilungen zur Iranistik* 2 (2016): 1–17 (http://dx.doi.org/10.11588/hzir.2016.2.33384, zuletzt abgerufen am 4. 3. 2021).

Schaudig, Hanspeter. *Explaining Disaster. Tradition and Transformation of the "Catastrophe of Ibbi-Sîn" in Babylonian Literature.* dubsar 13. Münster: Zaphon, 2019.

Schrakamp, Ingo. „Urukagina und die Geschichte am Ende der präsargonischen Zeit." In *It's a Long Way to a Historiography of the Early Dynastic Period(s)*. Altertumskunde des Vorderen Orients 15, hg. v. Reinhard Dittmann und Gebhard Selz, 203–386. Münster: Ugarit-Verlag, 2015.

Staubli, Thomas. „Rezension zu Manfred Weippert. Götterwort im Menschenmund. Göttingen 2014." *Biblische Bücherschau* 12 (2016): 1–6 (https://biblische-buecherschau.de/2016/Weippert_Goetterwort.pdf, zuletzt abgerufen am 4. 3. 2021).

Steible, Horst. „Zu den Nahtstellen in den altmesopotamischen Codices." In *Assyriologica et Semitica. Festschrift für Joachim Oelsner anlässlich seines 65. Geburtstages am 18. Februar 1997*. Alter Orient und Altes Testament 252, hg. v. Joachim Marzahn, 447–55. Münster: Ugarit-Verlag, 2000.

Steible, Horst. „Legitimation von Herrschaft im Mesopotamien des 3. Jahrtausends v. Chr." In *Moral und Recht im Diskurs der Moderne: Zur Legitimation gesellschaftlicher Ordnung*, hg. v. Günter Dux und Frank Welz, 67–91. Opladen: Springer VS, 2001.

Steinert, Ulrike. *Aspekte des Menschseins im Alten Mesopotamien: Eine Studie zu Person und Identität im 2. und 1. Jt. v. Chr.* Cuneiform Monographs 44. Leiden–Boston: Brill, 2012.

Steymans, Hans Ulrich. *Deuteronomium 28 und die adê zur Thronfolgeregelung Asarhaddons. Segen und Fluch im Alten Orient und in Israel.* Orbis Biblicus et Orientalis 145. Freiburg: Universitätsverlag, 1995.

Steymans, Hans Ulrich. „Der (un-)glaubwürdige Bund von Psalm 89." *Zeitschrift für Altorientalische und Biblische Rechtsgeschichte* 4 (1998): 126–44.

Steymans, Hans Ulrich. "Deuteronomy 28 and Tell Tayinat." *Verbum et Ecclesia* 34 (2) (2013): 1–13 (http://dx.doi.org/10.4102/ve.v34i2.870, zuletzt abgerufen am 4. 3. 2021).

Steymans, Hans Ulrich. „Fürstenspiegel im Alten Orient und im biblischen Buch der Sprichwörter", in *Die gute Regierung. Fürstenspiegel von der Antike bis zur Gegenwart*, hg. v. Mariano Delgado und Volker Leppin, 13–51. Fribourg: Academic Press, Stuttgart: Kohlhammer: 2017.

Steymans, Hans Ulrich. "Deuteronomy 13 in Comparison with Hittite, Aramaic and Assyrian Treaties." *Hebrew Bible and Ancient Israel* 8 (2019): 101–32.

Stökl, Jonathan. *Prophecy in the Ancient Near East. A Philological and Sociological Comparison*. Culture and History of the Ancient Near East 56. Leiden–Boston: Brill, 2012.

Tadmor, Hayim, Benno Landsberger und Simo Parpola. "The Sin of Sargon and Sennacherib's Last Will." *State Archives of Assyria Bulletin* 3 (1989): 3–52.

Thames, John Tracy Jr. *The Politics of Ritual Change. The zukru Festival in the Political History of Late Bronze Age Emar*. Harvard Semitic Monographs 65. Leiden–Boston: Brill, 2020.

Thompson, Richard Jude. *Terror of the Radiance: Aššur Covenant to YHWH Covenant*. Orbis Biblicus et Orientalis 258. Fribourg: Academic Press, 2013.

van der Toorn, Karel. *Sin and Sanction in Israel and Mesopotamia. A Comparative Study*. Assen/Maastricht: van Gorcum, 1985.

Watanabe, Kazuko. „Die Siegelung der ,Vasallenverträge Asarhaddons' durch den Gott Aššur." *Baghdader Mitteilungen* 16 (1985): 377–92.

Weaver, Ann M. "The 'Sin of Sargon' and Esarhaddon's Reconception of Sennacherib: A Study in Divine Will, Human Politics and Royal Ideology." *Iraq* 66 (2004): 61–66.

Wilcke, Claus. *Early Ancient Near Eastern Law. A History of its Beginnings: The Early Dynastic and Sargonic Periods*. Winona Lake, IN: Eisenbrauns, 2003.

Wilcke, Claus. „Das Recht: Grundlage des sozialen und politischen Diskurses im Alten Orient." In *Das geistige Erfassen der Welt im Alten Orient. Sprache, Religion, Kultur und Gesellschaft*, hg. v. Claus Wilcke, 209–44. Wiesbaden: Harrassowitz Verlag, 2007.

Yamada, Masamichi. "The *zukru* Festival in Emar: On Royal Cooperation with the City." *Orient* 45 (2010): 110–28.

Zgoll, Annette. „Inana als nugig" *Zeitschrift für Assyriologie und Vorderasiatische Archäologie* 87 (1997): 181–82.

Zgoll, Annette. „Vielfalt der Götter und Einheit des Reiches: Konstanten und Krisen im Spannungsfeld politischer Aktion und theologischer Reflexion in der mesopotamischen Geschichte." In *Götterbilder, Gottesbilder, Weltbilder. Polytheismus und Monotheismus in der Welt der Antike*, hg. v. Reinhard Gregor Kratz und Hermann Spiekermann, 103–30. Tübingen: Mohr Siebeck, 2006.

Hans Ulrich Steymans

# Dient die Ehe-Metaphorik zur Veranschaulichung von Vertragsbruch? Eine Untersuchung vor dem Hintergrund altorientalischer Quellen

„Ganz Geula, ganz Geula redet über meinen Sohn, der seine Mutter wie eine Hure auf dem Marktplatz malt. Wie eine Hure auf dem Marktplatz!"[1] sagt der Haredi Shulem in der letzten Folge der zweiten Staffel der israelischen Fernsehserie Shtisel zu seinem Sohn Akiva, der sein Gemälde einer sitzenden Frau in einer Ausstellung zeigen wollte. Der Grund für die Einschätzung als Hure: ein blonder Haarkranz schaut über der Stirn unter dem Kopftuch hervor. „Hure" steht in den deutschen Untertiteln der Folge, auf Hebräisch verwendet Shulem den Begriff פרוצה pərûṣāh, der „Prostituierte, Dirne, Hure" bedeutet.

Wen jemand als Hure bezeichnet, ist kulturell bedingt und kann selbst innerhalb einer einzigen Gesellschaft in unterschiedlichen Bevölkerungsgruppen unterschiedlich bestimmt sein. Das war wohl auch im Israel der Eisenzeit so. In Tel Reḥov wurden Modeln aus dem 10. Jh. v. Chr. zur Massenherstellung von Terrakottafiguren ausgegraben, die den ikonographischen Typ der Nackten Frau zeigen.[2] Hätte ein Prophet Hosea im 8. Jh. v. Chr. solche Frauendarstellungen anzufertigen und zu besitzen als Hurerei bezeichnet? Diese Frage stellt sich angesichts des Begriffs Hurerei in der Hosea-Schrift, gleichgültig, ob man mit einer historischen Prophetengestalt rechnet oder sie für eine literarische Fiktion hält. Bisweilen verweist man auf die Rechabiter für ein Wertesystem, das den Alkoholgenuss ausschloss (Jer 35,6.14), der in der Hosea-Schrift im Zusammenhang mit Hurerei kritisiert wird (4,11). Bei seiner Revolution gegen Joram und Isebel lädt Jehu einen Rekabiter zur Mitfahrt auf seinem Streitwagen ein (2 Kön

---

1 Ori Elon und Yehonatan Indursky, "Shtisel," Season 2, Episode 12. Initially broadcast on satellite television station yes Netflix Original Series 2013. Zugriff 19. 11. 2020. https://www.net flix.com/de-en/title/81004164. Geula ist ein von Haredim bewohntes Viertel in Jerusalem, das westlich an Mea Shearim anschließt.
2 Irit Ziffer, Hg., *It is the Land of Honey: Discoveries from Tel Reḥov, the Early Days of the Israelite Monarchy* (Tel Aviv: Eretz Israel Museum, 2016), 59, 74, 78, 82. Weitere Terrakotten aus der israelitischen Königszeit bietet Silvia Schroer, *Die Ikonographie Palästinas/Israels und der Alte Orient. Eine Religionsgeschichte in Bildern 4: Die Eisenzeit bis zum Beginn der achämenidischen Herrschaft* (Basel: Schwabe Verlag, 2018), Nr. 1172–82, 1184–95.

https://doi.org/10.1515/9783110792706-006

10,15).[3] Wenn zum Urbestand der Königsbücher die Erzählung vom Putsch des Jehu gehörte, die unter Jerobeam II. verfasst, die Herrschaft seiner Familie legitimierte,[4] worin bestand die Herrschaftslegitimation? Bestand sie im religiösen Eifer Jehus für eine Verehrung Jhwhs, die sich von jener der – von Gott abgesetzten – Vorgängerdynastie unterschied? Dann gab es während der israelitischen Königszeit konkurrierende Ansichten über die rechte Verehrung Jhwhs. Hurerei als Vorwurf falscher Gottesverehrung setzt Normen für die richtige voraus und das impliziert das Konzept eines Kontrakts, Vertrags oder Bundes, der durch die Normverletzung gebrochen wurde.

Nur zweimal spricht das Alte Testament von der Ehe ausdrücklich als Bund, in Ez 16,8 und in Mal 2,14.[5] Die letztgenannte Bibelstelle spricht von Gott als Zeuge einer Ehevereinbarung, und die Frau wird als Frau des Bundes bezeichnet. In Spr 2,17 wird die Frau, die den Gefährten ihrer Jugend, d. h. ihren Mann, verlässt, als eine Frau beschrieben, die den Bund ihres Gottes vergisst, was sowohl bedeutet, dass die Ehe ein Bund ist, als auch, dass der Bund unter der Sanktion Gottes steht.[6] Die Hosea-Schrift dagegen spricht von der Ehe nicht als Bund und sogar die Ehe verschwindet bei genauem Hinsehen bis auf wenige Stellen, nämlich im Blick auf Jhwh als sich verlobenden Ehemann in Hos 2,18.21 f. ($wə$-$ʔēraś$-$tî$=$k$ $l$=$î$)[7] und den die Kaufehe eingehenden Hosea in Hos 3,2 ($wā$-$ʔe$-$k$-$kər$-$e$=$hā$ $l$=$î$), sowie sechs Belege der Wurzel $nāʔaṕ$ „die Ehe brechen" und ihrer Ableitungen (2,4; 3,1; 4,2.13f; 7,4).

Meine Untersuchungen gründen sich auf der Verteilung von Leitwörtern in der Hoseaschrift, die in der Forschung mit der Ehemetapher in Zusammenhang gebracht wurden. Da als Identifikation der angeklagten Frauengestalt das Land Israel oder Städte vorgeschlagen wurden, bezog die Überprüfung der Wortverteilung auch die Begriffe für Land und Stadt ein. Wie schon an der Verteilung der hebräischen Wörter erkennbar wird, beschränkt sich Ehemetapher auf den ersten Teil der Schrift (Hos 1–3), in dem eine Ehe zwischen Hosea und Gomer die Rezeption des Textes leitet, und den zweiten Teil (Hos 4,1–9,9), eine Samm-

---

**3** Georg Hentschel, *2 Könige*, NEB 11 (Würzburg: Echter, 1985), 47 f.; Jörg Jeremias, *Der Prophet Hosea*, ATD 24,1 (Göttingen: Vandenhoeck und Ruprecht, 1983), 68–70.
**4** Ernst Axel Knauf, *1 Könige 1–14*, HThK.AT (Freiburg: Herder, 2016), 92.
**5** Victor P. Hamilton, "Mariage (OT and ANE)," in *The Anchor Bible Dictionary: Volume 4 K–N*, ed. David Noel Freedman (New York: Doubleday, 1992), 566.
**6** John H. Hayes, "Covenant," in John Haralson Hayes, *Interpreting Ancient Israelite History, Prophecy, and Law*, ed. Brad E. Kelle (Eugene, OR: Cascade Books, 2013), 269–81, 278.
**7** Zum besseren Vergleich mit den akkadischen und aramäischen Begriffen sind die bibelhebräischen hier meistens transkribiert und die Buchstabenketten der Verben in Morpheme (getrennt durch Bindestriche) und Lexeme (Personalpronomina, Präpositionen, getrennt durch Gleichheitszeichen) unterteilt.

lung von Gerichtsworten. Ehemetaphorik findet sich nicht in den Geschichtsrückblicken (Hos 9,10–11,11) und den abschließenden Ansagen von Vernichtung und Heil (Hos 12–14). Sharon Moughtin-Mumby hob her vor, wie wichtig es ist, die Voraussetzungen und Methoden zu benennen, mit denen ein Interpret an einen Text herangeht.[8] Hoseas Ehe mit Gomer gehört nur deshalb zur Ehemetapher, weil im Verständnis der Metapher Substitutionstheorien zu einer Verwischung der Unterscheidung zwischen Metapher und Metonymie führen. Ein Verständnis der Ehemetapher als Metonymie für Sex im Götzendienst bleibt auch in der neueren Forschung vorherrschend,[9] trotz der Fragen, die hinsichtlich der kultischen Prostitution aufgeworfen wurden. Will man die Ehemetapher aus der sexuell befrachteten Metonymie lösen, die überholte Ansichten zur Kultprostitution einschließt,[10] lautet die Forschungsfrage: Welche Bedeutung mögen Aussagen vom Ehebruch und von der Hurerei im 8. Jahrhundert v. Chr. gehabt haben?

Dieser Beitrag widmet sich zwei Forschungsfeldern: Einerseits geht es um die Beziehung zwischen Mann und Frau – Ehe, Ehebruch, Hurerei – im Alten Orient und in Hosea. Andererseits geht es um das Vertragsdenken im Alten Orient, insofern es den Bundesgedanken in Hosea beeinflusst haben könnte. Zur Entstehung der Bundestheologie gibt es in der alttestamentlichen Forschung zwei Grundlinien. Auf der einen Seite stehen jene, die eine Präsenz der Bundestheologie bei den Propheten des 8. Jahrhunderts annehmen, obwohl das hebräische Wort für Bund in den betreffenden Prophetenbüchern kaum vorkommt.[11] Der Hauptgrund für ihr Postulat liegt darin, dass sie die Hebräische Bibel in einem synchronen Ansatz als literarische Einheit betrachten.[12] In diesem Sinne meint Douglas K. Stuart, dass die Botschaft Hoseas nur dann einen Sinn ergibt, wenn die Verweise auf den mosaischen Bund mit seinen Flüchen und Segnun-

---

**8** Sharon Moughtin-Mumby, *Sexual and marital metaphors in Hosea, Jeremiah, Isaiah, and Ezekiel*, Oxford theological monographs (Oxford: Oxford University Press, 2008), 11 f.
**9** Vgl. z. B. Katrin Zehetgruber, *Zuwendung und Abwendung: Studien zur Reziprozität des JHWH/Israel-Verhältnisses im Hoseabuch*, WMANT 159 (Göttingen: Vandenhoeck & Ruprecht, 2020), 211 zu Hos 4: „So handelt es sich bei V. 13a um eine Explikation der in V. 12 als ‚Unzucht‘ bezeichneten kultischen Untreue Israels gegenüber JHWH, aus der zugleich die (real vollzogene?) Untreue der Töchter (זנה ‚Unzucht treiben‘) und der Schwiegertöchter (נאף ‚ehebrechen‘) in V. 13b abgeleitet [...] wird."
**10** Moughtin-Mumby, *Metaphors*, 6–11. Karin Adams, "Metaphor and Dissonance: A Reinterpretation of Hosea 4:13–14." *JBL* 127/2 (2008): 291–305, 293 f.
**11** Innerhalb jener Prophetenstücke, die überhaupt ins 8. Jh. datiert werden könnten, gibt es den Begriff *barît* nur viermal mit Referenz auf den Jhwh-Bund (Jes 24,5; 33,8; Hos 2,20; 8,1) sowie sechsmal im Blick auf andere Bündnisse (Jes 28,15.18; Hos 6,7; 10,4; 12,2; Am 1,9).
**12** Eduardo Folster Eli, "The Presence of The Covenant Motif in Hosea: An Intertextual Approach for the Last Oracle in the Book," *JBQ* 45/1 (2017): 34–42, 35.

gen berücksichtigt werden. Ihm zufolge verweist Hosea entweder wörtlich oder andeutungsweise auf das, was im Sinai-Bund enthalten ist. Deshalb bietet sein Kommentar eine Liste der Bezüge zwischen Hosea und den Drohungen von Lev 26; Dtn 4; sowie den Flüchen in Dtn 28 bis hin zu den Unheilsankündigungen im Moselied in Dtn 32.[13] Auf der anderen Seite stehen jene, die wie Lothar Perlitt überzeugt sind, dass der Gottesbund sein geprägtes Gesicht erst im 7. oder 6. Jahrhundert v. Chr. erhalten hat.[14] Dagegen hat Ernest W. Nicholson nahelegen wollen, dass die Rede vom Bund in Hos 6,7 und 8,1 von einer früheren Entstehungszeit der Bundestheologie zeuge. Nicholson argumentiert damit, dass Hosea Israels Verträge mit anderen Völkern als einen Akt der Treulosigkeit gegenüber Jahwe verurteilt zu haben scheint (vgl. 5,13; 7,11; 8,9; 12,2). Weitere Hinweise dafür, dass bərît in 6,7 einen Bund zwischen Jhwh und Israel meine, sah Nicholson in den Wendungen ᶜābar bərît und bāḡaḏ, weil ersteres im AT nur beim Bund zwischen Jhwh und Israel gebraucht werde und letzteres auf ein kultisches Vergehen anspielen könne, da sich das Verb in 5,7 auf Israels hurenhafte Untreue gegenüber Jhwh beziehe. Die plausibelste Interpretation sei, dass die Hinweise auf den Verrat in Adam sowie das Blutvergießen in Gilead und den Mord in der Nähe von Sichem in den folgenden Versen auf Gewalttaten anspielen, die im Zuge politischer Umwälzungen und Revolutionen zur Zeit Hoseas begangen wurden und die der Prophet als Übertretung des Jhwh-Bundes beschrieb.[15] Nachdem er auch 8,1 Hosea zugesprochen hatte, erwog Nicholson, dass sowohl die Vorstellung eines Bundes zwischen Jhwh und Israel Hosea als auch die Ehemetapher verwendet wurden, um die feierliche Verpflichtung Jhwhs gegenüber Israel und Israels gegenüber Jhwh zu signalisieren, die durch Israel verraten wurde. Hosea zeige demnach, dass das Konzept eines Bundes zwischen Jhwh und Israel zu seiner Zeit bereits im Entstehen begriffen war.[16]

Diesen Erwägungen sind allerdings zwei Gesichtspunkte entgegenzusetzen. Erstens bezeugt die Wortverteilung vertragsrechtliche und ehemetaphorische Begriffe nie in einem einzigen Vers. Das Verb bāḡaḏ „treulos handeln" kann zwar eheliche Untreue meinen, aber auch ganz allgemein Treulosigkeit. Im Gesamt der Hosea-Schrift werden Vertrag und Ehe als Metaphern für die Beziehung zu Gott nicht zusammen verwendet. Ein konzeptueller Übergang von der Ehemetapher zur Bundestheologie lässt sich in der Hosea-Schrift nicht zeigen. Zweitens geht es in der Hosea-Schrift immer um den Bundesbruch und abgese-

---

13 Douglas K. Stuart, *Hosea – Jonah*. WBC 31 (Waco: Word books, 1987), xxxi–xlii.
14 Erik Aurelius, „Bundestheologie im Alten Testament." *ZThK* 111 (2014): 357–73, 359.
15 Ernest W. Nicholson, *God and His People: Covenant and Theology in the Old Testament* (Oxford: Clarendon Press, 1986), 183–86.
16 Nicholson, *God*, 186–88.

hen von dem Naturbund in 2,20 nie um einen Bundesschluss. Udo Rüterswörden schließt aus dieser Tatsache zu Recht: „Eine ‚richtige' Bundestheologie ist dies nicht [...]."[17] Man findet Vorstellungen von der Gerichtsverhandlung nach dem Vertragsbruch. In Hos 4,1–3 tritt Jhwh in einen Prozess mit den Bewohnern des Landes ein, die Vergehen begangen haben, welche als Missachtung von Privilegien Jhwhs bewertet werden und ihn deshalb als Richter auf den Plan rufen. Da assyrische Texte auf die eingetretene Strafe nach dem Vertragsbruch zurückblicken, dürfte in Hos 4,1–3 eine Strafvorstellung Eingang gefunden haben, wie sie im Alten Orient gängig ist:[18] das Strafhandeln der Gottheit aufgrund eines Vergehens, das im Bereich des Vertragsbruchs situiert ist. Man sollte daher eher von einem *bərît*-Schweigen in der prophetischen Überlieferung reden als von einem Bundesschweigen.[19] Auf assyrischen Einfluss führte auch John H. Hayes Bundesvorstellungen bei Hosea zurück. Die Propheten des 8. Jahrhunderts waren mit internationalen Bündnissen und politischen Verträgen vertraut. Ihre Verkündigung ging von einem Dreiecksbund aus, bei dem Jhwh der Garant für Israels Verträge mit Partnern wie Assyrien und Babylonien war.[20] Ihre Verkündigung spiegelt nicht die Idee oder die Existenz eines Bundes zwischen Israel und Jhwh wider, sondern von Bündnissen zwischen menschlichen Partnern, in denen Jhwh der Hüter des Bundes war. Jhwh ergriff aufgrund der Eide, die im göttlichen Namen geschworen wurden, die Partei jener Seite der sich kontraktuell verpflichtenden Menschen, deren Loyalitätsforderung zu Recht bestand. Bei der Hosea-Schrift wird man insbesondere an einen Vasallenvertrag Assyriens mit Israel denken. Dieser galt als Treueeid im Namen Jhwhs. Der Bruch des Vertrages stellte eine Sünde dar und zog den Zorn sowohl Assyriens als auch Jhwhs auf sich.[21] Das lässt sich gut mit der Einsicht kombinieren, die Roman Vielhauer in 7,12 (und 8,10) implizit ausgesagt findet: „JHWH kämpft auf seiten Assurs gegen sein Volk".[22] Diese Einsicht musste sich dadurch aufdrängen, dass der Staatsgott Israels die Flüche des assyrischen Vasallenvertrags über Israel/Efraim hereinbrechen ließ.

Zu diesen Orientierungen über die Ehemetapher und den Bundesgedanken gesellt sich noch das Thema des Landverlustes, sprich Deportation oder Flucht,

---

**17** Udo Rüterswörden, „Bundestheologie ohne ברית," *ZAR* 4 (1998): 85–99, 89.

**18** Zehetgruber, *Zuwendung*, 186 Anm. 97.

**19** Rüterswörden, „Bundestheologie," 96 f., 99.

**20** Brad E. Kelle, "Introduction," in John Haralson Hayes, *Interpreting Ancient Israelite History, Prophecy, and Law*, ed. Brad E. Kelle (Eugene, OR: Cascade Books, 2013), xi–xxii, xx.

**21** Hayes, "Covenant," 271 f.

**22** Roman Vielhauer, *Das Werden des Buches Hosea: Eine redaktionsgeschichtliche Untersuchung*, BZAW 349 (Berlin: Walter de Gruyter 2007), 74.

als göttliche Strafe in der Hosea-Schrift und in orientalischen Vertragsflüchen. Den Blick auf das Land in der Hosea-Schrift schärft die Doktorarbeit von Katrin Keita. Sie hat viel gesehen, das hier ebenfalls herausgestellt wird, nämlich das Land als Frau, die Notwendigkeit, zwischen dem wörtlichen und metaphorischen Gebrauch der Wurzel זנה zu differenzieren, dass bei der professionellen Prostitution materielle Motive eine Rolle spielen, weswegen die Wortwurzel auch zur Diffamierung internationaler Handelsverbindungen und zur Kritik an politisch-ökonomischen Vergehen dient. Ihr zufolge gehört der Vorwurf der Hurerei in der Hosea-Schrift zum Angriff auf den Missbrauch des Landes zur Vermehrung des Reichtums.[23] Der wesentliche Unterschied zwischen ihrem und meinem Vorgehen besteht in der Abgrenzung des semantischen Feldes. Da Keita auch topographisch Begriffe wie Berge und Hügel und metaphorische wie Haus in die Semantik des Landes einbezog, entging ihr, dass die Verteilung der hebräischen Wörter für „Land" und „Erdboden" bezogen auf ʾereṣ Yiśrāʾēl mit der Verteilung der Wörter für „huren" und „ehebrechen" zusammenfällt und sich auf Hosea 1,2–9,9 beschränkt.[24]

Methodisch wird in dieser Untersuchung ein semantischer und traditionsgeschichtlicher Ansatz verfolgt. Diachron kann man sich für die Datierung eines Kernbestands der Hosea-Schrift ins 8. Jahrhundert v. Chr. auf die Dissertation von Roman Vielhauer stützen. Das harmonisiert insofern mit einer synchron-semantischen Suche nach der Ehemetapher in der Hosea-Schrift, als er den ältesten Bestand der Schrift innerhalb von Hos 4,1–9,9 lokalisiert, einem Textbereich, in dem Leitwörter der Ehemetapher zu finden sind, während sie von 9,10 bis 14,10 fehlen. Allerdings ordnet Vielhauer das Thema Hurerei einer deuteronomistischen Ergänzung der Hosea-Schrift zu, die damit einen Bruch des ersten Gebots anklage.[25] Erkennt man statt dessen die Kritik am Hurenlohn, welcher „Hurerei", wie Keita gesehen hat, in den Bereich eines politischen und ökonomischen Opportunismus rückt, wird Vielhauers literarkritische Trennung von politischen und kultischen Anklagen fragwürdig, zumal er selbst zugibt, dass die kultische Verehrung betreffenden Texte in 6,10b und 7,4 „auf die Politik

---

23 Katrin Keita, *Gottes Land: Exegetische Studien zur Land-Thematik im Hoseabuch in kanonischer Perspektive*, Theologische Texte und Studien 13 (Hildesheim: Georg Olms 2007), 53 f.
24 Das Land Israel als Heimat des Volkes und möglicherweise weiblich vorgestelltes Gegenüber zu Jhwh kann ʾereṣ an 12 Stellen bezeichnen (Hos 1,2; 2,2.5.17.20.23.24f; 4,1.3; 6,3; 9,3). In diese Liste sind weder lə=ʾarṣ=ô (10,1) aufgenommen, wo Land mit besitzanzeigendem Fürwort für das Volk Israel steht, noch jene Stellen wo das Land Ägypten (7,16; 11,5; 12,10; 13,4), das Land Assur (11,11) oder das Land der Dürre 13,5 gemeint sind. Nur einmal gibt es ʾⁿḏāmāh (2,20); zānāh steht in 1,2; 2,7; 3,3; 4,10.12–15.18; 5,3; 9,1 und nāʾap̄ nur in 3,1; 4,2.13f; 7,4.
25 Vielhauer, *Werden*, 227.

gewendet"[26] seien. Informiert wird der Rückgriff auf die kanaanäische Vorstellung der Heiligen Hochzeit zwischen Gewittergott und Erde vor allem durch Gregorio del Olmo Lete.[27] Ugarit für das Verständnis von Konzepten in der Hosea-Schrift heranzuziehen, hat jüngst Szablolcs-Ferencz Kató unternommen. Diese Doktorarbeit dient als Materialsammlung, obgleich im Widerspruch zu Kató Jhwh nicht als Wettergott vom Baal-Hadad Typ zu betrachten ist, sondern als dem Athtar ähnliche Gestalt eines Gewittergottes vom trockenen Süden am Golf von Aqaba,[28] und die Gemahlin Jhwhs im Folgenden nicht mit der Stadt Samaria, sondern mit dem Land Israel identifiziert wird.

Die traditionsgeschichtliche Vorgehensweise wird auf einem Vergleich der Fluchmotive in der Hosea-Schrift mit denen in assyrischen Loyalitätseiden und Vasallenverträgen beruhen, wobei der Vasallenvertrag zwischen König Hoschea von Israel und dem assyrischen König eine Quelle der Bundesvorstellungen der Hosea-Schrift gewesen sein dürfte. Um die Argumentation dieses Aufsatzes abzusichern, seien kleine Korrekturen an den Denkvoraussetzungen von Nicholson und Stuart vorgenommen. Nicholson weist auf die Unvereinbarkeit einer positiven Sicht der Loyalitätsverpflichtung gegenüber Assyrien mit der Kritik am Vertragsschließen hin. Doch auch die neuassyrischen Schriften kritisieren das Vertragsschließen – nämlich mit anderen Königen und Verbündeten als dem assyrischen König allein. Es gilt also zu prüfen, ob Hosea tatsächlich das Vertragsschließen als solches oder das gleichzeitige Vertragsschließen mit mehreren konkurrierenden Parteien kritisiert, das grundlegend den Treubruch und einen Verrat an der Loyalität gegenüber einer der Parteien einbezieht, in der Sprache Hoseas: einen Mangel an ḥeseḏ. Bei den von Nicholson angeführten Versen weckt die Nennung Judas in 5,13 den Verdacht, dass hier die Kritik Jesa-

---

26 Vielhauer, *Werden*, 109.
27 Gregorio del Olmo Lete, *Canaanite Religion: According to the Liturgical Texts of Ugarit*, AOAT 408, 2nd English ed., thoroughly revised and enlarged, Übers. Wilfred G. E. Watson (Münster: Ugarit-Verlag, 2014).
28 Szabolcs-Ferencz Kató, *Jhwh: Der Wettergott Hoseas?: Der „ursprüngliche" Charakter Jhwhs ausgehend vom Hoseabuch*, WMANT 158 (Göttingen: Vandenhoeck & Ruprecht, 2019), 15–17, mit Verweis auf die Forschungsdiskussion in Anm. 60–65. Gerade wenn Jhwh ursprünglich ein aus Trockengebieten im Süden stammender Kriegs- und Gewittergott war, wo nur ab und zu Niederschlag niedergeht, meist verbunden mit Gewittern, steht er im Verdacht, weniger Regen zu schenken als die Wettergottgestalten, die man an der Mittelmeerküste mit ihren meist regenreichen Wintern verehrte. Eine Herkunft aus dem Süden bringt den „trockenen" Sturm- und Gewittergott Jhwh in Konflikt mit dem „üppigen" Baal-Hadad aus dem Mittelmeergebiet. Die Hosea-Schrift will Israel zur Erkenntnis bewegen, dass der herkunftsmäßig mit geringeren Niederschlagsmengen verknüpfte Jhwh nicht nur der befreiende Kriegsgott der Exoduserfahrung war, sondern als der wahre Regenspender für das Land Israel auch den vermeintlich regenreicheren Baal-Hadad aussticht.

jas am Hilferuf an den assyrischen König durch König Ahas von Jerusalem hineinspielt. 7,11 kritisiert explizit die Doppelgesichtigkeit oder Doppelzüngigkeit der diplomatischen Kontakte mit Assur *und* Ägypten. Immerhin bedeutet das Verb *kāḥaš* (Hos 4,2; 9,2, Nomen *kaḥaš* 7,3; 10,13; 12,1) auch „Ergebung heucheln". Eine nur vorgespielte Ergebenheit gegenüber Assyrien, die mit Ägypten liebäugelt, hätte man in Kalchu und Ninive ebenso kritisiert. Dasselbe gilt für 12,2. Hos 8,9 kritisiert dagegen eine freiwillige Verstrickung in den internationalen Handel mit den Völkern allgemein, eben nicht primär mit Assur. Denn es dürfte mit dem Verb תנה *tānāh* „Lohn geben" oder sogar „to sell oneself as a prostitute"[29] in 8,9f eine Anspielung auf den Hurenlohn vorliegen, die im ökonomisch-politischen Bereich die Bereitschaft andeutet, für Geld "alles" zu tun. Bedenkt man zudem, dass die Flüche in Dtn 28 von neuassyrischem und die Drohungen in Lev 26 von levantinischem Traditionsgut beeinflusst sind, so bezeugt Stuarts Aufweis der Ähnlichkeiten zwischen den Flüchen des Pentateuchs und der Hosea-Schrift nicht deren Kenntnis eines Sinai/Horeb-Bundes, sondern ist als traditionsgeschichtliche Verbindung mit der neuassyrischen und levantinischen Quelle sowohl für die Fluchmotive in Hosea als auch im Pentateuch zu verstehen. Beide sind von den internationalen Verträgen des 8. bis 6. Jahrhunderts v. Chr. beeinflusst.[30] Eine aktuelle Aufarbeitung der historischen Quellen zu den letzten Jahrzehnten des Königreichs Israel bietet schließlich der Sammelband *The Last Days of the Kingdom of Israel*.[31]

Nach dieser Orientierung über die Forschung, der sich der vorliegende Beitrag verpflichtet weiß, kann seine These formuliert werden. Ehebruch und Hurerei erscheinen als Verletzungen einer Erwartung von Seiten Gottes, gemäß derer es beides nicht geben sollte. Anthropologische Konzepte, wie sie in der Erzählanalyse und in der Sozialpsychologie beschrieben wurden, verbinden derartige Erwartungen mit dem Begriff Kontrakt. Im Hintergrund des Kontrakts steht eine implizite oder explizite Vereinbarung darüber, was Beziehungen förderndes und was Beziehungen schädigendes Verhalten ist, wobei nach altorientalischer Vorstellung schädigendes Verhalten Zorn und Strafe der Götter heraufbeschwö-

---

**29** John R. Kohlenberger III und William D. Mounce, *Concise Hebrew-Aramaic Dictionary of the Old Testament (KM Hebrew Dictionary)*. Copyright © 2012 by William D. Mounce. http://www.teknia.com. Accordance edition hypertexted and formatted by OakTree Software, Inc. Version 3.3.

**30** "The role of treaty agreements between kingdoms, with the theology and ethics implied by these, should not be overlooked. These treaties and their interpretation seem to have formed the basic background of the covenant references of the eighth-century prophets." Hayes, "Covenant," 279.

**31** Shuichi Hasegawa, Christoph Levin und Karen Radner, Hg., *The Last Days of the Kingdom of Israel*, BZAW 511 (Berlin: Walter de Gruyter, 2019).

ren konnte. Vor allem der Eid- oder Vertragsbruch galt als Verletzung gesellschaftlicher Erwartung von Aufrichtigkeit und Treue.[32] Als ältester Kern der
Hosea-Schrift lässt sich eine Klage über die innenpolitischen Zustände nach dem
gewaltsamen Ende der Jehu-Dynastie postulieren, das während der Auseinandersetzungen zwischen Israel, Damaskus und Juda 734 ergänzt und nach 732
zu einem in Hos 4,1–9,9 eingearbeiteten Mahnschreiben zum Bewahren der Vasallentreue gegenüber Assur ausgeweitet wurde, das Motive aus dem mit Hoschea ben Ela geschlossenen Vasallenvertrag aufgriff. Dieses Mahnschreiben
rief zum Einhalten des Vasallenvertrags mit Assur auf, weil dieser von Jhwh,
dem himmlischen Vertragszeugen, herbeigeführt und garantiert war, wie man
daran erkennen konnte, dass er 732 v. Chr. Tiglatpileser III. (744–727) den Sieg
über das Königreich Israel geschenkt und die Einsetzung Hoscheas als israelitischen König durch den Assyrer bewirkt hatte. In diesem Mahnschreiben disqualifizierte Hurerei als Schimpfwort die Hingabe seiner selbst für die materielle
Gegenleistung mit dem Beigeschmack von Treubruch zum Verschaffen eines
Vorteils. Hurerei und Ehebruch sind in der Hosea-Schrift nicht synonym verwendet. Ehebruch bezeichnet eine zwischenmenschliche Verletzung der Rechtsinstitution Ehe. Hurerei dagegen zielt gemäß dem Stichwort „Hurenlohn" אתנה
ʾeṯnāh in 2,14 und אתנן ʾeṯan in 9,1 auf die materielle Vergütung einer Beziehung, bei welcher der Gewinn das vorrangige Ziel ist. Die Ehemetapher spielt
in 4,1–9,9, wo in der Forschungsgeschichte die ältesten Abschnitte der Hosea-
Schrift identifiziert wurden, gegenüber dem Vorwurf der Hurerei eine untergeordnete Rolle. Ehebruch, Hurerei und Vertragsbruch überschneiden sich in dem
gemeinsamen Sinngehalt der Gier nach Annehmlichkeiten, die Käuflichkeit und
Betrug impliziert. Die Ehemetapher in Hos 1–3 enthält in Hos 1,2; 2,4–12.14–15
eine alte Identifizierung der Frau mit dem Land (ʾereṣ Yiśrāʾēl) als Partnerin
Jhwhs und Mutter der als Rezipienten der Hosea-Schrift angesprochenen Israeliten (bᵊnê Yiśrāʾēl). Hos 1,2–10,1 durchzieht das Leitmotiv vom Land (ארץ ʾereṣ)
als Mutter und Lebensraum für Israel (1,2; [2,4]; 4,3; 6,3; 9,3; [10,1]).

Am Anfang dieses Beitrags stehen Begriffsklärungen zur Unterscheidung
zwischen Metapher und Metonymie sowie zur Definition von Ehe, Ehebruch
und Hurerei. Einem synchronen semantischen Ansatz verpflichtet folgt eine Liste der Verteilung des Vokabulars der Ehemetapher in der Hosea-Schrift. Um den
traditionsgeschichtlichen Ansatz auf eine Textbasis zu stellen, geht den Exege

---

**32** Solche kontraktuellen Vorstellungen kommen in den hethitischen Pestgebeten deutlich
zum Ausdruck. Vgl. Hans Ulrich Steymans, "Deuteronomy 13 in Comparison with Hittite, Aramaic and Assyrian Treaties," *Hebrew Bible and Ancient Israel* 8/2 (2019): 125–29. DOI:10.1628/
hebai-2019–0011. Siehe zum Kontrakt auch die Beiträge von Taehwan Kim und Leo Montada
in diesem Band.

sen der Bibelstellen mit dem Vokabular der Ehemetapher eine Übersicht über das Vokabular neuassyrischer Verträge und Vereidigungen voraus, für das sich Äquivalente in der Hosea-Schrift finden. Auch die aramäischen Verträge aus Sefire sind berücksichtigt. Die Besprechung der einschlägigen Stellen in der Hosea-Schrift wird angefangen mit einer Durchsicht der Geschichtsrückblicke (Hos 9,10–11,11) und des Schlussstücks (Hos 12–14), die offenlegt, dass dort Ehemetaphorik fehlt, aber der Bundesbruch als Grund für die nationale Katastrophe Israels gemäß den altorientalischen Vertragsflüchen erscheint. Dann wird eine eigene Hypothese für die Redaktionsgeschichte von Hos 1,2–9,9 vorgeschlagen. Die Untersuchung der Grundschrift erweist diese als frei von Ehemetapher und Vertragssprache. Um den religionsgeschichtlichen Hintergrund für die Ehemetapher zu erhellen wandert der Blick dann nach Ugarit zu dort erkennbaren Vorstellungen von der Erdgöttin und Ìlu/El. Ergänzungsschicht um Ergänzungsschicht werden anschließend die Stellen mit dem Vokabular der Ehemetapher in 1,2–9,9 besprochen.

# 1 Begriffsklärungen

## 1.1 Metapher und Metonymie

Der Begriff Ehemetapher und der Vorwurf der Hurerei schließen die Annahme ein, dass die Metaphern von Sexualität und Ehe anerkannte Motive waren, die aus fixen Elementen sexueller oder ehelicher Erwartungshaltungen und Bewertungsmuster bestanden. Für die Herkunft der Ehemetapher wurden verschiedene altorientalische Hintergründe vorgeschlagen, von der Heiligen Hochzeit[33]

---

[33] Beim Konzept der Heiligen Hochzeit unterscheidet man drei Varianten: 1) Kosmogamie: Die Vereinigung zwischen den kosmischen Elementen Himmel und Erde. Darauf spielen sumerische Mythen und mesopotamische Beschwörungen an. 2) Hierogamie: Die Vereinigung zwischen einer Göttin und einem König. So etwas hat es in Ugarit gemäß dem Ritual KTU 1.132 im Zusammenhang der Inthronisation gegeben. Sinn dieses Rituals war es, den ugaritischen König als Gemahl der Pidray zu stilisieren und damit je nach Interpretation ihrer Stellung zu Baal als dessen Schwiegersohn oder Stellvertreter. 3) Theogamie: Die Vereinigung zwischen Gott und Göttin. Diese Vorstellung liegt der Beziehung zwischen Jhwh und Land in Hosea zugrunde. Die Mythologie Ugarits kennt besonders die verheirateten Götterpaare Ìlu und Aṯiratu / El und Aschera, sowie Yariḫu und Nikkal. Beate Pongratz-Leisten, "Sacred Marriage and the Transfer of Divine Knowledge: Alliances between the Gods and the King in Ancient Mesopotamia," in *Sacred Marriages: The Divine-human Sexual Metaphor from Sumer to Early Christianity*, ed. Martti Nissinen und Risto Uro (Winona Lake, IN: Eisenbrauns, 2008), 43–73, 44. Mark Smith, "Sacred Marriage in the Ugaritic Texts? The Case of KTU/CAT 1.23 (Rituals and Myths of the Gods)," in *Sacred Marriages: The Divine-human Sexual Metaphor from Sumer to Early Christiani-

über die Vorstellung, dass Götter sich Gattinnen nehmen, bis hin zu Städten oder deren Göttinnen als Gemahlinnen des Schutzgottes dieser Städte. Als weiterer Hintergrund diente die angebliche Praxis der kultischen Prostitution. Eine Folge war die Tendenz, den metaphorisch verwendeten Begriff Hurerei nicht mehr als Metapher für Untreue oder Götzendienst, sondern als Metonymie für sexuelle Praktiken in kultischen Vollzügen zu lesen. Soll Hurerei in prophetischen Büchern inakzeptable kultische Praktiken anprangern, weil der Bildgeber für solch eine Metapher Kult- oder Tempelprostitution war,[34] behandelt die Forschung diese Metapher wie eine Metonymie.[35] Grundlage dafür ist die logische Verbindung zwischen der angenommenen sexuellen Aktivität in der kultischen Prostitution oder der Heiligen Hochzeit als Bildgeber und der Metapher der Hurerei für Götzendienst als Bildempfänger gemäß folgendem Syllogismus:

A   Männer und Frauen haben Sex beim Kult.
B   Dieser Kult hat nicht die Verehrung Jhwhs zum Ziel.
C   Also ist Fremdgötterkult Hurerei.

Die Hypothese der Kultprostitution hat heute nur wenige Anhänger[36] und auch das Konzept der Heiligen Hochzeit wurde im 1. Jahrtausend v. Chr. nicht mit sexueller Aktivität verbunden.[37] Dies schließt die Möglichkeit nicht aus, dass sexuelle Aktivitäten an Schauplätzen kultischer Handlungen, vor allem den Festmählern, stattgefunden haben mögen.

Es herrscht Meinungsverschiedenheit darüber, was eine Metapher sei. Auf der einen Seite gibt es ein Substitutionsverständnis, auf der anderen Seite einen interaktiven Ansatz. Substitutionstheorien liegt die Annahme zugrunde, dass

---

*ty*, ed. Martti Nissinen und Risto Uro (Winona Lake, IN: Eisenbrauns, 2008), 93–113, lehnt die Vorstellung ab, dass die Hierogamie zwischen dem ugaritischen König und der Göttin Pidray mit einer Frau ausgelebt wurde.

**34** Siehe dazu: Tanja Susanne Scheer und Martin Lindner, Hg., *Tempelprostitution im Altertum: Fakten und Fiktionen: Interdisziplinäre Konferenz Tempelprostitution zwischen Griechischer Kultur und Vorderem Orient 2007 Oldenburg*, Oikumene: Studien zur antiken Weltgeschichte 6 (Berlin: Verl. Antike, 2009).

**35** Moughtin-Mumby, *Metaphors*, 6–11.

**36** Christine Stark, *„Kultprostitution" im Alten Testament? Die Qedeschen der Hebräischen Bibel und das Motiv der Hurerei*, OBO 221 (Fribourg: Academic Press; Göttingen: Vandenhoeck & Ruprecht, 2006); Kristel Nyberg, "Sacred Prostitution in the Biblical World," in *Sacred Marriages: The Divine-human Sexual Metaphor from Sumer to Early Christianity*, ed. Martti Nissinen and Risto Uro (Winona Lake, IN: Eisenbrauns, 2008), 305–320; Hennie J. Marsman, *Women in Ugarit and Israel: Their Social and Religious Position in the Context of the Ancient Near East*, OTS 49 (Leiden: Brill 2003), 548–72.

**37** Martti Nissinen und Risto Uro, Hg., *Sacred Marriages: The Divine-Human Sexual Metaphor from Sumer to Early Christianity* (Winona Lake, IN: Eisenbrauns, 2008).

eine Metapher einen Ersatz darstellt, wobei der metaphorische Ausdruck in eindeutige Begriffe oder Redewendungen übersetzt werden kann, ohne dass ein wesentlicher Bedeutungsverlust entstünde.[38] Im Gegensatz dazu beharren kognitive Ansätze darauf, dass eine Metapher nicht übersetzt werden kann.[39] Jede Paraphrase einer Metapher führt zu einem Verlust an kognitivem Inhalt. Die Konnotationen, die jedes Wort eines metaphorischen Ausdrucks umgeben, sind der Gesamtbedeutung der Metapher inhärent. Somit besitzt die Metapher als kognitives Mittel die Fähigkeit, neue Perspektiven und Ausblicke einzuführen. Wenn diese interaktive und kognitive Herangehensweise auf Metaphern der Hurerei und Ehe angewendet wird, können die negativen Konnotationen in Bezug auf das Weibliche, die diese Metaphern verstärken, nicht ignoriert oder abgetan werden. Vielmehr sind sie ein inhärenter Teil der metaphorischen Bedeutung.[40]

Der Begriff der Ehemetapher ist aus zwei Gründen problematisch. Erstens suggeriert er, dass alle prophetische sexuelle und eheliche metaphorische Sprache mit der Ehe verbunden sei, was nicht stimmt. Zweitens kann die Bezeichnung Ehemetapher nahelegen, dass eine solche metaphorische Sprache ein einheitliches Konzept erfasse. Um diese Problematik bewusst zu halten, sei hier der von Gerlinde Bauman verwendete Begriff Ehe-Metaphorik gebraucht.[41]

## 1.2 Das Wortfeld der Ehe-Metaphorik und seine Distribution in der Hosea-Schrift

Zum Wortfeld der prophetischen Ehe-Metaphorik gehören זנה *zānāh* „huren" und seine Derivate, נאף „ehebrechen", aber auch der Rocksaum (שׁבל *šōḇel*,

---

**38** Adams, "Metaphor," 295: "This ... 'comparative view' of metaphor [...] suggests that metaphors invite comparison between two things, the 'tenor' or topic of the metaphor [...], and the 'vehicle' or figure used to describe the tenor [...]."
**39** "In developing [...] the relationship between the tenor and vehicle as one of interaction rather than simple comparison [...] the tenor and vehicle of a metaphor interact with each other in a purposeful way to create meaning. A metaphor [...] brings together ... the audience's 'systems of associated commonplaces' about the vehicle. Associated commonplaces are rarely exhaustive lists of traits or dictionary definitions, but rather the most commonly and most readily evoked images, beliefs, superstitions, and stereotypes about the vehicle of the metaphor." Adams, "Metaphor," 296.
**40** Moughtin-Mumby, *Metaphors*, 3 f. "The vehicle evokes certain commonly held feelings about or attitudes toward it [...] which play an important role in shaping how the audience is expected to feel about the tenor." Adams, "Metaphor," 297.
**41** Zur Bedeutung der Begriffe Metaphorik und Metapher vgl. Gerlinde Baumann, *Liebe und Gewalt: die Ehe als Metapher für das Verhältnis JHWH – Israel in den Prophetenbüchern*, SBS 185 (Stuttgart: Verl. Katholisches Bibelwerk, 2000).

שׁוּל *šûl*) und die „Blöße" oder „Schamgegend" einer Frau (עֶרְוָה *ᶜerwāh*, מַעַר *maᶜar*, נַבְלוּת *nablût*), die enthüllt oder aufgedeckt (גלה *gālāh*) und damit für alle sichtbar werden mag. Im weiter gefassten semantischen Bereich der Ehe findet man noch בגד *bāḡaḏ* „untreu sein", טהר *ṭāhēr* „rein sein", טמא *ṭāmēʾ* „unrein sein", צהל I *ṣāhal* „wiehern", עגב *ᶜāḡaḇ* „entbrennen, Verlangen empfinden". Die Übertragung auf den religiösen Bereich vollziehen כשׁף *kiššēp* „zaubern" und גלולים *gillulîm* „Götzen", שׁקוץ *šiqquṣ* und תועבה *tôᶜēḇāh* „Abscheuliches" sowie זמה *zimmāh* „Schandtat".[42]

Gegen die Ansicht, dass die Metapher der Hurerei in der Hosea-Schrift vor allem Götzendienst meine, spricht, dass *kiššēp, gillulîm* und *tôᶜēḇāh* in Hosea nicht vorkommen und *šiqquṣ* nur im Geschichtsrückblick in 9,10 in ausdrücklichem Bezug auf Baal-Peor. Dagegen taucht der Begriff *zimmāh* „Schandtat" in 6,9 im Kontext von Auflauern und Morden auf, also in einer sozialen Kritik, die erst dadurch eine religiöse Komponente erhält, dass sie sich gegen die Priester richtet. Das Motiv der Entblößung der Scham gibt es in Hosea (*ᶜerwāh* 2,11, *nablût* 2,12), wobei sich das Verb *gālāh* „aufdecken" (2,12; 7,1; 10,5) nur in 2,12 auf die Blöße einer Frau bezieht, in 7,1 dagegen auf eine Schuld, die sich in Lüge, Einbruch und Raubüberfällen zeigt, und im Geschichtsrückblick in 10,5 auf die Verbannung der Kultbilder in Stiergestalt, womöglich eine Anspielung auf die Plünderung der Heiligtümer durch die Assyrer. Eine sexuelle Komponente besitzt das Verb also nur in Kapitel 2, ansonsten jedoch eine gesellschaftskritische. Im Blick auf die These, die Ehe-Metaphorik bezeichne das Verhältnis Jhwhs zu Samaria, sei festgehalten, dass in 7,1 und 10,5 Samaria erwähnt werden, allerdings zuerst in gesellschaftskritischem und dann in kultkritischem Zusammenhang. Ehe-Metaphorik als Treulosigkeit gegen Jhwh findet sich in 5,7 mit dem Verb *bāḡaḏ* „untreu sein, betrügen" ausgedrückt, denn es wurden – unausgesprochen von welcher Frauengestalt – fremde Kinder geboren. In einen Vertragskontext gehört das Verb in 6,7, wo es in Parallele zu einem Bundesbruch steht. Ob *ṭāmēʾ* in 5,3 in Parallele zu *zānāh* und in 6,10 in Parallele zu *zənût* in sexuellem Sinne erscheint, wird zu prüfen sein. In 9,4 kommt es im kultischen Zusammenhang unreiner, nicht für das Heiligtum geeigneter Speise vor.[43]

In die folgende Distributionstabelle sind neben dem eigentlichen Wortfeld der Ehe-Metaphorik auch noch die als Identifikation der Frau verbundenen Bezeichnungen für Land (*ʾereṣ, ʾaḏāmāh*) sowie die Städtenamen verzeichnet. In der Spalte ganz rechts stehen aus Platzgründen verschiedene Lexeme aus Bereichen der Unreinheit, z. B. (Menstruations-)Blut, und der Bundestheologie. Das

---

42 Baumann, *Liebe*, 51 f.
43 Ebenfalls fehlen in Hosea *šōḇel, šûl, maᶜar, ṭāhēr, ṣāhal I, ᶜāḡaḇ*.

Vokabular der Ehe-Metaphorik verteilt sich in folgender Weise auf die drei großen Abschnitte Hos 1–3; 4,1–9,9 und 9,10–14,10:

Hos 1–3

|  |  |  |  |  |  |  |  |
|---|---|---|---|---|---|---|---|
| 1,2 | zānûn | zānāh | | | ʾereṣ | ʾiššāh | |
| 1,3 | | | | | | baṯ | |
| 1,4 | | | | | | | Jesreel |
| 1,6 | | | | | | baṯ | dām |
| 2,2 | | | | | ʾereṣ | | |
| 2,4 | zānûn | naᵃpûp | | | | ʾiššāh | |
| 2,5 | | | | | ʾereṣ | | |
| 2,6 | zānûn | | | | | | |
| 2,7 | | zānāh | | | | | |
| 2,11 | | | | | | | ᶜerwāh |
| 2,12 | | gālāh | | | | | nablûṯ |
| 2,14 | | | | | | | ʾeṯnāh |
| 2,20 | | | ʾᵃdāmāh | ʾereṣ | | | bərîṯ |
| 2,23 | | | | | ʾereṣ | | |
| 2,24 | | | | | | | Jesreel |
| 2,25 | | | | | ʾereṣ | | |
| 3,1 | | nāʾap-D | | | | ʾiššāh | |
| 3,3 | | zānāh | | | | | |

Der Begriff Unreinheit fehlt in diesem Abschnitt. Der einzige Städtename ist Jesreel. Prominent tritt dagegen Land auf. Nur in 2,4 stehen Hurerei und Ehebruch in Parallele.

Hos 4,1–9,9 (Die Tabelle ist gegliedert nach Imperativen und Vetitiven als Struktursignale in 4,1; 4,4; 5,1; 5,8; 8,1; 9,1)[44]

|  |  |  |  |
|---|---|---|---|
| 4,1 | | ʾereṣ | |
| 4,2 | nāʾap | | |
| 4,3 | | ʾereṣ | dām |

Die Verunreinigung der Erde wird in Hos 4,1–3 nur angedeutet. Die Liste „Töten, Stehlen, Ehebrechen" enthält Aktionen, die die Beziehungen zwischen den Gliedern einer Gemeinschaft stören. Falscher Eidesfluch, Lügen, Mord, Stehlen und Ehebruch weisen auf einen Mangel an Zuverlässigkeit hin, Eigenschaften, die durch die Begriffe ʾemeṯ und ḥeseḏ repräsentiert werden. Dieses Ethos des Sozialverhaltens schließt die Tiere ein. Sie gehören zu dem, was Mary Midgley als

---

**44** Vgl. Hans Walter Wolff, *Hosea*, BK Altes Testament 14, Dodekapropheton 1 (Neukirchen-Vluyn: Neukirchener Verl. 3., verb. Aufl. 1976), 82 f., 94, 122, 136, 170 f., 194.

„gemischte Gemeinschaft" bezeichnet hat.[45] Abgesehen vom Wort *ḏāmîm*, einem Plural, der eigentlich „Blutungen", bildlich „Blutvergießen, Bluttaten" bedeutet, gibt es in diesen Versen keinen Ausdruck der Verunreinigung. Tikva Frymer-Kensky merkt an, dass die gesetzlichen Vorschriften der Hebräischen Bibel bestimmte Handlungen, einschließlich einiger im Zusammenhang mit Blutvergießen, herausgreifen, die das Land verschmutzen oder verunreinigen.[46] Das Konzept der Verunreinigung wird in den Gesetzeskodizes durch die Wurzeln *t.m ʾ* „unrein sein" (Hos 5,3; 6,10; 9,4) und *ḥ.n.p̄* „verschmutzt sein, entweiht sein" (Mi 4,11) sowie durch den Ausdruck *wat-tā-qîʾ hā=ʾāreṣ* „und das Land hat erbrochen/ausgespien" oder Ähnliches vermittelt. Handlungen, die Verunreinigung des Landes verursachen, umfassen sexuelle Übertretungen sowie das Akzeptieren von Lösegeld für das Leben oder die Freiheit eines Mörders und das Hängenlassen der Leiche eines hingerichteten Mannes über Nacht. Hinzu kommen Mord oder das Vergießen von menschlichem Blut. Es ist, als ob das Blut *ʾereṣ* verändert und physisch krankmacht.

Der Ehebruch in 4,2 gehört in den zwischenmenschlichen Bereich der Rechtsbeugung. Wo durch Rechtsbeugung unschuldiges Blut fließt (*ḏāmîm*), bewirkt das bei einer weiblich vorgestellten Größe Land eine die Gottesbegegnung im Kult unmöglich machende Unreinheit, was in 9,3f durch ein Zusammentreffen der Begriff *ʾereṣ* und *ṭāmēʾ* ausgedrückt scheint.

| | | | | |
|------|-------|-------------|------|------------------|
| 4,10 | | *zānāh*-H | *ʾereṣ* | |
| 4,11 | | *zənûṯ* | | |
| 4,12 | *zānûn* | *zānāh* | | |
| 4,13 | | *zānāh* | *nāʾap̄*-D | *baṯ* |
| 4,14 | | *zānāh* | *nāʾap̄*-D | *baṯ* |
| 4,15 | | *zānāh* | | | Gilgal, Bet Awen |
| 4,18 | | *zānāh*-H | | |

Im Abschnitt 4,4–19 dominiert das Motiv der Hurerei, in 4,13f in Parallele zum Ehebruch. Dabei erscheinen der erste und letzte Beleg des Verbs im Hifil, was eine Veranlassung zur Hurerei impliziert. In 4,15 fallen die ersten Städtenamen nach Jesreel (1,4; 2,24).

---

**45** Mary Midgeley, "The Mixed Community," in *The Animal Rights Environmental Ethics Debate*, ed. Eugene C. Hargrove (Albany: State University of New York Press, 1992), 211–26, 211.
**46** Tikva Frymer-Kensky, "Pollution, Purification, and Purgation in Ancient Israel," in *The Word of the Lord Shall Go Forth*, ed. Carol L. Meyers und M. O'Connor, Published for the American Schools of Oriental Research, (Winona Lake, IN: Eisenbrauns, 1983), 399–414.

| | | | |
|---|---|---|---|
| 5,3 | *zānāh*-H | | *ṭāmēʾ* |
| 5,4 | *zānûn* | | |
| 5,7 | | *bāḡaḏ* | |

In 5,1–7 wird Hurerei erstmals in den Kontext von Unreinheit und Untreue gestellt.

| | | | | |
|---|---|---|---|---|
| 5,8 | | | | Gibea, Rama, Bet-Awen |
| 6,3 | | *ʾereṣ* | | |
| 6,7 | | | *bāḡaḏ* | *bərît* |
| 6,8 | | | | Gilead, *qiryāh*, *dām* |
| 6,9 | | | *zimmāh* | |
| 6,10 | *zənût* | | | *ṭāmēʾ* |
| 7,1 | | *gālāh* | | Samaria |
| 7,4 | *nāʾaṗ*-D | | | |

Der erste Teil des Abschnitts 5,8–7,16 zielt Politisches und Gesellschaftliches an, denn es erscheinen Städtenamen und die Untreue ist explizit mit dem Bundesbruch parallelisiert. Der Städtename Samaria taucht in 7,1 erstmals auf.

| | | | |
|---|---|---|---|
| 8,1 | | | *bərît* |
| 8,5 | | | Samaria |
| 8,6 | | | Samaria |
| 8,9 | | *tānāh*-H | |
| 8,10 | | *tānāh* | |
| 8,14 | | | *ʿîr* |

Im Blick auf die Ehe-Metaphorik fällt 8,1–14 völlig aus dem Rahmen. Der Blickwinkel ist politisch und gesellschaftlich. Auch das Verb *tānāh* qualifiziert hier ökonomisches Tun, gibt dem aber den Beigeschmak des Sich-Verkaufens.

| | | | |
|---|---|---|---|
| 9,1 | *zānāh* | | *ʾeṭan* |
| 9,3 | | *ʾereṣ* | |
| 9,4 | | | *ṭāmēʾ* |
| 9,9 | | | Gibea |

In 9,1–9 taucht das Vokabular der Ehe-Metaphorik wieder auf. Der ganze Abschnitt endet mit der Erwähnung eines Städtenamens. Dass verschiedene Städtenamen erscheinen, spricht gegen die Identifikation der Frauengestalt mit einer Stadt. Die Deportation in 9,3f erscheint vor dem Hintergrund, dass man nur im Lande Israel reine Nahrung essen kann. Das Land Israel als Ort der Reinheit steht in Opposition zur Unreinheit in Ägypten und Assur. Dies ist die Folge des Betrachtens der Lebensmittel des Landes – Korn und Wein – als Hurenlohn

(9,1f). Der Wechsel vom Singular in den Plural von 9,1 zu 9,2 lässt die Möglichkeit offen, in 9,1 Israel als mit dem Land, seiner Mutter, verbundenes Kind zu sehen, das anschließend als Mehrzahl im Zusammenhang der anderen Völker angesprochen wird, unter denen es unrein essen muss.

Hos 9,10–11,11

| | | | |
|---|---|---|---|
| 9,10 | | *šiqquṣ* | Baal-Peor |
| | | | Gilgal |
| 10,1 | | ʾereṣ | |
| 10,4 | | *bərît* | |
| 10,5 | *gālāh* | | Bet-Awen, Samaria |
| 10,7 | | | Samaria |
| 10,9 | | | Gibea |
| 11,6 | | | ʿîr |

Der Wechsel im Sprachgebrauch könnte kaum radikaler sein. Kein Vokabular der Ehe-Metaphorik kommt mehr vor, außer *šiqquṣ* und *gālāh*. Doch ersteres bezieht sich explizit auf den Götzendienst in Baal-Peor und nicht metaphorisch auf eine Frauengestalt und letzteres steht nicht für die Entblößung einer Frau, sondern für die Deportation. Außerdem unterscheidet sich *ʾereṣ* in 10,1 von den Vorkommen in 1,2–9,9 dadurch, dass es mit dem Personalpronomen als Israels Eigentum gekennzeichnet wird. Die Belege, wo *ʾereṣ* mit Ägypten oder Assur verknüpft ist, können auf keinen Fall die Darstellung des Landes Israel als Frauengestalt beinhalten und sind nicht verzeichnet.

Hos 12–14

| | | | |
|---|---|---|---|
| 12,2 | | *bərît* | |
| 12,12 | | | Gilead, Gilgal |
| 12,13 | ʾiššāh | | |
| 12,15 | | *dām* | |
| 13,10 | | | ʿîr |
| 14,1 | | | Samaria |

Auch *ʾiššāh* in 12,13 gehört nicht in eine Beziehungsmetapher zwischen Gott und Mensch, sondern es geht um die Ehe zwischen Jakob und Rachel. Hos 12,15 blickt auf die Blutschuld Efraims. Die Wortverteilung zeigt klar, dass die Ehe-Metaphorik nur in Hos 1,2–9,9 vorkommt und sich deckt mit dem Vorkommen des Wortes Land, insofern nur in 1,2–9,9 das Land Israel die Mutter des Volkes Israel und also eine Frauengestalt sein kann, die gemäß der Ehe-Metaphorik Jhwh zur Treue verpflichtet wäre.

## 1.3 Hurerei und Prostitution

### 1.3.1 Handlungen gegen Bezahlung

Prostitution ist die Praxis, sexuelle Handlungen gegen Bezahlung durchzuführen.[47] „Die Dirne wird für ihre geschlechtliche Zuwendung bezahlt. [...] Daher ist die Prostitution [...] die käufliche Bereitstellung des geschlechtlichen Umgangs [...]."[48] Prostitution definiert sich somit als ein Tauschgeschäft, in welchem Dienste gegen den Hurenlohn אתנן ʾetan (Dtn 23,19; Jes 23,17f; Ez 16,31.34.41; Hos 9,1; Mi 1,7) oder אתנה ʾetnāh (Hos 2,14) erwiesen werden.[49] Im Deutschen kann das Wort Hurerei als Schimpfwort übertragen für moralisches Durcheinander und Verrat verwendet werden.[50] Schließlich kann es Promiskuität meinen, d. h. sexuell freizügiges häufiges Wechseln der Partner. Demnach bezeichnet *zônāh* eine Frau, die sexuelle Gefälligkeiten gegen Bezahlung austauscht. Die Stabilität dieser Definition zeigt sich in Texten wie Ez 16,34, wo die *zônāh* mit anderen *zônôt* kontrastiert wird, weil sie ihre Freier bezahlt, statt von ihnen bezahlt zu werden. Nur ein feststehender, Bezahlung einschließender Sprachgebrauch kann solch einer ironischen Anwendung standhalten. Im Gegensatz dazu bezeichnet das Verb *z.n.h* „huren, Unzucht treiben" sexuellen Umgang außerhalb des Ehevertrags.[51]

Der Blick auf den Lohn der Prostitution legt nahe, dass das Verb *zānāh* und dessen nominale Ableitungen im biblischen Hebräisch wie im Deutschen allgemein ehr- und treuloses Verhalten bedeutet haben mag. Der Begriff „sich, etwas oder jemanden prostituieren" bekommt den Sinn von „sich, etwas, jemanden auf unwürdige Weise – d. h. für etwas Niedriges oder Vorteilsstreben – preisgeben, herabwürdigen". Denn die Hebräische Bibel verwendet *zānûn*, *zônāh* und *zānāh* als Metapher für „die Handelsverbindungen einer Stadt [...]. [...] Deshalb wird wirtschaftlicher Gewinn dieser Kontakte Mi 1,7 als Dirnenlohn (ʾætan) bezeichnet. Jes 23,17 werden die Handelskontakte mit verschiedenen Ländern als Buhlerei bezeichnet ... und die Handelsgewinne werden Dirnenlohn genannt. [...] In den Gerichtsworten gegen Ninive Nah 3 wird von ‚vielen Buhle-

---

47 Jeremy Cooper, "Prostitution," in *RlA* 11, 12–21, 13, Zugriff 15. 11. 2021, http://publikatio nen.badw.de/de/rla/index#9730.
48 David Noel Freedman-Willoughby, "נאף *nāʾap*," in *ThWAT* V, 123–29, 125.
49 Adams, "Metaphor," 298.
50 Vgl. „Hurerei," in *DWDS – Digitales Wörterbuch der deutschen Sprache*, ed. Berlin-Brandenburgische Akademie der Wissenschaften, Zugriff 20. 11. 2020, https://www.dwds.de/wb/Hurerei.
51 James E. Miller. "A Critical Response to Karin Adams's Reinterpretation of Hosea 4:13–14." *JBL* 128 (2009), 503–06.

reien der Buhlerin' gesprochen. Damit dürfte nicht nur der Handel Ninives, sondern auch dessen [...] Zauberkünste [...] gemeint gewesen sein."[52]

Deshalb muss man bei den Nomen *zənûṯ* und *zānûn* nicht zwingend an sexuelles Fehlverhalten oder Götzendienst denken, sondern Hurerei mag übertragen auf eine Beziehungsanarchie gemünzt sein, die alle Beziehungen, die eine stabilisierende Funktion in der Gesellschaft ausüben sollten, als Tauschgeschäft sieht, wobei nur der eigne Vorteil interessiert und Treue oder Ehrgefühl fehlen. Sharon Moughtin-Mumby kommt, ausgehend von der Theorie der Metapher, zu einer ähnlichen Schlussfolgerung:

> "Reading metaphorical prostitution as if it were metonymical [...] quite simply does not always work in practice. Most obviously, once 'prostitution' is used to speak of political alliances, then the supposed background of 'cultic prostitution' is no longer plausible."[53]

### 1.3.2 Unzucht

Die Bedeutung des Verbs *z.n.h* ist nicht auf Prostitution beschränkt. Auch die abstrakten Substantive *zənûṯ* und *taznûṯ* haben eine weiter gefasste Bedeutung als das Nomen *zônāh* „Prostituierte". Mit einem weiteren Bedeutungsspektrum werden manche Texte weniger problematisch. Dtn 22,20–21 regelt den Fall der Tochter, die verheiratet ist, aber von ihrem Ehemann nicht als Jungfrau gefunden wird. Man sagt, sie sei keine Jungfrau, weil sie *z.n.h* getan hat, während sie zum Haushalt ihres Vaters gehörte. Es gibt hier keinen Anhalt dafür, dass sie für ihre sexuelle Aktivität bezahlt wurde. Jede Form von sexueller Aktivität könnte für ihren Verlust der Jungfräulichkeit verantwortlich sein. Ebenso wenig verlangt Ri 19,2, dass die Konkubine sich an einen anderen Mann verkauft. Das Verb *z.n.h* gibt nur an, dass sie sexuelle Beziehungen mit einem anderen Mann als dem Leviten hatte, dessen Konkubine sie war. Gen 38,24 kann als ein Spiel mit diesen Bedeutungsbereichen verstanden werden, denn Tamar hat sich tatsächlich als *zônāh* verkleidet, und es war eine Bezahlung ausgehandelt worden, aber als Tamar schwanger war, wusste Juda nur, dass sie Unzucht getrieben haben (*z.n.h*) muss und durch ihre Unzucht (*zənûmîm*) schwanger wurde.[54]

---

**52** Seth Erlandsson, "זָנָה *zānāh*," in *ThWAT II*, 612–19, 618 f.

**53** Moughtin-Mumby, *Metaphors*, 13.

**54** Miller, "Response," 504. Walter Kornfeld und Helmer Ringgren, "קדש qdš," in *ThWAT VI*, 1179–1204, 1187: "[...] Gen 36,8–24 benützt [...] ein *qdš*-Derivat, um die Schwiegertochter Judas als *qᵉdešāh* 'Geweihte' zu bezeichnen (vv. 21 f.), dies aber nicht, um ihre eine religiöse Weihe zuzubilligen, denn im unmittelbaren Kontext wird gleichbedeutend [...] *znh* 'huren' verwendet, d. h. gemäß der Textaussage vollzog Juda mit ihr keinen Ritualakt [...], sondern sah in ihr eine gewöhnlich Straßendirne [...]." Ebd. 1182: „Die Frauenklasse der *qadištu* bestand seit dem

### 1.3.3 Unzucht als Metapher für Götzendienst gehört nicht zur deuteronomistischen Sprache

Die Wurzel *z.n.h* wird für beanstandetes religiöses Verhalten verwendet, insbesondere für Götzendienst. In Num 25,1–2 erfüllt das Verb *z.n.h* eine doppelte Funktion, denn die Israeliten beteten den Gott Baal von Peor an, was Unzucht im übertragenen Sinne bedeutet, und hatten tatsächlich Sex mit den Frauen von Midian.[55] Das Verb *z.n.h* wird im Qal und Hifil am Anfang des Privilegrechts (Ex 34,15f) für die Verführung zum Götzendienst durch ausländische Frauen verwendet.

Erstaunlicherweise gehört die Metapher der Unzucht für Götzendienst nicht zum Sprachgebrauch des Deuteronomiums und des Deuteronomistischen Geschichtswerks. Im Deuteronomium bezeichnet *z.n.h* den unehelichen Geschlechtsverkehr in 22,21 und Götzendienst nur in der spätnachexilischen, postredaktionellen Rahmung des Moselieds 31,16.[56] Eher nach- als spät-deuteronomistisch dürfte Ri 2,17 sein. Nur in Ri 8,27 zielt *z.n.h* auf ein Vergehen gegen das Bilderverbot und in 8,33 gegen das Fremdgötterverbot. Beide Verse stammen von post-deuteronomistischer Hand.[57] Das Deuteronomistische Geschichtswerk gebraucht das Nomen *zônāh* schlicht für für Frauen, die unehelichen Geschlechtsverkehr haben, ohne eine Anspielung auf Götzendienst (Jos 2,1; 6,17.22.25; Ri 11,1; 16,1; 1 Kön 3,16; 22,38). Jiftach wird als *ben-ʾiššāh zônāh* (Ri 11,1) und als *ben-ʾiššāh ʾaheret* (Ri 11,2) bezeichnet und deshalb wird ihm das Erbrecht abgesprochen und er aus dem Vaterhaus verjagt.[58] Die gesellschaftliche Stellung von Hurensöhnen war minderwertig. Spr 23,27 stellt die *zônāh* in Parallele zur *nokrîāh*, der ausländischen Frau. 1 Kön 22,38 enthält die Notiz, dass ein Fluch des Propheten Elia gegen die ausländische Königin Isebel und ihre Nachkommen wahr geworden ist. Die pejorative Bewertung der Ausländerin mag ein Grund dafür sein, warum Jehu während seiner Revolte in 2 Kön 9,22 von den *zǝnûnê ʾîzebel* „den Hurereien Isebels"

---

2. Jt. [...] und existierte neben den beiden anderen Frauenklassen der *kulmašītu* und *nadītu* bis in die Mitte des 1. Jt. CH § 181 (TUAT I 66) nennt diese 3 Frauenklassen, die für den Tempelkult geweiht und deren Dienstleistungen wohl ähnlich waren. Ihr angesehener Sozialstatus ging allmählich verloren und in der nbabyl. Zeit galt ihre Bezeichnung als Euphemismus für Straßendirne [...]."

55 Miller, "Response," 503–06. Als Metapher für Götzendienst steht *z.n.h* im Heiligkeitsgesetz (Lev 17,7; 20,5f, priesterschriftlich in Num 15,39; 25,1). Aber dort gibt es *z.n.h* auch schlicht mit der Bedeutung Sex-Arbeit in Lev 19,29; 21,9.

56 Eckart Otto, *Deuteronomium 23,16–34,12*, HThKAT (Freiburg: Herder: 2017), 2104.

57 Wolfgang Richter, *Traditionsgeschichtliche Untersuchungen zum Richterbuch*, BBB 18 (Bonn: P. Hanstein, 1963), 186, 189, 387 f.

58 Etnan (*ʾeṭnān*) in 1Chron 4,7 trägt die Bezeichnung "hire [of a prostitute]" als Namen.

spricht, wobei er diese genauer als Zaubereien oder magische Praktiken (*kəšāp̄-ê=hā hā=rabbîm*) bestimmt.

> 2 Kön 9,22 Und als Joram Jehu sah, sagte er: Ist Friede, Jehu? Dieser aber sagte: Wie kann Friede sein bei den Hurereien Isebels, deiner Mutter, und ihren vielen Zaubereien?

Diese Aussage verurteilt das Handeln der Ausländerin als Hurereien – im Plural wie die Zaubereien – und bezeichnet die Königin zugleich als Mutter, was den König zum Hurensohn macht. Das klingt sehr nach Beleidigung im zwischenmenschlichen Bereich. Dennoch verbindet sich damit der religiöse Bereich, denn die Revolution des Jehu zielte auch gegen die Verehrung Baals durch die Omriden. Zauberei galt im Alten Orient als verwerflich. Allerdings kritisiert Jehus Vorwurf nicht ausdrücklich die Verehrung fremder Götter.

Die ausländische Frau Isebel scheint als erste in der Bibel der Verwendung des Schimpfworts Hure und Hurerei für normwidrige religiöse Praktiken auf sich gezogen zu haben. Es gibt keinen Grund, die Hurereien Isebels einer deuteronomistischen oder späteren Ergänzung zuzuschreiben. Folgerichtig ordnen Antony F. Campbell und Mark O'Brien 2 Kön 9,22 dem Prophetic Record zu, der wohl in der Regierungszeit Jerobeam II. verfasst wurde und die Herrschaft der Nimschiden-Dynastie des Jehu legitimieren sollte.[59]

Der Vorwurf gegen die ausländische Königin erklärt vor dem Hintergrund internationaler Heiratspolitik, warum *z.n.h* im Hifil gerade der Führungsschicht vorgeworfen wird. Das zeigt die Kritik an Joram von Juda in 2 Chr 21,13, dass er auf dem Weg der Könige Israels gegangen sei und Juda und die Bewohner Jerusalems zur Hurerei – wie den Hurereien im Haus Ahab – angestiftet habe (*z.n.h*-H). Diese Kritik gründet auch darin, dass Joram gemäß 2 Chr 21,6 Atalja, die Tochter Ahabs und Isebels, zur Frau hatte. Eine Verurteilung Jorams mit der Wurzel *z.n.h* fehlt in den Königsbüchern. Auch gegen Salomo, den die ausländischen Frauen zum Götzendienst verleitet haben sollen, wird die Wurzel *z.n.h* nicht verwendet. Die Tatsache, dass die Wurzel *z.n.h* und ihre Ableitungen sonst in den Samuel- und Königsbüchern gar nicht vorkommt, also zur Bewertung von Götzendienst oder ausländischen Frauen keine Schule gemacht hat, spricht

---

**59** Antony F. Campbell, S. J., *Of Prophets and Kings: A Late Ninth-Century Document (1 Samuel 1–2 Kings 10)*, CBQMS 17 (Washington, DC: The Catholic Biblical Association of America, 1986), 101: The Prophetic Record continues "with 9:17–27, 30–35; 10:1–9, 12–27." Antony F. Campbell und Mark O'Brien, *Unfolding the Deuteronomistic History: Origins, Upgrades, Present Text* (Minneapolis: Fortress Press, 2000), 189. Eine ähnliche These über ein Dokument zur Herrschaftslegitimation aus der Regierungszeit Jerobeams II. vertritt Jonathan Miles Robker, *The Jehu Revolution: A Royal Tradition of the Northern Kingdom and Its Ramifications*, BZAW 435 (Berlin: Walter de Gruyter, 2012), 22 f., 63.

dagegen, in 2 Kön 9,22 einen späten, auf Monotheismus zielenden Zusatz zu sehen. Man kann den Vorwurf der Hurerei gegen die ausländische Königin auch nicht als Erfindung aus der Perserzeit abtun, denn die Wuzel *z.n.h* fehlt im Kontext der Auflösung von Mischehen durch Esra, wo es nahegelegen hätte, den Zusammenhang der Ehe mit einer ausländischen Frau und der Verführung zum Götzendienst mit der Ehe-Metaphorik zu verbinden. Warum sollten Schreiber die Hurerei gerade bei Isebel eingefügt haben und nicht bei Salomos Frauen und der Kritik an anderen Königen? Man wird die Hurerei als Metapher für das machtgierige und gewinnsüchtige Verhalten der Isebel und wohl auch ihre Ausweitung auf den Götzendienst in Ex 34,15f als vor-deuteronomistisch und vorexilisch ansetzen dürfen.

Später, aber auch nicht deuteronomistisch sind die Belege in Jeremia. Das Nomen „Hure" zielt auf Götzendienst (Jer 2,20; 3,3; 5,7). In Jer 3,1 steht die Ehe-Metaphorik zusammen mit dem entweihten Land (*ḥānap* Jer 3,1f.9; 23,11, einer Wurzel, die in Hosea fehlt) und ist verbunden mit den Ehegesetzen des Deuteronomiums (Dtn 24,4 mit *ḥāṭāʾ* Hifil). Ein wesentlicher Unterschied zu Hosea besteht darin, dass im Jeremiabuch Israel und Juda tatsächlich weiblich konstruiert werden, insofern Israel und Juda feminine Personalpronomina und Verbformen erhalten. Wenn das Motiv aus Jeremia in die Hosea-Schrift gewandert wäre, sollte man auch die Übernahme der femininen Pronomina erwarten. So passt die Ehe-Metaphorik im Bild des Hurens für den Götzendienst in Hosea nicht, wenn das männlich angesprochene Volk Israel das Subjekt sein soll. Es sei denn, Hosea zielt mit dem Vorwurf der Hurerei gegenüber dem weiblich personalisierten Land und gegen die Israeliten pragmatisch die Erkenntnis der angesprochenen Männer an, dass sie durch ihr treuloses und vorteilsgieriges Verhalten Huren oder Hurensöhnen gleich geworden sind. Die Vorstellung von gestandenen Mannsbildern, die sich unehrenhaft wie Huren verhalten, bezeugen neuassyrische Quellen.

## 1.3.4 Huren bei Assyrern und Hethitern

Sex als solcher war in Mesopotamien nicht sündhaft, wenngleich er vorübergehende Unreinheit verursachen konnte.[60] Jedoch bestand gegenüber der Hure eine negative Einstellung. Die Kinder von Huren galten als illegitim und hatten keine Erbansprüche. Eine Übertragung auf das Feld der Politik zeigt Assurbanipals Bezeichnung eines Rebellen als die Hure des Elamiters Menanu, zu dem

---

60 Karel van der Toorn, *Sin and Sanction in Israel and Mesopotamia: A Comparative Study*, SSN 22, (Assen-Maastricht: Van Gorcum, 1985), 31f.

der Aufständische übergelaufen war (ABL 289: 8).[61] Hure wurde als Schimpfwort und als Verleumdung gebraucht. Im Fluch am Ende der Inschrift des Kapara von Guzana aus dem 9. Jh. soll der Übeltäter sieben Söhne als Opfer für Adad verbrennen und sieben Töchter als Huren für Ištar verfügbar machen.[62] Zur Sex-Arbeit zu zwingen, wurde mit einem Menschenopfer gleichgesetzt.

Sichtbare Merkmale ließen einen Mann in Mesopotamien erkennen, welchen Frauen er sich frei nähern konnte, die also keine Töchter und Gattinnen freier Bürger waren. Letztere mussten in der Öffentlichkeit verschleiert sein. Sex-Arbeiterinnen und Sklavinnen dagegen durften sich nicht verschleiern. Zusätzlich scheint ihr Schmuck ein Erkennungszeichen der Hure gewesen zu sein, darunter Perlenketten um den Hals. Man traf sie vor allem in der Schenke, die auch als Bordel funktionierte, und auf der Straße an.

Vieles in mesopotamischen Quellen macht den Eindruck von sexueller Ausbeutung der Frauen und Mädchen. Ihr Rechtsstatus war oft unfrei. Ein Mädchen mochte in Adoption verkauft worden sein und hatte als Sex-Arbeiterin dem wirtschaftlichen Auskommen ihrer Adoptivfamilie zu dienen. Der abhängige Status und die wirtschaftliche Bedeutung der Huren mag neben antiken Aussagen ein Grund dafür sein, dass man in der Forschungsgeschichte von Kult- oder Tempelprostitution sprach. Das sumerische Wort für Hure, géme-kar-kid – akkadisch – *harimtu,* erscheinen in Rationszuweisungen von Tempeln. Auch Söhne der *kezrētu* – eine *kezertu* hatte eine besondere Frisur oder arbeitete als Frisöse – gehörten zum Tempelpersonal. Ob die Sex-Arbeit nur eine zusätzliche Einkommensquelle des Tempels war oder tatsächlich im Kult stattfand, bleibt unklar.[63]

---

61 Dieser Brief des Königs ist zugänglich als SAA 21 043, http://oracc.museum.upenn.edu/saao/P393821/, Zugriff 04. 08. 2021. Er ist datiert auf den 5. Ijjar 650 v. Chr. und die in Open Richly Annotated Cuneiform Corpus / SAAO gegebene englische Übersetzung des Abschnitts mit der Verwendung des Wortes Hure als Schimpfwort für treulose Männer lautet: (1) The king's word to the Sealanders, (2) old and young, my servants: (4) I am well; (5) you can be glad. (5) See now how, because (6) I hold you in good regard and (7) have dissociated you from the crime of Nabû-bel-šumate, (8) the whore (MÍ.KAR.KID = *harimtu*) of Menanu, (9) I am now sending you (10) my servant Bel-ibni, (11) who belongs to my entourage, to (assume your) leadership.

62 Bruno Meissner, „Die Keilschrifttexte auf den steinernen Orthostaten und Statuen aus dem Tell Ḥalâf," in *Aus fünf Jahrtausenden Morgenländischer Kultur: Festschrift Max Freiherrn von Oppenheim zum 70. Geburtstag gewidmet von Freunden und Mitarbeitern,* AfO Beih. 1, ed. Ernst F. Weidner (Neudruck der Ausgabe Graz 1933, Biblio Verlag, Osnabrück 1967), 72–79, 73 Nr. 8: 7.

63 Sumerisch géme-kar-kid „Hure" ist akkadisch *harimtu.* Auch *šamḫatu* „üppige Frau" kann die Hure bezeichnen, wohl auch *kezertu.* Im syrischen Ebla gleicht eine Wortliste géme-kar-kid mit *zanētum,* abgeleitet von der im Hebräischen üblichen Wurzel *z.n.h.* Innana / Ištar war die Schutzpatronin der *harimtu, šamḫatu* und *kezertu.* Die Göttin agiert als Hure und sagt in einem altbabylonischen Hymnus, „Bleibe ich an der Wand stehen, kostet es einen Schekel, beuge ich

Man hat dafür plädiert, in der *ḫarimtu* eine unabhängige Frau zu sehen, die nicht Teil eines patriarchalen Haushalts war.[64] Sie konnte für sich selber sorgen und als Maitresse verheirateter Männer selbständig leben. Kató steuert dazu den wichtigen Gesichtspunkt bei, dass die Ehefrau in Assyrien und im alten Israel keine Scheidung veranlassen konnte. Wenn eine Frau ihrem – ungeliebten oder sogar brutalen – Ehemann weglief, blieb ihr womöglich nur die Prostitution, um einen Lebensunterhalt zu verdienen.[65] Denn bei ihren Eltern oder Verwandten, wenn diese noch lebten und sie nicht verpfändet oder verkauft hatten, würde man zuerst nach ihr suchen.

### 1.3.5 Ergebnis

Hurerei bezeichnet mehr als nur Sex-Arbeit. Als Schimpfwort verwendet man es für jene, die keine Bindung eingehen wollen oder achten. Dazu gehören auch politische Überläufer und auf Profitgier fokussierte Händler. Hurerei dient als Metapher für internationalen Handel, Kontakt mit Ausländern, wobei die ausländische Frau ebenfalls mit dem Schimpfwort Hure belegt werden kann. Der Hure haftet eine prekäre Existenzlage an, bei welcher der Lebensunterhalt durch Verkauf des Körpers verdient werden muss, sei es, weil man ohne die Absicherung der Familie lebt, sei es, weil man als Sklavin, Adoptivtochter oder Tempeldienerin zur Prostitution gezwungen wird.

## 1.4 Ehe und Ehebruch

Die Ehe in Vorderasien ist durch Verträge geregelt, insofern wohnt ihr der Bundesgedanke inne. Allerdings wurde die Ehe nur in Assyrien explizit mit einem

---

mich über, kostet es 1 ½ Schekel. Åke W. Sjöberg, "Miscellaneous Sumerian Texts, II," *JCS* 29, 1977, 3–45, 17: 19f, https://doi.org/10.2307/1360002. Obszöne Liebeslyrik in einem babylonischen Ritual ergötzte sich an der Dreiecksbeziehung zwischen Marduk, seiner Gattin Ṣarpanītu und Ištar. Dietz Otto Edzard, „Zur Ritualtafel der sog. Love Lyrics," in *Language, literature, and history: Philological and historical studies; presented to Erica Reiner* (= Festschrift E. Reiner), AOS 67, ed. Francesca Rochberg-Halton (New Haven: American Oriental Society, 1987), 57–69.
**64** Julia Assante, "The kar.kid/harimtu, prostitute or single woman? A reconsideration of the evidence," *UF* 30 (1998): 5–96. Jean-Jacques Glassner, « Polygynie ou prostitution: Une approche comparative de la sexualité masculine, » in *Sex and gender in the ancient Near East: Proceedings of the 47th Rencontre Assyriologique Internationale, Helsinki, July 2–6, 2001* (= CRRA 47) Band 1, ed. Simo Parpola und Robert M. Whiting (Helsinki: Neo-Assyrian Text Corpus Project, 2002), 151–64.
**65** Kató, *Jhwh*, 61.

Bund in Verbindung gebracht. Das assyrische Rechtsbuch sieht einen *riksu*, ein Nomen abgeleitet vom Verb *rakāsu* „binden", als Voraussetzung für eine gültige Ehe vor (§ 34). Der Vater, die Mutter des Bräutigams oder dieser selbst schlossen einen Verlobungsvertrag mit dem Inhaber des Verfügungsrechts über die Braut, d. h. deren Vater, Bruder oder einem Gläubiger, falls sie verpfändet war. Der Brautwerber brachte in der Regel dem Brautvater Gaben aus Wertgegenständen und Nahrungsmitteln. Wurden diese Gaben angenommen, galt das als Zustimmung zur Verlobung. Die Braut war lediglich Gegenstand des Vertrags, ihre Zustimmung wurde nicht eingeholt. Sie wurde zweckgebundenes Eigentum des Gatten, dazu bestimmt, vorzugsweise männliche Nachkommen und rechtmäßige Erben des Familienbesitzes hervorzubringen. Nach Annahme der Brautwerbegeschenke wurde die Verlobte als Ehefrau und Schwiegertochter bezeichnet und ging in die Verfügungsgewalt ihres Schwiegervaters über. Der Brautpreis (*terḫatu*) wurde zwar dem Brautvater übergeben, aber dieser konnte ihn ganz oder teilweise der Braut überlassen und er verblieb ihr auch bei einer Scheidung. Obwohl die assyrische Ehe als Kaufehe gilt, war die *terḫatu* eher eine Eheschenkung als eine Bezahlung. Die Ehefrau konnte anlässlich der Hochzeit in das Haus des Mannes übersiedeln. Es gab aber auch Ehen, wo die Ehefrau weiter im Haus ihres Vaters wohnte und der Ehemann sie dort regelmäßig besuchte. Scheidungsrecht stand nur dem Manne zu, der Straf- und Züchtigungsgewalt über die Frau besaß. Die Ehefrau musste in der Öffentlichkeit verschleiert sein und durfte das Haus nur mit Erlaubnis ihres Gatten verlassen. Während die Ehefrau für alle Schulden ihres Mannes haftete, war es dem Mann überlassen, sie von Verstümmelungsstrafen freizukaufen, die das Gesetzbuch für manche Vergehen vorsah, z. B. die Aufnahme einer Ehefrau, die ihrem Gatten weggelaufen war (§ 24).

Auch bei den Hethitern wurde die Kaufehe durch einen Verlöbnisvertrag eingeleitet, den der Brautwerber mit den Eltern der Braut schloss, indem er den Brautpreis übergab. Auch hier konnte die Gattin entweder in das Haus ihres Ehemannes übersiedeln oder im väterlichen Haushalt verbleiben.[66]

Der Ehebruch galt in Assyrien als Privatdelikt, d. h. die Öffentlichkeit schritt nicht ein, und dem Mann stand eine unbeschränkte Bestrafung der Frau und des Ehebrechers zu, wenn er diesen im eignen Hause auf frischer Tat ertappte. Wurde die Frau im Hause des Ehebrechers aufgegriffen, hatte sie also ihren Gatten unerlaubt verlassen, griff die Staatsgewalt mit der Todesstrafe für Ehebrecherin und Ehebrecher ein (§ 13). Konnte der Buhler aber glaubhaft machen, dass er die Frau in der Schenke oder auf der Straße getroffen hatte, und ihm nicht ersichtlich oder bekannt war, dass sie verheiratet war, ging er straflos aus.

---

**66** Viktor Korošec, „Ehe C. In Assyrien," in *RlA* II 1938, 286–93.

Die hethitische Gesetzessammlung unterscheidet, ob der Ehebruch im Hause oder im Gebirge stattfand. Im letzten Falle nimmt man eine Vergewaltigung an (vgl. Dtn 22,25–27). Ertappt der Ehemann seine Frau mit dem Ehebrecher in flagranti in seinem Hause, darf er beide töten. Falls die Sachlage nicht so klar ist, bringt der Ehemann die Beschuldigten zum Palasttor als Gerichtsstätte und verlangt dort entweder den Tod beider oder schenkt beiden das Leben, wobei der König den Verzicht auf die Todesstrafe bestätigt oder diese exekutieren lässt.[67]

# 2 Sinnlinien aus den Vasallenverträgen und Loyalitätseiden Assyriens

Dieses Kapitel greift die Ansicht von Hayes auf, dass die Bundesvorstellungen der Propheten des 8. Jh. von den neuassyrischen Vasallenverträgen beeinflusst waren, welche die Königreiche Israel und Juda verpflichteten. Wie die assyrischen Verträge die göttliche Vergeltung des Bundesbruchs konzipierten, hat Karen Radner beschrieben.[68] Um die Wurzeln kontraktueller Vorstellungen in der Hosea-Schrift aufzuspüren, werden hier Wortwahl und Motivik neuassyrischer Loyalitätseide und Vasallenverträge mit dem Sprachgebrauch der Hosea-Schrift verglichen. Die Edition dieser altorientalischen Texte geschah in Band 2 der Reihe Staate Archives of Assyria, abgekürzt als SAA 2. Sie enthält ein Glossar akkadischer Begriffe, die sich anhand ihrer englischen Übersetzung mit englischen Übersetzungen der hebräischen Wörter in Hosea parallelisieren lassen.[69] Dieser Umweg über das Englische ist nötig, weil keine bibelhebräisch-neuassyrischen Wörterbücher erhalten sind. Man kann ihn methodisch als semantischen Zugang rechtfertigen, denn die englischen Äquivalente des Neuassyrischen und Bibelhebräischen enthalten Seme, die den Wörtern der drei Sprachen gemeinsam sind. So ergeben sich Sinnlinien oder Isotopien, die in der Hosea-

67 Mariano San Nicolò, „Ehebruch," in *RlA* II 1938, 299–302.
68 Karen Radner, "Neo-Assyrian Treaties as a Source for the Historian: Bonds of Friendship, the Vigilant Subject and the Vengeful King's Treaty," in *Writing Neo-Assyrian History: Sources, Problems, and Approaches: Proceedings of an International Conference Held at the University of Helsinki on September 22–25, 2014*, SAAS 29, ed. Giovanni Battista Lanfranchi, Raija Mattila und Robert Rollinger (Helsinki: The Neo-Assyrian Text Corpus Project, 2019), 309–28, 317–20, 324. Karen Radner war es auch, die mich dankenswerterweise mit den Links zu den online Publikationen altorientalischer Textquellen und weiteren Literaturhinweisen versorgte.
69 Die englischen Übersetzungen der hebräischen Wörter stammen aus Kohlenberger und Mounce, *Dictionary*.

Schrift Themen mit einem kontraktuellen Denken als Hintergrund offenlegen.[70]
SAA 2 gemäß listen die Tabellen die Dokumente unter folgenden Nummern:

1: Staatsvertrag zwischen Šamši-Adad V. von Assyrien und Marduk-zakir-šumi von Babylon, geschlossen etwa 827–824.
2: Vasallenvertrag zwischen Assurnirari V. von Assyrien und Mati'-ilu von Arpad, einem aramäischen Stadtstaat nördlich von Aleppo, geschlossen nach 754 und vor 745.
3: Loyalitätseide aus der Regierungszeit Sanheribs von 683/2.
4: Loyalitätseide zur Thronbesteigung Asarhaddons im Jahre 681.
5: Vasallenvertrag zwischen Asarhaddon und Baal von Tyrus, geschlossen etwa 677/6.
6: Thronfolgevereidigungen Asarhaddons (VTE) von 672.
7: Loyalitätseid aus der Regierungszeit Asarhaddons von 670.
8: Loyalitätseid der Königinmutter Zaqutu zugunsten Assurbanipals aus dem Jahre 669.
9: Loyalitätseid babylonischer Verbündeter gegenüber Assurbanipal, geschlossen nach 652 und vor 648.
10: Vasallenvertrag zwischen Assurbanipal und dem arabischen Stamm Qedar, vor 652.
11: Loyalitätseid babylonischer Verbündeter gegenüber Sin-šarru-iškun (627–612).
12: Loyalitätseid unter Sin-šarru-iškun, gegen 627.
13: Vasallenvertrag, Vertragsparteien nicht erhalten.
14: Königsinschrift Asarhaddons über seine Thronfolgeregelung, die diese auf Antworten der Göttin Belet-ili auf Orakelanfragen zurückführt und auf die Rückführung der Statue Marduks nach Babylon anspielt, möglicherweise aus dem Jahre 670.[71]

Die Ehe gehört nur am Rande zur Thematik der neuassyrischen Eide und Verträge. Doch sei gleich zu Beginn ein markanter Abschnitt aus SAA 2 2 V 8–15 zitiert:

Wenn Mati'-ilu gegen diesen Vertrag Assurniraris, Königs von Assyrien, sündigt (*i-ḫṭiṭi*), so mögen Mati'-ilu eine Hure (*ḫarimtu*), und seine Truppen Frauen werden. Wie irgendeine Hure sollen sie auf den Plätzen ihrer Stadt (Lohn) empfangen. Ein Land möge sie in ein anderes Land fortstoßen (*matu ana mati l-i-dḫû=šunu*). [Die Fortpflanzungsfähigkeit] Mati'-ilus möge wie (die) eines Maultiers (unfruchtbar) sein, seine Gattinnen uralt (aussehen). [Ištar], die Herrin der Männer, die Königin der Frauen, möge ihren Bogen wegnehmen, ihre Schande bewirken (*baltu=šunu l-i-škun*), und sie bitterlich weinen (*bikīt=šunu*)

---

**70** Die Listen der akkadischen Wörter aus SAA 2 unterscheiden sich von der Edition dadurch, dass hier die neuassyrischen Dokumente und die Zeilenangaben numerisch aufsteigend notiert sind, während die Edition nach den Schreibvarianten sortiert. Durch die hier gebotene numerische Auflistung, lassen sich die Belege leichter in der online Ausgabe Open Richly Annotated Cuneiform Corpus / SAAO 2 finden, Zugriff 26. 10. 2021. http://oracc.museum.upenn.edu/saao/corpus.
**71** Simo Parpola und Kazuko Watanabe, *Neo-Assyrian Treaties and Loyalty Oaths*, SAA 2 (Helsinki: Helsinki University Press, 1988), XXVI–XXXIV. Zur Datierung von SAA 2 14 vgl. Jamie Novotny, "New Proposed Chronological Sequence and Dates of Composition of Esarhaddon's Babylon Inscriptions," *JCS* 67 (2015): 145–68, 160 Anm. 94.

lassen: „Wehe, gegen den Vertrag Assurniraris, Königs von [Assyrien], haben wir gesündigt."[72]

Dieser Vertragsfluch bestätigt einige aus den Lexika gewonnene Einsichten über die Verbindung sexueller Metaphorik mit gesellschaftlichen Vergehen. Der Vertragsbruch ist Sünde (Verb *ḫāṭû* im Perfekt, gleiche Wurzel wie im Hebräischen). Der vertragsbrüchige König und seine Soldaten werden in Huren verwandelt. Auf den Hurenlohn erpicht und angewiesen zu sein, zeichnet die Dirne auch in diesem Fluch aus. Die in Frauen verwandelten Soldaten sollen ihn auf den Plätzen der Stadt entgegennehmen, also öffentlich den Blicken aller preisgegeben. Darüber hinaus werden die Verfluchten heimatlos und aus jedem Land vertrieben (*daḫû*). Die Göttin Ištar bringt die Krieger dadurch in Schande, dass sie ihnen den Bogen als Waffe wegnimmt. Gilt die Entwaffnung des Kriegers hier als ähnlich schandhaft wie das Entblößen der Frau in der Hosea-Schrift? Das Nomen *baltu* stammt von derselben Wurzel wie das Hebräische *bôš* und *bōšeṯ* (l ist ein babylonisches Allophon für š vor t). Jedenfalls weinen die Krieger in ihrer Scham (*bikītu* von derselben Wurzel wie das Hebräische *bəkî*).

Die folgenden Listen des neuassyrischen Vokabulars, für das hebräische Äquivalente in der Hosea-Schrift zu finden sind, sind nach Themen sortiert und die Belegstellen in vier Spalten verteilt gemäß den schon erwähnten vier Hauptteilen der Hosea-Schrift. Um den Unterschied im Wortgebrauch herauszustellen, stehen die Belege aus den Geschichtsrückblicken Hos 9,10–11,11 und den Schlusskapiteln 12–14 kursiv. Wenn die Wörter in einem Heilswort auftauchen, ist der Beleg eingeklammert.

## 2.1 Vertrag, Bündnistreue, Verrat

| Thema | Akkadisch | Hebräisch | Hos 1–3 | 4,1–9,9 | 9,10–11,11 | 12–14 |
|---|---|---|---|---|---|---|
| Eid, Schwur | *adê* treaty *māmītu* oath 14 I 4.8.29, II 3 *tamītu* oath 2 I 15, IV 27; 6: 72, 287, 308, 380, 385, 386, 561, 623 | *bərîṯ* covenant, treaty, compact, agreement | 2,20 | 6,7; 8,1 | *10,4* | *12,2* |

---

72 Übersetzung nach Rykle Borger, „Der Vertrag Assurniraris mit Mati'ilu von Arpad," in *TUAT Band 1: Rechts- und Wirtschaftsurkunden*, ed. Otto Kaiser u. a. (Wiesbaden: wbg Academic, 2019), 155–58, 157, ergänzt aus Parpola und Watanabe, *Treaties*, SAA 2, 12.

(fortgesetzt)

| Thema | Akkadisch | Hebräisch | Hos 1–3 | 4,1–9,9 | 9,10–11,11 | 12–14 |
|---|---|---|---|---|---|---|
| | | ʿēḏuṯ testimony, statute, stipulation, regulation | | 7,12 | | |
| | tamû to swear 2 VI 6; 6: 25, 72, 129, 156, 213, 287, 309, 352, 359, 384 Stativ taʾʾâ=kunu, 387 | ʾālāh to utter a curse, swear an oath | | 4,2 | 10,4 | |
| | | šāḇaʿ N to swear an oath, make a sworn promise | | 4,15 | | |
| bewahren | naṣāru to guard, protect 3: 6; 6: 50, 65, 100, 168, 292, 299, 335, 409, 9:11, 12 | šāmar to keep, watch, observe, guard | | 4,10 | | (12,7; 12,13f) |
| Verbün-deter | bēl salāmi ally 9: 21; salmu ally 6: 112 | ḥāḇar Qp to be joined; Ht to make an alliance, become allies | | 4,17 (Qp) | | |
| Treue | kiniš truthfully 14 r. II 4.9, kuānu to be firm, true 1:5; 2 III 24; 5 IV 20; 6: 97, 236, 333, 502; 11 r. 3; 14 I 25, r. II 9 | ḥeseḏ loyal love, devotion, kindness based on a covenant relationship | 2,21 | 4,1; 6,4.6 | (10,12) | (12,7) |
| | kettu truth 4 r. 22; 6: 51, 96, 98, 422 | ʾemeṯ faithfulness, reliability, trustworthiness; truth | | 4,1 | | |
| | takālu to trust 1: 5, 14 I 6 | bāṭaḥ to trust, rely on, put confidence in | | | 10,13 | |
| Verrat, Lüge | surrāti lies, treason 6: 502 | šeqer lie, falseness, deception; vanity | | 7,1 | | |

(fortgesetzt)

| Thema | Akkadisch | Hebräisch | Hos 1–3 | 4,1–9,9 | 9,10–11,11 | 12–14 |
|---|---|---|---|---|---|---|
| | | *kāzāb* lie, falsehood | | 7,13 | | 12,2 |
| | | *kaḥaš* lie, deception; gauntness, thinness, leanness | | 7,3 | 10,13 | 12,1 |
| | | *kāḥaš* to lie, deceive; fail; to cringe, feign obedience | | 4,2; 9,2 | | |
| Trick | *nikiltu* cunning, scheme 6: 412 *niklu* trick, stratagem 8 r. 13; 13 III 8 | *'ēṣāh* plan, scheme, device, intrigue | | | 11,6 | |
| Geheimnis | *paṣānu* to hide, conceal 9: 9 *pašīru* secrecy 9: 9 | *'āraḇ* to lay in wait against, hide in ambush | | 7,6 | | |
| Rebellion | *bārtu* rebellion 6: 67, 107, 133, 136, 145, 147, 159, 166, 169, 186, 196, 198, 254, 498 *nabalkattu* revolt 8: 13 *sīhu* conspiracy, rebellion 6: 133, 166, 245, 303, 498; 8: 20, r. 3 | *pāšaᶜ* to rebel, revolt | | 7,13; 8,1 | | 14,10 |

Diese Wortliste lässt ähnlich wie die Distributionstabellen des Vokabulars der Ehe-Metaphorik oben erkennen, dass ab Hos 9,11 eine andere Sprache gesprochen wird. Die wenigen Kritik an Israel oder göttliche Strafe thematisierenden Verse, in denen sich Wörter finden, die schon in Hos 1,2–9,9 vorkommen, beschränken sich auf 10,4.13 sowie 12,1 f. Zudem führen 10,13 und 11,6 neues Vokabular zum Thema Vertrauen und überhaupt erstmals das Thema (betrügerischer) Trick ein.

Wenn man annehmen darf, dass Jhwh in dem Eid, den der assyrische König dem Königreich Israel im Jahre 732 auferlegte, als die Treue garantierende Gottheit angerufen worden war, dann mussten die Israeliten damit rechnen, dass ihr Nationalgott die assyrische Herrschaft über Israel/Efraim unterstützte. Diese unterstützende Rolle spielen die Götter ausdrücklich auch in Inschrift IA der Verträge von Sefire.

> 1 Die Verträge (ᶜaday) des Bar-Gayah, des Königs von Ktk, mit Matiᶜ-'Il, dem Sohn des Attarsumk, dem König von [Arpad]. ...
> 11 vor Il und Ilyān (= El und Eljôn), vor Schamayi[n und Arq (= ʾereṣ), vor dem Meeres] 12 grund und den Quellen, vor Tag und Nacht. Zeugen sind alle G[ötter von Ktk und von Ar] 13 [pad].
> Öffnet eure Augen und seht die Verträge des Bar-Gayah [mit Matiᶜ-'Il, dem König von] 14 [Arpad].
> Und wenn Matiᶜ-'Il, der Sohn des Attarsumk, der Kö[nig von Arpad] eidbrüchig wird (yušaqqir) [gegenüber Bar-Gayah], 15 dem König von Ktk, ...[73]

Der aramäisch geschriebene Matiᶜ-'Il ist derselbe König, dessen Name auf neuassyrisch Mati'-ilu klingt. Wir befinden uns in der Mitte des 8. Jahrhunderts, der Lebenszeit des Propheten Hosea gemäß der Bibel. Unter den im aramäischen Vertrag als Zeugen angerufenen Göttern befinden sich auch die biblisch bekannten Eljon und El, sowie Arq/ʾereṣ. Besondere Beachtung verdient, dass sich mit El und Eljon lokal verehrte Gottheiten gegen das Land ihrer göttlichen Zuständigkeit richten müssen, falls dessen Bewohner eidbrüchig – Wurzel *š.q.r* in Z. 14 – werden. Dasselbe Lokalkolorit enthält ein Fluch in SAA 2 5 IV 6´f:

> [So mögen] Bethel und Anat-Bethel euch einem gefräßigen Löwen [übergeben].

Der Gott Bethel galt im phönizischen Pantheon als Bruder Els. In den Augen der Assyrer muss er zusammen mit seiner göttlichen Nichte Anat-Bethel – falls Anat wie in Ugarit eine Tochter Els ist – für Löwen – und im Falle von Anat Löwinnen – an der südlevantinischen Mittelmeerküste zuständig gewesen sein. Da Jhwh mehrmals durch Löwen straft und in Hosea mit Löwen verglichen wird, dürfte eine Überlappung der Zuständigkeiten von Jhwh/El und Bethel (samt Anat, die in Elefantine auch noch zusammen mit Jhwh genannt wird) zu erkennen sein. Daher mag Hos 10,15 (MT כִּכָה עָשָׂה לָכֶם בֵּית אֵל) eine Textform bewahren, in der nicht die Stadt, sondern der Gott Bethel gemeint ist. So kann man jedenfalls den MT, die Vulgata (*sic fecit vobis Bethel*) sowie die Einheitsübersetzung (Das bringt euch Bet-El ein) verstehen.

---

73 Otto Rössler, „Die Verträge des Königs Bar-Ga'ah von KTK mit König Matiᶜ-Il von Arpad (Stelen von Sefire)," in *TUAT Band 1: Rechts- und Wirtschaftsurkunden*, ed. Otto Kaiser u. a. (Wiesbaden: wbg Academic, 2019), 178–89, 180.

## 2.2 Krieg und Kriegsfolgen

| Thema | Akkadisch | Hebräisch | Hos 1–3 | 4,1–9,9 | 9,10–11,11 | 12–14 |
|---|---|---|---|---|---|---|
| Feind | *bēl nakri* enemy 9: 8.20 *nakāru* to be hostile, D to change, remove, Š to make hostile 1 r. 4.11; 6: 55, 69, 128, 244, 245, 312, 367, 372, 410 *nakru* enemy, 2 IV 1; 4 r. 21; 6: 111, 127, 418, 419, 429, 430, 454, 499, 535, 573, 590, 601, 602, 614, 617, 631, 643; 9: 24.25.32.35. r. 25 *zaiārānu* foe 11 r. 4 | *'oyēḇ* enemy, foe | | 8,3 | | |
| Bogen | *qassu* bow 2 V 13; 4 r. 20; 5 IV 18; 6: 453, 573, 574, 9: 23 | *qešeṯ* bow | 1,5.7; 2,20 | 7,16 | | |
| Plünderung | *habātu* to plunder 6: 313 | *nāṣal* Pi to plunder, take away, tear away | 2,11.12 | 5,14 | | |
| | | *šāsāh* to raid, loot, plunder | | | | *13,15* |
| Kampf | *mahāṣu* to strike, to fight 6: 326, 342, 474; 5 III 16 *tāhāzu* battle 6: 418, 453; 4 r. 20; 9 r. 24, *tušāru* battlefield 2 V 5 | *milḥāmāh* fighting, battle (a particular engagement), war (as an ongoing event) | 1,7; 2,20 | | 10,9. 14 | |

(fortgesetzt)

| Thema | Akkadisch | Hebräisch | Hos 1–3 | 4,1–9,9 | 9,10–11,11 | 12–14 |
|---|---|---|---|---|---|---|
| Flüchtling | *munnabtu* fugitive 1:13 | *nāḏaḏ* to flee, be a fugitive; to wander, stray | | 7,13 | *9,17* | |
| Zerschmettern | *mêšu* to crush 9 r. 4 | *'āšaq* Pu to be crushed | | 5,11 | | |
| | | *āṣaṣ* Pi to oppress, crush | | 5,11 | | |
| Zerstören | *hapû* to destroy 5 IV 14; 6: 294, 654 | *šāḏaḏ* Pol to ravage, destroy; Pu to be destroyed, be ruined | | | *10,2.14* | |
| | | *šōḏ* destruction, ruin, violence | | 7,13; 9,6 | *10,14* | *12,2* |
| | | *šāḥaṯ* Pi to corrupt, destroy, ruin; H to destroy, corrupt, bring to ruin | | 9,9 | *(11,9)* | *13,9* |
| | | *šāmaḏ* N to be destroyed; H to destroy, demolish, annihilate | | | *10,8* | |
| | | *šāmēm* Htpol to destroy oneself, be appalled | 2,14 | | | |
| Zerbrechen | *šabāru* to break 1 r. 3; 4 r. 20; 6: 453, 573 | *šāḇar* to break, destroy, crush | 1,5; 2,20 | | | |
| Feuer | *išātu* fire 6: 534, 608, 621; 11 r. 13 | *'ēš* fire, flame; lightning | | 7,6; 8,14 | | |
| Tod | *muātu* to die, death 2 V 1; 6: 51, 133, 221, 262, 655 *mūtu* death 14 II 6, | *mut* to die, be killed, be dead | 2,5 | | *9,16* | *13,1* |

(fortgesetzt)

| Thema | Akkadisch | Hebräisch | Hos 1–3 | 4,1–9,9 | 9,10–11,11 | 12–14 |
|---|---|---|---|---|---|---|
| | *duāku* to kill 1: 9; 6: 127, 127, 133, 139, 140, 142, 146, 160, 170, 193, 240, 246, 255, 306, 307, 314, 576, 578; 8: 23, r. 8, r. 25; 10 r. 6 | *hārağ* to kill, put to death, murder, slaughter | | 6,5 | *9,13* | |
| | | *rāṣaḥ* to murder, kill | | 4,2; 6,9 | | |
| | | *šāḥaṭ* to slaughter, kill | | 5,2 | | |
| Verfolgen | *kašādu*, to reach, chase 6: 478, 576; 14 II 18 | *rāḏap̄* to pursue, chase, persecute | 2,9 | 6,3; 8,3 | | *12,2* |
| Fallen | *matāqu* to fall 1 e. 19; 6: 50, 230, 425, 518 | *nāp̄al* to fall, fail | | 7,7.16 | *10,8* | *14,1* |
| Falle | *gišparru* trap 6: 650; *kippu* snare 6: 588 *tubāqu* (a kind of trap) 6: 582 | *rešeṯ* net, snare, trap (for catching game) | | 5,1; 7,12 | | |
| Binden | *kašû* to bind 6: 454 | *ṣārar* to bind up, wrap up, tie up; to hamper, oppress, be in distress | | 4,19 | | *13,12* |
| Furcht | *palāhu* to fear 6: 396; 13 II 5 | *gûr* to be terrified, be afraid, fear; to revere | | 7,14 | *10,5* | |

Wieder tritt der Unterschied im Wortgebrauch zwischen 4,1–9,9 und den Geschichtsrückblicken hervor. Nur die Themen Flüchtlingsschicksal (7,13; 9,17), Zerstörung (7,13; 9,6; 10,14; 12,2), Tötung (6,5; 9,13) und Fallen (7,7.16; 10,8; 14,1) sowie Furcht (7,14; 10,5) laufen durch. Das Vokabular sammelt sich besonders in 7,1–16 und 10,5–14.

Flüchtlinge, die sich aus Assyrien nach Babylonien absetzten, soll der babylonische König nach Assyrien melden (SAA 2 1: 13). Hos 7,13 entspricht dem, insofern der Vers ebenfalls die Flucht vor dem Oberherrn thematisiert, also auf Jhwh bezogen dasselbe im Sinn hat, was SAA 2 1 bezogen auf den assyrischen König voraussetzt. Man versucht, sich durch Flucht dem göttlichen oder königlichen Zugriff zu entziehen. 9,17 dagegen schaut auf das Schicksal derer, die ihre Heimat als Strafe verlassen mussten. Das findet man in folgender Ermahnung in SAA 2 6:[74]

> (292) Bewahrt diesen Vertrag. Sündigt nicht gegen euren Vertrag ..., liefert euer Land nicht der Zerstörung aus und euer Volk nicht der Deportation.

Diese Ermahnung verbindet Deportation mit dem Thema Zerstörung, das mit dem akkadischen Verb *hapû* verbunden ist und so auch im Vertrag mit Baal von Tyrus (SAA 2 5) vorkommt:

> (iv 14) Mögen Melqarth und Eshmun dein Land der Zerstörung und dein Volk der Deportation ausliefern; mögen sie dich aus deinem Land ausreißen und die Nahrung von deinem Mund, die Kleidung von deinem Körper und das Öl für deine Salbung wegnehmen.

Wohlgemerkt, es sind die Landesgötter von Tyrus, die Zerstörung des Landes und Deportation bewirken sollen. Der zweite Teil des Fluchs erinnert an Hos 2,7.10 f. Tötung in den Verträgen gehört oft zu den Stipulationen und verlangt die Tötung des Rebellen, doch es kommt auch im Fluch vor:

> SAA 2 6: (576) Wie ein Hirsch gejagt und getötet wird, so soll dein Feind dich, deine Brüder und deine Söhne jagen und töten.

Das Fallen kommt in den neuassyrischen Flüchen nur im Kausativ vor, insofern die Götter Marduk, Assur oder Ninurta die Verfluchten zum Fallen bringen. Eine Kombination von Motiven findet sich in SAA 2 1:

> (16) Möge Marduk, der große Herr, dessen Befehle Vorrang haben, [durch sein unabänderliches Wort] seinen Verfall und die Zerstreuung seines Volkes anordnen [...]; möge er sein Leben wie Wasser ausschütten, [möge er] sein Land zerstören, sein Volk [durch Hunger und Hungersnot] zu Fall bringen (*matāqu-Š*) und ihn [in die Gefangenschaft ...] führen.

Die Furcht kommt nicht in den Flüchen der Verträge vor, sondern in deren Stipulationen als Voraussetzung für den Gehorsam gegenüber dem Herrscher. Ironisch verdreht erscheint das Fürchten in Hos 7,14; 10,5, denn in beiden Versen bangen die Israeliten um Götter, um Dagan und Tirosch, sofern man in dem Vers nicht die Befürchtung ausgedrückt findet, ausreichend Korn und Most nur

---

74 Zu den Zitaten aus SAA 2 6 vgl. auch Kazuko Watanabe, *Die adê-Vereidigung anlässlich der Thronfolgeregelung Asarhaddons*, Baghdader Mitteilungen Beiheft 3 (Berlin: Gebr. Mann, 1987).

durch kultische Selbstverletzung sichern zu können, sowie um das Kalb. Statt vor einem Schaden durch Herrscher oder Gottheit Furcht zu empfinden, fürchtet man einen Schaden für Korn/Dagan und Tirosch/Most und das Stierbild.

Nicht vorenthalten seien die assyrischen Flüche, in denen Fallen Verwendung finden. Sie stehen alle in SAA 2 6:

> (582) So wie man einen Vogel in einer Falle fängt, so mögen sie euch, eure Brüder und eure Söhne in die Hände eures Todfeindes geben.
> (588) So wie ein … Tier in einer Schlinge gefangen wird, so mögest du, deine [Frauen], deine Brüder, deine Söhne und deine Töchter von der Hand deines Feindes ergriffen werden.
> (649) Möge Šamaš eine bronzene Vogelfalle über euch (eure Söhne und eure [Töchter]) spannen; möge er euch in eine Falle werfen, aus der es kein Entrinnen gibt, und euch niemals lebendig herauslassen.

Als konzeptuelle Parallelen zu Hos 7,12 kommen der erste und der letzte Fluch in Frage, wo es um den Vogelfang geht, wobei die gesellschaftliche Ungerechtigkeit im Kontext der Hoseastelle auch noch Jhwh als Garant der Gerechtigkeit auf den Plan gerufen haben dürfte, als der auch der Sonnengott Šamaš agiert. Wenn die hier vorgeschlagene Datierung von 7,12 kurz nach 732 stimmt, dann wäre SAA 2 6 aus dem Jahre 672 um 60 Jahre jünger. Die Metapher des Vogelfangs für das Festsetzen von Menschen gehörte zum Repertoire altorientalischer Rhetorik und mag auch im assyrischen Vasallenvertrag mit König Hoschea von Israel enthalten gewesen sein.

Zu den Schlusskapiteln laufen die Sinnlinien Verfolgen (6,3; 8,3; 12,2) und Binden (4,19; 13,12). Verfolgen geschieht in SAA 2 14 durch das eigene Schwert des Verfluchten und in SAA 2 6 durch Schatten und Tageslicht. In Hos 6,3 fordert sich Israel selbst auf, der Erkenntnis Jhwhs nachzujagen, und in 12,2 jagt es dem Ostwind nach. Beides ist weder Fluch noch Strafe. Nur Hos 8,3, wo der Feind verfolgt, erinnert an den oben zitierten Fluch in SAA 2 6: 576 mit dem akkadischen Verb *kašādu*. Zwischen dem Binden der Kuh Israel in 4,19 durch einen Sturm und dem Binden der Sünde in 13,12 besteht ein großer Unterschied. An einen Fluch lässt nur der erste Vers denken. Das Motiv der Bindung durch eine Gottheit – lugt hinter dem Sturm der Sturmgott Jhwh hervor? – findet sich in SAA 2 6:

> (453) Möge Ištar, die Herrin des Kampfes und des Krieges, euren Bogen im Kampfgetümmel zerschmettern, möge sie eure Arme binden und euch unter euren Feind hocken lassen.

Nur in Hos 1–3 und 4,1–9,9 finden sich die fünf Motive Feind, Bogen, Plünderung, Feuer und Falle, mehr als ein Drittel der insgesamt 15 Motive fehlt somit nach 9,9, denn auch Furcht, Verfolgen und Binden stellen im hinteren Teil der Hosea-Schrift keine Strafen dar.

## 2.3 Liebe versus Hass

| Thema | Akkadisch | Hebräisch | Hos 1–3 | 4,1–9,9 | 9,10–11,11 | 12–14 |
|---|---|---|---|---|---|---|
| Scham | *baltu* shame 2 V 13 | *bōšnāh* disgrace, shame | | | *10,6* | |
| | | *bōšet* shame, disgrace, humiliation | | | *9,10* | |
| | | *qālon* shame, disgrace, dishonor | | 4,7.18 | | |
| Hure | *harimtu* whore 2 V 9,10 | *zōnāh* prostitute | | 4,14 | | |
| | | *zənûnîm* wanton lust, prostitution | 1,2; 2,4.6 | 4,12; 5,4 | | |
| | | *zənût* prostitution, sexual immorality, unfaithfulness | | 4,11; 6,10 | | |
| | | *tānāh* to sell oneself as a prostitute | | 8,9.10 | | |
| | | ʾ*eṭnāh* payment (of a prostitute) | 2,14 | | | |
| | | ʾ*eṭnan* wages, payment (of a prostitute) | | 9,1 | | |
| Ehefrau | *ha'iru* spouse 4 r 24 | ʾ*iššāh* wife, in contrast to husband | 1,2; 2,4; 3,1 | | | (12,13) |
| | *hīrtu* spouse 4 r. 18 6: 417, 428 | | | | | |
| Fremd sein, ändern | *ahiu/ahû* strange 5 IV 19, 6: 430 *šunnû* to alter 6: ii | *gûr* dwell as a stranger, Htpol to stay, gather together | | 7,14 | | |

(fortgesetzt)

| Thema | Akkadisch | Hebräisch | Hos 1–3 | 4,1–9,9 | 9,10–11,11 | 12–14 |
|---|---|---|---|---|---|---|
| | *šaniu* other 6: 71, 72, 129, 164, 196, 216, 223, 245, 301, 312, 322, 339, 509; 9: 29, 34, 36; 13 ‖ 19 *šanû* D to change 4 r. 19; 6: 58 | *zār* strange, foreign, alien, one of a different kind; unauthorized, illegitimate | | 5,7; 7,9; 8,7.12 | | |
| Liebe | *ra'āmu* to love 6: 207, 268; 9 r. 22; 11 r. 4 | *'āhab* to love | | 4,18; 9,1 | 9,10.15; (10,11; 11,1) | 12,8 (14,5) |
| | | *rāḥam* to love | 1,6.7; 2,3.6.25 | | | (14,4) |
| Liebhaber | *rā'imānu* lover 11 r. 3 *rā'imu* lover 9: 18 | *'āhab* Pi ptc. be a lover, an ally | 2,7.9.12.14. 15; 3,1 | | | |
| | | *'ahᵃbāh* love; friendship, familial love, romantic love, or covenant loyalty | 3,1 | | (11,4) | |
| | | *'ahab* lover (negative); loving, charming (positive) | | 8,9 | | |
| hassen | *ziāru* to hate 6: 327; 9: 32 | *śānē'* to hate, be an enemy | | | 9,15 | |
| Zorn | *zanû* to be angry 6: 265 | *ḥārāh* to be angry, be aroused; to burn with anger | | 8,5 | | |
| | *ezziš* angrily 1 r. 15 *ezzu* angry 5 IV 5; 6: 465, 518 | *'ap* nose | | 8,5 | (11,9) | 13,11; (14,5) |

(fortgesetzt)

| Thema | Akkadisch | Hebräisch | Hos 1–3 | 4,1–9,9 | 9,10–11,11 | 12–14 |
|---|---|---|---|---|---|---|
| | | ᶜebrāh wrath, anger, fury, rage; insolence | | 5,10 | | *13,11* |

Das Thema Scham handeln die Geschichtsrückblicke mit Nomen der Wurzel *b.w.š* ab, die auch hinter dem assyrischen Gegenstück *baltu* steckt. Dieses taucht im oben zitierten Ištar-Fluch aus SAA 2 2 auf, also im Kontext von der Verwandlung von Kriegern in Huren. Im Gegensatz dazu kommt in Hos 4 das Nomen *qālon* vor und in Hos 1–3 überhaupt kein Hauptwort dieser Sinnlinie. Dieser Wortgebrauch erstaunt bei der Hosea-Schrift, da sie oft den Vorwurf der Hurerei erhebt. Der akkadische Begriff für Hure steht in den erhaltenen Vertragsflüchen in SAA 2 2 im Kontext der Scham. Darüber hinaus werden Hurerei oder Vergewaltigung auch mit dem assyrischen Begriff für Ehefrau (*hīrtu*) in SAA 2 6 eingespielt.

> (428) Möge Dilbat (= Venus), (am Himmel sichtbar als) hellste der Stern(göttinnen), vor euren Augen eure Ehefrauen (429) in den Schoß eures Feindes legen; mögen eure Söhne (430) nicht von eurem Haus Besitz ergreifen, sondern ein fremder Feind möge eure Güter aufteilen.

Die Ehefrauen fallen in Folge des feindlichen Sieges der Vergewaltigung durch Soldaten zum Opfer oder bieten diesen selbst aus Not ihre Gefälligkeiten an. Diese notgedrungene Verwandlung ehrbarer Bürgertöchter und Schwiegertöchter in Huren und Ehebrecherinnen dürfte in Hos 4,13f gemeint sein. Die Wortliste oben zeigt schön, wie sich alle nominalen Ableitungen der Wurzel *z.n.h* in 4,11–14 sammeln. Es dürfte sich um eine Schlüsselstelle zum Vorwurf der Hurerei in Hos 4,1–9,9 handeln. Dort sind nämlich wie hier im Fluch die Männer, in deren Rechtsverantwortung die Frauen fallen, also Gatten, Väter, Schwiegerväter die Angesprochenen. Es geht um ihre Entehrung durch das, was den Frauen angetan wird. Der Fluch bei der Göttin Dilbat, die man am Himmel als Venus, d. h. als Morgen- und Abendstern sah, enthält auch einen Beleg für das Adjektiv „fremd" (*ahiu/ahû*) im Zusammenhang der Schädigung durch Feinde. Derselbe Satz steht auch im Astarte-Fluch des Vertrags mit Baal von Tyrus (SAA 2 5 19'). Ansonsten kommt die Erwähnung eines Fremden nicht in Vertragsflüchen, sondern in den Stipulationen der Verträge vor, insofern man keinen fremden Oberherrn über sich setzen darf. Ähnliches gilt für das Lieben, welches entweder als Haltung der Götter zum König erscheint oder als Haltung der treuen Untertanen zu ihm. Dasselbe gilt für das Hassen, denn es wird den Untertanen verboten, innerhalb der königlichen Familie gegenseitigen Hass zu schüren. Im Eid versprechen die Untertanen gemäß SAA 2 9:

> (32) Wir werden [Assurbanipal], den König von Assyrien, lieben und [seinen Feind hassen].

Das Thema Zorn oder Wut kommt in einem Fluch vor, der den Wettergott anruft und einen konzeptionellen Rahmen für den widrigen Sturmwind in Hos 4,19; 8,7; 13,15 liefern dürfte. In SAA 2 1 heißt es:

> (r. 13) [Möge Adad, der Kanalinspektor des Himmels und der Erde, ihm den Regen] vom Himmel und die jahreszeitlichen Überschwemmungen aus dem unterirdischen Wasser vorenthalten; möge er [sein Land durch Hungersnot zerstören, seine Stadt wütend anbrüllen] und sein [Land durch eine Flut in Trümmer verwandeln].[75]

Ähnlich wie in Hos 13,15 geht es im ersten Teil dieses Fluches um Trockenheit. Die Unterschiede sind den andersartigen meteorologischen und geographischen Bedingungen in Israel (Wüstenwind) und in Babylonien (Bewässerungsfeldbau) geschuldet. Die Belege für das Adjektiv *ezzu* „wütend, zornig" qualifizieren die Waffen der Götter, mit denen sie die Verfluchten treffen sollen. Dafür gibt es in Hosea nichts Vergleichbares.

## 2.4 Ungerechtigkeit versus Gerechtigkeit

| Thema | Akkadisch | Hebräisch | Hos 1–3 | 4,1–9,9 | 9,10–11,11 | 12–14 |
|---|---|---|---|---|---|---|
| Ungerechtigkeit | *pariktu* injustice 9 r. 9 *pirku* injustice 5 III 27 | ʾāwen evil, wickedness, iniquity; evildoer; an unfavorable circumstance; calamity, trouble, injustice | | 6,8; 9,4 | | 12,12 |
| | | ʿawlāh wickedness, evil, injustice | | | 10,13 | |

---

75 Hier wie an anderen Zitaten aus SAA 2 erscheinen die Begriffe, um die es geht, innerhalb von Passagen, die durch eckige Klammern als Ergänzungen von Simo Parpola oder Kazuko Watanabe ausgewiesen sind. Dennoch besitzen diese Zitate Argumentationskraft, denn die Einfügungen geschahen in der Regel aufgrund von ähnlichen Wendungen in anderen akkadischen Texten, also aufgrund von geprägter Sprache.

(fortgesetzt)

| Thema | Akkadisch | Hebräisch | Hos 1–3 | 4,1–9,9 | 9,10–11,11 | 12–14 |
|---|---|---|---|---|---|---|
| | | ʿalwāh evil, wickedness | | | *10,9* | |
| Sünde | ḫaṭû to sin 1 e. 15; 2 I 15, 24, 32, III 14, 15, IV 18, 28, 30, V 15, 17; 3 III 17; 5 III 28; 6: 66, 105, 259, 272, 292, 398, 517, 555, 612, 626; 9: 27; 11 r. 6; 12: 5; 14 II 9 | ḥāṭāʾ to sin, do wrong, miss the way | 4,7; 8,11 | *10,9* | *13,2* |
| | ḫiṭṭu crime, punishment 6: 433; 9: 26 | ḥaṭṭāʾt sin, wrong, iniquity; sin offering, purification offering | 4,8; 8,13; 9,9 | *10,8* | *13,12* |
| | | ḥēṭaʾ sin | | | | *12,9* |
| | parāṣu to transgress 6: 399 sartu fine, punishment 2 V 22 šērtu punishment 1 r. 10f.; 4 r. 16 | ʿāwōn sin, wickedness, iniquity, often with a focus on the guilt or liability incurred, and the punishment to follow | 4,8; 5,5; 7,1; 8,13; 9,7; 9,9 | | *12,9; 13,12; (14,3)* |
| | | paquddāh punishment | 9,7 | | |
| | | tôḵēḥāh rebuke, punishment, correction | 5,9 | | |
| Recht | daiānu judge 1 r 8 | šāpaṭ to judge, decide; lead, defend, vindicate, Qal ptc.: judge | 7,7 | | *13, 10* |
| | šipṭu judgment 1 r. 6 | mišpāṭ justice, judgment; law, | 2,21 | 5,1.11; 6,5 | *10,4* | *(12,7)* |

(fortgesetzt)

| Thema | Akkadisch | Hebräisch | Hos 1–3 | 4,1–9,9 | 9,10–11,11 | 12–14 |
|---|---|---|---|---|---|---|
| | | regulation, prescription, specification | | | | |
| Gerechtig-keit | *mēšāru* justice 6: 422 | *ṣedeq* righteousness, justice, rightness | 2,21 | | (10,12) | |
| | | *ṣᵉdāqāh* righteousness | | | (10,12) | |

Ungerechtigkeit kommt in den Verträgen als Strafe vor, welche die Götter den Vertragsbrüchigen erfahren lassen (SAA 2 9 r. 9) und in den Stipulationen des Vertrags mit Baal von Tyrus als etwas, das den Schiffen in assyrischen Diensten und ihren Besatzungen nicht angetan werden darf (SAA 2 5 III 27). Sünde als Terminus für den Vertragsbruch ist zu weit verbreitet, als das es sinnvoll wäre, hier den Belegstellen nachzugehen. Auch die akkadischen Begriffe zu *fine, punishment, judge, judgment* und *justice* beziehen sich darauf, dass die Götter strafen und dem Verfluchten Gerechtigkeit vorenthalten sollen. In Hosea wird gerade das Gegenteil angeprangert. Die Israeliten sind Übertreter und verursachen Ungerechtigkeit. Allerdings kommt in den hebräischen Begriffen gegenüber Israel und Efraim die Erwartung normgerechten Verhaltens zur Sprache, deren Nichterfüllung auch als Bruch einer kontraktuellen Bindung begriffen wurde. SAA 2 6 bringt Vertragsklauseln, Eid und Bruch der Verbindlichkeiten auf den Punkt:

> (397) Wer die Eide dieser Keilschrifttafel ändert, missachtet, übertritt (*parāṣu*) oder auslöscht oder ... diesen Vertrag [missachtet] und gegen seinen Eid verstößt, [ ...

Vertragsbuch war ein Verbrechen gegen göttliche Normen.

## 2.5 Krankheit, Durst, Getränk, Niederschlag, Tiere

| Thema | Akkadisch | Hebräisch | Hos 1–3 | 4,1–9,9 | 9,10–11,11 | 12–14 |
|---|---|---|---|---|---|---|
| Krank-heit | *murṣu* disease 5 IV 3 | *ḥālāh* to be ill, be weak, be faint, | | 7,5 | | |

(fortgesetzt)

| Thema | Akkadisch | Hebräisch | Hos 1–3 | 4,1–9,9 | 9,10–11,11 | 12–14 |
|-------|-----------|-----------|---------|---------|------------|-------|
| | *pithu* wound 6: 645 | become diseased, be wounded | | | | |
| | *simmu* sore, wound 5 IV 4; 6: 462 | | | | | |
| | *mūtānu* pestilence 4 r. 26 *šibṭu* plage 4 r. 26 | *ḥolî* illness, sickness, affliction; wound, injury | | 5,13 | | |
| Durst | *laplaptu* parching thirst 6: 653 *ṣūmu* thirst 6: 655 *zummû* to deprive, thirst for 2 IV 12; 6: 439, 441, 477; 9 r. 14; 11 r. 10 | *ṣāmā'* thirst | 2,5 | | | |
| Tau | *nalšu* dew 6: 531 | *ṭal* dew, night mist | | 6,4 | | 13,3; (14,6) |
| | *nadû* to throw, cast 6: 411, 651 | *yārāh* to throw, cast; shoot; H to water upon, rain, shower | | 6,3 | | (10,12) |
| Wein | *karānu* wine 6: 560 | *yayin* wine | | 4,11; 7,5; 9,4 | | (14,8) |
| | | *sobe'* wine, drink, implying drunkenness | | 4,18 | | |
| | | *tîroš* new wine | 2,10. 11.24 | 4,11; 7,14; 9,2 | | |
| Löwe | *nēšu* lion 5 IV 7; 6: 468 | *'aryēh* lion | | | (11,10) | |
| | | *kᵉpiyr* young lion | | 5,14 | | |
| | | *lāḇî'* lion | | | | 13,8 |
| | | *šaḥal* lion | | 5,14 | | 13,7 |

(fortgesetzt)

| Thema | Akkadisch | Hebräisch | Hos 1–3 | 4,1–9,9 | 9,10–11,11 | 12–14 |
|-------|-----------|-----------|---------|---------|------------|-------|
| Taube | su''u dove 6: 637; summiš like a dove 14 ‖ 7 | yonāh dove; pigeon | | 7,11 | (11, 11) | |
| Geier | zību vulture 6: 426, 520 | nešer eagle; vulture | | 8,1 | | |

In diesem thematischen Bereich gibt es die größten Unterschiede zwischen den Vertragsflüchen und den Motiven in Hosea, insofern in den Flüchen die Götter die Krankheiten und die wilden Tiere schicken, während in Hosea Jhwh selbst zur Krankheit und zum Raubtier wird. Zumindest die Ineinssetzung zwischen Gott und Löwe dürfte ihre Entsprechung in altorientalischen Königsinschriften haben, wo der König wie ein Löwe kämpft.

Auch die Motive Tau als Symbol für lebenspendende Feuchtigkeit, Wein als Symbol für das Eindringen der Eide in die Vereidigten und Taube als Symbol für das Ausstoßen beständiger und jammernder Laute werden in den Flüchen ganz anders verwendet als in Hosea, wo im Tau die rasche Vergänglichkeit, im Wein die Berauschung und bei der Taube die Dummheit im Vordergrund stehen.

Einzig beim Durst und beim Adler oder Geier ähneln sich Flüche und Hosea-Schrift. Hinter beiden Motiven stehen allgemeingültige Erfahrungen, nämlich das Dürsten als Ursache von Leid und Raubvögel, die sich auf Kadaver und Leichen stürzen.

Das Thema des Werfens sei noch kurz herausgegriffen. Das hebräische yārāh Hifil bezieht sich auf das Herabprasseln von Regen, was bei keinem der Belege von akkadischem nadû der Fall ist. Aber ein Beleg des akkadischen Verbs in SAA 2 6 führt noch einmal vor Augen, dass es als Verletzung der Treueerwartung galt, wenn man sich aus einer kontrakutellen Verpflichtung herauszuwinden versucht, indem man das Vertragsdokument mit den Flüchen zerstört, um letztere unschädlich zu machen:

(410) Wenn ihr es (das Vertragsdokument) entfernt, ins Feuer werft, ins Wasser werft (nadû), in der Erde vergrabt oder durch irgendeinen Trick (nikiltu) zerstört, vernichtet oder verunstaltet, ...

Mit diesem Zitat wird auch noch ein Beleg für den eidbrechenden Trick aus Abschnitt 2.1 nachgeliefert.

# 3 Ehe-Metaphorik und Motive aus den Verträgen in Hos 9,10–14,10

Die Geschichtsrückblicke in Hos 9,10–12,15 sowie die Einheit 13,1–14,1 erscheinen wie eine Theodizee für die Ereignisse, die Israel 732 und 722 trafen, indem sie diese als von Israel selbst verschuldet rechtfertigen. Die gesamte Geschichte Israels wirkt im Urteil Jhwhs wie eine Geschichte der Rebellion und Sünde.[76] Begriffe, die dem Vokabular neuassyrischer Verträge gleichen, kommen vor. Die Assyrer tauchen namentlich auf. Die Begriffe „Frau", „huren", „Hurerei" und „Land" für Israel fehlen dagegen in der Art, wie sie in 4,1–9,9 verwendet wurden. In 10,1 gibt es das Land einmalig in Hosea mit dem enklitischen Personalpronomen, definiert als Israels Land. In Hos 12 ist die Frau Jakobs Frau. Die Beziehungsmetapher Jhwh – Israel, Götzendienst oder Heimat des Volkes gibt es in Hos 11–14 vor allem in 12,1f und 13,12.15. Die hier gebotene Übersicht lässt sich von den Fluchmotiven leiten, die Stuart innerhalb von 9,10–14,10 verzeichnet hat und verifiziert sie durch Begriffe aus der neuassyrischen Vertragssprache. Erstaunlicherweise verteilt sich das Vokabular, das man auch in neuassyrischen Eiden und Verträgen findet, nicht gleichmäßig über 9,10–14,10, sondert sammelt sich in wenigen Einheiten, nämlich 9,10–13.15–17; 10,2–10.13–15; 12,1f; 13,1–3.7–15; 14,1 f. Zur besseren Übersichtlichkeit wird auch Stuarts Gliederung übernommen.

## 3.1 Hos 9,10–17: Efraim ist zurückgewiesen, verbannt, ungeliebt

Hos 9,10 enthält drei mit der Ehemetapher verbundene Begriffe, nämlich *šiqquṣ* „Abscheuliches" in Übertragung auf den religiösen Bereich, lokalisiert in Baal Peor, und wie *bōšeṯ* „Schande", allein hier in Hosea und möglicherweise eine Anspielung auf Baal.[77] Hinzu kommt das Verb *ʾāhaḇ* „lieben", welches es in Hos 4–9 nur in 4,18; 9,1 gibt, viel häufiger dagegen in den Geschichtsrückblicken (9,10.15; 10,11; 11,1; 12,8) sowie in 14,5. In den Geschichtsrückblicken wird eine andere Sprache gesprochen als in 4,1–9,9. Obwohl die Ereignisse in Baal Peor von Exegeten mit sexuellen Fruchtbarkeitsriten in Verbindung gebracht wurden,[78] fehlt hier das Stichwort „Hurerei". Wenn dieses in Hos 1,2–9,9 so

---

76 Stuart, *Hosea*, 151.
77 Baal wird häufig im AT durch *bōšeṯ* ersetzt. Stuart, *Hosea*, 151.
78 Wolff, *Hosea*, 214.

wichtige Leitmotiv nicht aufgegriffen wird, spricht dies dafür, dass die Autoren von 9,10–14,10 unter der Hurerei wohl etwas anderes verstanden haben als die Exegeten.

In Baal Peor ging es in erster Hinsicht um Geschlechtsverkehr oder Eheschluss mit Nichtisraelitinnen, womit die Verführung einherging, die Götzen der ausländischen Frauen zu verehren. Der in Hos 1,2–9,9 beim Motiv der Hurerei mitschwingende Gesichtspunkt der materiellen Bereicherung durch die Geschenke und den Hurenlohn der Buhler fehlt in Baal Peor, wenn man nicht wie Stuart die Hypothese aufstellen möchte, die sexuelle Rituale mit moabitischen und midianitischen Frauen seien von den israelitischen Männern in der Hoffnung vollzogen worden, landwirtschaftliche Fruchtbarkeit in der Zeit nach dem Einmarsch in Kanaan zu erlangen.[79] Jedenfalls wird in den Geschichtsrückblicken vom Götzendienst ohne Verwendung der Ehemetaphorik gesprochen. Stuart sieht in 9,11–14 und 15b–17 eine prosaische Reihe von Flüchen, die jeweils mit einem prophetischen Zwischenruf in 9,14 und 9,17 endet.[80] Ein Fluch der Unfruchtbarkeit, dessen Schwerpunkt auf dem Tod der Nachkommenschaft liegt, dehnt den Tod von Empfängnis und Schwangerschaft (V. 11) bis zum Erwachsensein aus.[81] In 9,12f.16 klingt das Vertragsfluchmotiv der Beraubung der Kinder an. Beim Verb *hārag* „töten" in 9,13 dachte Stuart an Teknophagie (Dtn 28,53–57; Lev 26,29) aufgrund von Hungersnöten in belagerten Städten.[82] An die Nichtigkeitsflüche von Sefire erinnert das Motiv der vertrockneten Brüste in 9,14 – Ammen und Muttertiere können den Nachwuchs nicht sättigen. Weniger Ehe- denn Familienmetaphorik findet man in 9,15:

> Das Ausmaß ihrer Bosheit in Gilgal! Dort habe ich gelernt, sie zu hassen! Der Bosheit ihrer Taten wegen werde ich sie vertreiben aus meinem Haus. Ich werde sie nicht länger lieben. All ihre Fürsten sind störrisch!

Alle Personalpronomina stehen in der 3. Person Maskulinum Plural. Nicht die Beziehungsmetapher Mann-Frau begegnet hier, sondern die Vater-Kinder. Statt vom Land wird vom Haus Jhwhs als Lebensraum gesprochen, aus dem Jhwh die Kinder Israels verjagt. Vertragsvokabular findet sich in 9,16–17. Das Hifil von *mût* in 9,16 – sonst nur Hos 2,5, im Qal noch 13,1 – gehört zur selben Wurzel

---

**79** "There, large numbers of Israelite men engaged with Moabite and Midianite women in sexual rites, presumably partly in the hope of ensuring agricultural fertility upon entering Canaan." Stuart, *Hosea*, 151.

**80** Stuart, *Hosea*, 150.

**81** Stuart, *Hosea*, 152.

**82** Stuart, *Hosea*, 153. Delbert R. Hillers, *Treaty-curses and the Old Testament Prophets*, Biblica et orientalia 16. (Rom: Pontifical Biblical Institute, 1964), 62 f. Andreas Michel, *Gott und Gewalt gegen Kinder im Alten Testament*, FAT 37 (Tübingen: J. C. B. Mohr [Paul Siebeck], 2003).

wie das assyrische *muātu* „sterben, Tod" und das Fluchmotiv der Heimatlosig-
keit findet sich ausgedrückt mit *nāḏaḏ* in 9,17 und mit dem Nomen *munnabtu*
„Flüchtling" im Neuassyrischen.

## 3.2 Hos 10,1–8: Das Ende für Kult, König und Samaria

Der Beleg von *ʾereṣ* in 10,1 – nur hier mit dem enklitischen Personalpronomen
in Hosea – gehört nicht in eine Beziehungsmetapher zwischen Gott und
Mensch. Das Land ist weder Jhwhs Gegenüber noch der Lebensraum der Kinder
Israels, sondern Israel wird mit einem Weinstock verglichen, wodurch Israels
Land in Parallele zur Frucht des Weinstocks steht. In 10,2 entspricht Jhwhs mit
dem Verb *šāḏaḏ* Poel „zerstören" beschriebenes Handeln den Zerstörungen,
welche die Verträge mit dem assyrischen Verb *hapû* ausdrücken. Zerstörungen
im Krieg sind gemeint.[83] Jhwh tut an den Kultstelen, was die Götter in den Vertragsflüchen mit den Eidbrüchigen tun sollen. Dasselbe gilt auch für die Kulthöhen in 10,8 mit dem Verb *šāmaḏ* N, das ebenfalls als hebräisches Gegenstück
des assyrischen *hapû* gelten darf. Nach den drei Belegen Hos 7,1; 8,5f; beginnen
mit 10,5 drei weitere Belege des Ortsnamens Samaria (10,7; 14,1).

In 10,6 beginnt ein neues Leitmotiv: Assur als Variante für das Land Ägypten, das als Ort von Flucht oder Verschleppung in den Blick gerät. Ägypten war
unter Verwendung des Lexems *ʾereṣ* in 2,17; 7,16; (8,13; 9,3.6 ohne *ʾereṣ*) eingeführt worden und wird in (11,1 ohne *ʾereṣ*); 11,5; 12,10.(14 ohne *ʾereṣ*); 13,4 fortgeführt. Assur war schon 5,13; 7,11 (zusammen mit Ägypten ohne *ʾereṣ*); 8,9; 9,3
genannt worden und erscheint nun in 10,6; 11,5.11 (in dieser Heilsansage einmalig Assur mit *ʾereṣ*, Ägypten ohne); 12,2 (mit Ägypten ohne *ʾereṣ*) und 14,4. Äquivalente zu *dibber dəḇārîm* „(nicht gute) Worte sprechen" in 10,4 gehören in
der neuassyrischen Vertragssprache zum Ausdruck des Vertragsbruchs und der
Aufstachelung zum Aufruhr, wobei das Substantiv *bərît* den assyrischen Termini *adê* „Vertrag, Eid", *māmītu* und *tamītu* „Eid, Schwur" und das Verb *ʾālāh*
„einen Eid mit Selbstverfluchung schwören" dem assyrischen *tamû* „schwören"
entspricht. Ungerechtigkeit, einschließlich aller Arten von Untreue gegenüber
Bündnissen, durchdringt das Volk. Man hatte Reden gehalten, ins Leere geschworen und internationale Verträge geschlossen, aber das hatte sich als Verrat erwiesen. Wie auf einem Feld, auf dem Nahrung wachsen sollte, giftige
Pflanzen (*rōʾš*) sprießen, so ist das Rechtsleben (*mišpāṭ*) vergiftet.[84] Der Begriff
„Sünde" in 10,8 gehört zu den assyrischen Ausdrücken für den Vertragsbruch.

---

83 Stuart, *Hosea*, 160.
84 Stuart, *Hosea*, 161.

## 3.3 Hos 10,9–15: Krieg und Zerstörung

Hos 10,9f enthält neben dem Terminus „Sünde" aus den Verträgen die Motive des Fangens (*sapāku* auf Assyrisch), welches im hebräischen Verb *nāśaḡ* Hifil enthalten ist und im Motiv der Schlacht (*milḥāmāh*, assyrisch *taḥāzu*, vgl. *tušāru* Schlachtfeld). Jakob taucht in 10,11 erstmalig in Hosea auf (sonst noch 12,3.13) und untermauert die von 4,1–9,9 abweichende Wortwahl. „Lüge" in 10,13 mag Vertragsbruch andeuten. Krieg spielen „die Menge deiner Helden",[85] der „Kriegslärm" und die „Zerstörung" (*šōḏ* vgl. Hos 7,13; 9,6) in 10,14 sowie die Tötung von Mutter samt Kind ein. Hinter Schalman dürfte Salmanassar V. stecken, was die Szene als Rückblick auf Ereignisse um 722 ausweist.[86]

## 3.4 Hos 11,1–11: Israel aus Ägypten

Der Ankläger Jhwh ändert seine Meinung (V. 8) und beschließt, den Beklagten Israel nicht völlig zu vernichten.[87] Fluchmotive finden sich nur in 11,6 im Wüten des Schwerts in den Städten (*ᶜîr*) und dem Bereiten des Endes (*kālāh* Pi), vergleichbar mit dem *qatû* der assyrischen Verträge, wo Adad ein Ende durch Hungersnot bereitet (SAA 2 2 IV 10) und Nergal durch Seuche und Pest (4 r. 27).

## 3.5 Hos 12,1–13,1: Israel ist ein Betrüger

In 12,1 lassen die drei Begriffe Lüge (*kaḥaš*), Hinterlist (*mirmāh*) und Treue an einen Kontrakt denken, der Aufrichtigkeit und Loyalität erwarten ließe, aber getäuscht wurde. 12,2 macht den Vertragsbruch explizit. Das zur Sinnlinie gehörende Wort *mirmāh* gibt es nur in 12,2.8. In 12,2 steht Lüge (*kāzāḇ*) zusammen mit Gewalttat (*šōḏ*, Wurzel *š.d.d*). Jean-George Heintz hat die Ablieferung von Öl in Ägypten ebenfalls als « l'usage de l'huile durant le rituel d'alliance »[88]

---

85 Liest man in 10,13 statt „Weg" mit der Septuaginta „Kriegswagen", mag darauf angespielt sein, dass Sargon II. nach der Niederlage von Samaria fünfzig erbeutete israelitische Streitwagen für seine eigene Armee einsetzen ließ. Stuart, *Hosea*, 171.

86 Heath D. Dewrell, "Yareb, Shalman, and the Date of the Book Of Hosea," *CBQ* 78/1 (2016): 413–29, 417, 420 f., 422: "While Beth Arbel is not mentioned by name, with Shalmaneser's spending three years invading Israel, one would expect it, along with many other cities, to have been devastated during the campaign, an assumption come out by the archaeological record." Beth Arbel wird gewöhnlich für den Ort Irbid in Gilead gehalten.

87 Stuart, *Hosea*, 176.

88 Jean-Georges Heintz, « Osée 12/2b à la lumiere d'un vase d'albâtre de l'époque de Salmanasar III (Djézirêh) et le rituel d'alliance assyrien : Une hypthese de lecture », in *Prophétisme et*

gedeutet. Efraim schließt parallel zwei Verträge, einen mit Assyrien und einen mit Ägypten. Efraim ist kein loyaler Bundespartner. Eine Veranschaulichung zum Öl in 12,2 als Metapher für einen Vertragsschluss liefert SAA 2 6: 622–625:

> Wie Öl in das Fleisch eindringt, so mögen sie (alle Götter) diesen Eid in euer Fleisch, in das Fleisch eurer Brüder, eurer Söhne und eurer Töchter eindringen lassen!

Ehe als Beziehungsmetapher zwischen Gott und Mensch liegt in 12,13 mit *ʾiššāh* nicht vor, denn es geht um Rachel. Stuart sah in 13,1 den passenden Abschluss des Rechtsstreits (*rîḇ*), der in 12,2 begann. In 13,1 gehört das Sterben zur Sprache neuassyrischer Verträge.

## 3.6 13,2–14,1: Zerstörung Israels

Die Fluchthemen Zerstreuung und Tod mögen sich in 13,2–3 widerspiegeln.[89] Jedenfalls steht in 13,2 der so oft für den Abfall von Assur in den Königsinschriften verwendete Begriff Sünde (*ḥaṭû* to sin; *ḥiṭṭu* crime, punishment). 13,3 bringt vier Vergleiche, die jeweils allgemein beobachtbare Phänomene beschreiben, bei denen etwas wesenhaft Vergängliches verschwindet. Diese Phänomene, darunter der Tau, dienen dazu, das Verschwinden Israels darzustellen.[90]

Jahwes Vernichtungshandeln wird mit dem Angriff wilder Tiere auf Menschen verglichen.[91] Demgemäß erinnert in 13,7f der als Löwe (*leḇeʾ* und *šaḥal*) agierende Gott zwar einerseits an den oben zitierten Fluch in vertraglichen Vereinbarungen Asarhaddons, die westsemitischen Götter Bethel und Anat-Bethel sollten Menschen fressende Löwen unter die Eidbrecher schicken (SAA 2 5 IV 7; 6: 468).[92] Andererseits unterscheidet sich das Löwenmotiv in Hosea darin, dass

---

*alliance: Des archives royales de Mari à la Bible hébraïque*, OBO 271 (Fribourg: Academic Press, 2015), 335–49, 342, vgl. 346 Anm. 39.

**89** Stuart, *Hosea*, 203.

**90** Stuart, *Hosea*, 202.

**91** Stuart, *Hosea*, 204.

**92** Dass sich die Gottheit als Löwe gebärdet, erinnert an die sumerische Dichtung Enki's Journey to Nibru. ETCSL 1.1.4. Darin werden Schloss und Eingang des Tempels mit Löwen verglichen: (27) Your bolt is a fearsome lion. … (31) Your door is a lion who seizes a man. (32) Your stairway is a lion coming down on a man. … (57) Temple at the edge of the engur, a lion in the midst of the abzu. Dieser und weitere Belege fanden sich bei der Suche nach der Übersetzung „lion" in University of Oxford, *The Electronic Text Corpus of Sumerian Literature* (ETCSL), Zugriff 21. 11. 2021, https://etcsl.orinst.ox.ac.uk. Vgl. Manuel Ceccarelli, „Enkis Reise nach Nippur," in *Altorientalische Studien zu Ehren von Pascal Attinger: mu-ni u₄ ul-liₐ-a-aš gaₐ-gaₐ-de₃*, OBO 256 ed. Catherine Mittermayer und Sabine Ecklin (Freiburg/Schweiz: Academic Press Fribourg, 2012), 89–118. Eine ähnliche Stelle gibt es in Dietz Otto Edzard, *Gudea and His Dynasty*,

es eine Metapher für Jhwh ist. Göttern das Epitheton „Löwe" zu geben, war in Mesopotamien schon alte Tradition, als die biblischen Texte entstanden.[93] „Löwin der Schlacht" war ein Epitheton der Ištar,[94] „Held, anstürmender Löwe" ein Epitheton des Ningirsu,[95] „Großer Löwe des Himmels und der Erde" ein Epitheton des Mondgottes Nanna, „Löwe, der Kraft besitzt" das des Nergal, „großer Löwe" das des Sonnengotts Utu.[96] Einen Vergleich des zerstörerischen Sturms mit einem Löwen findet in sumerischen Stadtklagen:

> (202) The storm ordered by Enlil in hate, the storm which wears away the Land, (203) covered Ur like a garment, was spread out over it like linen. (204) 5th kirugu. (205) The storm, like a lion, has attacked unceasingly – the people groan.[97]

Auch folgende Zeilen in einer Tempelhymne mögen sich auf einen Gott beziehen:

> (20) Your ruler is a great lion who binds the enemy to his hand. (21) Your king is a reddish storm, a flood in the middle of battle.[98]

Den Unterwelt- und Krankheitsgott (vgl. 13,14) Nergal gleicht ein astronomischer Keilschrifttext mit dem (Sternbild) Panther.[99]

Hos 13,9 erinnerte Stuart an Flüche der Hilflosigkeit, und auch der Verlust des Königtums und der königlichen Regierungsstruktur sind eine Strafe für

---

The royal inscriptions of Mesopotamia. Early periods vol. 3/1 (Toronto [etc]: University of Toronto Press, 1997), RIME 3/1.01.07, Cyl A, 1997, Z. 724–735 (CDLI, siehe die folgende Fußnote).

**93** Die folgenden Belege stammen aus einer Suche nach der Übersetzung „lion" in der CDLI-Datenbank, Cuneiform Digital Library Initiative. A joint project of the University of California, Los Angeles, the University of Oxford, and the Max Planck Institute for the History of Science, Berlin. https://cdli.ucla.edu/search/. Zugriff 08. 11. 2021. Die Quellentexte sind gemäß CDLI zitiert und anhand der Abkürzungen der Publikation in der Suchmaske von CDLI aufzurufen.

**94** CDLI: Douglas R. Frayne, Sargonic and Gutian periods: (2334–2213 BC). RIME 2.13.06.04, 1993, Z. 27.

**95** CDLI: Dietz Otto Edzard, RIME 3/1.01.07, Cyl A, 1997, Z. 39/ii 10–12.

**96** CDLI: Douglas R. Frayne, Ur III Period: (2112–2004 BC), RIME 3/2.01.05.03, 1994, Z. 2. Douglas R. Frayne, Old Babylonian Period (2003–1595 BC), RIME 4.01. 15. 2001, 1990, Z. 3, RIME 4.02.14.x2005, 1990, Z. 4, RIME 4.02.10.add02, 1990, Z. 2.

**97** ETCSL 2.2.2 The lament for Urim; ganz ähnlich Z. 30–33 von ETCSL 2.02.02 Lament for Ur.

**98** CDLI no. P346198: Literary 000750, ex. 016.

**99** CDLI no. P479385: BM 086378, 1912, Z. 28. Hermann Hunger und David Pingree, *MUL.APIN*, AfO Beih. 24 (Horn/Austria: F. Berger, 1989), Text A. https://cdli.ucla.edu/search/archival_view.php?ObjectID=P479385, Zugriff 21. 11. 2021.

Bundes- und Vertragsbruch.[100] Jedenfalls verbindet die Zerstörung (*šāḥaṭ* D/ Piel) den Vers mit assyrischen Flüchen (*halāqu* D in SAA 2 2 I 7 und *hapû* in SAA 2 5 iv 14; 6: 294, 654). Die zwei parallelen Ausdrücke für den göttlichen Zorn in 13,11 (ʾ*ap*, ᶜ*eḇrāh*) lässt an das in mesopotamischen Texten so häufige Motiv denken, das mit dem Adjektiv *ezzu* und dem Adverb *ezziš* ausgesagt wird. In 13,12 gibt es wie in 13,2 mit ᶜ*awôn* und *ḥaṭṭāṭ* Begriffe für Sünde, die auf Treubruch anspielen. Sollte der austrocknende Ostwind aus der Wüste metaphorisch auf Assyrien verweisen,[101] wird klar, warum 13,15 mit dem Motiv des Plünderns die Aussagen altorientalischer Vertragsflüche insofern verfremdet, als die Wirkung einer belagernden Armee mit dem Trockenheit bringenden Ostwind überblendet wird. Denn eigentlich steht ein Dürrefluch im Hintergrund, der Hungersnot verursacht. Die so entstandene Not – die auch die Hungersnot in der belagerten Stadt (14,1) sein kann – führt dazu, dass Efraim seine eigenen Vorräte selbst plündert (*šāsāh*), während in den assyrischen Texten das Plündern (*habātu*) von den Feinden übernommen wird. 14,1 bestimmt den Vertrauensbruch als „widerspenstig sein" oder „rebellieren" (*mārāh*). In Dtn 21,18.20; Jer 5,23 und Ps 78,8 steht das Partizip dieses Verbes in Parallele zu dem von *sārar*, dessen Wurzel verschiedenen neuassyrischen Begriffen für Rebellion zugrunde liegt (*sarāru*, *sarru*, *sarrūtu*, *sarsarru*, *sartatti*, *sartu*, *sāru*). In zeitloser Weise beschreibt 14,1 die Grausamkeit des Krieges gegenüber Kindern und Schwangeren (vgl. 2 Kön 15,16; Am 1,13). Das Aufschlitzen von Schwangeren fehlt in den erhaltenen Königsinschriften und Flüchen, ist aber auf neuassyrischen Reliefs dargestellt.[102]

## 3.7 Hos 14,2–10

14,2–9 enthalten zwar Vertragsvokabular wie Liebe und Zorn, doch positiv verwendet. 14,10 ist ein in sich geschlossenes, individuell verfasstes Gedicht, in dessen Blickpunkt das gesamte Buch Hosea steht.[103]

---

**100** Stuart, *Hosea*, 205.
**101** Stuart, *Hosea*, 208.
**102** Peter Dubovsky, "Ripping open pregnant Arab women: Reliefs in Room L of Ashurbanipal's North Palace," *Orientalia* 78 (2009): 394–419.
**103** Stuart, *Hosea*, 214, 219.

# 4 Ein Vorschlag zur Redaktionsgeschichte von Hos 1,2–9,9

Dieses Kapitel enthält den Versuch, die Entstehung der Hosea-Schrift mit der Geschichte der Levante zusammen zu sehen. Vielhauer hält sich bezüglich der Datierung der Schichten bedeckt, bis auf die drei Feststellungen, dass die Grundschicht nach 722 entstand, die Komposition 4,1–9,9* vorexilisch sei und deuteronomistische Zusätze enthalte, wobei er offenlässt, wie man das Etikett deuteronomistisch datieren soll. Der älteste Kern der Hosea-Schrift dürfte gemäß der hier vorgeschlagenen diachronen Hypothese in politischen Anklagen stecken, die sich in 5,1f; 6,7–7,7 finden. Dieser Kern deckt sich weitgehend mit der von Vielhauer herausgearbeiteten Grundschicht, der jedoch noch 7,8–12* zur Grundschrift zählt. Vielhauer stellt sich das Werden von 4,1–9,9 in sieben Phasen vor:

1) Mündliche Verkündigung, ungeklärt bleibt, wer, wo, warum und wie Prophetenworte aufgeschrieben und aufbewahrt hat.
2) Grundschrift in 5,1–2; 6,7–10a; 7,1bβ–3.5–7.8–9.11–12.[104]
3) Juda-Schicht in 5,8.10–14; 8,7–10.
4) Eine erste kultpolemische Schicht baut das überkommene Material zur Komposition 4,1–9,9* aus. Auf sie gehen 4,1f. 4–9.11–12a.13f; 5,6f.15–6,4.6; 7,13–16; 8,1a.2f.11f; 9,3–4a.6–9 zurück.
5) In einem nächsten Schritt werden 2,4a.7b.12 vorgeschaltet, die eine Scheidung der als Ehe gedachten Beziehung zwischen Land und Landesgott propagieren.
6) Ergänzt wird das durch 2,4b–5.10a.11.15 sowie 4,12b.16–19; 5,3–4; 6,10b; 7,4; 9,1–2.5. Diese zweite kultpolemische Schicht identifiziert die Ehefrau Jhwhs mit dem Volk Israel und deutet die Hinwendung Israels zu anderen Göttern als Verstoß gegen den Alleinverehrungsanspruch und als Hurerei. Diese Schicht qualifiziert Vielhauer als deuteronomistisch.
7) Ebenfalls deuteronomistisch sei die Grundschicht von 10 auf deren Verfasser auch 8,4b–6 zurückgeht.

Allerdings berechtigt der traditionsgeschichtliche Vergleich mit den Vasallenverträgen und Loyalitätseiden des 8. und 7. Jahrhunderts zu Korrekturen im Textumfang und einer früheren Datierung der Grundschicht in das Jahrzehnt

---

**104** Vielhauers Buch ist knapp geschrieben und nicht leserfreundlich. In den Zusammenfassungen gibt er mit Sternchen an, dass Textbereiche nur unvollständig zu den jeweiligen Schichten gehören. Man muss sich den genauen Textumfang mühsam heraussuchen. Auch das Stellenverzeichnis hilft oft nicht weiter. Manches findet sich nur in Fußnoten wie Anm. 161 zu 4,10 und 162, manches wie die Einordnung von 8,14 gar nicht. Die Darstellung seiner redaktionsgeschichtlichen These hier fasst *Werden*, 108–110 und 226f zusammen, ergänzt durch die Ausgrenzung von Versen und Halbversen, die nur in den Untersuchungen der einzelnen Abschnitte erkennbar wird, *Werden*, 57 zu 5,9, 71 zu 5,5 und 7,10, 61f zu 6,5, 173 Anm. 33 zu 8,13.

nach dem Ende der Jehu-Dynastie durch die Ermordung Secharjas (746 v. Chr.). Wahrscheinlich unter Jerobeam II. (787–747) entstand der *Prophetic Record*, der den Dynastiegründer Jehu zum Parteigänger Jhwhs gegen Baal stilisiert. Der Aramäer Hasaël nahm das Ostjordanland in seinen Besitz (2 Kön 10,32f), besetzte die Jesreel-Ebene und den Norden Israels einschließlich Dan. Unter Joahas (818–802) und Joasch (802–787) setzte sich Israel gegen die Aramäer erneut zur Wehr (2 Kön 13). Jerobeam II. gelang die Konsolidierung des Reiches mit Rückgewinn an Territorium bis hin nach Karnajim (Am 6,13). Gegen Secharja, den letzten Nachkommen Jehus auf dem Thron, putschte schon nach sechs Monaten Schallum, der selbst nur einen Monat durchhielt und von Menachem (747–738) ermordet wurde. Dass hinter den Putschen Debatten um die Außenpolitik angesichts der assyrischen Gefahr standen, lässt sich vermuten. 738 unterwarf Tiglatpileser III. Mittelsyrien und Kilikien. Menachem von Israel zahlte Tribut.[105] Da erst damals eine kontinuierliche Westexpansion des neuassyrischen Reiches begann, hatte es wohl noch keine assyrischen Vasallenverträge mit Jehu und seinen Nachfolgern in Samaria gegeben. Aššurnirari V. (753–746) hatte mit Urartu zu kämpfen und auch sein Vasallenvertrag mit Mati'-ilu von Arpad dürfte sich gegen diesen nördlichen Nachbarn Assyriens richten. Es genügte den assyrischen Königen wohl, auf ihren Zügen in den Westen Tribut entgegenzunehmen, ohne Israel einen offiziellen Vasallenstatus aufzuerlegen.[106]

Die Liste mit dem Vokabular aus den Verträgen und Eiden, für das es Gegenstücke in Hosea gibt, zeigt einerseits, dass Begriffe wie „betrügen" und „Sünde" nicht notwendigerweise Ehe-Metaphorik oder Kult ansprechen,[107] sondern sich allgemein auf Vertrauensbruch beziehen können. Dasselbe gilt für das Thema Hurerei.[108] Die Vokabelliste zeigt zudem eine Ansammlung von Wörtern aus der Vertragssprache in 7,12–14.

7,1 Sünde, Lüge; 3 Lüge; 5 Krankheit, Wein; 6 Feuer, lauern; 7 Richter, fallen
7,9 Fremde; 11 Taube; 12 Statut (= Vasallenvertrag), Vogelfang; 13 flüchten, Zerstörung, lügen, rebellieren; 14 Most, als Fremder verhalten (oder sich wundritzen); 16 Bogen.

---

**105** Christian Frevel, „Grundriss der Geschichte Israels," in Christian Frevel und Erich Zenger, *Einleitung in das Alte Testament*, Kohlhammer-Studienbücher Theologie 1,1, 8., vollst. überarb. Aufl., ed. Christian Frevel (Stuttgart: Kohlhammer, 2012), 775–79.

**106** Watanabe, *Die adê-Vereidigung*, 9–23 hat die Belege des Begriffs adê gesammelt. Ihr Liste beginnt mit Tiglatpileser.

**107** Vielhauer, *Werden*, 121–123, rechnet בגד zum Vokabular, das die Grundschicht mit der kultpolemischen Schicht verknüpft (5,7; 6,7) und חטא zum Vokabular seiner kultpolemischen Schicht.

**108** Vielhauer, *Werden*, 149, Anm. 76, weist selbst darauf hin, dass auch in Ez 23 beim Vorwurf des Hurens und Ehebrechens und die Bündnispolitik mit Fremdmächten gedacht ist.

In den sieben Versen des Abschnitts 7,1–7 gibt es insgesamt neun Wörter zu Themen in neuassyrischen Kontrakten, in den acht Versen des Abschnitts 7,8–16 dagegen elf. Zudem geht es in 7,1–7 um die Innenpolitik. In 7,8 rückt mit dem Stichwort „Völker" das internationale Parkett in den Blick. Das führt dazu, eine Phase mit großem Einfluss der neuassyrischen Vertragssprache von einer älteren Stufe zu trennen, in der diese Begriffe nur zur allgemeinen Beschreibung von Übeln der innenpolitischen Kritik dienten. Diese ältere Stufe enthält die Vergleiche mit dem Backvorgang und endet in 7,7. Genau besehen, besteht die Entsprechung zwischen dem Motiv der Fesselung, das Vielhauer zwischen 5,1f und 7,12 konstruiert, nicht wirklich. Denn einerseits passt nicht, dass in 5,1f die kritisierten Gruppen mit dem Netz identifiziert sind, während in 7,12 Jhwh das Netz ausbreitet, und andererseits steht im MT von 7,12 nicht das Verb „binden " (אסר), sondern „züchtigen" (יסר).[109] Da Vielhauer selbst in 7,8 einen überschriftartigen Neuanfang erkennt und die Schaukelpolitik zwischen Ägypten und Assyrien angeklagt sieht, während vorher die chaotischen Zustände im Königreich selbst im Blick standen, dürfte 7,8–12 nicht zur Grundschicht gehört haben, sondern zusammen mit 7,13–16 auf den Vasallenvertrag des Tiglatpileser III. mit dem von ihm eingesetzten König Hoschea ben Ela und den Rumpfstaat Samaria-Efraim anspielen. Das Motiv des von der Gottheit geworfenen Netzes in 7,12 entspricht dem Stil altorientalischer Verträge. Für die hier vorgeschlagene Zuordnung der Schichten in Hosea gilt vor allem, dass Abschnitte, in denen Jhwh als Subjekt oder Objekt auftaucht, wie späte Kommentierungen wirken. Deshalb sind 4,1f; 5,4.6f; 9,4f.9 Zusätze, deren Datierung schwierig ist. Vielhauer sah in 5,5 einen sekundären Kehrvers zu 7,10 und in 9,4b einen späteren Zusatz. 5,3 erweist sich als von 6,10 abhängig. Auf Vielhauers literarkritischen Beobachtungen basierend, seien hier folgende Entstehungsphasen der Hosea-Schrift vorgeschlagen:

1) Eine zwischen 746 und 734 verfasste Grundschrift kritisiert die Königsmorde als Gipfel der verbrecherischen gesellschaftlichen Zustände: 1,2a; 5,1f.; 6,7–10.7,1aβ–3.5–7.

2) Ein Mahnschreiben zur Vasallentreue Efraims gegenüber Assyrien nach 732 und vor 723, benennt Jhwh als Feind Efraims, der auf der Seite Assyriens steht und Treue einfordert, parallelisiert den Bruch des Vasallenvertrags mit dem Bruch der Ehe des Landes mit dem Landesgott und ergänzt kultpolemisch: 1,2b; 2,4 f.7b.10a.12.14.15bβ; 4,3.10–12a.13 f.18f; 7,4.8 f.11–16; 9,1b*.2.3a.

3) Eine zweite kultpolemische Schicht entsteht nach 722 in Jerusalem, um die Hosea-Schrift zur prophetischen Unterstützung von Hiskijas Kultzentralisation in Juda zu verwenden und ergänzt: 1,3–9; 4,4–9.16; 5,8–14; 8,1a.2–11.

4) Eine Juda-Schicht parallelisiert zur Regierungszeit des Königs Joschija bei der Zusammenstellung des Zweiprophetenbuchs Juda und Israel im ge-

---

**109** Vielhauer, *Werden*, 70 f., 75, 79.

meinsamen Gottesgericht. Um die Kultreform prophetisch zu legitimieren, identifiziert man die untreue Frau mit dem Volk Israel. Jetzt kommen hinzu: 2,6.7a.8 f.10b.11.13.15abα; 4,1 f.15; 5,3–7.9.15–6,4.6; 7,1aα; 8,12–14; 9,1a.3b–9.

Schichtenzuordnung und Datierungsvorschläge werden in den folgenden Unterkapiteln erläutert.

## 4.1 Die Grundschrift 1,2a; 5,1f; 6,7–10; 7,1aβ–3.5–7: Vom politischen Urteil zum Kontrakt mit der Gottheit

Die Grundschicht kritisierte die chaotischen politischen und gesellschaftlichen Zustände im Nordreich. Vielhauer zufolge kündigt sie als göttliches Strafurteil Fesselung an und findet sich in: 5,1–2; 6,7–7,2*; 7,3–7*.8–12*. „Unter Anklage stehen die Innen- und Königspolitik (6,7–7,7*) sowie die Außen- und Bündnispolitik (7,8–12*). Beides wird als Politik ohne Verstand (7,2.6.11 [...]) be- und als Politik ohne und gegen JHWH (7,7.11 [...]) verurteilt."[110] In dieser Grundschicht – von der hier aber 7,8–12 ausgenommen werden – gibt es fast ausschließlich die Ich-Stimme, die über Efraim und andere Wirklichkeiten spricht. Eine Ausnahme bildet nur 5,1, wo Priester, Haus Israel und Königshaus in der 2. Person Plural angesprochen werden. Nicht ausschneiden braucht man 6,10b, denn Hurerei (*zənût*) kann hier politisch gemeint sein als Treubruch und Unreinheit (*ṭāmēʾ* N) mag eine Folge der Blutschuld und des Tötens durch die Priester sein. Die gesellschaftliche Beziehungsanarchie macht kultunfähig.[111] Die Priester werden wohl deswegen kritisiert, weil sie gute Miene zum bösen Spiel der Mitwirkung von Königsmördern im staatlichen Kult machen und damit den Königsmord religiös salonfähig erscheinen lassen.[112]

---

110 Vielhauer, *Werden*, 112.

111 Das neuassyrische Verb mit der Bedeutung „beschmutzen" *luʾʾû(m)* kann sich auf Kulte beziehen und das Verbaladjektiv „beschmutzt" *luʾʾû* auf den unerwünschten Eintritt in den Tempel. Beschmutzung bedarf der rituellen Reinigung in der Ritualserie Badehaus. Vgl. Wolfram von Soden, *Akkadisches Handwörterbuch* (Wiesbaden: Harrassowitz, 1972), 565.

112 Assyrische Könige trugen auch den Titel Priester. Wahrscheinlich kamen auch den Königen von Israel zumindest beim Neujahrsfest kultische Funktionen zu. Asarhaddon sollte ein halbes Jahrhundert nach der assyrischen Eroberung der 16 Distrikte Israels bei der Schilderung der Ermordung seines Vaters und des anschließenden Bürgerkriegs die Priesterschaft zusammen mit der Bevölkerung Assurs vom Vorwurf der Rebellion ausnehmen. Aber sein Burder Urdu-Mullissi hatte 681 zusammen mit Verbündeten seinen Vater Sanherib möglicherweise im Nusku-Tempel in Ninive ermordet. Vgl. Eckart Frahm, „Sanherib," in *RlA* 12, 2011, 12–22, 18. Gemäß königstreuer Loyalitätsforderungen in Vereidigungen hätten bereits die Tempelautoritäten die Königsmörder festsetzen müssen, obschon sich ein Königssohn darunter befand.

Der Höraufruf in 5,1 richtet an die führenden Kreise des Königreiches, und dann spricht Jhwh in 5,2 von sich als strafender Instanz, die in 6,7 einen Verrat an sich konstatiert. Darauf folgt in 6,8f eine Bewertung der Zustände, die von irgend jemandem stammen könnte. In 6,10a taucht ein Ich auf, doch kann hier ebenso gut Propheten- wie Gottesrede vorliegen. In 7,1aβ.b lässt sich ebenfalls beides denken, während in 6,11b; 7,1aα; 7,2 Gottesrede vorliegt. In 7,5 hört man eine menschliche Wir-Stimme. Also redet von 7,3–6 womöglich der Prophet, dessen Stimme erst in 7,7 wieder von Jhwh abgelöst wird. Göttliche Strafe wird in 5,2b in einem Nominalsatz und im Imperfekt in 7,12 angedroht, alle Verben im Perfekt beschreiben die chaotischen Zustände. Nichts in der Grundschicht von 5,1–7,7* rechtfertigt die Schlussfolgerung Vielhauers, „daß die Verfasser der hoseanischen Grundschicht den durch Assur gewirkten Untergang des Nordreichs 723/720 v. Chr. bereits erlebt haben. Durch die Deutung der Katastrophe als Gericht versuchen sie, [...] JHWHs Handeln zu verstehen. [...] Er tritt nicht mehr für sein Volk ein, sondern steht ihm auf seiten Assurs feindlich gegenüber."[113] Im Gegenteil, Vielhauer selbst schreibt, dass 7,8–12* den Eindruck erweckt, unmittelbar vor dem letzten Schlag zu weissagen.[114] Das spricht für eine Entstehung dieses Textstücks vor 722. Bei dem hier bevorzugten Abschluss der Grundschrift in 7,7 fordert die klagende Feststellung „und niemand ruft zu mir", eine Verhaltensänderung der Adressaten heraus. Alles wirkt eher wie eine politische Situationsbeschreibung denn wie ein prophetisches Gerichtswort. Zwischen den postulierten mündlichen Verkündigungsfragmenten und der Erstverschriftlichung dürfte nicht so viel Zeit liegen, wie Vielhauer annimmt, der die Königsmorde und den syro-efraimitischen Krieg im Hintergrund sieht, aber die schriftliche Fassung erst nach 722 ansetzt. Sollte die mündliche Verkündigung über ein Jahrzehnt aufbewahrt worden sein, bevor sie schriftliche Gestalt annahm? Das ist unwahrscheinlich.

### 4.1.1 Der Abschluss der Grundschrift in 7,5–7

Man braucht für die innenpolitische Kritik noch nicht erkannt zu haben, dass Jhwh auf Seiten der Assyrer steht. Aufgrund der Kritik an den ungerechten gesellschaftlichen Zuständen liegt in der Hosea-Grundschrift eine Theologisierung der Politik vor. Diese hat Parallelen im Alten Orient. Schon im 2. Jahrtausend stellt ein Wort des Wettergottes Hadad/Adad an den König von Mari die königliche Sorge für Gerechtigkeit in der Gesellschaft als göttlichen Willen heraus.

---

113 Vielhauer, *Werden*, 116 f.
114 Vielhauer, *Werden*, 74.

„Sprich zu meinem Herrn: Nur-Sin, dein Diener, [schreibt] folgendermaßen:
Abija, ein Prophet des Adad, des Herrn von Alep[po] kam zu mir und sprach so:
‚So spricht Adad: Ich habe das gesamte Land Jahdun-Lim gegeben. Dank meiner Waffen
hat er keinen als seinesgleichen anerkannt. Trotzdem hat er mich verlassen, so habe ich
das Land, das ich ihm gegeben habe, Šamši-Adad geg(eben). [...] Šamši-Adad [...]. So habe
ich dich auf den Th[ron deines Vaterhauses] zurückgebracht und dir die Waffe[n] gegeben, mit denen ich Tiamat bekämpfte.
Ich habe dich mit dem Öl meines Glanzes gesalbt, niemand wird dir Widerstand leisten.
Nun höre ein einziges [Wort von mir]: Wenn sich irgend ein Mensch, um zu seinem Recht
zu kommen, an <dich> wendet und sagt: ‚Mir ist Un[recht geschehen‘, stehe ihm zur Seite
und verschaffe ihm Recht; gib [ihm eine ehr]liche An[twort]. [Nur di]es ver[lange] ich von
dir!
Wenn du in den Krieg zi[ehst], niemals tue es, [o]hne ein Orakel einzuholen. [W]enn ich
[mich] in [meinem] Orakel offenbare, zieh ins Feld; [w]enn dies [nicht] geschieht, sollst
du [nicht] zu dem Stadttor hinausgehen‘.
Dies hat der Prophet gesagt.“[115]

Umrahmt von einem Höraufruf (Nun höre ein einziges Wort von mir) und einer
abschließenden Verstärkung (Nur dies verlange ich von dir!) drückt sich die
Erwartung der Gottheit aus, dass der König als Gegenleistung für Salbung und
Hilfe seinen Untertanen Recht verschafft. Der König befindet sich demnach in
einer kontraktuellen Tauschbeziehung – Regierungsmacht gegen Gerechtig-
keitssorge. Vor diesem Hintergrund erscheint es verlockend, Hosea (ben Beri) –
der Name des Propheten wird am Anfang der Gotteswortsammlung der Grundschrift gestanden haben – Sympathien für die auf Jehu zurückgehende Nimschiden-Dynastie zu sehen. Ähnlich wie Adad im Prophetenwort des Abija die göttliche Herrschaftslegitimation dem Jahdun-Lim und dem Šamši-Adad entzogen
hat, so mussten auch die Königsmorde an Secharja und Pekachja entweder als
von Jhwh gewollt oder als Auflehnung gegen seinen Willen verstanden werden.
Hosea sah die Königsmorde und die dahintersteckenden chaotischen politischen Einstellungen als widergöttlich an.

7,5   Am Tag unseres Königs hat man die Fürsten krank gemacht durch die Glut des Wei-
      nes,
      seine Kraft hat die Spötter angezogen.
6     Wahrlich, sie haben ihr Herz gleichsam einem Ofen angenähert in ihrer Hinterhältig-
      keit.
      Die ganze Nacht schläft der für sie backen (sollte).
      Am Morgen brennt er (der Ofen, der Bäcker oder das Herz der Fürsten) wie Feuer-
      flammen.

---

115 Martti Nissinen, „Das kritische Potential in der altorientalischen Prophetie,“ in *Propheten
in Mari, Assyrien und Israel*, FRLANT 205, ed. Matthias Köckert und Martti Nissinen (Göttingen:
Vandenhoeck & Ruprecht, 2003), 1–32, 20.

7 Alle werden sie heiß wie der Ofen und sie fressen die, die (für) sie rechtsprechen (sollten).
All ihre Könige sind gefallen. Es gibt keinen, der unter ihnen zu mir ruft.

Zugegeben, im Unterschied zum Wort des Adad durch Abija richtet sich das Wort Jhwhs durch Hosea nicht an den König und fordert auch nichts vom König. Die Verhaltensforderung steckt implizit im Schlusssatz von 7,7 und richtet sich an die gesamte Bevölkerung, vor allem jene, die politischen Einfluss haben. Eine solche Schrift könnte zur Machtergreifung der Könige Menachem oder Hoschea beigetragen haben, die jeweils Königsmörder ersetzten.

Man beachte, dass Adad dem Jahdun-Lim vorwirft, ihn, den Gott, verlassen zu haben. Hier offenbart sich ein Grundmuster des Kontrakts, wie es sich auch in der Erzählanalyse und in der Sozialpsychologie als Denkschema zeigt. Sobald die politische Kritik sich als Jhwh-Wort präsentiert, rückt sie in eine Tauschbeziehung, die gottgefälliges Verhalten widergöttlichem gegenüberstellt und Strafe androht, sei es im Sinne der Ab- und Einsetzung von Herrschern, sei es im Sinne einer „konnektiven Gerechtigkeit",[116] in der die Folgen der Rechtlosigkeit sich auf die gesamte Gemeinschaft negativ auswirken.

Israel kommt als Staat in den Blick, der auch ostjordanisches Territorium beherrscht, in dem die politischen Führer jedoch in der Aufgabe versagen, eine auf Gerechtigkeit fußende Gesellschaftsordnung zu schaffen.

In Assyrien und auch schon in Mari wurden Prophetenworte rasch nach ihrem Vortrag aufgeschrieben. Daher darf man die Grundschrift in das Jahrzehnt der Königsmorde (746–736) nach dem Putsch gegen Secharja datieren. Zudem scheint in Anlehnung an Jörg Jeremias bedenkenswert, 5,8.10.11a.12–14 einer baldigen Ergänzung der Grundschicht zuzuschreiben. Die Erwähnung Efraims neben Juda wirkt älter als in anderen Versen, in denen Juda neben Israel erscheint, die wie Krankheit ($^c\bar{a}\check{s}$ eher „Eiter" als „Motte" in Parallele zu $r\bar{a}q\bar{a}\underline{b}$ „Fäulnis") wirkende Gottheit in 5,12, die in 5,14 wie ein Löwe Beute reißt, passen nicht zu den Vertragsflüchen, denn dort sollen die Götter Krankheiten und Löwen senden, hier aber verhält sich die Gottheit selbst wie Krankheit und Löwe. Unklar bleibt, welche widrigen Erfahrungen als göttliche Fäulnis oder Eiter gedeutet wurden. Doch die Reaktion war eine Hinwendung Israels und Judas nach Assur. Schon unter Jerobeam II. hatte man Megiddo und Jesreel als Zeughäuser eines assyrischen *ekal mašarti* ausgebaut, um dort wohl mit der Unterstützung durch Adad-nirari III. (810–783) Pferde, die aus Kusch importiert waren, zu Schlachtrössern auszubilden und weiter nach Assyrien zu exportie-

---

116 Zehetgruber, *Zuwendung*, 9–12.

ren.[117] Ahas von Juda erschien vor Tiglatpileser in Damaskus (2 Kön 16,10).[118] Kritisiert wird die Hoffnung auf Assur, womit der diplomatische Verkehr mit dem assyrischen Hof gemeint sein mag. Gesandte aus Samaria und Juda wurden in neuassyrischen Weinlisten erwähnt.[119] Eine um 5,8.10.11a.12–14.15 ergänzte Neuausgabe der Grundschrift gegen 734 ist denkbar.

### 4.1.2 Bundesbruch und Hurerei in 6,7–7,2

| | |
|---|---|
| 7 | Sie aber: Wie (die Bewohner von) Adam haben sie einen Bund übertreten (*ᶜāḇar-û ḇərît*). |
| | Dort wurden sie mir untreu (*bāḡaḏ-û ḇ=î*). |
| 8 | Gilead ist eine Stadt der Übeltäter, (voller) Spuren von Blut. |
| 9 | Und wie das Lauern auf einen Mann als Bande ist die Gemeinschaft der Priester: An der Straße morden sie – nach Sichem. |
| | Ja, Schandtat (*zimmāh*) haben sie begangen. |
| 10 | Im Staat Israel habe ich Grässliches gesehen. |
| | Dort hat Efraim Hurerei (*zənûṯ lə=ʾep̄rayim*), hat sich Israel verunreinigt. |
| 7,1aβ | Denn sie haben Lüge (*šāqer* = Eidbruch) verübt. |
| | Während ein Dieb eindringt, breitet sich draußen eine Räuberbande aus. |
| 2 | Und sie machen sich in ihrem Herzen nicht klar, |
| | dass ich all ihrer Bosheit gedenke. |

Im Anschluss an 5,2 kann das Subjekt von 6,7 als Priester, Staat Israel und Königshof (*bêṯ ham=meleḵ*) identifiziert werden. Der gebrochene Bund ist ein Vertrag zwischen Menschen, wohl noch kein neuassyrischer Vasallenvertrag, doch das Vergehen empfindet Jhwh gemäß der Ich-Stimme als Betrug gegen ihn. Das Verb *bāḡaḏ* „betrügen" findet Verwendung, wenn „der Mensch eine Vereinbarung nicht einhält, eine Ehe, einen Bund oder eine andere von Gott gegebene Ordnung bricht."[120] Menschliche Begünstigte der vertraglichen Verpflichtung und die Gottheit stehen nebeneinander, wenn es um Vertragsbruch geht. Asarhaddon stellt diesen Zusammenhang in einer Königsinschrift als selbstverständlich fest (§ 27 Nin. A Episode 4, 40–57):

---

117 Norma Franklin, "Megiddo and Jezreel Reflected in the Dying Embers of the Northern Kingdom of Israel," in *The Last Days of the Kingdom of Israel*, BZAW 511, ed. Shuichi Hasegawa, Christoph Levin und Karen Radner (Berlin: Walter de Gruyter, 2019), 189–208, 190–92, 197–200.

118 John H. Hayes und Jeffrey K. Kuan, "The Final Years of Samaria (730–720 BC)," in *Interpreting Ancient Israelite History, Prophecy, and Law*, ed. Brad E. Kelle (Eugene, OR: Cascade Books, 2013), 134–161, 135.

119 Hans Ulrich Steymans, "Traces of Liturgies in the Psalter: The Communal Laments Ps 79; 80; 83; 89 in Context," in *Psalms and Liturgy*, JSOT.S 410, ed. Dirk Human und Cas J. A. Vos (London: T&T Clark, 2004), 168–234, 222 Anm. 92.

120 Seth Erlandsson, " בָּגַד – בֶּגֶד," in *ThWAT* I, 507–11, 508.

> Damals vergaß Nabû-zēr-kitti-lîšir, der Sohn des Merodachbaladan, der Statthalter des Meerlandes, der den Vertrag nicht achtete (*la naṣir adê*) und der Güte Assyriens nicht gedachte, die Güte meines Vaters, und als in Assyrien (durch den Thronstreit) Verwirrung herrschte, bot er sein Heer und sein Lager auf, schloss Ningal-idina, den mir ergebenen Statthalter von Ur, ein und schnitt ihm den Ausgang ab. [...] Wegen des Eides bei den großen Göttern (*mamīt ilāni rabûti*), den er übertreten hatte, legten Aššur, Sin, Šamaš, Bêl und Nabû ihm eine schwere Strafe auf; in Elam erschlug man ihn mit der Waffe.[121]

Lässt man die Grundschrift mit 7,7 enden, gibt es keine klare Strafandrohung Jhwhs. Er selbst ist eine Züchtigung (5,2b) und gedenkt der Bosheit (7,2). Das Nomen *zimmāh* „Schandtat" hat wohl den Beigeschmack der Hinterlist und dürfte das Tun der Priester als durchtrieben und heimtückisch, töricht und damit auch vor Gott inakzeptabel disqualifizieren, wie es die Belege des Nomens in Spr 10,23; 21,27; 24,9 zum Ausdruck bringen.[122] Aber *zimmāh* hat auch sexuelle Untertöne. Dasselbe gilt für das Verb „betrügen", da es auch in der Ehe gebraucht wird. Der Vertragsbruch und die Hinterlist im zwischenmenschlichen Bereich trüben die Beziehung zu Jhwh ähnlich wie Mängel einer Ehe. Diese Untertöne bestehen schon im Kontext von 6,10b. Hurerei kann in diesem Halbvers als Schimpfwort für politischen Vertrauensbuch stehen und die Unreinheit als Fehlen von kultischer Reinheit verstanden werden. Vertragsflüche fordern, dass die Götter Eidbrechern den Zugang zum Heiligtum verwehren. Die Bluttaten Israels machen den kultischen Kontakt mit Jhwh unmöglich. Mit ihren Blutspuren tragen die Mörder Unreinheit ins Heiligtum und setzten die gesamte Kultgemeinde der Gefahr göttlichen Zorns aus.[123]

Häufig betrachtet man 6,10b als ein Zitat aus 5,3. Doch beide Verse unterscheiden sich in der Stimme. In 5,3 spricht eine Ich-Stimme Efraim in der 2. Person Singular an. Außerdem steht in 5,3 das Verb *z.n.h* Hifil, welches ei-

---

**121** Rykle Borger, *Die Inschriften Asarhaddons, Königs von Assyrien*, AfO Beiheft 9 (Graz: Selbstverl. d. Hrsg., 1956. Nachdruck: Osnabrück: Biblio-Verl., 1967), 46 f.
**122** Sonst bezieht sich *zimmāh* auf Heiratstabus (Lev 18,17; 20,14; 22,11; *z.n.h* Hi „zur Prostitution veranlassen" Lev 19,29), Vergewaltigung mit Todesfolge (Ri 20,6), Hurerei (Jer 13,27; Ez 16,27.58; Ez 23,21.27.29.35.44.48f), Unreinheit (Ez 24,13); aber auch Verderben bringende Ränke (Jes 32,7), Verleumdung, Blutvergießen und Essen auf Kulthöhen (Ez 22,9), Bestechung (Ps 26,10), Missachtung der Tora (Ps 119,150); Pläne (Ijob 17,11), Schuld (Ijob 31,11).
**123** Tchavdar S. Hadjiev, "Adultery, shame, and sexual pollution in ancient Israel and in Hosea: a response to Joshua Moon." *JSOT* 41/2 (2016): 221–36, 228: "The impurity has destructive potentiality which is actualized through contact with the sphere of the sacred." Ebd. 230: "When the land is polluted by murder, the remedy is either the ritual of Deut. 21.1–9, if the culprit is unknown, or the execution of the murderer, if he is discovered (Num. 35.33–34). Both of these aim to preserve the community from the disastrous consequences of the transgression by dealing with its polluting effect. An analogous situation seems to exist in the laws relating to adultery."

gentlich „zur Unzucht verleiten" bedeutet. 5,3 dürfte eher von 6,10b abhängen. Es ist außerdem unklar, ob 6,10a Gottes- oder Prophetenrede enthält. Dass Prophetenrede vorkommt, zeigt 7,5, wo die Wendung „unser König" ein „gewisses Maß an Sympathie und Legalität mitschwingen"[124] lässt. 6,10 könnte von jedem gesprochen sein, und man möchte nach 6,10a gerne wissen, worin das Schreckliche bestand, das gesehen wurde. Diese Frage beantwortet der Kontext. Das Schreckliche besteht gemäß 10b in Hurerei und im Unrein-Werden. Hurerei spezifiziert der folgende Halbvers 7,1aβ als Lüge oder Eidbruch. Lügen (*š.q.r*) ist in Sefire, dem aramäischen Vertrag mit Mati$^c$-'il, der Terminus für den Eidbruch und so etwas führt im neuassyrischen Vertrag mit Mati'-ilu zur Verwandlung in Huren (SAA 2 2). Unreinheit erklärt Vers 6,8f zuvor, denn sie dürfte durch das Blutvergießen in Gilead und den Mord auf dem Weg nach Sichem verursacht sein. Die Ortsnamen erklären auch, worauf „dort" in 6,10b verweist. Es gilt dasselbe, was Vielhauer für 6,7b; 7,2 feststellt: Die Vergehen werden als Vergehen gegen Jhwh gewertet.[125]

Zwar verwendet die Grundschicht zum Ausdruck der gestörten Treue zwischen den Menschen Begriffe, die in der Ehe-Metaphorik auftauchen, spielt aber noch nicht auf ein eheähnliches Verhältnis zwischen Jhwh und Israel an.

### 4.1.3 Hos 7,4

Geht der Vorwurf des Ehebruchs in 7,4 auf eine Ergänzung der Hosea-Schrift zurück, die Jhwhs Ehefrau mit dem Volk Israel identifiziert und die Hurerei mit einem Verstoß gegen den Alleinverehrungsanspruch Jhwhs als Bruch des ersten Gebots verbindet, wie Vielhauer meint?[126] Zwar gehört *nā'ap̄* Piel zum Vokabular der Ehe-Metaphorik, hier ist jedoch zwischenmenschlich die Nichtachtung der Rechtsinstitution Ehe in den chaotischen gesellschaftlichen Zuständen des Königreichs Israel gemeint.[127]

Wenn hier ein Einfluss von Jer 9,1 vorliegt, dann mag 7,4a auf die Redaktionsarbeit am Vierprophetenbuch in der Provinz Jāḫudu während des Exils zurückgehen, denn dort und damals wurde auch am Jeremiabuch redigiert.[128] Die

---

124 Vielhauer, *Werden*, 91.
125 Vielhauer, *Werden*, 86.
126 Vielhauer, *Werden*, 227.
127 Möglicherweise steckt hinter dem Partizip Ehebrechende *ma-nā'ap̄-îm* ein Schreibfehler mit Metathese aus *ma-'annap̄-îm* „wutentbrannt" oder dessen Partizip im Qal *'ōnap̄-îm*. Doch alle Versionen bestätigen den Ehebruch. Jeremias, *Hosea*, 90 Anm. 6.
128 Walter Dietrich, „Die Hinteren Propheten," in *Die Entstehung des Alten Testaments*, Neuausgabe, Theologische Wissenschaft 1, ed. Hans-Peter Mathys, Thomas Römer, Rudolf Smend

wenigen judäischen Schreiber, welche die Babylonier in Mizpa arbeiten ließen, dürften sich gegenseitig gekannt und in ihrer editorischen Arbeit an den Prophetenworten, mit denen sich die Katastrophe von 586 deuten ließ, beeinflusst haben.[129]

Im Kontext meint 7,4 wohl den Ehebruch als zwischenmenschliches Vergehen, ohne klar die Ehe-Metaphorik einzuspielen. Daher kann man darin auch einen Nachhall des zwischenmenschlichen Ehebruchs in 4,13f sehen und der erweiterten Fassung der Hosea-Schrift nach 732 zusprechen.

## 4.2 Ein Mahnschreiben reagiert kultpolemisch in 1,2b.; 2,4f.7b.10a.12.14.15bβ; 4,3.10–12a.13f.18f; 7,4.8f.11–16; 9,1b*.2.3a auf die Entvölkerung israelitischen Territoriums nach 732

Die Grundschicht enthielt zwar ein Denken der politischen und gesellschaftlichen Verpflichtung gegenüber Jhwh, das einem Kontrakt entspricht, aber weder ein Anspruch auf die Alleinverehrung noch eine Ehe zwischen Gott und Land oder Volk waren erkennbar. Was veranlasste die Theologen Israels oder Judas, die Ehe-Metaphorik zu entwickeln, die in der Vorstellung des eifersüchtigen Ehemannes den Alleinverehrungsanspruch Jhwhs in sich birgt. Im Alten Orient führte man Katastrophen auf den göttlichen Zorn zurück und bemühte sich verzweifelt, die Ursache des Zorns zu ergründen und durch eine Verhaltensänderung zu besänftigen. Davon gibt die Aufgabe der noch unvollendeten neuen Hauptstadt Dur Scharrukin (Burg Sargons) des im Krieg verschollenen Sargon durch den Nachfolger Sanherib Zeugnis. Bei den Bemühungen, die Ursache des göttlichen Zorns herauszufinden, standen kultische Vergehen gleichberechtigt neben gesellschaftlich-politischen. So erklärte Sargon II. – wohl ein nachgeborener Sohn Tiglatpilesers III. – seine Erhebung zum König durch den Gott Enlil/Assur damit, dass sein Vorgänger Salmanassar V. die alten Privilegien der Stadt Assur missachtet habe, indem er ihren Bürgern Fronarbeit auferlegte. Die Unter-

---

und Walter Dietrich (Stuttgart: W. Kohlhammer, 2014), 283–480, 343f, 360f, 395f. Dietrich schreibt Jer 9,1b–3 ebd. 363 dem Propheten Jeremia zu.

**129** Zur editorischen Arbeit am Deuteronomium, dem Jeremia- und dem Vierprophetenbuch vgl. Hans Ulrich Steymans, „Der historische Ort der Sozialgesetze des Deuteronomiums," in *Congress Volume Aberdeen 2019*, VTS 192, ed. Grant Macaskill, Christl M. Maier und Joachim Schaper (Leiden, Boston: Brill, 2022), 359–415, 386–390.

drückung der Bevölkerung des Kultzentrums ist zugleich eine Beleidigung des Gottes und wird von diesem bestraft.[130]

Die Assyrer haben 732 Galiläa und die Jesreel-Ebene sowie die Küstenebene südlich des Karmel vom Königreich Israel abgetrennt und die Bevölkerung weggeführt. Auch Gilead wurde erobert, aber Gilead scheint Tiglatpileser zu Damaskus, nicht zum Königreich Israel, gerechnet zu haben. Die gleichnamige Stadt wird als Grenzstadt zwischen Damaskus und Israel bezeichnet.[131] Tiglatpileser erzählt in seinen Königsinschriften, er habe nur den Stadtstaat Samaria und das Gebirge Efraim übriggelassen und Hoschea ben Ela in Samaria eingesetzt.[132] Es ist jedoch falsch, wenn immer wieder zu lesen ist, schon er habe die Provinzen Megiddo, Dor und Gilead eingerichtet. Die Assyrer haben in der Jesreel-Ebene nur Megiddo und Jesreel weitgehend intakt gelassen. Megiddo diente weiter als *ekal mašarti* und Jesreel als *bēt mardēti*, als Raststation auf dem Königsweg nach Gaza und Ägypten.[133] Zwar hatte man wohl schon 732 Megiddo als Sitz eines Statthalters vorgesehen, die Neubesiedlung und der Umbau der Stadt lie-

---

**130** Rykle Borger, „Übersetzung verschiedener Inschriften Sargons II.," in *TUAT Band 1: Rechts- und Wirtschaftsurkunden*, ed. Otto Kaiser u. a. (Wiesbaden: wbg Academic, 2019), 378–87.
**131** Hayim Tadmor und Shigeo Yamada, Hg., *The Royal Inscriptions of Tiglath-pileser III (744–727 BC), and Shalmaneser V (726–722 BC), Kings of Assyria*, RINAP 1 (Winona Lake, IN: Eisenbrauns, 2011): 49 r. 3–4: [I annexed] to Assyria the extensive [land of Bīt]-Ḫaza'ili (Damascus) in its entirety, from Mount [Lebanon as far as the cities Gilead (and) Abil-šitti, which are on the bor]der of the land Bīt-Ḫumria (Israel), (and) [I placed a eunuch of mine as provincial governor over them]., 9: [I conquered the land Bīt-Ḫumri]a (Israel) in [its] entire[ty (and) I brought] t[o Assyria ..., together with] their [belon]gings. [... (and) I placed Hoshea as] king over them. [They brought ... to the city] Sarrabānu, before me.; 50 r. 3–4: I annexed [to Assyria the extensive land of Bīt-Ḫaza'ili (Damascus) in its entirety, from Mount Leb]anon as far as the cities Gilea[d (and) Abil-šitti, which are on the border of the land Bīt-Ḫumria (Israel), (and) I placed] a eunuch of mine [as provincial governor over them]. Alle Belege mit Bīt-Ḫumri verdanke ich Jamie Novotny, München, der sie für mich in RINAP Online herausgesucht hat.
**132** Tadmor und Yamada, *Tiglath-pileser*: Bīt-Ḫumri in Königsinschriften Tiglatpilesers: RINAP 1 21 3': I utterly demolished ...] of sixteen dis[tricts of the land Bīt-Ḫumria (Israel). I carried off (to Assyria) ...] capti[ves from ...]; = 22 3'; 42 6': I annexed to Assyria [..., the city Kaš]pūna, which is on the shore of the Upper (text: "Lower") Sea, the cities [...]nite, Gil[ead, and] Abil-šitti, which are the border of the land Bīt-Ḫumri[a] (Israel), the extensive [land of Bīt-Ḫaza'i]li (Damascus) in [its] en[tirety, (and) I pla]ced [... eunuch]s of mine as provincial governors [over them], 15: (As for) the land Bīt-Ḫumria (Israel), I brought [to] Assyria [..., its "au]xiliary [army" ...] (and) all of its people, [...].[I/they] killed Peqah, their king, and I placed Hoshea [as king o]ver them. I received from them ten talents of gold, ... talents of silver, [together with] their [proper]ty, and [I brou]ght them [to Assyria].; 44 17': [The land Bīt-Ḫumria] (Israel), all [of whose] cities I [utterly devastated i]n former campaigns of mine, whose [...] (and) livestock I carried off, and (whose capital) Samaria I isola[ted] – (now) [they overthrew Peqa]h, their king.
**133** Franklin, "Megiddo," 203–07.

ßen jedoch Jahrzehnte auf sich warten. Die assyrischen Quellen belegen eine Ansiedlung neuer Bewohner erst nach 720. Die Provinz Maggidû wird erst über ein Jahrzehnt später in Verwaltungstexten aus der Zeit Sargons II. (721–705) genannt (SAA 7 116, 6; SAA 11 6, 10). Daraus folgt, wer vom samaritanischen Bergland aus auf die Jesreel-Ebene und Galiläa schaute, sah mindestens 12 Jahre lang eine von Mensch, Vieh, Fruchtbäumen – deren Abholzen gehörte zur Kriegsführung – und Feldbau entblößte Erde. Tiglatpileser erwähnt ausdrücklich die Plünderung des Viehs.

Da das Verb *gālāh* sowohl das Entblößen der Haut als auch das Fortziehen ins Exil bedeutet und die kanaanäische Mythologie in Ugarit eine chtonische Erdgöttin namens Arṣay als Braut oder heiratsfähige Tochter des Wettergottes Baal kannte, dürfte sich unter Kreisen in Israel, die hinter der Hosea-Fortschreibung standen, die Auffassung herausgebildet haben, der Gewittergott Jhwh habe ʾereṣ, das weiblich personifizierte Land Israel, entblößt. Warum? Weil er offenbar zornig war über ʾereṣ und ihre Kinder, die Bewohner der von den Assyrern entvölkerten Landstriche.

Die Eroberungen Tiglatpilesers im Jahre 734–732 werden einigen in Israel den Eindruck vermittelt haben, dass Jhwh auf Seiten der Assyrer steht. Zugleich mussten sie die Frage aufwerfen, was Jhwhs dazu veranlasst habe. Das Schicksal der von den Assyrern entvölkerten Landstriche dürfte zu ersten Aussagen der Ehe-Metaphorik geführt haben. Tiglatpileser errichtete zwischen 740 und 732 zehn neue assyrischen Provinzen in Syrien und der nördlichen Levante, nämlich Arpad, Tuʾammu/Tawwāma, Kullania, Ḫatarikka und Ṣimirra, Dimaška/Damaskus, Qarnīna/Karnajim, Manṣuate, Magiddû/Megiddo und Ṣubutu. Die Einrichtung der assyrischen Provinzen in den eroberten Gebieten muss eine Weile gedauert haben. Radner bemerkt, dass die verfügbaren Inschriften Tiglathpilesers keinerlei Informationen dafür liefern, dass die Provinz Magiddû unmittelbar nach dem Feldzug von 732 geschaffen wurde.[134] 2 Kön 15,29 verliert über Megiddo kein Wort, erwähnt aber die Verschleppung der Bevölkerung, wobei die zwei Feldzüge gegen die Mittelmeerküste und die Philister 738 und die gegen Gilead und Galiläa 732 zusammengefasst sind. Obwohl in Megiddo die

---

[134] Karen Radner, „Provinz C. Assyrien," in *RlA* 11, 2008, 58–63. Ähnliches gilt für Karnajim: „Qarnīna (auch Qarnê) ist als Provinz in einem Brief an Asarbaddon (SAA 13, 86) und in einem Verwaltungstext aus der Zeit Assurbanipals (SAA 7, 136) genannt. Ansonsten findet sich nur in der lexikalischen Ortsnamenliste SAA 11, 1 ein Beleg für das Toponyrn … . [...] Aufgrund der kärglichen Belege ist aber nicht festzustellen, wann die Provinz gegründet wurde, doch kommt aus chronologischen und geographischen Erwägungen heraus nur das Jahr 732 in Frage: Die Provinz Qarnīna muß aus dem von Tiglathpileser III. 732 eroberten Königreich Dimasqa (Damaskus) entstanden sein und umfaßte den Süden dieses Gebiets." Ebd., 61. Vgl. Heather D. Baker, "Tiglatpileser III.," in *RlA* 14, 2014, 21–24.

archäologischen Überreste der assyrischen Herrschaft nicht gut erhalten sind, scheint es, als ob die großen öffentlichen Gebäude der israelitischen Königszeit niedergerissen wurden und man die Stadt mit einem schachbrettartigen Straßennetz neu angelegt hat.[135] Zwischen Annexion des Gebiets und Deportation der Bevölkerung sowie der Neuansiedlung und der Errichtung funktionierender assyrischer Verwaltungsstrukturen verfloss geraume Zeit, in der weite Landstriche ungenutzt lagen und verwilderten. Dass König Hoschea überhaupt in der Lage war, sich in den letzten Jahren seiner Regierung Ägypten anzunähern und den Tribut einzustellen (2 Kön 17,4) spricht gegen eine massive assyrische Präsenz in der Gegend. Es lebten im 722 eroberten Samaria anscheinend Libyer mit Beziehungen zu Ägypten, möglicherweise Kaufleute – auch für den Pferdeimport –, verfügte König Hoschea doch über eine Streitwagentruppe, deren Integration in die königliche Armee Sargon II. mit Stolz erfüllte.[136] Solche Libyer, die mit den anderen Einwohnern Samarias zusammen deportiert wurden, mögen zur ägyptischen Gegenpartei der mit Assur sympathisierenden Autoren der erweiterten Hosea-Grundschrift gehört und für eine Zuwendung nach Ägypten plädiert haben, während die Hosea-Schrift Loyalität (*ḥeseḏ*) einmahnt, auch wenn es um die Einhaltung des Vasallenvertrags mit Assyrien geht. Bernhard Lang hat noch eine weitere innenpolitische Zerreißlinie im Königreich Israel postuliert, nämlich die Abkehr von der politischen Orientierung an Tyrus und dem dort verehrten Baal von Tyrus unter den Omriden zugunsten einer vorwiegenden Verehrung Jhwhs als Nationalgott. Das mag schon mit König Joram (852–841) begonnen haben, der Jhwh als theophores Element im Namen trug und von dem die Bibel berichtet, er habe die Mazzebe des Baal entfernen lassen, die sein Vater Ahab in Samaria aufgestellt hatte (2 Kön 3,2). Jehu und dessen regierende Nachfahren, die alle Jhwh im Namen trugen, machten mit der Abkehr von Tyrus und der Hinwendung nach Assur ernst.[137] „In der Zeit zwischen dem Staatsstreich Jehus (841) und dem Auftreten des Propheten Hosea (etwa ab 750) entsteht im Nordreich eine religiöse Bewegung, die man [...] als 'Jahwe-

---

**135** George R. H. Wright, „Megiddo B. Archäologisch," in *RlA* 8, 1997, 14–20, 16 neuassyrischer Stadtplan: Fig. 6.

**136** Karen Radner, "The 'Lost Tribes of Israel' in the Context of the Resettlement Programme of the Assyrian Empire," in *The Last Days of the Kingdom of Israel*, BZAW 511, ed. Shuichi Hasegawa, Christoph Levin and Karen Radner (Berlin: Walter de Gruyter, 2019), 101–23, 113–17. Den Kontakt zwischen dem Königreich Israel und Ägypten behandelt auch Hans M. Barstad, "Hosea and the Assyrians," in *"Thus Speaks Ishtar of Arbela": Prophecy in Israel, Assyria, and Egypt in the Neo-Assyrian period*, ed. Robert P. Gordon und Hans M. Barstad (Winona Lake, IN: Eisenbrauns, 2013), 91–110.

**137** Bernard Lang, „Die Jahwe-allein-Bewegung," 47–83 in *Der Einzige Gott: Die Geburt des Biblischen Monotheismus*, ed. Bernard Lang (München: Kösel, 1981), 58–62.

allein-Bewegung' bezeichnen kann. [...] Die Alleinverehrung Jahwes ist nur Forderung einer kleinen Gruppe; der offizielle Religionsbetrieb der Tempel hält nichts davon [...]. Mehrmals ist noch deutlich wahrzunehmen, wie diese Forderung eine Ausweitung und Steigerung des Kampfes gegen Baal ist, wie er im Jahrhundert zuvor geführt wurde: Die ‚anderen Götter' werden nämlich einfach ‚die Baale' genannt. [...] Die Opposition gilt nicht mehr dem tyrischen Baal allein, sondern allen seinen lokalen Erscheinungsformen."[138] Lang bezieht in den Kampf der Jahwe-allein-Bewegung auch die Göttinnen ein. Hier mag die Annexion des Ostjordanlandes zusammen mit Galiläa und der Jesreel-Ebene durch Tiglatpilser eine Rolle gespielt haben. Denn in diesen Gegenden wurden Göttinnen verehrt, die ihre Heiligtümer nicht vor Plünderung und ihre Verehrerinnen und Verehrer nicht vor dem Verlust der Heimat bewahren konnten. Ein bedeutender Tempel stand in Karnajim östlich des Jordan. Dessen Existenz wird 60 Jahre später, als das Land längst in assyrischen Provinzen organisiert war, in einem Fluch vorausgesetzt, der sich auf der in Tell Tayinat gefundenen Keilschrifttafel der Thronfolgevereidigungen Asarhaddons von 672 erhalten hat:

> § 54 May Aramiš, lord of the city and land of Qarnê (and) lord of the city and land of Aza'i, fill you with green water.[139]

Der Fluch steht vor den Flüchen unter Anrufung von Adad von Kurba'il, einer Manifestation des in der Levante verehrten Wettergottes – der südmesopotamische Adad ist dagegen für Bewässerungskanäle zuständig – und seiner Gemahlin Šala, des Bethel und der Anat-Bethel sowie der Göttin von Ekron. Man sieht, dass der Loyalitätseid von den Assyrern als wichtig wahrgenommene Gottheiten der Levante anruft. Aramiš wurde wohl deshalb gewählt, weil er in zwei Regionen Verehrung genoss, in der Ghab Ebene an der syrischen Mittelmeerküste, wo Aza'i/Rasm et-Tanjara lokalisiert wird,[140] und in der 672 existierenden neuassyrischen Provinz Qarnê, deren Hauptort das biblische Karnajim (Gen 14,5; Am 6,13; 1 Makk 5,26.43f; 2 Makk 12,21.26), assyrisch Qarnīnu war. In Karnajim dürfte vor allem eine Göttin verehrt worden sein. Wenig südlich von Karnajim liegt ein Tell, den Tiglatpileser III. *Alu Astartu* „Stadt der Astarte" nannte und dessen Eroberung er in einem Relief dokumentierte. Auch die Makkabäerbücher erwähnen das Heiligtum von Karnajim. 2 Makk 12,26 sagt, es sei ein Heiligtum der Göttin Atargatis gewesen. Karnajim und seine Nachbarstadt waren Kultstätten einer Göttin. Ob die Göttin von Karnajim auch schon in der Eisenzeit Atarga-

---

**138** Lang, „Jahwe-allein-Bewegung," 63–65.
**139** Jacob Lauinger, "Esarhaddon's Succession Treaty at Tell Tayinat: Text and Commentary," *JCS* 64 (2012): 87–123, 113.
**140** Lauinger, "Treaty," 119.

tis genannt wurde, ist nicht bekannt. Atargatis war eine Muttergöttin, Astarte eine Schutzgöttin der Herden, die Pflanzen fressen, was sie auch für die Vegetation zuständig erscheinen lässt. Aramiš dürfte als Gefährte der Göttin von Karnajim verstanden worden sein, vielleicht eine Manifestation Hadads, denn in Dura Europos wurde Atargatis neben Hadad abgebildet. Dann wäre Aramiš einer der Baalim (Herren von Kultstätten), deren Verehrung Israel vorgeworfen wird.

Karnajim (El Shykh Sa$^c$ad) liegt 5,9 km südlich des heutigen Ortes Nawa in Syrien im Hauran-Gebiet, das östlich an den Golan angrenzt. Dass auch Israeliten aus Gilead und von den Ufern des Sees Genzareth nach Karnajim und Astartu pilgerten und die Göttinnen zuhause verehrten, ist anzunehmen.

Das durch die Assyrer entvölkerte Land musste den in Samaria und Efraim verbliebenen Israeliten nackt erscheinen und wie eine ihrer Kinder, der Bewohner, beraubte Mutter wirken. Wie kam es von solch einem Eindruck zur Vorstellung, das Land sei eine hurerische Frau, die ihre Ehe mit Jhwh gebrochen habe? Wenn Jhwh, der Gott des Landes, die lokalen Heiligtümer der von den Assyrern entvölkerten Landstriche dem Verfall überließ, konnte man in Samaria auf den Gedanken kommen, dass ihm die Kulte dort missfallen und er deshalb das mit der Erdgöttin identifizierte Land gestraft habe. Jhwh mag gegenüber der israelitischen ʾereṣ gemäß der sich tastend ausbildenden Ehe-Metaphorik Erwartungen der Treue gehegt haben, wie es wohl auch für die ugaritische Arṣay gegenüber dem Baal galt, dem sie als *kallatu* – „Braut, Verlobte, Schwiegertochter" – zugeordnet war.

Die Reduktion des von Israel besiedelten Gebietes auf das Bergland von Efraim und die Stadt Samaria samt den Königswechseln, die immer auch die Frage nach der göttlichen Legitimation des Herrschers aufwarfen, stellten Katastrophen dar, die nach einer Neubestimmung des Verhältnisses zwischen Jhwh und Israel verlangten. Für eine Jahwe-allein-Bewegung im Nordreich mögen die Königsbücher indirekt Zeugnis geben, wenn sie bei den Königen Jehu und Hoschea eine verhalten positive Bewertung ihrer religiösen Einstellung vermerken (2 Kön 10,30; 17,2), wofür man sich bei judäischen Schreibern keinen anderen Grund denken kann, als dass ihnen wirklich Kenntnisse über eine die Verehrung Jhwhs fördernde Politik dieser Könige vorlagen.

So dürfte die erste kultpolemische Ausgabe der Hosea-Schrift eine Drohschrift gewesen sein, die Jhwh einerseits als durch den Vasallenvertrag von 732 zugunsten Assyriens verpflichteten Eidesgott präsentierte. Sie mag als religiöse Einschärfung der Loyalitätspflichten verfasst worden sein und die von den Vertragsflüchen angedrohten Strafen mit den Auswirkungen der assyrischen Eroberung auf das entvölkerte Land unterlegt haben. Sie stilisiert andererseits Jhwh als durch Betrug gekränkten Eheherrn, der das Land – seine Gemahlin – durch die Assyrer zur von Mensch und Vieh entblößten Öde machen ließ. Immer noch liefert die doppelte Verwendung des Motivs der Hurerei als Ehebruch im familiären und als Loyalitätsbruch im politischen Sinn das Verbindungsglied für die Verwendung des Motivs. Diese Mahnprophetie wollte in Zeiten, als der von Tiglatpileser eingesetzte König wohl durch Stimmen in Samaria zum Anbandeln mit Ägypten verleitet wurde, zur unbedingten Vasallentreue gegenüber Assyrien aufrufen. Die Aussagen über ein weiblich personifiziertes Land passen eher zum Flächenstaat Israel vor 722 als in den Stadtstaat Jerusalem der nachfolgenden Jahrzehnte.[141]

### 4.2.1 Eine prophetische Zeichenhandlung in 1,2b; 2,4f.7b.10a.12.14.15bβ

Hos 1,2 wird meistens ausdeutend übersetzt. Wörtlich steht da:

> 1,2 (Der Anfang des Redens Jhwhs durch Hosea.) Da sagte Jhwh zu Hosea: „Geh, nimm dir eine Frau der Hurerei und Kinder der Hurerei! Denn ein Huren hat gehurt das Land von hinter Jhwh weg."

Immer wieder versteht man das als Auftrag zu einer Heirat. Doch 1,2 ist mit Adrian Schenker nicht als Aufforderung zu lesen, eine Frau der Hurerei zu heiraten. Die Formulierung *qaḥ lə=ḵā* findet sich ebenso in Num 27,18; Jes 8,1; Jer 36,2.28; Ez 4,1.3.9; 5,1; 37,16; Sach 11,15. Die Formulierung fordert zumeist Propheten auf, etwas für eine prophetische Zeichenhandlung zu nehmen, in Num 27,18 ist es wie in Hos 1,2 ein Mensch, den man nehmen soll. Hos 1,2 ist als ursprüngliche Einleitung von 2,4–15* denkbar: Hosea soll sich für seine Anklagerede eine Frau von zweifelhaftem Ruf beschaffen und sie zusammen mit ihren außerehelichen Kindern – die gesellschaftlich schlechter gestellt waren als legitime Kinder – öffentlich ansprechen. Die hier vorgelegte Literarkritik folgt teilweise Schenker und teilweise Christoph Levin. Dieser meinte, die Urgestalt einer Zeichenhandlung in Hos 1,2b–4ba.6*.8–9 erkennen zu können.

> „Obwohl jedes Wort genau gewogen ist, ist jedoch in Hos 1 eine wirkliche Zeichenhandlung nicht entstanden. Das Gewicht liegt nicht auf der Handlung, sondern ganz auf der Anklage und Drohung der vier Jahweworte, die in den Namen der Kinder zu Schlagworten

---

[141] Gibt es eine andere Epoche, in der Land – nicht Volk oder Stadt – in gleicher Weise zur untreuen und bestraften Gattin Jhwhs stilisiert worden wäre? Die Entvölkerung Judas 701 war wegen der Verschonung Jerusalems kaum als Gottesstrafe verstanden worden. Die Deportationen 596 und 586–582 kämen zwar in Frage, doch dürfte zu dieser Zeit von Jeremia und Ezechiel her schon die Identifikation der Gattin Jhwhs mit dem Volk Israel präsent gewesen sein, so dass sich die literarischen Spannungen zwischen den Sichtweisen auf die Frauenfigur als Land und als Volk in Hos 2 bei einer Datierung des Kapitels in die Zeit des babylonischen Exils schlecht auflösen ließen.

geronnen sind. Die Rolle der Kinder erschöpft sich darin, Träger dieser Namen zu sein. Ebensowenig ist es auf die hurerische Frau abgesehen, von der die Exegeten soviel Aufhebens machen. In dem gewöhnlichen Hergang der Eheschließung V. 3 (vgl. Ex 2,1–2a) ist der besondere Umstand sofort und vollständig vergessen. Nicht die Frau des Propheten ist die Hure, sondern das Land hurt hinter Jahwes Rücken davon. [...] Über die Geschichtlichkeit von Hos 1 muß man sehr vorsichtig urteilen. Die Geschehnisse, die hier zu einer geschlossenen Handlung mit gemeinsamer Aussage zusammengestellt sind, hätten tatsächlich etwa neun Jahre in Anspruch genommen. Das überschreitet alle Möglichkeiten einer sinnvollen Dramaturgie. So, wie sie überliefert ist, kann die prophetische Zeichenhandlung sich nicht abgespielt haben."[142]

Logischer dagegen wirkt die Namensgebung der Prophetensöhne in Jes 7–8.[143] Daher kommt Levin zu dem Schluss, Hos 1 sei gegenüber Jes 8,1.3–4 sekundär. Das bedeutet, die gesamte Erzählung von der Ehe Hoseas und der Geburt und Benennung seiner Kinder ist Fiktion, entwickelt, um eine Zeichenhandlung nach dem Vorbild der Denkschrift in Jesaja zu schaffen. Schenker nahm die Zeichenhandlung aus Hos 1 für bare Münze und argumentierte, einerseits im hier vorgeschlagenen Sinne, dass Hosea in 1,2 gar keinen Auftrag zur Heirat erhalten habe, andererseits aber sollte er mit der Hure außereheliche Kinder der Hurerei zeugen.[144] Damit nimmt er aber den Wortlaut von 1,2b nicht ernst, denn das Verb lautet „nehmen" und nicht „zeugen". Wenn man schon so weit geht, in der Frau, die Hosea – für eine Zeichenhandlung, nicht als Gemahlin – nehmen soll, eine Prostituierte zu sehen, dann liegt es doch nahe, anzunehmen, dass die Frau, die der Prophet für die Zeichenhandlung – oder, wie Schenker es nennt, Bildrede von 2,4–15 – auswählen soll, bereits Kinder hat. Diese gehören in den Effekt der Zeichenhandlung hinein. Schenker meint zu Recht: „Nimmt man [...] den Ausdruck ‚Kinder der Prostitution' als Realität außerehelicher Kinder ernst, so sind es Kinder einer Dirne, d. h. sozial schwer benachteiligte Kinder."[145] Die Israeliten sollen sich als die in Hos 2,4 angesprochenen

---

142 Christoph Levin, *Die Verheissung des neuen Bundes: in ihrem theologiegeschichtlichen Zusammenhang ausgelegt*, FRLANT 137 (Göttingen: Vandenhoeck & Ruprecht, 1985), 235 f.

143 Den Bezug zu Jes 7,3.14; 8,1.3 sah auch Adrian Schenker, „Kinder der Prostitution, Kinder ohne Familie und ohne soziale Stellung: Ein freundschaftliches Sed contra für Lothar Ruppert und eine These zu Hosea 1," in *Ich bewirke das Heil und erschaffe das Unheil (Jes 45,7): Studien zur Botschaft der Propheten Festschrift für Lothar Ruppert zum 65. Geburtstag*, FzB 88, ed. Friedrich Diedrich und Bernhard Willmes (Würzburg: Echter, 1998), 355–69, 359, 366.

144 Schenker, „Kinder," 355, 365, 368.

145 Schenker, „Kinder," 359. Eine Monographie zum Thema liefert Kay Weissflog, *„Zeichen und Sinnbilder": Die Kinder der Propheten Jesaja und Hosea*. Arbeiten zur Bibel und ihrer Geschichte 36 (Leipzig: Evangelische Verlagsanstalt, 2011). Auch er sah in Hos 2,4–15 den überlieferungsgeschichtlichen Kern der Komposition Hos 1–3, untersuchte die Gründe für für die Annahme einer literarischen Beziehung, identifizierte aber die hurerische Frau Jhwhs mit Stadt Samaria.

Kinder erkennen. Sie sind Hurensöhne aus außerehelichen Beziehungen ihrer Mutter ʾereṣ. Auch Schenker sieht das so, denn er schreibt, „daß in 2,4–15 keine Aussage fällt, die zu der Annahme zwingen würde, die angeklagte Dirne wäre eine verheiratete Frau, und zwar die Ehefrau des Anklägers selbst. V. 4 scheint [...] gerade das Gegenteil zu sagen. Denn daß es sich hier um eine Scheidungs-formel handelte, ist in Ermangelung eines alttestamentlichen Belegs für eine solche postulierte Formel reine Hypothese [...], wie auch nichts zu der Annahme zwingt, [...] die Kinder von V. 4 und 6 wären Hoseas Kinder."[146]

Die literarkritische Schere ist nach 1,2 anzusetzen und 1,3–2,3 als nochmals diachron geschichtete Ergänzung zu erkennen. Hoseas Zeichenhandlung be-stand ursprünglich darin, sich eine Hure und deren uneheliche Kinder zu grei-fen, um vor ihnen und israelitischem Publikum die Anklagerede im Urbestand von 2,4–15* zu proklamieren. Diese prophetische Zeichenhandlung muss nicht notwendigerweise einen tatsächlichen Auftritt des Propheten widerspiegeln, sondern mag literarische Fiktion sein. Als Zwischenstück zwischen 1,2 und 2,4 kann man noch „ruf" (qərāʾ) aus 1,4 einfügen. Für die Rekonstruktion der Grundschicht von Hos 2 sind die von Vielhauer herausgeschälten Verse durch einige seiner Ergänzungsschicht zu vervollständigen, weil sie sonst unverständ-lich wären. Das folgende Zitat setzt Vielhauers Grundschicht kursiv und ergänzt sie mit von ihm zur Ergänzungsschicht gezählten Versen, die recte gedruckt sind und gemäß der hier vorgelegten Hypothese zur Grundschicht gehörten.

> 2,4 *Führt einen Rechtsstreit mit eurer Mutter, führt einen Rechtsstreit – denn sie ist nicht meine Frau, und ich bin nicht ihr Mann –*, damit sie ihre Hurerei aus ihrem Gesicht besei-tigt und ihren Ehebruch zwischen ihren Brüsten. 5 Sonst ziehe ich sie nackt aus und lasse sie dastehen wie am Tag, als sie geboren wurde, und mache sie wie die Wüste und lasse sie sein wie trockenes Land und lasse sie sterben vor Durst! [...] 7b *denn sie hat gesagt: Meinen Liebhabern will ich nachlaufen, die mir mein Brot geben und mein Wasser, meine Wolle und meinen Flachs, mein Öl und was ich trinke.* [...] 10a Sie selbst aber hat nicht erkannt, dass ich es war, der ihr das Getreide und den Wein und das Öl gegeben hat [...]! [...] 12 *Nun aber decke ich ihre Scham auf vor den Augen ihrer Liebhaber, und niemand wird sie retten aus meiner Hand.* [...] 14 Und ich verwüste ihren Weinstock und ihren Feigen-baum, von denen sie gesagt hat: Das ist mein Lohn, den meine Liebhaber mir gegeben haben. Und ich mache sie (= Weinstock und Feigenbaum) zum Gestrüpp, und die Tiere des Feldes fressen sie ab. 15 [...] Spruch Jhwhs.[147]

Der rekonstruierte Abschnitt leitet in 1,2 mit einer Erzählstimme das Worter-eignis an den Propheten ein. Jhwh hat zu ihm gesprochen und ihn beauftragt eine Frau zur Zeichenhandlung zu nehmen, deren Lebensumstände bekannt

---

**146** Schenker, „Kinder," 363, 364.
**147** Vgl. Vielhauer, *Werden*, 147–51.

waren und auch deren Kinder mitzunehmen und öffentlich zu rufen, was in 2,4 f.7b.10aα.12.14.15bβ steht.[148] Frau und Land verschmelzen. Einerseits erscheint vor dem inneren Auge der Lesenden eine Frau mit Kindern, die ein Gesicht und Brüste hat, einem Liebhaber nachläuft, deren Scham aufgedeckt werden kann. Andererseits rückt das Land in den Blick, auf dem Getreide, Wein(stöcke), Öl(bäume) und Feigenbäume wachsen, das jedoch in eine Wildnis verwandelt wird.[149]

Die Grundschicht von Hos 2 legt mit keinem Wort nahe, dass die Frau das Volk Israel sei.

Die vorausgesetzte Geschichte ist, dass ʾereṣ Yiśrāʾēl ihrem Gatten Jhwh davongelaufen ist, weil sie meinte, von ihren Liebhabern reicher bedacht zu werden. Um sich diesen anzubieten, hat sie sich mit Ketten über dem Busen und Schmuck an der Stirn geschmückt, der sie als verfügbar kenntlich macht. Dass die Gaben in ihren von Jhwh in 7b zitierten Worten anders heißen als in seiner Reaktion darauf in 10a, dürfte eine Anspielung auf die kanaanäischen Götter Dagan und Tirosch, das vergöttlichte Getreide und der vergöttlichte gärende Traubenmost sein. Diese Götternamen kommen nur in Jhwhs Rede vor, sie wiederholen sich aber in (2,11.24); 7,14; 9,1 sowie (2,11.12); 4,11; 7,14; 9,2. Nimmt man die Belege für Wein – 4,11; 7,5; 9,4 – und Brot – 2,7; 9,4 hinzu, ergeben sich Wortverbindungen, die ebenso in 9,9 enden wie die Verteilung von Land bezogen auf ʾereṣ Yiśrāʾēl, sieht man von dem mit einer Pflanzenmetapher verbundenen Beleg in 10,1 ab. Dieses Zusammenbinden von 2 und 4,1–9,9 durch Wortwiederholungen der Bereiche Getreide, Brot, Wein, Most und Land ergänzt sich noch durch die Wiederholungen von ʾetnāh in 2,14, tānāh in 8,9f und ʾetan in 9,1. Dabei dürften die Belege in 2,10a; 4,11; 7,14; 9,1b.2 auf diese erste kultkritische Ergänzung zurückgehen, die noch im Nordreich entstand. Sie kritisiert die kultische Verehrung einer Mehrzahl von Göttern, den Liebhabern, von denen sich Frau Land – in Synekdoche für ihre Bewohner – reicheren Lohn erhofft hatte, als der Gewittergott Jhwh, verschmolzen mit El, dem mythischen Gatten von Göttinnen, zu geben versprach. Deshalb wurde ʾereṣ Yiśrāʾēl ihrer Bewoh-

---

**148** Zum Nachweis der Formulierung hālak ʾaḥᵃrê „hinterher gehen" als schon akkadisch belegte Wendung der Liebessprache und Treue vgl. Steymans, "Deuteronomy 13," 111.
**149** Zehetgruber, *Zuwendung*, 280–83, betrachtet 2,4–15 als Zusammenstellung von Motiven aus 4,1–9,9, fällt aber in ihrer Interpretation von 4,11–19 der Metonymie von sexualisierten Fruchtbarkeitskulten als Quelle für die Ehe-Metapher zum Opfer. Ihre Literarkritik von 4,1–9,9 bleibt verschwommen, so dass ihre Ausführungen zu den thematischen Verbindungen zwischen den Kapiteln wie Endtextexegese wirken. Bedenkt man, dass die Hosea-Schrift über einen längeren Zeitraum gewachsen ist, liegt ein wechselseitiges Beeinflussen der Ergänzungen in 4,1–9,9 und 2 näher als die von Zehetgruber einseitig vorgestellte Abhängigkeitsrichtung von 4,1–9,9 nach 2 hin.

ner / Kinder beraubt, ihres Bewuchses an Kulturpflanzen entblößt – falls die Assyrer, wie auf Reliefs gezeigt, die Fruchtbäume umgehauen haben – und zur unbewohnten Ödnis.

### 4.2.2 Israel als *Bīt Ḫumri*

Israel erscheint sowohl in der Hosea-Schrift als auch in den neuassyrischen Königsinschriften unter zwei Namen. Nadav Na'aman betont den Unterschied zwischen der Verwendung der Namen Efraim und Israel, wobei letzteres auch die Distrikte Galiläa und Dor umfasst habe, Efraim dagegen nur für das reduzierte Königreich nach 732 stehe.[150] Diese Differenzierung der Bezeichnung in der Hosea-Schrift hat ein Gegenstück in den Königsinschriften. Dort heißt es manchmal *Bīt Ḫumri*[151] und manchmal ᴷᵁᴿ*Samerīna*, häufiger ᵁᴿᵁ*Samerīna*.[152] Die Überlegung scheint anziehend, in *Bīt Ḫumri* die politische Größe *Yiśrāʾēl* vor der Abtrennung von 16 Bezirken des Königreichs durch Tiglatpileser zu sehen, in ᵁᴿᵁ*Samerīna* die Hauptstadt und zusammen mit ᵁᴿᵁ*Samerīnaya* den Rumpfstaat Efraim, den König Hoschea regieren durfte. Nach 722 meint ᵁᴿᵁ*Samerīna* die neuassyrische Provinz.[153] Sargon qualifiziert *Bīt-Ḫumri* mit Adjektiven wie

---

150 Nadav Na'aman, "The Book of Hosea as a Source for the Last Days of the Kingdom of Israel," *BZ* 59/2 (2015): 232–56, 238.

151 ᴷᵘʳ*Ḫumri* bei Adadnirari III. (810–783 v. Chr.) in Kirk A. Grayson, *Assyrian Rulers of the Early First Millennium BC, [Volume] 2: (858–745 BC)*, RIMA 3 (Toronto: University of Toronto Press, 1996): A.0.104.8 12 "I subdued (the territory stretching) from the bank of the Euphrates, the land Ḫatti, the land Amurru in its entirety, Tyre, Sidon, Ḫumri, Edom, (and) Palastu, as far as the great sea in the west. I imposed tax (and) tribute upon them." Bīt-Ḫumri in Königsinschriften Salmanassars III. (782–773 v. Chr.) ebd.: A.0.102.8 27"; A.0.102.10 iv 11; A.0.102.12 30; 16 135'; A.0.102.88 1. Ḫumri: A.0.104.8 12. Israel (Sir'alu): A.0.102.2 ii 92.

152 Hayes, "The Final Years of Samaria (730–720 BC)," 135–36. ᵁᴿᵁ*Samerīna* gibt es in SAA 1 255 b.e. 9, SAA 5 291 b.e. 16', SAA 6 147 r. 8, SAA 7 116: 1, SAA 11 2 II 1, SAA 11 19 r. 3, SAA 13 196: 3', SAA 14 56: 8' und ᴷᵁᴿ*Samerīna* in SAA 19 181: 3'.

153 Sargon II. (721–705) verwendet in seinen Königsinschriften ᵁᴿᵁ*Samerīna* und *Bīt Ḫumri* wie einen Doppelausdruck. Grant Frame, *The royal inscriptions of Sargon II, King of Assyria (721–705 BC)*. RINAP 2. University Park (PA): Eisenbrauns, 2021. Bīt-Ḫumri (Variante Ḫumria) in Königsinschriften Sargons II.: Sargon II 8 15: I plundered the city Šinuḫtu, the city Samaria, and all of the land Bīt-Ḫumria (Israel).; Sargon II 9 21: who overwhelmed the city Samaria, all of the land Bīt-Ḫumria (Israel); Sargon II 13: 32: who conquered the city Samaria and all of the land Bīt-Ḫumria (Israel); who plundered the cities Ashdod (and) Šinuḫtu; Sargon II 43 19, 20: who made the wide land Bīt-Ḫumria (Israel) tremble, brought about the defeat of Egypt at the city Raphia, and brought Ḫanūnu (Hanno), king of the city Gaza, to the city Aššur in bondage; (20) who conquered the Tamudu, Ibādidi, Marsīmani, (and) Ḫayappa (tribes), whose remnants were transferred here and (whom) I (re)settled in the land Bīt-Ḫumria (Israel); Sargon II 76 11' =

„ganz" und „weit" und spricht davon, dass er Stämme in das Land *Bīt-Ḫumria* umgesiedelt habe. Damit mögen auch die noch menschenleeren 16 Distrikte des Königsreichs Israel eingeschlossen sein, die 732 entvölkert worden waren.

Die Darstellungen in Hos 2,5b.14 passen zu der Lage der 732 von Efraim/Samaria abgetrennten Gebiete. An die Gottesspruchformel in 2,15bβ mag sich auf dieser Redaktionsstufe die Reaktion von Frau *ʾereṣ* in 4,3 angeschlossen haben.

## 4.3 Die zweite kultpolemische Schicht reagiert mit 1,3–9; 4,4–9.16; 5,8–14; 8,1a.2–11 auf den Untergang des Nordreiches im Jahre 722

In das Königreich Juda zur Regierungszeit Hiskijas (725–696) führt die erste Ausgabe der Hosea-Schrift im Südreich. Die Eroberung Samarias im Jahre 722–720 musste Juda einen gewaltigen Schrecken eingejagt haben. Was hatte den gemeinsamen Staatsgott Jhwh denn so sehr erzürnt, dass er Efraim und Samaria gänzlich den Feinden überließ? Was musste man in Jerusalem beachten und ändern, um derselben Verwerfung durch Jhwh zu entgehen? Es gibt kaum eine plausiblere Erklärung für die Schließung lokaler Kultstätten, die sich im 8. Jh. archäologisch in Juda nachweisen lässt, als die judäische Reaktion auf Jhwhs Zorn, der sich im Untergang des Nordreichs gezeigt hatte. Da die Heiligtümer in Efraim der Zerstörung nicht entgangen waren, musste sich Jhwhs Zorn am Kult dort entfacht haben. Um Jhwh nicht durch ähnliche Praktiken in Juda weiter zu reizen, schloss Hiskija die Ortstempel und zentralisierte den Kult im rituell überwachbaren Jerusalem. Außerdem zerstörte er Kultbilder wie den Nehuschtan,[154] da die Stierbilder Efraims von Jhwh der assyrischen Plünderung preisgegeben und demnach nicht des göttlichen Schutzes für würdig befunden worden waren. Es entspricht neuassyrischem Vorgehen, die gravierende Änderung der Kultzentralisation und die Schließung der lokalen Jhwh-Tempel durch göttliche Willenskundgabe zu rechtfertigen. Die neu herausgegebene, ergänzte

Sargon II 129: 19: who made the wide land Bīt-Ḫumria (Israel) tremble. Jamie Novotny hat für mich dankenswerterweise diese Belege in RINAP Online herausgesucht http://oracc.muse um.upenn.edu/rinap/corpus/, in der Liste der Könige links auf Sargon II klicken. Zugriff 19. Januar 2022.

**154** Jan Christian Gertz, "Hezekiah, Moses, and the Nehushtan – A Case Study for a Correlation between the History of Religion in the Monarchic Period and the History of the Formation of the Hebrew Bible," in *The Formation of the Pentateuch: Bridging the Academic Cultures of Europe, Israel, and North America*, FAT 111, ed. Jan C. Gertz, Bernard M. Levinson, Dalit Rom-Shiloni und Konrad Schmid (Tübingen: Mohr Siebeck, 2016), 745–60.

Hosea-Schrift dürfte als solch ein Gotteswort zur Legitimation der Änderung der religiösen Praxis gedient haben. Nach dem Vorbild von Jes 7,3; 8,1–4 konstruierten die judäischen Schreiber für ihre Ausgabe der Hosea-Schrift eine Ehe- und Familiengeschichte zwischen Gomer und Hosea, die Israel in den symbolischen Kindernamen die Würde absprach, Volk Jhwhs zu sein.

Die Erkenntnis, das Jhwh als Garant des assyrischen Vasallenvertrags mit Samaria den gesamten Nordteil des Volkes Israels den Feinden preisgegeben, bei Sanheribs Feldzug 701 v. Chr. Jerusalem jedoch, das alleinige Jhwh-Kultzentrum nach der Zentralisation, vor den Assyrern bewahrt hatte, bestätigte die Identifikation der vielen Heiligtümer und Kultbilder als Auslöser von Jhwhs Zorn und führte dazu, Jhwh explizit als Bundesherren gegenüber Israel zu benennen. Eine Grunderzählung vom Bundesschluss am Sinai entstand während der Regierungszeit Hiskijas, die noch nicht den Tanz um das goldene Kalb oder das Tafelmotiv enthielt.[155] Die Kultreform Joschijas im Jahre 622 erneuerte und verstärkte die Zentralisation Hiskijas. Je nachdem, ob man die Götzenbildpolemik in der Hosea-Schrift schon unter Hiskija oder erst unter Joschija für wahrscheinlich hält, ist der für die Ehe-Metaphorik interessante Vers 4,16 mit seinem Gegenstück in 8,1a.2–11 in diese oder die folgende Schicht der Juda–Redaktion zu datieren.

## 4.4 Eine Juda-Redaktion warnt in 2,6.7a.8f.10b.11.13.15abα; 4,1f.15; 5,3–7.9.15–6,4.6; 7,1aα; 8,12–14; 9,1a.3b–9 unter anderem vor dem Kult in Bethel

Bezweckte die Kultzentralistaion unter Hiskija, Jhwhs Zorn durch kultische Missstände nicht zu erregen, musste das Aufsuchen von Bethel durch Wallfahrer aus Juda als gefährlich erscheinen. Deshalb stellt die Ausgabe der Juda-Redaktion Juda neben Israel als Ziel göttlichen Zorns dar und enthält eine Mahnung, nicht mehr zum Jhwh-Heiligtum nach Bethel zu pilgern, das als durch Jhwh verworfen bewertet wurde, selbst wenn die Assyrer den Kult dort bestehen

---

155 Die älteste Erwähnung eines Bundesschlusses dürfte in Ex 34,27 vorliegen, wie vertreten von Christoph Dohmen, „Der Sinaibund als Neuer Bund nach Ex 19–34," in: *Der Neue Bund im Alten.* QD 146, ed. Erich Zenger (Freiburg i. Br.: Herder, 1993), 51–83. Ralf Rothenbusch, *Die kasuistische Rechtssammlung im ‚Bundesbuch' (Ex 21,2-11.18-22,16) und ihr literarischer Kontext im Licht altorientalischer Parallelen,* AOAT 259 (Münster: Ugarit-Verl., 2000) und Michael Konkel, *Sünde und Vergebung: Eine Rekonstruktion der Redaktionsgeschichte der hinteren Sinaiperikope (Exodus 32–34) vor dem Hintergrund aktueller Pentateuchmodelle,* FAT 58 (Tübingen: Mohr Siebeck, 2008) plädieren dagegen für den zeitlichen Vorrang des Bundesschlusses in Ex 24,4 und datieren diese Erzählung ins 8. Jh.

ließen. Zu dieser Schicht gehören auch Abschnitte, die von Jhwh in der 3. Person sprechen (5,4.6f; 6,1–3 [Wir]; 9,9). Hier dürften auch Verknüpfungen anzusiedeln sein, die das Zweiprophetenbuch aus Hosea und Amos schaffen, nämlich 4,15f und 8,14.[156]

Im Gegensatz zu Vielhauer, der sämtliche Verse mit den Wuzeln *z.n.h* und *t.m.ˀ* in 4,1–9,9 als deuteronomistische Ergänzungen bewertet, die demnach frühestens aus der Regierungszeit Joschijas stammen können, gibt es nach den hier vorgelegten Schichtenzuweisungen in der Juda-Redaktion keine Ehe-Metaphorik mehr, abgesehen von den Ergänzungen in 2,6.7a.8 f.10b.11.13.15abα, wo der Bildwelt in Jeremia und Ezechiel entsprechend nun das Volk die untreue Gemahlin ist.

## 4.5 Spätere Zusätze ergeben die Komposition 4,1–9,9

Die Ergänzungen während der babylonischen Oberherrschaft (586–539) und der sich anschließenden Perserzeit dienten der Einbettung der Hosea-Schrift in das Vier- und das Zwölfprophetenbuch. Dazu gehören wohl auch weitere Verse, in denen über Jhwh in der 3. Person gesprochen wird (4,10b; 7,10; 8,13; 10,2.12; 11,2f.10; 12,3–6.14f; 14,1–3).[157]

# 5 Die Ursprünge der Ehe-Metaphorik in Hos 1 und 2

Wer ist die Ehefrau der Gottheit? Gegen die Identifikation der Frau mit einer Stadt, sei es Samaria,[158] sei es Jesreel,[159] spricht, dass der Name Samaria erst ab der Mitte von Hosea (7,1; 8,5f; 10,5.7; 14,1) und nur sechsmal auftaucht, Jes-

---

**156** Dietrich, „Propheten," 395.

**157** Nach Jakob Wöhrle, *Die frühen Sammlungen des Zwölfprophetenbuches: Entstehung und Komposition*, BZAW 360 (Berlin: Walter De Gruyter, 2006), verdanken sich folgende Verse einer von ihm deuteronomistisch genannten Redaktionsarbeit: 3,1–4; 4,1*.10.15; 8,1b.4b–6.14; 13,2f; 14,1. Dietrich, „Propheten," 396.

**158** John J. Schmitt, "The Wife of God in Hosea 2," *Biblical Research* 34 (1989): 5–18. Vielhauer, *Werden*, 152.

**159** Shawn Zelig Aster, "The Function of the City of Jezreel and the Symbolism of Jezreel in Hosea 1–2," *JNES* 71/1 (2012): 31–46. Er identifiziert die Frauengestalt in Hos 2 zwar nicht mit Jesreel, verdeutlicht aber die bedeutende Funktion dieser Stadt neben Samaria, ebd. 38: "Thus, the roles of Samaria and Jezreel as royal residences may be understood as follows: Samaria was the royal capital, with the main royal palace and cultic center; Jezreel was the military

reel nur ganz am Anfang (1,4; 2,24). Nimmt man noch die Belege von ᶜîr (8,14; 11,6; 13,10) und *qiryāh* (6,8) hinzu, so erhält man den Eindruck, dass die Stadt erst in der zweiten Hälfte der Schrift eine Rolle spielt. Das steht im gegenteiligen Verhältnis zur Verteilung von *ʾereṣ*, die mit 10,1 endet. Außerdem wird in 1,2 ausdrücklich gesagt, dass das Land (*ʾereṣ*) hurt.

Eine religionsgeschichtliche Schwierigkeit besteht eher darin, dass eine Erdgöttin in der Levante nicht als Gemahlin des Sturm- oder Wettergottes auftritt. Zwar gab es in sumerischen Quellen die Vorstellung, dass der Himmel sich mit der Erde paart,[160] aber Jhwh ist nicht der Himmel, sondern religionsgeschichtlich eher ein Sturmgott, der über die Verschmelzung mit dem kanaanäischen El auch königliche Züge und die Gefährtin Aschera angenommen hat, die ihrerseits keine Erdgöttin ist.

Die großen Sturmgötter der Hethiter und Hurriter haben nicht die Erdgöttin als Gemahlin.[161] Am klarsten kam das Paar des Sturmgottes und der Fruchtbar-

---

headquarters, where the royal chariotry and cavalry were kept and trained, and a provincial royal residence was built there."

**160** Im sumerischen Mythus Inanna und das Šumuda-Gras heißt es Z. 4–13: „Als der Regen sagte: „Ich werde regnen", als die Wand sagte: „Ich werde regnen" (Schreibfehler für ‚abreißen'?), als die Flut sagte: „Ich werde alles wegfegen" – schwängerte der Himmel, die Erde gebar, sie gebar auch das Šumunda-Gras. Die Erde gebar, der Himmel schwängerte, sie gebar auch das Šumunda-Gras." „An, der erhabene Gott, begattete die weite Erde. Er schwängerte sie mit dem Samen der Helden Baum und Rohr," heißt es in der sumerischen Erzählung von Baum und Rohr Z. 6–7. Claus Wilcke, "Vom altorientalischen Blick zurück auf die Anfänge," in *Anfang und Ursprung*, Colloquium Rauricum 10, ed. Emil Angehrn (Berlin: De Gruyter: 2007), 3–59, 20, 46. Jan W. Lisman, *Cosmogony, Theogony and Anthropogony in Sumerian Texts*, AOAT 409 (Münster: Ugarit-Verlag, 2013), 251–55. Diese Belege und die folgenden Literaturangaben zur Begattung von Himmel und Erde verdanke ich Manuel Ceccarelli, Bern. Vgl. Joan Goodnick Westenholz, „Heaven and Earth: A Sexual Monad and Bisexual Dyad," in *Gazing on the Deep: Ancient Near Eastern and Other Studies in Honor of Tzvi Abusch*, ed. Jeffrey Stackert, Barbara Nevling Porter und David P. Wright (Bethesda: CDL Press, 2010), 293–325. Zu ähnlichen Vorstellungen in Beschwörungen vgl. Mussu'u VIII Kolophon, Barbara Böck, *Das Handbuch Mussu'u Einreibung: Eine Serie sumerischer und akkadischer Beschwörungen aus dem 1. Jt. vor Chr.*, Biblioteca Próximo Oriente Antiguo 3 (Madrid: Consejo Superior de Investigaciones Científicas, 2007), 297, 306. Andrew R. George, *Mesopotamian incantations and related texts in the Schøyen Collection*, CUSAS 32 (Bethesda, MD: CDL Press, 2016), 128–29 II.E.7 Nr. 7m 39–41//8 f, 22'–24': Der Himmel befruchtete die Erde. Die Tiere von Šakkan besprangen einander. Frage, und du wirst erhört.

**161** Die Zuordnung und Charakterisierung der Götter folgt Volkert Haas, *Geschichte der hethitischen Religion*, HdO Abteilung 1, Der Nahe und Mittlere Osten 15 (Leiden: E. J. Brill, 1994). Sein Buch nimmt nämlich einen levantinischen Blickwinkel ein, der auch für die kanaanäische und israelitische Religionsgeschichte erhellend ist, weil die Religion der Hurriter berücksichtigt wird, die einen bedeutenden Einfluss ausübte, waren doch viele Rituale bei den Hethitern und in Ugarit auf Hurritisch geschrieben und auch Assyrien war religiös mit hurritischen Tra-

keitsgöttin in der sumerischen Mythologie durch die Verbindung von Iškur (^dIM) mit Ninhursanga heraus. Ninḫursanga (Herrin der steinigen Einöde) war eine Gebirgs- und Muttergöttin. Aber in ihrer Eigenschaft als Muttergöttin übte sie mehrere Funktionen aus. Denn Muttergöttinnen hatten viele Namen – Damgalnunna, Damkina, Ninhursag, Ninmaḫ (Göttin der Hebammen), Nintu, Mami. Ihr Epitheton „Mutter der Götter" führte zur Gleichsetzung mit der sumerischen Erdgöttin KI, der Gattin des Himmelsgottes AN in sumerischen Texten. Sie wurde auch zur Ninlil, eigentlich die Gattin Enlils, eines Sturmgottes. Akkadisch war Ninḫursanga mit Bēlet-ilī und Aruru, einer göttlichen Hebamme, gleichgesetzt. Erdgöttinnen wie KI oder Ninḫursanga sind also nur in sumerischer Mythologie gepaart mit dem Himmels- oder Sturmgott. Als Herrin der Einöde war Ninḫursanga auch die Gattin von Šulpa'e, dem Gott der wilden Tiere, und Schutzgöttin für die wilden wie gezähmten Tiere des Feldes.

Das akkadische Gegenstück des Iškur, der Gott Adad, vor allem der von Kurba'il, wird mit der Göttin Šala gepaart. Šala galt nicht nur als Gattin des Wettergottes Adad, sondern auch als Gefährtin des semitischen Ackerbaugottes Dagan und des hurritischen Getreidegottes Kumarbi, sogar des Licht- und Feuergottes Nusku. Šala war die Göttin des Sternzeichens Jungfrau und die Ackerfurche. Die mesopotamische Situation verdeutlicht das religionsgeschichtliche Problem. Die meisten Göttinnen verschwammen in Funktion und Partnerschaft mit anderen. Göttinnen, die mit Landwirtschaft und Fruchtbarkeit verbunden waren, hatten keine Regen-, sondern Landwirtschaftsgötter wie Dagan, Kumarbi oder Šulpa'e zum Gefährten. Mit Adad und Šala böte sich zumindest die Verbindung von Wettergott und Ackerfurche. Doch Šala zeigt sich wie die meisten Partnerinnen der levantinischen Wettergötter[162] auch als Himmelserscheinung,[163] als Sternzeichen. Sie ist also alles andere als die vergöttlichte Erde.

---

ditionen verbunden. Aufschlussreich sind deshalb die Gleichsetzungen hethitischer, hurritischer und syrischer Götter, aus denen sich etwas über deren Charakter erschließen lässt.

**162** Der luwische Tarḫunta (Gott Wind) in luwischen Hieroglyphen „Gott Donner" geschrieben, auch der Wettergott des Weinberges genannt, wurde zusammen mit der Göttin Mamma angerufen, später aramäisiert als der Hadad des Weinberges.

**163** Der hethitische Wettergott Tarḫunna ist der Ehemann der Sonnengöttin von Arinna, die mit der hurritisch-syrischen Göttin Ḫepat gleichgesetzt wurde. Mit der Erde wäre sie höchstens als in der Unterwelt weilende nächtliche Sonnengöttin und als Tochter der Unterweltgöttin Allatu verbunden. Ihr Sohn, der Wettergott von Zippalanda, galt in seiner Kultstadt Zippalanda nicht als Sohn des obersten hethitischen Götterpaares, sondern als Sohn des Wettergottes des Himmels und der Sonnengöttin der Erde. Letztere, taknaš ^dUTU geschrieben, war die hethitische Göttin der Unterwelt, der die hurritische Allani und sumerisch-akkadisch Ereškigal entsprach. Auch der Wettergott von Nerik galt als ihr Sohn. Die Sonnengöttin der Erde, Verkörperung des chthonischen Aspekts der Sonne, hatte die Aufgabe die Tore der Unterwelt zu öffnen.

Eine indirekte Verbindung zur Erde ergab sich durch die Sonnengöttinnen, die nachts nicht am Himmel standen, sondern sich in der Unter- und Totenwelt aufhielten, und mit der hurritischen Allani und der semitischen Allatu, Göttinnen der Unterwelt, identifiziert wurden. Das passt zur Vorstellung von der Erde als Mutterschoß, der die Lebewesen hervorbringt und nach dem Tod wieder aufnimmt.[164] Dem entspricht, dass die hethitische Göttin Daganzipa, der Genius der Erde, einerseits die Unterwelt bezeichnet, aber auch Mutter Erde genannt wird und zusammen mit dem Sturmgott erscheint.[165]

Man kann demnach als religionsgeschichtlichen Hintergrund einer Ehevorstellung zwischen Jhwh und ʾereṣ nicht einfach die sexuelle Vereinigung von Regengott und Erdreich postulieren. Eher weisen die Mythen aus der Levante auf die Erde als Unterweltgöttin hin. Allatum wurde in Ugarit mit Arṣay – dieselben Konsonanten wie ʾereṣ – gleichgesetzt, die als *kallatu* – dasselbe Wort wie in Hos 4,13f – Baals neben Tallay und Pidray auftritt (KTU 1.4 IV 47–57).[166] Doch hier stellt sich das Problem, dass man nicht weiß, welche Beziehung zwischen Baal und Arṣay unter dem Stichwort „Braut, Verlobte, Schwiegertochter" ausgesagt werden soll, denn Baal erscheint in der ugaritischen Mythologie erstaunlich keusch.[167] Hat er also mit Arṣay, Tallay und Pidray drei Bräute, also einen kleinen Harem, oder hat er drei heiratsfähige Frauen in seiner Obhut, die er zu Schwiegertöchtern machen, also verheiraten kann. Für letzteres spricht, dass Pidray als mögliche Ehefrau des Mondgottes in Frage kommt (KTU 1.24: 26).[168] Durch die Ehelichung Pidrays würde der Mondgott – ein Sohn Els – bei diesem Verständnis in die Familie Baals – ein Sohn Dagans – einheiraten. Es käme zu einer Verschwägerung zwischen der kannanäischen und der amoriti-

---

**164** Ḫepat oder Ḫebat war in der hurritischen Mythologie die Frau des Wettergottes Teššup, vielleicht auch des Wettergottes von Aleppo und galt als Tochter der Allatu, der Göttin der Unterwelt.

**165** Manfred Hutter, "Earth," in *DDD* 272 f. Herbert Niehr, "Zaphon," in *DDD*, 927–29, 928: "From Mount Zaphon, Baal brings rain to the land of Ugarit (KTU 1.101: 1–9). After his death Baal was buried on mount Zaphon (KTU 1.6 I 15–18). [...] Zaphon can also be named instead of Baal because in the hands of Zaphon (= Baal) are victory and triumph (KTU 1.19 II 34–36)."

**166** Gregorio del Olmo Lete, *Mitos y leyendas de Canaan según la tradición de Ugarit: textos, versión y estudio*, Fuentes de la ciencia bíblica 1 (Madrid: Cristiandad, 1981), 53–60.

**167** Von ikonographischer Seite passt dazu die Feststellung von Silvia Schroer, *IPIAO Band 3: Die Spätbronzezeit*, (Freiburg/Schweiz: Academic Press Fribourg, 2011), 51 f.: „Schon auf den Stempelsiegeln der MB-Zeit werden die nackte Göttin bzw. Zweiggöttin und der Wettergott in *splendid isolation*, nicht mehr als Paar präsentiert. Da die Terrakottakunst in der SB-Zeit ein weibliches, die Metallkunst eher ein männliches Genderzeichen trägt, festigt sich die Trennung der Sphären, eine eigentliche Interaktion von Göttin und Gott ist kein Thema." (Kursivschrift im Original).

**168** Olmo Lete, *Mitos*,168.

schen Götterfamilie. Sieht man hinter ʾereṣ in Hos 1,2 und 2,4–15* die Nachfolgerin der ugaritischen Arṣay, hätte Jhwh eine Tochter Baals als Partnerin, wäre zu einer Verschwägerung zwischen Jhwh, dem Sturmgott aus dem Süden/Teman (Kuntillet Adschrud; Hab 3,3), und der amoritischen Götterfamilie Dagans-Baals gekommen.

## 5.1 Arṣay in Ugarit

Was lässt sich aus ugaritischen Quellen über eine Verbindung zwischen einem männlichen Gott und der weiblichen Erde im kanaanäischen Raum erheben? Die ugaritische Religion systematisierte ihr Pantheon durch zwei Kopien einer Götterliste (KTU 1.47 und 1.118) für die es eine akkadische Übersetzung gab (RS 20.024, vgl. RS 92.2004). Die Liste war zusätzlich als liturgisches Modell für das Ritual des großen Opfers für Ṣapānu (KTU 1.148) bekannt. Die Überschrift *il ṣpn* (in KTU 1.47: 1 und 1.148: 1) kann als Titel verstanden werden, nämlich „Götter des Ṣapānu", um Îlu-zentrierte und Baᶜlu-zentrierte Attribute im höchsten Gott, dem Îlu des Ṣapānu, zu koordinieren. Der Berg Ṣapānu ist der Zafon der Bibel. Die Götterliste erlaubt es, Persönlichkeit, Funktion und Attribute der ugaritischen Götter aus ihren mesopotamischen Äquivalenten zu bestimmen, die besser bekannt sind.[169] Die Götterliste gruppiert die Götter nicht nach Ehepaaren, sondern nach Funktionen in Dreier- und Siebenergruppen.

Die Götterliste beginnt mit einer Dreiergruppe, die aus *ilib* (Akkadisch DINGIR *a-bi*), *il* (Akkadisch DINGIR^*lum*) und *dgn* (in mesopotamischer Keilschrift ᵈ*da-gan*) besteht. Angeführt wird sie von Gott oder Îlu als Vater, also dem Bekenntnis zum höchsten Gott Îlu als universalem Vater, dem Vater der Götter und Menschen. Zu der höchsten Gottheit gehören zwei weitere Götternamen, *il* und *dgn*. Die Gleichsetzung von Îlu und Dagan gehört zur kulturellen und kultischen Identifizierung des kanaanäischen mit dem amoritischen Pantheon. In Ebla war *Dagānu* der höchste Gott, der Herr von Kanaan. Außerhalb Babyloniens wurde Enlil mit Dagan und dieser mit dem hurritischen Kumarbi gleichgesetzt.[170]

Es folgt eine Siebenergruppe von Baalen. Baᶜlu war mit Adad/Hadad identifiziert, dessen Name mit den Sumerogrammen ᵈIM geschrieben wird. Er ist der große Schutzgott von Ugarit (*bᶜl ủgrt*). Angeführt wird die Siebenergruppe von ᵈIM *be-el ḫuršān ḫa-zi* = *bᶜl ṣpn*, also Baal Zafon. Es folgen sechs weitere Erschei-

---

**169** Olmo Lete, *Religion*, 53 f.
**170** Manfred Krebernik, *Götter und Mythen des Alten Orients*, C. H. Beck Wissen 2708 (München: Verlag C. H. Beck, 2015), 60.

nungsweisen des Ba$^c$lu (*ba$^c$lūma*), die schlicht durchnummeriert waren.[171] Die
nächste Siebenergruppe besteht aus chtonisch-astralen Göttern, angeführt von
der vergöttlichten Zweiheit „Himmel und Erde" (*árṣ wšmm*). Zu der Gruppe gehören unter anderem der Mondgott ($^d$EN-ZU = *yrḫ*), der vergöttlichte Berg Zafon
($^d$ḪUR.ŠAG *ḫa-zi* = *ṣpn*) und die Göttin Pidray ($^d$ḫé-bat = *pdry*).

Auch die vierte Gruppe von sieben Gottheiten wird von einer Zweiheit eingeleitet, nämlich den vergöttlichten Gebirgen und Meeren ($^d$ḪUR.ŠAG.MEŠ *u*
A$^{mu-ú}$ = *ġrm wthmt*). Dieser folgen sechs Göttinnen, die in einer hierarchischen
Reihenfolge gelistet sind, die den beiden vorangehenden Siebenergruppen entspricht. Liest man diesen Abschnitt zusammen mit dem ersten, gehört *íl* aus der
Dreiergruppe am Anfang zu $^d$*aš-ra-tu₄* / *åṯrt*, der ersten Göttin der Liste nach
den Gebirgen und Meeren. Zur ersten Siebenergruppe mit Erscheinungsweisen
des *b$^c$l* gehört die auf Aṯiratu folgende $^d$*a-na-tu₄* / *$^c$nt*, also die Göttin Anat. Aus
der Siebenergruppe der chtonisch-astralen Götter gehört der Mondgott (*yrḫ*) zur
Sonnengöttin ($^d$UTU = *špš*). Für die Zuordnung von Wettergott und Erde wichtig
ist die folgende Entsprechung: Der Berg Ṣapānu steht in der Siebenergruppe
der chtonisch-astralen Götter an jener hierachischen Stelle, die $^d$*al-la-tu₄* / *årṣy*
in der Gruppe der Göttinnen einnimmt.[172] Akkadisch ist Arṣay mit Allatu gleichgesetzt, einer Unterweltgöttin.[173] *Arṣayu* und *Ṣapānu* sind wohl als Aufenthalts-
orte zu verstehen, der Berg für den Wettergott und die Erde für die Toten. Das
Hervorbringen pflanzlichen Lebens und das Empfangen der Leichname Verstor-
bener schließen sich nicht aus. Jedenfalls findet sich in der Götterliste ein indi-
rekter Beleg für eine Beziehung zwischen Baal als Herren des *Ṣapānu* und der
Erde, der *Arṣayu*.

Verbindet man diese Götterlisten mit den Informationen über Arṣay im ugaritischen Baal-Zyklus aus dem 14. Jh. und der Fortschreibung der Hosea-Schrift
in Kapitel 2, dessen Grundbestand aus dem 8. Jh. stammen dürfte, ergibt sich

---

**171** „Der Pl. des mask. Nomens wird im St. abs. stets durch die sogenannte Mimation in Form
der Endung –*ma* erweitert." Josef Tropper, *Ugaritische Grammatik*, 2., stark überarb. und
erw. Aufl., AOAT 273 (Münster: Ugarit-Verl., 2012), 293.
**172** Es folgen noch die Entsprechungen $^d$*sa-sú-ra-tu₄* = *ktr* / $^d$*iš-ḫa-ra* = *úšḫry* und $^d$*aš-ta-bi* =
$^c$*ttr* / $^d$*EŠDAR$^{iš-tar}$* = *$^c$ttrt*. Die Zuordnung der weiblichen Götter von Aṯiratu bis $^c$Aṯtartu durch
Olmo Lete lässt die Göttin Pidray, die mit der astralen hurritischen Ḫebat gleichgesetzt ist, aus
der chtonisch-astralen Siebenergruppe ohne Partner. Auch die letzte Gruppe der Liste, die je
nach Götterliste neun oder sechs Gottheiten umfasst, beginnt mit einem Kollektiv, nämlich den
Helfern des Gottes Ba$^c$lu, zu denen zwei Götter gehören, Rešef und der nicht semitischen Gottheit Dadamiš. Dieser Dreiheit entspricht eine weitere, die mit dem Kollektiv Familie des Ílu
eingeleitet wird. Dazu gehören das Meer (*Yamu*) und der nicht semitischen Gottheit *úṯḫt*. Den
Abschluss bilden die vergöttlichte Leier, die Ratgeber und das Abendrot.
**173** Krebernik, *Götter*, 74 f.

für das mythologische Denken folgendes Bild. Die Erde ist eine Göttin, die nicht zur obersten Gruppe des Pantheons gehört. Sie ist entweder eine von mehreren Frauen des Sturm- und Gewittergottes oder eine seiner drei Töchter, die er als Bräute zu verheiraten gedenkt. Ein möglicher Bräutigam von Pidray wäre der Mondgott. Jhwh nähme demnach zwei mögliche Positionen im Pantheon ein, entweder als Gegenstück zu Baal / Hadad mit der Erde als einer Nebenfrau oder als Gegenstück zum Mondgott als Bräutigam der Erde. Beides ist denkbar, war Jhwh doch ein Gewittergott wie Baal und stand er doch auch in Beziehung zu (El) Eljon, von dem er gemäß dem Urtext von Dtn 32,8 Israel zugeteilt bekam, ähnlich wie der Mondgott Yariḫu dem Ȋlu als dessen Sohn zugeordnet war. Die Beziehung zwischen Arṣay und ihrem männlichen Gegenüber ist im Baal-Zyklus mehrdeutig. Sie ist keinesfalls die Hauptfrau des Wettergottes.

Das Eheverhältnis zwischen Jhwh im mythischen Gewand des Gewittergottes und ʾereṣ lag demnach vor einem kanaanäischen Hintergrund nicht auf der Hand. Die Beziehung zwischen Baal und Arṣay ergibt in Ugarit ein getrübtes Bild, weil in der Götterliste der göttliche Berg und nicht der Wettergott selbst der Erdgöttin zugeordnet ist und im Baal-Zyklus neben ihr einerseits noch Tallay und Pidray stehen und andererseits aus Ugarit kein sexueller Kontakt Baals mit irgendeiner Göttin – auch mit Anat nicht – überliefert ist, ganz im Gegensatz zu Ȋlu/El, der gemäß dem Ritual von der Geburt der lieblichen Götter (KTU 1.23), dem Mythos Šaḫar und Šalim, einen drastisch geschilderten Liebesakt mit deren ungenannter Mutter, die keinesfalls seine Gemahlin Aṯiratu war, vollzog. Durfte sich also Ȋlu/El wie wohl jeder verheiratete altorientalische Mann Seitensprünge erlauben, verpflichtete selbst die Stellung der Nebenfrau oder der Verlobten zur Treue. Deshalb kann die Hosea-Schrift dem Land Hurerei und Ehebruch vorwerfen. Hurerei in dem Sinne, dass es ʾereṣ/Land im Umgang mit ihrem männlichen Gegenüber vor allem um den Lohn (ʾeṯnān) geht. Ehebruch in dem Sinne, dass auch die Nebenfrau ihrem Mann oder die Braut ihrem Bräutigam zur Treue verpflichtet war. Vor dem mythologischen Hintergrund war die Ehe-Metaphorik in Hos 2 als Verbindung zwischen Jhwh und dem Land wohl etwas Neues. Der angestrebte Verfremdungseffekt zielte darauf ab, dass sich die angesprochenen Kinder, also die Israeliten, als Kinder der Hurerei, also als notorisch untreu, erkennen, war doch „das Schlimme an der Prostitution das Schicksal der ihr entsprossenen Kinder. Wenn ein Vater diese seine Kinder nicht anerkennt, sind sie vaterlos und gehören zu keiner Familie in Israel [...], weil sie keinen Namen und kein Erbe unter den Israeliten haben."[174]

---

174 Schenker, „Kinder," 368.

## 5.2 Ein Ehebruchsversuch wird von Gott verziehen

Ilus Hauptfrau Aṯiratu versuchte den Ehebruch in dem hethitisch überlieferten Mythos von Elkunirša, was übersetzt, El, der Hervorbringer der Erde, bedeutet. Die hethitisch überlieferte Text (CTH 342.1) dürfte westsemitisches Material adaptieren. Der Mythos handelt davon, dass Aṯiratu, die Frau des Gottes Elkunirša, gegenüber dem Wettergott Tarḫunta sexuelle Annäherungsversuche macht.[175] Tarḫunta wendet sich jedoch an Elkunirša und berichtet ihm von Aṯiratus Drängen. Daraufhin weist Elkunirša den Wettergott an, Aṯiratu zu demütigen. Diese aber gewinnt das Vertrauen ihres Mannes zurück und veranlasst ihn dazu, Tarḫunta in die Unterwelt zu verbannen. Von dort wird er von seiner Schwester Ištar gerettet und durch Riten wieder zum Leben erweckt. Dieser Text beleuchtet das Verhältnis von ʾereṣ/Land zu Jhwh in Hos 1,2; 2,4–15* auf mehrfache Weise:

1. Eine Göttin konnte in der Levante Ehebruch begehen oder zumindest versuchen.
2. Aṯiratu verlockt Tarḫunta mit den Worten: „Sei hinter mir! Dann bin ich für dich hinter dir", was an Hos 1,2b erinnert.
3. Ein Gott kann sich mit seiner ehebrecherischen Gemahlin wieder versöhnen. Die Strafe der Demütigung mündet nicht in der vollständigen Auflösung der Beziehung.

Dass die Liebe zwischen Mann und Frau die Liebe zwischen Gott und Göttin imitiert, bildete angesichts der Dichtungen über Ištar und Tammuz aus Mesopotamien sicher einen Bestandteil religiösen Lebens.[176] Bezogen auf das Verhältnis Gott und Gottesvolk stellt das in Judentum und Christentum immer noch ein Wesenselement der innerhalb der Ehe vollzogenen *Immitatio Dei* dar.[177] Aus Ugarit haben sich keine Texte erhalten, die in ähnlich aufreizender Weise wie die mesopotamischen Dichtungen über Ištar und Tammuz zur Nachahmung der Liebesakte zwischen den Göttern verlocken. Im Gegenteil, das Verhältnis zwi-

---

175 In der altorientalischen Mythologie gehört Tarḫunta zu den verschwindenden Göttern. Während das Verschwinden des Baal nach der Tötung durch Mot Trockenheit und sommerliche Dürre bewirkt, geschieht das Verschwinden des Tarḫunta in den anatolischen kalten Wintermonaten. Die bedeutendste verschwindende Gottheit ist Dumuzi, der Geliebte und Gemahl der Inanna.

176 In 1 Sam 2,22 wirft der masoretische Text dem Priester Eli vor, er hörte von all dem, was seine Söhne ganz Israel antaten, und dass sie mit den Frauen schliefen, die Dienst taten am Eingang des Zelts der Begegnung. Den Vorwurf des Beischlafs gibt es aber nur im Hebräischen. Die alten Versionen bezeugen den Halbvers nicht.

177 Pirjo Lapinkivi, "The Sumerian Sacred Marriage and Its Aftermath in Later Sources," in *Sacred Marriages: The Divine-human Sexual Metaphor from Sumer to Early Christianity,* ed. Martti Nissinen und Risto Uro (Winona Lake, IN: Eisenbrauns, 2008), 7–41, 29–33.

schen Baal und Anat und sogar das Verhältnis zwischen Baal und Pidray, Tallay und Arṣay wird nie als Beischlaf erzählt. Doch nicht Jhwh wird der Unzucht beschuldigt, sondern Israel. Dahinter kann neben dem politischen Treubruch nur die Kritik an der Verehrung anderer Gottheiten stecken. Man kommt nicht darum herum, eine Form von Monolatrie als Erwartung gottgefälligen religiösen Verhaltens schon im Königreich Israel vorauszusetzen. Das Entstehen einer monolatrischen Norm kann man auf die schon erwähnte Jhwh-allein-Bewegung zurückführen.[178] Erich Zenger zählte religionsgeschichtliche Beobachtungen auf, die zur Ausbildung der Monolatrie Jhwhs geführt haben.

1) Jhwh ist bezeugt als ein Gott, der aus dem Süden (Sinai, Edom, Paran, Teman, Seïr) kam und als Retter aus der Macht Ägyptens und Kanaans zum Hauptgott einer dörflich und egalitär strukturierten Stämmegesellschaft Israels aufstieg.

2) Jhwhs häufigster Beiname lautet „Gott Israels", das heißt, er wurde über das Volk definiert, zu dem er in einer Beziehung stand. Fundamentale Eigentümlichkeit Jhwhs war demnach seine personale Beziehung zu Israel als seiner Familie.

3) Jhwh war ursprünglich eine solitäre Gottheit. Er gehörte in kein Pantheon und besaß weder Frau noch Kinder. Das zeigt sich darin, dass selbst nach seiner Einordnung in das Götterpantheon der Levante die ihm untergeordneten Götter nicht „Söhne Jhwhs" genannt wurden, sondern „Söhne Els" blieben.

4) Jhwh besaß kein anthropomorphes Kultbild.[179]

Die Hartnäckigkeit, mit der die Hosea-Schrift das Huren zusammen mit dem Suff verdammt, erweckt den Eindruck, dass sich die Stimme einer Minderheit innerhalb der israelitischen Gesellschaft in ihrer Beurteilung dessen Gehör verschafft, was Jhwhs Zorn und Strafe herbeigeführt hat. Was das in Hosea mehrfach kritisierte Weintrinken anbelangt, kommen die Rechabiter in den Sinn. Stand der Sympathisant mit der Jehu-Dynastie, auf den die Grundschrift zurückgehen mag, dieser Gruppe nahe? Denn diese Gruppe führt sich gemäß Jer 35,14 auf „Jonadab, den Sohn des Rechab" zurück, der in 2 Kön 10,15.23 erwähnt ist

---

178 Bernard Lang „Die Jahwe-allein-Bewegung," 47–83. Vgl. Ders., „Gottes Einzigkeit", in *Die Welt der Hebräischen Bibel Umfeld – Inhalte – Grundthemen*, ed. Bernard Lang und Walter Dietrich (Stuttgart: Kohlhammer 2017), 383–98. Ders., „Die Leviten. Von der Gegnerschaft einer kriegerischen Priesterzunft gegen Ahnenverehrung und Bilderkult," in *Buch der Kriege – Buch des Himmels: kleine Schriften zur Exegese und Theologie*, Contributions to biblical exegesis and theology 62, ed. Bernhard Lang (Leuven: Peeters, 2011), 45–82. Ders., „Die Leviten: Ihre Anthropologie und die Folgen für Ahnenkult und Bilderverehrung im alten Israel," in *Menschenbilder und Körperkonzepte im Alten Israel, in Ägypten und im Alten Orient, Orientalische Religionen in der Antike*, ed. Angelika Berlejung und Joachim Friedrich Quack (Tübingen: Mohr Siebeck, 2012), 287–320.
179 Erich Zenger, „Der Monotheismus Israels: Entstehung – Profil – Relevanz," in *Ist der Glaube Feind der Freiheit?* QD 196, ed. Ernst Dassmann und Thomas Söding (Freiburg im Breisgau: Herder 2003), 9–52, 20–22.

und die Revolution des Jehu unterstützt hatte. Rechabiter tranken keinen Wein und lebten in Zelten.[180] Letzteres erinnert an die Redeweise von den Zelten Israels (Ri 7,8; 1 Sam 4,10; 13,2; 2 Sam 18,17; 19,9; 20,1.22; 1 Kön 8,66; 12,16; 2 Kön 8,21; 13,5). Wenn es also in Israel die Rechabiter gab, die in Zelten leben wollten, so wie Israel gemäß metaphorischer Redeweise eigentlich in Zelten lebte, mag es auch Gruppen gegeben haben, die noch vom ursprünglich solitären Charakter Jhwhs wussten und ihn so auslegten, dass ihn die Verehrung anderer Götter erzürnen konnte.

# 6 Die Ehe-Metaphorik in den Schichten von 4,1–9,9

## 6.1 Das kultpolemische Mahnschreiben

### 6.1.1 Das Land trauert: 4,3

Zur Ehe-Metaphorik gehört in diesem Vers ʾereṣ/Land als personifizierte weibliche Gestalt, welche die Gefühlsreaktion des Trauerns ʾāḇēl empfindet. Die Gestalt ʾereṣ/ reagiert auf die Strafe des göttlichen Ehemannes, der gemäß 2,14 ihre Verwüstung verursachen will.

Kann das Land menschliche Emotionen haben?[181] In 4,3 ist das Land grammatisches Subjekt einer Aussage, die anthropozentrisch mit „vertrocknen", ökologisch jedoch mit „trauern" übersetzt werden kann. Mit der Übersetzung „trauern" gesteht man zu, dass die Bibel ʾereṣ/Land als ein Lebewesen betrachtet, das agiert und Gefühle hat. Dazu passt, dass auch 1,2 ʾereṣ/Land als Subjekt des Hurens nennt.

> 3 Darum wird das Land trauern (te-ʾaḇal hā=ʾāreṣ), und vertrocknet ist jeder Bewohner in ihr (wa-ʾumlal kol yôšēḇ bā=h): samt dem Getier des Feldes und samt den Vögeln des Himmels; und auch die Fische des Meeres werden eingesammelt.[182]

---

**180** Georg Fischer, „Rechab / Rechabiter," in *Das Wissenschaftliche Bibellexikon im Internet* (www.wibilex.de), 2008.
**181** Das Bild des trauernden Landes kommt zusammen mit Hos 4,1–3 in neun prophetischen Passagen der Bibel vor: Amos 1,2; Jer 4,23–28; 12,1–4.7–13; 23,9–12; Jes 24,1–20; 33,7–9; und Joel 1,5–20. Hier nimmt die Erde oder das Land eine Persona an, die auf menschliche Not oder Übertretung oder auf beides reagiert. Katherine M. Hayes, *The Earth Mourns: Prophetic Metaphor and Oral Aesthetic*, Academia biblica 8 (Atlanta: Society of Biblical Literature, 2002).
**182** Hier ist der masoretische Text übersetzt. Zu textkritischen Überlegungen vgl. Vielhauer, *Werden*, 93 f.; Zehetgruber, *Zuwendung*, 124. Zur Bundestheologie in 4,1–3 vgl. Rüterswörden, „Bundestheologie," 89.

Ein Großteil der Diskussion über die Datierung von 4,1–3 dreht sich um den als apokalyptisch qualifizierten V. 3. Rainer Stahl argumentiert, dass 4,3 den Schock der Zerstörung von Juda und Jerusalem im Jahr 597 widerspiegelt und somit exilisch sei.[183] Laut Jörg Jeremias hatten die Kapitel 1–3 eine andere Übertragungsgeschichte als die Kapitel 4–11 und wurden frühestens in der Exilzeit mit diesen verbunden.[184] Vielhauer führt als literarkritisches Element der Ausscheidung von V. 3 aus einer Komposition 4,1–9,9* an, dass die Strafe für die Bewohner des Landes gemäß 9,3 in der Vertreibung aus dem Land besteht, in 4,3 die Strafe dagegen die Bewohner im Land treffe. Doch die Nennung von Tieren, Vögeln und Fischen, die 4,3 abschließt, erweckt ein Bild der Natur ohne Menschen. Denn in 4,3a folgen auf die Ankündigung, dass alle, die im Land wohnen, schmachten werden, drei Arten von Lebewesen, Tiere, Vögel, Fische – keine Menschen, obschon der Ausdruck „alle, die in ihm wohnen" das Volk Israel als Landesbewohner einschließen mag. Wie hier vorgeschlagen, als unmittelbare Fortsetzung von 2,15bβ gelesen, beschreibt der 4,3 die Reaktion der weiblichen Figur Land auf den Entzug der Gaben durch Jhwh, der sich auf alles, was im Land wohnt und selbst auf das Meer auswirkt. Das passt zur Lage in den Gebieten jenseits des Jordan, in Galiläa und an der Mittelmeerküste, aus denen die Bevölkerung nach 732 verschleppt worden war, ohne dass die Assyrer dort sofort eine Provinzverwaltung eingerichtet oder eine Neubesiedlung durchgeführt hätten. Das Verschmachten von „Tieren des Meeres", „Vögeln des Himmels" und das Verschwinden von „Fischen des Feldes" deutet darauf hin, dass die gesamte Natur ins Stocken gerät. Zehetgruber meint zu Recht, dass hier nicht auf Schöpfungstheologie angespielt sein muss.[185] Die Vergehen der Israeliten haben den ihnen von Jhwh anvertrauten Lebensraum in eine Wüste verwandelt, in einen Ort, der aufgrund seiner Lebensfeindlichkeit mit dem Chaos assoziiert wird.

Das Verb ʾā*ḇal* mit seinen doppelten Assoziationen von „trauern" und „austrocknen" und ʾ*umlal* mit seinen Konnotationen der Beendigung der Fruchtbarkeit passen zu einer Dürre, der alles tierische Leben – bei den Fischen wäre ein

---

**183** Rainer Stahl, „Gottesgericht oder Selbstzerstörung: Wie ist ein verbindliches Zeugnis ökumenischer Theologie angesichts der ökologischen Herausforderung zu begründen? Eine Reflexion an Hand von Hosea 4,1–3," in *Veritas et Communicatio. Ökumenische Theologie auf der Suche nach einem verbindlichen Zeugnis: Festschrift zum 60. Geburtstag von Ulrich Kuhn*, ed. Heiko Franke et al. (Göttingen: Vandenhoeck & Ruprecht, 1992), 321–31. Ders. „Deshalb trocknet die Erde aus und verschmachten alle, die auf ihr wohnen …": Der Versuch einer theologiegeschichtlichen Einordnung von Hos 4,3," in *Alttestamentlicher Glaube und Biblische Theologie Festschrift für Horst Dietrich Preuss zum 65. Geburtstag*, ed. Jutta Hausmann und Hans-Jürgen Zobel (Stuttgart: Kohlhammer, 1992), 166–73.

**184** Jeremias, *Hosea*, 19–20.

**185** Zehetgruber, *Zuwendung*, 188.

extrem niedriger Wasserstand im See Genezareth vorstellbar – zum Opfer fällt.[186] „Land" tut, was Menschen tun, nämlich „trauern", und die Bewohner tun, was Pflanzen oder Landschaften tun, nämlich „verwelken" oder „vertrocknen" (Jes 24,4.7; 33,9; Joel 1,10.12; Nah 1,4).[187] Will man 4,3 als Reaktion auf die Deportationen von 734 an der Mittelmeerküste und von 732 in Galiläa und Gilead verstehen, so mag das Eingesammeltwerden der Fische auf den See Genezareth und das Mittelmeer anspielen, Gewässer in diesem Gebiet, die auf Hebräisch als *yām* „Meer" bezeichnet werden. Schaut man in die neuassyrischen Verträge, ergibt sich noch eine Verbindung von Vögeln und Fischen als Mittel des Eidbruchs. In SAA 2 13 III 1–3 heißt es:

> Weder mit einem Fisch des Meeres noch mit einem Vogel des Himmels darfst du Nachrichten verschicken.

Gemeint sind Nachrichten des Vasallen an einen anderen Herrscher darüber, dass der assyrische König eine Maßnahme gegen diesen plant. Abgezielt ist also auf Verrat und Treubruch. Wenn man darüber hinaus der ersten kultkritischen Schicht einen Vorwurf am Götzendienst zuspricht, dann mag eine Rolle spielen, dass einige Gottheiten mit dem Symbol des Fisches verbunden waren, darunter Atargatis, die später nachweislich in Karnajim verehrt wurde, das dem Feldzug Tiglatpilesers ebenfalls zum Opfer fiel. Zudem macht erst das Verb für die Fische deutlich, dass Trauern und Vertrocknen einen Prozess bezeichnen, der mit dem Verschwinden oder dem Tod endet.[188]

### 6.1.2 Töchter und Schwiegertöchter leiden wegen der Väter und Schwiegerväter: 4,10–14*

4,4–9 enthalten keine Stichworte der Ehemetaphorik. Außerdem dürfte die Kritik an den Priestern aus judäischem Blickwinkel und im Zusammenhang einer Kultzentralisation formuliert sein, welche die Priester der lokalen Heiligtümer dem Verdacht des Versagens in Jhwhs Augen unterwirft. Erst in dem Nichtigkeitsfluch in 4,10 kommt die Wurzel *z.n.h* vor. Jörg Jeremias zog Vers 10 zu Vers 8 und zugleich zu Vers 11–15 unter dem Stichwort „Unzucht treiben". In

**186** Nicholas J. Tromp, *Primitive Conceptions of Death and Nether World in the Old Testament*, Biblica et orientalia 21 (Rom: Pontifical Biblical Institute, 1969), 132.
**187** Hayes, *"The Earth Mourns"*, 12–18, 129–204.
**188** So *ʾ.s.p* Ni in Gen 25,8.17; 35,29; 49,29.33; Num 20,24; 27,13; 31,2; Dtn 32,50; Ri 2,10; 2Kön 22,20; Jes 56,12; 60,20; Jer 48,33; 2Chr 34,28 vgl. Jes 16,10.

4,11–14 erkannte er eine konzentrische Struktur und in V. 15 einen späteren Zusatz aus judäischem Blickwinkel.[189]

Welches Interesse sollten die in 4,4–8 angeklagten Priester an der durch Hurerei gezeugten illegitimen Kindern haben? Das Verb *pāraṣ* bedeutet „über das Land ausbreiten" in Gen 28,14; Ex 1,12; Jes 54,3; Ijob 1,10; 1 Chr 4,38; 2 Chr 11,23; „zu einer Menge werden" in Gen 30,30.43, Hos 4,3; Spr 3,10; „zerstreuen" in Ps 60,3. Im Zusammenhang mit Königin Atalja von Jerusalem, der Gottlosigkeit in Person, steht das Verb in 2 Chr 24,7. Darum wird der Nichtigkeitsfluch in V. 10 hier von der Anklage an die Priester getrennt und als Vorspann zur palindromischen Komposition V. 11–14 gezogen.

A) 10 Und *sie* sollen essen, aber nicht satt werden, zur *Hurerei* veranlassen, sich aber nicht ausbreiten, denn *sie* haben Jhwh verlassen, um festzuhalten 11 an *Hurerei* und Wein und Most (*ṭîrôš*) – es *raubt den Verstand* (yi-qqaḥ lēb)! 12 *Mein Volk* – es befragt seinen Baum (bə=ʿēṣ=ô yi-šʾāl), und sein Stab soll ihm Auskunft geben.

B) Denn der *Geist der Hurerei* hat *sie* (Männer) in die Irre geführt, und *sie* haben *Hurerei* getrieben weg *unter* ihrem Gott (ihren Göttern way-yi-zn-û mit=taḥaṯ ʾə-lōh-ê=hem). 13 Auf den Höhen der Berge bringen *sie Schlachtopfer* dar (yə-zab-bēḥ-û) und auf den Hügeln Rauchopfer (yə-qaṭṭēr-û) unter Eiche und Pappel und Terebinthe (taḥaṯ ʾallôn wə=libneh wə=ʾēlāh), ihr Schatten ist ja so angenehm!

C) Darum treiben eure Töchter *Hurerei* (ʿal kēn ti-znê-nāh bənôṯ-ê=kem) und eure Schwiegertöchter *brechen die Ehe* (wə=kallôṯ-ê=kem tə-nāʾáp-nāh). 14 Ich suche eure Töchter nicht heim (lōʾ ʾe-pqôḏ), weil sie *Hurerei* treiben, und eure Schwiegertöchter nicht, weil sie die *Ehe brechen*!

B') Denn *sie* (Männer) sondern ab mit den *Huren* (kî hēm ʿim haz=zōnôṯ yə-pārēḏ-û) und bringen *Schlachtopfer* dar bei den Qedeschen (wə=ʿim haq=qəḏēšôṯ yə-zabbēḥ=û).

A') Und *ein Volk*, das *keine Einsicht* hat (lōʾ yā-bîn), kommt zu Fall!

In Hos 4,10 kommt das Stichwort des Hurens in einem Nichtigkeitsfluch vor. Das mag als Verständnishilfe gedacht gewesen sein, 4,11–14 als Form von Vertragsbruch und Strafe dafür zu erkennen. In 4,11 ist die Hurerei neben den Wein und den Most – den schon gärenden und beschwipsenden Heurigen – gestellt. Alle drei rauben den Verstand. 4,12 sieht einen „Geist der Hurerei" im Befragen von Holz und Stab, also einer induktiven Mantik. 4,13f sind die einzigen Verse in 4,1–9,9, wo *zānāh* und *nāʾap* beieinander stehen. Aber es wird gerade nicht zum Vorwurf gegenüber den Akteuren, den Töchtern und Bräuten oder Schwiegertöchtern, sondern gegenüber Vätern und Schwiegervätern, deren Verhalten Töchter und Schwiegertöchter der Hurerei und dem Ehebruch aussetzt. Im Hintergrund dürften altorientalische Vertragsflüche stehen oder das, was erfah-

---

189 Jeremias, *Hosea*, 68.

rungsgemäß bei Kriegseinfällen geschieht: Frauen werden vergewaltigt oder müssen sich aus reiner Not prostituieren (Am 7,17; SAA 2 6: 428–430). Bemerkenswert ist der männliche Blick auf die Frauen. Die Väter sehen ihre Töchter als Huren. Die Schwiegerväter sehen ihre durch die Ehe gebundenen Schwiegertöchter als Ehebrecherinnen. Das Verhalten der Vätergeneration hat zum Krieg als Strafe für den Vertragsbruch geführt. Die Töchter und Schwiegertöchter werden davon ähnlich in Mitleidenschaft gezogen wie das Land in 4,3.

Wein und Most rauben den Verstand, wenn sie im Übermaß genossen werden. Soll auch Hurerei Geschlechtsverkehr im Übermaß anklagen? Das Verb z.n.h steht in 4,10 im Kausativ. Will das andeuten, dass Männer sexuell aufgereizt wurden? So etwas ist als assyrische Politik belegt[190] und mag mit den Figürchen von nackten Frauen auch in Israel vorgekommen sein. Immerhin zeigen die Reliefs mit der Qedeschet oder Qudschu aus der Spätbronzezeit die nackte Göttin und oft daneben den Gott Min mit dem versteiften Phallus.[191]

Im Hifil gibt es das Verb zānāh nur zu Beginn des Privilegrechts in Ex 34,16, in Lev 19,29, in Hos 4,10.18; 5,3 sowie dem Vorwurf an Joram von Juda in 2 Chron 21,11.13, durch die Errichtung von Kulthöhen Jerusalem zur Hurerei veranlasst zu haben. In 2 Chron 21,6 werden ihm die kultischen Vergehen der Könige von Israel vorgeworfen, weil er eine Tochter des israelitischen Königs Ahab zur Frau hatte, dazu in 2 Chron 21,4 der Mord an seinen Brüdern. Bemerkenswerterweise stehen Ex 34,16 und 2 Chron 21,11.13 im Kontext von Mischehen. Wie alt ist die Norm, keine Kanaanäerinnen zu heiraten (Gen 24,3.37; 28,1.6.8; vgl. 27,46)? Stehen die Königinnen Isebel und Atalja als Paradigma für religiösen Synkretismus bewirkende Verschwägerung im Hintergrund?

Das Verlassen Hadads hatte schon die Prophetie in Mari beklagt. Hier wird Jhwh verlassen zum Beobachten (li=šmōr) von Tirosch/Tirasch, dem Namen einer Gottheit. Das legt einen Betrug an Jhwh im Dienst an anderen Göttern nahe. Somit ist Hurerei hier eine Metapher für Götzendienst. Die induktive Mantik von 4,12 kann in zweierlei Hinsicht als Treubruch aufgefasst werden. Einmal befra-

---

**190** Königsinschrift von Aššur-bel-kala auf einer lebensgroßen nackten Frauenstatue aus Marmor aus dem 11. Jh. v. Chr., die eine Inschrift auf der Rückseite der rechten Schulter trägt, welche besagt, der König habe diese Skulpturen in den Provinzen, Städten und Garnisonen zur Erregung aufgestellt. Grayson, *Assyrian Rulers*, 108: A.O. 89.9. Ein Foto der Statue bietet Zainab Bahrani, "The Hellenization of Ishtar: Nudity, Fetishism, and the Production of Cultural Differentiation in Ancient Art," *The Oxford Art Journal* 19 (1996): 3–16, 13 Fig. 9.

**191** Christian Frevel, „Qudschu," in *NBL* II, 224–27, 225 f. Abb. 3–5. 226: „In der EZ ist der Qudschu-Typ nicht mehr belegt. Nachwirkungen finden sich vereinzelt [...]." Christoph Uehlinger, „Götterbild," in *NBL* I, 871–92, 884 Abb. 7b, 885 f.: „Dagegen fehlen Darstellungen weiblicher Gottheiten in der EZ I fast vollständig, sieht man von den Terrakotten ab, wo zwar der Qudschu-Typ [...]] nicht belegt ist, aber die »nackten Frauen« ohne besondere Attribute weiterlaufen [...]."

gen die Israeliten nicht Jhwh, sondern eine Baumgottheit oder deuten den Fall von Holzstäben, andererseits gehörte in Assyrien die Mantik zur Diplomatie, wie die Anfragen an den Sonnengott beweisen.[192] Es wurde um Auskunft nachgesucht, wie ein Fürst oder ein Volk sich verhalten würde. Was suchte man vom Holz zu erfahren? Sucht man Hintertüren in kontraktuellen Beziehungen, die Treue und Loyalität fordern (vgl. Dtn 29,19)?

Geist der Hurerei muss nicht ausgelebte Sexualität bedeuten, sondern kann rücksichtsloses Vorteilsstreben meinen. Andererseits können die Qedeschen mit dem zu tun haben, was auf ägyptischen Stelen abgebildet ist. Dann wäre der Kult unter den Bäumen erotisch gefärbt gewesen. Es gab im Alten Orient Liebeszauber und Beschwörungen zur Erlangung der sexuellen Potenz.[193] Das muss aber nicht bedeuten, dass man am Heiligtum Sex hatte.[194] Das Verb *p.r.d* Piel in 4,14 kommt nur hier in diesem Stamm vor und bedeutet eigentlich „teilen, trennen, aussondern". Die gängige Übersetzung „sich absondern mit, beiseite gehen mit" ist schon Interpretation. Das Verb kann schlicht bedeuten, dass man Frauen, die kultisch unrein sind, am Opfermahl Anteil gibt, vielleicht, um seine Schulden bei ihnen zu begleichen.

A und A' legen durch das Stichwort „Volk" einen Rahmen um die Komposition. B und B' beginnen jeweils mit deiktischem *kî* „denn" und sprechen von einer Gruppe (sie) in der 3. Person Plural. Den Sprachgebrauch von 4,13 mit dem Verbpaar „opfern/räuchern" sowie der pauschalisierenden Ortsangabe „auf Bergen/auf Hügeln" ordnete Marie-Theres Wacker voreilig deuteronomistisch ein.[195] Doch die Formulierung in 4,12f stimmt nicht mit denen im Deuteronomium oder im DtrG überein. Es fehlen die dort oft erwähnten Mazzeben und Ascheren und das Adjektiv *ra$^{ca}$nān* „laubreich, üppig" beim Baum.[196] Außerdem stehen Berge und Hügel extra. In Hos 4,12 klingt nichts deuteronomistisch. In Hos 4,13 werden Schlacht- und Rauchopfer dargebracht, ohne dass dieser Kult explizit als Hurerei verurteilt wäre.

---

**192** Jussi Aro, Julian Reade und Ivan Starr, *Queries to the Sungod: Divination and politics in Sargonid Assyria*, SAA 4 (Helsinki: Helsinki University Press, 1990).

**193** Volkert Haas, *Babylonischer Liebesgarten: Erotik und Sexualität im Alten Orient* (München Beck, 1999).

**194** Kornfeld und Ringgren, "קדֹשׁ qdš," in *ThWAT* VI, 1179–1204, 1183: „[...] Sakralprostitution in Ugarit bisher nicht bewiesen [...]." Ebd., 1186: „Das substantivierte Adj. *qādeš* mask./*q$^e$dešāh* fem. 'Geweihte(r)' ... bezeichnet männlich und weibliche Kultfunktionäre, wie sie in den kanaanäischen Kulten üblich waren und von dort für die synkretistischen Praktiken Israels übernommen [...] wurden."

**195** Marie-Theres Wacker, *Figurationen des Weiblichen im Hosea-Buch*, HBS 8 (Freiburg i. Br: Herder, 1996), 283.

**196** Dtn 12,2; 1 Kön 14,23; 2 Kön 16,4; 17,10; 2 Chr 28,4, oft verbunden mit. Bei den Propheten gibt es das in Jes 57,5; Jer 2,20; 3,6.13.

Der Mittelteil C schließlich geht zur Anklage in der direkten Anrede der 2. Person Maskulinum Plural über. Männer – die Väter und Schwiegerväter (oder weniger wahrscheinlich Bräutigame) – müssen mitansehen, wie ihre Töchter und Schwiegertöchter (oder weniger wahrscheinlich Bräute) Hurerei oder Unzucht treiben und die Ehe brechen. Das Nomen *kallôṯ* „Schwiegertöchter oder Bräute" ist dasselbe, welches in Ugarit die drei dem Gott Baal zugeordneten niedrigen Göttinnen, darunter die Erd- oder Unterweltgöttin bezeichnete. Jutta Krispenz und Melanie Köhlmoos weisen darauf hin, dass das Bild der Prostitution benutzt werden könnte, um eine militärische Bedrohung zu bezeichnen. Frauen müssen sich prostituieren, ohne von Gott dafür verantwortlich gemacht zu werden.[197] Denn Frauen werden bei Krieg und Eroberungen von den einmarschierenden Soldaten vergewaltigt, „fraternisieren" oder werden „Kriegsbräute" der Besatzungssoldaten. Die sprachliche Homonymie von *ʾēlāh* als Terebinthe oder Göttin, wie sie hinter 4,13 stehen dürfte, stellt als solche bereits ein Göttinnenbild bereit, das der Göttin als Baum.[198] Die Zweiggöttinnen auf Stempelsiegeln und Metallamuletten sind immer nackte Frauengestalten, was es denkbar macht, den Umgang mit diesen Bildnissen „Hurerei" zu nennen. Die Erwähnung der angenehmen Schatten, den die Bäume auf den Kulthöhen spenden in 4,13 zeigt, dass die Kulthandlungen während des Tages stattfanden. Aus den ugaritischen Ritualen lässt sich schließen, dass Männer und Frauen getrennt feierten.[199] Doch mit Sonnenuntergang setzte eine Entheiligung ein. Der ugaritische König wurde von seinem sakralen Zustand wieder in einen profanen übergeführt, wohl damit er in der Nacht wieder mit einer Frau zusammen sein konn-

---

**197** Jutta Krispenz, "Idolatry, Apostasy, Prostitution: Hosea's Struggle against the Cult," in *Priests and Cults in the Book of the twelve,* Ancient Near Eastern Monographs 14, ed. Lena-Sophia Tiemeyer (Atlanta SBL Press 2016), 9–29, 14 f., 20 f. Melanie Köhlmoos, „Töchter meines Volkes: Israel und das Problem der Prostitution in exilischer und nachexilischer Zeit," in *„Sieben Augen auf einem Stein" (Sach 3,9): Studien zur Literatur des zweiten Tempels Festschrift Ina Willi-Plein,* ed. Friedhelm Hartenstein und Michael Pietsch (Neukirchen-Vluyn: Neukirchener, 2007), 213–28, 213.
**198** Wacker, *Figurationen,* 275 f., 278: „In der Spätbronzezeit (ca. 1550–1150 v. Chr.) ist die nackte Göttin, dargestellt mit Capriden und zumeist auf einem Löwen stehend, im Raum des späteren Israel ein charakteristisches Motiv, wird aber bereits durch ihr Symbol, den Baum, ersetzt. Für die Eisenzeit dagegen nimmt die Stelle der weiblichen Gestalt eher ein stilisierter Baum ein, der wie diese auf einem Löwen steht und von Capriden flankiert ist. Bekannte Belege dafür sind der zweite Kultständer aus Taanach und eine Zeichnung auf Pithos A aus Kuntillet 'Ajrud."
**199** Das bedeutende, in mehrfachen Textkopien erhaltene Ritual KTU 1.40 sieht die Trennung des teilnehmenden Volkes nach Geschlechtern vor: „sons / daughters of Ugarit". Olmo Lete, *Religion,* 115.

te.[200] Vielleicht deutet Hos 4,14 (B') an, dass die Männer sich an die Enthaltsamkeitsvorschriften zur kultischen Heiligung nicht hielten, vor allem bei mehrtägigen Festen (vgl. 1 Sam 20,27f), und das professionelle weibliche Begleitung (*zônôt*) für das nächtliche Bankett verfügbar war.

Für die kultischen Praktiken gilt die Beobachtung von Zehetgruber:

> Wie das Objekt, dem die Opfer dargebracht werden, wird auch die Intention, mit der die Opfer dargebracht werden, nicht genannt, so dass nur grundsätzliche Aussagen über den Sinn der in Vers 13a beschriebenen Opfer getroffen werden können. [...] Kontextuell betrachtet kann der Verzicht auf die Nennung der Gottheiten und der Darbringungsintention auf die starke Orientierung der Opfernden an ihren eigenen Interessen und ihrem eigenen Verlangen (V. 8; V. 10b; V. 11; V. 13aβ) zurückgeführt werden. Dabei scheint der Vollzug der Opferhandlungen an schattigen [...] Plätzen (V. 13aβ) mitsamt der Befriedigung der „Fleischgelüste" unterschiedlicher Provenienz bereits fast alle Erwartungen zu erfühlen, die von dem Vollzug der Kultpraktiken erhofft werden (Versorgung, Fruchtbarkeit).[201]

Ein Eheverhältnis zwischen Jhwh und Volk oder Land Israel kommt explizit in 4,10–15 nicht vor.

### 6.1.3 Götzendienst: 4,18–19

> 18 War vorüber ihr Saufen, stachelten sie sich heftig zum Huren an. Sie liebten „Gebt her!" Eine Schande war ihre Schamlosigkeit. Ein Sturm hat sie (3. Femininum Singular: Frau Land) in seine Flügel eingewickelt, so dass sie (3. Maskulinum Plural) wegen ihrer Opfermahlzeiten zuschanden wurden.

Das Thema aus 4,10–15 setzt sich fort, wieder mit der Verbindung des Saufens und des Aufreizens zum Sex. 4,18 stellt in der Vergangenheit das Übertriebene der Gier dar, die Hurerei als Verhalten auszeichnet, das auf Entgelt abzielt. Der Sturm wickelt ein feminines Objekt ein und meint wohl Jhwh als Sturmgott gegenüber der Frau Land. Die Strafe wirkt sich auf ein Kollektiv aus, die ähnlich wie in 4,13f wegen der Opfer gerügt wird. Gemäß der hier vorgeschlagenen Da-

---

**200** Olmo Lete, *Religion*, 99 nennt dies "the topical formulae of 'purification / deconsecration' of the king, which normally preced and follow his cult sacrificial action." In der wohl als Vollmondritual zu deutenden Opferzeremonie KTU 1.87 heißt das so: In the month of š[iy], the fourteenth (day), the [king shall] wash (remaining) purified. Next, one ram shall be offered to [...] as a [holocaust]. The sun sets and the [king] (remains) desacralized. Olmo Lete ergänzt die Übersetzungen "purified" für *brr* und "descralized" für *wḥl* mit „remains" und meint damit wohl, dass er durch die Waschung vor dem am Tage durchgeführten Ritual rein wird und bleibt und bei Sonnenuntergang entheiligt oder unrein wird und bleibt, so dass er auch Dinge tun darf, die man in einem „heiligen" Zustand nicht tun dürfte.
**201** Zehetgruber, *Zuwendung*, 211 f.

tierung des Verses brandmarkt er das Verhalten der Bewohner der 732 abgetrennten Bezirke des Königreichs Israel.

### 6.1.4 Ein Zitat aus dem Vasallenvertrag Efraims: 7,11–13 und das Entfremden von Jhwh oder Wundritzen für Dagan und Tirosch in 7,15

Das neu an die Hosea-Grundschrift angefügte Ende 7,8–16 redet dreimal Efraim
an (7,10 mit Israel ist ein späterer Zusatz) und enthält zwar keine Ehemetaphorik, aber in 7,12 das Motiv aus einem Fluch, der wahrscheinlich im Vasallenvertrag zwischen Tiglatpileser III. und Hoschea ben Ela stand.

> 11 Efraim wurde wie eine Taube, verführbar, ohne Verstand: Nach Ägypten rufen sie, nach
> Assur laufen sie.
> 12 Während sie gehen, werfe ich über sie mein Netz: Wie die Vögel des Himmels hole ich
> sie herunter. Ich lasse sie strafen entsprechend dem, was gemäß ihrem Vasallenvertrag
> zu hören ist ($kə\text{=}\check{s}\bar{e}ma^c\ lə\text{=}{}^c\bar{e}\underline{d}u\underline{t}\text{=}\bar{a}m$).

Das Verständnis von 12b wurde immer dadurch erschwert, dass die „ihre Ge-
meinde" als Übersetzung von $la\text{=}{}^{ca}\underline{d}\bar{a}\underline{t}\text{=}\bar{a}m$ nicht zum Bild des Vogelfanges
passt. Es löst sich leicht, wenn man wie oben das Wort von ${}^c\bar{e}\underline{d}u\underline{t}$ ableitet, dem
hebräischen Gegenstück zu aramäisch ${}^c aday$ und assyrisch $ad\hat{e}$. Vorauszusetzen
sind Versammlungen, in denen der Vasallenvertrag dem Volk zu Gehör gebracht
worden war. Man kann sogar die masoretische Vokalisation beibehalten, wenn
man den Begriff als Volksversammlung zum Anhören des Vasallenvertrags versteht. 7,12a besagt, dass der Eidesgarant Jhwh den Betrug Efraims schon durch-
schaut und ahndet, während diese noch auf diplomatischer Reise sind, um bei
der Ablieferung des Tributs den Assyrern Loyalität vorzugaukeln. Der Bruch des
Vasallenvertrags wird zum Bruch mit dem Fluchgott Jhwh.

> 13 Wehe ihnen, weil sie vor mir fliehen! Zerstörung ihnen, weil sie mit mir brechen!
> Zwar will ich selbst sie loskaufen, doch sie reden Lügen gegen mich.
> 14 Nicht zu mir schreien sie in ihrem Herzen, wenn sie auf ihren Betten heulen.
> Wegen Korn und Most verhalten sie sich als Fremde (oder ritzen sie sich wund), weichen
> von mir ab.
> 15 Ich selbst wies sie zurecht, habe ihren Arm gestärkt, doch gegen mich planen sie Böses.
> 16 Sie kehren um, doch nicht hinauf, sie wurden wie ein trügerischer Bogen.
> Es fallen durchs Schwert ihre Fürsten, wegen der Verwünschung ihrer Zunge.
> Da wird Spott sein über sie im Lande Ägypten.

Auch 7,16 erinnert mit dem trügerischen Bogen an Vertragsflüche und die Verwünschung der Zunge mag die Selbstverfluchung des Vertragseides sein. Datiert in jene Jahre gegen Ende der Regierung von König Hoschea, wo politische
Kräfte in Samaria – darunter wahrscheinlich sogar mit Ägypten verbundene

Händler aus Libyen[202] – den Bruch mit Assyrien und die Annäherung an Ägypten betrieben, stellt dieser Abschnitt eine eindringliche Warnung vor dieser proägyptischen Politik dar, die wohl mit Propagandareden untermauert wurde, die in 7,13 als Bruch mit, Lüge über und in 7,15 als Böses gegen Jhwh getadelt werden. Wieder ist die Untreue gegenüber Jhwh mit Tirosch verbunden. Die Gaben, die Jhwh der *ʾereṣ*/Land gegeben hatte, versucht man sich durch ein Verhalten zu verschaffen, die sich an die Götter Dagan und Tirosch richtet. Für diese Deutung ist es unerheblich, ob man in dieser Hinwendung zu anderen Göttern Selbstverstümmelungsriten sieht, weil man das Hitpolel von *gûr* zu יתגודדו *yiṯgôḏāḏû* „ritzen sie sich wund"[203] emendiert.

### 6.1.5 Der Schluss der Mahnprophetie zur Treue in 9,1b–3

Wenn ihr euch nicht ändert, geht's euch ebenso wie euren Landsleuten, die 732 verschleppt wurden! Um solch eine Mahnung unters Volk zu bringen, endete die erste kultpolemische Ergänzung mit einer Androhung der Deportation:

> 1b Den Hurenlohn hast du geliebt, wo immer Getreide gedroschen wurde. 2 Dreschplatz und Kelter werden sie nicht ernähren, und der Most wird sie verleugnen. 3 Im Land Jhwhs dürfen sie nicht mehr wohnen; Efraim muss zurück nach Ägypten und in Assur müssen sie unreine Speisen essen.

Mit den zuvor dieser Schicht zugeschriebenen Abschnitten verbinden sich die Kennzeichnung der Hurerei als Gier nach Brot und Wein, die Doppeldeutigkeit zwischen Getreide und Most – Dagan und Tirosch. Am Schluss steht die Androhung, das Land verlassen zu müssen. Zur Schaukelpolitik zwischen Assyrien und Ägypten passt, dass beide Länder als Orte der Exilierung – oder des freiwilligen Exils – in Parallele stehen. Imperfekt- und und wə-qatal-Formen in 9,3 entwerfen diese Situation als in der Zukunft liegend, nicht als Rückblick auf ein schon eingetroffenes Ereignis.

In 9,3 ist das Land *ʾereṣ yhwh*, das Land Jhwhs, was ein Eigentumsverhältnis zwischen Jhwh und Land ausdrückt. Da *ʾereṣ* weiblich und Jhwh männlich ist, mag in diesem Besitzverhältnis ein Eheverhältnis mitschwingen. Die Hurerei ist deutlich mit materiellem Profit und Besitz verbunden (Hurenlohn 9,1). Kritisiert wird eine rituell kultische Einstellung nach der Devise „Viel hilft viel." Möglichst viele Götter, Jhwh, Dagan, Tirosch in den Schlachtopfern und Speisegaben zu bedienen, vergrößert die Wahrscheinlichkeit, durch Fruchtbarkeit auf

---

202 Radner, "The 'Lost Tribes of Israel'," 120 f.
203 Wolff, *Hosea*, 136, 163 f.

Feld und Flur, in Pferch und Stall materiell zu gewinnen. Kritisiert wird mit dem Stichwort „huren" eine Promiskuität in der religiösen Praxis, die auf kultische Reinheit aus zwei Gründen nicht mehr achten kann; einerseits weil die Schlachtopfer vor allem der eigenen Befriedigung dienen und nicht dem Kontakt mit der Gottheit, und andererseits, weil die Vervielfältigung der kultischen Aktivitäten notgedrungen eine Laxheit bei der Beachtung der Reinheitsvorschriften mit sich bringt. Damit wird das im Alten Orient im Kult wichtige Thema der Reinheit angesprochen. Unreinheit war die häufigste Ursache dessen, was die Menschen sich als Auslöser göttlichen Zorns vorgestellt haben.[204]

Das Land ist ähnlich wie in 4,3 betroffen vom Gebaren seiner Bewohner. Das feminine Personalpronomen für das Objekt in 9,2b „der Most wird *sie* verleugnen/täuschen" kann sich auf das Land beziehen. Man mag da mithören: Sollte ʾereṣ Yiśrāʾēl auf die Göttin Tirosch gehofft haben, wird es enttäuscht. Es wird aber kein Vorwurf des Ehebruchs erhoben. Eher kommt das Land durch die Deportation der Israeliten in ein unreines Land als eine Mutter in den Blick, die ihrer Kinder beraubt wird.

## 6.2 Ehe-Metaphorik und Bundestheologie in der zweiten kultpolemischen Schicht

### 6.2.1 Die Ehe mit Gomer in 1,3–9

Die Namengebung als prophetisches Zeichen findet sich außerhalb von Hos 1 nur bei Jesaja. Dabei werden Geburt und Namengebung des Schear-Jaschub (Jes 7,3) nicht berichtet. Angesichts dieser Überlieferungslage ist die Drohnamengebung eine Besonderheit ausschließlich von Hos 1 und Jes 8. In Jes 8 liegt ein Ich-Bericht vor, in Hos 1 ein Er-Bericht. Dieser Wechsel vorn Ich- zu Er-Bericht bei der Übernahme könnte darauf deuten, dass der Verfasser von Hos 1 sich des Fiktiven seiner biographischen Notizen über das Leben Hoseas bewusst war. An die Stelle der vorwegnehmenden Aufzeichnung des Namens in Jesaja hat er die Eheschließung des Propheten Hosea mit Gomer Bat-Diblajim gerückt. In der hier vorgeschlagenen diachronen Hypothese wird diese Ehe- und Familiengeschichte als das Werk eines Schreibers angesehen, der nach 722 die kultkritisch ergänzte Grundschrift über die Zeichenhandlungen und Worte des Nord-

---

204 Hadjiev, "Adultery," 232 f.: "A much better overarching paradigm for understanding the issues involved is provided by the well known idea that the concepts of purity and pollution are linked to the notions of order and chaos. [...] To go against the order of the world is to invite disaster."

reichpropheten Hosea in Jerusalem neu herausgab. Wenn Jhwh sein Volk Israel in den Untergang gehen ließ, wie kann Jhwhs Volk Juda denken, ihm bliebe solch eine göttliche Verwerfung erspart? Der Schreiber beantwortet diese Frage dadurch, dass er Israel aus dem Munde Jhwhs den Status, Gottesvolk zu sein, abspricht: „Ihr seid nicht mein Volk, und ich bin nicht euer Gott!" Die Blutschuld von Jesreel meint die Ermordung des judäischen Königs Ahasja und seiner zweiundvierzig Brüder bei der Revolution des Jehu gegen die Omri-Dynastie (2 Kön 9,27; 10,12–14). Diese Bluttat konnte den Rechtsgrund für die Aufkündigung des Status, Volk Gottes zu sein, abgeben.

## 6.2.2 Eine drastische Ehe-Metaphorik unter dem Bild Israels als Kuh: 4,16f

16 Ja, wie eine störrische Kuh (*kə=p̄ārāh*) – so störrisch ist Israel geworden.
Jetzt weidet Jhwh sie (= die Israeliten) wie ein Schlachtlamm (*kə =keḇeś*) auf weiter Flur.
17 Mit Götzenbildern ist Efraim verbündet! Lass es!

Was bedeutet der Vergleich mit der störrischen Kuh und dem Lamm im Parallelismus in V. 16? Zehetgruber nimmt Hos 10,11 und Neh 9,29 zu Hilfe. Beim „Vergleich mit einer störrischen Kuh [...] ist dabei [...] offenbar an eine Kuh gedacht, die in einen Pflug gespannt ist. [...] Dies wirft die Frage auf, wie Vers 16b gemeint ist: handelt es sich um eine – ungekennzeichnete – rhetorische Frage, die deutlich machen soll, dass eine störrische Kuh, die sich dem Pflügen verweigert, gewiss nicht von JHWH wie ein (zutrauliches) Lamm [...] geweidet [...] werden wird? Oder stellt die von MT gebotene Aussage von Vers 16b („jetzt wird JHWH sie weiden wie ein Lamm in der Weite") eine subtile Drohung da, weil Lämmer häufig als Opfertiere verwendet wurden?"[205] Allerdings soll die Kuh in Hos 10,11 dreschen, nicht pflügen und wird freundlich behandelt. Da der Inhalt von 4,16f innerbiblisch schwer verständlich ist, darf man wohl Texte aus Ugarit zur Interpretation heranziehen. In KTU 1.5 V und in KTU 1.12 paart sich Baal mit einer Kuh, die ihm einen Knaben in Gestalt eines Stiers gebiert. In KTU 1.13 29–31 wird Anat Kuh Baals genannt. Die Begriffe für Kuh im Ugaritischen sind *árḫ* / *árḫu/* und *prt* / *parratu* / junge Kuh, Färse, das exakt in jener Szene vorkommt, wo Baal die Kuh besteigt (1.5 V 18) in Parallele zu *ᶜglt* / *ᶜiglatu* /.[206]

Die mythischen Szenen folgen auf einen Rat der Sonnengöttin an Baal:

---

**205** Zehetgruber, *Zuwendung*, 219 f.
**206** Josef Tropper, *Kleines Wörterbuch des Ugaritischen*, Elementa linguarum Orientis 4 (Wiesbaden: Harrassowitz, 2008). (junge) Kuh heißt auch *ypt* = *yapattu* 1.10 III 3 // *alp* Jungstier.

> KTU 1.5 V. 17 Almighty Baal obeyed. 18 He loved a heifer (*ᶜiglata*) in *dbr*, a cow (*parrata*) 19 in the field(s) of *šḥmmt*. He lay 20 with her seventy-seven times, 21 she allowed (him) to mount eighty-eight times. 22 And she conceived and gave birth to a young male (?).[207]

Die Parallele *parratu* // *ᶜiglatu* in KTU 1.5 V 18 stellt für die Interpretation der Hosea-Schrift eine Verbindung her zwischen *pārāh* in 4,16 und *ᶜegel*, dem Stierbild, in 8,5f; 13,2. Haben die Israeliten sich ihren Landesgott Jhwh als Gewittergott in Gestalt eines Stiers vorgestellt, dann mag dessen Begegnung mit einer Kuh die Kenntnis von Mythen voraussetzen, wie sie in Ugarit überliefert sind. Man kann 4,16f so verstehen, dass Mythen von Baal ironisch auf das Verhältnis Jhwhs zu Israel übertragen werden, da sich das Volk gemäß 8,5f seinen Gott als Jungstier denkt. V. 16a scheint diese Vorstellung in ironischer Weise ernst zu nehmen und folgerichtig dem Stiergott eine Kuh als Partnerin zuzuordnen. Doch noch nicht einmal unter diesen mythischen Vorstellungen würde die Beziehung zwischen Jhwh und Israel glücken, weil Israel sich sogar als Kuh störrisch verhält. Mit den ugaritischen Mythen im Blick hieße das, die störrische Kuh lässt sich vom Gott in Stiergestalt nicht besteigen. Im Gegensatz zum Mythos käme es zu keiner fruchtbaren – Nachkommenschaft zeugenden – Begegnung zwischen Jhwh und Israel, selbst wenn er den Stier spielen würde.

In KTU 1.10 III taucht die Göttin Anat auf, sie ist aber nicht selbst die Kuh. Außerdem werden für die Kuh andere ugaritische Wörter benutzt, die keine etymologisch verwandten Gegenstücke im Hebräisch der Hosea-Schrift besitzen.

> 2 A cow (*arḫu*) for Maiden Anat, 3 and a heifer (*yapattu*) for the Daughter-in-law of the People. ... 32 She called to Baal, 33 "Good news! Gladden, O Baal, 34 and gladden, son of Dagan! 35 For a bull is born to Baal, 36 and an ox to the Rider of the Clouds!" 37 Almighty Baal rejoiced.[208]

Diese Stelle ist hier zitiert, um das Ziel der Vereinigung zwischen Baal und der Kuh herauszustellen, nämlich die Geburt eines Bullen als Nachkommen für Baal, für den Anat wohl die Rolle der Amme übernimmt, und das Epitheton Baals als Sohn des amoritischen Getreidegottes Dagan vorzuführen, kommt doch das hebräische Wort *dāġān* mehrmals in der Hosea-Schrift vor (2,10f.24; 7,14; 9,1; 14,8).

Akzeptiert man den Vorschlag, in V. 16a eine Anspielung auf mythische Erzählungen über Baal-Hadad und eine Kuh als Partnerin zu sehen, läge Ehe-Metaphorik vor. Doch wäre eine sexuelle Beziehung zwischen Jhwh und dem

---

**207** Neal H. Walls, *The Goddess Anat in Ugaritic Myth*, SBL Dissertation Series 135 (Atlanta: Society of Biblical Literature, 1991), 127.
**208** Walls, *Goddess*, 132 f.

Volk – Personalpronomen der 3. Person Plural in V. 16b – sofort als sinnlos beendet. Statt die Zeugungskraft des Gewittergottes zu empfangen und ihm wie die Kuh im Mythos zu gebären, wird Israel in V. 16b zum Festbraten. Denn der parallele Halbvers vergleicht die Mitglieder des Volkes mit Lämmern, die Jhwh weidet, wohl damit sie geschlachtet und verzehrt werden. Das dürfte auf einen anderen Mythos mit Baal in der Hauptrolle anspielen, nämlich die feierliche Bankettszene, in der er mit den Göttern seinen Palast einweiht. Die Szene steht in KTU 1.4 VI:

> 38 [Baa]l made arrangements for [his] house, 39 Hadd made [arrange]ments for his palace. 40 He slaughtered large stock [as well as] small. 41 He felled bulls [and] fatling rams (*ṯôrīma* [*wa-*]*ma/r'ī'ī ilī*), 42 Calves (*ʿigalīma*) a year old, 43 Sheep (*immirī*) by the flock with k[i]ds.
>
> 44 He invited his brothers into his house, 45 His ki[nf]olk inside his palace; 46 He invited the seventy, the children of Athirat. 47 He provided the gods with suckling(?) rams (*karrīma yān*[*iqīma?*]), 48 Provided the goddesses with ewes (*ḫaparāti*). 49 He provided the gods with bulls (*âlapīma*) 50 Provided the goddesses with cows (*ârḫāti*).[209]

Ebenso wie in 4,16 stehen in KTU 1.4 VI 41 Boviden und Capriden in Parallele, genauso in Z. 42 f. sowie Capriden in Z. 47 f., parallel zu Boviden in Z. 49 f.

Auf dieselbe ergänzende Schreibertätigkeit geht die Kritik am Bild des Jungstiers in 8,4b–6.11.13a zurück. Der göttliche Liebespartner zeigt sich nicht im Bild eines Stieres. Samarias Jhwh-Kult war irregeleitet. Juda muss es besser machen.

## 6.3 Die Juda-Redaktion warnt vor dem Kult in Bethel

### 6.3.1 Hos 4,15

> Wenn du, Israel, eine *Hure* bist, soll Juda sich nicht schuldig machen. Und ihr sollt nicht nach Gilgal kommen und nicht hinaufziehen nach Bet-Awen und nicht schwören: So wahr Jhwh lebt!

4,15 setzt Hurerei mit Schuld gegenüber Jhwh in Parallele und wirft sie dem untergegangenen Königreich vor.

> „Aufgerüttelt [...] hat ein [...] Judäer seine Landsleute nach dem Untergang des Nordreichs vor einer analogen Verfehlung zu warnen versucht. Er tat dieses im Anschluß an ihm geläufige Sätze des Amos (Am 5,5; 4,4; 8,14), die das [...] Vertrauen auf Wallfahrten an

---

209 Mark S. Smith und Wayne T. Pitard, Hg., *The Ugaritic Baal Cycle. Bd. 2, Introduction with Text, Translation and Commentary of KTU/CAT 1.3–1.4*, Supplements to Vetus Testamentum 114 (Leiden; Boston: Brill 2009), 625.

heilige Orte beklagten. [...] Mit Gilgal [...] und Bet-El (zu Bet-Awen, ‚Haus des Unheils',
[...] verballhornt [...]), sind zwei Orte unmittelbar an der Nordgrenze Judas genannt, mit
Beerscheba [...] sogar ein Ort in Juda selber; alle Orte werden von Juda aus besucht worden sein."[210]

Aufgerüttelt war der Schreiber in Jerusalem wohl vom Wahrwerden der Flüche
des Vasallenvertrags zwischen Assyrien und Efraim. Deshalb warnt er vor
Schwüren unter Anrufung Jhwhs als Eidezeugen, die seine Bestrafung für den
Eidbrüchigen heraufbeschwören. Seine Warnung an Judäer gegen Vasallen-
und vielleicht auch Privatverträge mit Eiden lautet: Vermeidet Verträge mit der
Anrufung Jhwhs! Jhwh könnte die Vertragsflüche über euch kommen lassen.

Neu ist in 4,1–9,9 die Gleichsetzung Israels mit der Hure. Das setzt die Ergänzungen in 2,6.7a.8 f.10b.11.13.15.16f voraus. Die Schicht dürfte Jeremia und
Ezechiel kennen.

### 6.3.2 Hurerei und Betrug in Hos 5,3–7

Hurerei wird in 5,3f zum Thema. Das Verb *ṭ.m.ʾ* gibt es nur innerhalb von
Hos 4,1–9,9, und zwar zweimal im Kontext der Unzucht und abschließend im
Zusammenhang der für die Deportierten unmöglich gewordenen Weinlibatio-
nen und Schlachtopferfeste:

3   Ich, ich kenne Efraim,
    und Israel ist nicht vor mir verborgen.
    Ja, jetzt hast du Hurerei veranlasst, Efraim,
    und Israel hat sich verunreinigt.
4   Ihre Taten machen es ihnen unmöglich,
    umzukehren zu ihrem Gott.
    Denn ein Geist der Unzucht ist in ihrer Mitte;
    so haben sie Jhwh nicht erkannt.
5   sraels Hochmut schlägt ihm selbst ins Angesicht.
    Israel und Efraim straucheln über ihre Schuld;
    mit ihnen ist auch Juda gestrauchelt.
6   Mit ihrem Kleinvieh und ihren Rindern gehen sie, Jhwh zu suchen.
    Doch sie finden nichts. Er hat sich ihnen entzogen.
7   Jhwh haben sie betrogen.
    Ja, Fremdkinder haben sie hervorgebracht.
    Jetzt frisst sie ein Neumond samt ihren Ackeranteilen.

In 5,3–4 stehen alle Verben im Perfekt. Die prophetische Stimme stellt Tatbe-
stände fest. Sie spricht in V. 3 in der ersten Person einen Adressaten in der

---

**210** Jeremias, *Hosea*, 71.

2. Person an, V. 4–7 jedoch reden von Menschen und Gott in der dritten. Ist 5,4–7 ein prophetischer Kommentar zu einem Gotteswort in 5,3? Es wird weder konkret gesagt, worin die Unreinheit und die Hurerei bestehen, noch ob und welche Konsequenzen diese haben. 5,3 bietet *zānāh* Hifil und *ṭāmēʾ* Nifal. Die beiden Verben gibt es, abgesehen von 5,3, überhaupt nur in Ez 20,30; 23,20 und Ps 106,39 in einem Vers. Immer ist Götzendienst gemeint.

Wieder ist Israel oder Efraim die Frau, die Jhwh sogar fremde Kinder geboren hat. Das Verb *bāḡaḏ* kommt in Jer 3,8.11; 5,11 in einem Vergleich zwischen Israel und Juda als Gemahlinnen Jhwhs mit dem Vorwurf des Hurens vor (vgl. Jer 3,30). Die Liebe zu Fremden (*zārîm*) wird der Frauengestalt in Jer 2,25; 3,13; 5,19 vorgeworfen. Wieder entsteht der Eindruck, dass Jeremia den Verfassern dieser Verse bekannt ist. Der Neumond könnte eine Anspielung auf den Sin von Haran sein. Ein Gott, den man Israel und Juda verehrte, wird zum Vernichter.

# 7 Ergebnis

Dieser Aufsatz ging zwei Fragen nach, der nach der Bedeutung und Herkunft der Ehe-Metaphorik einerseits und der nach dem Einfluss altorientalischer Vertragsvorstellungen auf die Bundestheologie in der Hosea-Schrift andererseits. Bei der Ehe-Metaphorik sollte man unterscheiden zwischen dem Vorwurf der Hurerei und dem Vorwurf des Ehebruchs. Der älteste Vorwurf der Hurerei im AT dürfte gegen Königin Isebel erhoben worden sein. Als pejorative Wertung der fremden, unheimlichen Frau, der Zauberkünste unterstellt werden, entstammt er dem Munde des Gründers der Nimschiden-Dynastie. Er wird erhoben gegenüber deren Sohn und macht diesen implizit als Hurensohn verächtlich, als einen Mann ohne Erbrecht. Der Anfang des Vorwurfs der Hurerei in der Bibel war das Schimpfwort. Im Alten Orient erscheint er als Schimpfwort für Männer, die ihren Loyalitätspflichten gegenüber königlichen Oberherren untreu wurden.

Der Vorwurf des Ehebruchs und damit die eigentliche Ehe-Metaphorik richtet sich in der Hosea-Schrift gegen die weibliche Gestalt des Landes Israel, von dem weite Bezirke nach der assyrischen Deportation von 732 über zwölf Jahre lang entvölkert dalagen. Nach dem Vorbild der Erd- und Unterweltgöttin Kanaans, wie sie in ugaritischen Epen hervortritt, konnte man das entblößte Land als eine entblößte Frau wahrnehmen, die von Jhwh gestraft worden war, der sich dadurch als ihr Eheherr offenbarte. Auch in der Urgestalt von Hos 2 zielt der Vorwurf des Ehebruchs auf Männer ab, die Söhne Israels, die sich als illegitime Hurensöhne ohne Erbrecht erkennen sollten. Immerhin hatten die Deportierten ihr Erbe im Land Israel verloren.

Die Ehe-Metaphorik, verstanden als Beziehungsmetapher, die das Verhältnis zwischen Jhwh und Israel als Ehe begreift, steht nicht am Anfang der Bundestheologie. Die Bundestheologie, verstanden als Beziehungsmetapher, die das Verhältnis zwischen Jhwh und Israel als Bund oder Vertrag versteht, entwickelte sich vielmehr aus den Kontraktbeziehungen, die im Alten Orient Gottheit und Herrscher bzw. Götter und Länder in ein Verpflichtungsverhältnis setzten. Fehlverhalten kultischer und politischer Art konnte den göttlichen Zorn herbeiführen, was Katastrophen heraufbeschwor. Um Herrschaft und Gesellschaft angesichts der Katastrophe wieder zu konsolidieren, war es überlebenswichtig, den Grund für den göttlichen Zorn herauszufinden. Dazu diente u. a. die Prophetie. Diese Verpflichtungsverhältnisse schlossen keinen Alleinverehrungsanspruch ein, jedoch konnten Götter beklagen, von Herrschern verlassen worden zu sein, was eine Gefolgschaft ins Bild rückt, in welcher ein Herrscher den Willen der Gottheit befolgen muss, die ihm die Herrschaft geschenkt hat. Solche Kontraktbeziehungen bestanden zwischen Jhwh und den Königen von Israel, wie der *Prophetic Record* zeigt, der die Existenz des Nordreiches auf die Erwählung Jerobeams I. durch Jhwh vermittelt im Prophetenwort des Ahia von Schilo gründet (1 Kön 11,29–39). Auch die Jehu-Dynastie legitimierte sich durch göttliche Erwählung, die wohl einen Konflikt zwischen der Verehrung Jhwhs und der Verehrung von Baal eingeschlossen haben dürfte.

Vor diesem Hintergrund kristallisiert sich die älteste Gestalt der Hosea-Schrift als politische Ermahnung Jhwhs durch die prophetische Stimme Hoseas heraus, die an den Königsmorden und dem politischen Chaos nach 746 Anstoß nimmt. Diese Grundschrift endete in 7,7 mit der Klage Jhwhs, von Israel und seinen Führern nicht mehr angerufen zu werden. Die Beziehung zwischen Jhwh und Israel war von menschlicher Seite her verlassen worden. Hurerei dient in dieser Phase in 6,10 als Schimpfwort für politisch-gesellschaftliche Untreue, und Unreinheit entsteht als Folge von Blutvergießen, ist aber noch nicht Element einer Ehe-Metaphorik.

Die Gebietsabtrennungen Tiglatpilesers III. samt den Bevölkerungsverlusten ließen für über ein Jahrzehnt entvölkerte Landstriche zurück. Von ein paar assyrischen Posten am Königsweg abgesehen, lag das Land nackt da, menschenleer und der Herden beraubt, zumal die Assyrer auch die Früchte tragenden Bäume und Weinstöcke abgeholzt haben mögen. Dies gab den Menschen in Samaria und Efraim den Gedanken ein, dass Jhwh auf der Seite der Assyrer stand, und warf die Frage auf, warum der Landesgott *ʾereṣ Yiśrāʾēl* derart entblößt habe. Da göttlicher Zorn in der Regel von kultischen Vergehen ausgelöst wurde, musste man nach Kultverstößen in den entvölkerten Regionen fragen. Die Verehrung von Göttinnen und Manifestationen des Baal-Hadad an Heiligtümern im Land, aber auch in den Nachbargebieten wie in Aschtarot-Karnajim, werden als Grund für die Aggressivität Jhwhs gegen Israel erkannt worden sein. Demgemäß wurde im Vorspann zu der in den Jahren der Herrschaft Hoschea ben Elas erweiterten Hosea-Schrift das verwüstete und entvölkerte Land zur von Jhwh wegen Treulosigkeit gestraften Gemahlin. Die Ehe-Metaphorik war geboren.

Die Grundlage für die Ehe-Metaphorik bildeten Ehegeschichten, die man sich in der kanaanäischen Mythologie von El erzählte, sowie die Zuordnung der Erdgöttin Arṣay zum Zafon, dem Gottesberg des Wettergottes. Ehe-Metaphorik und Bundestheologie entstanden wohl parallel und gleichzeitig, als gegen den politischen Druck auf den letzten israelitischen König, von Assur abzufallen, gemahnt wurde, an der Loyalität gegenüber Assyrien festzuhalten, weil Jhwh als Garant des Vasallenvertrages sonst die Vertragsflüche über Efraim wirksam werden lassen würde.

Die Kontraktbeziehung zwischen Gottheit, Herrscher und Bevölkerung, wie sie vor 745 in Sefire I B in Staatsverträgen bezeugt ist, entwickelte sich zur Bundestheologie hin, als im Jahre 732 höchstwahrscheinlich ein assyrischer Vasallenvertrag mit Efraim bzw. Hoschea ben Ela geschlossen wurde. Der Prophet Hosea als Verfasser oder andere von seinen Prophetenworten inspirierte Autoren der Hosea-Schrift nahmen staatstragende Haltungen ein, nach 746 zugunsten einer von Jhwh legitimierten Königsfamilie, nach 732 zugunsten der Vasallentreue gegenüber Assyrien. Kritisiert wird nicht das Bündnis mit Assur, sondern das gleichzeitige betrügerische Anbandeln mit Ägypten.

Die Weiterentwicklung der Bundestheologie und der Ehe-Metaphorik fand nach 722 in Jerusalem statt. Schockiert von der völligen Preisgabe des Nachbarstaates durch den eigenen Dynastiegott Jhwh, suchte man dort erneut nach den kultischen Vergehen, die den göttlichen Zorn bis hin zur völligen Vernichtung Israels erregt hatten und fand diese in den Kulthöhen und lokalen Heiligtümern sowie im Stierbild. Diese Schlussfolgerung dürfte in Juda die Kultzentralisation unter Hiskija herbeigeführt haben. Eingriffe in den Kult bedurften der göttlichen Legitimation. Die in Juda ergänzte Hosea-Prophetie mag als eine solche Legitimation gedient haben. Die Ehe-Metaphorik wird durch eine von der Denkschrift Jesajas beeinflusste Biographie der Ehe zwischen Hosea und Gomer sowie Einspielungen der Wüstenwanderung ergänzt, die das Volk zur Ehepartnerin Jhwhs machen.

Die Anfänge der Bundestheologie liegen somit im 8. Jahrhundert. Die Hosea-Schrift lässt tastende Versuche im Nordreichs der Jahre 732 bis 722 erkennen, durch die Entwicklung von Bundestheologie und Ehe-Metaphorik eine religiöse Erklärung für die kriegerischen Erfolge Assyriens zu finden. Weiter entwickelt wurden beide Konzepte in Jerusalem.

# Literaturverzeichnis

Adams, Karin. "Metaphor and Dissonance: A Reinterpretation of Hosea 4:13–14." *Journal of Biblical Literature* 127/2 (2008): 291–305.

Aro, Jussi, Julian Reade und Ivan Starr. *Queries to the Sungod: Divination and politics in Sargonid Assyria*. SAA 4. Helsinki: Helsinki University Press, 1990.

Assante, Julia. "The kar.kid/harimtu, prostitute or single woman? A reconsideration of the evidence," *Ugarit Forschungen* 30 (1998): 5–96.

Aster, Shawn Zelig. "The Function of the City of Jezreel and the Symbolism of Jezreel in Hosea 1–2." *Journal of Near Eastern Studies* 71/1 (2012): 31–46.

Aurelius, Erik. „Bundestheologie im Alten Testament." *Zeitschrift für Theologie und Kirche* 111 (2014): 357–73.

Bahrani, Zainab. "The Hellenization of Ishtar: Nudity, Fetishism, and the Production of Cultural Differentiation in Ancient Art." *The Oxford Art Journal* 19 (1996): 3–16.

Baker, Heather D. "Tiglatpileser III." In *RlA*, Bd. 14, *Tiergefäß – Waša/ezzil(i)*, hg. v. Michael P. Streck, 21–4. Berlin: de Gruyter, 2014.

Barstad, Hans M. "Hosea and the Assyrians." In *"Thus Speaks Ishtar of Arbela": Prophecy in Israel, Assyria, and Egypt in the Neo-Assyrian period*, hg. v. Robert P. Gordon und Hans M. Barstad, 91–110. Winona Lake, IN: Eisenbrauns, 2013.

Baumann, Gerlinde. *Liebe und Gewalt: Die Ehe als Metapher für das Verhältnis JHWH – Israel in den Prophetenbüchern*. Stuttgarter Bibelstudien 185. Stuttgart: Verl. Katholisches Bibelwerk, 2000.

Böck, Barbara. *Das Handbuch Mussu'u Einreibung: Eine Serie sumerischer und akkadischer Beschwörungen aus dem 1. Jt. vor Chr.* Biblioteca Próximo Oriente Antiguo 3. Madrid: Consejo Superior de Investigaciones Científicas, 2007.

Borger, Rykle. „Der Vertrag Assurniraris mit Mati'ilu von Arpad." In *TUAT*, Bd. 1, *Rechts- und Wirtschaftsurkunden*, hg. v. Otto Kaiser u. a., 155–58. Wiesbaden: wbg Academic, 2019.

Borger, Rykle. „Übersetzung verschiedener Inschriften Sargons II." In *TUAT*, Bd. 1, *Rechts- und Wirtschaftsurkunden*, hg. v. Otto Kaiser u. a., 378–87. Wiesbaden: wbg Academic, 2019.

Borger, Rykle. *Die Inschriften Asarhaddons, Königs von Assyrien*. AfO. Beiheft 9. Graz: Selbstverl. d. Hrsg., 1956. Nachdruck: Osnabrück: Biblio, 1967.

Campbell, Antony F. S. J. *Of Prophets and Kings: A Late Ninth-Century Document (1 Samuel 1–2 Kings 10)*. Catholic Biblical Quarterly Monograph Series 17; Washington, DC: The Catholic Biblical Association of America, 1986.

Campbell, Antony F. und Mark O'Brien. *Unfolding the Deuteronomistic History: Origins, Upgrades, Present Text*. Minneapolis: Fortress Press, 2000.

Cooper, Jeremy. "Prostitution." In *RlA*, Bd. 11, *Prinz, Prinzessin – Samug*, hg. v. Michael P. Streck, 12–21. Berlin: de Gruyter, 2006/2008. Zugriff 15. 11. 2021. https://rla.badw.de/digitaler-zugriff.html, http://publikationen.badw.de/de/rla/index#9730.

Dewrell, Heath D. "Yareb, Shalman, and the Date of the Book of Hosea," *The Catholic Biblical Quarterly* 78/1 (2016): 413–29.

Dietrich, Walter. „Die Hinteren Propheten." In *Die Entstehung des Alten Testaments*. Neuausgabe, Theologische Wissenschaft 1, hg. v. Hans-Peter Mathys, Thomas Römer, Rudolf Smend und Walter Dietrich, 283–480. Stuttgart: W. Kohlhammer, 2014.

*Digitales Wörterbuch der deutschen Sprache*, hg. v. Berlin-Brandenburgische Akademie der Wissenschaften. „Hurerei." Zugriff 20. 11. 2020. https://www.dwds.de/wb/Hurerei.

Dohmen, Christoph. „Der Sinaibund als Neuer Bund nach Ex 19–34." In *Der Neue Bund im Alten*. Quaestiones Disputatae 146, hg. v. Erich Zenger, 51–83. Freiburg i. Br.: Herder, 1993.

Dubovsky, Peter. "Ripping open pregnant Arab women: Reliefs in Room L of Ashurbanipal's North Palace." *Orientalia* 78 (2009): 394–419.

Edzard, Dietz Otto. „Zur Ritualtafel der sog. Love Lyrics." In *Language, literature, and history: Philological and historical studies; presented to Erica Reiner* (= Festschrift E. Reiner). American Oriental Series 67, hg. v. Francesca Rochberg-Halton, 57–69. New Haven: American Oriental Society, 1987.

Edzard, Dietz Otto. *Gudea and His Dynasty*. The royal inscriptions of Mesopotamia. Early periods vol. 3/1 (RIME 3/1). Toronto [etc.]: University of Toronto Press, 1997.

Elon, Ori und Yehonatan Indursky. "Shtisel." Season 2, Episode 12. Initially broadcast on satellite television station yes. Netflix Original Series 2013. Zugriff 19. 11. 2020. https://www.netflix.com/de-en/title/81004164.

Erlandsson, Seth. "זָנָה zānāh." In *Theologisches Wörterbuch zum Alten Testament*. Bd. 2, *Gillûlim – Ḥmṣ*, hg. v. Karl Vilhelm Helmer Ringgren, Heinz-Josef Fabry, George Wishart Anderson, Gerhard Johannes Botterweck und Ingo Kottsieper, 612–19. Stuttgart: W. Kohlhammer, 1977.

Erlandsson, Seth. " בָּגַד – בֶּגֶד." In *Theologisches Wörterbuch zum Alten Testament*. Bd. 1, *Aḇ-Gālāh*, hg. v. Karl Vilhelm Helmer Ringgren, Heinz-Josef Fabry, George Wishart Anderson, Gerhard Johannes Botterweck und Ingo Kottsieper, 507–11. Stuttgart: W. Kohlhammer, 1973.

Fischer, Georg. „Rechab / Rechabiter." In *Das Wissenschaftliche Bibellexikon im Internet* (www.wibilex.de), 2008.

Folster Eli, Eduardo. "The Presence of the Covenant Motif in Hosea: An Intertextual Approach for the Last Oracle of the Book." *Jewish Biblical Quarterly* 45/1 (2017): 34–42.

Frahm, Eckart. „Sanherib." In *RlA*, Bd. 12, *Šamuḫa – Spinne*, hg. v. Erich Ebeling, Ernst F. Weidner und Michael P. Streck, 12–22. Berlin: de Gruyter, 2011.

Frame, Grant, *The royal inscriptions of Sargon II, King of Assyria (721–705 BC)*. RINAP 2. University Park, PA: Eisenbrauns, 2021.

Franklin, Norma. "Megiddo and Jezreel Reflected in the Dying Embers of the Northern Kingdom of Israel." In *The Last Days of the Kingdom of Israel*. Beihefte zur Zeitschrift für die alttestamentliche Wissenschaft 511, hg. v. Shuichi Hasegawa, Christoph Levin und Karen Radner, 189–208. Berlin: Walter de Gruyter, 2019.

Frayne, Douglas R. *Ur III Period: (2112–2004 BC)*. RIME 3/2. Toronto: University of Toronto Press, 1997.

Frayne, Douglas R., *Sargonic and Gutian periods: (2334–2213 BC)*. RIME 2. Toronto: University of Toronto Press, 1993.

Frayne, Douglas. *Old Babylonian Period (2003–1595 BC)*. RIME 4. Toronto: University of Toronto Press, 1990.

Freedman-Willoughby, David Noel. "נאף nā'ap." In *Theologisches Wörterbuch zum Alten Testament*. Bd. 5, *Mrd – 'zv*, hg. v. Karl Vilhelm Helmer Ringgren, Heinz-Josef Fabry, George Wishart Anderson, Gerhard Johannes Botterweck und Ingo Kottsieper, 123–29. Stuttgart: W. Kohlhammer, 1986.

Frevel, Christian. „Qudschu." In *Neues Bibel-Lexikon*. Bd. 2, hg. v. Bernhard Lang und Manfred Görg, 224–27. Zürich: Benziger, 1991–2001.

Frevel, Christian. „Grundriss der Geschichte Israels." In Christian Frevel und Erich Zenger, *Einleitung in das Alte Testament*. Kohlhammer-Studienbücher Theologie 1,1, 8., vollst. überarb. Aufl., hg. v. Christian Frevel, 775–79. Stuttgart: Kohlhammer, 2012.

Frymer-Kensky, Tikva. "Pollution, Purification, and Purgation in Ancient Israel." In *The Word of the Lord Shall Go Forth*, hg. v. Carol L. Meyers und M. O'Connor. Published for the American Schools of Oriental Research, 399–414. Winona Lake, IN: Eisenbrauns, 1983.

George, Andrew R. *Mesopotamian incantations and related texts in the Schøyen Collection.* CUSAS 32. Bethesda, MD: CDL Press, 2016.

Gertz, Jan Christian. "Hezekiah, Moses, and the Nehushtan – A Case Study for a Correlation between the History of Religion in the Monarchic Period and the History of the Formation of the Hebrew Bible." In *The Formation of the Pentateuch: Bridging the Academic Cultures of Europe, Israel, and North America.* Forschungen zum Alten Testament 111, hg. v. Jan C. Gertz, Bernard M. Levinson, Dalit Rom-Shiloni und Konrad Schmid, 745–60. Tübingen: Mohr Siebeck, 2016.

Glassner, Jean-Jacques. « Polygynie ou prostitution : une approche comparative de la sexualité masculine. » In *Sex and gender in the ancient Near East: proceedings of the 47th Rencontre Assyriologique Internationale, Helsinki, July 2–6, 2001.* Compte Rendu de la Rencontre Assyriologique Internationale 47, Bd. 1, hg. v. Simo Parpola und Robert M. Whiting, 151–64. Helsinki: Neo-Assyrian Text Corpus Project, 2002.

Grayson, Kirk A. *Assyrian Rulers of the Early First Millennium BC.* Vol. 2, *(858–745 BC)* (RIMA 3). Toronto: University of Toronto Press, 1996.

Haas, Volkert. *Babylonischer Liebesgarten: Erotik und Sexualität im Alten Orient.* München: Beck, 1999.

Haas, Volkert. *Geschichte der hethitischen Religion.* Handbuch der Orientalistik Abteilung 1, Der Nahe und Mittlere Osten 15. Leiden: E. J. Brill, 1994.

Hadjiev, Tchavdar S. "Adultery, shame, and sexual pollution in ancient Israel and in Hosea: a response to Joshua Moon." *Journal for the Study of the Old Testament* 41/2 (2016): 221–36.

Hamilton, Victor P. "Maariage (OT and ANE)" and Raymond F. Collins. "Marriage/NT." In *The Anchor Bible Dictionary.* Vol. IV, *K–N*, hg. v. und David Noel Freedman, 559–72, New York: Doubleday, 1992.

Hasegawa, Shuichi, Christoph Levin und Karen Radner, Hg. *The Last Days of the Kingdom of Israel.* Beihefte zur Zeitschrift für die alttestamentliche Wissenschaft 511. Berlin: Walter de Gruyter, 2019.

Hayes, John H. "Covenant and Hesed: The Status of the Discussion." In John Haralson Hayes. *Interpreting Ancient Israelite History, Prophecy, and Law,* hg. v. Brad E. Kelle 282–93. Eugene, OR: Cascade Books, 2013.

Hayes, John H. "Covenant." In John Haralson Hayes. *Interpreting Ancient Israelite History, Prophecy, and Law,* hg. v. Brad E. Kelle, 269–81. Eugene, OR: Cascade Books, 2013. Nachdruck aus: *Mercer Dictionary of the Bible,* hg. v. Watson E. Mills, 177–81. Macon, GA: Mercer University Press, 1990.

Hayes, John H. und Jeffrey K. Kuan. "The Final Years of Samaria (730–720 BC)." In John Haralson Hayes. *Interpreting Ancient Israelite History, Prophecy, and Law,* hg. v. Brad E. Kelle, 134–61. Eugene, OR: Cascade Books, 2013. Nachdruck aus: *Biblica* 72 (1991): 153–81.

Hayes, Katherine M. *The Earth Mourns: Prophetic Metaphor and Oral Aesthetic.* Academia biblica 8. Atlanta: Society of Biblical Literature, 2002.

Heintz, Jean-Georges. « Osée 12/2b à la lumière d'un vase d'albâtre de l'époque de Salmanasar III (Djézirêh) et le rituel d'alliance assyrien : Une hypothèse de lecture. » In *Prophétisme et alliance : Des archives royales de Mari à la Bible hébraïque.* Orbis biblicus et orientalis 271, hg. v. Stephan Lauber, 335–49. Fribourg: Academic Press, 2015.

Hentschel, Georg. *2 Könige*. Die neue Echter-Bibel Kommentar zum Alten Testament mit der Einheitsübersetzung 11. Würzburg: Echter, 1985.

Hillers, Delbert R. *Treaty-curses and the Old Testament Prophets*. Biblica et orientalia 16. Rom: Pontifical Biblical Institute, 1964.

Hugenberger, Gordon Paul. *Marriage as a Covenant: A Study of Biblical Law and Ethics Governing Marriage Developed from the Perspective of Malachi*. Supplements to Vetus Testamentum 52. Leiden; New York [etc.]: E. J. Brill. 1994.

Hunger, Hermann und David Pingree, *MUL.APIN*. AfO. Beiheft 24. Horn: F. Berger, 1989.

Hutter, Manfred. "Earth." in *Dictionary of Deities and Demons in the Bible* (DDD), hg. v. Bob Becking, Pieter Willem van der Horst und Karel van der Toorn, 272 f. 2nd, extensively rev. ed. Leiden: Brill, 1999.

Jamie Novotny, "New Proposed Chronological Sequence and Dates of Composition of Esarhaddon's Babylon Inscriptions," *Journal of Cuneiform Studies* 67 (2015) 145–68.

Jeremias, Jörg. *Der Prophet Hosea*. Das Alte Testament Deutsch 24,1. Göttingen: Vandenhoeck und Ruprecht, 1983.

Kató, Szabolcs-Ferencz. *Jhwh: der Wettergott Hoseas?: Der „ursprüngliche" Charakter Jhwhs ausgehend vom Hoseabuch*. Wissenschaftliche Monographien zum Alten und Neuen Testament 158. Göttingen: Vandenhoeck & Ruprecht, 2019.

Keefe, Alice A. "Family metaphors and social conflict in Hosea." In *Writing and reading war: rhetoric, gender, and ethics in Biblical and modern contexts*. Society of Biblical Literature symposium series 42, hg. v. Brad E. Kelle und Frank Ritchel Ames, 113–27. Atlanta, GA: Society of Biblical Literature, 2008.

Keita, Katrin. *Gottes Land: Exegetische Studien zur Land-Thematik im Hoseabuch in kanonischer Perspektive*. Theologische Texte und Studien 13. Hildesheim: Georg Olms 2007.

Kelle, Brad E. "Introduction." In John Haralson Hayes. *Interpreting Ancient Israelite History, Prophecy, and Law*, hg. v. Brad E. Kelle, xi–xxii. Eugene, OR: Cascade Books, 2013.

Knauf, Ernst Axel. *1 Könige 1–14*. Herders theologischer Kommentar zum Alten Testament. Freiburg: Herder, 2016.

Kohlenberger III, John R. und William D. Mounce. *Concise Hebrew-Aramaic Dictionary of the Old Testament (KM Hebrew Dictionary)*. Copyright © 2012 by William D. Mounce. http://www.teknia.com. Accordance edition hypertexted and formatted by OakTree Software, Inc. Version 3.3.

Köhlmoos, Melanie. „Töchter meines Volkes: Israel und das Problem der Prostitution in exilischer und nachexilischer Zeit." In *„Sieben Augen auf einem Stein" (Sach 3,9): Studien zur Literatur des zweiten Tempels FS Ina Willi-Plein*, hg. v. Friedhelm Hartenstein und Michael Pietsch, 213–28. Neukirchen-Vluyn: Neukirchener, 2007.

Konkel, Michael. *Sünde und Vergebung: Eine Rekonstruktion der Redaktionsgeschichte der hinteren Sinaiperikope (Exodus 32–34) vor dem Hintergrund aktueller Pentateuchmodelle*. Forschungen zum Alten Testament 58. Tübingen: Mohr Siebeck, 2008.

Kornfeld, Walter und Helmer Ringgren. "קדשׁ qdš." In *Theologisches Wörterbuch zum Alten Testament*. Bd. 4, *kĕ – mōr*, hg. v. Karl Vilhelm Helmer Ringgren, Heinz-Josef Fabry, George Wishart Anderson, Gerhard Johannes Botterweck und Ingo Kottsieper, 1179–1204. Stuttgart: W. Kohlhammer, 1984.

Korošec, Viktor. „Ehe C. In Assyrien." In *RIA*, Bd. 2, *Ber – Ezur und Nachträge*, hg. v. Erich Ebeling und Ernst F. Weidner, 286–93. Berlin: de Gruyter, 1938.

Krebernik, Manfred. *Götter und Mythen des Alten Orients*. C. H. Beck Wissen 2708. München: Verlag C. H. Beck, 2015.

Krispenz, Jutta. "Idolatry, Apostasy, Prostitution: Hosea's struggle against the cult." In *Priests and Cults in the Book of the Twelve*. Ancient Near Eastern Monographs 14, hg. v. Lena-Sofia Tiemeyer, 9–29. Atlanta, GA: SBL Press, 2016.

Lang, Bernard. „Die Jahwe-allein-Bewegung." In *Der Einzige Gott: Die Geburt des Biblischen Monotheismus*, hg. v. Bernard Lang, 47–83. München: Kösel, 1981.

Lang, Bernard. „Die Leviten: Von der Gegnerschaft einer kriegerischen Priesterzunft gegen Ahnenverehrung und Bilderkult." In *Buch der Kriege – Buch des Himmels: kleine Schriften zur Exegese und Theologie*. Contributions to biblical exegesis and theology 62, hg. v. Bernhard Lang, 45–82. Leuven: Peeters, 2011.

Lang, Bernard. „Gottes Einzigkeit." In *Die Welt der Hebräischen Bibel Umfeld – Inhalte – Grundthemen*, hg. v. Bernard Lang und Walter Dietrich, 383–98. Stuttgart: Kohlhammer 2017.

Lang, Bernhard. „Die Leviten. Ihre Anthropologie und die Folgen für Ahnenkult und Bilderverehrung im alten Israel." In *Menschenbilder und Körperkonzepte im Alten Israel, in Ägypten und im Alten Orient*. Orientalische Religionen in Der Antike 9, hg. v. Angelika Berlejung und Joachim Friedrich Quack, 287–320. Tübingen: Mohr Siebeck, 2012.

Lapinkivi, Pirjo. "The Sumerian Sacred Marriage and Its Aftermath in Later Sources." In *Sacred Marriages: The Divine-human Sexual Metaphor from Sumer to Early Christianity*, hg. v. Martti Nissinen und Risto Uro, 7–41. Winona Lake, IN: Eisenbrauns, 2008.

Lapinkivi, Pirjo. *The Sumerian Sacred Marriage in the Light of Comparative Evidence*. SAAS 15. Helsinki: The Neo-Assyrian Text Corpus Project, 2004.

Lauinger, Jacob. "Esarhaddon's Succession Treaty at Tell Tayinat: Text and Commentary," *Journal of Cuneiform Studies* 64 (2012): 87–123.

Levin, Christoph, *Die Verheissung des neuen Bundes: In ihrem theologiegeschichtlichen Zusammenhang ausgelegt*. Forschungen zur Religion und Literatur des Alten und Neuen Testaments 137. Göttingen: Vandenhoeck & Ruprecht, 1985.

Lisman, Jan J. W. *Cosmogony, Theogony and Anthropogony in Sumerian Texts*. Alter Orient und Altes Testament 409. Münster: Ugarit-Verlag. 2013.

Marsman, Hennie J. *Women in Ugarit and Israel: Their Social and Religious Position in the Context of the Ancient Near East*. Oudtestamentische studiën 49. Leiden: Brill 2003.

Meissner, Bruno. „Die Keilschrifttexte auf den steinernen Orthostaten und Statuen aus dem Tell Ḥalâf." In *Aus fünf Jahrtausenden Morgenländischer Kultur. Festschrift Max Freiherrn von Oppenheim zum 70. Geburtstag gewidmet von Freunden und Mitarbeitern*, AfO. Beiheft 1, hg. v. Ernst F. Weidner, 72–9. Berlin 1933. Neudruck: Biblio Verlag, Osnabrück 1967.

Michel, Andreas. *Gott und Gewalt gegen Kinder im Alten Testament*. Forschungen zum Alten Testament 37. Tübingen: J. C. B. Mohr (Paul Siebeck), 2003.

Midgeley, Mary. "The Mixed Community." In *The Animal Rights Environmental Ethics Debate*, hg. v. E. C. Hargrove, 211–26. Albany: State University of New York Press, 1992.

Miller, James E. "A critical response to Karin Adam's reinterpretation of Hosea 4:13–14." *Journal of Biblical Literature* 128, 3 (2009): 503–06.

Moughtin-Mumby, Sharon, *Sexual and marital metaphors in Hosea, Jeremiah, Isaiah, and Ezekiel*. Oxford theological monographs. Oxford: Oxford University Press, 2008.

Na'aman, Nadav. "The book of Hosea as a source for the last days of the kingdom of Israel." *Biblische Zeitschrift* 59/2 (2015): 232–56.

Nicholson, Ernest W. *God and His People: Covenant and Theology in the Old Testament.* Oxford: Clarendon Press, 1986.

Nissinen, Martti und Risto Uro, Hg. *Sacred Marriages: The Divine-Human Sexual Metaphor from Sumer to Early Christianity.* Winona Lake, IN: Eisenbrauns, 2008.

Nissinen, Martti. „Das kritische Potential in der altorientalischen Prophetie." In *Propheten in Mari, Assyrien und Israel.* Forschungen zur Religion und Literatur des Alten und Neuen Testaments 205, hg. v. Matthias Köckert und Martti Nissinen, 1–32, Göttingen: Vandenhoeck & Ruprecht, 2003.

Nyberg, Kristel. "Sacred Prostitution in the Biblical World." In *Sacred Marriages: The Divine-human Sexual Metaphor from Sumer to Early Christianity,* hg. v. Martti Nissinen und Risto Uro, 305–20. Winona Lake, IN: Eisenbrauns, 2008.

Olmo Lete, Gregorio del. *Canaanite Religion: According to the Liturgical Texts of Ugarit,* übers. v. Wilfred G. E. Watson. Alter Orient und Altes Testament 408. Münster: Ugarit-Verlag, 2nd English ed., thoroughly revised and enlarged 2014.

Olmo Lete, Gregorio del. *Interpretación de la mitología cananea: Estudios de semántica ugarítica.* Institución San Jerónimo 2. Valencia: Institucíon San Jerónimo, 1984.

Olmo Lete, Gregorio del. *Mitos y leyendas de Canaan según la tradición de Ugarit: Textos, versión y estudio.* Fuentes de la ciencia bíblica 1. Madrid: Cristiandad, 1981.

Otto, Eckart. *Deuteronomium 23,16–34,12.* Herders Theologischer Kommentar zum Alten Testament. Freiburg: Herder, 2017.

Parpola, Simo und Kazuko Watanabe. *Neo-Assyrian treaties and loyalty oaths.* State Archives of Assyria 2. Helsinki: Helsinki University Press, 1988.

Pongratz-Leisten, Beate. "Sacred Marriage and the Transfer of Divine Knowledge: Alliances between the Gods and the King in Ancient Mesopotamia." In *Sacred Marriages: The Divine-human Sexual Metaphor from Sumer to Early Christianity,* hg. v. Martti Nissinen und Risto Uro, 43–73. Winona Lake, IN: Eisenbrauns, 2008.

Radner, Karen. "Neo-Assyrian Treaties as a Source for the Historian: Bonds of Friendship, the Vigilant Subject and the Vengeful King's Treaty." In *Writing Neo-Assyrian History: Sources, Problems, and Approaches. Proceedings of an International Conference Held at the University of Helsinki on September 22–25, 2014.* SAAS 29, hg. V. Giovanni Battista Lanfranchi, Raija Mattila und Robert Rollinger, 309–28. Helsinki: The Neo-Assyrian Text Corpus Project, 2019.

Radner, Karen. "The 'Lost Tribes of Israel' in the Context of the Resettlement Programme of the Assyrian Empire." In *The Last Days of the Kingdom of Israel.* Beihefte zur Zeitschrift für die alttestamentliche Wissenschaft 511, hg. v. Shuichi Hasegawa, Christoph Levin und Karen Radner, 101–23. Berlin: de Gruyter, 2019.

Radner, Karen. „Provinz C. Assyrien." In *Reallexikon der Assyriologie und vorderasiatischen Archäologie,* Bd. 11, *Prinz, Prinzessin – Samug,* hg. v. Michael P. Streck, 58–63. Berlin: de Gruyter, 2006/2008.

Richter, Wolfgang. *Traditionsgeschichtliche Untersuchungen zum Richterbuch.* Bonner biblische Beiträge 18. Bonn: P. Hanstein, 1963.

Robker, Jonathan Miles. *The Jehu Revolution: A Royal Tradition of the Northern Kingdom and Its Ramifications.* Beihefte zur Zeitschrift für die alttestamentliche Wissenschaft 435. Berlin: Walter de Gruyter, 2012.

Rössler, Otto. „Die Verträge des Königs Bar-Ga'ah von KTK mit König Mati$^c$-Il von Arpad (Stelen von Sefire)," in *TUAT,* Texte aus der Umwelt des Alten Testaments. Bd. 1, *Rechts-*

*und Wirtschaftsurkunden*, hg. v. Otto Kaiser u. a., 178–89. Wiesbaden: wbg Academic, 2019.

Rothenbusch, Ralf. *Die kasuistische Rechtssammlung im ‚Bundesbuch' (Ex 21,2–11.18–22,16) und ihr literarischer Kontext im Licht altorientalischer Parallelen.* Alter Orient und Altes Testament 259. Münster: Ugarit-Verl., 2000.

Rudnig-Zelt, Susanne. *Hoseastudien: Redaktionskritische Untersuchungen zur Genese des Hoseabuches.* Forschungen zur Religion und Literatur des Alten und Neuen Testaments 213. Göttingen: Vandenhoeck & Ruprecht, 2006.

Rüterswörden, Udo. „Bundestheologie ohne ברית.“ *Zeitschrift für altorientalische und biblische Rechtsgeschichte* 4 (1998): 85–99.

San Nicolò, Mariano. „Ehebruch,“ In *RlA*, Bd. 2, *Ber – Ezur und Nachträge*, hg. v. Erich Ebeling und Ernst F. Weidner, 299–302. Berlin: de Gruyter, 1938.

Scheer, Tanja Susanne und Martin Lindner, Hg. *Tempelprostitution im Altertum: Fakten und Fiktionen: Interdisziplinäre Konferenz Tempelprostitution zwischen Griechischer Kultur und Vorderem Orient 2007 Oldenburg.* Oikumene: Studien zur antiken Weltgeschichte 6. Berlin: Verl. Antike, 2009.

Schenker, Adrian. „Kinder der Prostitution, Kinder ohne Familie und ohne soziale Stellung: Ein freundschaftliches Sed contra für Lothar Ruppert und eine These zu Hosea 1.“ In *Ich bewirke das Heil und erschaffe das Unheil (Jes 45,7): Studien zur Botschaft der Propheten Festschrift für Lothar Ruppert zum 65. Geburtstag.* Forschung zur Bibel 88, hg. v. Friedrich Diedrich und Bernhard Willmes, 355–69. Würzburg: Echter, 1998. = Adrian Schenker. „Kinder der Prostitution, Kinder ohne Familie und ohne soziale Stellung. Ein freundschaftliches Sed contra für Lothar Ruppert und eine These zu Hosea 1.“ In *Studien zu Propheten und Religionsgeschichte.* Stuttgarter Biblische Aufsatzbände AT 36, hg. v. Adrian Schenker, 72–82. Stuttgart: Katholisches Bibelwerk, 2003.

Schmitt, John J. "The Wife of God in Hosea 2," *Biblical Research* 34 (1989): 5–18.

Schroer, Silvia, IPAIO, Bd. 3, *Die Spätbronzezeit.* Freiburg/Schweiz: Academic Press Fribourg, 2011,

Schroer, Silvia. IPAIO, Bd. 4, *Die Eisenzeit bis zum Beginn der achämenidischen Herrschaft.* Basel: Schwabe Verlag, 2018.

Sjöberg, Åke W. "Miscellaneous Sumerian Texts, II." *Journal of Cuneiform Studies* 29/1 (1977): 3–45. https://doi.org/10.2307/1360002.

Smith, Mark S. *The Ugaritic Baal Cycle.* Bd. 1, *Introduction with Text, Translation and Commentary of KTU 1.1–1.2.* Supplements to Vetus Testamentum 55. Leiden [etc.]: E. J. Brill, 1994.

Smith, Mark S. und Wayne T. Pitard, Hg. *The Ugaritic Baal Cycle.* Bd. 2, *Introduction with Text, Translation and Commentary of KTU/CAT 1.3–1.4.* Supplements to Vetus Testamentum 114. Leiden; Boston: Brill 2009.

Smith, Mark. "Sacred Marriage in the Ugaritic Texts? The Case of KTU/CAT 1.23 (Rituals and Myths of the Gods)." In *Sacred Marriages: The Divine-human Sexual Metaphor from Sumer to Early Christianity*, hg. v. Martti Nissinen und Risto Uro, 93–113. Winona Lake, IN: Eisenbrauns, 2008.

Soden, Wolfram von. *Akkadisches Handwörterbuch.* Wiesbaden: Harrassowitz, 1972.

Stahl, Rainer. „Deshalb trocknet die Erde aus und verschmachten alle, die auf ihr wohnen …: Der Versuch einer theologiegeschichtlichen Einordnung von Hos 4,3.“ In *Alttestamentlicher Glaube und Biblische Theologie: Festschrift für Horst Dietrich Preuss zum 65. Geburtstag*, hg. v. Jutta Hausmann und Hans-Jürgen Zobel, 166–173. Stuttgart: Kohlhammer, 1992.

Stahl, Rainer. „Gottesgericht oder Selbstzerstörung: Wie ist ein verbindliches Zeugnis ökumenischer Theologie angesichts der ökologischen Herausforderung zu begründen? Eine Reflexion an Hand von Hosea 4,1–3." In *Veritas et Communicatio. Okumenische Theologie auf der Suche nach einem verbindlichen Zeugnis: Festschrift zum 60. Geburtstag von Ulrich Kuhn*, hg. v. Heiko Franke u. a., 321–331. Göttingen: Vandenhoeck & Ruprecht, 1992.

Stark, Christine. *„Kultprostitution" im Alten Testament? Die Qedeschen der Hebräischen Bibel und das Motiv der Hurerei.* Orbis Biblicus et Orientalis 221. Fribourg: Academic Press; Göttingen: Vandenhoeck & Ruprecht, 2006.

Steymans, Hans Ulrich. "Deuteronomy 13 in Comparison with Hittite, Aramaic and Assyrian Treaties." *Hebrew Bible and Ancient Israel* 8/2 (2019): 101–32. DOI:10.1628/hebai-2019-0011.

Steymans, Hans Ulrich. "Traces of Liturgies in the Psalter: The Communal Laments Ps 79; 80; 83; 89 in Context." In *Psalms and Liturgy*. Journal for the study of the Old Testament supplement series 410, hg. v. Dirk Human und Cas J. A. Vos, 168–234. London: T&T Clark, 2004.

Steymans, Hans Ulrich. „Der historische Ort der Sozialgesetze des Deuteronomiums." In *Congress Volume 2019 Aberdeen, 23rd Congress of IOSOT*. Supplements to Vetus Testamentum, hg. v. Christl Mayer und Joachim Schaper. Im Druck.

Stuart, Douglas K. *Hosea – Jonah*. Word biblical commentary 31. Waco: Word books, 1987.

Tadmor, Hayim und Shigeo Yamada, Hg. *The Royal Inscriptions of Tiglath-pileser III (744–727 BC), and Shalmaneser V (726–722 BC), Kings of Assyria*. RINAP 1. Winona Lake, IN: Eisenbrauns, 2011.

Toorn, K. van der. *Sin and Sanction in Israel and Mesopotamia: A Comparative Study*. Studia Semitica Neerlandica 22. Assen-Maastricht: Van Gorcum, 1985.

Tromp, Nicholas J. *Primitive conceptions of death and nether world in the Old Testament*. Biblica et orientalia 21. Rom: Pontifical Biblical Institute, 1969.

Tropper, Josef. *Kleines Wörterbuch des Ugaritischen*. Elementa linguarum Orientis 4. Wiesbaden: Harrassowitz, 2008.

Tropper, Josef. *Ugaritische Grammatik*, 2., stark überarb. und erw. Aufl., Alter Orient und Altes Testament 273. Münster: Ugarit-Verl., 2012.

Uehlinger, Christoph. „Götterbild." In *Neues Bibel-Lexikon*. Bd. 1, hg. v. Bernhard Lang und Manfred Görg, 871–92. Zürich: Benziger, 1991–2001.

Vielhauer, Roman. *Das Werden des Buches Hosea: eine redaktionsgeschichtliche Untersuchung*. Beihefte zur Zeitschrift für die alttestamentliche Wissenschaft 349. Berlin: W. de Gruyter 2007.

Wacker, Marie-Theres. *Figurationen des Weiblichen im Hosea-Buch*. Herders biblische Studien 8. Freiburg i. Br: Herder, 1996.

Walls, Neal H. *The Goddess Anat in Ugaritic Myth*. Society of Biblical Literature Dissertation Series 135. Atlanta: Society of Biblical Literature, 1991.

Watanabe, Kazuko. *Die adê-Vereidigung anlässlich der Thronfolgeregelung Asarhaddons*. Baghdader Mitteilungen. Beiheft 3. Berlin: Gebr. Mann, 1987.

Weissflog, Kay. *„Zeichen und Sinnbilder": Die Kinder der Propheten Jesaja und Hosea*. Arbeiten zur Bibel und ihrer Geschichte 36. Leipzig: Evangelische Verlagsanstalt, 2011.

Westbrook, Raymond. "Adultery In Ancient Near Eastern Law." *Revue Biblique* 97,4 (1990): 542–80.

Westenholz, Joan Goodnick. „Heaven and Earth: A Sexual Monad and Bisexual Dyad." In
  *Gazing on the Deep. Ancient Near Eastern and Other Studies in Honor of Tzvi Abusch*,
  hg. v. Jeffrey Stackert, Barbara Nevling Porter und David P. Wright, 293–325. Bethesda:
  CDL Press. 2010.

Wilcke, Claus. 2007. "Vom altorientalischen Blick zurück auf die Anfänge." In *Anfang und
  Ursprung*. Colloquium Rauricum 10, hg. v. Emil Angehrn, 3–59. Berlin: De Gruyter.

Wöhrle, Jakob. *Die frühen Sammlungen des Zwölfprophetenbuches: Entstehung und
  Komposition*. Beihefte zur Zeitschrift für die alttestamentliche Wissenschaft 360. Berlin:
  De Gruyter, 2006.

Wolff, Hans Walter, *Hosea*. Biblischer Kommentar Altes Testament 14, Dodekapropheton 1.
  Neukirchen-Vluyn: Neukirchener Verl. 3., verb. Aufl. 1976.

Wright, George R. H. „Megiddo B. Archäologisch." In *RlA*, Bd. 8, *Meek – Mythologie*, hg. v.
  Erich Ebeling und Ernst F. Weidner, 14–20. Berlin: de Gruyter, 1997.

Zehetgruber, Katrin. *Zuwendung und Abwendung: Studien zur Reziprozität des JHWH/Israel-
  Verhältnisses im Hoseabuch*. Wissenschaftliche Monographien zum Alten und Neuen
  Testament 159. Göttingen: Vandenhoeck & Ruprecht, 2020.

Zenger, Erich. „Der Monotheismus Israels: Entstehung – Profil – Relevanz." In *Ist der Glaube
  Feind der Freiheit?*, Quaestiones disputatae 196, hg. v. Ernst Dassmann und Thomas
  Söding, 9–52. Freiburg i. Br.: Herder, 2003.

Ziffer, Irit, Hg. *It Is the Land of Honey: Discoveries from Tel Reḥov, the Early Days of the
  Israelite Monarchy*. Tel Aviv: Eretz Israel Museum, 2016.

Katrin Zehetgruber
# Unabwendbare Reziprozität als unabdingbare Voraussetzung einer sich entwickelnden Bundestheologie im Hoseabuch

## 1 Unabwendbare Reziprozität statt unbedingte Gerichtsankündigung

In den frühesten Texten des Hoseabuches, die in den Kapiteln 4–9, insbesondere in den Kapiteln 5–7 zu finden sind,[1] spiegelt sich die theologische Aufarbeitung der assyrischen Bedrohung und des Falls des Nordreiches Israel wider.

Im Gegensatz zur herkömmlichen Heils- oder Mahnprophetie trifft man auf eine neue Form der Prophetie, die den Untergang des Nordreiches mit JHWH selbst verbindet. In der Forschung wird diese Prophetie oft als „unbedingte Gerichtsankündigung" bzw. „unbedingte Gerichtsprophetie" bezeichnet. So schreibt Reinhard Gregor Kratz, dass sich „am literarischen Kern der Prophetenbücher [...] in nuce der Übergang vom Wort zur Schrift als Übergang von gewissermaßen konventioneller Prophetie in die unbedingte Gerichtsprophetie beobachten [lässt], der sich im ausgehenden 8. Jahrhundert (nach 732 und 722 / 720 v. Chr.) in etwa gleichzeitig in Hosea, Amos und Jesaja vollzogen hat".[2]

Begriffe wie „Gericht", „Strafe" oder „Unheil" drücken jedoch nur die negativ-vergeltende Seite dieser Beziehung zwischen Israel und JHWH aus und implizieren teilweise eine juristisch-juridische Beziehung (*iustitia distributiva*), die erst in einer späteren Phase der Entwicklung des Buches Hosea zur Beschreibung der Beziehung zwischen Landesgott und seinem Volk zum Ausdruck kommt.[3] Indem Hosea und seine Tradenten den Untergang des Nordreiches mit

---

1 Vgl. Reinhard Gregor Kratz, *Prophetenstudien: Kleine Schriften II*, FAT 74 (Tübingen: Mohr Siebeck, 2011), 304. Roman Vielhauer, *Das Werden des Buches Hosea. Eine redaktionsgeschichtliche Untersuchung*, BZAW 349 (Berlin: Walter der Gruyter, 2007), 226.
2 Kratz, *Prophetenstudien*, 306.
3 Eine Ausnahme bildet die Verwendung von ריב in Hos 2,4; 4,1–4 und 12,3. Das Wort wird u. a. von Berend Gemser, "The Rîb- or Controversy-Pattern in Hebrew Mentality." in *Wisdom in Israel and in the Ancient Near East*, hg. v. Martin Noth und David Winton Thomas, VTSup 3 (Leiden: Brill, 1955), 120–37, 120; Kirsten Nielsen, *Yahweh as Prosecutor and Judge. An Investigation of the Prophetic Lawsuit (Rîb-pattern)*, JSOT.S 9 (Sheffield: University of Sheffield, 1978),

https://doi.org/10.1515/9783110792706-007

JHWH selbst in Verbindung bringen, verkünden sie jedoch nicht einen „andere[n], fürchterlich neue[n] JHWH",[4] sondern entwickeln die theologische Idee einer wechselseitig konzipierten Beziehung – einer „reziproken Solidarität"[5] – zwischen Israel und JHWH, die im Guten wie im Schlechten das Verhältnis zwischen den beiden Größen bestimmt und mit Jan Assmann und Bernd Janowski als „konnektive Gerechtigkeit" (*iustitia connectiva*) bezeichnet werden kann.[6] Auf diese Weise wird das Prinzip der Gegenseitigkeit[7] – als neutraler Kern des Vergeltungsbegriffs – zu einem zentralen Bestandteil der hoseanischen Theologie und zur Voraussetzung für eine sich entwickelnde Bundestheologie.

Die folgende exemplarische Untersuchung der in Hos 5–7 mit שׁוב zum Ausdruck gebrachten Zu- und Abwendungsbewegungen zeigt, dass die Tradenten in erster Linie Bewegungsverben verwendeten, um die theologische Idee einer wechselseitig aufeinander bezogenen Beziehung zwischen JHWH und Israel auszudrücken und das Schicksal Israels als die von JHWH initiierte Konfrontation mit den eigenen Taten zu beschreiben.

# 2 Textkritische Übersetzung von Hos 5–7

Hos 5

1    Hört dies, ihr Priester
     und gebt acht, Haus Israel
     und Haus des Königs hört,
     denn euch gilt das Urteil!
     Denn ein Klappnetz seid ihr geworden für Mizpa
     und ein ausgelegtes Netz auf dem Tabor!

---

5; Hans Jochen Böcker, *Redeformen des Rechtslebens im Alten Testament*, WMANT 14 (Neukirchen-Vluyn: Neukirchener Verlag, 1964), 86 und Vielhauer, *Werden*, 2, als Bestandteil und Kennzeichen der Gattung des prophetischen Gerichtsstreits gedeutet. Während sich in Hos 4 und 12 diese Deutung von רִיב als rechtliche Terminologie nahelegt, scheint es sich bei Hos 2,4 um die Aufforderung zu einer außergerichtlichen Auseinandersetzung zu handeln.

4 Kratz, *Prophetenstudien*, 304.

5 Bernd Janowski, „Die Tat kehrt zum Täter zurück. Offene Fragen im Umkreis des ‚Tun-Ergehen-Zusammenhangs'," in *Die rettende Gerechtigkeit. Beiträge zur Theologie des Alten Testaments 2* (Neukirchen-Vluyn: Neukirchener Verlag, 1999), 167–91, 190.

6 Jan Assmann, *Ägypten. Eine Sinngeschichte* (Frankfurt am Main: Fischer, [4]2005), 146.

7 Janowski, „Tat," 177.

2 und Abschlachtung haben Abtrünnige tief gemacht,[8]
aber ich bin eine Züchtigung[9] für sie[10] alle!
3 Ich kenne Efraim
und Israel ist nicht verborgen vor mir.
Ja, jetzt[11] hast du[12] Unzucht getrieben,[13] Efraim
unrein gemacht hat sich Israel.
4 Nicht erlauben[14] es ihre Taten umzukehren
zu ihrem Gott,
denn ein Geist der Unzucht ist in ihrem Inneren
und JHWH kennen sie nicht!
5 Und der Hochmut Israels antwortete in sein Angesicht
und Israel[15] und Efraim kommen zu Fall
durch ihre Schuld,
zu Fall gekommen ist auch Juda mit ihnen.
6 Mit ihrem Kleinvieh und ihren Rindern gehen sie
um zu suchen JHWH,

---

**8** Es wird im Anschluss an Andrew Alexander Macintosh, *A Critical and Exegetical Commentary on Hosea*, ICC (Edinburgh: T&T Clark, 1997), 180 die von MT gebotene Lesart beibehalten (lectio difficilior). Vielhauer, *Werden*, 75, Anm. 2 schlägt als Übersetzung vor: „Abtrünnige haben abgrundtief schlecht gehandelt".

**9** Eine Umvokalisierung zu מוֹסָר („Fessel"; vgl. Jörg Jeremias, *Der Prophet Hosea*, ATD 24,1 [Göttingen: Vandenhoeck & Ruprecht, 1983], 73) erscheint im Anschluss an Macintosh, *Hosea*, 182, nicht angebracht.

**10** Teilweise wird von einem ursprünglichem לכלכם oder לכם ausgegangen, welches kontextuell besser passen würde (vgl. u. a. Hans Walter Wolff, *Dodekapropheton 1. Hosea*, BK XIV/1 (Neukirchen-Vluyn: Neukirchener Verlag, 1961), 119, der vermutet, dass in der von MT gebotenen 3. Pers. eventuell העמיקו nachwirkt; Ines Willi-Plein, *Vorformen der Schriftexegese innerhalb des Alten Testaments. Untersuchungen zum literarischen Werden der auf Amos, Hosea und Micha zurückgehenden Bücher im hebräischen Zwölfprophetenbuch*, BZAW 123 (Berlin / New York: De Gruyter, 1971), 141; Wilhelm Rudolph, *Hosea*, KAT 13/1 (Gütersloh: Gütersloher Verlagshaus, 1966), 116; anders Jeremias, *Hosea*, 73, der mit MT („sie") liest.

**11** Die von MT bezeugte Lesart wird von allen Versionen bestätigt und ist daher gegen den Emendationsvorschlag stattdessen אתה (du) zu lesen (vgl. u. a. Jeremias, *Hosea*, 73; Wolff, *Hosea*, 120) beizubehalten.

**12** Mit Rudolph, *Hosea*, 116 wird an der von MT gebotenen 2.Pers. festgehalten (vgl. Hos 4,13b.14a) und die von den Versionen gebotene 3.Pers. als Angleichung an נטמא (synonymer Parallelismus) eingeschätzt.

**13** Rudolph, *Hosea*, 117 schlägt vor, statt des Hif. (MT) das Hof. von זנה zu lesen, da „dem Parallelwort נְטְמָא nur Hophal הָזְנֵיתָ [entspricht]"). Diesem Vorschlag wird sich nicht angeschlossen, da das Hof. nicht belegt ist und auch das Hif. einen nachvollziehbaren Textsinn ergibt.

**14** Wörtlich: „geben"; vgl. Macintosh, *Hosea*, 184.

**15** Es gibt in den Versionen keinen Hinweis für eine Auslassung von וישׂראל (vgl. BHQ, 59*).

aber nicht finden sie,[16]
er hat sich ihnen entzogen.

7 Gegenüber JHWH haben sie treulos gehandelt,
denn fremde Söhne haben sie gezeugt;
jetzt wird sie verzehren ein Neumond
zusammen mit ihren Landanteilen.[17]

8 Stoßt ins Schofar in Gibea,
(in) die Trompete in Rama,
stimmt das Geschrei an zu[18] Bet-Awen:
Hinter dir,[19] Benjamin!

9 Efraim wird zur Verwüstung werden
am Tag der Zurechtweisung;
unter den Stämmen Israels habe ich verkündigt,
was feststeht.

10 Geworden sind die Beamten von Juda
wie Versetzende von Grenzen;
über ihnen werde ich ausgießen wie Wasser
meinen Zorn.

11 Unterdrückt wird Efraim, zerbrochen an Recht;[20]
denn er hat sich entschlossen,[21]

---

**16** LXX ergänzt αὐτόν; Macintosh, *Hosea*, 189 verweist jedoch darauf, dass "the addition is *ad sensum* and does not imply that the Hebrew also has such a suffix".

**17** Der als „schwierig" (Willi-Plein, *Vorformen*, 142) betrachtete V.7b wird von der Peschitta ausgelassen und auch LXX trägt mit ἐρυσίβῃ, der Bezeichnung für eine Pflanzenkrankheit („Getreidebrand bis Mehltau", Rudolph, *Hosea*, 117), nichts zur Klärung des Textsinns bei; Jeremias, *Hosea*, 73 liest מְחַדֵּשׁ („Eroberer, Eindringling") statt חֹדֶשׁ: „Jetzt wird ihnen der Eroberer ihre Äcker vertilgen". Übersetzt man im Anschluss an Rudolph, *Hosea*, 119, אֵת mit „zusammen mit", so kann die von MT gebotene Lesart beibehalten werden.

**18** Es handelt sich wohl um einen Acc. loci (vgl. GK[28] § 118g).

**19** LXX bietet ἐξέστη; mit BHQ, 59* kann in Betracht gezogen werden, dass es sich bei dieser Wiedergabe um eine falsche Herleitung von חרד („sich fürchten, zittern") oder um einen Einfluss von Am 3,6 handelt.

**20** Während die von MT gebotene Lesart von V, S und T unterstützt wird, bietet die von LXX gebotene Lesart aktive Verbformen (κατεδυνάστευσεν; κατεπάτησεν) und ergänzt ein Objekt (τὸν ἀντίδικον αὐτοῦ): „Efraim unterdrückt seinen Gegner, tritt das Recht mit Füßen". Es handelt sich wohl um eine bewusste Angleichung an Am 4,1 (vgl. Vielhauer, *Werden*, 47, Anm. 11a).

**21** Vgl. Willi-Plein, *Vorformen*, 144, die für die Konstruktion יאל Hif. + finites Verb ohne ו auf Dtn 1,5; 2Kön 5,23; Ijob 6,28 verweist und hervorhebt, dass „in diesen Fällen [...] der Akzent nicht auf der Zielsetzung eines auf die Tätigkeit des zweiten Verbums gerichteten Entschlusses (inf. mit לְ) [liegt], sondern auf dem Entschluß als solchem"; vgl. auch GK[28] § 120g).

er ist hinterhergegangen einem Feind/Nichtigen.[22]
12  Aber ich bin wie Fäulnis[23] für Efraim
    und wie Knochenfraß für das Haus Juda.
13  und Efraim sah seine Krankheit
    und Juda sein Geschwür
    und Efraim ging nach Assur
    und[24] sandte zum Großkönig,[25]
    aber er kann euch nicht heilen
    und er kann nicht trennen von euch das Geschwür.
14  Ja, ich bin wie ein Löwe für Efraim
    und wie ein Junglöwe für das Haus Juda.
    Ich, ich reiße und gehe davon,
    ich trage fort und niemand ist ein Befreier![26]
15  Ich gehe, kehre zurück zu meinem Ort,
    bis dass sie büßen[27] und suchen mein Angesicht.
    Bedrückt man sie, werden sie nach mir verlangen.

---

**22** Die Wiedergabe von צו variiert. Wolff, *Hosea*, 134, geht von der von LXX gebotenen Lesart τῶν ματαίων („dem Nichtigen") aus, deutet diese als „einen mit שָׁוְא gleichbedeutenden, ‚lau-täffenden' (KBL) Vulgärausdruck" und verweist auf Jes 28,10.13 (mit „dem Nichtigen" übersetzt auch Jeremias, *Hosea*, 78); in Anlehnung an den Konjekturvorschlag von Duhm (צָרוֹ, „seinem Feind") liest Rudolph, *Hosea*, 124, צָר („dem Feind").

**23** Vgl. Godfrey Rolles Driver, "Difficult Words in Hebrew Prophets," in *Studies in Old Testament Prophecy. Presented to Theodore H. Robinson on his sixty-fifth birthday*, hg. v Harold Henry Rowley (Edinburgh: T. and T. Clark, 1950), 52–72, 66. LXX schwächt die Aussage durch die Wahl von ταραχή („Verwirrung") und κέντρον („Stachel") ab; vgl. auch Peter Riede, „‚Ich aber war wie eine Motte für Ephraim'. Anmerkungen zu Hos 5,12," in *Schöpfung und Lebenswelt. Studien zur Theologie und zur Anthropologie des Alten Testaments*, MThSt 106 (Leipzig: Evangelische Verlagsanstalt, 2009), 139–50, 139 bezüglich der Wiedergabe von עָשׁ.

**24** Willi-Plein, *Vorformen*, 145, ist zuzustimmen, dass der Gesamtaufbau des Verses statt וַיִּשְׁלַח eine Bezeichnung für Juda erwarten lässt, die jedoch in MT fehlt; Macintosh, *Hosea*, 209 ergänzt „and Judah" *ad sensum*.

**25** LXX interpretiert יָרֵב als Personen-, die Peschitta als Ortsnamen; Jeremias, *Hosea*, 78 und Wolff, *Hosea*, 131, übersetzen „zum Großkönig" (vgl. den offiziellen assyrischen Titel *šarru rabu*); Wolff vermutet, dass יָרֵב „vielleicht als Geheimname des Assyrerkönigs verstanden [wurde], nachdem das alte מַלְכִּי רָב falsch getrennt [worden] war" (*Hosea*, 134); Rudolph, *Hosea*, 123, übersetzt „zum König Jareb" und verweist auf Hos 10,6 als Nachweis, dass der assyrische König tatsächlich so bezeichnet wurde (vgl. ebd., 124). Zudem weist er darauf hin, „daß auch יָרֵב als Adjektiv zu der syr.-aram. Wurzel ירב (‚groß sein') ‚groß' bedeuten kann" (ebd., 124). Dies ermögliche es dem Propheten „mit dem gleichlautendem Jussiv von ריב (‚er möge streiten') ein Wortspiel zu machen" (ebd., 124).

**26** LXX bietet eine Lesart mit Artikel (ὁ ἐξαιρούμενος), jedoch verweist BHQ darauf, dass der Artikel "is asterisked, presumably in the Origenian tradition, as not being in the Hebrew text".

**27** Wolff, *Hosea*, 134, äußert die Frage, ob „אשם hier die Bedeutungsnuance ‚gestraft werden' [...] gewonnen haben sollte?"; Willi-Plein, *Vorformen*, 146, zieht mit Verweis auf Hos 2,14 eine

Hos 6

1 Lasst uns gehen[28] und umkehren zu JHWH,
denn er hat gerissen und er wird uns heilen,
er hat[29] geschlagen und er wird uns verbinden.

2 Er wird uns zum Leben zurückbringen nach zwei Tagen;
am dritten Tag wird er uns aufrichten und wir werden
leben vor seinem Angesicht.

3 So lasst uns erkennen,
lasst uns nachjagen dem Erkennen JHWHs,
wie erstes Morgenlicht so sicher ist sein Aufbruch;[30]
und er kommt wie der Regen zu uns,
wie Spätregen, der[31] Land tränkt.[32]

4 Was soll ich tun in Bezug auf dich, Efraim?
Was soll ich tun in Bezug auf dich, Juda?
Ja, eure Treue ist wie eine Wolke am Morgen
und wie der Tau, der früh vergeht.

5 Darum habe ich ausgehauen mit den Propheten,[33]
habe sie getötet mit den Worten meines Mundes,
so dass mein Recht heraustritt wie Licht;[34]

---

Änderung von יאשׁמו zu ישׁמו (שׁמם, „verwüsten") in Betracht (so auch die von LXX gebotene
Lesart); Rudolph, *Hosea*, 131, liest mit T („bis sie erkennen, dass sie schuldig sind") und sieht
keinen Anlass zu einer Textkorrektur von MT; dieser Sicht wird sich mit Verweis auf Kellermann, Art. אשׁם, 470 angeschlossen, der den Bedeutungsumfang von אשׁם im Qal mit „sich
verschulden, schuldig werden, straffällig werden, Schuld büßen" (ebd.) angibt. Seiner Einschätzung, dass „an allen Stellen bei Hosea [...] אשׁם ‚sich verschulden, schuldig werden' und
somit ‚sich strafbar machen'" (ebd., 471) bedeute, wird sich hingegen nicht angeschlossen. Im
Hoseabuch findet sich אשׁם 5mal (Hos 4,15; 5,15; 10,2; 13,1; 14,1); an vier der fünf Belegstellen
(Hos 4,15; 5,15; 10,2 sowie 14,1) ergibt sich mit der von Kellermann angegebenen Bedeutung
„Schuld büßen" ein passender Textsinn.

**28** Vgl. Macintosh, der von einem "hortatory usage of הלך" ausgeht (*Hosea*, 216).

**29** Impf. cons.; es kann von einer Haplographie des ו ausgegangen werden (vgl. Willi-Plein,
*Vorformen*, 149; Jeremias, *Hosea*, 79; Vielhauer, *Werden*, 48).

**30** LXX bietet εὑρήσομεν αὐτόν als Übersetzung von מוצאו sie kann mit BHQ, 60* auf eine
Dittographie des ו zurückgeführt werden.

**31** Asyndetischer Relativsatz nach Vergleich (vgl. GK[28] § 155g).

**32** Imp. Hif. von ירה II.

**33** Gegen LXX und Peschitta, welche die Propheten als Objekt von V.5aα betrachten und die
Präposition ב unberücksichtigt lassen, zeigt die Parallelstellung zu V.5aβ, dass בנביאים das
Werkzeug angibt (ב instrumenti), mit dem die Tätigkeit des „Aushauens" von JHWH vollzogen
wurde (so bereits Rudolph, *Hosea*, 132; vgl. auch Willi-Plein, *Vorformen*, 150).

**34** Die von MT gebotene Lesart wird angesichts der von LXX, S und T gebotenen Lesart כָאוֹר
וּמִשְׁפָּטִי auf eine falsche Worttrennung zurückgeführt; vgl. BHQ, 60*: "This reading is [...] pre-

6   Ja, Treue gefällt mir und nicht Schlachtopfer
    und Erkenntnis Gottes statt[35] Brandopfer!
7   Aber sie, wie (in)[36] Adam haben sie übertreten
    einen Bund,
    dort haben sie treulos gehandelt gegen mich.
8   Gilead ist eine Stadt von Tätern von Unrecht,
    bespurt von Blut.
9   Und wie das Warten[37] von Räubern auf jemanden
    ist die Gemeinschaft von Priestern;
    am Weg nach Sichem töten sie;[38]
    ja, eine Schandtat haben sie begangen.
10  Im Haus Israel habe ich Abscheuliches[39] gesehen,
    dort ist Unzucht in Bezug auf Efraim,
    unrein macht sich Israel.
11  Auch Juda, angesetzt[40] ist eine Ernte für dich,
    in meinem Wenden der Wendung meines Volkes.

Hos 7
1   Gemäß meinem Heilen in Bezug auf Israel,[41]
    zeigt sich auch die Schuld Efraims

---

ferred because it is identical with the consonantal text of M, and avoids the awkward change
of speaker implied in M's word division."

**35** Vgl. GK[28] §119w (privativer Gebrauch von מִן).

**36** In der parallelen Formulierung zu V.7b (שָׁם) erfordert V.7a die Präposition בְּ (mit Jeremias,
*Hosea*, 89). Willi-Plein, *Vorformen*, 151 geht von einer Verlesung aus, in deren Rahmen כְ statt
בְּ gelesen wurde, vgl. jedoch BHQ, 60*: "There is no evidence for the conjectural reading באדם
(see BHK³, BHS), but it would be possible to understand the noun as a place name with the
preposition בְּ understood."

**37** LXX und die Peschitta gehen in ihrer Übersetzung von dem Substantiv כֹּה aus, die Vulgata
und Symmachus von חֵךְ; sie scheinen Schwierigkeiten mit dem Verständnis der wohl als Inf.
cs. Pi. (vgl. GK[28] § 75aa) zu deutenden ungewöhnlichen (vgl. GK[28] § 23l) Form כְּחַכֵּי (mit Vergleichspartikel כְ) gehabt zu haben. BHQ, 60* hält es für möglich, dass das erste Wort von
4QpIsa^c "may be a purely orthographic variant of M, apart from the absence of the copula, but
it may also be identical with the *Vorlage* of G, which misvocalized the second letter as if with
וֹ".

**38** Im Anschluss an David Noel Freedman, "The Broken Construct Chain," in *Bib.* 53 (1972):
534–36, 536, liegt ein Nomen rectum vor, welches vom Nomen regens durch ein Verb getrennt
ist.

**39** Es wird Qere שְׁעֻרוּרִיָּה gelesen.

**40** LXX, Quinta und Vulgata übersetzen imperativisch, Symmachus mit Partizip Passiv; beide
Übersetzungsformen dienen offenbar dazu, den in MT vorliegenden Sprecherwechsel (lectio
difficilior) durch eine Umvokalisation zu korrigieren.

**41** Es wird der masoretischen Verseinteilung gefolgt und Hos 6,11b als Nachsatz zu 6,11a verstanden und 7,1aα1 (כְּרָפְאִי לְיִשְׂרָאֵל) als Vordersatz zu 7,1aα2 (וְנִגְלָה עֲוֹן אֶפְרַיִם וְרָעוֹת שֹׁמְרוֹן כִּי פָעֲלוּ

und die Bosheit Samarias,
ja, sie verüben Betrug,
und ein Dieb kommt hinein,
es plündert[42] eine Räuberbande draußen.

2 Aber sie bedenken[43] nicht in ihren Herzen,
dass ich all ihrer Bosheit gedenke,
jetzt umgeben sie ihre Taten,
vor meinem Angesicht sind sie.

3 Mit ihrer Bosheit beglücken sie den König
und mit ihren Lügen Beamte.

4 Sie sind alle Ehebrechende,
sie[44] gleichen einem brennenden Ofen, dessen Bäcker
das Schüren einstellt vom Kneten des Teigs
bis zu seiner Durchsäuerung.

5 Am Tag unseres[45] Königs schwächen sie[46]
die Beamten mit der Glut von Wein,
hingerissen[47] hat seine Kraft[48] Großspurige.[49]

---

שׁקר), vgl. Brigitte Seifert, *Metaphorisches Reden von Gott im Hoseabuch*, FRLANT 166 (Göttingen: Vandenhoeck & Ruprecht, 1996), 205.

**42** Es liegt eine übertragene Bedeutung von פשׁט („ausziehen") im Sinne von „überfallen, herfallen über (urspr. um z. plündern [vgl. Pi.]; s. dtsch. jdn. bis aufs Hemd ausziehen" (Gesenius[18], פשׁט, 1087) vor.

**43** Wörtlich: „sagen".

**44** Da V.4b אפה als Subjekt verlangt und בערה als fem. Partizip in Bezug auf תנור zwar „grammatisch nicht unmöglich [ist]" (Willi-Plein, *Vorformen*, 157), aber doch seltsam anmutet, wird mit Willi-Plein das מ von מאפה zum Vorangehenden gezogen, vgl. ebd.; die Wortabtrennung בער הם אפה stellt eine weitere Alternative dar (vgl. Vielhauer, *Werden*, 87).

**45** MT wird als *lectio difficilior* beibehalten; T nimmt eine Angleichung an den Kontext (3.m.pl.) vor.

**46** LXX, V, S und T betrachten שׂרים als Subjekt zu החלו ; im Anschluss an Ansgar Moenikes, *Die grundsätzliche Ablehnung des Königtums in der Hebräischen Bibel. Ein Beitrag zur Religionsgeschichte Israels*, BBB 99 (Weinheim: Beltz Athenäum, 1995), 186 und Vielhauer, *Werden*, 87 legt sich kontextuell jedoch die Deutung der שׂרים als Objekt zu החלו nahe.

**47** Vgl. Gesenius[18], מֹשׁךְ, 753.

**48** Wörtlich: „Hand"; als Subjekt wird ייןangenommen (vgl. Vielhauer, *Werden*, 87, Anm. 5d).

**49** Mit Rudolph wird von einem verkürzten Part. Polel von ליץ ausgegangen (Rudolph, *Hosea*, 148).

6   Ja, sie haben herannahen lassen,[50]
    wie der Ofen ist ihr Herz in ihrer Hinterhältigkeit,
    die ganze Nacht schläft ihr Bäcker,[51]
    am Morgen ist er ein Brennender wie loderndes Feuer.
7   Sie alle glühen wie der Ofen und verzehren ihre Richter,
    alle ihre Könige sind gefallen,
    keiner von ihnen ruft mich an.
8   Efraim, unter die Völker mischt es sich,
    Efraim, geworden zu einem Brotfladen,
    der nicht gewendet wurde.
9   Fremde verzehren seine Kraft,
    aber er erkennt es nicht,
    auch weißes Haar hat sich eingeschlichen bei ihm,
    aber er erkennt es nicht.
10  Und es zeugt[52] der Hochmut Israels in sein Angesicht,
    aber nicht sind sie umgekehrt zu JHWH, ihrem Gott
    und nicht gesucht haben sie ihn trotz alledem.
11  Und Efraim wurde wie eine Taube, eine Einfältige,
    ohne Verstand,
    (nach) Ägypten riefen sie, nach Assur gingen sie.

---

**50** Der von MT gebotene intransitive Pi. von קרב (vgl. LXX, S) hat die Bedeutung „herannahen lassen, heranbringen" (vgl. Gesenius¹⁸, קרב, 1188); Jeremias, *Hosea*, 90 vokalisiert das Verb im Qal und übersetzt „Ja, sie hatten sich genaht wie ein Ofen"; Macintosh, *Hosea*, 262 f. bietet eine transitive Übersetzung: "they have made ready their resolve like an oven"; vgl. V).
**51** Es wird oftmals von einer Fehlvokalisierung von MT (אֹפֵהֶם) ausgegangen. LXX bietet „Εφραιμ" und ist daher nicht zu berücksichtigen. Im Anschluss an S und T wird stattdessen mehrheitlich mit „ihr Zorn" oder „ihre Leidenschaft" (אַפָּהֶם) übersetzt (vgl. Rudolph, *Hosea*, 148; Wolff, *Hosea*, 135; Jeremias, *Hosea*, 90; Willi-Plein, *Vorformen*, 158, Vielhauer, *Werden*, 88). Einen anderen Weg beschreitet Macintosh, der die masoretische Vokalisation beibehält und im Anschluss an Kimchi davon ausgeht, dass "the baker in the simile stands for the resolve/heart" (Macintosh, *Hosea*, 263). Diese Aussageabsicht liegt nach Macintosh auch in Mi 2,1 vor, findet sich dort jedoch ohne einen Vergleich ausgedrückt (vgl. ebd.). Da in V.6a die „Sie"-Gruppe mit einem Ofen verglichen wird, könnte es sich bei dem Bäcker aus V.6b auch um den Anführer dieser Gruppe handeln, der deswegen im Rahmen der metaphorischen Sprache mit dem Bäcker identifiziert wird. Da auch in V.7a Menschen aufgrund ihrer politischen Intriganz im Rahmen eines Vergleichs als „heiß, glühend" dargestellt werden, ist es denkbar, von einem ähnlichen Sprachgebrauch in V.6b auszugehen.
**52** Wörtlich: „antworten"; LXX bietet stattdessen ταπεινωθήσεται (vgl. V, S, T) als Wiedergabe von ענה II.

12  Wenn sie gehen breite ich aus über ihnen mein Netz,
wie Vögel des Himmels hole ich sie herunter,
ich züchtige[53] sie gemäß dem Hören ihres Zeugnisses.[54]

13  Wehe ihnen, weil sie flohen vor mir,
Verderben ihnen, weil sie rebellieren gegen mich!
Aber ich, ich wollte sie auslösen,
aber sie sprechen über mich Lügen.

14  Und nicht haben sie geschrien nach mir in ihren Herzen,
wenn sie heulen auf ihren Lagerstätten,
wegen Korn und Most sich ritzen,[55]
sie weichen[56] von mir.

15  Aber ich, ich erzog, ich stärkte ihre Arme,[57]
aber gegen mich planen sie Böses.

16  Sie kehren um, doch nicht zum Hohen,[58]
sie sind wie ein[59] tückischer Bogen,

---

53 MT wird von allen Versionen bestätigt (vgl. BHQ, 61*).

54 Der Übersetzung wird die Bedeutung von עדה₂ zugrunde gelegt; nach BHQ, 62* können die Lesarten von LXX und T eventuell auf eine Verwechslung von רעה mit עדה zurückgeführt werden.

55 Mehrheitlich wird mit 13 MSS und LXX (καὶ κατετέμνοντο) גדד statt גרר gelesen und die Form יְתְגּוֹדָדוּ vorausgesetzt (vgl. Rudolph, *Hosea*, 152; Wolff, *Hosea*, 136; Jeremias, *Hosea*, 91, Willi-Plein, *Vorformen*, 162); Macintosh, *Hosea*, 281 verweist auf die Möglichkeit, "that the verb גדד may have constituted a variant or early translation of גרר at a time when it was no longer understood"; BHQ, 62* hält es jedoch für wahrscheinlicher, "that a simple graphical error (ר twice for ד) underlies M".

56 MT (סור, „sie weichen") ist wegen בי problematisch, wird jedoch beibehalten; LXX „sie wurden gezüchtigt" (ἐπαιδεύθησαν) geht von der Wurzel יסר aus und formuliert deswegen passivisch.

57 Eines der beiden Verben wird zumeist für eine spätere Zufügung gehalten. Während Jeremias (Jeremias, *Hosea*, 91) und Rudolph (Rudolph, *Hosea*, 152) vom zweiten Verb als Zufügung ausgehen, verweist Seifert (Seifert, *Metaphorisches Reden*, 166) auf das Fehlen von יִסַּרְתִּי in der LXX und sieht darin einen Hinweis für die spätere Ergänzung dieses Verbs (vgl. Wolff, *Hosea*, 136; Willi-Plein, *Vorformen*, 162); anders Walter Gisin, *Hosea. Ein literarisches Netzwerk beweist seine Authentizität*, BBB 139 (Berlin/Wien: Philo, 2002), 162, der für die Ursprünglichkeit beider Verben votiert und dem sich angeschlossen wird (vgl. auch BHQ, 62*).

58 Die Schwierigkeit mit dem Verständnis von MT bildet sich auch in den Varianten ab; LXX bietet εἰς οὐθέν, σ', ε' und V „ut essent absque jugo"; mit Macintosh, *Hosea*, 285 wird in Betracht gezogen, dass es sich bei על um "a noun denoting 'what is above' [...], i.e. the highest level of morality and behaviour" handelt; על als einen ursprünglichen Verweis auf Baal zu deuten (Jeremias, *Hosea*, 91) erscheint angesichts der politischen Ausrichtung von Hos 7 wenig überzeugend.

59 BHQ, 62* verweist auf die Verwendung des Artikels in 4QXII^g als "only textually significant variant".

ihre Beamten fallen durch das Schwert wegen der
Verwünschungen ihrer Zunge, dies bedeutet:
ihr Stammeln im Land Ägypten.

# 3 Kompositionsstruktur und literarische Genese[60]

Hos 5–7 besteht aus sieben Kompositionsabschnitten (Hos 5,1f.3–7.8–11.12–14;
5,15–6,6; 6,7–7,12.13–16).[61] Die Komposition beginnt in Hos 5,1f mit einem drei-
gliedrigen Höraufruf (V.1a) von JHWH, der sich an die Priester (הכהנים) als Vertreter des Kultes, an das Haus Israel (בית ישראל), d. h. die „Sippen- und Famili-
enhäupter"[62] als Vertreter der Ältestenversammlung, und an das Haus des
Königs (בית המלך) als Vertreter der politischen Führung Israels richtet.[63] Diese
Führungskreise besaßen die Verantwortung für das Volk, das sie auch in seiner
Gesamtheit vertraten.[64] Die folgenden sechs Abschnitte der Komposition beschreiben die Vergehen Israels in Übereinstimmung mit den in Hos 5,1f angesprochenen, einerseits kultischen (vgl. Hos 5,3–7; 5,15–6,6), andererseits innen-
und außenpolitischen (vgl. Hos 5,8–11.12–14; 6,7–7,12.13–16) Vergehen und beziehen sich dabei auf die drei genannten Führungskreise (vgl. Hos 6,9.10; 7,3–
7).[65] Diese literarisch uneinheitlichen Abschnitte sind u. a. durch die fortgesetz-
te Wiederaufnahme zentraler Reziprozitätsvorstellungen miteinander verbunden, so dass einerseits die Großkomposition Hos 5–7 entsteht und andererseits
die verschiedenen thematischen Perspektiven zu einer Gesamtperspektive der
prophetischen Wahrnehmung Israels (und Judas) vor JHWH zusammengeführt
werden.[66]

---

**60** Nachfolgende Ausführungen beruhen auf Kap. 2 der eigenen Dissertation. Vgl. Katrin Zehetgruber, *Zuwendung und Abwendung. Studien zur Reziprozität des JHWH/Israel-Verhältnisses
im Hoseabuch*, WMANT 159 (Göttingen: Vandenhoeck & Ruprecht, 2020), 17–113.
**61** Bzgl. der Frage der Einheitlichkeit vgl. u. a. die redaktionskritischen Überlegungen bei
Vielhauer, *Werden*, 45.
**62** Jeremias, *Hosea*, 74.
**63** Im Anschluss an Vielhauer, *Werden*, 96 wird Hos 5,1f (in Verbindung mit Hos 1,2*) als
ursprüngliche Einleitung des Hoseabuches betrachtet, wofür nicht zuletzt der „weiter[e] literarisch[e] Horizont" von Hos 5,1f spricht.
**64** Vgl. James Nogalski, *The Book of the Twelve: Hosea–Jonah*, SMBC I (Macon/Georgia:
Smyth & Helwys Pub. 2011), 86.
**65** Vielhauer, *Werden*, 79.
**66** Vgl. Jeremias, *Hosea*, 101.

# 4 „Sich wenden, umkehren" (שׁוּב) als kompositionsleitende Reziprozitätsvorstellung in Hos 5–7

Im Buchkern Hos 5–7 erscheint die Wurzel שׁוּב in Hos 5,4.15; 6,1.11; 7,10.16. Ihre kompositionsleitende Funktion ist bereits aus der Fülle der Verweise ersichtlich.[67] Im Kern des Buches drückt die Wurzel eine Vielzahl verschiedener Zu- und Abwendungsbewegungen aus:[68] eine erwünschte, aber ausbleibende Zuwendung Israels zu JHWH (Hos 5,4; 7,10), die Abwendung JHWHs von Israel und Juda aufgrund ihrer Hinwendung zu fremden politischen Mächten (Hos 5,15) und zu Baal[69] (vgl. Hos 7,16), die Selbstaufforderung Israels wieder zu JHWH umzukehren (Hos 6,1) sowie das „Wenden" des Schicksals seines Volkes durch JHWH (Hos 6,11b). Im Gegensatz zu den späteren Heilsvisionen des Buches Hosea (vgl. Hos 3,5; 12,7; 14,2–8) dient die Wurzel שׁוּב im älteren Kern des Buches fast ausschließlich (mit Ausnahme von Hos 6,11b) dazu, die mangelnde Zuwendung Israels als Rückkehr zu JHWH und die Hinwendung zu Dritten in Außenpolitik und Nationalkult sowie die darauf folgende Abkehr JHWHs von Israel zu illustrieren.[70]

Hos 5,1–7.15
Die Wurzel erscheint zuerst in Hos 5,4 als Teil des Kompositionsabschnitts Hos 5,3–7. Nach Jörg Jeremias bilden Hos 5,4 und Hos 5,3 eine „„konzentrisch[e] Figur', bei der ein äußerer Rahmen einen inneren Rahmen umschließt und dieser den mittleren Kern, so dass sich eine Figur A-B-C-B́-Á ergibt. V.3a (Stichwort ‚kennen') findet seine Aufnahme in 4b Ende, V.3b (Stichwort ‚Unzucht treiben') seine Entsprechung in 4b Anfang, mit V.4a steht die gewichtigste Aussage (Nennung der Folgen im Imperfekt) im Zentrum der Einheit".[71] Diese wichtigste Aussage ist die ausbleibende Zuwendung als Rückkehr (שׁוּב) zu JHWH (vgl. Hos 5,4a). Das

67 Vgl. u. a. Hos 2,9.11; 3,5; 4,9; 5,4.15; 6,1.11; 7,10.16; 8,13; 9,3; 11,5.9; 12,3.7.15; 14,2 f.5.8.
68 Diese Feststellung findet sich bereits bei Hans Walter Wolff, „Das Thema ‚Umkehr' in der alttestamentlichen Prophetie," in *Gesammelte Studien zum Alten Testament*, TB 22 (München: Kaiser, ²1973), 130–150, 133: „Das Wort bleibt innerhalb des Alten Testaments offensichtlich davor bewahrt, zur religiösen Formel zu erstarren. Das hängt wahrscheinlich damit zusammen, daß die Propheten in ihrer agressiven [sic] Verkündigung es in seiner natürlichen Bedeutung lebendig erhielten und ihm je nach Lage eine neue Wendung gaben".
69 Vgl. die Textkritik zu Hos 7,16.
70 Zur Differenziertheit der Verwendung der Wurzel שׁוּב im Hoseabuch vgl. u. a. Jörg Jeremias, „Zur Eschatologie des Hoseabuches," in *Hosea und Amos. Studien zu den Anfängen des Dodekapropheton*, FAT 13 (Tübingen: Mohr, 1996), 67–85, 69.
71 Jeremias, *Hosea*, 75.

Wissen JHWHs und die mangelnde Anerkennung Israels sind im äußeren Rahmen aufeinander bezogen und bilden die Grundlage der Argumentation, die sich aus dem inneren Kern (V.3b und V.4bα) ableitet (vgl. Gebrauch von כִּי).

Während das Wissen JHWHs um Israel und Israels Vergehen aus einem zugewandten Engagement von JHWH für Israel resultiert (siehe V.3bβ),[72] erfolgt diese hingebungsvolle Anerkennung von JHWH durch Israel nicht (siehe Hos 5,4bβ). Der innere Kern (Hos 5,3b und Hos 5,4bα) erklärt dies mit der Tatsache, dass Israel Unzucht treibt (זָנָה) und dass es in Israel einen Geist der Unzucht gibt (רוּחַ זְנוּנִים). Der Geist der Unzucht findet Ausdruck in einer durch Taten vollzogenen Abkehr von JHWH, die in einen kultischen Kontext gestellt werden (vgl. Hos 5,6f).[73] Diese Formulierungen weisen einen weisheitlichen Vorstellungshintergrund auf, nach dem die Taten die Lebensweise eines Menschen konstituieren.[74] Diese äußere (vgl. Hos 5,3b) und innere (vgl. Hos 5,4bα) Abkehr von JHWH korrespondiert damit, dass Israel nicht zu JHWH zurückkehrt, wie Hos 5,4a feststellt. Hos 5,4a („ihre Taten erlauben es ihnen nicht, zurückzukehren zu ihrem Gott") drückt die Unfähigkeit Israels zur Umkehr aus,[75] die das Ergebnis ihrer selbstgewählten Haltung („Unzuchtsgeist") ist.[76]

Als Teil des Kompositionsabschnitts Hos 5,15–6,6 wird Hos 5,15[77] von Roman Vielhauer aufgrund seiner kultischen Thematik derselben kultkritischen Ergänzungsschicht zugeordnet wie Hos 5,3 f.[78] Er geht jedoch davon aus, dass

---

**72** V.3aβ („und Israel ist nicht verborgen vor mir") impliziert dabei, dass Israel mitsamt seiner Vergehen JHWH vor Augen steht (vgl. Hos 6,10a).

**73** Wenn in der prophetischen Literatur auf Taten (מַעֲלָל, „Tat") Bezug genommen wird, so handelt es sich zumeist um die Taten Israels, die als schlechte Taten charakterisiert werden. Bei Jeremia werden diese zudem oft mit dem schlechten Weg bzw. Wegen (דֶּרֶךְ) Israels parallelisiert und die Aufforderung an Israel formuliert, von diesen Taten und Wegen der Bosheit (רַע) umzukehren (שׁוּב), d.h. von ihnen abzulassen oder diese zu verbessern (Hif. יטב; vgl. Jer 7,3.5; 18,11; 25,5; 26,13; 35,15).

**74** So formuliert die Spruchweisheit, dass sich an den Taten eines jungen Mannes zeigt, ob er rein (זַךְ) und rechtschaffen (יָשָׁר) ist (Spr 20,11).

**75** Vgl. Bernd Biberger, „Umkehr als Leitthema im Zwölfprophetenbuch," *ZAW* 123 (2011): 565–79, 567, nach dem Hos 5,4 „die Unfähigkeit Israels zur Umkehr [thematisiert]".

**76** Beachte auch die Fortsetzung der Argumentation in Hos 5,5, in dem das Verhalten Israels mit dem Begriff des Hochmuts (גָּאוֹן) beschrieben und demnach Hos 5,4 als ein Verhalten interpretiert wird, das auf einem bewussten Entschluss gegen JHWH beruht.

**77** Vgl. Vielhauer, *Werden*, 226.

**78** Vgl. Vielhauer, *Werden*, 108; jedoch rechnet er Hos 5,15–6,4.6 einer anderen kultkritischen Textgruppe zu als Hos 5,3–4 und geht davon aus, dass es sich bei Hos 5,3f um eine Fortschreibung handelt, die nach Hos 5,15; 6,4.6 vorgenommen wurde und in deren Rahmen „die in der kultpolemischen Ergänzungsschicht (Textgruppe 1) verurteilte Hinwendung des Volkes zu JHWH im Kult als hurerische Hinwendung zu anderen Göttern gedeutet [wird]" (Vielhauer, *Werden*, 109).

diese Ergänzungsschicht im Zuge einer kontinuierlichen Fortschreibungswelle entstanden ist, in der Hos 5,15; 6,6 vor Hos 5,3–4 hinzugefügt wurde. So werde in Hos 5,3f die in Hos 5,15; 6,6 „verurteilte Hinwendung des Volkes zu JHWH im Kult als hurerische Hinwendung zu anderen Göttern gedeutet".[79] Nimmt man diese Rekonstruktion der Textgenese als Grundlage für die eigenen Überlegungen, dann erzeugt die Aufnahme von שׁוב aus Hos 5,15 in Hos 5,4 einen sekundären kompositionsverbindenden Rahmen zwischen Hos 5,1–7 und Hos 5,8–11.12–14.15, der eine wechselseitige Beziehung zwischen dem Verhalten Israels und JHWH schafft.[80] Während Hos 5,15–6,6 zunächst eine Fortschreibung ist, die die tödliche Hinwendung JHWHs zu Israel als Reaktion auf Israels politische Hinwendung zu Assyrien relativiert (vgl. Hos 5,14 mit Hos 5,15), übernimmt Hos 5,15 nach der Ergänzung von Hos 5,3f eine neue kompositionelle Funktion. Im neuen Leseablauf ist die mit שׁוב formulierte Abkehr von JHWH in Hos 5,15 nun auch eine Reaktion auf die nicht erfolgte Rückkehr Israels (שׁוב) zu JHWH in Hos 5,3 f.

### Hos 6,1–6.7–11

Wenn die zuvor erwähnten Überlegungen zu Hos 5,1–7.8–11.12–14.15 zutreffen, dann bildet die ausbleibende Umkehr (שׁוב) Israels zu JHWH in Hos 5,3f nicht nur einen Rahmen mit dem sich als Abwendung von Israel realisierenden Rückzug (שׁוב) JHWHs in Hos 5,15, sondern stellt gleichzeitig eine negative Aktualisierung der in Hos 6,1–3 beschriebenen Selbstaufforderung Israels zur Umkehr (שׁוב) zu JHWH dar, die von JHWH in Hos 6,4–6 wegen der mangelnden Beständigkeit der Loyalität Israels abgelehnt wird.[81] Man muss also Hans Walter Wolff in seiner Einschätzung zustimmen, dass Hosea „nicht eigentlich einen Ruf zur Umkehr kennt. Auch bei ihm hat das Thema seinen ersten Platz in der Scheltrede".[82] Hos 6,1–3 ist von dieser Einschätzung nicht ausgenommen, da aus Hos 6,4ff ersichtlich ist, dass „wirkliche Rückkehr [...] חֶסֶד, die wirkliche Verbundenheit mit Jahwe, zeitigen [würde]".[83]

In dem kompositionellen Gespräch, das Hos 5,4 mit Hos 6,6 aufnimmt, kommt jedoch ein weiterer Aspekt ins Spiel, der ein Engagement für JHWH cha-

---

79 Vielhauer, *Werden*, 109.
80 Im Anschluss an Vielhauer, *Werden*, 226 setzt Hos 5,15–6,6 bereits Hos 5,8–11 und die Ergänzung um Hos 5,12–14 voraus.
81 Hos 6,1–6 wird im Anschluss an Vielhauer, *Werden*, 226 als Bestandteil des größeren Kompositionsabschnittes Hos 5,15; 6,4–6 betrachtet, der die politische (Hos 5,8–11.12–14) um die kultische Thematik ergänzt.
82 Wolff, „Umkehr", 139.
83 Wolff, „Umkehr", 140.

rakterisieren würde und dessen Fehlen im äußeren Rahmen der konzentrischen Figur von Hos 5,3f der Grund für die ausbleibende Rückkehr Israels zu JHWH ist. Dabei handelt es sich um Gotteserkenntnis (דעת אלהים).[84] Die Gottesrede in Hos 6,4–6 verlangt Treue (חסד) und Gotteserkenntnis (דעת אלהים) als Merkmale eines wahren Opferkultes Israels. Ihre dauerhafte Präsenz in Israel wird jedoch von JHWH geleugnet (vgl. Hos 6,4), und die Selbstaufforderung zur Umkehr wird dadurch jeglicher Glaubwürdigkeit beraubt. In Hos 5,3f wird ebenfalls die mangelnde Kenntnis bzw. Anerkennung JHWHs durch Israel der Kenntnis und Zugewandtheit JHWHs zu Israel gegenübergestellt (vgl. Hos 5,3a.4bβ) und bildet die Argumentationsgrundlage für die Ableitung der ausbleibenden Umkehr Israels zu JHWH (V.4a).

Begründet wird die mangelnde Anerkennung JHWHs durch Israel dabei im inneren Kern (Hos 5,3b.4bα) mit einer äußeren Hinwendung zu Unzuchtstaten (V.3b) und einer inneren Hingabe an einen Unzuchtsgeist (V.4bα). Der Vorwurf der Unzucht stellt gegenüber Hos 6,1ff einen neuen, jedoch ebenfalls im Kult (vgl. Hos 5,6–7) verorteten Erklärungsansatz dar. Dieser Vorwurf wird später in Hos 4,1–19 mit kultischen Praktiken im Rahmen des JHWH-Kultes in Verbindung gebracht und von Hos 2,4–15 in der Narration eines Ehebruchs präsentiert,[85] der jedoch durchlässig für den Vorwurf einer kultischen Untreue Israel bleibt (vgl. Hos 2,13.15).[86]

Auch der spätere Heilsausblick in Hos 6,11b drückt durch die (doppelte) Verwendung der Wurzel שוב eine positive Schicksalswende als Wiederherstellung eines Heilszustandes für Israel aus, die jedoch nicht auf einer selbstgewählten Entscheidung Israels zur Umkehr zu JHWH beruht, sondern durch JHWH ermöglicht wird, wie das Suffix der 1.c.sg. zeigt („In meinem Wenden ...“; בשובי שבות עמי). Hos 6,11b liegt argumentativ auf einer Ebene mit anderen späten Heilsausblicken im Buch Hosea, die den Neuanfang für Israel ebenfalls als Ergebnis einer gnädigen Zuwendung JHWHs zu Israel präsentieren.[87] Die Konfrontationsankündigung aus Hos 6,11a, als Ankündigung einer Ernte, die für Israel und Juda geplant ist,[88] bezieht sich auf Hos 6,7–10 zurück.[89] Das Bild

---

**84** Vgl. Hans Walter Wolff, „„Wissen um Gott‘ bei Hosea als Urform von Theologie,“ in *Gesammelte Studien zum Alten Testament*, TB 22 (München: Chr. Kaiser Verlag, ²1973), 182–205.

**85** Vgl. Gerlinde Baumann, *Liebe und Gewalt. Die Ehe als Metapher für das Verhältnis JHWH-Israel in den Prophetenbüchern*, SBS 185 (Stuttgart: Verlag Katholisches Bibelwerk, 2000), 106.

**86** Mit Vielhauer, *Werden*, 227 kann dabei in Betracht gezogen werden, dass es sich bei Hos 4,12b.16–19; 5,3–4; 6,10b, 7,4; 9,1–2.5 um Zusätze handelt, „die Hos 2 in mehreren Schüben enger mit dem literarischen Kern des Buches verbinden“.

**87** Vgl. insbesondere Hos 11,9 und 14,5, beide Male unter Verwendung von שוב.

**88** Die Verwendung von גם („auch“) in V.11a macht deutlich, dass beide Reiche unter die Gerichtsankündigung gestellt werden.

**89** Im Anschluss an Willi-Plein, *Vorformen*, 154 kann V.11a als eine judäische Glosse betrachtet werden, die sich durch die Verwendung von גם auf V.10 zurückbezieht und ein Gerichtsbild

einer Ernte als Ausdruck eines Gerichts JHWHs findet sich nur in wenigen prophetischen Texten.[90] Im Zuge eines Vergleichs von Hos 6,11a mit Jer 51,33 und Joel 4,13 hat Susanne Rudnig-Zelt gezeigt, dass Hos 6,11a das Gericht, das in den beiden anderen Passagen fremde Völker trifft, „zum Gericht gegen Juda um[wandelt]"[91].[92] Der bildhaften Verwendung von קָצִיר („Ernte") in V.11a wird oft eine „eschatologische Valenz"[93] zugeschrieben, die in V.11b bereits vorausgesetzt, aber um das positive eschatologische Bild einer Heilswende ergänzt worden sei.[94]

Hos 7,8–12.13–16

Hos 7,10 ist ein Mischzitat aus Hos 5,3–6,[95] wobei der erste Halbvers von Hos 5,5 und Hos 7,10 identisch ist.[96] Kontextuell werden jedoch mit dem in Hos 5,5a und Hos 7,10a als „Hochmut" (גָּאוֹן) bezeichneten Verhalten unterschiedliche Vergehen Israels kritisiert. Hos 7,10 findet sich in einem Abschnitt (Hos 7,8–12), der sich hauptsächlich mit den außenpolitischen Vergehen Israels befasst.[97] Im Kontext von Hos 7,8–12 hat der Vers zunächst die kompositionelle Funktion, die

---

darstellt; anders Rudolph, *Hosea*, 144, der davon ausgeht, dass "6,11 + 7,1 an falscher Stelle steht"; da בְּשׁוּבִי שְׁבוּת עַמִּי „eindeutig ein Heilsausdruck [ist]" (Willi-Plein, *Vorformen*, 154), kann ihrer Ansicht nach eine ursprüngliche Verbindung von Hos 6,11b mit Hos 7,1aα in Betracht gezogen werden (vgl. Willi-Plein, *Vorformen*, 155).

**90** Die Wurzel findet insgesamt 54-mal im Alten Testament Verwendung; vgl. u. a. Jes 17,11; Jer 51,33; Joel 4,13.

**91** Susanne Rudnig-Zelt, *Hoseastudien. Redaktionskritische Untersuchungen zur Genese des Hoseabuches*, FRLANT 213 (Göttingen: Vandenhoeck & Ruprecht, 2006), 150; diese Aussage muss dahingehend ergänzt werden, dass das angekündigte Gericht sich sowohl gegen Israel als auch gegen Juda richtet, wie der Anschluss von V.11 an V.10 mit גַם („auch") zeigt.

**92** Nach Rudnig-Zelt handelt es sich bei Hos 6,11 um die jüngere Aussage, die bereits eine Abstraktion der Gerichtsaussage von Jer 51,33 und Joel 4,13 darstelle, da „der konkrete landwirtschaftliche Hintergrund" (Rudnig-Zelt, *Hoseastudien*, 150), der in Jer 51,33 und Joel 4,13 genannt wird, in Hos 6,11 bereits ohne Belang ist; sie vermutet eine Abfassung von Hos 6,11 in der hellenistischen Zeit (vgl. Rudnig-Zelt, *Hoseastudien*, 151).

**93** Willi-Plein, *Vorformen*, 155; vgl. zudem Rudnig-Zelt, *Hoseastudien*, 152; Jeremias, *Hosea*, 94.

**94** Vgl. Rudnig-Zelt, *Hoseastudien*, 152; vgl. zudem Jeremias, *Hosea*, 94, der שׁוּב שְׁבוּת als einen „eschatologischen Fachausdruck" bezeichnet.

**95** Vgl. Vielhauer, *Werden*, 71, der Hos 7,10 für einen Zusatz hält, „der Aussagen aus Hos 5, insbesondere 5,3–7, bündelt (5,4.5.6.15) und mit dem wahrscheinlich ebenfalls sekundären Vers Hos 5,5 bei wortwörtlicher Identität des jeweiligen ersten Halbverses eine Art Kehrvers bildet, der an Am 4,6 ff erinnert".

**96** Vgl. Vielhauer, *Werden*, 71.

**97** Aus diesem Grund wird der Abschnitt von Vielhauer, *Werden*, 226 der Grundschicht des Hoseabuches zugerechnet (Hos 5,1f; 6,7; 7,12*), die nur dem Untergang des Nordreichs gewidmet ist und diesen „als Gericht JHWHs" interpretiert.

angesichts der politischen Notsituation[98] ausbleibende Rückkehr zu JHWH als Ausdruck von Hochmut zu brandmarken. Anstatt zu JHWH zurückzukehren (שׁוּב), ein Schritt, der in dem Parallelismus von Hos 7,10 mit dem kultischen Suchen von JHWH gleichgesetzt wird (vgl. Hos 7,10b: בקשׁ), hat Israel sein Heil in politischen Bündnissen gesucht (Hos 7,11)[99].[100] Während in Hos 5,3–7 die als „Unzucht" gebrandmarkten kultischen Vergehen Israels aus einem „Geist der Unzucht" heraus begangen werden und einerseits auf mangelnde Kenntnis JHWHs zurückgeführt werden (לֹא יָדְעוּ) und andererseits eine Umkehr (שׁוּב) zu JHWH verhindern, ist es in Hos 7,9 die negative Zuwendung einer politischen Fremdmacht zu Israel, die in der Argumentation von Hos 7,10 Israel zu einer (kultischen) Rückkehr zu JHWH hätte motivieren müssen. Die Tatsache, dass diese Rückkehr (שׁוּב) nicht stattfand, wird daher als Arroganz/Hochmut (גָּאוֹן) interpretiert und auf eine bewusste Entscheidung Israels zurückgeführt.

Indem der erste Halbvers von Hos 5,5 und Hos 7,10 identisch ist, wird sowohl die im Kult als auch die in der Politik nicht vollzogene Rückkehr Israels zu JHWH unter dasselbe Urteil gestellt und Israel damit die Verantwortung für sein eigenes historisches Ergehen zugewiesen. Obwohl dieses Ergehen kontextuell mit der negativen Zuwendung JHWHs in Verbindung gebracht wird (vgl. Hos 7,12), wird es gleichzeitig als eine Folge der Hinwendung Israels zu Großmächten (vgl. Hos 7,11) und der Abkehr von JHWH (vgl. Hos 7,13) dargestellt. Während Hos 7,10 im Dialog mit Hos 5,3–7 steht und Israels geschichtliches Handeln im eigenen Staatskult und in der Außenpolitik unter das gleiche Urteil stellt, zeigt Hos 7,13–16, dass alle Bemühungen von JHWH, sich Israel zuzuwenden (vgl. Hos 7,13b.15a), von Israel nur mit aktivem Widerstand beantwortet wurden (vgl. Hos 7,13b.15b). Hos 7,16 formuliert den zu Hos 7,11 parallelen Abschluss der Kompositionseinheit, der zwar mit einer Umkehr (שׁוּב) endet, diese jedoch nicht zu JHWH hin vollzogen wird.[101]

Dass der Abbruch der Beziehung Israels zu JHWH als Ausdruck eines wesensmäßigen Mangels an Treue/Zuverlässigkeit interpretiert wird (vgl. Hos 6,6),

---

**98** Vgl. Reinhard Gregor Kratz, *Prophetenstudien*, 287–309, 289 f., wonach Hos 7,8f ein Israel zeichnen, „das noch eine gewisse Gnadenfrist bis zum endgültigen Untergang im Jahre 722 (720) v. Chr. hat, das aber schon am Boden liegt, das bis auf einen kleinen Rest in das assyrische Provinzsystem aufgegangen ist, dessen Bevölkerung zu weiten Teilen schon deportiert wurde und das unter der assyrischen Besatzungsmacht und aufgrund der hohen Tributleistungen wirtschaftlich ausblutet".

**99** Vgl. die Verweigerung von Reziprozität gegenüber JHWH in der rufenden (vgl. Hos 7,7.11) und gehenden (Hos 7,11) Hinwendung nach Ägypten und Assyrien.

**100** Die Verweigerung der Umkehr übernimmt Hos 7,10 aus Hos 5,4a; die (ausbleibende) Suchbewegung aus Hos 5,6a.

**101** Vgl. Textkritik zu Hos 7,16.

zeigt der Vergleich mit einem קֶשֶׁת רְמִיָּה „trügerischem/tückischem[102] Bogen"
(V.16a). Die postulierte Tücke Israels drückt sich im äußeren Anschein von Verlässlichkeit bei tatsächlicher Unzuverlässigkeit aus. Der Vergleich von V.16a
stellt eine zusammenfassende Aussage dar, in der sich das trügerische Verhalten Israels als ein Mangel an Gemeinschaftstreue im sozialen Bereich (V.1), als
konspirative Täuschung im Bereich der Innenpolitik (V.3–7) und als aus Stolz
geborene Selbsttäuschung (V.10a) im Bereich der Außenpolitik (V.8–12) realisiert. Gleichzeitig findet eine innere und äußere Abkehr von JHWH statt, die
passiv als Abbruch der Kommunikation (V.7b.14a) und als fehlende Umkehr
(V.10b) sowie aktiv als Flucht (V.13aα), Rebellion (V.13aβ), Verbreitung von Lügen (V.13bβ), Aufsässigkeit (V.14b) und Planung von Bösem (V.15b) realisiert
wird. Die Tücke Israels kommt auch in זַעַם „Verwünschungen" zum Ausdruck,
die die Beamten in Ägypten aussprechen und aufgrund derer sie den Tod durch
das Schwert finden.[103] So offen diese Aussage von V.16 auch für unterschiedliche Interpretationen sein mag, der Kontext zeigt, dass nicht JHWH, der Israels
Heimholung und Korrektur anstrebt (vgl. Hos 7,8–12.13–16), sondern das eigene
unsolidarische Verhalten der führenden Kreise Israels den Beziehungsabbruch
zu JHWH, die eigene Schwächung (V.5.7.8b.9.14) und schlussendlich den eigenen Untergang nach sich zieht (vgl. V.10). Am Ende der ältesten Komposition
findet sich Israel – repräsentiert durch seine Beamten – daher wieder „im Land
Ägypten" (בְּאֶרֶץ מִצְרַיִם), wo sie den Tod finden. Im Rahmen der Textgenese
wird ausgehend von der freiwilligen Hinwendung zu Ägypten (vgl. Hos 7,11)
schließlich die unfreiwillige Rückkehr nach Ägypten als Ausdruck der Landver-
treibung Israels durch JHWH entwickelt (vgl. Hos 8,13; 9,3.9).

# 5 Zusammenfassung

Nach Jeremias wurde die Wurzel שׁוּב im Buch Hosea „zum zentralen, ja konstitutiven Stichwort der Eschatologie".[104] Damit ist jedoch nicht der Anfang, sondern das Ende der Erweiterung der kompositionellen Funktion der Wurzel שׁוּב
im Rahmen der Buchgenese benannt. Wie die Untersuchung der Verwendung
von שׁוּב in der ältesten Komposition Hos 5–7 gezeigt hat, steht am Anfang die
Abkehr JHWHs von Israel als Reaktion auf die Hinwendung Israels zu Assyrien

---

102 Die Übersetzung mit „schlaff" legt sich angesichts der Argumentation des Textes nicht nahe.
103 Im Anschluss an Willi-Plein betont die Formulierung זַעַם לְשׁוֹנָם daher, „daß die Unheil
wirkende Verwünschung von den Betroffenen selbst ausgeht, daß Jahwes Handeln also allenfalls darin besteht, sie sich selbst überlassen zu haben" (Willi-Plein, *Vorformen*, 163).
104 Jeremias, „Eschatologie," 68.

(Hos 5,15). Dabei dient Hos 5,15 zunächst dazu, die tödliche Abkehr JHWHs von Israel in Hos 5,14 zu relativieren, die in seinem Weggehen als Löwe mit Israel als Beute gipfelt. In Hos 5,15 wird mit שׁוּב eine Abkehr JHWHs von Israel ausgedrückt, die so lange andauert, bis Israel das Angesicht JHWHs sucht. Wie Wolff gezeigt hat, ist diese Formulierung „in der Kultsprache zu Hause".[105] Hos 5,3f und Hos 6,1–6 beziehen sich ebenfalls auf den Kult, aber dieser wird als ein Ort dargestellt, an dem die gewünschte Hinwendung zu JHWH nicht (Hos 5,1–3) oder nicht nach den Vorstellungen JHWHs (Hos 6,4–6) vollzogen wird.

Zusammen mit Hos 5,15 bildet Hos 6,1–6 einen Kompositionsabschnitt. Dieser wird durch Stichwortaufnahmen konstituiert und formuliert unter Aufnahme der Bewegungsverben des Fortgehens und des Abwendens JHWHs von Israel im Rahmen einer Selbstaufforderung die als Hingehen und Zurückkehren zu JHWH konstituierte Reaktion Israels (Hos 6,1). Sie wird jedoch abgelehnt, weil sich Israel nicht durch ständige Treue und Gotteserkenntnis auszeichnet (vgl. Hos 6,4–6). Diese Argumentation wird in Hos 5,3f aufgegriffen und mit dem Stichwort „Unzucht" bzw. „Unzuchtsgeist" neu interpretiert. Die mangelnde Gotteserkenntnis bildet dabei den äußeren Rahmen einer konzentrischen Figur, in deren Zentrum die ausbleibende Umkehr Israels steht (Hos 5,4a) und die als Ausdruck einer mangelnden Anerkennung JHWHs dargestellt wird (Hos 5,4b), die ihren äußeren Ausdruck in Taten der Unzucht und ihren inneren Ausdruck in einem „Unzuchtsgeist" findet, der eine Rückkehr (שׁוּב) zu JHWH verhindert.

Während Hos 5,15 zunächst in Hos 6,1 ein literarisches Echo findet, aktualisiert Hos 5,3f die dort abgelehnte Rückkehr zu JHWH aus Mangel an Erkenntnis zu einer ausbleibenden Umkehr zu JHWH aus mangelnder Anerkennung JHWHs, die ihren Ausdruck in Unzuchtstaten findet. Die Ablehnung des israelitischen (Opfer-)Kultes aus Hos 6,6 wird in Hos 5,3f durch die Verwendung des Begriffs „Unzucht" ausgedrückt. Nach der Ergänzung von Hos 5,3f erhält Hos 5,15 eine neue kompositionelle Funktion. Der Vers dient nicht mehr länger nur der Relativierung der Aussagen von Hos 5,14, sondern stellt im neuen Leseablauf zugleich die Reaktion auf die sich nicht vollziehende Rückkehr (שׁוּב) Israels zu JHWH in Hos 5,3f dar.

Während Hos 6,11b als eine sekundäre Heilsvision zu betrachten ist, in der schließlich JHWH für die Wiederherstellung des Heils Israels sorgt, erwies sich Hos 7,10 als ein Mischzitat aus Hos 5,3–6. Es greift das Urteil („Arroganz, Hochmut") über die im Kult ausbleibende Rückkehr zu JHWH auf, wendet den Begriff aber auf das Verhalten Israels in der Politik an: Die Tatsache, dass Israel trotz der Bedrohung durch ausländische Großmächte nicht zu JHWH zurückgekehrt

---

105 Wolff, „Umkehr," 131.

ist und ihn im Kult gesucht hat, wird nun ebenfalls als Hochmut interpretiert. Dass die Rückkehr zu JHWH angesichts der in Hos 5,3f und Hos 7,8f.11 beschriebenen Umstände nicht stattfand, wird in beiden Fällen von Hos 5,5 und Hos 7,10 als Zeichen einer Abwendung betrachtet.[106] Während die Komposition in Hos 5,15 mit der Abkehr JHWHs von Israel begann und damit die tödliche Zuwendung JHWHs zu Israel als Reaktion auf die Hinwendung Israels nach Assyrien relativierte, endet die Komposition in Hos 7,16 mit der Hinwendung Israels nach Ägypten. Es findet also eine Umkehr/Hinwendung statt, aber zum falschen Objekt. Indem das Land Ägypten das letzte Wort in der Komposition hat, zeichnet Hos 7,16 das Schicksal Israels vor. Hos 8,13; 9,3.9 nehmen später diese Perspektive auf und beschreiben die Rückkehr nach Ägypten als Reaktion JHWHs auf das Verhalten Israels, das den Verlust des Landes und, nach Jeremias, sogar die Revozierung der Heilsgeschichte[107] nach sich zieht. Reziprozität als Grundelement der Beziehung zwischen JHWH und Israel wird hier bis an ihr bitteres Ende durchdacht. Die Anfänge der Bundestheologie bei Hosea finden sich somit in der Überzeugung einer wechselseitig aufeinander bezogenen Beziehung zwischen JHWH und seinem Volk, das sich geschichtlich in Ab- und Zuwendungsbewegungen vollzieht. Die Idee des unabwendbaren reziproken Aufeinanderbezogenseins, der „solidarischen Gegenseitigkeit"[108] im Guten wie im Schlechten zwischen JHWH und Israel kann daher als unabdingbare Voraussetzung einer sich entwickelnden Bundestheologie im Hoseabuch betrachtet werden.

# Literatur

Assmann, Jan. *Ägypten. Eine Sinngeschichte*. Frankfurt am Main: Fischer, 2005.
Baumann, Gerlinde. *Liebe und Gewalt. Die Ehe als Metapher für das Verhältnis JHWH-Israel in den Prophetenbüchern*. SBS 185. Stuttgart: Verlag Katholisches Bibelwerk, 2000.
Biberger, Bernd. „Umkehr als Leitthema im Zwölfprophetenbuch." *ZAW* 123 (2011) 565–79.
Böcker, Hans Jochen. *Redeformen des Rechtslebens im Alten Testament*. WMANT 14. Neukirchen-Vluyn: Neukirchener Verlag, 1964.
Driver, Godfrey Rolles. "Difficult Words in Hebrew Prophets." In *Studies in Old Testament Prophecy. Presented to Theodore H. Robinson on his sixty-fifth birthday*, hg. v Harold Henry Rowley, 52–72. Edinburgh: T. and T. Clark, 1950.

---

**106** Anders Biberger, „Umkehr," 567, nach dem Hos 5,4 „die Unfähigkeit Israels zur Umkehr [thematisiert]." Dies ist nur solange richtig, wie Hos 5,5 noch nicht ergänzt wurde (vgl. Vielhauer, *Werden*, 71).
**107** Vgl. Jeremias, *Hosea*, 101.
**108** Janowski, „Tat," 190.

Freedman, David Noel. "The Broken Construct Chain." *Bib.* 53 (1972): 534–36.

Gemser, Berend. "The Rîb- or Controversy-Pattern in Hebrew Mentality." In *Wisdom in Israel and in the Ancient Near East.* VTSup 3, hg. v. Martin Noth und David Winton Thomas, 120–37. Leiden: E. J. Brill, 1955.

Gisin, Walter. *Hosea. Ein literarisches Netzwerk beweist seine Authentizität.* BBB 139. Berlin / Wien: Philo, 2002.

Janowski, Bernd. „Die Tat kehrt zum Täter zurück. Offene Fragen im Umkreis des ‚Tun-Ergehen-Zusammenhangs'." In *Die rettende Gerechtigkeit. Beiträge zur Theologie des Alten Testaments 2.* 167–91. Neukirchen-Vluyn: Neukirchener Verlag, 1999.

Jeremias, Jörg. *Der Prophet Hosea.* ATD 24. Göttingen: Vandenhoeck & Ruprecht, 1983.

Jeremias, Jörg. „Zur Eschatologie des Hoseabuches." In *Hosea und Amos. Studien zu den Anfängen des Dodekapropheton.* FAT 13, 67–85. Tübingen: Mohr, 1996.

Kratz, Reinhard Gregor. „Erkenntnis Gottes im Hoseabuch." In *Prophetenstudien: Kleine Schriften II.* FAT 74, 71–98. Tübingen: Mohr Siebeck, 2011.

Kratz, Reinhard Gregor. *Prophetenstudien. Kleine Schriften II.* FAT 74. Tübingen: Mohr Siebeck, 2011.

Macintosh, Andrew Alexander. *A Critical and Exegetical Commentary on Hosea.* ICC. Edinburgh: T&T Clark, 1997.

Moenikes, Ansgar. *Die grundsätzliche Ablehnung des Königtums in der Hebräischen Bibel. Ein Beitrag zur Religionsgeschichte Israels.* BBB 99. Weinheim: Beltz Athenäum, 1995.

Nielsen, Kirsten. *Yahweh as Prosecutor and Judge. An Investigation of the Prophetic Lawsuit (Rîb-pattern).* JSOT.S 9. Sheffield: University of Sheffield, 1978.

Nogalski, James. *The Book of the Twelve: Hosea–Jonah.* SMBC I. Macon/Georgia: Smyth & Helwys Pub., 2011.

Riede, Peter. „‚Ich aber war wie eine Motte für Ephraim'. Anmerkungen zu Hos 5,12." In *Schöpfung und Lebenswelt. Studien zur Theologie und zur Anthropologie des Alten Testaments.* MThSt 106, 139–50. Leipzig: Evangelische Verlagsanstalt, 2009.

Rudnig-Zelt, Susanne. *Hoseastudien. Redaktionskritische Untersuchungen zur Genese des Hoseabuches.* FRLANT 213. Göttingen: Vandenhoeck & Ruprecht, 2006.

Rudolph, Wilhelm. *Hosea.* KAT 13/1. Gütersloh: Gütersloher Verlagshaus, 1966.

Vielhauer, Roman. *Das Werden des Buches Hosea. Eine redaktionsgeschichtliche Untersuchung.* BZAW 349. Berlin: Walter der Gruyter, 2007.

Willi-Plein, Ines. *Vorformen der Schriftexegese innerhalb des Alten Testaments. Untersuchungen zum literarischen Werden der auf Amos, Hosea und Micha zurückgehenden Bücher im hebräischen Zwölfprophetenbuch.* BZAW 123. Berlin / New York: De Gruyter, 1971.

Willi-Plein, Ines. „ŠWB ŠWBT – eine Wiedererwägung." *Zeitschrift für Althebraistik* 4 (1991): 55–71.

Willi-Plein, Ines. „Das Zwölfprophetenbuch." *Theologische Rundschau* 64 (1999): 351–95.

Wolff, Hans Walter. *Dodekapropheton 1. Hosea.* BK XIV/1. Neukirchen-Vluyn: Neukirchener Verlag, 1961.

Wolff, Hans Walter. „‚Wissen um Gott' bei Hosea als Urform von Theologie." In *Gesammelte Studien zum Alten Testament.* TB 22, 182–205. München: Der Gruyter, ²1973.

Wolff, Hans Walter. „Das Thema ‚Umkehr' in der alttestamentlichen Prophetie." In *Gesammelte Studien zum Alten Testament.* TB 22, 130–50. München: Kaiser, ²1973.

Zehetgruber, Katrin. *Zuwendung und Abwendung. Studien zur Reziprozität des JHWH/Israel-Verhältnisses im Hoseabuch.* WMANT 159. Göttingen: Vandenhoeck & Ruprecht, 2020.

Wolfgang Schütte

# Die Einbindung der Begriffe „Tora" und „Bund" in die ältere theologische Konzeption einer „verwandtschaftlichen" Beziehung von Gott und Israel in der Hoseaschrift

Israels ethnische Zusammengehörigkeit wird im hebräischen Sprachgebrauch – und so auch in der Hoseaschrift – mit „Volk" (עַם) bezeichnet. עַם bildet eine agnatische Beziehung ab: die Verbindung männlicher Personen mit einem gemeinsamen Ahnherrn.[1] Die Hoseaschrift kennt darüber hinaus weitere Verwandtschaftsbeziehungen. Sie kann von „Brüdern" (אחים) und „Schwestern" (אחות) sprechen, welche alle als Kinder einer einzigen „Mutter" (אם) die Gesamtheit der „Kinder Israel(s)" (בני ישראל) bilden (Hos 2,1–4). Dieser deutlich metaphorische Gebrauch von Verwandtschaftsbezeichnungen gründet in der unausgesprochenen Vaterrolle Gottes. Gott kann, wenn auch nicht als „Vater" (אב), so doch als Schöpfer des Volkes Israel beschrieben werden. Nach dem biblischen Zeugnis zeigte sich die uranfängliche, freie Entscheidung Gottes für Israel – seine Liebe, die dieses Volk erwählte und ins Dasein rief – an geschichtlichen Fixpunkten. Die Hoseaschrift greift eine Wüstentradition auf (Hos 9,10 „wie Trauben in der Wüste fand ich Israel", vgl. Hos 2,16). Mehrfach erinnert sie in Hos 11–13 auch an den Exodus aus Ägypten. Heißt es dort einmal „aus Ägypten rief ich meinen Sohn (LXX[2]: seine Kinder)" (Hos 11,1), so bildet die „Gottessohnschaft" Israels eine für die Hoseaschrift zwar ungewöhnliche, aber doch folgerichtige Personifizierung.

In der religiösen Sprache, welche die Bibel pflegt, bildet „mein Volk" (עַמִּי) in besonderer Weise die Zugehörigkeit Israels zu seinem Gott ab. עַמִּי ist ein von

---

1 Edward Lipiński, עם, in ThWAT Bd. VI, hg. Ernst Jenni (Stuttgart: Kohlhammer, 1989): 177–94, 180.
2 Die Kürzel für Texttraditionen sind: LXX = [Mehrheitstext der] Septuaginta; ANT = antiochenische Tradition der Septuaginta; MT = masoretische Tradition; VL = Vetus Latina; VUL = Vulgata.

---

**Anmerkung:** Diesem Aufsatz lag ein Vortrag unter dem ursprünglichen Titel „Verwandtschaftsbezeichnungen bei Hosea als Beziehungsmetaphern einer Bundestheologie im Werden" zugrunde.

https://doi.org/10.1515/9783110792706-008

Gott verliehener Ehrentitel, der biblisch exklusiv Israel zugeschrieben wird.[3] Er korrespondiert mit „mein Gott" (אֱלֹהַי). Beides zusammen beschreibt auch in der Hoseaschrift eine intime, gesellschaftseinende Beziehung von Gott und Israel.[4] Das Suffix „mein" (י-) kennzeichnet eine exklusive Verwandtschaft von zwei doch völlig unvereinbaren Gliedern – eine genealogisch undenkbare, daher auch nur metaphorisch-religiös zu verstehende Verwandtschaftsbeziehung.

Die Hoseaschrift tritt uns als Literatur in einem Moment entgegen, in dem die Liebes- und Treuebeziehung, die sich in den Suffixen zu „Volk" und „Gott" ausdrückt, in eine tiefe Krise geraten ist. Glaubensabfall hat das Selbstverständliche zum Fraglichen gemacht: „mein Volk ... zum Hohen rufen sie" (Hos 11,7).

Wenn wir diese ersten Beobachtungen mit weiteren Wahrnehmungen zur Textstruktur der Hoseaschrift[5] verbinden, so sind die folgenden Feststellungen möglich. Durch das Geschichtsbewusstsein einer Erwählung in Ägypten, das zudem angereichert ist durch Jakob- und Mosetradition, und gekennzeichnet durch eine Anrede Israels (mit „du"), grenzt sich Hos 12–14,1 vom übrigen hoseanischen Spruchgut ab. Die Begriffe „mein Volk" und „mein Gott" konzentrieren sich in Hos 4–10. Dieser Abschnitt ist durch Anrede einer anonymen „ihr"-Gruppe und einer anonymen Einzelperson (mit „du") gekennzeichnet.[6] Zudem fällt in Hos 4–10 der Gebrauch eines deiktischen „jetzt" (עתה) auf, das nach F. Crüsemann in einer Rede den aktuellen Moment markiert, auf den der Sprecher

---

**3** Juda, dies sei betont, wird biblisch nie עמי genannt. Bis zum Untergang Samarias 721 v. Chr. ist diese theologische Unterscheidung deutlich eine politische Unterscheidung. Betrifft etwa Hos 5,10–14 jene Zeit vor 721 v. Chr., so ist „mein Volk (Israel)" religiös und politisch von „Juda" abzugrenzen. Für die Zeit nach 721 v. Chr. bietet das Jeremiabuch eine Erklärung an, wie „Juda" als die Gesamtheit der Judäer theologisch in „Israel" integriert wurde (Wolfgang Schütte, „‚Israel' und ‚Juda' in der (nach-)babylon-exilischen Schriftprophetie", in *Israels Exil in Juda*, OBO 279 [Fribourg: Academic Press, 2016], 194–226, 195–203). Doch es ist umstritten, ob (der Stamm) Juda erst infolge eines kulturellen Prozesses nach 721 v. Chr. zu den (zwölf) „Söhnen Israels" gezählt wurde (Wolfgang Schütte, „Israel, Juda und das ‚Biblische Israel'", in *Israels Exil in Juda*, OBO 279 [Fribourg: Academic Press, 2016], 165–85; Wolfgang Schütte, "Where there Israelites in 'Judaean Exile'?," *Antiguo Oriente* 16 [2018]: 147–80) oder ob er bereits uranfänglich zu Israel zugehörig zu zählen ist (Kristin Weingart, *Stämmevolk – Staatsvolk – Gottesvolk?*, FAT 2. Reihe 68 [Tübingen: Mohr Siebeck, 2014]).

**4** Zu diesem israelitischen Grundverständnis seiner religiösen Beziehung vgl. für עמי Hos 1,9; 2,1.3.25; 4,6.8.12; 11,7 und für אלהי Hos 2,25; 8,2, 9,8.17; siehe auch Hos 12,7.10; 13,4; 14,2 אלהיך sowie Hos 9,8 אלהיו und Hos 1,7; 3,5; 4,12; 5,4; 7,10 אלהיהם neben Hos 4,4 ועמך und Hos 10,5 עמו.

**5** Dazu siehe Wolfgang Schütte, „Die Entstehung der juda-exilischen Hoseaschrift," in *Israels Exil in Juda*. OBO 279 (Fribourg: Academic Press, 2016), 63–83.

**6** Gruppenanrede („ihr") in Hos 4,13–14; 5,13; 9,5; 10,12–13.15; Einzelpersonanrede („du") Hos 4,4–6.17; 8,1.5; 10,13–14.

hinweist.[7] Daher dürften wir in Hos 4–10 am ehesten in die Welt des historischen Hosea eintauchen, in die Welt eines fragilen Israel zwischen den zwei Weltmächten Assyrien und Ägypten. Außenpolitisch hieß dies: „Ephraim ist wie eine Taube, töricht, ohne Herz (= Verstand), nach Ägypten rufen sie, nach Assur laufen sie" (Hos 7,11). Innenpolitisch kennzeichnete eine instabile Monarchie diesen Staat: „Sprüche machen, Meineide schwören, Verträge schließen, und Recht schießt wie giftiges Kraut empor" (Hos 10,4).[8]

Hos 4–10 übt eine religiöse und zugleich politisch bewusste Kritik an zerbrechenden Treuebeziehungen, die der Hoseaschrift als von alters her gesellschaftskonstituierend galten. Diese Kritik gründet im Bewusstsein, dass es Glaubenstreue ohne soziale Verbindlichkeit, und gesellschaftlichen Frieden ohne religiöses Verantwortungsbewußtsein nicht geben kann. So verwundert es nicht, dass Kritik am Gottesdienst und am priesterlichen Personal dort in den Vordergrund gestellt ist, wo zur Lage „meines Volkes" gesprochen wird. Die geistliche Führung hat versagt: „Von der Sünde meines Volkes nähren sie sich, und nach seiner Schuld gieren sie, jeder" (Hos 4,8). „Mein Volk befragt sein Holz, und sein Stab soll ihm antworten" (Hos 4,12). So wird aus dem Volk Gottes das Volk anderer Götter.[9] Die so geäußerte Kritik spaltet den religiösen Anspruch Israels auf seinen Gott und formt zwei Fraktionen aus. Über die Mehrheitsfraktion behauptet die Hoseaschrift: „Zu mir schreien sie: mein Gott, wir, Israel, kennen dich" (Hos 8,2).[10] Aus Sicht einer Minderheitsfraktion schreibt sie: „Mein Gott wird sie verwerfen, weil sie nicht auf ihn hören" (Hos 9,17), und – Sinn und Übersetzung bleiben unsicher – „Der Wächter Ephraims ist mit meinem Gott, der Prophet <findet> Fallen auf all seinen Wegen, Anfeindung im Haus seines Gottes" (Hos 9,8). Diese Positionierung, daran möchte ich erinnern, geschieht in Hos 4–10 im Rahmen der Anrede einer anonymen Gruppe und kennzeichnet den Text als einen gruppeninternen Diskurs.[11] Gottes einzige An-

---

**7** Hos 4,16; 5,3.7; 7,2; 8,8.10.13; Frank Crüsemann, „עתה – ‚jetzt'. Hosea 4–11 als Anfang der Schriftprophetie," in *Kanon und Sozialgeschichte*, (Gütersloh: Gütersloher Verlagshaus, 2003), 131–45.

**8** Dennoch muss die literarisch angezeigte Historizität von Hos 4–10 methodisch als reflektiertes, über Jahrhunderte tradiertes und möglicherweise redigiertes Bild angesehen werden. Redaktionelle Anlässe waren etwa durch die das Werk gliedernden Hoffnungskapitel Hos 11 und 14, die „judäische" oder juda-exilische Redaktion der israelitischen Hoseaschrift wie auch deren Festlegung als erstes Werk des Zwölfprophetenbuches gegeben.

**9** Siehe Hos 10,5 („sein Volk") und – wenn auch textkritisch strittig – MT Hos 4,4 „und dein Volk" (וְעַמְּךָ, aber LXX ὁ δὲ λαός μου).

**10** Doch zugleich hurt dieses „mein Volk" von „seinem Gott" weg (Hos 4,12), kehrt es sich von „seinem Gott" ab (Hos 5,4; 7,10).

**11** Siehe auch Wolfgang Schütte, „Autorbewußtsein in der frühen Schriftprophetie," in *Israels Exil in Juda*, OBO 279 (Fribourg: Academic Press, 2016), 114–38, 124–36.

sage, die in Hos 4–10 angesichts dieser Abkehr etwas Hoffnung verströmt, lautet: „auch Juda – für dich ist eine Ernte bereitet; wenn ich das Geschick meines Volkes wende – wenn ich Israel heile – dann wird Ephraims Schuld und Samarias Bosheit offenbar" (Hos 6,11–7,1).[12] Die Hoseaschrift unterscheidet Täter und Opfer: Ephraim und Samaria bezeichnen oligarchische Gruppen von Profiteuren, die das Volk Israel in den Untergang ziehen werden.[13] Gott aber steht zu seinem Volk, steht zu Israel.

Mit dieser kurzen Darstellung meiner Sicht auf die Hoseaschrift lässt sich sagen: „mein Volk" und „mein Gott" sind Beziehungsmetaphern, die jeder Bundestheologie vorausgehen können und zugleich deren Kernidee enthalten: gegenseitige Bezogenheit und menschliche Verpflichtung, die aus Gottes Zuwendung erwächst. Hos 4–10 beschreibt ihre Problematisierung in einem für das 8. Jahrhundert v. Chr. denkbaren, samarischen Kontext, der völlig gegenwartsbezogen ist und – anders als die dtn-dtr Bundestheologie – nur vereinzelte Anspielungen auf vergangene, insbesondere vorstaatliche Zeiten erkennen lässt.[14]

# 1 „Mein Volk", „mein Gott" und die Tora

Die Hoseaschrift rückt an drei Stellen die Tora ins Zentrum der Verwandtschaftsbeziehung zwischen Gott und Israel. Sie sind sämtlich in Hos 4–10 gelegen. Hos 4,6 ist die erste Stelle, welche die Tora erwähnt, die jede gesamtbiblische Lektüre mit den Ordnungen des Deuteronomiums identifiziert, die durch

---

**12** „Auch Juda" (MT Hos 6,11) wie „wenn ich Israel heile" (MT Hos 7,1) sind in ihrer syntaktischen Zuordnung umstritten. Schon die griechischen Handschriften grenzen verschieden ab. Für *Codex Alexandrinus*, Cyrill von Alexandrien und Theodor von Mopsuestia umfasst Hos 6,11 ἄρχου τρυγᾶν σεαυτῷ ἐν τῷ ἐπιστρέφειν με τὴν αἰχμαλωσίαν τοῦ λαοῦ μου ἐν τῷ ἰάσασθαί με τὸν Ισραηλ. Den Satzanfang von MT Hos 6,11 (גם יהודי) rechnen sie LXX Hos 6,10 (καὶ Ιουδα) zu. Auch *Codex Vaticanus* beginnt erst mit ἄρχου τρυγᾶν σεαυτῷ κτλ. während *Codex Marchalianus* Hos 6,11 wie MT mit καὶ Ιουδα ἄρχου τρυγᾶν σεαυτῷ κτλ. beginnt. Beide Manuskripte grenzen zudem ἐν τῷ ἰάσασθαί με τὸν Ισραηλ nach vorn und hinten ab. *Codex Venetus* sieht Hos 6,9bβ–11aα als eine Phrase an (ὅτι ἀνομίαν ἐποίησαν ἐν τῷ οἴκῳ Ισραηλ εἶδον φρικώδη ἐκεῖ πορνείαν τοῦ Εφραιμ ἐμιάνθη Ισραηλ καὶ Ιουδα ἄρχου τρυγᾶν σεαυτῷ) und bildet mit Hos 6,11aβ–7,1a die folgende Einheit (ἐν τῷ ἐπιστέφειν με τὴν αἰχμαλωσίαν τοῦ λαοῦ μου ἐν τῷ ἰάσασθαί με τὸν Ισραηλ καὶ ἀποκαλυφθήσεται ἡ ἀδικία Εφραιμ καὶ ἡ κακία Σαμαρείας). Unterschiedliche Deutungen sind möglich, vgl. Wolfgang Schütte, *„Säet euch Gerechtigkeit". Adressaten und Anliegen der Hoseaschrift*, BWANT 179 (Stuttgart: Kohlhammer, 2008), 129–30.
**13** Schütte, *„Säet euch Gerechtigkeit"*, 28–33.
**14** Neben einer in Hos 9,10 erwähnten Wüstentradition sprechen Hos 8,13; 9,3 von einem „umkehren nach Ägypten".

den mosaischen Bund besiegelt worden sind.[15] Was genau durch Hos 4,4–6 kritisiert wird, bleibt – wie so oft in der Hoseaschrift – dunkel. Zudem erschweren Abweichungen des griechischen und altlateinischen Textes vom MT das Verständnis. *Keine* der drei Texttraditionen ist problemfrei. Die gezielte Anrede eines Kultfunktionärs erscheint in V. 6 als schlüssigste Auslegung:

> Vernichtet ist mein Volk aus Mangel an Erkenntnis (LXX/VL: es gleicht mein Volk dem, der keine Erkenntnis hat); denn du hast verworfen die [Gottes-] Erkenntnis, darum verwerfe ich dich, mir priesterlich zu dienen. Und du hast die Tora deines Gottes vergessen, daher werde auch ich deine Söhne vergessen.

Wie auch immer dieses an Eli und seine Söhne (1 Sam 2,12–36) gemahnende Wort verstanden werden sollte – es bleibt hier unbestimmt, was „Tora" (תורה/ νόμος/*lex*) bezeichnet. Ist es die priesterliche Einzelweisung, deren fehlende Weitergabe durch den Funktionär den Untergang „meines Volkes" heraufbeschwört?[16] Ist – allerdings weniger wahrscheinlich – mit der „Tora" das Deuteronomium gemeint? Der syntaktisch problemlose Ausfall des Wortes *legis* im altlateinischen Prophetentext aus St. Gallen (L 176)[17] erweckt die leise Frage, ob „Tora" ein notwendiger, alter Satzbestandteil von Hos 4,6 gewesen sein muss. Hieß es ursprünglich „du hast deinen Gott vergessen, daher werde ich auch deine Söhne vergessen"?

| | |
|---|---|
| MT | נדמו עמי מבלי הדעת כי אתה הדעת מאסת |
| LXX | ὡμοιώθη ὁ λαός μου ὡς οὐκ ἔχων γνῶσιν ὅτι σὺ ἐπίγνωσιν ἀπώσω |
| VL (L 176) | *similis est plebs mea non habenti scientiam quia tu scientiam abiecisti* |
| VL (L 173) | *similis factus est populus meus non habenti scientiam quoniam et tu scientiam reppulisti* |
| VUL | *conticuit populus meus eo quod non habuerit scientiam quia tu scientiam reppulisti* |
| MT | ואמאסאך מכהן לי ותשכח תורת אלהיך אשכח בניך גם אני |
| LXX | κἀγὼ ἀπώσομαι σὲ τοῦ μὴ ἱερατεύειν μοι καὶ ἐπελάθου νόμον θεοῦ σου κἀγὼ ἐπιλήσομαι τέκνων σου |
| VL (L 176) | *et ego abiciam te ne sacerdotium agas mihi oblitus est dei tui obliviscar et ego* <br> *filiorum tuorum* |
| VL (L 173) | *repellam te et ego ut sacerdocium fungaris mihi et oblitus es leges tui obliviscar filiorum tuorum et ego* |

---

**15** Die Bezeichnung „Tora" für den gesamten Pentateuch ist hingegen eine sekundäre Ausweitung der ursprünglichen Begrifflichkeit.

**16** Vgl. Dtn 17,11; Jer 18,18.

**17** Alban Dold, *Konstanzer Altlateinische Propheten- und Evangelienbruchstücke mit Glossen. Nebst zugehörigen Prophetentexten aus Zürich und St. Gallen*, Texte und Arbeiten, 1. Abtlg. Heft 7–9 (Beuron: Verlag der Kunstschule der Erzabtei Beuron, 1923).

VUL — *repellam te ne sacerdotio fungaris mihi et oblita es legis dei tui obliviscar filiorum tuorum et ego*

L 176 Hos 4,6b fehlen die zwei Worte *et* (*oblitus est*) *legis* (*dei tui*). Zudem wird allgemein „es ist vergessen" (*oblitus est*) festgestellt anstelle einer direkten Anrede „du hast vergessen" (*oblitus es*).[18] Ein Abschreibfehler ist, trotz dreifacher Textabweichung, nicht auszuschließen. In einer Handschrift aus Corbie (L 173) fiel (*leges*) *dei* (*tui*) möglicherweise als Abschreibfehler aus; *leges* soll nach H. Frede eine Verschreibung der Genetivform *legis* sein.[19] Doch kann *oblivisci* + Sachobjekt gleichermaßen mit Genetiv und mit Akkusativ stehen. Auch die Septuaginta kennt ἐπιλανθάνομαι mit Akkusativobjekt (ἐπελάθου νόμον θεοῦ σου) wie mit Genetivobjekt (ἐπελάθου νόμου θεοῦ σου).[20] So kann nicht ausgeschlossen werden, dass die Vorlage von L 173 *leges* die griechisch (jedoch nur schwach) bezeugte Pluralform „Gesetze" (νόμων) las.[21]

Einen klaren und textgeschichtlich im Wesentlichen zweifelsfreien Befund zur Rede von der „Tora" bietet Hos 8,1–2:

(1) Das Schofar an deine Lippen (LXX/VL: in ihren Gewandbausch wie das Erdreich[22]), wie der Geier über das Haus JHWHs; weil sie meinen Bund übertreten und gegen meine Tora gesündigt haben. (2) Zu mir schreien sie (VL: + sagend): mein Gott (VL: – )! Wir, Israel (LXX/VL: – ), kennen dich.

MT אל חכך שפר נשר על בית יהוה
LXX εἰς κόλπον αὐτῶν ὡς γῆ ὡς ἀετὸς ἐπ᾽ οἶκον κυρίου
VL (L 175)[23] *in sinu eorum sicut terra velut aquila in domo dmi*
VUL *in gutture tuo sit tuba quasi aquila super domum Domini*
MT יען עברו בריתי ועל תורתי פשעו
LXX ἀνθ᾽ ὧν παρέβησαν τὴν διαθήκην μου καὶ κατὰ τοῦ νόμου μου ἠσέβησαν
VL (L 175) *eo quod praevaricaverunt testamentum meum et adversus legem meam inpie egerunt*

---

**18** Alle Schriftbelege der lateinischen Kirchenväter lesen wie VUL *oblita es legis dei tui*.
**19** Hermann Josef Frede, „Reste einer Prophetenhandschrift," in *Vetus Latina-Fragmente zum Alten Testament*, (Freiburg: Herder, 1996), 77–194, 106. Für Frede spricht die große Nähe von L 173 zum Wortlaut der VUL. So können die Zeugen der VL hier nur Fragen wachrufen, aber nichts beitragen, um sie zu beantworten.
**20** Zu den griechischen Textzeugen siehe Joseph Ziegler, *Duodecim Prophetae, Septuaginta Vetus Testamentum Graecum auctoritate Academiarum Scientiarum Gottingensis* (Göttingen: Vandenhoeck & Ruprecht, 1943), 154.
**21** Joseph Ziegler, *Duodecim Prophetae*, 154 führt neben Rahlfs 49 eine Korrekturlesart von 68 (68c) und die Lesart in Teilen der Handschriften des Hoseakommentars von Cyrill von Alexandrien an (Cyr p).
**22** Zur vermuteten Vorlage כעפר [? חבם] אל חקם statt MT אל חכך שפר siehe Wilhelm Rudolph, *Hosea*, KAT XIII,1 (Gütersloh: Gütersloher Verlagshaus, 1966), 157.
**23** Alban Dold, *Konstanzer Altlateinische*.

| VL (L 176) | ] *legem meam impie egerunt* |
|---|---|
| VUL | *pro eo quod transgressi sunt foedus meum et legem meam praevaricati sunt* |
| MT | לִי יִזְעָקוּ אֱלֹהַי יְדַעֲנוּךָ יִשְׂרָאֵל |
| LXX | ἐμὲ κεκράξονται ὁ θεός ἐγνώκαμέν σε |
| VL (L 175) | *in me proclamabunt dicentes scivimus te* |
| VL (L 176) | *in me proclamabunt dicentes scivimus te* |
| VUL | *me invocabunt Deus meus cognovimus te Israhel* |

Die bundestheologische und torabezogene Begründung in Hos 8,1b, warum Israel vom Glauben abgefallen sei, ist eingerahmt von schriftprophetischer Kritik an der von der Oberschicht Israels reklamierten, besonderen Gottesbeziehung. Doch wie fügt sich diese torabezogene Bundestheologie in die hoseanische Beziehungsmetaphorik von „mein Volk – mein Gott" ein? Hans-Dieter Neef fand achtenswerte *inhaltliche* Gründe, dass Hos 8,1b kein späterer Einschub, sondern ursprünglich sei.[24] Meine Zweifel an einer Ursprünglichkeit leiten sich her von einer dritten hoseanischen Kritik am Treubruch Israels, die in Hos 8,12 erneut auf die Tora rekurriert:

Ich schreibe ihm die Mengen meiner Tora (LXX/VL: eine Menge und seine Gesetze) – sie werden wie Fremdes geachtet (LXX/VL + die geliebten Altäre).

| MT | אכתוב [אֶכְתָּב] לוֹ רבו [רֻבֵּי] תּוֹרָתִי כְּמוֹ זָר נֶחְשָׁבוּ |
|---|---|
| LXX | καταγράψω αὐτῷ πλῆθος καὶ τὰ νόμιμα αὐτοῦ (Aquila: πληθυνομένους νόμους μου, Symmachus: πλήθη νόμων μου) εἰς (Rahlfs: ὡς = Konjektur) ἀλλότρια ἐλογίσθησαν θυσιαστήρια τὰ ἠγαπημένα |
| VL (L 175) | *([de]scri)bam illi multitudinem et legitima eius in aliena depotata sunt sacraria dilicta* |
| VL (L 176) | *describam illi multitudinem et legitima eius in aliena conversa sunt et altaria quae dilexit* |
| VUL | *scribam ei multiplices leges meas quae velut alienae conputatae sunt* |

Die Texttraditionen in Hos 8,12 variieren. Im MT markiert das erste Ketib-Qere lediglich eine *mater lectionis*. Im zweiten Fall ergibt das Ketib רבו in der Bedeutung „zehntausend" einen besseren Sinn als in der alternativen Bedeutung „sei-

---

24 Für Heinz-Dieter Neef, „Aspekte atl. Bundestheologie," in *Bund und Tora*, WUNT 92, hg. Friedrich Avemarie und Hermann Lichtenberger (Tübingen: Mohr Siebeck, 1996), 1–23, 7, ist „das Gute" (טוֹב) in Hos 8,3 allein durch Gottes Bund und Tora (Hos 8,1b) inhaltlich gefüllt. Auch Andrew A. Macintosh, *Hosea*, ICC (Edinburgh: T & T Clark, 1997), 293, votiert für ein genuines, mosaisches Bundesverständnis in der Hoseaschrift. Doch ist „gut" ebenso eine Eigenschaft Gottes selbst (vgl. Ps 34,9.11; Mt 19,17). Nach Jörg Jeremias, *Der Prophet Hosea*, ATD 24/1 (Göttingen: Vandenhoeck & Ruprecht, 1983), 104, will der Einschub von Hos 8,1b „das Gute" deuteronomistisch interpretieren.

ne Menge". Doch ist letzteres grammatisch unklar,[25] so bleibt ersteres eine beispiellose Behauptung.[26] Das Qere „die Mengen (meiner Tora)" (רבי תורתי) löst
auf der Ebene des MT das Problem auf.[27] Die Übersetzer von LXX/VL verstanden
das problematische *waw* offenbar als „und" (ו רב). Doch ihre Anfügung von
„die geliebten Altäre" (vgl. LXX Hos 8,12) bereitete ein neues syntaktisches Problem. Textgeschichtlich zeigen sich die Handschriften unentschieden, wie dieser Satz zu gliedern wäre.[28] L 176 begegnete dem Problem durch ein weiteres
„und" (*et* [*altaria*]).

Doppelt problembehaftet ist die Texttradition von „meine Tora" (תּורָתִי). Es
wird griechisch mit τὰ νόμιμα αὐτοῦ (Aquila: νόμους μου; Symmachus: νόμων
μου) und altlateinisch mit *legitima eius*, auch von Hieronymus mit *leges meas*
pluralisch übersetzt.[29] Dies deutet auf die masoretische Umvokalisierung einer
Plurallesung תּורֹתַי < תּורֹתוֹ zu einem Singular תּורָתִי im deuteronomistischen
Sinn hin – und dies wohl erst nach der Zeitenwende! Die Suffixe „meine" (MT/
VUL) und „seine" (LXX/VL) unterscheiden sich im Hebräischen nur geringfügig.
Doch ist – nach der Vorgabe von LXX/VL – der Ausdruck „seine (= Israels)
*tôrot*" eine biblisch beispiellose Bezeichnung, die allenfalls noch in L 173
Hos 4,6 eine Parallele fände.[30]

---

25 Carl Brockelmann, in Bertold Spuler, Hg., *Handbuch der Orientalistik* I,3 (Leiden: Brill,
1964), 62, sah in רבו eine alte Nominativ-Endung („eine Menge").
26 „Schrieb ich ihm tausendfach meine ‚Weisungen' auf" (Jeremias, *Der Prophet Hosea*, 103).
27 Für Macintosh, *Hosea*, 325, benötigt der Plural נחשבו einen Rückbezug, den er nach Kimchi in רבו findet, "a third plural perfect Qal of רבב construed as a short relative clause '(the
things) which are great or many (in respect of) my law'". Siehe auch Kimchis Erklärung bei
August Wünsche, *Der Prophet Hosea* (Leipzig: T. O. Weigel, 1868), 362–63. Votiert man mit
Jeremias, *Der Prophet Hosea*, 104, und *variae lectiones* für תורתי als ursprüngliche Lesart, so
erklärt ein Rückbezug auf רבי תורתי die 3. Pers. pl. von נחשבו besser.
28 *Codex Vaticanus* untergliedert Hos 8,12 nicht. *Codex Alexandrinus* gliedert καταγράψω
αὐτῷ πλῆθος καὶ τὰ νόμιμα αὐτοῦ εἰς ἀλλότρια ἐλογίσθησαν / θυσιαστήρια τὰ ἠγαπημένα.
*Codex Marchalianus* gliedert καταγράψω αὐτῷ πλῆθος / καὶ τὰ νόμιμα αὐτοῦ εἰς ἀλλότρια
ἐλογίσθησαν / θυσιαστήρια τὰ ἠγαπημένα. *Codex Venetus* gliedert καταγράψω αὐτῷ πλῆθος /
καὶ τὰ νόμιμα αὐτοῦ εἰς ἀλλότρια ἐλογίσθησαν θυσιαστήρια τὰ ἠγαπημένα. Theodor von Mopsuestia gliedert καταγράψω αὐτῷ πλῆθος καὶ τὰ νόμιμα αὐτοῦ / εἰς ἀλλότρια λογίσθησαν θυσιαστήρια τὰ ἠγαπημένα. Cyrill von Alexandrien behandelt 8,11–12 insgesamt (ὅτι ἐπλήθυνεν
Εφραιμ θυσιαστήρια εἰς ἁμαρτίας ἐγένοντο αὐτῷ θυσιαστήρια ἠγαπημένα καταγράψω αὐτῷ
πλῆθος καὶ τὰ νόμιμα αὐτοῦ / εἰς ἀλλότρια λογίσθησαν θυσιαστήρια τὰ ἠγαπημένα – der hier
notierte Trennstrich beruht auf einer Interpretation von Cyrills Auslegung). L 176 gliedert *des-
cribam illi multitudinem / et legitima eius in aliena conversa sunt / et altaria quae dilexit*.
29 Auch die Peshiṭta liest "the multitude of my laws" (Anthony Gelston, *The Peshiṭta of the
Twelve Prophets* [Oxford: Clarendon Press, 1987], 119).
30 Üblicherweise weist *tôrah* + Suffix auf die von Gott gegebene Tora hin. Zu L 173 Hos 4,6
siehe oben.

Dem griechischen νόμιμα der Septuaginta wie dem altlateinischen *legitima* entsprechen masoretisch-hebräisch gewöhnlich die „Satzungen" (חקים/חקות). Doch es gibt Ausnahmen. So steht ein Plural νομίμοις μου in LXX Jer 33,4 (= MT Jer 26,4) und ἐμῶν νομίμων in Spr 3,1 für den Singular תוֹרָתִי im MT. In Ez 44,24 steht der Plural LXX νόμιμά μου und VL (L 175) *legitima* für den Plural תוֹרֹתַי im MT. Ebenso setzt LXX Gen 26,5 νόμιμά μου für MT תוֹרֹתַי. Zwei Vorkommen von νόμιμα αὐτοῦ für MT Ketib תוֹרֹתוֹ (Qere תוֹרֹתָיו) existieren in Ez 43,11; 44,5.[31]

So ist eine hebräische Lesetradition תוֹרֹתוֹ als Vorlage von LXX/VL Hos 8,12 nicht völlig ausgeschlossen. Offenbar lasen oder interpretierten[32] die griechischen Übersetzer der Hoseaschrift das zugrunde liegende hebräische Wort deutlich anders als „Tora" in Hos 4,6; 8,1, so dass sie sich für νόμιμα statt für νόμοι als griechisches Äquivalent entschieden. Wenn nun also in hebräisch Hos 8,12 bis in die christliche Zeit hinein „Gesetze" gelesen wurde, so muss(te) sich dieser ursprüngliche Text mit dem ansonsten nur ausserbiblisch belegten Wortpaar „Bund und Gesetz" in Hos 8,1 reiben, das den Rekurs auf das Deuteronomium impliziert.[33] Dies spricht für eine frühe, d. h. textgeschichtlich nicht belegte Einfügung von Hos 8,1b und für die späte, d. h. textgeschichtlich belegbare Glättung einer ursprünglichen Pluralform תוֹרֹתוֹ in Hos 8,12, die sich über תורתי zum Singular תוֹרָתִי entwickelte, durch den sich MT Hos 8,12 auf die mosaische Tora des Deuteronomiums ausrichtete.

# 2 „Die Tora" oder *tôrot*?

Das Deuteronomium kennt nur „die Tora", versehen mit dem Artikel und einem Demonstrativpronomen (in Dtn 33,10 auch mit einem auf Gott verweisenden

---

**31** Ez 43,11 hat auch die Variante τοὺς νόμους (*O L.*" Arm Hi.). Außerhalb von Ez 40–48 übersetzen LXX Ez 5,6; 16,27; 18,19 „Satzungen" (חקים/חקות) mit νόμιμα. Pap 967 liest Ez 43,11; 44,5 κρίματα, 44,24 νόμιμα. Zu pap 967 siehe Ingrid E. Lilly, *Two Books of Ezekiel*, VT.S 150 (Leiden: Brill, 2012). Pap 967 und *Codex Wirceburgensis* (L 103) belegen, dass Ez 38–39; 37 eine alternative Abfolge jener Kapitel vor Ez 40–48 darstellte.

**32** Eine theologische Interpretation liegt vor, wenn die Übersetzer das Äquivalent νόμος allein für תורה reservierten und für den deuteronomistisch „falschen" Plural תורת mit νόμιμα einen geeigneten Ersatzbegriff wählten. Ein solches Vorgehen könnte die pluralische Lesung von LXX Spr 3,1 als ursprünglich begründen. Auch die Textvariante νόμοις (A-410 V-26-46-130-239-534-544 *O L.'-62*) statt νόμιμα in LXX Jer 33,4 lässt an eine ursprünglich pluralische Lesung denken. Die Variante Gen 26,5 νόμους findet sich nur als Lesart bei Philo.

**33** Zum Paar „Gesetz und Bund" siehe 4Q 387 3,8; 4Q 436 i 4 und Jub. 23,19.

Personalsuffix). *tôrot* sind nach dtn-dtr Verständnis ein Widerspruch in sich.[34] Dennoch kennt auch dieser Anspruch in 2 Kön 14,6 (MT = ANT καθὼς γέγραπται ἐν βιβλίῳ νόμου Μωσῆ) mit seiner dtr Anspielung auf Dtn 24,16 eine Ausnahme. Die kaige-rezensierte LXX liest, trotz ihrer tendenziellen Anlehnung an den MT, einen Plural „im Buch der Gesetze des Mose" (καθὼς γέγραπται ἐν βιβλίῳ νόμων Μωυσῆ).[35] Es gibt textgeschichtlich keine stichhaltige Argumentation, diese Pluralform als Verschreibung aus dem Singular oder als ursprünglichen Ausdruck zu erklären.

Textfunde bezeugen die Existenz von jüdischen Gesetzen (νόμοι) in ptolemäischer Zeit.[36] Doch können sie weder als Zeugen für ein bereits existentes Deuteronomium beansprucht werden, noch gar für den gesamten Pentateuch.[37] Der Plural spiegelt nicht den jüdischen Sprachgebrauch. Er folgt eher einer allgemeinen Begrifflichkeit des ptolemäischen Verwaltungsrechts für Politeuma, wenn auf einen νόμος rekurriert wird.[38] Diodor spricht ebenfalls von mosaischen „Gesetzen" (νόμοι, νόμιμα).[39] Es lässt sich bei ihm nicht erkennen, ob νόμιμα gegenüber νόμοι einen anderen Akzent setzen.[40] Beide griechischen Begriffe können für MT „Gesetz(e)" stehen. Von „dem Gesetz" als einem festen literarischen Werk sprechen außerbiblisch erstmals der Aristeasbrief, Philo von Alexandrien und Josephus Flavius.

---

**34** Das gilt, auch wenn in Dtn 17,11 התורה eine einzelne priesterliche Rechtsbelehrung bezeichnen kann, die im Kontext von Gen 26,5; Ex 16,28; 18,16.20; Lev 26,46 (vgl. Ez 43,11; 44,5) als sehr niederrangige Rechtsgröße anzusehen ist.

**35** B 56 247 121 und (antiochenisch) 93 (νόμων) gegen A 119 245 (νόμῳ), N rell (νόμου) und 2Chr 25,4.

**36** James M. S. Cowey und Klaus Maresch, Hg., *Urkunden des Politeuma der Juden von Herakleopolis (144/3–133/2 v. Chr.)* (*P. Polit. Iud.*), Abhandlungen der Nordrhein-Westfälischen Akademie der Wissenschaften, Sonderreihe Papyrologica Coloniensis. Vol. XXIX (Wiesbaden: Westdeutscher Verlag, 2001), 60–61 (4,14–15.30). 104–105 (9.29); Victor A. Tcherikover, Hg., *Corpus Papyrorum Judaicarum* Vol. 1 (Cambridge MA: Harvard University Press, 1957), 236–37 (No 128; Ptolemäerzeit) rekonstruiert κατὰ τὸν νόμον π]ολιτικὸν τῶν [Ιου]δαίων.

**37** Kann Hekataios (Diodor 40,3) Mose einen νομοθέτης nennen, so ist dies für das Buch Exodus bereits mit Blick auf den Dekalog gerechtfertigt.

**38** Siehe Patrick Sänger, „Das *politeuma* in der hellenistischen Staatenwelt: eine Organisationsform zur Systemintegration von Minderheiten," in *Minderheiten und Migration in der griechisch-römischen Welt*. SHM 31 (Paderborn: Ferdinand Schöningh, 2016), 25–45.

**39** Diodor 40,2.3. Ebenso Eupolemos nach Euseb, *Praep. ev.* 9,26,1. Josephus, *C. Ap.* I, 190.192 bezieht eine Zitation aus Pseudo-Hekataios πρὸς τοὺς νόμους bzw. περὶ τῶν νόμων. Auch Alexander bestätigte nach Josephus, *Ant.* 11.338, dem Hohepriester χρήσασθαι τοῖς πατρίοις νόμοις.

**40** Spricht Diodor (40,3) sowohl von τὴν τῶν νόμων καὶ τῶν ἐθῶν φυλακήν als auch von περὶ τῶν παρὰ Ιουδαίοις ἐθῶν τε καὶ νομίμων, so kann νόμιμα nicht mit „Sitten" übersetzt werden.

Die jüngsten, kanonisch und deuterokanonisch tradierten, biblischen Werke tendieren zur Rede vom „Gesetz". Doch sprechen das Buch Ester und das Buch Judit nur von den (jüdischen) „Gesetzen".[41] MT Dan/Dan (Th) 9,10 kennt die „Gesetze durch die Hand seiner [= Gottes] Propheten". Aber Dan (Th) 7,25 spricht vom „Gesetz", LXX Dan 9,10 nennt Mose den ersten Empfänger des „Gesetzes". Auch MT Dan 9,11.13 spricht vom „Gesetz des Mose".[42] Die Makkabäerbücher sprechen ebenfalls von den „Gesetzen" und vom „Gesetz".[43] Tobit (G I und G II), Baruch, Susanna und Susanna (Th) kennen nur „das Gesetz".[44]

Unter den älteren kanonischen Werken zeigt sich textgeschichtlich ebenfalls eine Entwicklung von den „Gesetzen" zum „Gesetz". So liest 1QJes[a] nicht nur wie in MT Jes 24,5 „Gesetze" (תורות; MT תורת), sondern auch in 42,4 (ולתורתיו; MT: ולתורתו) und 42,24 (בתורתיו; MT: בתורתו) einen Plural, wo MT einen Singular vokalisiert. Wenn sich LXX Jer 38,33 („ich werde meine Gesetze in ihr Herz geben") hin zum jüngeren MT Jer 31,33 („ich gab mein Gesetz in ihre Mitte") verändert, so deuten die Satzaussagen den Wandel von Gottes „Gesetzen" zu dem bereits Mose gegebenen „Gesetz" an.[45] Die Umvokalisierung der hebräischen Vorlage von LXX Jer 38,33 (νόμους μου) zu MT Jer 31,33 (תורתי) ähnelt sehr der Textgeschichte von Hos 8,12. Die Umwälzungen, welche in der persischen und hellenistischen Zeit – so Hekataios von Abdera nach Diodor[46] – viele der althergebrachten νόμιμα veränderten, könnten die Dominanz des dtn Begriffs der Tora hervorgebracht haben.

**41** Est 3,8 und LXX/A-Text Est 3,13(B4); 8,11.12(E15); A-Text Est 3,13 (B17[5]); Jdt 11,12.
**42** Nur in LXX Dan 9,13 hat der „Bund" das „Gesetz" des Mose verdrängt, ähnlich MT/LXX/ANT gegen L 115 2 Kön 17,15.
**43** „Gesetze": 1 Makk 10,37; 13,3; 2 Makk 2,22; 3,1; 4,2.17; 5,8.15; 6,1.5.28; 7,2.9.11.23.37; 8,21.36; 10,37; 11,31; 13,14. „Gesetz": 1 Makk 1,49.52.56.57; 2,21.26.27.42.48.50.58.64.67.68; 3,48.56; 4,42.47.53; 10,14; 13,48; 14,14; 15,21; 2 Makk 1,4; 2,2.3.18; 7,30;10,26; 12,40; 13,10; 15,9; sowie in 3 Makkabäer fünf Belege und in 4 Makkabäer siebenunddreißig Belege.
**44** Tob (G I) 6,13; 7,13; 14,9; Tob (G II), 1,8; 7,13.14; Bar 2,2.28; 4,1.12; Sus 1,60; Sus (Th) 1,3.62.
**45** Adrian Schenker, *Das Neue am neuen Bund und das Alte am alten. Jer 31 in der hebräischen und griechischen Bibel*, FRLANT 212 (Göttingen: Vandenhoeck & Ruprecht, 2006), 26–34.
**46** Diodor 40,3 ἐπί τε τῆς τῶν Περσῶν ἡγεμονίας καὶ τῶν ταύτην καταλυσάντων Μακεδόνων πολλὰ τῶν πατρίων τοῖς Ιουδαίοις νομίμων ἐκινήθη. Felix Jacoby, Hg., *Die Fragmente der griechischen Historiker*, Teil 3a Kommentar zu Nr. 262–96 (Leiden: Brill, ND 1954), 47, äußert jedoch Bedenken, „wie weit Di.s exzerpt uns einen wirklichen begriff von H.s behandlung der Juden gibt".

# 3 Ersetzte „die Tora" das „Gebot"?

Das Deuteronomium verwendet den Ausdruck „die Tora" (התורה) lediglich in den Rahmenkapiteln um das dtn Gesetz (Dtn [5–]12–26) herum.[47] Dessen eigentliche Leitkategorie ist „das Gebot" (המצוה), welches griechisch regelmäßig als Plural „die Gebote" (αἱ ἐντολαί) übersetzt wird. Diese Merkmale führen uns tiefer an die Frage heran, seit wann innerbiblisch von der dtn Tora gesprochen werden konnte.

Ein textgeschichtlicher Vergleich zwischen dem hebräischen Sirach und seiner griechischen Übersetzung zeigt auch die für das Deuteronomium typische Bewegung.[48] Griechisch Sirach spricht gewöhnlich nur von den „Geboten" (ἐντολαί).[49] In sechs vergleichbaren Fällen zeigt hebräisch Sirach, ebenfalls wie gewöhnlich, jedoch den Singular „Gebot" (מצוה).[50] In Sir 44,20 steht hebräisch „Gebot" dem griechischen Begriff „Gesetz" (νόμος) gegenüber, welches vom Prolog des griechischen Sirach unzweifelhaft mit dem Pentateuch identifiziert wird.[51] Diese Sicht bestätigt hebräisch Sirach nicht. „Tora" (תורה) ist jedes Wort,

---

**47** Drei Fälle in Dtn 17 sind begründbare Ausnahmen innerhalb der Rechtstextsammlung. „Die Tora" bezeichnet in Dtn 17,11 eine priesterliche Einzelweisung, in Dtn 17,18.19 das Deuteronomium selbst als Gesamtwerk.

**48** Sechs mittelalterliche Handschriften (10.–12. Jahrhundert) und Manuskriptreste aus Qumran und Masada (ca. 50 v. Chr.–70 n. Chr.), zugänglich über bensira.org, decken ca. 64 % des griechischen Textes (Friedrich V. Reiterer, *Bibliographie zu Ben Sira*, BZAW 266 [Berlin: Walter de Gruyter, 1998], 26–28).

**49** Der Singular ἐντολὴ αὐτοῦ (Sir 29,9; 35,4; 39,31) ist hebräisch nur Sir 39,31 (allerdings durch das Verb צוה [בצומו]) belegt.

**50** Sir 10,19; 15,15; 32,18.23; 37,12; 45,5. Unsicher sind die Suffixverbindung Sir 6,37 (ובמצותו) und die *status constructus*-Verbindung Sir 44,20 (מצות עליון), in deren Fällen das Deuteronomium stets einen Plural vokalisiert. Doch T-S B 4,29 aus der Kairoer Geniza, ein babylonisch vokalisierter Text von Dtn 6,17 kann statt tiberisch MT „die Gebote" (*miṣwot YHWH*) „das Gebot" (*miṣwat YHWH*) lesen, wie mir Ron Shweka von Friedberg Geniza Project (email vom 13. 12. 2017) und Ben Outhwaite von der Universität Cambridge (email vom 14. 12. 2017) bestätigten. Ferner die altlateinische Handschrift *Palimpsestus Vindobonensis* (L 115) zu 2 Kön 17,16 mit *praeceptum domini* statt MT = ANT/LXX τὰς ἐντολὰς κυρίου lässt zu Sir 6,37; 44,20 und entsprechenden Formen im Deuteronomium eher einen ursprünglich gelesenen Singular vermuten. Dazu passt, dass eine Randbemerkung in Manuskript B von Sir 32,23 empfiehlt, den Plural מצות oder מצותו statt des Singulars מצוה im Text zu lesen. Einzig Sir 45,17 (Ms. B) belegt einen sicheren Plural (מצותיו).

**51** Diese Bewegung zeigt auch die überraschende Lesart „Gebot des Mose" in LXX 2 Kön 21,8 (= VL DIDa 22) τὴν ἐντολήν [anstelle von „Gesetz" MT התורה /ANT τὸν νόμον] ἣν ἐνετείλατο αὐτοῖς ὁ δοῦλός μου Μωυσῆς. Zu einer oft angeführten Stelle, nach der Sirach die mosaische Torah gekannt habe, (Sir 24,23 ταῦτα πάντα βίβλος διαθήκης θεοῦ ὑψίστου νόμον ὃν ἐνετείλατο ἡμῖν Μωυσῆς) wurde noch kein hebräisches Pendant gefunden.

das von Gott ausgeht.[52] Sie wird dem Gebot (!), das Mose bekam, begrifflich untergeordnet (Sir 45,5) und – statt griechisch mit dem „Bund" – mit „Satzungen" näher charakterisiert (Sir 42,2). In vier Fällen stellt allein griechisch Sirach einen Bezug zum „Gesetz" her.[53] In einem Fall wird hebräisch Sirach „verwerfen der Tora des Höchsten" (Sir 41,4) euphemistisch mit „verwerfen des Wohlgefallens des Höchsten" umschrieben. All dies zeigt eine zunehmende Orientierung von griechisch Sirach an der literarischen Vorgabe des Pentateuchs und seine hohe Respektierung. Für hebräisch Sirach ist „Tora" keine literarisch bestimmte Größe. Es kennt nur ein mosaisches „Gebot".[54] Damit steht hebräisch Sirach Dtn [5–]12–26 näher als dem Gesamtwerk Deuteronomium.

Für eine erkennbar späte deuteronomistische Ausbreitung des deuteronomischen Begriffs der Tora spricht die Textgeschichte der Königebücher. Ihre Verweise auf das mosaische „Gesetz" sind mehrheitlich textkritisch infragegestellt. So bestehen Varianten zu 2 Kön 10,31 (בתורת יהוה, L 115:[55] *in viam domini*); 2 Kön 14,6 (תורת משה, LXX/ANT:[56] νόμων Μωυσῆ); 2 Kön 17,13 (MT = LXX/ANT πάντα τὸν νόμον, doch wird der Satz von L 115 ausgespart); 2 Kön 21,8 (ANT = MT משה ... התורה אשר צוה צוה, doch LXX: τὴν ἐντολήν ἣν ἐνετείλατο ... Μωυσῆς).[57] 2 Kön 17,34.37 greift (in einem bereits anti-samaritanischen Kontext) auf den Deuteronomiumsverweis von Ex 24,12 (והתורה והמצוה) zurück.[58] Der Hinweis auf das mosaische Gesetz im Testament Davids (1 Kön 2,3) gilt, wie

---

52 Mit griechischer Parallele: Sir 15,1; 32,15.24; 33,2.3; 41,8; 42,2; 45,5; 49,4.
53 Sir 9,15; 44,20; 45,17; 51,19.
54 Die Tendenz der verglichenen Parallelstellen spricht gegen die früher mehrfach vertretene Annahme einer Rückübersetzung von hebräisch Sirach (vgl. Reiterer, *Bibliographie*, 20–25). Ob hebräisch Sirach den um 200 v. Chr. verfassten „Urtext" von Sirach wiedergibt, kann – angesichts der Varianten der tradierten Übersetzungen des Weisheitsbuches – letztlich aber nur angenommen werden. Seine Terminologie fällt hinter den bereits von griechisch Sirach gezeigten Standard einer Wertschätzung der Tora zurück. So, wie die Begriffe „Tora" und „Gebot" gebraucht werden, zeigt hebräisch Sirach eine religionsgeschichtlich ältere Darstellung religiöser Gedanken, deren geistiges Umfeld auch deutlicher von der bäuerlichen Lebenswelt Palästinas als der städtischen Kultur Alexandriens geprägt ist (Georg Sauer, „Ben Sira in Jerusalem und sein Enkel in Alexandria," in *Auf den Spuren der schriftgelehrten Weisen*, BZAW 331, hg. Irmtraud Fischer, Ursula Rapp und Johannes Schiller (Berlin: Walter de Gruyter, 2003), 339–47.
55 Bonifatius Fischer, Hg., "Palimpsestus Vindobonensis: A Revised Edition of L 115 for Samuel Kings," *BIOSCS* 16 (1983): 13–87. (Nachdruck in *Beiträge zur Geschichte der lateinischen Bibeltexte. Vetus Latina. Die Reste der altlateinischen Bibel* 12, hg. Bonifatius Fischer [Freiburg: Herder, 1986], 308–81). L 115 darf als textgeschichtlich ältester Zeuge für die Königebücher gelten.
56 Zu den Textzeugen siehe Anmerkung 35.
57 Siehe Anmerkung 51.
58 Die Textvarianten von LXX und ANT zu 2 Kön 17,34.37 tendieren dahin, nun „das Gesetz" von „den Geboten" abzuheben.

dessen gesamtes Testament, als textgeschichtlich spätes, deuteronomistisches Produkt.[59] So verbleiben nur 2 Kön 22,8.11 und 23,24.25 textkritisch zweifelsfrei. Dies legt nahe, die Josiaerzählung (2 Kön 22–23) als eine Gründungslegende der mosaischen Tora zu betrachten, welche – wie es Ms. L 115 nahezulegen scheint – möglicherweise erst durch eine späte Anfügung von 2 Kön 16; 18–25 an die Königebücher eine toratheologische Bearbeitung des Gesamtwerkes auslöste.[60] So dürfte MT 1–2 Könige kaum wesentlich früher als griechisch Sirach entstanden sein.

Johann Maier verweist auf nichtbiblische Schriften aus der Zeit des zweiten Tempels, die – wie hebräisch Sirach – noch „auf einen weiter gefassten Begriff" von Tora schließen lassen.[61] Zugleich lasse Josephus, *Ant.* 4.218, zu Dtn 17,8–13 ein institutionalisiertes, prophetisches Mose-Amt erkennen, das der Torafindung in neu auftauchenden Rechtsfragen diente. Sein letzter Inhaber sei der „Lehrer der Gerechtigkeit" (+ ca. 138 v. Chr.) gewesen, der vermutlich im Verlauf der Machtkämpfe zwischen pro-seleukidischen und pro-ptolemäischen Parteien seine Stellung verlor und aus Jerusalem verdrängt wurde. Als die Hasmonäer das Hohepriesteramt übernahmen und die weltliche Herrschaft ausübten, ließen sie das prophetische Mose-Amt erlöschen. In den folgenden Jahrhunderten gewann die niedergeschriebene Tora an gesellschaftlicher Autorität – insbeson-

---

**59** Jan Joosten, "Empirical Evidence and its Limits: the Use of the Septuagint in Retracing the Redaction History of the Hebrew Bible," sowie Julio Trebolle und Pablo Torijano, "From the Greek Recensions to the Hebrew Editions: A sample from 1 Kgs 2:1–10," in *Insights into Editing in the Hebrew Bible and the Ancient Near East*, CBET 84, hg. Reinhard Müller und Juha Pakkala (Leuven: Peeters, 2017), 247–65 und 267–93.

**60** Zum Vorschlag einer Anfügung von 2 Kön 16; 18 – 25 an die Königebücher siehe Wolfgang Schütte, *Endeten die Königebücher ursprünglich mit 2Könige 17? Gründe dafür und Gründe dagegen* [https://independent.academia.edu/ wolfgangschuette – Abruf 01. 03. 2021]).

**61** Johann Maier, „Das jüdische Gesetz zwischen Qumran und Septuaginta," in *Im Brennpunkt: Die Septuaginta*, BWANT 153, hg. Heinz-Josef Fabry und Ulrich Offerhaus (Stuttgart: Kohlhammer, 2001), 155–65, Zitat 160. Vgl. auch John Joseph Collins, "The Transformation of the Torah in Second Temple Judaism," in *Scriptures and Sectarianism*, WUNT 332 (Tübingen: Mohr Siebeck, 2014), 19–34, hier 20, der dazu auf Ps 119 und 4Q525 verweist. Wie die Weisheitsliteratur von Qumran betrachte auch Sirach die Torah – von Collins bereits als Synonym für den Pentateuch verstanden – "as a source of wisdom and insight, not of prescriptive law". Ähnlich Elisa Uusimäki, "'Happy is the person to whom she has been given': The continuum of wisdom and Torah in *4QSapiental Admonitions B* (4Q185) and *4QBeatitudes* (4Q525)," RdQ 103, Bd. 26,3 (2014): 345–59. Eine solche weisheitliche Bezugnahme auf Tora aber lässt eine Rückbindung an die Rechtsvorschriften bergende Kernschrift der begrifflich weiter gefassten Tora – das Deuteronomium als „die Tora" innerhalb des Pentateuchs – für das Werk des historischen Sirach (um 200 v. Chr.) zweifelhaft erscheinen.

dere in der erstarkenden Bewegung der Pharisäer, die den Untergang der Hasmonäer und des Tempels überlebte.[62]

Mit Maier ist anzunehmen, dass der im Pentateuch erkennbare, priesterliche Machtanspruch auf die Gesetzgebung und Rechtssprechung aus der nachbabylon-exilischen Geschichte Juda-Israels und seiner Priesterherrschaft erwuchs.[63] Da sich aber der Begriff der Tora erst seit dem 2. Jahrhundert v. Chr. auf ein bestimmtes literarisches Werk – das Deuteronomium – konzentrierte, halte ich es angesichts der Textgeschichte für schwierig, die spezielle Entwicklung vom dtn Gebot zur dtn Tora schon vor die hellenistische Zeit und in die persische oder gar eine noch frühere Zeit zu legen.[64]

---

**62** Das archäologisch nachweisbare Aufkommen einer Tora-geleiteten Kultur seit 142 v. Chr. im hasmonäischen Juda und in der samaritanischen Tempelstadt auf dem Berg Garizim dokumentiert Andrea M. Berlin, "Manifest Identity: From *Ioudaios* to Jew. Household Judaism as Anti-Hellenization in the Late Hasmonean Era," in *Between Cooperation and Hostility. Multiple Identities in Ancient Judaism and the Interaction with Foreign Powers*, JAJSup 11, hg. Rainer Albertz und Jakob Wöhrle (Göttingen: Vandenhoeck & Ruprecht, 2013), 151–75. Zum anfänglich nur spärlichen Niederschlag von Bezugnahmen auf die Tora in rabbinischer Überlieferung siehe Adiel Schremer, "'They did not read in the sealed book': Qumran halakhic revolution and the emergence of Torah study in Second Temple Israel," in *Historical Perspectives: from the Hasmoneans to Bar Kokhba in Light of the Dead Sea Scroll*, hg. David Goodblatt (Leiden: Brill, 2001), 105–26.

**63** Maier lässt die heute diskutierte Rolle der Gemeinschaft um den Garizim (Samari[tan]er) bei Ausbildung des Pentateuchs außer Acht (Benedikt Hensel, *Juda und Samaria*, FAT 110 [Tübingen: Mohr Siebeck, 2016]). Die hellenistische Zeit war für den Pentateuch bewegter, als es textgeschichtlich nachweisbar ist. Schon der Aristeasbrief (§ 314) erwähnt eine der Septuaginta vorausgehende, angeblich mangelhafte, griechische Übersetzung des Pentateuchs. *Codex Monacensis* belegt, dass dem Buch Exodus eine von den Samaritanern akzeptierte und von LXX teilweise übernommene Redaktion hin zum MT widerfuhr, in der die Rolle des Daniten Oholiab zugunsten des Judäers Besaleel gemindert wurde (Pierre-Maurice Bogaert, „L'importance de la Septante et du ‚Monacensis' de la Vetus Latina pour l'exégèse du livre de l'Exode (Chap. 35–40)," in *Studies in the Book of Exodus. Redaction, Reception, Interpretation*, BEThL 126, hg. Marc Vervenne [Leuven: Leuven University Press, 1996], 399–428).

**64** Zur Annahme persischer Wurzeln des Pentateuchs siehe Konrad Schmid, "How to identify a Persian period text in the Pentateuch," in *On dating biblical texts to the Persian Period*, FAT 101, hg. Richard J. Bautch und Mark Lackowski (Tübingen: Mohr Siebeck, 2019), 101–18; Thomas Römer, "How to date pentateuchal texts – some case studies," in *The Formation of the Pentateuch*, FAT 111, hg. Jan C. Gertz u. a. (Tübingen: Mohr Siebeck, 2016), 357–70. Unbestritten reicht das Quellenmaterial des Pentateuchs zurück in die Perserzeit und darüber hinaus. Da die These einer persischen Reichsautorisation der Tora heute zumeist abgelehnt wird (James W. Watts, *Persia and Torah*, SBL.SS 17 [Atlanta GA: SBL, 2001]), da die Bücher Esra und Nehemia das jüdische Persienbild der hellenistischen Zeit spiegeln könnten (Raik Heckl, *Neuanfang und Kontinuität in Jerusalem*, FAT 104 [Tübingen: Mohr Siebeck, 2016]) und auch nicht immer auf die masoretischen Toraregeln rekurrieren (Collins, "The Transformation," 23), so fehlt ein

# 4 „Mein Volk", „mein Gott" und „der Bund und die Tora"

Von den bundestheologisch bedeutsamen Personen in der Geschichte Israels, von Noah, den Erzvätern und Mose, finden nur Jakob und Mose einen Widerhall in der Hoseaschrift. Hos 12 erzählt eine höchst kritische Jakobtradition, die in V.7 in eine Umkehraufforderung mündet. Hos 12,14 deutet eine Mosetradition an, die das dtn Mosebild teilt: „durch einen Propheten führte JHWH Israel aus Ägypten, und durch einen Propheten wurde es behütet". Doch erwähnt die Hoseaschrift weder einen Mose- noch einen Jakobbund explizit. Wo Hos 4–14 von einem Bund Gottes mit Israel spricht, ist dieser Bund keinem bekannten Bund zugeordnet. Dies gilt für die textlich unklare Stelle von Hos 6,7[65] ebenso wie für Hos 8,1, wo allein die gemeinsame Nennung von Bund *und* Tora an einen mosaischen Bund denken lässt.

Die einzige Entfaltung einer Bundesvorstellung findet sich in Hos 1–3. Diese drei Kapitel sind später als das grundlegende Spruchgut zu datieren, da sie auf „Söhne Israels" *und* „Söhne Judas" gemeinsam (Hos 2,1–3) sowie auf König David (Hos 3,5) rekurrieren. Hier äußert sich kein israelitischer Hosea, sondern ein späterer Mund, und dies aus judäisch-israelitischer Perspektive.[66] Hos 1–3 bietet als Vorspann zu Hos 4–14 weit gespannte Geschichtsreflexionen. Diese Reflexionen sind in pseudo-biographische Erzählungen gebettet, die ebenfalls die metaphorische Verwandtschaftsbeziehung zwischen Gott und Israel voraussetzen. Die Frauenwahl Hoseas bildet die gestörte Beziehung zwischen Israel und seinem Gott ab. So heißt es in Hos 1,2: „nimm dir eine Hure und Hurenkinder, denn das Land hurt von JHWH weg". Die Kinder Hoseas mit der Hure Gomer werden zum Sinnbild des Geschicks Israels. Noch deutlicher formuliert Hos 3,1 für Hosea: „geh nochmals und liebe eine Ehebrecherin, wie JHWH die Kinder Israels liebt, obwohl sie sich anderen Göttern zuwenden". In Hos 1–3 wird die ursprüngliche, religiöse Metaphorik einer verwandtschaftlichen Bezeichnung, welche die Beziehung von Volk und Gott in Begriffe fasse, nun durch eine Erzählung transportiert. Der unmittelbare Anspruch der religiösen Sprache war nicht mehr kräftig genug, als diese bildhaften Erzählungen religiöser Existenz

---

geschichtlich begründeter Anlass, welcher die Entstehung des masoretischen Pentateuchs als literarisches Werk in der Perserzeit anstoßen konnte.

**65** „Wie Adam (! כְּאָדָם /ὡς ἄνθρωπος/VL *ut homo*) haben sie den Bund übertreten, dort (שָׁם/ ἐκεῖ/*ibi*) haben sie mich treulos verlassen". Für Lothar Perlitt, *Bundestheologie im Alten Testament*, WMANT 36 (Neukirchen-Vluyn: Neukirchener Verlag, 1969), 142–43 ist ein „Bund" ohne auf Gott verweisendes Suffix nicht deuteronomistisch.

**66** Schütte, „Die Entstehung der juda-exilischen Hoseaschrift," 69.

verfasst wurden. Ich vermag nicht zu sagen, welche Form von philosophischer „Aufklärung" die Leserschaft der Hoseaschrift zwischenzeitlich durchlaufen hatte. Doch es ist deutlich, dass an die Stelle der kindlich-distanzlos eingesetzten Beziehungsmetapher spezielle, die Beziehung von Gott und Israel eigens reflektierende Erzählungen getreten sind. Die alte Metapher „mein Volk" floss in die neuen, symbolischen Geschichten ein.

Was Hos 1–2 mittels der symbolischen Gestalt der Kinder Jesreel, Nicht-Erbarmen und Nicht-mein-Volk artikuliert, braucht hier nicht in Gänze entfaltet zu werden. Nur so viel: Die Erzählungen bilden den eingetretenen Bruch der Beziehung zwischen Gott und Israel ab *und* verheißen eine Neukonstitution ihrer Beziehung als „mein Volk" und „mein Gott". Dieser Neuanfang ist nach Hos 1,2–2,3 möglich, wenn sich die „Söhne Judas und die Söhne Israels unter einem gemeinsamen Monarchen vereinen; dann werden sie aus dem Land heraufsteigen (וְעָלוּ מִן הָאָרֶץ)".[67] Hos 3,1–5 verbindet die Zeitenwende für die „Söhne Israels" mit deren Umkehr zu „ihrem Gott und ihrem König David".[68] In dem zwischen beide Erzählungen platzierten Prozess mit der „Mutter (Israel)" (Hos 2,4–25) droht Gott Israel eine die Erinnerung an den Exodus heraufbeschwörende, neuerliche Wüstenzeit an. Sie soll in einen Bundesschluss münden. Dieser in Hos 2,20 angekündigte Bund ist kein Mosebund. Dieser Bund ist ein zukünftiger, ein Friedensbund, der einen Frieden mit der Schöpfung zur Heilung Israels schließt, und er zielt auf Gotteserkenntnis – durchaus ein Leitthema hoseanischer Theologie.[69] Wie ist er bundestheologisch einzuordnen?

---

**67** Unter Berücksichtigung der Aussagenfolge erwartet Hos 2,2 eine Jerusalem-zentrierte Vereinigung von Israeliten und Judäern, auf die eine Heimkehr der Diaspora folgt (Ex 1,10; 3,8 und Esr 2,1; Neh 7,6, vgl. Jeremias, *Der Prophet Hosea*, 35). Eine ähnliche Abfolge von Heil in Jerusalem und Heimkehr der Diaspora beschreibt Zef 3,12.20. Da der masoretische Tanach Judäer des Staates Juda von Israeliten als Bewohner des Staates Israel (bis 721 v. Chr.) ebenso unterscheiden kann wie Judäer und Israeliten als Bewohner des Staates Juda (721–586 v. Chr.), da er für die nach-babylon-exilische, persische und hellenistische Zeit die JHWH-gläubigen Bewohner des ehemaligen Israel gern als „Ephraim" bezeichnet (und später in 2 Kön 17,7–41 als heterodoxe Samaritaner diskriminiert), Diasporaheimkehrer aber als „Israeliten", da für ihn die 586 v. Chr. im Land verbliebenen Menschen möglicherweise den „Rest des Hauses Juda" (Zef 2,7) bildeten oder bloß „das Volk des Landes" (Esr 4,4), aber auch die aus der Diaspora bereits Heimgekehrten gegenüber jenen in der Diaspora als „Judäer" (Esr 4,4) bezeichnet werden konnten und genealogisch unter die Söhne (Jakob-)Israels gezählt wurden, und da andererseits Mitglieder der samari(t)anischen Gemeinschaft um den Garizim zur gleichen Zeit sich selbst „Israeliten" nannten, verlangt eine historische Zuordnung der Begrifflichkeit von Hos 1,2–2,3 eine breit angelegte Argumentation.

**68** Zu einer Interpretation der Hoseaschrift mittels des Motivs der Umkehr siehe Schütte, „Die Entstehung der juda-exilischen Hoseaschrift".

**69** Hans Walter Wolff, „,Wissen um Gott' bei Hosea als Urform von Theologie," in *Gesammelte Studien zum Alten Testament*, ThB 22 (München: Kaiser, 1973), 182–205; Reinhard Gregor Kratz,

Drei Arten von Bundesschlüssen kennt die Bundestheologie: vorstaatliche Bünde (Noach, Erzväter, Mose), Bünde in der historischen Zeit (durch Joschija, Jeremia und Ezechiel), und zukünftige Bünde (Hos, Jer, Ez). Zukünftige Bünde setzen (wenigstens stillschweigend) einen „alten" Bund voraus. Doch welcher Bund wird vorausgesetzt – und wie verhalten sich „alter" und „neuer" Bund zueinander? Diese Überlegungen führen zu einem Vergleich der hoseanischen Vorstellung mit den jeremianischen Bundesvorstellungen.

Das Jeremiabuch kennt alle drei Typen von Bundesschlüssen *und* zwei unterscheidbare Texttraditionen, deren textgeschichtlich grundsätzlich ältere Überlieferung durch die Septuaginta repräsentiert wird.[70] Jer 31,31–34 zeigt, dass ein zerbrochener Bund (LXX Jer 38,32) in eine auf Seiten Gottes ungebrochene Kontinuität mit dem Exodusbund gestellt wird (MT Jer 31,32). In Jer 34,12–20 wird ein während der Herrschaft Zidkijas geschlossener Bund mit kritischem Bezug zum „goldenen Kalb" (LXX Jer 41,18 vgl. Ex 32,6) durch MT in einen Vergleich mit Gottes Bundesschluss mit Abraham (MT Jer 34,18 vgl. Gen 15) abgewandelt. Eine Bundesschlussaufforderung durch Jeremia (LXX Jer 11,8) wird in MT mit dem deuteronomischen Fluchformular verbunden. Alle drei jeremianischen Stellen (LXX) setzen einen Exodusbund voraus. Ihre masoretischen Fassungen verleihen diesem Exodusbund neben einer durchgängigen Verschärfung der Schuld Israels zusätzliche Interpretamente: einen Fortbestand seitens Gottes, seine deuteronomisch-rechtliche Verankerung und seine Rückbindung an die Erzvätertradition der Genesis (Abraham).[71]

Aus dem Vergleich der hoseanischen mit der jeremianischen Bundesvorstellung ergeben sich zwei Fragen. Ging – erstens – der (jer.) Exodusbund gedanklich auch dem künftigen Bund von Hos 2,20 voraus? Diese Frage kann nicht beantwortet werden, da der Bund nach Hos 2,20 einen Schöpfungsfrieden bringen soll, wie er dem Jeremiabuch unbekannt ist. Der jeremianische Exodusbund, der wiederholt an das erste Gebot des Dekalogs erinnert,[72] ist aber auch nicht mit dem in Ex 24 beschriebenen Sinaibund in Verbindung zu bringen, der sich dort auf das Bundesbuch (Ex 21–23) zurückbezieht. Es lässt sich nicht sicher

---

„Erkenntnis Gottes im Hoseabuch," in *Prophetenstudien,* FAT 74 (Tübingen: Mohr Siebeck, 2011), 287–309.

70 Diese, das kürzere Jeremiabuch der Septuaginta textgeschichtlich älter einschätzende Sicht ist nicht unumstritten. Zu den gegensätzlichen Positionen siehe Georg Fischer SJ, „Die Diskussion um den Jeremiatext," und Hermann-Josef Stipp, „Zur aktuellen Diskussion um das Verhältnis der Textformen des Jeremiabuches," in *Die Septuaginta – Text, Kontexte, Lebenswelten,* WUNT 219, hg. Martin Karrer, Wolfgang Kraus und Martin Meiser (Tübingen: Mohr Siebeck, 2008), 612–29, und 630–53.

71 Zu diesen Entwicklungen siehe Schenker, *Das Neue am neuen Bund.*

72 LXX Jer 11,4; 38,32; 41,18. Den Anspruch des ersten Gebots betont auch Hos 12,10; 13,4.

sagen, ob eine frühere Fassung des Buches Exodus (vgl. VL *Codex Monacensis*) nur den Dekalog als Bundesurkunde (Ex 34\*) ansah.[73]

Gewiss ist hingegen, dass das Gesetz des Deuteronomiums mit Hilfe von Ex 24,12 an den Sinaibund zurückgebunden wurde.[74] Die dtn-dtr Bundestheologie, begründet am Horeb und bekräftigt in Moab, hat in Ex 24,12 ihre nur sehr dünne und vermutlich späte literarische Verknüpfung mit dem Buch Exodus und dessen Bundeserzählung, begründet am Sinai, erhalten. Textgeschichtlich entwickelt sie mit ihrer Verbindung von „Bund und Gesetz" (vgl. Hos 8,1) einen erst spät und allmählich wachsenden Einfluss.[75] In hebräisch Sirach werden verschiedene Bünde mit Gott erwähnt, doch es wird kein Mosebund genannt.[76] Die Textgeschichte der Königebücher, deren Text selbst eine Kombination von Bund mit den Satzungen (חקים/חקות) statt der Tora bevorzugt, kann an den Überarbeitungen der frühesten Textfassung der Königebücher belegen, dass ab dem 2. Jahrhundert v. Chr. zunehmend auf den dtn Bund verwiesen wurde. Während die VL in der fragmentarischen Handschrift *Palimpsestus Vindobonensis* (L 115) keinen Beleg für Bund bezeugt, führen erst MT 1 Kön 11,11 (nicht LXX/ ANT); 19,10 (nicht LXX/ANT).14 (mit LXX und nicht ANT) und 2 Kön 17,15 (mit ANT und nicht LXX/L 115) den Begriff „Bund" in die Königebücher ein.[77]

Eine zweite Frage greift die theologische Problemstellung auf, die bereits Adrian Schenker und Karin Finsterbusch mit Blick auf die Bundesvorstellungen des griechischen Jeremiabuches (LXX Jer 38,31–34) mit unterschiedlichem Ergebnis bedacht haben.[78] Setzt die Hoseaschrift voraus, dass in der Zeit nach dem vollzogenen Bruch der Beziehung zwischen Gott und Israel und vor dem

---

**73** Vgl. Dtn 4,13; 5,2–22. Diese Vermutung findet sich bereits bei Julius Wellhausen, *Die Composition des Hexateuchs und der historischen Bücher des Alten Testaments* (Berlin: Walter de Gruyter, 41963 [= 1866]), 94–95.

**74** Einzig Ex 24,12 spricht innerhalb der Bücher Genesis–Numeri von „der Tora und dem Gebot" – ein Vorverweis auf das Deuteronomium.

**75** Die altorientalische Parallele des Sukzessionsvertrags Asarhaddons (7. Jahrhundert v. Chr.) zur dtn Bundestheologie begründet für Christoph Koch, *Vertrag, Treueid und Bund*, BZAW 383 (Berlin: Walter de Gruyter, 2008), 248–65 allenfalls ein Datum *post quem* der Rezeption.

**76** Erst griechisch Sir 45,5 verbindet den Begriff διαθήκη mit der Person des Mose; hebräisch Sir 45,5 עדותיו könnte auf den Dekalog hin gedeutet werden. Zu διαθήκη, in hebräisch Sirach ברית, חק oder אות genannt, vgl. Sir 44,12.18.20.22; 45,7.15.17.24.25; 47,11.

**77** Dabei verdrängte „Bund" im MT in 1 Kön 11,11 die „Gebote" (LXX/ANT) und in 2 Kön 17,15 das „Gesetz" (L 115) (vgl. LXX mit MT Dan 9,13). – MT 2 Kön 13,23 (mit LXX und nicht ANT) ergänzt diese Auflistung mit einer Erwähnung des Bundes mit den Erzvätern.

**78** Schenker, *Das Neue am neuen Bund*; Karin Finsterbusch, „Auszugs-Bund, neuer Bund und weitere Bünde. ,Berit' im älteren (hebräische Vorlage LXX-Jer) und im jüngeren Jeremiabuch (MT-Jer)", in *Covenant and Election in Exilic and Post-Exilic Judaism*, FAT 79, hg. Nathan Macdonald, (Tübingen: Mohr Siebeck, 2015), 97–121.

angesagten Bundesschluss (Hos 2,20) beide beziehungslos nebeneinanderher lebten? Erzählerisch droht in Hos 2,4–25 der geschiedenen „Mutter Israel" (Hos 2,4) eine Zeit der Gottesferne, die dann „in der Wüste" von Gott durch einen Bundesschluss mit den Kindern und einer erneuten Heirat Gottes mit der verlassenen Frau rechtlich aufgehoben werden soll.[79] Als erzählte Geschichte ist das Verhältnis von erzählter Zukunft zur Erzählzeit unbestimmt. Geht nun der Blick über die gesamte Hoseaschrift, so fällt auf, dass in Hos 12–14 die israelitische Geschichtstradition mit Hoffnung anzeigenden Verweisen auf „deinen Gott" (Hos 12,7.10; 13,4; 14,2) durchsetzt ist. Positiv konnotiert sind ebenso „sein Gott" in Hos 1,7; 3,5 und „mein Gott" in Hos 2,25.[80] Hingegen bleibt der Ausdruck „mein Volk" in Hos 1,9; 2,1.3.25 mit der Ambivalenz des „Nicht-mein-Volk" / „mein Volk" behaftet und fehlt in Hos 12–14 völlig. So signalisieren die verwandtschaftlichen Metaphern in den Hos 4–10 umgebenden Kapiteln, dass der Bruch seitens Israels eingetreten ist, Gott selbst hingegen Israel an seine Zuwendung in der Vergangenheit und in einer neuschöpferischen Zukunft erinnert. Damit entsteht das Bild einer wachgehaltenen, noch „schwebenden" Beziehung Gottes zu Israel, welches die unterschiedlichen Teile des Hoseabuches durchdringt und eint.[81]

Zum Verständnis des „Bundes" von Hos 2,20 bleibt anzumerken, dass in Hos 2,4–2,25 wie schon in Hos 1,2–2,3 das Achtergewicht der Erzählung auf der Wandlung von „Nicht-mein-Volk" zu „mein Volk" liegt (Hos 2,1.2.25). Konnte Hos 1,2–2,3 die Neubegründung der Beziehung zwischen Gott und Israel allein mit der Verwandtschaftsmetapher „mein Volk" beschreiben, so ist der in Hos 2,20 eingeführte Bund mit der Schöpfung als ausschmückendes, der übrigen Hoseaschrift fremdes Element anzusehen, das die Erzählung von Hos 2,4–2,25 von der versöhnten Beziehung zwischen „meinem Volk" und „meinem Gott" (Hos 2,25) bereichert.

# 5 Zusammenfassung

Die textgeschichtlichen Differenzen in der Hoseaschrift lassen die Annahme zu, dass bundestheologische Textkorrekturen im Sinne des Deuteronomiums er-

---

79 Dtn 24,1–4 steht der in Hos 2 geschilderten Wiederheirat der hurerischen Mutter nicht im Wege.
80 Hos 4–10 kennt lediglich die eine Hoffnung einschließende Aussage von Hos 6,11–7,1.
81 Anders als Schenker, *Das Neue am neuen Bund*, kommt Finsterbusch, „Auszugs-Bund," 103–104.118–119, zu dem mit der Hoseaschrift vergleichbaren Ergebnis, dass LXX Jeremiabuch nur eine temporäre Aufhebung des Bundesverhältnisses kannte, welche die Gültigkeit des Bundes aber nicht veränderte.

folgt sein könnten. Die griechischen und lateinischen Traditionen wie auch die syrische Überlieferung weisen eine bis in die Zeit des Hieronymus sich behauptende Lesung „Gesetze" in Hos 8,12 nach. Dies legt einen späten masoretischen Eingriff in die Vokalisation von Hos 8,12 nahe, der statt eines Plurals תּוֹרֹתַי oder תּוֹרֹתוֹ den Singular תּוֹרָתִי zu lesen gebot. Nimmt man den Plural als ursprüngliche Rede an, wie er auch – textgeschichtlich schwach bezeugt – für Hos 4,6 zumindest nicht auszuschließen ist, so fordert dies jedoch den konzeptionell dtn-dtr Anspruch der *einen* Tora heraus, auf den Hos 8,1 mit seinem Rekurs auf Bund und Gesetz anspielt. Da keine Textzeugen zur Hoseaschrift den Widerspruch auflösen können und Hos 8,1b aus sich heraus nicht historisch datierbar ist, sind drei Beobachtungen geltend zu machen. Das Wortpaar „Bund und Gesetz" findet nur in außerkanonischen Texten ab dem 2. Jahrhundert v. Chr. eine Parallele. Die Textgeschichte des Deuteronomiums, der Königebücher und von Sirach zeigt, dass sich die dtn-dtr Tora- und Bundestheologie ebenfalls erst ab dem 2. Jahrhundert v. Chr. literarisch ausbreitete. Die Bundesvorstellungen von Hos 2,20–25 dürften auf dem Wissen um einen bereits geschlossenen Bund aufbauen, gründen aber nicht erkennbar im mosaischen Bund. So dürfte Hos 8,1b als ein redaktioneller Einschub anzusehen sein, mit dem eine deuteronomistische Interpretation der Hoseaschrift gefördert werden sollte. Der Wechsel vom Plural zum Singular bei einer anfänglich nur mündlich tradierten Lesung für תּוֹרָתִי/תּוֹרֹתוּ(?) in Hos 8,12 (und vielleicht auch Hos 4,6 תּוֹרֹתִי) vervollständigte diese Intention.

Von diesem dtn-dtr Deutehorizont unberührt beschreibt die Hoseaschrift eine ältere, besondere Verbindung von Gott und Volk. Es ist eine exklusive Beziehung, die Israel mit seinem Gott JHWH – theologisch reflektiert in guten wie in bösen Zeiten – verbindet und sich in der Wortwahl „mein Gott" und „mein Volk" artikuliert. Der gleichsam familiäre Akzent des Personalpronomens „mein" wird dadurch vertieft, dass für „mein Volk" nicht das hebräische גּוֹי, sondern das ein Verwandtschaftsverhältnis anzeigende עַמִּי gewählt wurde. In diese, alle Teile der Hoseaschrift durchziehende Vorstellung konnte die dtn-dtr Konzeption einer vertragsrechtlich gestalteten Beziehung zwischen Israel und seinem Gott durch „Bund und Gesetz" in Hos 8,1b eingetragen werden, als sich in der persischen und/oder hellenistischen Zeit eine nomistische Ausrichtung der Schriftprophetie auf den entstehenden Pentateuch entwickelte.[82] Mit diesem redaktionellen Akt wurde der Hoseaschrift keine Gewalt angetan. Vielmehr gelang es dtr gesinnten Redaktoren, mit dieser Zufügung und weiteren, minimalen Eingriffen, die alte,

---

82 Ein solches Szenario beschreibt Reinhard Achenbach, „Die Tora und die Propheten im 5. und 4. Jahrhundert v. Chr.," in *Tora in der Hebräischen Bibel*, BZAR 7, hg. Reinhard Achenbach, Martin Arneth und Eckard Otto, (Wiesbaden: Harrassowitz, 2007), 26–71.

hoseanische Vorstellung der personalen Bindung von Gott und Israel in den Deu-
tungshorizont der nomistisch denkenden, frühjüdischen Welt einzubringen.

# Literatur

Achenbach, Reinhard. „Die Tora und die Propheten im 5. und 4. Jahrhundert v. Chr." In *Tora in der Hebräischen Bibel*, hg. v. Reinhard Achenbach, Martin Arneth und Eckard Otto, 26–71. BZAR 7. Wiesbaden: Harrassowitz, 2007.

Berlin, Andrea M. "Manifest Identity: From *Ioudaios* to Jew. Household Judaism as Anti-Hellenization in the Late Hasmonean Era." In *Between Cooperation and Hostility. Multiple Identities in Ancient Judaism and the Interaction with Foreign Powers*, hg. v. Rainer Albertz und Jakob Wöhrle, 151–175. JAJSup 11. Göttingen: Vandenhoeck & Ruprecht, 2013.

Bogaert, Pierre-Maurice. „L'importance de la Septante et du 'Monacensis' de la Vetus Latina pour l'exégèse du livre de l'Exode (Chap. 35–40)." In *Studies in the Book of Exodus. Redaction, Reception, Interpretation*, hg. v. Marc Vervenne, 399–428. BEThL 126. Leuven: Leuven University Press, 1996.

Collins, John Joseph. „The Transformation of the Torah in Second Temple Judaism." In *Scriptures and Sectarianism*. WUNT 332, 19–34. Tübingen: Mohr Siebeck, 2014.

Cowey, James M.S. und Klaus Maresch, Hg. *Urkunden des Politeuma der Juden von Herakleopolis (144/3–133/2 v. Chr.) (P. Polit. Iud.)*. Abhandlungen der Nordrhein-Westfälischen Akademie der Wissenschaften, Sonderreihe Papyrologica Coloniensis. Wiesbaden: Westdeutscher Verlag, 2001.

Crüsemann, Frank. „עתה – ‚jetzt'. Hosea 4–11 als Anfang der Schriftprophetie." In *Kanon und Sozialgeschichte*, 131–45. Gütersloh: Gütersloher Verlagshaus, 2003.

Dold, Alban. *Konstanzer Altlateinische Propheten- und Evangelienbruchstücke mit Glossen. Nebst zugehörigen Prophetentexten aus Zürich und St. Gallen*. Texte und Arbeiten, 1. Abtlg. Heft 7–9. Beuron: Verlag der Kunstschule der Erzabtei Beuron, 1923.

Finsterbusch, Karin. „Auszugs-Bund, neuer Bund und weitere Bünde. ‚Berit' im älteren (hebräische Vorlage LXX-Jer) und im jüngeren Jeremiabuch (MT-Jer)." In *Covenant and Election in Exilic and Post-Exilic Judaism*, hg. v. Nathan Macdonald, 97–121. FAT 79. Tübingen: Mohr Siebeck, 2015.

Fischer, Bonifatius, Hg. "Palimpsestus Vindobonensis: A Revised Edition of L 115 for Samuel Kings." *BIOSCS* 16 (1983): 13–87. (Nachdruck in *Beiträge zur Geschichte der lateinischen Bibeltexte*. Vetus Latina. Die Reste der altlateinischen Bibel 12, hg. v. Bonifatius Fischer, 308–381. Freiburg: Herder, 1986).

Fischer, Georg. „Die Diskussion um den Jeremiatext." In *Die Septuaginta – Text, Kontexte, Lebenswelten*, hg. Martin Karrer, Wolfgang Kraus und Martin Meiser, 612–29. WUNT 219. Tübingen: Mohr Siebeck, 2008.

Frede, Hermann Josef. „Reste einer Prophetenhandschrift." In *Vetus Latina-Fragmente zum Alten Testament*, 77–194. Freiburg: Herder, 1996.

Gelston, Anthony. *The Peshiṭta of the Twelve Prophets*. Oxford: Clarendon Press, 1987.

Heckl, Raik. *Neuanfang und Kontinuität in Jerusalem*. FAT 104. Tübingen: Mohr Siebeck, 2016.

Hensel, Benedikt. *Juda und Samaria*. FAT 110. Tübingen: Mohr Siebeck, 2016.

Jacoby, Felix, Hg. *Die Fragmente der griechischen Historiker*, Teil 3a Kommentar zu Nr. 262–96. Leiden: Brill, ND 1954.

Jeremias, Jörg. *Der Prophet Hosea*. ATD 24/1. Göttingen: Vandenhoeck & Ruprecht, 1983.

Joosten, Jan. "Empirical Evidence and its Limits: the Use of the Septuagint in Retracing the Redaction History of the Hebrew Bible." In *Insights into Editing in the Hebrew Bible and the Ancient Near East*, hg. v. Reinhard Müller und Juha Pakkala, 247–65. CBET 84. Leuven: Peeters, 2017.

Koch, Christoph. *Vertrag, Treueid und Bund: Studien zur Rezeption des altorientalischen Vertragsrechts im Deuteronomium und zur Ausbildung der Bundestheologie im Alten Testament*. BZAW 383. Berlin: Walter de Gruyter, 2008.

Kratz, Reinhard Gregor. „Erkenntnis Gottes im Hoseabuch." In *Prophetenstudien*. FAT 74, 287–309. Tübingen: Mohr Siebeck, 2011.

Lilly, Ingrid E. *Two Books of Ezekiel*. VT.S 150. Leiden: Brill, 2012.

Lipiński, Edward. „עם". In *ThWAT* Bd. VI, hg. v. Ernst Jenni, 177–94. Stuttgart: Kohlhammer, 1989.

Macintosh, Andrew A. *Hosea*. ICC. Edinburgh: T & T Clark, 1997.

Maier, Johann. „Das jüdische Gesetz zwischen Qumran und Septuaginta." In *Im Brennpunkt: Die Septuaginta*, hg. v. Heinz-Josef Fabry und Ulrich Offerhaus, 155–65. BWANT 153. Stuttgart: Kohlhammer, 2001.

Neef, Heinz-Dieter. „Aspekte alttestaemtlicher Bundestheologie." In *Bund und Tora*. WUNT 92, hg. v. Friedrich Avemarie und Hermann Lichtenberger, 1–23. Tübingen: Mohr Siebeck, 1996.

Perlitt, Lothar. *Bundestheologie im Alten Testament*. WMANT 36. Neukirchen-Vluyn: Neukirchener Verlag, 1969.

Reiterer, Friedrich Vinzenz. *Bibliographie zu Ben Sira*. BZAW 266. Berlin: Walter de Gruyter, 1998.

Römer, Thomas. "How to date pentateuchal texts – some case studies." In: *The Formation of the Pentateuch*, hg. Jan C. Gertz u. a., 357–70. FAT 111. Tübingen: Mohr Siebeck, 2016.

Rudolph, Wilhelm. *Hosea*. KAT XIII,1. Gütersloh: Gütersloher Verlagshaus, 1966.

Sänger, Patrick. „Das *politeuma* in der hellenistischen Staatenwelt: eine Organisationsform zur Systemintegration von Minderheiten." In *Minderheiten und Migration in der griechisch-römischen Welt*. SHM 31, 25–45. Paderborn: Ferdinand Schöningh, 2016.

Sauer, Georg. „Ben Sira in Jerusalem und sein Enkel in Alexandria." In *Auf den Spuren der schriftgelehrten Weisen*, hg. Irmtraud Fischer, Ursula Rapp und Johannes Schiller, 339–47. BZAW 331. Berlin: Walter de Gruyter, 2003.

Schenker, Adrian. *Das Neue am neuen Bund und das Alte am alten. Jer 31 in der hebräischen und griechischen Bibel*. FRLANT 212. Göttingen: Vandenhoeck & Ruprecht, 2006.

Schmid, Konrad. "How to identify a Persian period text in the Pentateuch." In *On dating biblical texts to the Persian Period*, hg. v. Richard J. Bautch und Mark Lackowski, 101–18. FAT 101. Tübingen: Mohr Siebeck, 2019.

Schremer, Adiel. "'They did not read in the sealed book': Qumran halakhic revolution and the emergence of Torah study in Second Temple Israel." In *Historical Perspectives: from the Hasmoneans to Bar Kokhba in Light of the Dead Sea Scroll*, hg. David Goodblatt, 105–26. Leiden: Brill, 2001.

Schütte, Wolfgang. „Autorbewußtsein in der frühen Schriftprophetie." In *Israels Exil in Juda*. OBO 279, 114–38. Fribourg: Academic Press, 2016.

Schütte, Wolfgang. „Die Entstehung der juda-exilischen Hoseaschrift." In *Israels Exil in Juda*. OBO 279, 63–83. Fribourg: Academic Press, 2016.

Schütte, Wolfgang. *Endeten die Königebücher ursprünglich mit 2Könige 17? Gründe dafür und Gründe dagegen.* https://independent.academia.edu/ wolfgangschuette – Abruf 01. 03. 2021

Schütte, Wolfgang. „Israel, Juda und das ‚Biblische Israel'." In *Israels Exil in Juda.* OBO 279, 165–85. Fribourg: Academic Press, 2016.

Schütte, Wolfgang. „‚Israel' und ‚Juda' in der (nach-)babylon-exilischen Schriftprophetie." In *Israels Exil in Juda.* OBO 279, 194–226. Fribourg: Academic Press, 2016.

Schütte, Wolfgang. „‚Säet euch Gerechtigkeit'. Adressaten und Anliegen der Hoseaschrift". BWANT 179. Stuttgart: Kohlhammer, 2008.

Schütte, Wolfgang. "Where there Israelites in 'Judeaen Exile'?." *Antiguo Oriente* 16 (2018): 147–180

Spuler, Bertold, Hg. *Handbuch der Orientalistik* I,3. Leiden: Brill, 1964.

Stipp, Hermann-Josef. „Zur aktuellen Diskussion um das Verhältnis der Textformen des Jeremiabuches." In *Die Septuaginta – Text, Kontexte, Lebenswelten,* hg. v. Martin Karrer, Wolfgang Kraus und Martin Meiser, 630–53. WUNT 219. Tübingen: Mohr Siebeck, 2008.

Tcherikover, Victor A., Hg. *Corpus Papyrorum Judaicarum* Vol. 1. Cambridge MA: Harvard University Press, 1957.

Trebolle Julio und Pablo Torijano. "From the Greek Recensions to the Hebrew Editions: A sample from 1 Kgs 2:1–10." In *Insights into Editing in the Hebrew Bible and the Ancient Near East,* hg. v. Reinhard Müller und Juha Pakkala, 267–93. CBET 84. Leuven: Peeters, 2017.

Uusimäki, Elisa. "'Happy is the person to whom she has been given': The continuum of wisdom and Torah in *4QSapiental Admonitions B* (4Q185) and *4QBeatitudes* (4Q525)." *RdQ* 103 (2014): 345–59.

Watts, James W. *Persia and Torah.* SBL.SS 17. Atlanta GA: SBL, 2001.

Weingart, Kristin. *Stämmevolk – Staatsvolk – Gottesvolk?.* FAT 2. Reihe 68. Tübingen: Mohr Siebeck, 2014.

Wellhausen, Julius. *Die Composition des Hexateuchs und der historischen Bücher des Alten Testaments.* Berlin: Walter de Gruyter, ⁴1963 (= 1866).

Wolff, Hans Walter. „‚Wissen um Gott' bei Hosea als Urform von Theologie." In *Gesammelte Studien zum Alten Testament.* ThB 22, 182–205. München: Kaiser, 1973.

Wünsche, August. *Der Prophet Hosea.* Leipzig: T. O. Weigel, 1868.

Ziegler, Joseph. *Duodecim Prophetae, Septuaginta Vetus Testamentum Graecum auctoritate Academiae Scientiarum Gottingensis.* Göttingen: Vandenhoeck & Ruprecht, 1943.

Roman Vielhauer
# Bundestheologie in Hosea 8?

## Eine Spurensuche

Eines der zentralen Bilder im Alten Testament für das Verhältnis zwischen Gott und Israel ist das des Bundes. Ging man noch über weite Strecken des vergangenen Jahrhunderts hinein davon aus, dass die Vorstellung eines das Gottesverhältnis konstituierenden Bundesschlusses die israelitische Religion von ihren Anfängen her prägte, hat sich, beginnend mit Lothar Perlitts Studie zur „Bundestheologie im Alten Testament"[1] aus dem Jahre 1969, die bereits im 19. Jahrhundert von Julius Wellhausen[2] vertretene Einsicht durchgesetzt, dass es sich bei der Bundestheologie um ein „religionsgeschichtliches Sekundärphänomen"[3] handelt, das – seiner Beleglage entsprechend – erst aus deuteronomistischer Zeit stammt, als das Königreich Juda seinem Ende entgegenging oder bereits untergegangen war.[4]

Ein nicht unwesentliches Argument zur Absicherung dieser literargeschichtlichen Verortung der Bundestheologie ist das sogenannte „Bundesschweigen" in der Prophetie des 8. Jahrhunderts, das heißt die Feststellung, dass weder Jesaja noch Amos, Hosea oder Micha die Vorstellung eines Bundesschlusses zwischen Gott und Israel gekannt hätten.[5] Von den acht Belegen für das Wort ברית „Bund" bei den genannten Propheten entfällt der Löwenanteil von fünf Belegen auf das Hoseabuch.[6] Insbesondere Hos 8 scheint der These eines Bundesschweigens in der frühen Prophetie entgegenzustehen. Nicht von ungefähr subsumiert etwa einer der neueren deutschsprachigen Kommentare

---

1 Lothar Perlitt, *Bundestheologie im Alten Testament*, WMANT 36 (Neukirchen-Vluyn: Neukirchener Verlag, 1969).
2 Julius Wellhausen, *Prolegomena zur Geschichte Israels: Mit einem Stellenregister* (Berlin: Walter de Gruyter, 1905/2001), 415–17.
3 Christoph Levin, „Die Entstehung der Bundestheologie im Alten Testament (2004)," in *Verheißung und Rechtfertigung: Gesammelte Studien zum Alten Testament II*, BZAW 433 (Berlin: Walter de Gruyter, 2013), 245.
4 Vgl. etwa Jan Christian Gertz, „Bund II. Altes Testament," *RGG*[4] 1 (1997): 1862–65, sowie Christoph Koch, *Vertrag, Treueid und Bund: Studien zur Rezeption des altorientalischen Vertragsrechts im Deuteronomium und zur Ausbildung der Bundestheologie im Alten Testament*, BZAW 383 (Berlin: Walter der Gruyter, 2008), mit einem kurzen Abriss der Forschungsgeschichte.
5 Vgl. Perlitt, *Bundestheologie*, 129–55, sowie bereits Wellhausen, *Prolegomena*, 416: „Der Name Berith aber findet sich bei den alten Propheten noch nicht".
6 Jes 28,15.18; Am 1,9; Hos 2,20; 6,7; 8,1; 10,4; 12,2.

https://doi.org/10.1515/9783110792706-009

zum Hoseabuch von Eberhard Bons Hos 8 unter dem Oberbegriff „Bundesbruch".[7] So soll im Folgenden der Frage nachgegangen werden, ob und gegebenenfalls inwiefern in Hos 8 bundestheologische Vorstellungen im Hintergrund
stehen. Hierzu bedarf es einer differenzierten Antwort, zunächst in synchroner
Hinsicht auf Ebene des vorliegenden Textes, sodann in diachroner Hinsicht unter Berücksichtigung einer möglichen literarischen Entstehungsgeschichte des
Kapitels.

# 1 Bundestheologie in Hos 8? – Eine Spurensuche an der Textoberfläche

Hos 8 ist Teil einer großen Gerichtsrede Hos 4–11, die nahezu das gesamte Hoseabuch einnimmt. Darin wird Israel das Ende als Staat und als Gottesvolk vor
Augen gemalt, nicht ohne freilich im Abschlusskapitel Hos 11 einen Hoffnungs-
streif göttlicher Reue am Horizont aufscheinen zu lassen.

Die Gerichtsrede Hos 4–11 lässt sich grob in zwei Teile untergliedern. Der
erste Teil, Hos 4,1–9,9, deckt Israels gegenwärtige Gottvergessenheit in Kult und
Politik auf. Der zweite Teil, Hos 9,10–11,11, verfolgt diese Vergehen zurück bis
zu den Anfängen; Rückblicke in die Geschichte Israels prägen von nun an den
Schuldaufweis.

Hos 8 kommt im ersten Teil der Gerichtsrede zu stehen, innerhalb von
Hos 4,1–9,9. Dieser kann seinerseits anhand von strukturgebenden Imperativen
beziehungsweise Aufforderungen in Hos 4,1; 5,1; 5,8; 8,1 und 9,1 in fünf Redegänge untergliedert werden.[8] Hos 8 ist somit deutlich vom Kontext abgegrenzt.

Auf der anderen Seite ist Hos 8 untrennbar mit seinem Kontext verwoben.
Darauf hat insbesondere Jörg Jeremias in seinem Hoseakommentar[9] aufmerk-

---

7 Eberhard Bons, *Das Buch Hosea*, NSK.AT 23/1 (Stuttgart: Katholisches Bibelwerk, 1996),
104–14. Ähnlich Alfons Deissler, *Zwölf Propheten: Hosea – Joël – Amos*, NEB (Würzburg: Echter
Verlag, 1981), 38–41; Robert Gnuse, "Calf, Cult, and King: The Unity of Hosea 8:1–13," *BZ* 26
(1982): 83–92; Heinz-Dieter Neef, *Die Heilstraditionen Israels in der Verkündigung des Propheten
Hosea*, BZAW 169 (Berlin: Walter de Gruyter, 1987), 155–64; Douglas Stuart, *Hosea–Jonah*, WBC
31 (Waco: Word Books, 1987), 126–38; Ehud Ben Zvi, *Hosea*, FOTL (Grand Rapids: Eerdmans,
2005), 163–83.
8 Vgl. Jörg Jeremias, „Hosea 4–7: Beobachtungen zur Komposition des Buches Hosea," in *Textgemäß: Aufsätze und Beiträge zur Hermeneutik des Alten Testaments: Festschrift für Ernst
Würthwein zum 70. Geburtstag*, hg. v. Antonius Hermanus Josephus Gunneweg und Otto Kaiser
(Göttingen: Vandenhoeck & Ruprecht, 1979), 47.
9 Jörg Jeremias, *Der Prophet Hosea*, ATD 24,1 (Göttingen: Vandenhoeck & Ruprecht, 1983),
103–04; angedeutet bereits in Jeremias, „Hosea 4–7", 56.

sam gemacht. Demnach bildet Hos 8 eine kürzere Parallelkomposition zum unmittelbar vorausgehenden Abschnitt Hos 5,8–7,16. So erklärt sich manche „Knappheit in der Ausdrucksweise", die an der einen oder anderen Stelle nur verständlich ist,

> wenn die breiteren Ausführungen in 5,8–7,16 beim Leser vorausgesetzt werden. Wie 5,8 beginnt das Kapitel mit dem Erklingen des Horns angesichts plötzlicher Feindgefahr; wie in 6,1–3 erfolgt in der Not eine Wendung Israels zu Jahwe (V.2), die im folgenden als trügerisch entlarvt wird, und zwar zunächst grundsätzlich (V.3: ‚Israel hat das Gute verworfen', analog 6,4–6), sodann durch den Aufweis einzelner Vergehen, durch die Jahwe abgewiesen wird (V.4 ff. parallel 6,7–7,16). [...] Auch innerhalb der Einzelvorwürfe sind Parallelen deutlich erkennbar, und zwar bis in die Reihenfolge hinein: Schon der Einsatz mit ‚sie (sind es)' bzw. ‚sie aber' (V.4a; 6,7a) ist nahezu identisch; sodann greift V.4a in einem einzigen Satz das Thema der Königsmorde (7,3–7) auf, behandeln die Verse 7b–10 erneut das Thema des unter die Völker vermengten, zu Assur laufenden Gottesvolkes, dessen Kraft Fremde verzehren (7,8–12); endlich kehrt der Schlussabschnitt V.11–13 zum Thema des abgöttischen Gottesdienstes von Kap. 4 zurück, wie es auch 7,14 tat.[10]

Ohne Entsprechung in Hos 5,8–7,16 bleiben der Abschnitt über das Gottesbild in Hos 8,4b–6, „der ein Thema einführt, das die folgenden Kapitel prägt (10,5f.; 13,2)"[11], sowie der Vorwurf des Palast- und Festungsbaus in 8,14, der – im Hoseabuch ohne Parallele – Anklänge an das Amosbuch[12] erkennen lässt.

Über Hos 5,8–7,16 hinaus geht nun auch die übergreifende Deutungskategorie, mit der die Vergehen Israels in Hos 8 bewertet werden, jedenfalls was die Eindeutigkeit in der Formulierung anbelangt: „Sie haben meinen Bund übertreten, gegen mein Gesetz haben sie aufbegehrt." (8,1b) Es ist davon auszugehen, dass die exponierte Platzierung der Bundesaussage in Hos 8,1–3, dem Kopfstück von Hos 8, mit Bedacht gewählt wurde. Bevor deshalb nun die in Hos 8,4–14 aufgeführten Einzelvergehen daraufhin befragt werden, ob und inwiefern sie sich in die vom Kopfstück vorgegebene Deutungskategorie vom Bundesbruch einfügen, soll ein kurzer Blick auf das Kopfstück selbst geworfen werden.

Hos 8,1–3 beginnt mit einem Aufruf, ins Horn zu stoßen, Alarm zu geben. Die näheren Umstände bleiben im Dunkeln. Wer wen angesichts welcher Gefahr alarmiert, wird nicht näher bestimmt.[13] Vom Ende des Abschnitts her (8,3b: „ein

---

**10** Jeremias, *Hosea*, 103–04.

**11** Jeremias, *Hosea*, 104.

**12** Vgl. Am 3,9–11; 6,8 sowie für die Strafankündigung Am 1,4.7.10.12.14; 2,2.5 aus den Fremdvölkersprüchen des Amosbuches.

**13** Die Möglichkeiten nennt im Wesentlichen schon August Wünsche, *Der Prophet Hosea übersetzt und erklärt mit Benutzung der Targumim, der jüdischen Ausleger Raschi, Aben Ezra und David Kimchi* (Leipzig: T. O. Weigel, 1868), 329–34. Unklar ist, ob Gott zum Propheten (so schon Raschi), der Prophet zum Volk (so Kimchi), ein Bote aus dem Volk an dasselbe (so Heinrich Ewald, *Die Propheten des Alten Bundes*, Bd. 1, *Jesaja mit den übrigen älteren Propheten* [Göttin-

Feind wird es verfolgen") möchte man an eine militärische Bedrohung Israels denken. Auch der kurze Satz „Etwas wie ein Adler [kommt] über JHWHs Haus!"[14] in Hos 8,1a könnte in diese Richtung weisen (vgl. Dtn 28,49). Schließlich ist der Buchkontext mit in Betracht zu ziehen: In Hos 5,8, zu Beginn der längeren Parallelkomposition von Hos 8, ertönt das Horn ebenfalls angesichts einer militärischen Auseinandersetzung,[15] bevor Israel unter Verwendung von Tierbildern (5,14: Löwe und Junglöwe) zu Leibe gerückt wird. Ganz offensichtlich liegt der Fokus in Hos 8,1–3 weniger auf der Schilderung des Unheils, das Israel treffen wird, als vielmehr auf seinen Ursachen. Diese werden dreifach herausgestellt:

1) „Sie haben meinen Bund übertreten, gegen mein Gesetz haben sie aufbegehrt." (8,1b) Gleich an der Spitze und theologisch prägnant formuliert steht der Hauptvorwurf: Bundesbruch und Missachtung der Tora. Damit ist das beherrschende Thema vorgegeben.

2) „Zu mir schreien sie: Mein Gott! Wir, Israel, kennen dich doch!" (8,2) In der Not wendet sich Israel Gott im Kult zu. Doch das durchaus fromm anmutende Klagegebet wird zurückgewiesen. Aus dem Wortlaut ist nicht ohne weiteres ersichtlich, worin der Grund für die göttliche Ablehnung liegt. Liest man den Vers hingegen vor dem Hintergrund von V.1b, führt eine Beobachtung von Hans Walter Wolff auf die richtige Spur: „Israel behauptet in seinen Klagegebeten, ein Wissen um seinen Gott zu haben. Aber das prophetische Wort bestreitet die Wahrheit dieser zitierten Behauptung, indem es nachweist, daß die Hauptinhalte der דעת, nämlich Jahwes Bund (ברית) und Jahwes Lehre (תורה) praktisch aufgegeben [...] ist [sic!]. Für Hosea ist entscheidend, ob Jahwebund und Jahwerecht gegenwärtiges, bestimmendes Wissen Israels darstellen."[16]

3) „Israel hat das Gute verworfen." (8,3a) Hier ist ebenfalls nicht ganz deutlich, was mit dem „Guten" (טוב), das Israel verworfen haben soll, gemeint sein mag. Die Formulierung ist im Hoseabuch wie überhaupt im Alten Testament singulär; von daher sind Spekulationen Tür und Tor geöffnet. Andererseits dürf-

---

gen: Vandenhoeck & Ruprecht, 1867], 219) oder Gott zu einem militärischen Befehlshaber (so Hans Walter Wolff, *Dodekapropheton 1: Hosea*, BK 14/1 [Neukirchen-Vluyn: Neukirchener Verlag, 1961], 175) spricht.

**14** JHWHs Haus – „der Begriff bezeichnet hier wie in 9,15 [...] nicht einen Tempel, sondern das Land Israel (‚Haus' = Gebiet, Besitz), und zwar als Gottes Eigentum" (Jeremias, *Hosea*, 104). Vgl. schon Wellhausen, *Prolegomena*, 22.

**15** So grundlegend: Albrecht Alt, „Hosea 5,8–6,6: Ein Krieg und seine Folgen in prophetischer Beleuchtung (1919)," in *Kleine Schriften zur Geschichte des Volkes Israel*, Bd. 2 (München: C. H. Beck'sche Verlagsbuchhandlung, 1964), 163–87.

**16** Hans Walter Wolff, „‚Wissen um Gott' bei Hosea als Urform von Theologie (1952/53)," in *Gesammelte Studien zum Alten Testament*, TB 22 (München: Christoph Kaiser Verlag, 1973), 197.

te es nicht allzu weit hergeholt sein, auch hier den unmittelbaren Kontext zur Deutung heranzuziehen und „Bund" und „Tora" aus V.1 als sachliche Entsprechung des „Guten" zu identifizieren.[17]

Fragt man nun in einem nächsten Schritt danach, ob und inwiefern sich die in Hos 8,4–14 aufgeführten *Einzelvergehen* in die vom Kopfstück vorgegebene Deutungskategorie vom Bundesbruch einfügen, lässt sich feststellen, dass sie vor dem Hintergrund von Hos 8,1–3 allesamt als Verstöße gegen die Tora gelesen werden können, näherhin als Verstöße gegen Bestimmungen des Buches Deuteronomium, und insofern den zentralen Vorwurf des Bundesbruchs hinreichend zu belegen vermögen. Schon das eigenmächtige Einsetzen von Königen und Beamten ohne JHWHs Wissen in Hos 8,4a liest sich wie ein Verstoß gegen die ausdrückliche Anordnung im sogenannten Königsgesetz Dtn 17, „nur den zum König über dich [zu] setzen, den JHWH, dein Gott, erwählen wird" (Dtn 17,15).[18] Hos 8,4b–6 bringt mit der Anfertigung von Götterbildern ein Vergehen zur Sprache, das einer Verletzung des zweiten Gebotes (Dtn 5,8; vgl. 4,23) gleichkommt.[19] In Hos 8,7–10 rückt die Bündnispolitik mit den Großmächten vor der dunklen Folie des Bundesbruchs in die Nähe des Fremdgötterkultes und erscheint so als Verletzung des ersten Gebotes (Dtn 5,7).[20] Die Vermehrung von Altären in Hos 8,11–13 lässt sich als Verstoß gegen das Zentralisationsgebot Dtn 12 begreifen,[21] und schließlich ruft der Vorwurf in Hos 8,14, Israel habe JHWH, seinen Schöpfer, vergessen, die wiederholt im Deuteronomium vorgetragene Warnung in Erinnerung, Gott (Dtn 6,12; 8,11.14.19), seine Gebote (Dtn 26,13) oder seinen Bund (Dtn 4,23) zu vergessen.[22]

---

**17** So auch u. a. Gnuse, "Calf", 87; Neef, *Heilstraditionen*, 161; Bons, *Hosea*, 105. Martti Nissinen, *Prophetie, Redaktion und Fortschreibung im Hoseabuch: Studien zum Werdegang eines Prophetenbuches im Lichte von Hos 4 und 11*, AOAT 231 (Neukirchen-Vluyn: Neukirchener Verlag, 1991), 197, verweist zudem auf sprachliche Parallelen in neuassyrischen Vertragstexten: „Ganz offensichtlich hat טוב hier die gleiche Bedeutung wie das akkadische *ṭābtu*, das wiederum als ‚Güte' des stärkeren Vertragspartners nahezu zum Synonym von *adê* geworden ist."
**18** Vgl. Wolff, *Hosea*, 178–79.
**19** Vgl. Wilhelm Rudolph, *Hosea*, KAT 13/1 (Gütersloh: Gütersloher Verlagshaus, 1966), 163; Wolff, *Hosea*, 179; und speziell zur Anfertigung eines Stierbildes Dtn 9,16.21.
**20** Vgl. Rudolph, *Hosea*, 166: „Wenn der Prophet diese Bemühungen um Assur als Liebeswerben bezeichnet (V.9b), so steht dabei wieder die Vorstellung von Jahwe als dem Eheherrn im Hintergrund, für den nicht nur fremde Götter, sondern auch fremde Völker, deren Gunst man sucht, Nebenbuhler sind, mit anderen Worten: die Bündnispolitik ist für Hosea genauso eine Verletzung des ersten Gebotes wie der Fremdkult." Wolff, *Hosea*, 273, verweist für die hoseanische Kritik an der Bündnispolitik zudem auf Dtn 7,2, das Verbot, einen Bund mit den Vorbewohnern zu schließen.
**21** Vgl. Ben Zvi, *Hosea*, 173; angedeutet schon bei Wolff, *Hosea*, 186.
**22** Vgl. Wolff, *Hosea*, 48. Mit JHWH, seinem Schöpfer, vergisst Israel seinen Gott „vom Lande Ägypten her", wie es in Hos 13,4–6 (vgl. 12,10) sachlich entsprechend und mit Verweis auf den

Zieht man ein erstes Zwischenfazit, wird man festhalten können, dass bundestheologische Vorstellungen in Hos 8 auf Ebene des vorliegenden Textes – allein diese wurde bislang betrachtet – eine bedeutende Rolle spielen. Insbesondere das Kopfstück des Kapitels in Hos 8,1–3 präsentiert den Bruch des Bundes zwischen JHWH und Israel als bestimmende Deutungskategorie für die in Hos 8,4–14 aufgeführten Einzelvergehen Israels, die sich vor diesem Hintergrund ihrerseits sämtlich als Verstöße gegen die Tora, näherhin als Verstöße gegen Bestimmungen des Buches Deuteronomium, und insofern als Belege für den zentralen Vorwurf des Bundesbruchs zu erkennen geben. Der These eines Bundesschweigens in der Prophetie des 8. Jahrhunderts wäre der Befund in Hos 8 demnach – jedenfalls was den Propheten Hosea angeht – alles andere als günstig.

## 2 Bundestheologie in Hos 8? – Eine Spurensuche in den Tiefen der Literargeschichte

Nun ist das Prophetenbuch nicht mit dem Propheten identisch. Und so lässt sich aus der Tatsache, dass Hos 8 bundestheologisches Gedankengut aufgreift, nicht ohne weiteres schließen, dass dieses auch dem *Propheten* bekannt war,[23] sondern lediglich, dass das *Buch* auf eine solche Konzeption zurückgreift. Die Worte des Propheten sind im Buch bestenfalls indirekt zu greifen; sie sind der Gesamtkomposition und Botschaft des Buches untergeordnet und dienstbar gemacht. Auf diesen „grundlegenden Wandel" vom Wort zum Buch hat insbeson-

---

Eingang des Dekalogs heißt, nur dass sich das Vergessen in Hos 13,4–6 in satter Überheblichkeit (vgl. Dtn 6,10–13; 8,11–20), in Hos 8,14 im Selbstsicherungsstreben (Palast- und Festungsbau), dem Vertrauen in die eigene Kraft und Stärke äußert. Letzteres steht freilich im Widerspruch zu JHWHs im Exodusgeschehen gründenden, exklusiven Anspruch, Israels „Retter" (Hos 13,4) zu sein. Die Zerstörung der Befestigungsanlagen liegt auf einer Linie mit den Fluchandrohungen in Dtn 28 (Dtn 28,52 בצור wie in Hos 8,14) infolge eines „adlergleichen" Angriffs (Dtn 28,49 נשר, vgl. Hos 8,1) und erfolgt wie in Dtn 9,1–3 die Niederwerfung der „befestigten Städte" (ערים בצרות, vgl. Dtn 1,28; 3,5) der Vorbewohner durch „verzehrendes Feuer" (אש אכלה). Das gottvergessene Israel erleidet somit dasselbe Schicksal wie die Vorbewohner. So nimmt es nicht wunder, dass sich Hos 8,14 in der Strafankündigung ausgerechnet an die *Fremdvölker*sprüche des Amosbuches anlehnt (vgl. Am 1,4.7.10.12.14; 2,2.5: ... ב אש ושלחתי ואכלה ארמנתיה).

**23** So etwa Neef, *Heilstraditionen*, 163.

dere Jörg Jeremias[24] aufmerksam gemacht und dafür – nebenbei bemerkt – eben diesen Abschnitt aus dem Hoseabuch mit den beiden Parallelkompositionen Hos 5,8–7,16 und Hos 8 als Paradebeispiel angeführt. Für die Auslegung bedeutet dies, dass Aussagen, wie sie im Buche stehen, nicht einfach dem Propheten in den Mund gelegt werden dürfen. Zudem gewinnt das Buch selbst als Auslegungsgegenstand an Bedeutung, was seine Komposition, seine Botschaft und nicht zuletzt seine zeit- und theologiegeschichtliche Einordnung anbelangt.

Insbesondere Letztere ist in jüngerer Zeit verstärkt in Fluss geraten. Datierungsversuche für das Hoseabuch reichen – ganz traditionell – vom 8. Jahrhundert vor unserer Zeitrechnung bis hinunter in die persische Zeit, ganz zu schweigen von der wachsenden Zahl an literar- und redaktionsgeschichtlichen Arbeiten, die einen längeren Entstehungszeitraum des Buches für wahrscheinlich halten.[25]

Von daher scheint es geboten, Hos 8 diesbezüglich einmal genauer unter die Lupe zu nehmen. Besonderes Augenmerk verdient dabei, wie gezeigt, die für das Kapitel so zentrale Bundesaussage in V.1b.

Um das Ergebnis vorwegzunehmen: Die Bundesaussage in Hos 8,1b weist eher in die babylonische oder gar persische als in die assyrische Zeit. Das hat im Grunde genommen – wenn auch unter anderen Voraussetzungen – bereits Lothar Perlitt vor gut 50 Jahren in seiner „Bundestheologie im Alten Testament" aufgezeigt. Lassen wir ihn selbst zu Wort kommen:

---

24 Jörg Jeremias, „Prophetenwort und Prophetenbuch: Zur Rekonstruktion mündlicher Verkündigung der Propheten," *JBTh* 14 (1999): 19–35 (Zitat: S. 20), und vgl. schon die frühen Aufsätze zum Thema: Jeremias, „Hosea 4–7", und Jörg Jeremias, „,Ich bin wie ein Löwe für Ephraim ...' (Hos 5,12): Aktualität und Allgemeingültigkeit im prophetischen Reden von Gott – am Beispiel von Hos 5,8–14," in *„Ich will euer Gott werden": Beispiele biblischen Redens von Gott*, SBS 100 (Stuttgart: Katholisches Bibelwerk, 1981), 75–95, sowie die prägnante Zusammenfassung im Kommentar: Jeremias, *Hosea*, 18–19.
25 In die persische Zeit datieren das Hoseabuch etwa Ben Zvi, *Hosea*, und James M. Bos, *Reconsidering the Date and Provenance of the Book of Hosea: The Case for Persian-Period Yehud*, LHBOTS 580 (London: Bloomsbury T & T Clark, 2013). Mit einem längeren Zeitraum des Textwachstums rechnen die redaktionsgeschichtlich bzw. redaktionskritisch orientierten Arbeiten von Gale A. Yee, *Composition and Tradition in the Book of Hosea: A Redaction Critical Investigation*, SBL.DS 102 (Atlanta: Scholars Press, 1987); Nissinen, *Prophetie*; Marie-Theres Wacker, *Figurationen des Weiblichen im Hosea-Buch*, HBS 8 (Freiburg: Herder, 1996); Reinhard Gregor Kratz, „Erkenntnis Gottes im Hoseabuch," *ZThK* 94 (1997): 1–24; Henrik Pfeiffer, *Das Heiligtum von Bethel im Spiegel des Hoseabuches*, FRLANT 183 (Göttingen: Vandenhoeck & Ruprecht, 1999); Susanne Rudnig-Zelt, *Hoseastudien: Redaktionskritische Untersuchungen zur Genese des Hoseabuches*, FRLANT 213 (Göttingen: Vandenhoeck & Ruprecht, 2006); Roman Vielhauer, *Das Werden des Buches Hosea: Eine redaktionsgeschichtliche Untersuchung*, BZAW 349 (Berlin: Walter de Gruyter, 2007).

בריתי mit Bezug des Suffixes auf Jahwe ist bei Dtr fester Ausdruck für die Forderung, bei P dann für die Gewährung der ברית. Unter 45 Belegen insgesamt ragt 8 ₁ᵦ mit dem stillschweigenden Anspruch vor-jeremianischer und vordt Abkunft einsam heraus; dasselbe gilt für die durch ein anderes Suffix auf Jahwe bezogene ברית wie für ברית יהוה überhaupt. Aber auch der ganze Ausdruck עבר בריתי (bzw. עבר ברית יהוה o.ä.) gehört ausschließlich demselben Bereich an. Ebenso verhält es sich bei תורת mit Bezug auf Jahwe: Außer Hos 8 ₁ ist dieser geprägte Gebrauch vor Jeremia nicht nachzuweisen. Zwar ist Jes 5 ₂₄ 30 ₉ von der Abweisung der תורת יהוה [...] die Rede, aber die einzige Stelle im Amosbuch mit מאס und תורת יהוה (2 ₄) gehört unbestreitbar und bezeichnenderweise einer dtr Strophe im Völkerzyklus an. Hosea kennt außer dem hier strittigen Vers 8 ₁ die תורת יהוה eben nicht: Hos 4 ₆ besteht Israels Schuld im Vergessen der תורת אלהיך, und Hos 8 ₁₂ wird auf Jahwes ‚Weisungen' hingedeutet, wobei der Plur. grundsätzlich einen anderen Stellenwert hat als der formelhafte dtr Sing. תורתי.[26]

Und als Fazit stellt er fest:

Nimmt man diese sprachstatistischen Beobachtungen zusammen, dann ist ein für die An-klage-Begründung des DtrG ganz typischer Satz wie יען אשר עברו...את בריתי (Ri 2 ₂₀) zu Hos 8 ₁ᵦ einfach eine schlagende Parallele. Vergleicht man schließlich die unablässige Parallelisierung und Austauschbarkeit von ברית und תורה in 2 K 22 f. (um nur einen einzigen dtr Beleg dafür zu nennen), so erweist sich Hos 8 ₁ᵦ als ein synonymer Parallelismus, wie er im Buche steht: nämlich in einem dtr redigierten Hoseabuch![27]

Aus meiner Sicht ist der Sprachbeweis erdrückend. Und bisher habe ich ihn auch noch nicht ernsthaft entkräftet gefunden. Für gewöhnlich wird auf die ganz ähnlichen Formulierungen in Hos 4,6 (תורת אלהיך) und Hos 6,7 (עברו ברית) verwiesen.[28] Doch sind diese nur begrenzt aussagekräftig: Denn zum ei-nen sind sie selbst Teil des Hoseabuches, dessen Datierung ja zur Disposition steht. Es wäre doch zumindest denkbar, dass alle drei Verse von ein und dem-selben Autor aus dem Umfeld deuteronomistischer Theologie und Begriffsbil-

---

26 Perlitt, *Bundestheologie*, 146–47 (mit Belegen).
27 Perlitt, *Bundestheologie*, 147.
28 So etwa Walther Zimmerli, „Das Gottesrecht bei den Propheten Amos, Hosea und Jesaja," in *Werden und Wirken des Alten Testaments: Festschrift für Claus Westermann zum 70. Geburtstag*, hg. v. Rainer Albertz, Hans-Peter Müller, Hans Walter Wolff und Walther Zimmerli (Göttingen: Vandenhoeck & Ruprecht/Neukirchen-Vluyn: Neukirchener Verlag, 1980), 226; John Day, "Pre-Deuteronomic Allusions to the Covenant in Hosea and Psalm LXXVIII," *VT* 36 (1986): 7; Neef, *Heilstraditionen*, 162–63; Dwight R. Daniels, *Hosea and Salvation History: The Early Traditions of Israel in the Prophecy of Hosea*, BZAW 191 (Berlin: Walter de Gruyter, 1990), 90. Von den beiden Belegen für תורת יהוה aus dem Jesajabuch, die Perlitt nennt, ist in Jes 30,9 mit der „Weisung JHWHs" das Prophetenwort gemeint (vgl. die Kommentare zur Stelle), Jes 5,24 ist abhängig von Am 2,4 (vgl. Uwe Becker, *Jesaja – von der Botschaft zum Buch*, FRLANT 178 [Göttingen: Vandenhoeck & Ruprecht, 1997], 142–43).

dung stammen, wie Lothar Perlitt es für Hos 8,1b wahrscheinlich zu machen sucht, sei es dass das Hoseabuch insgesamt entsprechend später zu datieren wäre,[29] sei es dass sich die drei genannten Verse einer deuteronomistischen Redaktion des Hoseabuches verdanken.[30] Zum anderen lassen sich zwischen Hos 8,1b auf der einen und Hos 4,6; 6,7 auf der anderen Seite signifikante inhaltliche Differenzen ausmachen. Denn anders als Hos 8,1b haben weder Hos 6,7 den Bund JHWHs mit Israel noch Hos 4,6 die Tora als Bundesurkunde im Blick. Stattdessen geht es in Hos 6,7 um die Verletzung eines Bundes zwischenmenschlicher Natur,[31] in Hos 4,6 um das Vergessen der Priesterweisung.[32] Von daher wäre der Verweis auf Hos 4,6 und 6,7 eher ein Argument für als gegen Perlitt und Hos 8,1b als redaktioneller Zusatz zu identifizieren, der Formulierungen aus dem Hoseabuch aufnimmt, zusammenzieht und im Sinne deuteronomistischer Bundestheologie deutet.[33]

---

**29** So etwa Ben Zvi, *Hosea*, und Bos, *Date*.

**30** So etwa Yee, *Composition*, 267–72.279–81.288–89; Nissinen, *Prophetie*, 195–203.

**31** Vgl. grundlegend Perlitt, *Bundestheologie*, 141–44. Wenn das vertragsbrüchige Verhalten in der zweiten Vershälfte auch als Vergehen gegen JHWH gewertet wird, lässt sich daraus nicht schließen, „daß es sich dabei um die Übertretung des Gottesbundes handelte" (Neef, *Heilstraditionen*, 151–52; vgl. – freilich unter anderen Prämissen – auch Nissinen, *Prophetie*, 201). Das Vergehen gegen JHWH bei Verletzung eines zwischenmenschlichen Bundes ergibt sich vielmehr daraus, dass „Verträge [...] im [...] AO [...] unter Einbeziehung der Gottheit[en] der Unterzeichner geschlossen" werden, „die als Garanten des Vertrages dienen" (Gertz, „Bund", 1862; vgl. Jeremias, *Hosea*, 93). Zu Hos 6,7 vgl. auch Vielhauer, *Werden*, 80–86.

**32** Vgl. Jer 18,18 und in der prophetischen Kritik Jes 1,10–15, sowie zur Sache Reinhard Gregor Kratz, „Die Kultpolemik der Propheten im Alten Testament (1998)," in *Prophetenstudien: Kleine Schriften II*, FAT 74 (Tübingen: Mohr Siebeck, 2011), 349–51. Gerne wird für Hos 4,6 unter Verweis auf den ebenfalls darin verwendeten Begriff דעת „Wissen, Erkenntnis" und einen diesbezüglichen Aufsatz von Wolff, „Wissen", ein bundestheologischer Hintergrund angenommen, sei es im Vorfeld (vgl. etwa Zimmerli, „Gottesrecht", 226; Neef, *Heilstraditionen*, 159–60), sei es im Kielwasser (vgl. etwa Yee, *Composition*, 268–69; Nissinen, *Prophetie*, 152–211) deuteronomistischer Theologie, und dieser dann auch in den Tora-Begriff eingetragen. Allerdings hat der Begriff דעת innerhalb des Hoseabuches eine Geschichte und wird im Laufe dieser Literargeschichte mit unterschiedlichen Inhalten gefüllt (vgl. Kratz, „Erkenntnis Gottes"). Vom „Wissen um die Geschichtsverkündigung, in der die *beʳīt*-Aussage beheimatet ist" (Zimmerli, „Gottesrecht", 226), ist man in Hos 4,6 (noch) weit entfernt; dieses Verständnis bricht sich erst in den späteren Rahmenkapiteln Hos (1–3;) 9,10–14,9 Bahn, vgl. Kratz, „Erkenntnis Gottes", 13–17; Vielhauer, *Werden*, 159–82. In Hos 4,6 ist zunächst rein negativ die Erkenntnis im Blick, dass JHWH im Opferkult nicht zu finden ist (vgl. Hos 6,6 und zur Sache Kratz, „Erkenntnis Gottes", 7–13; Kratz, „Kultpolemik", 346–48; Vielhauer, *Werden*, 45–63.93–111.120–25).

**33** Als Aufnahme von Hos 6,7 ließe sich auch das von Robert Kümpel, *Die Berufung Israels: Ein Beitrag zur Theologie des Hosea* (Diss. theol., Rheinische Friedrich-Wilhelms-Universität Bonn, 1973), 94–95, monierte, weil in deuteronomistischen Texten unübliche Fehlen der *nota accusativi* bei der Wendung עבר ברית in Hos 8,1b ganz zwanglos erklären.

Gegen die Verortung von Hos 8,1b im Umfeld deuteronomistischer Theologie und Begriffsbildung, wie Lothar Perlitt sie vorgenommen hat, werden gerne auch kleinere Abweichungen in der Phraseologie ins Feld geführt, etwa die Konstruktion von פשע mit על statt des geläufigeren ב[34] oder die singuläre Kombination von פשע und תורה.[35] Allerdings lässt sich fragen, ob diese minimalen Abweichungen angesichts der Fülle der von Perlitt beigebrachten sprachlichen Parallelen aus dem deuteronomistischen Literaturbereich ein solch negatives Urteil rechtfertigen.[36] Mit einer Verortung von Hos 8,1b im Umfeld deuteronomistischer Theologie soll ja nicht der Eindruck erweckt werden, der Halbvers stamme unmittelbar aus der Feder ebenjener Theologen, die auch in den Büchern des sogenannten Deuteronomistischen Geschichtswerks (Deuteronomium bzw. Josua bis 2 Könige) tätig waren. Schon diese sind – anders als ursprünglich von Martin Noth[37] angenommen und in seinem Gefolge seinerzeit auch von Lothar Perlitt vorausgesetzt – nicht das Werk eines einzelnen Autors beziehungsweise Autorenkreises, sondern verdanken sich einem mehrstufigen Redaktionsprozess.[38] Ebenso ist in den Prophetenbüchern nicht mit einer einheitlichen deuteronomistischen Redaktion zu rechnen, sondern mit verschiedenen redaktionellen Händen, die insofern als deuteronomistisch bezeichnet werden können, als sie sich inhaltlich (und sprachlich) am Deuteronomium orientieren[39] – wie dies oben für Hos 8 in seiner vorliegenden Gestalt ja tatsächlich wahrscheinlich gemacht werden konnte –, die mit den Bearbeitern in den Büchern des sogenannten Deuteronomistischen Geschichtswerks jedoch keineswegs identisch sind.[40] Kleinere Unterschiede in

---

**34** So etwa Kümpel, *Berufung*, 94; Zimmerli, „Gottesrecht", 226.

**35** So etwa Day, "Allusions", 7; Daniels, *Hosea*, 89–90.

**36** Zumal wenn man bedenkt, dass etwa פשע in der deuteronomistischen Literatur nicht einmal selbst einheitlich mit ב konstruiert ist, sondern an zwei Stellen mit מתחת (2 Kön 8,20.22).

**37** Martin Noth, *Überlieferungsgeschichtliche Studien: Die sammelnden und bearbeitenden Geschichtswerke im Alten Testament* (Darmstadt: Wissenschaftliche Buchgesellschaft, 1943/1957), 1–110.

**38** Zur aktuellen Forschungslage s. etwa den Überblick bei Thomas Römer, „Das Deuteronomistische Geschichtswerk (Deuteronomium–2 Könige)," in *Einleitung in das Alte Testament: Die Bücher der Hebräischen Bibel und die alttestamentlichen Schriften der katholischen, protestantischen und orthodoxen Kirchen*, hg. v. Thomas Römer, Jean-Daniel Macchi und Christophe Nihan (Zürich: Theologischer Verlag Zürich, 2013), 291–307.

**39** Vgl. Uwe Becker, „Die sogenannte deuteronomistische Redaktion der Prophetenbücher," in *Congress Volume Helsinki 2010*, VT.S 148, hg. v. Martti Nissinen (Leiden/Boston: Brill, 2012), 389–99, der zudem bemerkt: „Und hier ist weniger das Ur-Deuteronomium gemeint als vielmehr die vielfältige Weiterentwicklung, die sich in den Rahmenkapiteln niedergeschlagen hat. Zu den späteren Stufen gehört vor allem die sukzessive Ausbildung der *Bundestheologie*." (396, Hervorhebung bei Becker).

**40** Auf diesen Sachverhalt hat bereits Nissinen, *Prophetie*, 205–06 hingewiesen.

der Phraseologie sind von daher wenig verwunderlich, vielmehr zu erwarten, in jedem Fall aber begreiflich.

Der bloße Hinweis darauf, dass sich der Halbvers Hos 8,1b doch recht gut in das Kapitel einpasse und von daher nicht unbedingt ein späterer Zusatz vorliegen *müsse*,[41] besagt für sich genommen jedenfalls wenig. Denkbar wäre ja ebenso, dass, wenn nicht das Hoseabuch als Ganzes, so doch zumindest das 8. Kapitel, in dem die Bundestheologie eine solch prominente Rolle spielt, erst im Umkreis deuteronomistischer Theologie entstanden ist.[42]

Gänzlich von der Hand zu weisen ist dieser Gedanke nicht. Ruft man sich die Beobachtung von Jörg Jeremias in Erinnerung, wonach Hos 8 eine Art Kurzfassung von Hos 5,8–7,16 darstellt, eine „kürzere Parallel-Komposition", „die in manchen Versen nur verständlich [ist], wenn die breiteren Ausführungen in 5,8–7,16 beim Leser vorausgesetzt werden"[43], kann man in der Tat auf die Idee verfallen, Hos 8 sei von einem Redaktor nachgetragen, der Hos 5,8–7,16 in Aufbau und Gestaltung nachahmte, die darin geschilderten Vergehen Israels aber in deuteronomistischem Sinne als Bundesbruch brandmarkte.

Aber vielleicht muss man so weit gar nicht gehen. Denn bei näherer Betrachtung fügt sich der Halbvers Hos 8,1b mit seiner Bundesaussage keineswegs so nahtlos in das dramatische Gefälle von Hos 8,1–3 ein, wie auf den ersten Blick angenommen. „V.1b trennt Kriegsnot (V.1a) und Notschrei (V.2) und führt verfrüht die Schuld Israels ein, die Hosea erst in V.3a berührt und die die Verse 4 ff. näher darlegen."[44] Durch die Einfügung von V.1b wird der wenig präzise Begriff טוב „das Gute" aus V.3 im Vorhinein in Richtung Bund und Gesetz fest-

---

41 So Neef, *Heilstraditionen*, 162.

42 In diese Richtung denkt auch Yee, *Composition*, 189–97.286.289, wenn sie Hos 8, abgesehen von den Versen 8–10, zwei aufeinanderfolgenden deuteronomistischen Redaktionen zuschreibt.

43 Jeremias, *Hosea*, 103.

44 Jeremias, *Hosea*, 104; vgl. Pfeiffer, *Heiligtum*, 134. Rudnig-Zelt, *Hoseastudien*, 184 und Szabolcs-Ferencz Kató, *Jhwh: der Wettergott Hoseas? Der „ursprüngliche" Charakter Jhwhs ausgehend vom Hoseabuch*, WMANT 158 (Göttingen: Vandenhoeck & Ruprecht, 2019), 103–14, halten auch V.2 für einen (deuteronomistischen) Zusatz (vgl. Nissinen, *Prophetie*, 196–98). Als literarkritisches Argument dient ihnen der Wechsel zwischen Gottes- und Prophetenrede innerhalb von Hos 8, wobei die Grundschicht JHWH in 3. Person führe – ein Urteil, das sich ausschließlich auf V.1a gründet. Allerdings ist, wie oben bereits bemerkt (vgl. Anm. 13), weit weniger klar, wer in Hos 8,1a als Sprecher gedacht ist, als die beiden glauben machen wollen. Vorschläge der Kommentatoren reichen von Gott (so Raschi) über den Propheten (so Kimchi) bis zu einem Boten aus dem Volk (so Ewald, *Propheten*, 219). Allzu weitreichende Thesen lassen sich darauf m. E. nicht bauen. Der Aufruf zum Hornblasen erinnert an Hos 5,8, den Beginn der ausführlicheren Parallelkomposition zu Hos 8, wo der Sprecher ebenfalls unbestimmt bleibt.

gelegt, der Verständnishorizont des Lesers gelenkt und dem ganzen Kapitel so ein bundestheologischer Deutehorizont vorgegeben.

Zieht man dagegen V.1b aus dem Kapitel ab, bleibt in Hos 8 von einem Bundesgedanken nicht viel übrig. Das gilt zunächst für das Kopfstück Hos 8,1–3 selbst: Vor dem Hintergrund von Hos 8,1b erscheinen das fehlgeleitete Klagegebet Israels (V.2) wie auch die Verwerfung des Guten (V.3a) als Vergehen gegen Bund und Tora. Ohne V.1b liegt eine solche Interpretation jedoch keineswegs nahe. Die Abweisung des Klagegebetes hat ihren Grund in der Abweisung des darin von Israel behaupteten Wissens um Gott. Der Begriff „Wissen um Gott", „Gotteserkenntnis" oder schlicht „Wissen" (דעת) hat innerhalb des Hoseabuches freilich eine Geschichte und wird im Laufe dieser Literargeschichte mit unterschiedlichen Inhalten gefüllt. Darauf hat Reinhard Gregor Kratz in einem frühen Aufsatz zum Thema hingewiesen.[45] Demnach sind heilsgeschichtliche und somit letztlich auch bundestheologische Inhalte dem Begriff erst mit den später anzusetzenden Rahmenkapiteln Hos 1–3 und 9–14 (ab 9,10) zugewachsen.[46] Im Buchkern Hos 4,1–9,9 geht es dagegen zunächst noch rein negativ um die Erkenntnis, dass JHWH weder in der flatterhaften Außen- und Bündnispolitik (7,9) noch in der mörderischen Innenpolitik mit ihren eigenwilligen Königskrönungen (8,4) und erst recht nicht im (Opfer-)Kult (4,1.6; 5,4; 6,3.6; 8,2) zu finden ist, und, wenn man so will, positiv um die „Erkenntnis des in Assur präsenten Gerichts (9,7)"[47], die Erkenntnis eines jenseits aller staatlichen Institutionen agierenden, im Gericht präsenten JHWH.[48]

Die Abweisung des Klagegebetes erfolgt durch die Feststellung, Israel habe das Gute verworfen (8,3a). Für sich genommen ist der Vorwurf wenig spezifisch. Zieht man jedoch den unmittelbaren Kontext zur Deutung heran und lässt den sekundären Bundesgedanken aus V.1b beiseite, darf man das „Gute" (טוב) vielleicht mit der im Klagegebet V.2 vermissten Gotteserkenntnis in Verbindung bringen. In diese Richtung könnte auch der literarische Kontext von Hos 8,1–3* weisen, findet sich doch die Abfolge von Kriegsnot (V.1a; vgl. 5,8–15) – Wendung zu JHWH mit behaupteter Gotteserkenntnis (V.2; vgl. 6,1–3) – Zurückweisung der Gotteserkenntnis (V.3a; vgl. 6,4–6) auch in Hos 5,8–6,6, dem Kopfstück der Parallelkomposition zu Hos 8.

Inwiefern Israel das Gute verworfen habe und somit Gotteserkenntnis vermissen lasse, konkretisieren die in Hos 8,4–14 aufgeführten Einzelvergehen.

---

45 Vgl. Kratz, „Erkenntnis Gottes".

46 Diese gehören aus meiner Sicht ihrerseits bereits in die Wirkungsgeschichte deuteronomistischer Theologie und Begriffsbildung, vgl. Vielhauer, *Werden*, 127–82, und zusammenfassend 225–29.

47 Kratz, „Erkenntnis Gottes", 6.

48 Vgl. Kratz, „Erkenntnis Gottes", 7–13; Vielhauer, *Werden*, 45–126.

Auch in ihnen sucht man den Bundesgedanken, wird das Vorverständnis nicht durch den sekundären V.1b gelenkt und zieht man spätere Zusätze ab, vergeblich. Dass Hos 8 nicht aus einem Guss gearbeitet ist, ergibt sich aus dem Wechsel zwischen Gottes- und Prophetenrede. Ursprünglich ist aus meiner Sicht die Gottesrede in Hos 8,1a.2–3.4a.5aβ.b.7–10.11–12.[49] Nachgetragen sind (neben 8,1b) die Partien, die JHWH in 3. Person führen, die allerdings nicht aus ein und derselben Feder stammen dürften: die Stierbildpolemik in Hos 8,4b.5aα.6,[50] die Gerichtsankündigung in Hos 8,13[51] und der Vorwurf des Palast- und Festungsbaus in Hos 8,14.[52] Aus sich selbst heraus vermitteln die ursprünglich in Hos 8 aufgeführten Einzelvergehen – die Königskrönungen ohne Wissen JHWHs in

---

**49** Vgl. Vielhauer, *Werden*, 173–74. Anders Kató, *Jhwh*, 103–07, der wegen Hos 8,1a die Prophetenrede für ursprünglich hält (vgl. Rudnig-Zelt, *Hoseastudien*, 184) und eine Grundschicht in V.1a.3.4bβ.5aα.6b rekonstruiert. Doch lassen sich – wie oben bereits erwähnt (Anm. 44) – auf V.1a keine weiterreichenden Thesen bauen, da nicht mit Sicherheit zu sagen ist, wer darin als Sprecher gedacht ist. Zudem bleibt in Katós postulierter Grundschicht der Subjektbezug der Verbform זנה in V.5aα unklar (der Feind aus V.3b, Israel aus V.3a oder JHWH, wie Kató voraussetzt?).

**50** Vgl. schon Bernhard Duhm, *Anmerkungen zu den Zwölf Propheten* (Gießen: Verlag von Alfred Töpelmann, 1911), 27. Der Nachtrag scheint in sich noch einmal gestaffelt zu sein in die unmittelbar auf das Stierbild bezogenen Passagen V.5aα.6b und die jüngeren Verse 4b.6a, die dezidiert auf die *Bildhaftigkeit* des Stieres abheben. Vgl. Pfeiffer, *Heiligtum*, 135–37.139, der in V.5aα.6b allerdings ein versprengtes Prophetenwort entdeckt, das Hos 8 erst sekundär eingestellt worden sei. Doch kommt V.5aα.6b volle Selbständigkeit nicht zu, weshalb Pfeiffer konzediert: „Wahrscheinlich ist der Spruch V5aα.6b nur fragmentarisch überliefert. Darauf deutet der fehlende Subjektbezug der Verbform זנה in V5aα, wenngleich *der Leser* auch ohne ausdrückliche Nennung des Subjektes weiß, daß nur Gott Subjekt von V5aα sein kann." (139, Hervorhebung durch RV) Aus meiner Sicht ist die Stierbildpolemik in Hos 8 gemeinsam mit der in Hos 10 in das Hoseabuch gelangt; sie setzt deuteronomistische Theologie und Begriffbildung bereits voraus, vgl. Vielhauer, *Werden*, 173–77.

**51** Vgl. Yee, *Composition*, 195–97. Zudem fällt Hos 8,13 aus der antithetischen Struktur von 8,11–12 und führt Ephraim nicht mehr als singularische, sondern als pluralische Größe. Mit einem komplizierteren Textwachstum von Hos 8,10b.11–13 rechnet Pfeiffer, *Heiligtum*, 137–38. Ihm zufolge sei dem Grundbestand in V.10b.13bβ ein versprengtes Einzelwort V.11.13aα.bα mehr oder weniger zufällig eingeschrieben worden, wohingegen es sich bei V.12 und 13β um zwei Einzelzusätze handle. Pfeiffer stützt seine Literarkritik primär auf die Beobachtung, dass V.13aβ.bβ den durch V.13aα.bα konstituierten Parallelismus durchbreche. Doch lässt sich fragen, ob damit ein hinreichender literarkritischer Grund angegeben ist. Durch die Eliminierung von V.13aβ wird V.13bα jedenfalls der Identifikation seines Subjektes beraubt. Zudem bleibt bei Pfeiffers Analyse die Frage offen, woher das Einzelwort V.11.13aα.bα stammt und weshalb es ausgerechnet an dieser Stelle eingefügt wurde.

**52** Vgl. Jeremias, *Hosea*, 112. Der erneute Wechsel in die Gottesrede in V.14(aβ.)b mag seinen Grund darin haben, dass sich der Vers in der Formulierung an die Fremdvölkersprüche des Amosbuches anlehnt (so Jeremias, ebd., und vgl. oben Anm. 22), oder ein Indiz für weitere redaktionelle Tätigkeit sein (so Pfeiffer, *Heiligtum*, 138).

Hos 8,4a.5aβ.b, die Außen- und Bündnispolitik in Hos 8,7–10 sowie die Intensivierung des Altarbaus in Hos 8,11–12 – nicht den Eindruck, als seien sie von vornherein als Verstöße gegen Bund und Tora, insonderheit als Verstöße gegen Bestimmungen des Buches Deuteronomium, formuliert. Auswertbare Bezugnahmen auf das Buch Deuteronomium finden sich erst in den später zu veranschlagenden Rahmenpartien des Hoseabuches, Hos 1–3 und 9–14 (ab 9,10). Für die Vorwürfe in Hos 8 ergeben sie sich erst und allein mittelbar in der Zusammenschau mit entsprechenden Passagen aus den Rahmenkapiteln.

So ist zu bezweifeln, dass der Vorwurf des eigenmächtigen Einsetzens von Königen und Beamten ohne Wissen JHWHs in Hos 8,4a einer Vermittlung durch das sogenannte Königsgesetz in Dtn 17 bedarf. Die Vorstellung der Einsetzung des Königs durch die Gottheit ist fester Bestandteil altorientalischer Königsideologie.[53] Hinzu kommt, dass für Dtn 17 wesentliche Elemente in Hos 8,4a (wie überhaupt im Buchkern Hos 4,1–9,9) fehlen, dann aber in den königskritischen Texten der Rahmenkapitel begegnen und von dort auch auf den Buchkern zurückstrahlen: auf der einen Seite die Einbettung der Monarchie in die Heilsgeschichte (Dtn 17,14, vgl. Hos 13,10 mit Rückbezug über die Wurzel יׁשע auf den Exodusgott in Hos 13,4), auf der anderen Seite die fundamentale Infragestellung der Institution des Königtums (vgl. Hos 10,3), die in Dtn 17 im uranfänglichen Verlangen des Volkes nach einem König „wie bei allen Völkern" (Dtn 17,14, vgl. Hos 13,10) zum Ausdruck kommt.[54]

Ebenso hat die Außen- und Bündnispolitik in Hos 8,7–10 – wie überhaupt im Buchkern – nichts mit dem ersten Gebot (Dtn 5,7) zu tun. Eine Gleichsetzung von Bündnispolitik und Fremdgötterkult findet sich im Buchkern nicht. Erst in den Rahmenkapiteln wird aus der Hinwendung zu den politischen Bündnispartnern eine Hinwendung zu anderen Göttern,[55] was dann insgesamt als Verletzung des ersten Gebotes verstanden werden kann.

Schließlich dürfte auch bei dem Vorwurf der Vermehrung von Altären in Hos 8,11–12 ursprünglich nicht an einen Verstoß gegen das Zentralisationsgebot

---

53 Vgl. Reettakaisa Sofia Salo, *Die judäische Königsideologie im Kontext der Nachbarkulturen: Untersuchungen zu den Königspsalmen 2, 18, 20, 21, 45 und 72*, ORA 25 (Tübingen: Mohr Siebeck, 2017).

54 In der Zusammenschau mit Hos 13,10 mag dann der Eindruck entstehen, schon Hos 8,4a formuliere eine „Alternative Jahwe-menschlicher König" (so Rudnig-Zelt, *Hoseastudien*, 200; vgl. Kató, *Jhwh*, 205), was für Hos 13,10 zutreffend sein dürfte (vgl. die nahezu wörtliche Aufnahme von 1 Sam 8,6), für Hos 8,4a hingegen aus genannten Gründen nicht unmittelbar nahe liegt.

55 So wird aus dem „Laufen" (הלך) nach Assur in Hos 5,13 (// שׁלח); 7,11–12 (// קרא nach Ägypten) bzw. „Hinaufziehen" (עלה) in Hos 8,9–10 (// תנה unter den Völkern) in Hos 2 ein „Laufen" zu den „Liebhabern" (2,7.9.15; V.9// רדף, בקׁש), in Hos 11 zu den Baalen und Götterbildern (11,2 קטר, זבח) und schließlich in Hos 3 die „Wendung" (פנה) zu „anderen Göttern" (3,1).

in Dtn 12 gedacht sein. Darauf führt nicht zuletzt ein Vergleich von Hos 8,11–12 mit Hos 10,1–2,[56] worin Israel ebenfalls die Vermehrung von Altären zur Last gelegt wird. Während nämlich in Hos 10,1–2 – ganz auf der Linie von Dtn 12 – tatsächlich die Vermehrung, das heißt die Anzahl der Altäre selbst das Problem zu sein scheint und dementsprechend mit ihrer Zerstörung geahndet wird, stellt Hos 8,11–12 die Menge der Altäre der Vielzahl göttlicher Weisungen[57] gegenüber, macht also ähnlich Hos 6,6 eine Alternative zwischen Gotteserkenntnis und Kult auf, und fügt sich damit inhaltlich aufs Beste in die Komposition Hos 4,1–9,9, in der sich der Mangel an Gotteserkenntnis insbesondere darin zeigt, dass JHWH im Kult gesucht wird.

Zusammengenommen stehen die in der Grundfassung von Hos 8 aufgeführten Einzelvergehen – die eigenwilligen Königskrönungen (Hos 8,4a.5aβ.b), die liebedienerischen Bündnisse mit den Großmächten (Hos 8,7–10) und die Intensivierung kultischer Handlungen (Hos 8,11–12) – für den Mangel an Gotteserkenntnis, der Israel im Kopfstück von Hos 8* bescheinigt wird. So dienen sie als Belege für das Grundsatzurteil aus V.3a: „Israel hat das Gute verworfen!" Den Bundesgedanken sucht man darin vergebens. Es zeigt sich vielmehr, dass es sich bei diesem um eine nachträglich aufgesetzte Deutungskategorie handelt.[58]

# 3 Ergebnis

Unsere Spurensuche nach bundestheologischem Gedankengut in Hos 8 ist damit an ihr Ende gelangt. Als Ergebnis lässt sich folgendes festhalten:

Auf der Ebene des vorliegenden Textes spielen bundestheologische Vorstellungen in Hos 8 eine gewichtige Rolle. Schon das Kopfstück Hos 8,1–3 benennt den Bruch des Bundes zwischen JHWH und Israel als bestimmende Deutungs-

---

56 Vgl. Vielhauer, *Werden*, 173–77.
57 Lies mit LXX, S, V, α', σ' und dem Gros der neueren Exegeten תּוֹרֹתַי. MT gleicht an die singularische Formulierung von 8,1b an.
58 Überhaupt muss man ja konzedieren, dass Hos 8,1b mit seinem expliziten Rückgriff auf den Gottesbund im Hoseabuch weitestgehend allein dasteht. Die übrigen vier (!) Belege für בְּרִית „Bund" im Hoseabuch – Hos 2,20; 6,7; 10,4 und 12,2 – beziehen sich bezeichnenderweise, mit Ausnahme des späten Einschubs Hos 2,20, eben gerade *nicht* auf den Gottesbund, sondern bewegen sich im zwischenmenschlichen bzw. zwischenstaatlichen Bereich. Vgl. grundlegend bereits Perlitt, *Bundestheologie*, 139–52; zu Hos 6,7 vgl. oben Anm. 31; zu Hos 10,4; 12,2 zudem die Kommentare; zu Hos 2,20 die Ausführungen von Christoph Levin, *Die Verheißung des neuen Bundes in ihrem theologiegeschichtlichen Zusammenhang ausgelegt*, FRLANT 137 (Göttingen: Vandenhoeck & Ruprecht, 1985), 241–45, bes. 244–45.

kategorie des Kapitels. Vor diesem Hintergrund lassen sich die anschließend in Hos 8,4–14 aufgeführten Einzelvergehen Israels allesamt als Verstöße gegen die Tora verstehen, insonderheit gegen Bestimmungen des Buches Deuteronomium, und insofern als Belege für den zentralen Vorwurf des Bundesbruchs. Die These von einem Bundesschweigen in der Prophetie des 8. Jahrhunderts, wie sie insbesondere von Lothar Perlitt vorgebracht wurde, wäre von daher – so man das Hoseabuch in seiner vorliegenden Gestalt dem 8. Jahrhundert zurechnen möchte – auf den Prüfstand zu stellen.

Unternimmt man eine solche Überprüfung für Hos 8 unter Einbeziehung der diachronen Perspektive, das heißt unter Berücksichtigung der literarischen Entstehungsgeschichte des Kapitels, gelangt man zu einem deutlich differenzierteren Urteil. Danach ist der Bundesgedanke dem Kapitel erst sekundär zugewachsen. Insbesondere der entscheidende Halbvers Hos 8,1b mit seiner expliziten Bundesaussage gibt sich in literarhistorischer Hinsicht als redaktioneller Zusatz zu erkennen, der die älteren Vorwürfe des Kapitels im Sinne deuteronomistischer Bundestheologie deutet und so in einen *neuen* Verstehenshorizont stellt. In der ursprünglichen Fassung von Hos 8 (8,1a.2–3.4a.5aβ.b.7–10.11–12) findet sich der Bundesgedanke nämlich noch nicht. Auch die darin aufgeführten Einzelvergehen Israels vermitteln nicht den Eindruck, originär als Verstöße gegen Bund und Tora konzipiert worden zu sein. Und so dürfte es sich bei Hos 8 weniger um einen geeigneten Kandidaten handeln, die These von einem Bundesschweigen in der Prophetie des 8. Jahrhunderts zu den forschungsgeschichtlichen Akten zu legen, als vielmehr um den nachvollziehbaren Versuch späterer, frühestens deuteronomistisch geschulter Theologen, dieses Schweigen wirkungsvoll zu durchbrechen.

# Literatur

Alt, Albrecht. „Hosea 5,8–6,6: Ein Krieg und seine Folgen in prophetischer Beleuchtung (1919)." In *Kleine Schriften zur Geschichte des Volkes Israel*. Bd. 2, 163–87. München: C. H. Beck'sche Verlagsbuchhandlung, 1964.

Becker, Uwe. *Jesaja – von der Botschaft zum Buch*. FRLANT 178. Göttingen: Vandenhoeck & Ruprecht, 1997.

Becker, Uwe. „Die sogenannte deuteronomistische Redaktion der Prophetenbücher." In *Congress Volume Helsinki 2010*, hg. von Martti Nissinen, 389–99. VT.S 148. Leiden/ Boston: Brill, 2012.

Ben Zvi, Ehud. *Hosea*. FOTL. Grand Rapids: Eerdmans, 2005.

Bons, Eberhard. *Das Buch Hosea*. NSK.AT 23/1. Stuttgart: Katholisches Bibelwerk, 1996.

Bos, James M. *Reconsidering the Date and Provenance of the Book of Hosea: The Case for Persian-Period Yehud*. LHBOTS 580. London: Bloomsbury T & T Clark, 2013.

Daniels, Dwight R. *Hosea and Salvation History: The Early Traditions of Israel in the Prophecy of Hosea*. BZAW 191. Berlin: Walter de Gruyter, 1990.

Day, John. "Pre-Deuteronomic Allusions to the Covenant in Hosea and Psalm LXXVIII." *VT* 36 (1986): 1–12.

Deissler, Alfons. *Zwölf Propheten: Hosea – Joël – Amos.* NEB. Würzburg: Echter Verlag, 1981.

Duhm, Bernhard. *Anmerkungen zu den Zwölf Propheten.* Gießen: Verlag von Alfred Töpelmann, 1911.

Ewald, Heinrich. *Die Propheten des Alten Bundes.* Bd. 1, *Jesaja mit den übrigen älteren Propheten.* Göttingen: Vandenhoeck & Ruprecht, 1867.

Gertz, Jan Christian. „Bund II: Altes Testament." *RGG*⁴ 1 (1997): 1862–65.

Gnuse, Robert. "Calf, Cult, and King: The Unity of Hosea 8:1–13." *BZ* 26 (1982): 83–92.

Jeremias, Jörg. „Hosea 4–7: Beobachtungen zur Komposition des Buches Hosea." In *Textgemäß: Aufsätze und Beiträge zur Hermeneutik des Alten Testaments: Festschrift für Ernst Würthwein zum 70. Geburtstag,* hg. von Antonius Hermanus Josephus Gunneweg und Otto Kaiser, 47–58. Göttingen: Vandenhoeck & Ruprecht, 1979.

Jeremias, Jörg. „„Ich bin wie ein Löwe für Ephraim …' (Hos 5,12): Aktualität und Allgemeingültigkeit im prophetischen Reden von Gott – am Beispiel von Hos 5,8–14." In *„Ich will euer Gott werden": Beispiele biblischen Redens von Gott,* 75–95. SBS 100. Stuttgart: Katholisches Bibelwerk, 1981.

Jeremias, Jörg. *Der Prophet Hosea.* ATD 24,1. Göttingen: Vandenhoeck & Ruprecht, 1983.

Jeremias, Jörg. „Prophetenwort und Prophetenbuch: Zur Rekonstruktion mündlicher Verkündigung der Propheten." *JBTh* 14 (1999): 19–35.

Kató, Szabolcs-Ferencz. *Jhwh: der Wettergott Hoseas? Der „ursprüngliche" Charakter Jhwhs ausgehend vom Hoseabuch.* WMANT 158. Göttingen: Vandenhoeck & Ruprecht, 2019.

Koch, Christoph. *Vertrag, Treueid und Bund: Studien zur Rezeption des altorientalischen Vertragsrechts im Deuteronomium und zur Ausbildung der Bundestheologie im Alten Testament.* BZAW 383. Berlin: Walter der Gruyter, 2008.

Kratz, Reinhard Gregor. „Erkenntnis Gottes im Hoseabuch." *ZThK* 94 (1997): 1–24.

Kratz, Reinhard Gregor. „Die Kultpolemik der Propheten im Alten Testament (1998)." In *Prophetenstudien: Kleine Schriften II,* 344–58. FAT 74. Tübingen: Mohr Siebeck, 2011.

Kümpel, Robert. *Die Berufung Israels: Ein Beitrag zur Theologie des Hosea.* Diss. theol., Rheinische Friedrich-Wilhelms-Universität Bonn, 1973.

Levin, Christoph. *Die Verheißung des neuen Bundes in ihrem theologiegeschichtlichen Zusammenhang ausgelegt.* FRLANT 137. Göttingen: Vandenhoeck & Ruprecht, 1985.

Levin, Christoph. „Die Entstehung der Bundestheologie im Alten Testament (2004)." In *Verheißung und Rechtfertigung: Gesammelte Studien zum Alten Testament II,* 242–59. BZAW 433. Berlin: Walter de Gruyter, 2013.

Neef, Heinz-Dieter. *Die Heilstraditionen Israels in der Verkündigung des Propheten Hosea.* BZAW 169. Berlin: Walter de Gruyter, 1987.

Nissinen, Martti. *Prophetie, Redaktion und Fortschreibung im Hoseabuch: Studien zum Werdegang eines Prophetenbuches im Lichte von Hos 4 und 11.* AOAT 231. Neukirchen-Vluyn: Neukirchener Verlag, 1991.

Noth, Martin. *Überlieferungsgeschichtliche Studien: Die sammelnden und bearbeitenden Geschichtswerke im Alten Testament.* Darmstadt: Wissenschaftliche Buchgesellschaft, 1943/1957.

Perlitt, Lothar. *Bundestheologie im Alten Testament.* WMANT 36. Neukirchen-Vluyn: Neukirchener Verlag, 1969.

Pfeiffer, Henrik. *Das Heiligtum von Bethel im Spiegel des Hoseabuches.* FRLANT 183. Göttingen: Vandenhoeck & Ruprecht, 1999.

Römer, Thomas. „Das Deuteronomistische Geschichtswerk (Deuteronomium–2. Könige)." In *Einleitung in das Alte Testament: Die Bücher der Hebräischen Bibel und die alttestamentlichen Schriften der katholischen, protestantischen und orthodoxen Kirchen*, hg. von Thomas Römer, Jean-Daniel Macchi und Christophe Nihan, 291–307. Zürich: Theologischer Verlag Zürich, 2013.

Rudnig-Zelt, Susanne. *Hoseastudien: Redaktionskritische Untersuchungen zur Genese des Hoseabuches*. FRLANT 213. Göttingen: Vandenhoeck & Ruprecht, 2006.

Rudolph, Wilhelm. *Hosea*. KAT 13/1. Gütersloh: Gütersloher Verlagshaus, 1966.

Salo, Reettakaisa Sofia. *Die judäische Königsideologie im Kontext der Nachbarkulturen: Untersuchungen zu den Königspsalmen 2, 18, 20, 21, 45 und 72*. ORA 25. Tübingen: Mohr Siebeck, 2017.

Stuart, Douglas. *Hosea–Jonah*. WBC 31. Waco: Word Books, 1987.

Vielhauer, Roman. *Das Werden des Buches Hosea: Eine redaktionsgeschichtliche Untersuchung*. BZAW 349. Berlin: Walter de Gruyter, 2007.

Wacker, Marie-Theres. *Figurationen des Weiblichen im Hosea-Buch*. HBS 8. Freiburg: Herder, 1996.

Wellhausen, Julius. *Prolegomena zur Geschichte Israels: Mit einem Stellenregister*. Berlin: Walter de Gruyter, 1905/2001.

Wolff, Hans Walter. *Dodekapropheton 1: Hosea*. BK 14/1. Neukirchen-Vluyn: Neukirchener Verlag, 1961.

Wolff, Hans Walter. „‚Wissen um Gott' bei Hosea als Urform von Theologie (1952/53)." In *Gesammelte Studien zum Alten Testament*, 182–205. TB 22. München: Christian Kaiser Verlag, 1973.

Wünsche, August. *Der Prophet Hosea übersetzt und erklärt mit Benutzung der Targumim, der jüdischen Ausleger Raschi, Aben Ezra und David Kimchi*. Leipzig: T. O. Weigel, 1868.

Yee, Gale A. *Composition and Tradition in the Book of Hosea: A Redaction Critical Investigation*. SBL.DS 102. Atlanta: Scholars Press, 1987.

Zimmerli, Walther. „Das Gottesrecht bei den Propheten Amos, Hosea und Jesaja." In *Werden und Wirken des Alten Testaments: Festschrift für Claus Westermann zum 70. Geburtstag*, hg. von Rainer Albertz, Hans-Peter Müller, Hans Walter Wolff und Walther Zimmerli, 216–35. Göttingen: Vandenhoeck & Ruprecht/Neukirchen-Vluyn: Neukirchener Verlag, 1980.

Heinz–Dieter Neef

# Der Tierbund in Hosea 2,20

Das Hoseabuch zählt in philologischer und textkritischer Sicht, aber auch nach Form und Inhalt zu den schwierigsten und herausforderndsten Prophetenbüchern.[1] Seine Gerichtsbotschaft ist hart und scharf, ebenso ist das Gottesbild des Buches nicht minder herausfordernd. Auf der einen Seite spricht das Hoseabuch von der Verwerfung Israels durch seinen Gott (9,17), auf der anderen Seite heißt es, dass Gott seinen glühenden Zorn gegenüber seinem Volk nicht vollziehen werde, denn er sei Gott und kein Mensch (11,9). Nicht minder schwierig ist die Rede vom Tierbund in 2,20, die zahlreiche Fragen aufwirft. Es sind vor allem zwei eng miteinander zusammenhängende Fragen, denen ich nachgehen möchte:

- Wie ist V.20 philologisch und literarisch im Kontext von Hos 2,16–25 zu beurteilen?
- Wie ist die Rede vom Tierbund in V.20 zu verstehen?

## 1 Zur literarischen Beurteilung von 2,16–25

In seiner Tübinger Dissertation aus dem Jahre 2017 ordnet Szabolcs-Ferencz Kató Hos 2,20–25 einer Fortschreibung zu, deren Gedankenwelt in der Priesterschrift bzw. der priesterschriftlichen Bundestheologie wurzele. In V.16–17.18b erkennt er selbständige, von einem Kollektor der hoseanischen Worte in den Kontext eingefügte Worte, V.18a.19 weise eine große Nähe zu Sach 13,2 auf und lasse sich deshalb ebenfalls als nachexilisch einordnen.

> Aus der vorangegangenen Analyse geht hervor, dass Kap. 2 seine heutige Form in mehreren Etappen gewonnen hat. Die Grundschicht bilden die Verse 4–5.7b–10[...]11–12.14–15, die die Untreue des Volkes beschreiben und die Strafe Gottes dafür in Aussicht stellen. Selbständige, womöglich von einem Kollektor der hoseanischen Worte überlieferte, später in den Kontext eingefügte, aus dem 8. Jh. v. Chr. stammende Worte dürften 16–17 bzw. 18b sein, die sich als Heilsworte auffassen lassen. Da diese Verse den Fall Samarias oder das Exil und die Rückkehr nicht thematisieren, liegt es auf der Hand, dass sie ihren Ursprung vor diesen Katastrophen haben. Nimmt man die Möglichkeit eines prophetischen Schülerkreises um Hosea ernst [...], findet man in Hos 2 ein Beispiel dafür, wie die Tradenten der

---

1 Als Beispiele von Problemstellen können etwa genannt werden: Hos 9,13a: „[...] nach Tyrus, eingepflanzt in Weideland" und Hos 11,2abα: „sie haben sie gerufen, so gingen sie vor ihnen weg" – Beide Stellen des Masoretischen Textes sind ohne Konjekturen unverständlich.

https://doi.org/10.1515/9783110792706-010

Hoseaworte mit dem vorgegebenen Material kreativ umgingen und Einzelworte nach dem Inhalt und der Thematik gruppiert haben. Die V.1–3 können ein nachexilischer Ausgleich des Unheilsorakels von Kap. 1 sein, der eine thematische Brücke zwischen Kap. 1 und 2 bildet. V.13 weist eine geprägte Formulierung zu den Festen und Feiertagen Israels auf, die wiederum überwiegend in den nachexilischen Texten belegt ist, was dafür spricht, dass hier eine nachexilische Fortschreibung vorliegt. Ähnliches gilt auch für die V.18a.19, die eine große Nähe zu Sach 13,2 aufweisen und sich damit als nachexilisch einordnen lassen. Schließlich wurzeln die V.20–25 in der Gedankenwelt der Priesterschrift bzw. der priesterschriftlichen Bundestheologie und stellen somit eine dementsprechende Fortschreibung des Kapitels dar.[2]

Kató folgt hier einer Linie der Auslegung, die sich in leicht modifizierter Form unter anderem bei Jörg Jeremias, Gale A. Yee, Hendrik Pfeiffer, Susanne Rudnig-Zelt, Roman Vielhauer, Wolfgang Schütte und anderen findet. Die Auslegung ist freilich weder in den Kommentaren noch in den Monographien einheitlich.

### Kommentare (in Auswahl)

Ernst Sellin erkennt in Hos 2,16–25 sechs Sprüche von Umkehr und neuem Liebesverhältnis. Die einzelnen Sprüche können aus verschiedenen Zeiten stammen, sie seien aber alle an 1,2–9; 2,4–15 orientiert. Das Zukunftsbild Hoseas sei ein wechselndes gewesen, „je nachdem er auf eine Umkehr des Volkes zu hoffen wagte oder an ihr verzweifelte."[3] Sellin zweifelt nicht an der Echtheit der Sprüche, nirgends werde in ihnen auf das babylonische Exil reflektiert.[4]

Theodore Henry Robinson sieht in 2,20–22 „eine selbständige Einheit."[5] In seiner jetzigen Form sei das Stück deutlich ein Fragment, das seinen Anfang verloren habe. Es werde hier vorausgesetzt, dass Israel durch wilde Tiere und durch feindliche Einfälle schwer heimgesucht worden sei. Friedrich Horst denkt dabei an die von Tiglat-Pileser 733 v. Chr. über das Land verhängte Deportation, „die eine starke Zunahme der Raubtiere im Gefolge gehabt haben könnte."[6] Aber jetzt könne Israel einen neuen Anfang machen. Jahwe sei bereit, es noch einmal zu freien.

---

**2** Szabolcs-Ferencz Kató, *Jhwh: der Wettergott Hoseas? Der „ursprüngliche" Charakter Jhwhs ausgehend vom Hoseabuch*, WMANT 158 (Göttingen: Vandenhoeck & Ruprecht, 2019), 54.

**3** Ernst Sellin, *Das Zwölfprophetenbuch*, KAT XII (Leipzig u. a.: A. Deichertsche Verlagsbuchhandlung, 1922), 32.

**4** Ernst Sellin, *Zwölfprophetenbuch*, 32.

**5** Theodore Henry Robinson und Friedrich Horst, *Die Zwölf Kleinen Propheten*, HAT Erste Reihe 14 (Tübingen: Mohr Siebeck, 1964), 13.

**6** Robinson, *Die Zwölf Kleinen Propheten*, 14.

Wilhelm Rudolph geht davon aus, dass Hos 1–3 „von einem Judäer komponiert sind [...]"[7] Dies ergebe sich zwingend aus der Einfügung von 1,7; 2,3; 3,5. 1,7 setze die Bewahrung Jerusalems vor dem Angriff Sanheribs im Jahr 701 voraus. Rudolph deutet Hos 1–3 als eine Art Einleitung in das ganze Hoseabuch. Zwei Dinge sollen hier deutlich werden: 1. Die persönliche Lebensgeschichte Hoseas werde aufgezeigt; 2. Es werde der weite Spannungsbogen der Theologie Hoseas beschrieben. Neben der Ansage des Gerichts sei auch diejenige des Heils grundlegender Bestandteil seiner Verkündigung gewesen. Rudolph hält fest: „Von späteren Zusätzen ist das Hoseabuch weitgehend verschont geblieben."[8]

Der voluminöse Kommentar von Francis Ian Andersen und David Noel Freedman gibt sich selbst als konservativ zu erkennen: "[...] we must consider two anterior issues: the unity of the work, and the integrity of the text. In both cases [...] that the book is essentially the work of a single person, and that the text is basically sound."[9]

Jörg Jeremias sieht in Hos 2,18–25[10] „mehrere lockere verknüpfte Einzelsprüche [...]. V.18–25 sind nachträglich an V.4–17 angefügt worden, unter Aufnahme kurzer Einzelworte, die je für sich aus verschiedenen Zeiten stammen, ausnahmslos aber nachhoseanisch sind." Hos 2,20 zählt er zu den sechs Einzelworten in V.18.19.20.21f.23f.25f. Diese würden sich terminologisch und vorstellungsmäßig an Hoseas Verkündigung anschließen, in ihrer gegenwärtigen Form aber seien sie das Werk von Judäern. V.20 und V.23–25 seien sicher nachexilische Worte.[11]

### Einzeluntersuchungen (in Auswahl)
Christoph Levin sieht Hos 2,16–25 als einen mehrschichtigen, unter dem Einfluss der ezechielischen (und jeremianischen) Tradition stehenden Abschnitt.[12] Er deutet die Verknüpfungsformel in V.18.20.23 sowie den Wechsel des Bezugs

---

7 Wilhelm Rudolph, *Hosea*, KAT XIII/1 (Gütersloh: Gütersloher Verlagshaus Gerd Mohn, 1966), 25.
8 Rudolph, *Hosea*, 26.
9 Francis Ian Andersen und David Noel Freedman, *Hosea. A New Translation with Introduction and Commentary*, The Anchor Bible (Garden City, New York: Doubleday & Company, Inc, 1980), 59. – In diese Richtung geht auch der Kommentar von Bo H. Lim/Daniel Castelo, *Hosea*, The Two Horizons Old Testament Commentary (Grand Rapids u. a.: William B. Eerdmans Publishing Company, 2015), 72–78.
10 Jörg Jeremias, *Der Prophet Hosea*, ATD 24/1 (Göttingen: Vandenhoeck & Ruprecht, 1983), 38.
11 Jeremias, *Der Prophet Hosea*, 48 f.
12 Christoph Levin, *Die Verheißung des neuen Bundes in ihrem theologiegeschichtlichen Zusammenhang ausgelegt*, FRLANT 137 (Göttingen: Vandenhoeck & Ruprecht, 1985), 240–45.

als Beleg für eine Anzahl von Fortschreibungen. So sieht er die ursprüngliche Fortsetzung von V.16–17 in V.25. Die erste Fortschreibung sei in V.23–24 im Anschluss an V.17 greifbar. Einschübe findet er in V.18.21–22. Hier sei Jahwes „Reden zu Herzen" (V.16) in die Tat umgesetzt. Die Verheißung habe ursprünglich gelautet: 2,16.17b.25. Nach ihm greift 2,20 auf Ez 34,2; Gen 9,10–11aα; Jes 65,25; 11,6–9 zurück. Hos 2,16–25 sei ein Stück „theologischer Schriftstellerei"[13], der Hos 1,9 nicht unwidersprochen stehen lassen möchte.

Nach Henrik Pfeiffer fallen in V.18–25 in diachroner Perspektive zahlreiche Inkohärenzen auf, „die eine mehrfache literarische Bearbeitung wahrscheinlich machen [...]"[14] So hätten V.20 und V.21f ursprünglich wegen des Wechsels zur 2.Sg.fem. nicht zusammengehört. Er spricht sie deshalb Hosea ab.

Susanne Rudnig-Zelt rechnet 2,20 zu den von ihr so genannten „Abfall-Umkehr"-Texten. In ihnen erkennt sie eine Konglomeratschicht mit folgenden Texten: Hos 1,8f; 2,4–25; 4,9.12; 5,5a.9b; 5,12–14; 5,15–6,3; 9,1f.10.15; 12,3–7.11.13f; 14,2–4.6–8. In 2,19–25 werde beschrieben, dass Jahwe dem Volk erst die Fähigkeit zur Umkehr verleihen müsse, „indem er dem Volk alles, was er fordern könnte [...] zur Verlobung schenkt (2,21f) oder die Namen der Baale aus dem Mund der Frau entfernt (2,19)."[15] Die in diesen Texten vertretene Umkehrtheologie sei deutlich von spätem Sprachgebrauch beeinflusst. Sie stehe chronistischen Aussagen inhaltlich und sprachlich nahe. Sie verweist in diesem Zusammenhang auf Hos 5,15 und 2 Chr 15,4. Für die „Abfall-Umkehr"-Texte wie Hos 2,4–25 sei von zentraler Wichtigkeit, dass Norden *und* Süden gemeinsam umkehren. Eine vergleichbare Umkehrtheologie finde sich hauptsächlich in Chr (2 Chr 30,5–9). Diese späten „Abfall-Umkehr"-Texte „spiegeln also geschichtstheologische Diskussionen im Umfeld von ChrG wider."[16] Mit dieser Datierung wird Hos 2,4–25 in die Zeit nach Nehemia (445–432 v. Chr.) und Esra (398 v. Chr.) und damit um ca. 350 v. Chr. gerückt.[17]

---

**13** Levin, *Die Verheißung des neuen Bundes*, 245.

**14** Henrik Pfeiffer, *Das Heiligtum von Bethel im Spiegel des Hoseabuches*, FRLANT 183 (Göttingen: Vandenhoeck & Ruprecht, 1999), 203.

**15** Susanne Rudnig-Zelt, *Hoseastudien. Redaktionskritische Untersuchungen zur Genese des Hoseabuches*, FRLANT 213 (Göttingen: Vandenhoeck & Ruprecht, 2006), 271.

**16** Rudnig-Zelt, *Hoseastudien*, 271.

**17** Vgl. dazu Georg Fohrer, *Einleitung in das Alte Testament* (Heidelberg: Quelle und Meyer, [12]1979), 257–59; Hans-Peter Mathys, „Chronik," in Walter Dietrich/Hans-Peter Mathys/Thomas Römer/Rudolf Smend: *Die Entstehung des Alten Testaments*, ThW Band 1 (Stuttgart: Kohlhammer, 2014), 586–94, bes. 591 f.

Roman Vielhauer geht in seiner redaktionsgeschichtlich orientierten Studie zum Hoseabuch davon aus, dass Hos 2,16–25 die redaktionelle Erweiterung von Hos 2 um Kapitel 1 bereits voraussetzen.[18] Er folgt hier den Beobachtungen von Christoph Levin. Er erkennt in 2,16–25* zusammen mit 11,7–11*; 14,2–10* heilsgeschichtliche Zusätze. Sehe ich recht, sind sie jünger als die deuteronomistisch geprägten Abschnitte (unter anderem Hos 2,4b–5.10a.11.15).

Wolfgang Schütte ordnet Hos 1–3 „in einen judäischen Kontext" ein.[19] In Hos 1–3 strebe „die nunmehr im wesentlichen als vollständig anzusehende Hoseaschrift eine Integration israelitischer Flüchtlinge in das judäische Staatswesen an."[20]

Ich möchte nun diese neuere Sicht von Hos 2,16–25 kritisch aufnehmen und einige Anfragen formulieren. Ich erhebe nicht den Anspruch, *die* Lösung des literarischen Problems zu finden. Je intensiver ich mich damit beschäftigt habe, umso mehr ist mir deutlich geworden, wie sehr die Lösung dieser Frage von einer umfassenden literar- und redaktionskritischen Analyse von Hos 1–3 und dann aber auch von Hos 4–14 abhängt. Dies kann hier nicht geleistet werden, weshalb meine Analyse bescheidener sein wird. Dabei möchte ich einige Argumente dafür vorbringen, Hos 2,16–25 zeitlich doch näher an Hosea heranzurücken als dies im Moment partiell in der Forschung geschieht. Abschließend will ich dann einige Thesen formulieren.

## 1.1 Zur Exegese von Hos 2,20

### 1.1.1 Philologische Beobachtungen

Übersetzung Masoretischer Text

| | |
|---|---|
| Ich werde für sie einen Bund schließen an jenem Tag | וכרתי להם ברית ביום ההוא |
| mit den Tieren des Feldes und mit den Vögeln des Himmels | עם־חית השדה ועם־עוף השמים |
| und dem Gewürm des Ackerbodens. | ורמש האדמה |

---

**18** Roman Vielhauer, *Das Werden des Buches Hosea. Eine redaktionsgeschichtliche Untersuchung*, BZAW 349 (Berlin u. a.: de Gruyter, 2007), 142.
**19** Wolfgang Schütte, *„Säet euch Gerechtigkeit!" Adressaten und Anliegen der Hoseaschrift*, BWANT 179 (Stuttgart: Kohlhammer, 2008), 202.
**20** Schütte, *„Säet euch Gerechtigkeit!"*, 202.

| | |
|---|---|
| Und Bogen und Schwert und Krieg zerbreche ich und tilge sie aus dem Land, sie aber werde ich sicher wohnen lassen. | וקשת וחרב ומלחמה אשבור מן־הארץ<br><br>והשכבתים לבטח׃ |

V.20aα wird mit einem *Perfekt consecutivum* eingeleitet und in V.20bγ mit dergleichen Zeitstufe abgeschlossen. Ebenso findet sich in V.20aα und V.20bγ das Suffix der 3.Pl.m. Das Nomen „Bund" folgt nach der Präposition indeterminiert als Akkusativobjekt. Nach der adverbiellen Bestimmung der Zeit „an jenem Tag" schließt sich mit der Präposition „mit" (עם) die Nennung der Tiertrias „Tiere des Feldes, Vögel des Himmels, Gewürm des Ackerbodens" an.

Die Präposition לְ (V.20aα) hat die Grundbedeutung „in Richtung auf ein Ziel".[21] Ernst Jenni bestimmt diese relational als das Verhältnis einer Größe „in Bezug auf" eine andere Größe.[22] Die Präposition „mit" dagegen wird soziativ verwendet „mit, zusammen mit."[23] Die Präposition לְ dient hier als *Lamed dativum* zum Ausdruck für die Herbeiführung der Zusammengehörigkeit Israels zu den Tieren durch Gott.[24] Versucht man, V.20 zu paraphrasieren, könnte man sagen: „Ich werde zu ihren, das heißt Israels Gunsten, einen Bund mit den Tieren schließen."

Dem Dreiklang von „Tieren [...], Vögeln [...], Gewürm" in 20aβ entspricht derjenige von „Bogen, Schwert, Krieg" in 20bα. In 20bα liegt eine *constructio praegnans* vor: „zerbreche und tilge sie aus dem Land". Die Präposition מן ist nicht von „zerbrechen", sondern von einem Verb abhängig, das der Kürze halber nicht wiedergegeben wird, dem Sinn nach aber in dem scheinbar regierenden Verb שבר mitenthalten ist.

Fazit: In sprachlicher Hinsicht fügt sich V.20 gut in den Abschnitt V.16–25 ein. Er nimmt die in V.18 einsetzende Kette der *Perfekt consecutivum*-Formen auf und führt diese weiter. Allerdings fällt die Präposition לְ mit dem Suffix der 3.Pl.m. etwas heraus. Zum einen kann sich das Suffix eigentlich nur auf das als „Frau" gedeutete Israel beziehen (V.16–19). Zum anderen ist das zweimalige Suffix der 3.Pl.m. auffällig, denn in V.16 f.19.25 wird das Suffix der 3.Sg.m. verwendet. Dies soll zunächst als Beobachtung festgehalten werden, ich komme später darauf zurück.

---

**21** Wilhelm Gesenius, *Hebräisches und Aramäisches Wörterbuch über das Alte Testament, begonnen von Rudolf Meyer, bearbeitet und herausgegen von Herbert Donner* (Heidelberg: Springer, 2013[18]), 583–87, bes. 583: „Präp. d. Richtung auf ein Ziel."
**22** Ernst Jenni, *Die hebräischen Präpositionen Band 3: Die Präposition Lamed* (Stuttgart u. a.: Kohlhammer, 2000); Walter Dietrich/Samuel Arnet, Hg., *Konzise und Aktualisierte Ausgabe des Hebräischen und Aramäischen Lexikons zum Alten Testament*, KAHAL (Leiden u. a.: Brill, 2013), 260 f.
**23** Gesenius, *Wörterbuch*, 974–76; KAHAL, 11.
**24** Jenni, *Die Präposition Lamed*, 91: Rubrik: 3244.

Übersetzung Septuaginta (LXX)

| | |
|---|---|
| Und ich will für sie einen Bund schließen an jenem Tag | καὶ διαθήσομαι αὐτοῖς ἐν ἐκείνῃ τῇ ἡμέρᾳ διαθήκην |
| mit den Tieren des Feldes und mit den Vögeln des Himmels | μετὰ τῶν θηρίων τοῦ ἀγροῦ καὶ μετὰ τῶν πετεινῶν τοῦ οὐρανοῦ |
| und mit den Kriechtieren der Erde. | καὶ μετὰ τῶν ἑρπετῶν τῆς γῆς· |
| Und Bogen und Schwert und Krieg werde ich zerbrechen von der Erde | καὶ τόξον καὶ ῥομφαίαν καὶ πόλεμον συντρίψω ἀπὸ τῆς γῆς |
| und werde *dich mit Hoffnung* [Hervorhebung d. Vf.] wohnen lassen. | καὶ κατοικιῶ σε ἐπ᾽ ἐλπίδι. |

V.20 lässt LXX mit der Anrede „dich", d. h. die Frau, und „mit Hoffnung" enden. Das Verb κατοικιῶ entspricht eher dem Verb יָשַׁב Hif. als שָׁכַב. Im Vergleich zu MT richtet LXX stärker den Blick auf die Zukunft.[25]

Targum Jonathan (TgJ)

„Und ich werde schließen für sie einen Bund (קְיָם) zu jener Zeit, *zu der sie sein werden in Frieden* [Hervorhebung d. Vf.] mit den Tieren des Feldes und mit den Vögeln des Himmels und mit den Kriechtieren des Erdbodens. Und Bogen und Schwert und *Kriegsknechte* [Hervorhebung d. Vf.] werde ich entfernen von dem Land, und ich werde sie sicher wohnen lassen."

TgJ ersetzt „Krieg" durch „Kriegsknechte" und personalisiert damit den Krieg.

## 1.1.2 Hos 2,20 im Kontext von 2,16–25

In einem weiteren Durchgang geht es um synchrone Beobachtungen zu Form und Inhalt des Abschnittes.

V.20 gehört in den Abschnitt V.16–25. Hos 2,15 wird deutlich mit der Aussage *„Mich hat sie vergessen"* und der Gottesspruchformel *„Ausspruch des Herrn"* abgeschlossen. Der Vers zieht ein ernüchterndes Fazit aus dem Verhalten der Frau Israel (2,4–15; vgl. noch V.10b.13).[26]

---

25 Vgl. Eberhard Bons, „Hosea," in *Septuaginta. Deutsch: Erläuterungen und Kommentare zum griechischen Alten Testament. Band II Psalmen bis Daniel*, hg. von Martin Karrer und Wolfgang Kraus, (Stuttgart: Deutsche Bibelgesellschaft, 2011), 2295.

26 Nun identifiziert nicht der ganze Abschnitt V.4–15 die Frau mit Israel, in den meisten Versen steht die Frau für das Land und Israel sind ihre Kinder (vgl. Vielhauer, *Das Werden des Buches Hosea*, 142–158 und den in diesem Band publizierten Beitrag von Hans Ulrich Steymans, „Dient die Ehemetaphorik zur Veranschaulichung von Vertragsbruch? Eine Untersuchung vor dem Hintergrund altorientalischer Quellen" in diesem Band). Normalerweise ist

Der folgende V.16 wird mit לכן eingeleitet und damit mit V.8.11 verbunden. Allerdings bietet er überraschend keine Strafankündigung, sondern er zeigt ein Heilshandeln an der Frau Israel an. Insofern gehören V.16f zum Abschnitt V.18–25 hinzu. V.16 leitet die Verheißung des Neuanfangs in der Wüste ein. Dieser Neuanfang gründet auf der Initiative Jahwes, was durch das betont vorausgestellte *„siehe ich"* zum Ausdruck gebracht wird. Das Verb פתה Piᶜel bezieht sich auf Gottes bezwingendes Überreden (vgl. Jer 20,7; Ez 14,9; Dtn 11,16). Das Verb meint hier die unausweichliche und ganzheitliche Inanspruchnahme durch Jahwe. Es kann sowohl im guten als auch im bösen Sinn gebraucht werden; da am Ende des Verses jedoch *„zum Herzen reden"* steht, kann hier nur der gute Sinn gemeint sein. Es handelt sich hier um einen Ausdruck der Liebessprache (Rut 2,13), der die tiefe Zuneigung Jahwes zu Israel aussagen soll. Meines Erachtens sollte man an dieser Interpretation festhalten und dies nicht wie Erasmus Gaß[27] ablehnen, weil es nur um Freundschaft und nicht um Liebe ginge.

Der Ort der Begegnung zwischen Jahwe und Israel wird die Wüste sein. Er wird deshalb sein Volk noch einmal dorthin führen. Die Verbindung von הלך und מדבר zeigt, dass Hosea an ein dem ersten Wüstenzug entsprechendes Geschehen denkt. Es steht allerdings insofern unter umgekehrten Vorzeichen, als diesmal das Volk nicht aus der ägyptischen, sondern aus der selbstverschuldeten Baalsknechtschaft in Palästina herausgeführt werden soll.

Die Wüste ist zugleich der Ort, an dem Jahwe als Zeichen seiner Verbundenheit mit dem Volk Weinberge und die Ebene Achor als Tor der Hoffnung als Geschenke austeilen wird. Israel bekommt noch auf dem Boden der Wüste die Weinberge zurück, die es im Kulturland besessen hat. Zudem wird die Ebene Achor zu einem „Tor der Hoffnung", das heißt, durch sie wird ein freudiger und zuversichtlicher Zug ins Kulturland ermöglicht. Die Ebene Achor ist wohl mit dem wasserreichen, fruchtbaren und lieblichen *Wādī en-Nuwēᶜime* zu identifizieren.[28]

V.17b betont, dass Israel dem Werben und dem Ruf seines Herrn willig folgen wird. Hosea sieht in dem Werben Jahwes und der willigen Gefolgschaft

---

Israel männlich. Mit der seltenen Identifikation Israels als Frau Jahwes – schon eingeblendet in V. 10b.13 – werden V.16–25 vorbereitet. Inwieweit ab V. 16 eine spätere Interpretation im Blick auf die Wüstenwanderung vorliegt, ist im exegetischen Diskurs umstritten.

**27** Erasmus Gaß, „Hosea zwischen Tradition und Innovation am Beispiel von Hos 2,16 f.," *ZAW* 122 (2010): 169–84.

**28** Zur Frage der Lokalisierung der Ebene Achor vgl. meinen Versuch: H.-D. Neef, „Die Ebene Achor – das ‚Tor der Hoffnung'. Ein exegetisch-topographischer Versuch," *ZDPV* 100 (1984): 91–107.

Israels eine Entsprechung zu den „Tagen ihrer Kindheit" (vgl. noch Jer 3,4; Ez 16,22.43.60; 23,19) und dem „Tag ihres Heraufziehens aus dem Ägyptenland."[29]

V.18–25 bildet den Schlussabschnitt von Hos 2. Er lässt sich in drei Unterabschnitte gliedern: V.18 f.; V.20–22; V.23–25, wobei jeder Abschnitt mit der Formel „*(und es wird sein) an jenem Tag*" eingeleitet wird. Für jeden dieser Unterabschnitte ist der ständige Wechsel der Ankündigung eines Gotteshandelns mit der Nennung der Konsequenzen für Israel charakteristisch.

Die einleitende Formel „*Es wird sein an jenem Tag*" dient in V.18 im Unterschied zu Hos 1,5 zur Eröffnung eines Verheißungswortes. Der Vers wird geprägt durch אִישִׁי „mein Mann" am Anfang und בעלי „mein Herr" am Versende. Bei בעלי schwingt wohl ein kultpolemischer Unterton mit, da sonst יהוה oder אלהי zu erwarten gewesen wäre. אִישׁ in der Bedeutung „Ehemann" ist neutraler als „Baal", das mehr an ein Besitzverhältnis denken lässt.[30]

V.19 ist mit V.18 durch das Stichwort „Baal" verknüpft, wobei der hier verwendete Plural „Baalim" die Baalsgötzen bezeichnet. Jahwe wird die Namen der Baalim entfernen, so dass sie nicht mehr angerufen und angebetet werden können. Indem die Namen der Baalim verschwinden, können sie nicht mehr negativ auf Israel einwirken.

In V.21–22 kommt das Gotteshandeln zugunsten Israels zu einem ersten Höhepunkt. Es ist die Rede von einer „*ewigen Verlobung*" Gottes mit Israel. Hosea drückt dies mit dem Verb ארשׂ Pi‘el aus, das dreimal begegnet (V.21ab; 22a) Das Verb findet sich elfmal im Alten Testament und hat im Pi‘el die Bedeutung „sich eine Frau anverloben".[31] Es beschreibt das Verlobtsein im Unterschied zu unserem heutigen Verständnis als ein Rechtsverhältnis, das wie die Ehe geschützt ist.[32] Die Verlobung ist zwar mit der eigentlichen Eheschließung nicht identisch, sie setzt jedoch als öffentlich verbindlicher Rechtsakt die Ehe rechtlich in Kraft. Mit diesem Verb und dem Akt der Verlobung wird die Verbindlichkeit und Gültigkeit von Gottes Zuwendung hervorgehoben.

Gottes Hinwendung an Israel wird von ewiger Dauer sein. Dies wird durch die zeitliche adverbielle Bestimmung לעולם in letzter Steigerung ausgesagt. Sie

---

29 Zu diesem Abschnitt vgl. ausführlicher Heinz-Dieter Neef, *Die Heilstraditionen Israels in der Verkündigung des Propheten Hosea*. BZAW 169 (Berlin u. a.: de Gruyter, 1987), 105–11.

30 Die Grundbedeutung ist „Besitzer, Eigentümer" – Vgl. Gesenius, *Wörterbuch*, 162.

31 Pi‘el: Dtn 20,7; 28,30; 2 Sam 3,14; Hos 2,21f (3×); Pu‘al: Ex 22,15; Dtn 22,23.25.27.28. Ernst Jenni, *Das hebräische Pi‘el. Syntaktisch-semasiologische Untersuchung einer Verbalform im Alten Testament* (Zürich: EVZ Verlag, 1968), 248.

32 Vgl. dazu Johannes Kühlewein, „Art.: ארשׂ," in *Theologisches Handwörterbuch zum Alten Testament*, Band I, hg. v. Ernst Jenni und Claus. Westermann (München u. a.: Chr. Kaiser, ²1975) 240 f.

wird in Verbal- und Nominalsätzen zum Ausdruck eines bleibenden Zustandes verwendet und dies im Sinne von Dauerhaftigkeit und Unabänderlichkeit.[33]

In V.21b.22 wird mit fünf Nomina die unverbrüchliche Treue Gottes zu Israel dargestellt. Es sind Jahwes Brautgeschenke an Israel. Syntaktisch werden sie jeweils durch das ב-*pretii* eingeführt. Es begegnen die Paare בצדק ובמשפט und ובחסד וברחמים. Sie fügen sich inhaltlich gut zusammen. Wird im ersten betont, dass Israels Lebensordnung allein auf Recht und Gerechtigkeit gründet, so fügt das zweite hinzu, dass sich diese heilvolle Lebensgemeinschaft allein der Güte und dem Erbarmen Gottes verdankt. Als letztes Brautgeschenk an Israel erscheint באמונה, was sich am besten mit „Zuverlässigkeit, Redlichkeit" übersetzen lässt. Als Folge der Übergabe dieser Gottesgeschenke an Israel wird das Volk Jahwe als seinen alleinigen und wahren Gott erkennen.

Mit V.23 beginnt der dritte und letzte Unterabschnitt von V.18–25. Ebenso wie V.18 wird er mit der Formel *„Es wird sein an jenem Tag"* eingeleitet. V.23 spricht von einem Gotteshandeln, das in seiner Wirkung Himmel und Erde in Bewegung setzt. Beides wird mit dem Verb ענה „erhören" beschrieben. V.23 und 24 sind auf das engste miteinander verkettet, da das Akkusativobjekt im jeweils folgenden Verbalsatz als Subjekt erscheint. Der Abschnitt endet in V.25 mit einer Heilszusage an die Mutter und ihre Kinder. Ihre Symbolnamen werden ihren unheilträchtigen Charakter verlieren, weil Gott zu „Nicht–Erbarmen" „erbarmen" und zu „Nicht–mein–Volk" „mein Volk" sagen wird. V.25 endet mit dem Gottesbekenntnis „mein Gott"!

Zieht man ein Fazit aus dem Durchgang von V.16–25, so lässt sich im Blick auf V.20 Folgendes festhalten:

Der Abschnitt vereint unterschiedliche Themen: die Wüste als Ort der Erneuerung; das Entfernen der Baalim; den Tierbund; das Entfernen von Krieg; die Verlobung; die Erhörung der Schöpfung vom Himmel bis zur Erde; die Versöhnung Jahwes mit seinem Volk.

Der Abschnitt beschreibt ein neues Gotteshandeln auf dem Hintergrund von Schuld und Not: die Wüste als Ort der neuen Gottesbegegnung nach dem Vergessen Gottes; das Entfernen der Baalim nach der Hinwendung des Volkes zu diesen Göttern; den Tierbund als Grundlage für neues Heil und Schalom; die Verlobung auf dem Hintergrund des Vergessens; die neue Gemeinschaft mit Gott: „mein Gott!"

Den ganzen Abschnitt vereint eine Bewegung, nämlich die von Jahwe zu Israel (V.16.17a.19–25) und die von Israel zu Jahwe (V.17b.18)

---

33 Vgl. dazu Ernst Jenni, „Art. עולם," in *Theologisches Handwörterbuch zum Alten Testament*, Band II, hg. v. Ernst Jenni und Claus Westermann (München u. a.: Chr. Kaiser, 1976), 234.

In literarischer Hinsicht spricht vieles dafür, dass in diesen Versen ursprünglich unterschiedliche und wohl auch getrennt voneinander vorliegende Aussagen zu einem Block zusammengefasst worden sind. Können diese Worte auf Hosea zurückgeführt werden oder ist der Abschnitt in seiner jetzigen Form einem oder mehreren Redaktoren zuzusprechen?

### 1.1.3 Hos 2,16–25 im Kontext des Hoseabuches

In einem weiteren Schritt möchte ich fragen, inwieweit V.16–25 Beziehungen zu anderen Hoseatexten aufweisen.

V.16 zeigt Beziehungen zu 2,8.11 (לכן) und 2,8 (הנה) sowie zu 2,4.10 durch das selbständige Personalpronomen „ich" (אנכי); das Verb פתה Pi. wird in 7,11 im Qal aufgenommen. „Wüste" (מדבר) ist ein für die Verkündigung Hoseas zentrales Nomen und begegnet noch in 2,5; 9,10; 13,5.15. Das Verb דבר Pi. findet sich noch sechsmal bei Hosea: 10,2; 11,8; 13,6; 4,11; 7,6; 12,11.

V.17 wird mit dem Verb נתן eröffnet, das noch an 8 Stellen im Hoseabuch begegnet: 2,7.10.14; 5,4; 9,14; 11,8; 13,10.11. Die Ebene Achor wird noch in 1,5 genannt. Das Verb ענה Qal in V.17b begegnet noch in 2,23f; 5,5; 7,10; 14,9. Der „Tag" (יום) findet sich 24× im Hoseabuch: 2,17f.20.23; 3,3–5; 4,5; 5,9; 6,2; 7,5; 9,5.9; 10,1.14; 12,2.10; 1,3. Das Verb „hinaufziehen" (עלה) steht noch in 2,2; 4,15; 8,9; 10,8; 13,15. „Das Land Ägypten" steht noch in 7,16; 11,5; 12,10; 13,1.

V.18: Die Wendungen „an jenem Tag" und „Ausspruch des Herrn" stehen noch in 1,5; 2,23 bzw. 2,15.23.

V.19: Das Verb סור Hif. begegnet noch in 2,4; auch inhaltlich stehen sich die beiden Verse mit dem Hinweis auf das Entfernen der Untreue bzw. der Baalim nahe. – Das Verb „sich erinnern" (זכר) in V.19 findet sich zudem in 7,2; 8,13; 9,9; 12,6; 14,8.

Die in V.21 genannten Brautgeschenke spielen alle im Hoseabuch eine zentrale Rolle: „Gerechtigkeit": 10,12; „Recht": 5,1.11; 6,5; 10,4; 12,7; „Treue, Huld": 4,1; 6,4.6; 10,12; 12,7; „Erbarmen": 1,6f; 2,3.6.25; 9,14; 14,4.

V.22 enthält zwei Worte, die im Hoseabuch eine zentrale Rolle spielen: das Nomen „Treue" (אמונה) begegnet noch in 5,9 und 12,1. Das Verb „erkennen" ist zu finden in: 2,10; 5,3f.9; 6,3 (bis); 7,9 (bis); 8,2.4; 9,7; 13,4f; 11,3; 14,10.

V.23: Nicht weniger wichtig sind die in V.23 genannten Substantive „Himmel" (2,20.23) und „Erde" (4,3).

V.24: Die drei Landesprodukte „Korn, Most und Öl" begegnen bei Hosea noch in 7,14; 9,1; 14,8.

V.25 bezieht sich deutlich auf Hos 1 zurück.

Fazit: In synchroner Sicht zeigt der Abschnitt V.16–25 eine gute Vernetzung mit anderen Stellen des Hoseabuches. Zentrale Begriffe Hoseas wie etwas das Verb „erkennen, wissen" (ידע) und die Brautgeschenke finden sich in dem Abschnitt.

# 2 Der Tierbund in Hos 2,20

## 2.1 Jahwes Bund mit Tieren?

Im Hoseabuch erscheint an fünf Stellen der Begriff „Bund": 2,20; 6,7; 8,1; 10,4; 12,2. Es ist kaum anzunehmen, dass alle Stellen erst in späterer Zeit in das Hosea-buch gekommen sind. Umstritten sind eigentlich nur 2,20 und 8,1. Ist diese Be-obachtung richtig, dann lässt sich sagen, dass Hosea den Begriff „Bund" kennt. Wie aber ist er zu verstehen? In 6,7 „in Adam haben sie einen Bund übertreten" wird der Vorwurf des Bundesbruches erhoben. Hier beschreibt „Bund" nicht einen zwischenmenschlichen Bund, sondern den zwischen Jahwe und Israel. Das geht vor allem aus V.7b hervor: „dort wurden sie mir (d. h. Jahwe) gegen-über treulos." In 10,4 und 12,2 ist von profanen Bundesschlüssen Israels die Rede. Die Stelle 8,1 ist meines Erachtens auch Hosea zuzurechnen, doch möchte ich sie ausklammern.

V.20 gehört mit V.21 f. zusammen. Der Vers wird mit der Wendung „*Ich werde für sie einen Bund schließen*" eingeleitet, die in dieser Form mit dem Verb כרת + Präposition ל + „Bund" u. a. in Jes 55,3; 61,8; Jer 32,40; Ez 34,25; 37,26 belegt ist. In Jer 32,40 ist sie mit dem Substantiv „Ewigkeit" (עולם) erweitert. Jahwe ist an allen diesen Stellen Subjekt. Im Anschluss daran folgt der Dreiklang mit „Tiere des Feldes", „Vögel des Himmels" und „Gewürm des Ackerbodens". Sehe ich recht, so findet sich diese Form der Zusammenstellung der unterschiedlichen Tiergruppen nur hier. Die „Tiere des Feldes" (חית השדה) begegnen im Hoseabuch dreimal in 2,14.20; 4,2. Literarisch lässt sich der Ausdruck schwer zuordnen: Die Wendung wird gerne mit der Priesterschrift in Verbindung gebracht, aber diese bevorzugt die Wendung „Die Tiere *der Erde*" (חית הארץ: vgl. Gen 1,25.30; 9,2.10). Breit belegt ist die Wendung „Vögel des Himmels", ca. 35× im Alten Testament. Im Hoseabuch begegnet sie außer in 2,20 noch in 4,3; 7,12; 9,11. Ebenso lässt sich „das Gewürm des Ackerbodens" schwer verorten, es kommt sowohl in der Priesterschrift (Gen 1,24; 6,20) als auch in der Prophetie vor.

Auf welche Weise ist nun der Vers zu verstehen? Zunächst ein Blick auf zwei profilierte Forschungspositionen:

Hans Walter Wolff[34] hatte die These aufgestellt, Jahwe trete hier in der Funktion eines Bundesmittlers auf. Jahwe sei Subjekt des Bundesschließens, die ihm unterstehenden Partner seien die Israeliten und die Tiere des Feldes. Die Präposition ל weise darauf hin, dass Jahwe nicht im gleichen Verhältnis zu den beiden Partnern stehe. Zwar unterstehen ihm beide, aber Jahwes Interesse

---

**34** Hans Walter Wolff, „Jahwe als Bundesmittler (1956)," in *Gesammelte Studien zum Alten Testament*, ThB Band 22 (München: Chr. Kaiser, ²1973), 387–91.

gelte Israel: „Der Gedanke, daß Jahwe und die Tiere Bundespartner seien, ist durch den Zusammenhang völlig ausgeschlossen."[35] Nach Wolff ist die Vorstellung von der Bundesvermittlung traditionsgeschichtlich älter als die von der Bundesgewährung und erst recht älter als die des Bundesvertrages.

Zu einer anderen Interpretation von 2,20 kommt Lothar Perlitt.[36]

Für ihn findet sich in dem Vers kein Hinweis auf den „Bund" Jahwes mit Israel. Israel stehe außerhalb der Verbündung, denn zu seinen Gunsten werde durch die Inpflichtnahme der Tierwelt ein Friedenszustand erreicht. 2,20 spiele weder auf einen bevorstehenden noch gebrochenen Jahwebund an. 2,20 ist nach Perlitt ein Bildwort, das dem folgenden untergeordnet sei. Jahwe schließe hier keinen Bund mit Israel, sondern mit den Tieren.

Beide Positionen sind klar formuliert, sie rufen aber dennoch zum Widerspruch heraus. So ist die These von Wolff, die Präposition ל bei להם weise darauf hin, dass Jahwe nicht im gleichen Verhältnis zu Israel und den Tieren stehe, in philologischer Hinsicht nicht zu halten. Diese Sicht gibt die Präposition nicht her, denn die Präposition besagt als *Lamed dativum* die Herbeiführung der Zugehörigkeit Israels zu den Tieren durch Gott. Israel und die Tiere sind auf Gott bezogen, die Hierarchie ergibt sich aus inhaltlichen Gründen, denn Gott ist Gott und dadurch per se von allen Bundespartnern unterschieden.[37]

Perlitt ist insofern Recht zu geben, als 2,20 weder auf einen bevorstehenden noch gebrochenen Jahwebund anspielt. Das stimmt, wenn man V.20 isoliert für sich betrachtet. Sieht man ihn jedoch im Kontext von 2,16–25, so geht es in diesem Abschnitt doch klar um Jahwes Hinwendung zu Israel. Meines Erachtens lässt sich das, was hier verheißen wird, als Bund fassen: die Gabe der Weinberge, die Entfernung der Baalim, die Indienstnahme der Tiere, die Verlobung, das Erbarmen. Der Sache nach lässt sich all dies unter „Bund" zusammenfassen. „Bund" geht hier über in den Begriff des Geschenkes, Israel muss diese Geschenke nur annehmen.

Ich möchte noch eine weitere Beobachtung hier anschießen: Dass Jahwe mit den Tieren einen Bund schließt, setzt voraus, dass auch die Tiere zu einer Gottesbeziehung fähig sind. Im Ijobbuch findet sich dazu in 12,7–10 ein Beleg:

> Nichtsdestoweniger – frage doch das Vieh, dass es dich lehre, und die Vögel unter dem Himmel, die werden es dir sagen [...] und die Fische im Meer werden es dir erzählen. Wer

---

**35** Wolff, „Jahwe als Bundesmittler," 389, Anm. 11.

**36** Lothar Perlitt, *Bundestheologie im Alten Testament*, WMANT 36 (Neukirchen–Vluyn: Neukirchener Verlag, 1969), 144–46.148.

**37** Vgl. zum Problem der unterschiedlichen Präpositionen ל und עם die Erwägungen von Hans Ulrich Steymans, *Psalm 89 und der Davidbund. Eine strukturale und redaktionsgeschichtliche Untersuchung*, ÖBS 27 (Frankfurt: Peter Lang Verlag, 2005), 387–96; Bernard Batto, „The covenant of peace: a neglected ancient near eastern motif," *CBQ* 49 (1987): 187–211.

erkannte nicht an dem allen, dass des Herrn Hand das gemacht hat, dass in seiner Hand ist die Seele von allem, was lebt [...][38]

Ijob antwortet hier auf die Darlegungen seines Freundes Zofar. Ijob besagt, dass in der Welt kein Hochsein und Fallen geschieht, ohne dass nicht Gottes Hand es fügt. Und gerade dies wissen die Tiere der Erde. Sie sind geradezu Zeugen für das Wirken der Hand Gottes. Sie bezeugen Gott als den Schöpfer und bringen den Menschen ins Bewusstsein, dass ihr Leben ebenfalls in Gottes Hand liegt.

In ähnlicher Weise könnte man Jes 1,3; Jer 8,7; Spr 30,18f hier anführen. Gottes Bund mit den Tieren verändert deren Verhalten den Menschen gegenüber. Sie bleiben den Menschen nicht mehr feindlich gesinnt, sondern sie werden zu deren Freunden. Es ist deshalb verständlich und naheliegend, dass in V.20b die Rede vom Vertilgen von Bogen, Schwert und Krieg folgt. Gott stiftet einen Bund der Aussöhnung zwischen Israel und den Tieren und er schenkt darüber hinaus noch Frieden für sein Volk. Das Ziel von Gottes Handeln liegt in dem sicheren Wohnen Israels. 2,20 entkräftet insofern die Gerichtsankündigung von 2,14: „[...] das Getier des Feldes wird sie (sc. die Geschenke der Liebhaber) fressen." Mit Jahwes Bund mit den Tieren werden Israel und die Tiere auf das Engste zusammengeführt.[39]

## 2.2 Tiere im Hoseabuch

In über 20 Versen werden circa 18 Tiere genannt, in zehn Versen dienen Tiere als Vergleich: כ + Tier. Solche Vergleiche finden sich mit Kuh und Lamm (4,16), mit Löwe und jungem Löwe (5,14; 11,10; 13,7), Taube (7,11), Adler (8,1), Panther (13,7) und Bärin (13,8).

Im Hoseabuch lassen sich die genannten Tiere in drei Gruppen einteilen:

Die erste Gruppe umfasst die Tiere, die dem Menschen lebensbedrohlich werden können: Löwe (5,14; 11,10; 13,7); junger Löwe (5,14), Panther (13,7), Bärin (13,8).

Die zweite Gruppe bezieht sich auf die Haustiere: Kuh (4,16; 10,11), Lamm (4,16; Schafe (5,6), Rinder (5,6), Kalb (8,5; 10,5f; 13,2).

---

**38** Vgl. zu diesem Abschnitt u. a. Friedrich Horst, *Hiob*, BK XVI/1 (Neukirchen-Vluyn: Neukirchener Verlag, ⁴1983), 176.189–91; Georg Fohrer, *Das Buch Hiob*, KAT XVI (Gütersloh: Gütersloher Verlagshaus, ²1989), 233.244 f.
**39** Vgl. dazu Christoph Levin, „Mensch und Tier nach dem Alten Testament," in *Die Weihnachtsgeschichte – Von einem Alttestamentler gelesen*, Fünf Reden (Stuttgart: Radius, 2017), 109–32.

Als dritte Gruppe kann man diejenigen Tiere nennen, die weder zu den Haustieren noch zu den bedrohlichen Tieren zählen: Motte (5,12), Taube (7,11; 11,11), Adler (8,1); Fische (4,3), Vögel (4,3; 7,12), Wildesel (8,9).

Fazit: Die Vielzahl der im Hoseabuch genannten Tiere überrascht. Vergleicht man dies etwa mit dem Amosbuch, so werden dort weit weniger Tiere genannt: Löwe (1,2), Schafe, Rinder, Bär, Schlange, Heuschrecken. Die Rede von den Tieren gehört fest zur Verkündigung Hoseas hinzu. Die Tiere werden zum Teil metaphorisch verwendet, zugleich zeigt die Rede die Lebenswelt Hoseas und seiner Nordreichsbewohner. Sie sind eingebettet in eine Welt der fast täglichen Bedrohung durch wilde Tiere ebenso wie des intensiven Zusammenlebens mit und der damit verbundenen Abhängigkeit von den Tieren. Hos 2,20 fällt auf diesem Hintergrund keineswegs aus dem Hoseabuch heraus.[40]

## 2.3 Verwandte Texte

Zefanja 2,13–15

> 13 Und er soll seine Hand gegen Norden recken und so Assur vernichten, er mache Ninive zur Einöde, ausgedörrt wie die Wüste. 14 Herden sollen in ihrer Mitte lagern, alles Getier der Flur, auch Eule und Igel übernachten bei ihren Säulenknäufen, höre, der Kauz (?) singt im Fenster, der Rabe (?) auf der Schwelle (...?).[41] 15 Dies ist die ausgelassene Stadt, die sicher wohnte, die bei sich sprach: „Ich und niemand sonst!" Wie ist sie zur Wüste geworden, zum Lagerplatz für das Getier, jeder, der an ihr vorbeigeht, zischt, schwenkt seine Hand.

Die Verse gehören zu einer Reihe von Sprüchen, die sich mit der Juda und Jerusalem umgebenden Völkerwelt befassen. Es ist von einem Gericht gegen die

---

**40** Ebenso überrascht die Vielzahl der Nennungen aus dem Bereich der Natur: *Natur und Wetter*: Sand 2,1; Wüste 2,5.16; 13,5; dürres Land: 2,5; Regen: 6,3; Nebel: 6,4; Tau: 6,4; 13,3; Wind: 8,7; Sturm: 8,7; Ostwind: 12,2; 13,15 – *Gestrüpp und Bäume*: Dorngestrüpp: 2,8; 9,6; 10,8; 13,4; Eiche: 4,13; Terebinthe: 4,13; Zweig: 10,7; Disteln: 10,8; Wald: 14,6.7; Ölbaum: 14,7; Wacholder: 14,9; *Natur und Lebensmittel*: Brot: 2,7; 9,4; Wasser: 2,7; Öl: 2,7; 12,2; Getränke: 2,7; Korn: 2,10.24; 7,14; 14,8; Most: 2,10.11.24; 4,11; 7,14; Olivensaft: 2,10.24; Getreide: 2,11; Weinstock: 2,14.17; 9,1; 14,8; Feigenbaum: 2,14; 9,10; Rosenkuchen: 3,1; Gerste: 3,2; Wein: 9,4; Trauben: 9,10; Spreu: 13,3; *Produkte*: Wolle: 2,7.11; Flachs: 2,7.11.
**41** Der Vers ist mit zahlreichen textlichen und textkritischen Problemen verbunden, die hier nicht ausführlich diskutiert werden können; vgl. dazu die immer noch lesenswerten Bemerkungen von Wilhelm Rudolph, *Micha – Nahum – Habakuk – Zephanja*, KAT XIII/3 (Gütersloh: Gütersloher Verlagshaus, 1975), 276–78.283 f. – Vgl. zudem Klaus Seybold, *Nahum – Habakuk – Zephanja*, ZBK AT 24.2 (Zürich: Theologischer Verlag, 1991), 108 f.; Daniel Hojoon Ryou, *Zephaniah's Oracles against the Nations. A Synchronic and Diachronic Study of Zephaniah 2:1–3,8*, BIS 13 (Leiden u.a: Brill, 1995), 240–52.313–19; Johannes Vlaardingerbroek, *Zephaniah*, HCOT (Leuven: Peeters 1999), 154–63.

Philisterstädte und die Küstenebene im Westen (2,4.5–7), gegen Moab und Ammon im Osten (2,8–11) gegen Kusch im Süden (2,12) und gegen Assur und Ninive im Norden (2,13–15) die Rede. Die Völkersprüche zeigen ein deutliches Gefälle auf Assur hin, denn diese sind weit umfangreicher als die gegen die übrigen Völker.

Zefanja spricht davon, dass Jahwe seine Hand gegen Norden ausstrecken, Assur zerstören und Ninive zur Einöde machen soll. Dabei ist nicht recht deutlich, ob dies durch die Hand eines Feindes oder durch eine Naturkatastrophe herbeigeführt werden soll. In V.13 und 14 wird das Bild einer trostlosen Hauptstadt gemalt. Sie ist eine Einöde und ein Tummelplatz für wilde Tiere, wo Igel herumlaufen, Vögel in den Fensterlöchern oder auf Schwellen in den leeren Häusern sitzen und unheimliche Laute von sich geben. Wir haben es hier mit einer Totenklage zu tun, wie schon das Qina–Metrum 3 und 2 zeigt. Die Tiere haben sich nach der Zerstörung Ninives der Stadt bemächtigt und die Einwohner verdrängt. Sie illustrieren die gespenstische Situation Ninives. Ebenso ist wie in Hos 2,20 von dem „sicheren Wohnen" die Rede, das allerdings für Ninive der Vergangenheit angehört.[42]

Fazit: Vergleicht man diese Stelle mit Hos 2,20, so zeigen sich deutliche Unterschiede. Die Situation des Volkes ist jeweils eine andere, Zefanja nennt konkret das Getier der Flur, Eule, Igel, Kauz (?) und Rabe (?), die gleichsam die Stadt besetzen. Sie symbolisieren die gespenstische Situation Ninives. Eine literarische Abhängigkeit beider Texte voneinander ist meines Erachtens ausgeschlossen. Hier wäre eher Jes 34,11 als Vergleichstext zu nennen.

Ezechiel 34,25–28

25 Und ich werde mit ihnen einen Bund des Heils schließen und mache ein Ende mit den bösen Tieren im Land, und sie werden sicher in der Wüste wohnen und in den Wäldern schlafen. 26 Und ich werde sie und alles, was um meinen Hügel her ist, segnen und werde auf sie regnen lassen zu rechter Zeit. Das sollen Regengüsse des Segens sein. 27 Und so können die Bäume des Feldes ihre Früchte hervorbringen und die Erde kann ihren Ertrag schenken und sie werden sicher auf ihrem Ackerboden leben und werden erkennen, dass ich Jahwe bin, wenn ich die Stangen ihres Joch zerbrochen und sie aus der Hand derer, denen sie dienen mussten, errettet haben werde. 28 Und sie sollen nicht mehr den Völkern zum Raub werden und das Getier der Erde soll sie nicht fressen und sie werden sicher wohnen und niemand soll sie schrecken.[43]

---

42 Zur Einordnung dieser Verse in das Zefanjabuch vgl. Heinz–Dieter Neef, „Vom Gottesgericht zum universalen Heil. Komposition und Redaktion des Zephanjabuches," *ZAW* 111 (1999): 538 f.543; m. E. gehen diese drei Verse auf Zefanja selbst zurück; zur aktuellen Forschungsgeschichte vgl. Heinz-Dieter Neef, ebd., 530–33.
43 Zur Textkritik und Exegese des Abschnittes vgl. Walther Zimmerli, *Ezechiel 2. Teilband Ezechiel 25–48*, BK AT XIII/2 (Neukirchen–Vluyn: Neukirchener Verlag, ²1979), 831 f.844–49. – Vgl. noch Georg Fohrer, *Ezechiel*, HAT 13 (Tübingen: Mohr Siebeck, 1933)195 f.; Karl-Friedrich Pohl-

Es geht in diesem Kapitel um die Hirten Israels und um Israel als Gottes Herde. In dem Abschnitt V.25–31 tritt die Hirtenthematik in den Hintergrund zugunsten der Ankündigung eines Heilsstandes im Land. Vergleicht man V.25–31 mit Hos 2,20, so lassen sich Gemeinsamkeiten und Unterschiede deutlich erkennen.

*Gemeinsamkeiten*: V.25 spricht von einem Bundesschluss (כרת + Präposition); es ist vom sicheren Wohnen die Rede (V.26 f.); es wird zu keinem Zwischenfall mit den Tieren mehr kommen (V.28)

*Unterschiede*: V.25 spricht von einem „Heilsbund" und erweitert damit das Nomen „Bund"; die Verbindung von Bund und Tier fehlt; die Tiere werden auf die „bösen", das heißt die gefährlichen Tiere beschränkt; die Rede von den fruchtbaren Bäumen und der ertragreichen Erde fehlt in Hos 2,20; die typisch ezechielische Rede von der Jahwe-Erkenntnis fehlt ebenso in Hos 2,20; Ezechiel nennt zudem den Aspekt der Beseitigung der Angst; nach Ez 5,17; 14,15.21; 33,27 dienen die wilden Tiere als Jahwes Gerichtshelfer; sie werden deshalb aus dem Land entfernt; davon ist in Hos 2,20 nicht die Rede.

So zeigt der Vergleich von Hosea und Ezechiel deutliche Unterschiede auf. Es ist jedoch nicht auszuschließen, dass Ez 34,25–28 an Hos 2,20 lose durch die Rede vom Bund und den Tieren anknüpft. Ezechiel verändert aber die hoseanische Aussage vom Tierbund grundlegend.

Levitikus 26,6

In großer inhaltlicher Nähe zu Ez 34,25–28 steht Lev 26,6:

> Und ich werde Frieden im Land geben, und ihr werdet euch niederlegen, ohne dass euch einer aufschreckt; und ich werde wilde Tiere aus dem Land entfernen, und kein Schwert wird euer Land durchziehen.

Der Vers steht am Ende des Heiligkeitsgesetzes in einem Abschnitt über Verheißung und Drohung. Mit Ez 34,25–28 teilt er sich die Rede vom „Heil", dem Entfernen der wilden Tiere aus dem Land und mit Hos 2,20 die Rede vom Ausbleiben des Schwertes, das heißt des Krieges. Im Unterschied zu Ez 34 und Hos 2,20 fehlt die Rede vom Bund. Ebenso wie bei Ez zeigt der Vergleich, dass eine literarische Abhängigkeit Lev 26,6 von Hos 2,20 schwerlich möglich ist. Karl Elliger vermutet in seinem Levitikus-Kommentar dagegen aufgrund der Nähe von Lev 26 zu Ez 34 eine gemeinsame Quelle für beide Texte. Diese bestimmt er als einen Abschnitt aus der Agenda des Herbstfestes.[44] Hos 2,20 zählt er zurecht nicht zu dieser Quelle.

---

mann, *Der Prophet Hesekiel/Ezechiel 20–48*, ATD 22,2 (Göttingen: Vandenhoeck & Ruprecht, 2001), 459–70.

**44** Karl Elliger, *Leviticus*, HAT 4 (Tübingen: Mohr Siebeck, 1966), 360–74. – Vgl. zudem Erhard S. Gerstenberger, *Das 3. Buch Mose. Leviticus*, ATD 6 (Göttingen: Vandenhoeck & Ruprecht, 1993) 365–74.

Jesaja 11,6–8

Der bekannteste Text zum Tierfrieden steht im Jesajabuch:

> 6 Dann weilt der Wolf beim Lamm als Gast, und der Leopard lagert beim Böckchen, und die Kuh und der Junglöwe weiden gemeinsam und ein kleiner Junge treibt sie an. 7 Und Kuh und Bärin weiden, ihre Jungen lagern zusammen, und der Löwe frisst wie die Rinder Stroh. 8 Und der Säugling spielt am Loch der Kobra, und zur Höhle der Viper streckt er seine Hand.

Innerhalb von Jes 11 wechselt mit V.6 das Thema, denn es ist jetzt nicht mehr vom Messias die Rede, sondern es geht um das friedliche beieinander Wohnen von Tier und Tier und Mensch und Tier. Folgende Bilder werden gezeigt:

a) der Wolf beim Lamm;
b) der Leopard beim Böckchen;
c) die Kuh und der Junglöwe, von einem kleinen Jungen geweidet;
d) die Kuh und die Bärin;
e) der Löwe und die Rinder;
f) Der Säugling und die Schlange;
g) Das Kleinkind und die Schlange.

Der Text nennt zum einen wilde Tiere – Wolf, Leopard, Junglöwe, Bär, Löwe, Kobra, Viper – zum anderen Haustiere – Lamm, Böckchen, Kuh, Rinder und nicht zuletzt Säuglinge und Kleinkinder.

Die genannten wilden Tiere können alle aufgrund ihrer Kraft und ihres Giftes Menschen töten. Die Haustiere und die Kleinkinder sind ihnen hoffnungslos unterlegen. Es kommt jedoch zu einem neuen friedlichen Miteinander dieser höchst unterschiedlichen Gruppen. Selbst die bösartigsten und unheimlichsten Tiere sind zahm geworden. Im Kontext der Auslegung dieser Verse macht Bernhard Duhm einige grundlegende Aussagen zum Verständnis der Tiere in Israel.

> Die Tiere werden in Altisrael, wie bei den Völkern des Altertums überhaupt, nicht so weit von den Menschen entfernt wie wir es tun, sondern in den Bereich des Ethischen hereingezogen; bei den Israeliten wird der Stier getötet, der einem Menschen getötet hat Ex 21,28, bei den Römern wird er *sacer*, wenn er einen Grenzstein beschädigte, umgekehrt wird bei ihnen ein *bucidium* schlimmer bestraft als die Ermordung eines Sklaven.[45]

Die Welt verliert dank des Messiaskönigs als Gottes Stellvertreter ihren Schrecken. Es gibt in der Heilszukunft unter den Menschen auf Jahwes heiligem Berg keine Bosheit mehr.

---

45 Bernhard Duhm, *Das Buch Jesaia* (Göttingen: Vandenhoeck & Ruprecht, ⁵1968), 107. – Sehe ich recht, so rechnet Duhm diese Verse Jesaja zu.

Der Schwache braucht den Starken nicht mehr zu fürchten, denn der Starke ist in Schranken gehalten und der Schwache weiß, wo er Schutz finden kann. Der Harmlose fällt nicht mehr dem Hinterlistigen zum Opfer, denn der Hinterlistige wird keine Möglichkeit haben, mit Kniffen und Ränken sein Ziel zu erreichen, und der Harmlose wird Verteidiger haben, die sich wie ein Wall vor seine Unschuld stellen.[46]

## 2.4 Fazit

Die genannten Texte sind durch das Thema „Tiere" miteinander verbunden. In Ez 34 wird von einer Ausrottung der bösen Tiere gesprochen; ebenso werden nach Lev 26 die wilden Tiere aus dem Land entfernt werden; Jes 11 spricht von einer Verwandlung der für den Menschen gefährlichen Tiere, sie verlieren ihren Schrecken und werden zu Freunden und Spielkameraden des Menschen; Ez spricht sogar wie Hos 2,20 von einem Bund. Subjekt des Bundes ist hier wie dort Jahwe. Dies ist jedoch die einzige Gemeinsamkeit mit Hos 2,20. Die Unterschiede dieser Texte im Vergleich zu Hos 2,20 in Wortwahl, Inhalt und Kontext sind doch so groß, dass eine literarische Abhängigkeit untereinander ausgeschlossen ist. Man muss eher von einem gemeinsamen Motivkomplex ausgehen.

# 3 Zusammenfassung und weiterführende Fragen

Ich möchte abschließend meine Beobachtungen in drei Punkten zusammenfassen:

**3.1** Die Rede vom Tierbund Hoseas in 2,20 gehört zu einem Abschnitt, der von vielen Auslegern in die exilisch-nachexilische Zeit datiert wird. Man begründet dies zum einen mit der Nähe zur Priesterschrift und zur priesterschriftlichen Bundestheologie. Dieser These widersprechen jedoch zum einen die Wendung „das Getier des Feldes" (V.20aß), die in der Priesterschrift nicht begegnet, dort ist vielmehr von dem „Getier der Erde" die Rede.

Zum anderen fügt sich der Vers gut in die Vielfalt der Rede von den Tieren bei Hosea ein. Die Tiere gehören offenkundig fest in die Verkündigung Hoseas

---

46 Hans Wildberger, *Jesaja 1. Teilband Jesaja 1–12*, BK AT X/1 (Neukirchen-Vluyn: Neukirchner Verlag, ²1980), 458. – O. Kaiser, *Das Buch des Propheten Jesaja Kapitel 1–12*, ATD 17 (Göttingen: Vandenhoeck & Ruprecht, ⁵1981), 245 f. fragt, ob nicht Jes 11,6–9 aus einem vollständigeren Zusammenhang entnommen und hier eingefügt sein könnte.

hinein, sie spiegeln eine Welt der täglichen Bedrohung, aber auch des täglichen Miteinanders mit der Tierwelt wider.

Versucht man, einen genaueren Sitz im Leben dieses Verses zu finden, so lässt sich Folgendes rekonstruieren: Es gehört zurecht zu den Ergebnissen der neueren Hoseaforschung, dass die Tradenten Hoseas seine Worte nach dem Untergang des Nordreiches nach Jerusalem und in das Südreich gebracht und sie dort aktualisiert haben. Es ist deutlich, dass Hos 1–3 einer judäischen Redaktion unterzogen wurden. Könnte es nicht sein, dass in den beiden Jahrzehnten nach dem Untergang des Nordreiches diese Redaktion in Jerusalem durchgeführt worden ist? Diese Jahrzehnte nach 722 v. Chr. waren nicht weniger dramatisch als die Jahrzehnte nach dem Untergang Jerusalems 587 v. Chr. Von daher muss man meines Erachtens bei der Datierung dieser Worte nicht unbedingt in die doch zeitlich sehr weit entfernte exilisch-nachexilische Zeit hinuntergehen.

Hos 2,16–25 zeigt deutliche Spuren einer Redaktion, die ursprüngliche Einzelworte Hoseas aufgenommen und zusammengefügt hat. Ist diese Rekonstruktion auch nur annähernd denkbar, so könnte die Rede vom Tierbund durchaus auf ein originales Hoseawort zurückgeführt werden.

Diese zeitliche Rekonstruktion würde gut zu derjenigen von Beat Weber zu Psalm 76 passen.[47] Er geht davon aus, dass der Verfasser des Psalms ein guter Kenner israelitischer Traditionen sei. Er erkennt in V.4 eine enge Berührung mit Hos 2,20 und eine Nähe zu hoseanischen Formulierungen (Hos 1,5.7; 2,20; 7,16). In Ps 76,4 werde bewusst auf hoseanische Aussagen angespielt. „Die hoseanischen Aussagen zum Stichwort ‚Bogen und andere Kriegsgeräte (zerbrechen)‘ dürften für den Psalm-Hörer dergestalt aktualisiert worden sein, dass trotz des erschlafften, ja zerbrochenen Bogens Israels (Hos 7,16; 1,5, vgl. Ps 78,9.57) die Verheißung des von JHWH heraufgeführten Friedens im Sinne des Zerbrechens von Bogen und anderem Kriegsgerät (Hos 2,20) bestehen bleibt."[48] Für den Psalm fasst Weber einen Situationshintergrund nach dem Fall Samarias 722 v. Chr. und vermutlich auch nach dem Abzug Sanheribs von Jerusalem (701 v. Chr.) ins Auge. Dieser Psalm könnte an Jahwe-treue israelitische, z. T. in den Süden geflohene Bewohner des ehemaligen Nordreichs adressiert sein. Diese Menschen hätten nach dem Fall Samarias die nationale Identität verloren und nun Ausschau auf eine neue religiöse Beheimatung gehalten. Webers Beobachtungen zu Psalm 76 fügen sich gut in unsere Sicht der Dinge ein.

**3.2** Wie ist der Bund bei Hosea zu verstehen? Meines Erachtens verbindet sich mit dem *Berit*-Begriff bei Hosea weniger ein rechtlicher als vielmehr ein perso-

---

**47** Beat Weber, „„In Salem wurde sein Versteck …‘. Psalm 76 im Lichte literarischer und historischer Kontexte neu gelesen," *BN* 97 (1999): 85–103.
**48** Ebd., 90 f.

naler Aspekt. *Berit* meint bei Hosea ein von Jahwe ausgehendes, in seiner Liebe gründendes und in seiner Treue fest bestehendes Verhältnis zwischen Israel und Gott. *Berit* beschreibt ein der göttlichen Liebe (חסד) entsprossenes Verhältnis zwischen Gott und Israel. In dieser Beziehung unterscheidet sich das Bundesverständnis auch von anderen: In der deuteronomisch-deuteronomistischen Bewegung hat der Bundesgedanke eine enge Beziehung zur Offenbarung Jahwes am Horeb und seiner Zusage an die Väter, im Davidsbund geht es um die Zukunft der Nachkommen Davids auf dem Thron in Jerusalem, wobei die Zionserwählung und der Davidbund eng zusammenrücken, in Jer 31 und Ez 36 wird der Bund ins Herz geschrieben, und in der Priesterschrift wird der Bund als Zusage verstanden und durch Bogen und Beschneidung äußerlich sichtbar.

Der Blick auf die Bundestheologie des Alten Testaments zeigt, wie sehr das Verständnis von Bund konkret bei jeder Stelle untersucht und beschrieben werden muss. Man kann nicht einfach von *der* Bundestheologie sprechen, denn sie wird je nach Buch und Zeit unterschiedlich gewichtet. Von daher scheint mir auch die These von Lothar Perlitt vom „Bundesschweigen bei den Propheten" nicht richtig zu sein, denn Hosea kannte eine Bundestheologie im Werden. Man muss allerdings sagen, dass der Prophet keine Bundestheologie im deuteronomisch-deuteronomistischen und priesterschriftlichen Sinn kannte. Von daher kann man von einem Bundesschweigen in diesem Sinn – aber nur in diesem! – reden. Hosea versteht Bund als die aus Gottes Liebe entsprungene Hinwendung zu seinem treulosen, aber dennoch liebenswerten Volk.

**3.3** Was die Frage nach dem Bundesverständnis von Hos 2,20 angeht, so lassen sich hier nur wenige Aussagen machen, denn die Formulierung selbst ist äußerst knapp gehalten. Sie ist insofern ungewöhnlich, als zwei Partner Jahwes genannt werden: zum einen die Tiere, zum anderen aber auch Israel, denn ihnen gilt dieser Tierbund. Die sprachliche Wendung zu diesem Tierbund ist traditionell gebildet mit „einen Bund schließen/schneiden" (כרת). Derjenige, der diesen Bund initiiert hat und wohl auch garantiert, ist Gott selbst. Die Tiere sind sein Gegenüber, d. h. doch, dass auch sie in irgendeiner Weise zum Gespräch, zur Kommunikation mit Gott fähig sind. Der Bundesschluss mit ihnen bewirkt eine Veränderung ihres Verhaltens, denn sie werden für Israel keine Bedrohung mehr darstellen.

Es drängen sich dabei Fragen auf, die in Hos 2,20 nicht beantwortet werden: Wie vollzieht sich diese Umkehr des Verhaltens bei den Tieren? Ist es eine Umwandlung ihres Herzens? Wird das neue Verhalten in ihr Herz gelegt? Wer übermittelt den Tieren ihr neues Verhalten? Wie nimmt Israel dieses Verhalten wahr? Werden die Tiere gleichsam zu Vegetariern? Wovon werden sich Löwe, Bär und Schlange in Zukunft ernähren? Bezieht sich das neue Verhalten der Tiere allein auf die Beziehung zu Israel oder werden auch die Tiere untereinander friedlich leben? Antworten auf diese Fragen finden sich in 2,20 nicht. Auffallend ist auf jeden Fall Folgendes: Die Tiere gehören nach Hosea fest zu Gottes Schöpfung, sie sind in sein Schöpfungswerk integriert. Man hätte sich ja auch denken können, dass die Tiere als Bedrohung für den Menschen aus ihren Gebieten verdrängt oder gar getötet werden (so Ez 34). Aber genau dies geschieht nicht. Es kommt nach Hos 2,20 zu einer Aussöhnung und eben nicht zu einem Kampf zwischen Mensch und Tier, damit wird der Zusammenhalt beider und so die Einheit der Schöpfung betont. „Bund" hat in 2,20 den Charakter eines *„foedus"*. Er ist insofern kein *„pactum"*, weil die Tiere gleichsam automatisch, ohne eigenes Zutun den Bund einhalten können.[49] Insofern kann der Tierbund in 2,20 durchaus als Vorbild für ein friedliches Miteinander von Mensch und Tier heute dienen.

# Literaturverzeichnis

Andersen, Francis I./Freedman, David Noel. *Hosea: A New Translation with Introduction and Commentary*. The Anchor Bible. Garden City, New York: Doubleday & Company, 1980.
Batto, Bernard. "The covenant of peace: a neglected ancient near eastern motif." *CBQ* 49 (1987): 187–211.
Bons, Eberhard. „Hosea." In *Septuaginta Deutsch: Erläuterungen und Kommentare zum griechischen Alten Testament. Band II Psalmen bis Daniel*, hg. v. Martin Karrer und Wolfgang Kraus, 2287–2338. Stuttgart: Deutsche Bibelgesellschaft, 2011.
Dietrich, Walther u. a. *Die Entstehung des Alten Testaments*. ThW Band 1. Stuttgart: Kohlhammer, 2014.
Dietrich, Walther/Arnet, Samuel, Hg. *Konzise und Aktualisierte Ausgabe des Hebräischen und Aramäischen Lexikons zum Alten Testament*. KAHAL. Leiden u. a.: Brill, 2013.
Duhm, Bernhard. *Das Buch Jesaia*. Göttingen: Vandenhoeck & Ruprecht, ⁵1968.
Elliger, Karl. *Leviticus*. HAT 4. Tübingen: Mohr Siebeck, 1966.
Fohrer, Georg. *Einleitung in das Alte Testament*. Heidelberg: Quelle und Meyer, ¹²1979.
Fohrer, Georg. *Das Buch Hiob*. KAT XVI. Gütersloh: Gütersloher Verlagshaus, ²1989.
Fohrer, Georg. *Ezechiel*. HAT 13. Tübingen: Mohr Siebeck, 1933.
Gaß, Ersamus. „Hosea zwischen Tradition und Innovation am Beispiel von Hos 2,16f," *ZAW* 122 (2010): 169–84.
Gerstenberger, Erhard. *Das 3. Buch Mose: Leviticus*. ATD 6. Göttingen: Vandenhoeck & Ruprecht, 1993.
Gesenius, Wilhelm. *Hebräisches und Aramäisches Wörterbuch über das Alte Testament*, begonnen von Rudolf Meyer, bearbeitet und herausgegeben von Herbert Donner. Heidelberg: Springer, ¹⁸2013.
Horst, Friedrich. *Hiob*. BK XVI/1. Neukirchen-Vluyn: Neukirchener Verlag, ⁴1983.

---

**49** Vgl. dazu den Beitrag von Christoph Becker, „Vertrag, Bund und Testament in der Heiligen Schrift. Diktion römischen Rechts aus *Vetus Latina* und *Vulgata*" in diesem Band.

Jenni, Ernst. *Das hebräische Pi^cel: Syntaktisch-semasiologische Untersuchung einer Verbalform im Alten Testament*. Zürich: EVZ Verlag, 1968.

Jenni, Ernst. *Die hebräischen Präpositionen Band 3: Die Präposition Lamed*. Stuttgart u. a.: Kohlhammer, 2000.

Jenni, Ernst, „Art. עוֹלָם." In *Theologisches Handwörterbuch zum Alten Testament*. Band II, hg. v. Ernst Jenni und Claus Westermann, 228–243. München u. a.: Chr. Kaiser, 1976.

Jeremias, Jörg. *Der Prophet Hosea*. ATD 24/1. Göttingen: Vandenhoeck & Ruprecht, 1983.

Kaiser, Otto. *Das Buch des Propheten Jesaja: Kapitel 1–12*. ATD 17. Göttingen: Vandenhoeck & Ruprecht, ⁵1981.

Kató, Szaboles-Ferencz. *Jhwh: der Wettergott Hoseas? Der „ursprüngliche" Charakter Jhwhs ausgehend vom Hoseabuch*. WMANT 158. Göttingen: Vandenhoeck & Ruprecht, 2019.

Kühlewein, Johannes. „Art. אֶרֶשׂ." In *Theologisches Handwörterbuch zum Alten Testament*. Band I, hg. v. Ernst Jenni und Claus Westermann, 240–242. München u. a.: Chr. Kaiser, ²1975.

Levin, Christoph. *Die Verheißung des neuen Bundes in ihrem theologiegeschichtlichen Zusammenhang ausgelegt*. FRLANT 137. Göttingen: Vandenhoeck & Ruprecht, 1985.

Levin, Christoph. „Mensch und Tier nach dem Alten Testament." In *Die Weihnachtsgeschichte – Von einem Alttestamentler gelesen: Fünf Reden*. Stuttgart: Radius, 2017, 109–32.

Lim, Bo H./Castello, Daniel. *Hosea: The Two Horizons Old Testament Commentary*. Grand Rapids u. a.: Williams B. Erdmans Publishing Company, 2015.

Neef, Heinz-Dieter. „Die Ebene Achor – das ‚Tor der Hoffnung'. Ein exegetisch-topographischer Versuch." *ZDPV* 100 (1984): 91–107.

Neef, Heinz-Dieter. *Die Heilstraditionen Israels in der Verkündigung des Propheten Hosea*. BZAW 169. Berlin u. a.: de Gruyter, 1987.

Neef, Heinz-Dieter. „Vom Gottesgericht zum universalen Heil. Komposition und Redaktion des Zephaniabuches." *ZAW* 111 (1999): 530–47.

Perlitt, Lothar. *Bundestheologie im Alten Testament*. WMANT 36. Neukirchen-Vluyn: Neukirchener Verlag, 1969.

Pfeiffer, Henrik. *Das Heiligtum von Bethel im Spiegel des Hoseabuches*. FRLANT 183. Göttingen: Vandenhoeck & Ruprecht, 1999.

Pohlmann, Karl-Friedrich. *Der Prophet Hesekiel/Ezechiel 20–48*. ATD 22.2. Göttingen: Vandenhoeck & Ruprecht, 2001.

Robinson, Theodore H./Horst, Friedrich. *Die zwölf kleinen Propheten*. HAT 14. Tübingen: Mohr Siebeck, 1964.

Rudnig-Zelt, Susanne. *Hoseastudien: Redaktionskritische Untersuchungen zur Genese des Hoseabuches*. FRLANT 213. Göttingen: Vandenhoeck & Ruprecht, 2006.

Rudolph, Wilhelm. *Hosea*. KAT XIII/1. Gütersloh: Gütersloher Verlagshaus Gerd Mohn, 1966.

Rudolph, Wilhelm. *Micha – Nahum – Habakuk – Zephanja*. KAT XIII/3. Gütersloh: Gütersloher Verlagshaus, 1975.

Ryou, Daniel Hojoon. *Zephaniah's Oracle against the Nations: A Synchronic and Diachronic Study of Zephaniah 2:1–3,8*. BIS 13. Leiden u. a.: Brill, 1995.

Schütte, Wolfgang. *„Säet euch Gerechtigkeit!": Adressaten und Anliegen der Hoseaschrift*. BWANT 179. Stuttgart: Kohlhammer, 2008.

Sellin, Ernst. *Das Zwölfprophetenbuch*. KAT XII. Leipzig u. a.: A. Deichertsche Verlagsbuchhandlung, 1922.

Seybold, Klaus. *Nahum – Habakuk – Zephanja*. ZBK AT 24.2. Zürich: Theologischer Verlag, 1991.

Steymans, Hans Ulrich. *Psalm 89 und der Davidbund: Eine strukturale und redaktionsgeschichtliche Untersuchung*. ÖBS 27. Frankfurt u. a.: Peter Lang Verlag, 2005.

Vielhauer, Roman. *Das Werden des Buches Hosea: Eine redaktionsgeschichtliche Untersuchung*. BZAW 349. Berlin u. a.: de Gruyter, 2007.

Vlaardingerbroek, Johannes. *Zephaniah*. HCOT. Leuven: Peeters, 1999.

Weber, Beat. „„In Salem wurde sein Versteck …‘: Psalm 76 im Lichte literarischer und historischer Kontexte neu gelesen." *BN* 97 (1999): 85–103.

Wildberger, Hans. *Jesaja 1: Teilband Jesaja 1–12*. BK AT X/1. Neukirchen-Vluyn: Neukirchner Verlag, ²1980.

Wolff, Hans Walter, „Jahwe als Bundesmittler (1956)." In: *Gesammelte Studien zum Alten Testament*. ThB 22, 387–91. München: Chr. Kaiser, ²1973.

Zimmerli, Walther. *Ezechiel 2: Teilband Ezechiel 25–48*. BK AT XIII/2. Neukirchen-Vluyn: Neukirchener Verlag, ²1979.

# Hinweise zu den Autorinnen und Autoren

**Christoph Becker** studierte Rechtswissenschaften an der Universität zu Köln. Er war als Assistent am Institut für Neuere Privatrechtsgeschichte der Universität zu Köln tätig und wurde 1990 zum Doctor iuris utriusque in Köln promoviert. Es folgte eine Lehrstuhlvertretung im Institut für Rechtsgeschichte der Johann Wolfgang Goethe-Universität Frankfurt am Main; seit 1997 ist er nebenamtlich Referent für das Kulturbüro Rheinland-Pfalz sowie für Kommunen und Verbände in Weiterbildungsveranstaltungen auf dem Gebiet des Kulturmanagements. Mit der Habilitation im Jahr 1998 in Köln erwarb er sich die Lehrbefugnis in „Bürgerliches Recht, Römisches Recht, Privatrechtsgeschichte der Neuzeit". Seit 1999 ist er Universitätsprofessor in der Juristischen Fakultät der Universität Augsburg auf dem Lehrstuhl für Bürgerliches Recht und Zivilverfahrensrecht, Römisches Recht und Europäische Rechtsgeschichte; seit 2007 nebenamtlich Dozent an der Verwaltungs- und Wirtschafts-Akademie Schwaben (inzwischen: Verwaltungs- und Wirtschafts-Akademie Ostbayern).

Nach dem Studium der Psychologie an der Universität des Saarlandes in Saarbrücken, promovierte **Leo Montada** 1968 mit einer Doktorarbeit „Über die Funktion der Mobilität in der geistigen Entwicklung" an der Universität Konstanz, wo er 1971 eine Professur für Pädagogische Psychologie antrat. Von 1972 bis 2003 wirkte er als Professor an der Universität Trier. Von 1979 bis 2004 war er Direktor des Leibniz Zentrums für Psychologische Information und Dokumentation, von 1982 bis 1995 Vorsitzender des wissenschaftlichen Beirats am Max-Planck-Institut für Bildungsforschung in Berlin, von 1997 bis 2002 Gründungspräsident der International Society for Justice Research. Von 1993 bis 2000 leitete er das Zentrum für Gerechtigkeitsforschung an der Universität Potsdam. Am Beginn seiner akademischen Tätigkeit stand die Entwicklungspsychologie und eine kritische Auseinandersetzung mit der Lernpsychologie Jean Piagets. Seit 1980 befassten sich er und seine Arbeitsgruppe mit Gerechtigkeitsüberzeugungen und -motiven. In vielen Projekten wurde die eminente Bedeutung von Gerechtigkeitsüberzeugungen und -motiven im persönlichen Leben aufgezeigt, darunter bei der Bewältigung von Schicksalsschlägen. Von seiner Arbeitsgruppe „Verantwortung, Gerechtigkeit, Moral" an der Universität Trier wurde 2007 der Bericht zur „Verteilung des Glaubens an eine gerechte Welt in der Allgemeinbevölkerung" veröffentlicht. Einen weiteren Themenschwerpunkt bilden Arbeiten über Gefühle in sozialen Interaktionen wie Empörung, Neid, Eifersucht, Schuld, Scham, Feindseligkeit und Hass. Seit 2000 liegt sein Arbeitsschwerpunkt in der Analyse sozialer Konflikte und Möglichkeiten ihrer Beilegung durch Mediation.

**Heinz-Dieter Neef** studierte von 1974–1979 Evangelische Theologie in Marburg und Tübingen; von 1979–1983 schloss sich das Studium semitischer Sprachen in Tübingen an. 1985 erfolgte die Promotion über die „Heilstraditionen Israels in der Verkündigung des Propheten Hosea" (BZAW 169). Mit der Habilitation 1993 erwarb er sich die Venia Legendi für Altes Testament. 2000/2001 war er als Gastprofessor am Fachbereich Evangelische Theologie der Universität Hamburg tätig. Seit 2000 arbeitet er als Professor für Altes Testament an der evangelisch-theologischen Fakultät der Eberhard-Karls-Universität Tübingen.

Das Studium Altsemitische Philologie und Orientalische Archäologie führte **Regine Pruzsinszky** nach Wien, Berlin, Würzburg und Helsinki. Ihre Dissertation „Die Personennamen der Texte aus Emar" (Wien 2000) wurde als 13. Band der Reihe "Studies on the Civilization and the Culture of Nuzi and the Hurrians," CDL Press: Bethesda, MD, 2003 publiziert. Zwischen 2000 und 2004 war sie als wissenschaftliche Mitarbeiterin im Wiener SFB "The Synchronization of Civi-

https://doi.org/10.1515/9783110792706-011

lizations in the Eastern Mediterranean in the 2nd Millennium BC" mit dem Projekt "Chronological Data in Mesopotamia" tätig. Die Ergebnisse wurden in ihrer Habilitationsschrift "Mesopotamian Chronology of the 2nd Millennium BCE: An Introduction to the Textual Evidence and Related Chronological Issues" (Wien 2009) veröffentlicht. Nach ihrer Stipendiatszeit im Rahmen des "Austrian Programme for Advanced Research and Technology" (APART) der österreichischen Akademie der Wissenschaften mit dem Projekt „Sänger und Sängerinnen im Alten Orient: Eine diachrone Studie (3.–1. Jt. v. Chr.) zur Stellung der Berufsgruppe der Sänger unter wirtschaftlichen und gesellschaftlich-kulturellen Gesichtspunkten" wechselte sie 2007 an die Albert-Ludwigs-Universität Freiburg, wo sie seit 2010 Professorin für Altorientalische Philologie ist. Neben Sammelbänden zum mesopotamischen Dunklen Zeitalter und zur Rolle von Musikern in der Überlieferung literarischer Werke hat sie gemeinsam mit Birgitta Eder einen Tagungsband zu "Policies of Exchange, Political Systems and Modes of Interaction in the Aegean and the Near East in the 2nd Millennium B.C.E." (Wien 2015) herausgegeben.

Pfr. i.R. Dr. **Wolfgang Schütte** studierte von 1979–86 Evangelische Theologie in Bielefeld-Bethel, Tübingen, Jerusalem und Heidelberg. In den Jahren 1986–2016 war er hauptamtlich im kirchlichen Dienst der Evangelischen Kirche im Rheinland tätig. Zugleich blieb er weiterhin der Wissenschaft treu. Im Jahr 2007 wurde er an der Kirchlichen Hochschule Bethel mit der Arbeit „,Säet euch Gerechtigkeit!' Adressaten und Anliegen der Hoseaschrift" (WMANT 179) zum Dr. theol. promoviert. Sein wissenschaftliches Forschungsinteresse gilt der Frage, was wir bei der Lektüre biblischer Texte historisch verstehen können. Er entfaltet dies an drei Themen: (1) Warum heißen Juden auch Israeliten, wenn doch Juda und Israel zwei verschiedene Staaten waren? (2) Was sagt die Textgraphik der alten Handschriften – Leerräume, Interpunktion, Kapitelzählungen und Randzeichen – über die historische Lesung ihrer Worte? (3) Warum wir nur wenig über Vorformen von Texten spekulieren dürfen, die uns nicht tatsächlich vorliegen. Dabei geht es um eine entschiedene Kritik an allen Spekulationen über biblische Texte vor dem 3. Jh. v. Chr.

Sein Theologiestudium führte **Franz Sedlmeier** von Eichstätt über Münster nach Rom. Die Aufbaustudien in Eichstätt und Mainz schloss er 1990 mit einer Promotion über zentrale Texte des Ezechielbuches ab. Nach den Habilitationsstudien in München (Altorientalistik, Ägyptologie) und Mainz erfolgte 1996 die Habilitation über das Motiv Jerusalem in den Psalmen. Seit 2000 lehrt er als Universitätsprofessor an der Universität Augsburg. Zugleich ist er als Gastdozent an Studium Biblicum Franciscanum in Jerusalem tätig. Seit Juni 2018 ist er Ordentliches Mitglied der Päpstlichen Akademie für Theologie. Seine Forschungsschwerpunkte konzentrieren sich auf Ezechiel, Psalmen, Ijob und das Buch Hosea.

Nach dem ersten theologischen Studienabschnitt in Bonn studierte **Hans Ulrich Steymans** Theologie in Wien weiter und später dort auch Altsemitische Philologie und Orientalische Archäologie. Nach Aufenthalten als Gastprofessor und außerordentlicher Professor an der Ecole biblique et archéologique de Jérusalem hatte er von 2004 bis 2021 den Lehrstuhl für Altes Testament und biblische Umwelt an der Universität Freiburg in der Schweiz inne. Seine Veröffentlichungen gelten dem Deuteronomium, dem Psalter unter einem Augenmerk auf strukturalistische Syntax und Semantik sowie der Komparatistik zwischen dem Alten Testament und dem Alten Orient. Aufgrund des Forschungsschwerpunkts Ikonographie am Departement für Biblische Studien in Freiburg schließt das komparatistische Interesse auch Bildzeugnisse Vorderasiens ein. Seit 2008 wandte sich sein Forschungsinteresse einer ökologischen Hermeneutik der Bibelinterpretation zu.

**Taehwan Kim** schrieb im Anschluss an seine Promotion im Fach Germanistik an der Seoul National University von 1996 bis 2000 eine zweite Promotionsarbeit an der Universität Konstanz unter der Betreuung des Klagenfurter Komparatisten Peter V. Zima. Sie erschien unter dem Titel „Vom Aktantenmodell zur Semiotik der Leidenschaften. Eine Studie zur narrativen Semiotik von Algirdas J. Greimas". Danach unterrichtete er als Lehrbeauftragter an verschiedenen Universitäten in Seoul und war von 2005–2008 Assistant Professor an der Duksung Women's University in Seoul. Seit 2009 ist er Professor für Germanistik an der Seoul National University. Seine Forschungsschwerpunkte sind Narrativität, Fiktionalität und literarische Gattungen.

**Roman Vielhauer** studierte Evangelische Theologie an an der Kirchlichen Hochschule Bethel und der Georg-August-Universität Göttingen. Im Jahr 2007 wurde er promoviert mit der Arbeit „Das Werden des Buches Hosea. Eine redaktionsgeschichtliche Untersuchung", erschienen in BZAW 349. Von 2001–2012 war er wissenschaftlicher Mitarbeiter an der Georg-August-Universität Göttingen. Seit 2012 wirkt er als Pastor der Evangelisch-lutherischen Landeskirche Hannovers und ist seit 2020 zudem als Dozent für Bibelkunde an der Georg-August-Universität Göttingen tätig.

**Katrin Zehetgruber** war von 2012–2013 als Wissenschaftliche Mitarbeiterin am Lehrstuhl für Altes Testament I der Universität Tübingen mit Schwerpunkt Theologie des Alten Testaments angestellt, 2013–2014 am Theologischen Institut der Universität Osnabrück und von 2014–2019 am Lehrstuhl für Altes Testament an der Theologischen Fakultät. Ihre Promotion widmet sich dem Thema „Zuwendung und Abwendung. Studien zur Reziprozität des JHWH/Israel-Verhältnisses im Hoseabuch" (WMANT 159, 2019). Seit 2022 ist sie geschäftsführende Gesellschafterin einer Personalberatung.

# Stellenregister

## A. Altes Testament

**Genesis**
1,2 97
1,26–27 102
3,22 102
9,9–17 77
9,9 77, 86, 91
9,11 77, 86, 91
9,12–17 86
9,12 77
9,13 77
9,15 77
9,16 77
9,17 77
14,5 207, 278
15,18 78, 79
17,1–25 78
17,2 78, 91
17,4 78, 86
17,5 78, 86
17,7 78, 91
17,9 78
17,10 78, 84, 86
17,13 78
17,14 78
26,5 353
26,28 14
34 139
38,24 231

**Exodus**
19–24 7
19,5 79
24 362
24,5 79
24,6 24, 79
24,7 79
24,8 12, 79, 80
24,12 357, 363
32,6 362
34,15–16 232, 234
34,16 300

**Levitikus**
19,29 300
26,6 403

**Numeri**
25 138
25,1–2 232
27,18 280

**Deuteronomium**
4,13 21
4,23 21
5,2 21, 95
5,3 21, 95
5,7 373, 382
5,8 373
6,2 95
9,9 21
9,11 21
9,15 21
10,8 21
12 373, 383
17 373, 382
17,2 21
22,20–21 231
22,21 232
24,4 234
24,16 354
28,69 21, 22
29,8 21
29,11 14, 21
29,13 14, 21
29,19 301
29,20 14, 21
29,24 21
31,9 21
31,16 21, 232
31,20 21
31,25 21
31,26 21
33,10 353

https://doi.org/10.1515/9783110792706-012

**2 Makkabäer**
2,22 355
12,21 278
12,26 278

**Ijob**
12,7–10 399, 400

**Psalmen**
37,37 147
72,1–2 146
76 406
89 1
92,6–8 136
106,39 311
111 1
112,2 147
132 1

**Sprichwörter**
2,17 1
2,21–22 147
3,1 353
5,10 147
11,3 147
11,6 147
12,21 135
13,2 147
13,15 147
14,11 147
15,8 147
22,12 147
23,28 147
27,14 17
28,10 147
30,18–19 400

**Jesus Sirach**
10,19 356
17,1–14 102
17,11–14 1
22,1 1
24,23 356
32,23 356
39,31 356
41,4 357
42,2 357

44,20 356
45,5 357
45,17 356

**Jesaja**
1,3 400
3,10–11 135
5,24 376
7,3 286, 306
7,4–9 48
8,1–4 281, 286
8,1 280
8,16 52
11,6–8 404, 405
23,17 230
24,5 355
26,4 353
30,9 376

**Jeremia**
2,1–3 41
2,20 234
2,25 311
3,1 234
3,3 234
3,8 311
3,11 311
3,13 311
3,30 311
5,7 234
5,11 311
5,19 311
8,7 400
9,1 273
11,8 362
31,32 362
31,33 355
34,18 362
35,6 213
35,14 213, 295
36 52
36,2 280
36,28 280

**Baruch**
2,2 355
4,1 355

# B. Neues Testament

10,2 97
10,8 97
10,9–10 97

11,15 94
11,19 80, 94

# C. Alter Orient

**Mesopotamien**
ABL 289: 8 235
*Advice to a Prince* 205
*Babylonische Chronik*
   (ABC 1: iii 34–35) 206
*Codex Hamurapi*/CH 191, 232
*Codex Urnammu* 191, 192
CUSAS 32 II.E.7 8f 22'–24' 288
CUSAS 32 II.E.7 Nr. 7 m 39–41 288
*Enki's Journey to Nibru* 261
*Inanna und das Šumuda-Gras* 288
*Lament for Ur* 262
*Lament for Urim* 262
*Klage UruKAginas* 195
*Königsinschriften*
*Adadnirari III.* (RIMA 3) 284
*Asarhaddon*
   § 27 Nin. A Episode 4, 40–57 271
*Aššur-bel-kala* (RIMA 3) 300
*Damiq-ilīšu*
   (RIME 4.01.15, 2001, Z. 3) 262
*Gudea* (Lagaš)
   (RIME 3/1.01.07, Cyl A, 1997,
   Z. 39/ii 10–12,
   Z. 724–735/xxvi 22–23) 262
*Ibbi-Sin*
   (RIME 3/2.01.05.03, 1994, Z. 2) 262
*Rīm-sîn*
   (RIME 4.02.14.x2005, Z. 4) 262
*Salmanassar III.* (RIMA 3) 284
*Sargon I.* (RIME 2) 262
*Sargon II.* (RINAP 2) 284, 285
*Sîn-irībam*
   (RIME 4.02.10.add02, 1990, Z. 2) 262
*Tiglath-pileser III.* (RINAP 1) 275
Utu-ḫegal (Uruk)
   (RIME 2.13.06.04, 1993, Z. 27) 262
*Marduk-Prophetie* 199
*Mussu'u* VIII 288
*Rat des Ninurta* 195

*Rechtsbuch, assyrisches* § 34 237
SAA 1 255 b.e. 9 284
SAA 2 239
SAA 2 1 r. 13 252
SAA 2 1: 16 247
SAA 2 1: 13 247
SAA 2 2 273
SAA 2 2 I 7 263
SAA 2 2 IV 10 260
SAA 2 2 V 8–15 239
SAA 2 4 r. 27 260
SAA 2 5 19' 251
SAA 2 5 III 27 254
SAA 2 5 IV 14 247, 263
SAA 2 5 IV 7 261
SAA 2 6: 292 247
SAA 2 6: 410 256
SAA 2 6: 428–430 300
SAA 2 6: 428 251
SAA 2 6: 453 248
SAA 2 6: 468 261
SAA 2 6: 582 248
SAA 2 6: 588 248
SAA 2 6: 622–625 261
SAA 2 6: 649 248
SAA 2 9 r. 9 254
SAA 2 9: 32 252
SAA 2 13 III 1–3 298
SAA 2 14 239
SAA 3 33 206
SAA 5 291 b.e. 16' 284
SAA 6 147 r. 8 284
SAA 7 116: 1 284
SAA 7 116: 6 276
SAA 7, 136 276
SAA 9 2.4 204
SAA 9 3 201
SAA 9 3.3 204
SAA 9 3.4 203
SAA 10 294 205

## D. Griechische und römische Autoren / Texte

## E. Jüdische Autoren / Texte

## F. Kirchenväter

# Sachregister

Abija 269, 270
Abmachung 14, 15
Abraham 78, 79, 84, 86, 91, 95, 96, 101
Abram 78
Abwendung 54, 56, 323, 324, 333, 334, 336
Achor, Ebene 394, 397
Adad 235, 252, 260, 268, 269, 270, 278,
    289, 291, siehe auch Addu, Hadad,
    Baal, Gewittergott, Sturmgott
Adadnirari/Adad-nārārī III. 270, 284
Adam (Ort) 18, 19, 50, 216, 271, 398
Adam (Person) 4, 18, 19, 82, 183, 185
Addu 199
Adler 256
*agreement* 19, 25
Ägypten 139, 218, 220, 228, 229, 259, 261,
    266, 277, 280, 295, 304, 305
Ahab 233, 277, 300
Ahas 48, 220, 271
Ahasja 307
*akītu*-Fest 204
Aktant 157–159, 182
Aktantenmodell 157
Aktion 156, 161, 170, 172, 175, 178
Alkohol 213, siehe auch Tirosch, Wein
Allani 289, 290
Allatu 289, 290, 292
Alleinanspruch 30, 274
Alleinverehrungsanspruch 24, 25, 273, 274
Alpan 199
altorientalische Vertragspraxis 1
Amos 24, 29, 46–48, 50, 51
Amos, Nein des 47, 48
Amphiktyonie-Hypothese 6
Anat 243, 292, 293, 295, 307, 308
Anat-Bethel 243, 261, 278
Anerkennung 132
Anspruch 119, 131
Anstrengungen 119, 120
anthropologische Grundgegebenheit 55
antimonarchische Polemik 38, 40
Aram 19, 28, 48
Aramiš 278, 279
*arca* 94
Arda-Mulissu 201

Arslan Tash 16
Arṣay 276, 279–293, 295
Asarhaddon 200, 201, 203, 205–208, 261,
    267, 278
Aschera 288, siehe auch auch Aṯiratu
Assur/Aššur 13, 17, 18, 27, 43, 44, 48, 217,
    200, 202, 205, 207, 208, 220, 221, 228,
    229, 247, 259, 268, 270–272, 277, 305
Aššur-bel-kala 300
Assurbanipal 16, 202, 205, 208, 234, 252
Assurbanipal-Bibliothek 205
Assurnirari/Aššur-nārārī V. 16, 18, 239, 240,
    265
Assyrer 136, 225, 257, 275, 276, 279, 284,
    286, 297, 304
Assyrien 201, 203, 205, 206, 217, 219, 236,
    237, 247, 261, 263, 265, 266, 272, 279,
    280, 301, 310
Atargatis 278, 279, 298
Astarte 251, 278, 279
Atalja 233, 299, 300
Aṯiratu 222, 292–294
Aufrichtigkeit 221
Auftrittsskizzen 33
autorzentrierte Auslegung 36
Ausgabe, erste kultpolemische 279
Außenpolitik 265

Baal 219, 222, 233, 257, 265, 276–279, 290,
    291, 293, 295, 302, 307–309, 390,
    394–397, 399 siehe auch Baal/Hadad,
    Adad/Hadad
Baal/Hadad 293, 308
Baal-Peor 138, 225, 229, 232, 257, 258
Baalskult 18, 39
Babylon 205–207
Befriedigung 118–120
Begehren 137
Begründungszusammenhang 21, 22, 47
Bêl 272
Beleidigung 233
Belohnung 124
Ben Sirach 356, 357
Berit 5, 9–23, 25, 27, 101, 406, 407, siehe
    auch bᵉrît

https://doi.org/10.1515/9783110792706-013

שִׁקּוּץ 225
תּוֹעֵבָה 225
תּוֹרָתִי (meine Weisung) 20
תּוֹרָתִי 27
תּוֹרָה des Mose 27
תּוֹרָה JHWHs 27
תְּנֶה 220

**hebräische Umschrift**
ʾābal 297
ʾāḇēl 296
ʾaḏāmāh 218
ʾāhaḇ 257
ʾālāh 259
ʾap 263
ʾēlāh 302
ʾereṣ 243, 259, 276, 279, 282, 283, 285,
    288, 290, 291, 294, 296, 305, 306
ʾeṭan 283
ʾeṭnāh 283
ʾeṭnān 293
ʾumlal 297
b.w.š 251
bāḡaḏ 216, 271, 311
bᵉrît 9, 11–13, 15, 17, 22, 23, 25, 26, 27, 216,
    siehe auch adê
bᵉrit ḥᵃdāšā 12
bᵊrît, ʿāḇar 216, 271
bōšeṯ 240, 257, siehe auch akkadisch baltu
dāḡān 308
dibber daḇārîm 259
dibrê habbᵉrît 22
gālāh 229, 276
hārag 258
z.n.h 230–233, 251, 272, 287, 298, 300
zānāh 299, 300, 311
zānûn 231
zᵊnûmîm 231
zᵊnûṯ 225, 231, 271
zimmāh 271, 272
zônāh 230–232, 303
ḥ.n.p̄ 227, 234
ḥeseḏ 145, 146, 148, 219, 226, 277
ṭ.m.ʾ 227, 267, 287, 310
ṭāmēʾ 311
yām 298
yārāh 256
kaḥaš 220

kālāh 260, 302, siehe auch ugaritisch
    kallatu
kāraṯ (schneiden) 16
kāraṯ bᵉrit 16, 17
mārāh 263
milḥāmāh 260
mišpāṭ 259
nāḏaḏ 259
nāʾap̄ 214, 218, 273, 299
noḵrîāh 232
ʿāš 270
ʿeḇrāh 263
ʿēḏuṯ 304
ʿegel 308, siehe auch ugaritisch ʿiglatu
p.r.d 301
pārāh 308
pāraṣ 299
qᵊḏešāh 232
qālon 251
qᵊlālāh 17
rāqāḇ 270
rîḇ 261
rōʾš 259
sārar 263
š.q.r 243, 273
šāqer 271
šāḏaḏ 259
šāmaḏ 259
šāsāh 263
šiqquṣ 229, 257
šōḏ 260
tānāh 228, 283
taznûṯ 231
tîrôš 299
tōrāh 22
tôrot 353, 354

**griechische Wörter**
διαθήκη 12, 101
διαθήκη καινή 12
ὁμολόγημα (Homologema) 101
σύμβολον (Symbolon) 101
σύνθεσις (Synthesis) 101
συνθήκη (Syntheke) 101

**akkadische Wörter**
adê 200, 202, 203, 206, 208, 259, 272, 304
adê māmīt 14

**aramäische Wörter**

**phönizische Wörter**

**sumerische Wörter**

**ugaritische Wörter**